编委会人员名单

编辑部人员名单

中国红十字
年鉴

2018/2019

中国红十字年鉴编辑部　编

方志出版社
Publishing House of Local Records

图书在版编目（CIP）数据

中国红十字年鉴. 2018/2019 / 中国红十字年鉴编辑部编.—北京 : 方志出版社, 2021.12

ISBN 978-7-5144-5177-1

Ⅰ. ①中… Ⅱ. ①中… Ⅲ. ①红十字会－中国－2018/2019－年鉴 Ⅳ. ①D632.1-54

中国版本图书馆CIP数据核字(2022)第252624号

责任编辑：李志瑜
责任校对：张玉霞
责任印制：梅中英
出 版 者：方志出版社
地　　址：北京市朝阳区潘家园东里 9 号（国家方志馆4层）
邮　　编：100021
网　　址：http://www.zgfzcb.cn
发　　行：方志出版社图书营销中心（010-67110500）
印　　刷：北京宝昌彩色印刷有限公司
开　　本：889毫米×1194毫米　1/16
印　　张：29
字　　数：668千字
版　　次：2021年12月第1版
印　　次：2021年12月第1次印刷
定　　价：330.00元

2018 年 1 月，中国红十字会会长陈竺（右）赴山东省临沂市慰问困难群众

2018 年 1 月，中国红十字会副会长郭长江（左二）在山西省临县慰问困难群众

2018 年 1 月，中国红十字会副会长王海京（右一）在黑龙江慰问困难群众

2018 年 1 月，安徽省淮南市红十字会启动“红十字博爱送万家”活动

2018年1月，山东省东营市红十字会启动“温暖送万家 博爱在东营”活动

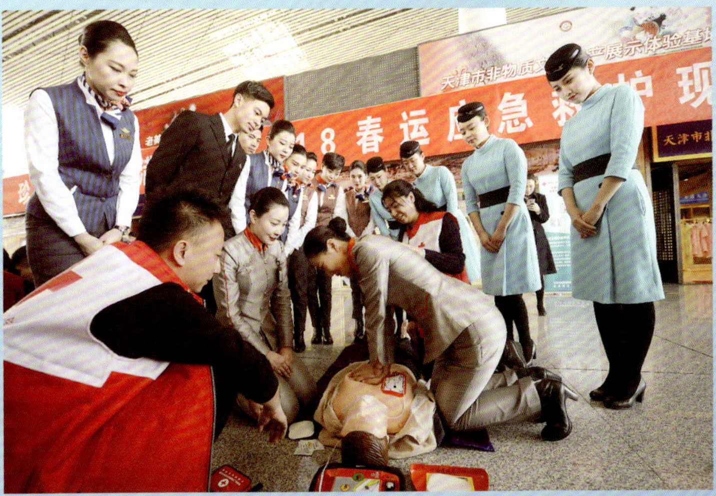

2018年2月，天津市红十字会在滨海国际机场进行心肺复苏术互动实际操作和AED操作演练

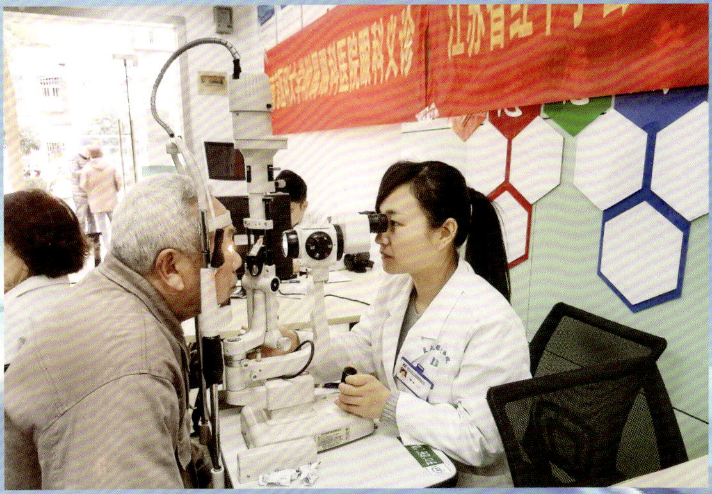

2018年3月，江苏省南京市栖霞区“博爱光明行”项目拉开序幕

2018 年 3 月，山西省朔州市红十字会工作人员到山阴县孤儿院看望孩子们

2018 年 3 月，新疆维吾尔自治区博湖县红十字会工作人员为老人发放博爱物资

2018 年 4 月，中国红十字会常务副会长徐科（右四）一行赴湖北省英山县调研扶贫工作

2018 年 4 月，中国红十字援外医疗队对阿富汗先心病患儿进行超声检查和会诊

2018 年 5 月，辽宁省大连市红十字会举办高校红十字青少年合唱大赛

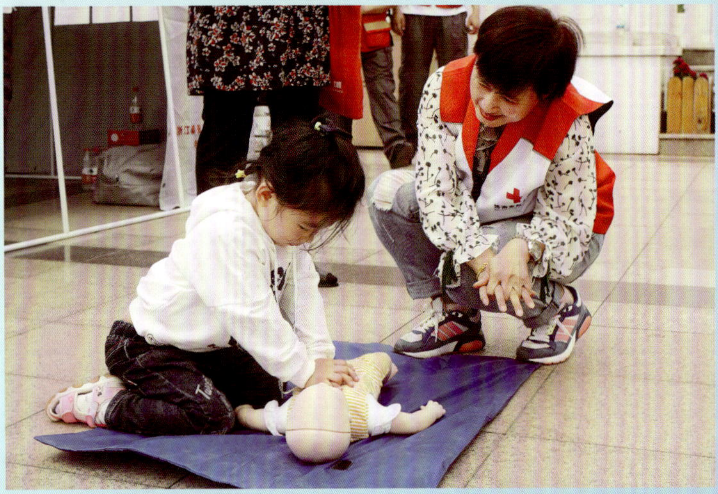

2018 年 5 月，山东省济南市红十字会向市民普及应急救护和防灾避险知识

2018 年 5 月，浙江省红十字会联合湖州市红十字会、湖州交通学校在湖州市奥体中心拍摄应急救护宣传片

2018 年 5 月，重庆市红十字会举行纪念“五八”世界红十字日暨 2018 年红十字博爱周活动启动仪式

2018 年 6 月，红十字国际委员会、中国红十字会总会合作项目安徽救护队培训暨演练活动在安徽省临泉县举行

2018 年 6 月，江西省南丰县红十字会“关爱老年人健康”活动走进市山镇官庄村

2018年7月，中国红十字青年骨干训练营在云南省昆明市开营

2018年8月，江苏省响水县红十字会到老年公寓开展志愿服务活动

2018年8月，安徽省淮北市红十字应急救援队解救被洪水围困的群众

2018 年 8 月，中国红十字会总会培训师为河北省沧州市高校大学生开展急救培训

2018 年 10 月，中国红十字会会长陈竺（前排左一）一行考察宁夏回族自治区红十字会备灾救灾物资储备库及赈济救援队装备建设

2018年11月，中国红十字会会长陈竺（右一）出席第十届国际联合会亚太地区大会青年论坛

2018年11月，上海市红十字会组织首届中国国际进口博览会红十字志愿服务者进行培训

2018 年 11 月，苏沪浙红十字救援队在江苏省苏州市举行联合演练

2018 年 11 月，中国红十字会青年国际人道问题辩论赛在上海举办

2018 年 12 月，中国红十字会副会长王平（前排右二）陪同红十字会与红新月会国际联合会秘书长哈吉·阿西（前排右五）参观辽宁省大连市中山区社区“红十字大家园”

2018 年 12 月，浙江省杭州市江干区红十字会联合杭州御道学校开展校园消防演练

编 辑 说 明

一、《中国红十字年鉴 2018 / 2019》以马克思列宁主义、毛泽东思想、邓小平理论、“三个代表”重要思想、科学发展观、习近平新时代中国特色社会主义思想为指导，坚持辩证唯物主义和历史唯物主义的立场、观点和方法，记述了2018 年 1 月 1 日至 2019 年 3 月 31 日红十字会的工作。

二、《中国红十字年鉴 2018 / 2019》共包括六大篇章，为“文献篇”“纪事篇”“总会篇”“人名篇”“分会篇”“资讯篇”。其中，“总会篇”和“分会篇”中涉及年度工作所收主要词条与篇目的时间要求，一般起始于 2018 年 1 月 1 日，截至 2019 年 3 月 31 日。

三、为保持年鉴的系统性和延续性，《中国红十字年鉴 2018 / 2019》其主要词条和篇目仍为近年来党和国家领导人关于红十字会工作的指示、讲话、文章，国家法律和国家有关部门法规及文件，中国红十字会 2018 年的文献汇编、成果展示及大事记、年度工作等，对促进红十字事业的发展具有重要意义和作用。

四、《中国红十字年鉴 2018 / 2019》的“总会篇”中总会各直属单位，以及“分会篇”中铁路系统、生产建设兵团、特别行政区红十字会“历史沿革”等词条内容，一般截至 2008 年。此后有关内容列入每年年鉴中总会各直属单位、铁路系统、生产建设兵团、特别行政区红十字会“年度工作”词条。“分会篇”延续了《中国红十字年鉴 2017 / 2018》年鉴所做的修订，省、自治区、直辖市红十字会“历史沿革”“历届代表大会”“组织机构”等词条增补了更为详细的内容，时间下限一般为 2012 年或 2013 年，此后相关内容见省、自治区、直辖市红十字会“年度工作”词条。“资讯篇”也延续了《中国红十字年鉴 2017 / 2018》年鉴所做的修订。

目　录

一　文　献　篇

年度主要文件

二　纪　事　篇

大　事　记

中国红十字会第十届理事会第四次会议

会议讲话

三　总　会　篇

中国红十字会总会机关及直属单位

四　人　名　篇

中国红十字会历届领导人

人 物 志

五　分　会　篇

省、自治区、直辖市红十字会

生产建设兵团红十字会

铁路系统红十字会

特别行政区红十字会

六 资 讯 篇

中国红十字会总会及省、自治区、直辖市、铁路系统、生产建设兵团、特别行政区分会联络方式

一

文献篇

年度主要文件

中国红十字会总会　民政部关于加强红十字系统防灾减灾救灾工作机制建设的意见

中红字〔2018〕1 号

各省、自治区、直辖市红十字会、民政厅（局），新疆生产建设兵团红十字会、民政局：

为加强红十字系统防灾减灾救灾工作机制建设，不断深化各级民政部门和红十字会在防灾减灾救灾领域的合作，现提出以下意见：

一、认真做好新时代防灾减灾救灾工作

防灾减灾救灾工作事关人民群众生命财产安全，事关社会和谐稳定。习近平总书记 2016 年 7 月在河北唐山调研考察时，就做好防灾减灾救灾工作发表重要讲话，为新时代防灾减灾救灾工作指明了方向，提供了重要遵循。2016 年 12 月，中共中央、国务院印发《关于推进防灾减灾救灾体制机制改革的意见》，就健全防灾减灾救灾体制机制提出一系列改革举措。党的十九大把防灾减灾救灾工作作为“提高保障和改善民生水平，加强和创新社会治理”的重要任务，强调要树立安全发展理念，弘扬生命至上、安全第一的思想，提升防灾减灾救灾能力。红十字应急救援体系是国家应急救援体系的重要组成部分，中国红十字会作为党和政府在人道救助领域的助手，开展救援、救灾的相关工作是《中华人民共和国红十字会法》赋予的主要职责之一。各级红十字会要认真贯彻落实习近平总书记重要讲话精神和党中央、国务院重大决策部署，在民政部门的统筹指导下，积极参与防灾减灾救灾各项工作。

二、健全协同配合机制

按照“政府主导、红会参与、协调联动、有序协作”的原则，各级民政部门和红十字会要加强在防灾减灾救灾全过程的沟通与协调，建立工作协同机制，健全工作规程。各级民政部门要将红十字会纳入同级减灾委成员单位，及时共享灾情和救灾工作进展等信息。自然灾害等突发事件发生后，各级民政部门要积极协调将红十字会纳入同级减灾委或民政救灾工作组，充分利用红十字系统在社会动员、志愿者组织等方面的优势，将红十字会各类资源纳入整体救灾资源规划考虑。各级红十字会在重大灾害救灾工作中要与民政部门保持密切沟通联系，及时报告工作进展等有关情况。

三、积极参与基层综合减灾能力建设

各级红十字会要依法在公众中大力开展应急救护培训工作，推动应急救护进机关、进学校、进企业、进社区、进农村，继续推进社区防灾减灾项目，支持灾害多发地区社区修建小型减灾工程，开展生计项目，举办防灾培训和演练，提升社区抗灾能力，促进社区发展。各级民政部门要充分发挥红十字会在应急救护领域的优势，将应急救护知识普及纳入防灾减灾目标规划和指标管理，加强减灾资源和力量统筹，利用好红十字应急救护培训体系广泛开展培训，提升公众应急避险和自救互救技能，切实增强公众风险防范意识。统筹考虑红十字会社区防灾减灾项目，支持红十字会参与综合减灾示范社区创建工作。

四、积极参与救灾物资储备体系建设

各级红十字会要及时将本级储备物资信息向民政部门通报。各级民政部门在推进救灾物资储备体系建设时，要充分发挥红十字会救灾物资品种丰富的优势，将红十字会储备物资的种类、数量等纳入整体应急物资储备体系，作为政府救灾物资储备的有益补充，逐步整合资源，形成合力，不断提高救灾工作质量和水平。各级民政部门在建设和使用应急物资储备场所时，要给予本级红十字会便利和支持。

五、积极参与自然灾害救助工作

在重特大自然灾害发生后，各级红十字会要及时依法组织开展社会募捐和受灾群众生活救助工作，并向民政部门报备募捐和救助情况，在灾区政府统筹协调下开展救灾物资调拨发放和救援队伍派遣等工作。各级民政部门要将红十字会救灾物资、重建资金等资源纳入政府统一规划，在政府统筹协调下，支持红十字会依法开展救灾物资发放和灾后恢复重建工作。

六、做好支持引导社会力量参与防灾减灾救灾工作

各级民政部门、红十字会要按照《中共中央 国务院关于推进防灾减灾救灾体制机制改革的意见》要求，充分整合双方资源，引导社会力量有序参与防灾减灾救灾工作。各级红十字会要及时向同级民政部门报备红十字救援队伍情况，积极配合民政部门开展健全社会力量参与机制工作，协助建立社会力量参与防灾减灾救灾指挥协调机制，研究制定和完善社会力量参与防灾减灾救灾的相关政策法规、行业标准、行为准则，搭建社会组织、志愿者等社会力量参与的协调服务平台和信息导向平台等。各级民政部门要将各类红十字专业救援队纳入政府综合减灾救灾人才队伍建设体系。在救灾应急阶段，根据灾情需求协调派出红十字救援队参与救灾工作；在常态减灾阶段，统筹红十字救援队参加救灾专业培训、科普宣传、应急演练等活动，或委托红十字会为社会组织提供防灾减灾救灾业务指导、技能培训等支持。

关于印发《中国红十字会物资储备库管理工作细则（试行）》的通知

中红字〔2018〕2号

各省、自治区、直辖市红十字会，新疆生产建设兵团红十字会，中国红十字会总会备灾救灾中心，中国红十字会援外物资供应站：

为加强全国红十字系统物资储备库管理，提高红十字物资储备工作制度化、规范化、标准化水平，提升我会灾害应急能力，总会制定了《中国红十字会物资储备库管理工作细则（试行）》，现印发给你们，请认真组织学习贯彻执行，并及时转发。

各单位要高度重视红十字物资储备库管理，要严格按照文件规定，从落实规划布置、职责分工、流程程序、标志标识、表格表单等方面具体要求入手，逐条对照做好红十字物资储备库的仓储布局、物资出入库、储存保管、安全防护、信息化管理及监督检查等各项工作，不断提高红十字物资储备库的综合管理水平，确保红十字物资储备库管理更加统一规范。

特此通知。

附件

中国红十字会物资储备库管理工作细则（试行）

第一章　总则

第一条　为加强全国红十字系统物资储备库管理，促进红十字物资储备工作制度化、规范化、标准化，根据《中国红十字会备灾救灾中心（物资库）规划建设管理办法》（红总字〔2010〕100号）、《中国红十字会总会救灾物资储备管理办法》（中红办字〔2016〕65号）等规章制度，制定本细则。

第二条　本细则所称的红十字物资储备库，是指县级以上红十字会采取自建、租赁、共用（含政府划拨）、借用等方式建立的，用于储存救援、救灾、救助等物资物品的仓库。

第三条　红十字物资储备库的日常管理、仓储布局和物资出入库、储存保管、安全防护、信息化管理及监督检查等工作适用于本细则。

第二章　仓储布局

第四条　仓储布局应在符合仓库、物资的基本管理功能和确保安全的条件下，最大限度地利用平面和空间，同时便于物资的入库、装卸和提取，库内区域应划分明确，布局科学、规范、合理。

（一）总体布局

1. 利于仓储作业优化。仓储作业优化是指提高作业的连续性，实现一次性作业、减少装卸次数、缩短搬运距离，使仓库完成一定的任务所发生的装卸搬运量最少。同时还要注意各作业场所的信息传递，保证仓储作业安全。

2. 单一的物流流向。保持直线作业，避免迂回、逆向和大幅度改变方向作业。

3. 强调唯一的物流出口和唯一的物流入口，便于监控和管理。

4. 便于物资的储存保管，提高物资保管质量。

（二）区域布局

1. 按照仓储功能不同进行分区。仓库各功能区的规划和布局应保证仓储作业的效率和质量，一般使用仓库面积的1/3用作非仓储功能。

2. 保证通道畅通。物流入口和物流出口要挂标示牌，将通道和功能区域在地面标识出来，通道分为主通道、副通道、检查通道，通道路面要平整、平直，减少转弯。

3. 仓储作业工具集中管理。仓储作业工具要单独设立区域，集中管理、整齐摆放，以便于维修、养护。

4. 合理确定消防设施存放的位置。

（三）货位布局

1. 在规定固定货位和机动货位的基础上，要求物资存放在离物流出口最近的位置上；

2. 出入库频次高且出入量比较大的物资存放在离物流出口最近的货位上；

3. 两个或两个以上相互关联的物资，应存放在相邻的位置，以缩短作业人员的移动距离，提高工作效率；

4. 所有物资标示都应面对通道，使作业人员能够始终流畅地进行工作；

5. 根据物资形状大小和仓库实际条件，合理搭配空间，避免空间不足多货位存放物资，避免空间太大使用不充分；

6. 坚持上轻下重，楼上或上层货位摆放重量轻的物资，楼下或者下层货位摆放重量大的物资。

第五条　物资储备库可根据仓库空间和物资特性，采用货架和码垛方式存放物资。条件允许的情况下，应尽量使用货架储存物资。

（一）货架布置和使用应符合下列要求：

1. 货架应结合库房条件进行布置，要求稳固、合理、美观，便于物资存放和运送；

2. 确保存储物资的质量和类型与货架相适应。单位物资的重量不应大于货架设计规定的额定荷载，总体尺寸不应大于货架布局和结构的设计尺寸，物资摆放不得外溢；

3. 货架摆放要注重库房空间利用率，货架靠墙单排摆放，不靠墙双排摆放；

4. 货架之间应留有间距，机械作业不小于 3.5 米，人工作业不小于 2 米；

5. 货架横截面应按存放物资归属性质悬挂《货架横截面红十字标示牌》，标示牌悬挂应美观醒目。

（二）物资码垛应当符合下列要求：

1. 根据物资性能、场地、设备条件以及安全要求等，合理确定垛形。做到：安全稳固、排列整齐、经济合理，便于检查、维护、通风和出库；

2. 物资码垛前，应清除物资表面水渍、尘土、油污和其他杂物，确保物资清洁，包装破损的应整修加固或换装。码垛作业过程中确保环境整洁、无污染；

3. 按物资品名、规格码垛，做到：垛次分明、批次清楚，不能恢复包装的散包物资，应分清批次单独堆码；

4. 根据物资性能以及防水浸、防潮湿、防锈蚀的要求，垛底应有适当的衬垫，其中棉被、棉衣等服装类物资应考虑通风要求，垛底垫高不低于 0.4 米；

5. 留出墙距（不小于 0.5 米）、垛距（不小于 1 米）、顶距（不小于 1 米）、灯距（不小于 1 米）、柱距（不小于 0.5 米，并在柱基础范围外）和消防、检查通道（不小于 3 米）；

6. 充分利用库内可用面积，但不得超过地坪负荷设计要求。新建库房应按设计使用要求逐渐加载到规定的地坪负荷；

7. 码垛完毕 3 个工作日内填写、悬挂或摆放《物资垛卡》。

第三章　作业人员管理

第六条　物资储备库应设立专门的物资接运员、保管员和技术员作业岗位，视情由专职或兼职人员担任。

第七条　接运员工作职责

（一）负责制定物资接收、发送计划，办理公路、铁路、航空、水路等物资运输、接收手续；

（二）负责物资的监装、监卸；

（三）负责装卸平台物资的保管并与保管员、技术员进行交接；

（四）办理运输费用的结算手续及对保险、运输部门的索赔等事宜；

（五）负责相关资料的收集、整理、移交归档等。

第八条　保管员工作职责

（一）负责物资接收准备工作，设计物资垛形、垛位，绘制垛位平面图；

（二）办理物资卸车交接手续，做出理货记录；

（三）负责物资数量验收，协助技术员进行物资外观检验；

（四）指导物资码垛及现场作业；

（五）管理物资登记保管账目；

（六）负责库房安全检查，对物资进行日常检查、盘点及保管保养工作，按规定报告库存物资情况；

（七）负责库内设施、设备和工具物品的保管维护；

（八）负责物资出库理货，办理出库交接手续；

（九）负责相关资料的收集、整理、移交归档等。

第九条　技术员工作职责

（一）负责制定、审核物资检验方案及物资质量检验的报验；

（二）负责办理物资卸车交接手续，做出理货记录；

（三）负责物资外观检验，指导保管员进行数量验收；

（四）负责索赔以及出库物资质量问题的处理；

（五）审核物资码垛方案，指导保管员进行码垛设计；

（六）审核物资保养计划，指导保管员进行物资保养；

（七）负责相关资料的收集、整理、移交归档等。

第四章　物资入库

第十条　物资储备库在接到物资储备通知后，负责人要及时通知相关作业人员，做好物资入库准备工作。

（一）提前联系供货方，了解物资生产、质量、包装、物流等情况，初步核对有关单证，督促供货方履行合同；

（二）落实检验技术员，明确检验项目，审核检验技术方案，校验检测计量器具；

（三）检修仓储机械设备，确定作业方法，合理调配人员及工具；

（四）准备苫垫材料、安全防护用品以及其他备品备料；

（五）加强安全教育，制定安全措施，检查安全设施设备。

第十一条　物资储备库负责人要根据物资特性和仓库情况组织相关作业人员制定物资接收检验方案，合理规划储存场地和货位，准确计算地坪负荷，设计垛形、垛位，确定堆垛方式和货架设置方案。

第十二条　物资到达后，由保管员、技术员与物资承运方（送货人员）办理物资交接验收手续，并做好卸车理货记录。发现问题时，物资储备库应要求承运方（送货人员）签单证明。

第十三条　物资卸车时，接运员要按车号、物资品名、规格、批次分别堆放，并做好标记。受损及检验未恢复包装的物资单独堆放，未能及时入库的物资要采取必要的保护措施。气候、环境条件不符合作业规定时，应采取有效保障措施或暂停作业。

第十四条 物资卸车后，接运员填制《物资到库交接记录单》，与保管员、技术员办理物资交接手续。保管员、技术员共同核对物资品名、规格，保管员按物资种类清点件数，技术员检查物资外观、包装、质量、标志标识等，并共同做出卸车理货记录。

（一）物资数量检验。根据物资储备通知清点物资数量，以包（箱）计件的物资，应清查每包（箱）内物资件数，件数短少的，按实收数量验收；

（二）物资外观检验。对物资外观、规格尺寸、包装质量和标志标识等进行检验；

（三）物资质量检验。结合生产厂家提供的物资质量检验报告，主要检查包装箱内物资是否按合同要求执行，有无损坏、霉变、受潮、漏装、错装、以次充好、过期等质量问题，采取抽样检验方式，按比例随机抽查物资质量，抽样检验比例一般为到货总数的千分之五，发现问题酌情扩大抽查比例。

第十五条 经检验，如物资外观、数量、品名、规格与物资储备通知不符和存在质量问题时，物资储备库应拒收，如需暂时存放，应妥善保管，并及时与供货方和承运人联系处理。散落的物资应尽量恢复包装，有残损或无法恢复包装的，应单独存放，并做好标记。

第十六条 物资质量检验结果以检验机构出具的质量检验报告为准，由物资生产厂家提供给物资储备库。结合质量检验报告，由技术员填制《物资验收记录单》，经物资储备库负责人审核后逐级上报。

第十七条 物资接收检验工作实行“一次清点制”，即物资入库时通过一次准确的检验、计量和点数，保证实物与物资储备通知一致，物资出库时一般不再重复检验、计量。

第十八条 物资储备库对物资单据、凭证等资料进行整理和审核，保证资料和实物相符。单证不齐的须及时索取，出现其他问题的，应及时协调解决。

第十九条 物资经清点、检验合格后，物资储备库与供货方签署《物资入库单》（表四），经物资储备库负责人审核后逐级上报。

第五章 储存管理

第二十条 物资应按特性，集中储存于符合相应条件的库房内。

（一）不同类别的物资应分类存放，视需要分区、分库存放；

（二）不同规格、不同批次的物资要分位、分垛存放；

（三）残损物资要与原货分开存放；

（四）相互影响质量的物资必须分库存放。

第二十一条 因受库房和设备等条件限制不能入库存放或具备库房外储存条件的物资，经物资储备库负责人批准后，可在库房外储存，库房外储存一般应满足下列条件：

（一）存放地点为简易库房、货棚、硬化货场，应合理设计垛位，相对集中存放；

（二）保持排水通畅，物资不被雨水、污水浸渍；

（三）垛底衬垫枕木、石块或水泥墩，垛顶及周边进行苫盖；

（四）存放物资区域外围加装有效物防设施进行隔离；

（五）存放物资区域及周边安装防盗报警系统和视频监控系统，全方位覆盖存放区域；

（六）适时进行物资保养，确保物资不发生残损、锈蚀；

（七）每季度至少倒垛一次，及时更换锈蚀、破损的包装。

第二十二条　库存物资应按照其性能和保管、保养要求进行检查维护，并根据物资储存情况，及时进行保养或倒垛。

第二十三条　库内应设置温湿度计（表），保管员应每日记录库内温湿度变化，掌握温湿度情况。对受温湿度影响大、质量易发生变化的物资，应根据气候情况适时进行通风晾库或密封防潮，并采取相应措施对库内温、湿度进行有效调控，库内相对湿度一般应保持在75%以下。

第二十四条　库区、库房应保持整洁，仓储设施设备摆放整齐。库房内应设保管员工作台，放置《保管员工作日记》《进出库人员登记表》，悬挂垛位平面图、温湿度曲线图、保管员岗位职责等。库房不渗不漏，门窗、风洞、门锁严密完好，启闭灵活，排水畅通。

第二十五条　货架、货垛应保持整齐有序，货区划分合理、货位功能明确、货物堆码整齐，充分发挥储存、中转能力。

第二十六条　物资储备库应定期对库存物资实存量进行盘存清点，确保物证账卡相符。

（一）保管员每天对有进出动态的物资进行物资余额和账卡盘存清点；

（二）物资库负责人每半年组织有关人员对库存物资进行全面盘存清点。

第二十七条　物资储备库要定期报告库存物资状况，对储存年限较长、质量下降、影响正常使用和受损的物资，应提出预警或更新建议，必要时附检验证书和照片。

第六章　物资出库

第二十八条　物资出库主要包括物资调拨、轮换、转移、出借等，一般采用仓库车板交货、仓库卸货平台交货、库房交货等方式进行。

第二十九条　物资出库以上级部门提供的物资调拨通知文件为依据。紧急情况下，可按上级部门电话通知，经物资储备库负责人批准同意后先行出库，后补办物资出库手续。

第三十条　未经物资储备库负责人批准同意，任何单位和个人均无权办理物资出库，保管员有权拒绝办理物资出库手续。

第三十一条　物资储备库接到物资调拨通知并核对无误后，方可安排物资出库发运。物资出库时，保管员须与接运员、技术员、提货人（承运方）共同清点物资数量，检查物资外观、质量，由保管员填写《物资出库单》（表七）经物资储备库负责人批准后，当面办理物资交接手续。

第三十二条　物资装车时应采取相应措施保证安全，做到不错装、不漏装，防止偏载、超载、集重、亏吨、倒塌、坠落和超限，怕潮和易燃物资应采取相应防潮或防火措施。

第三十三条　物资装车后，接运员、提货人（承运方）应共同检查车门、车窗、厢盖等关闭状态和加固情况，对装载物资的敞车要检查车门插销、底开门搭扣和篷布、苫盖捆绑情况。由接运员填写《物资运输任务单》（表八）交提货人（承运方）。

第三十四条 如物资接收方对出库物资提出质量、数量异议，物资储备库应组织有关人员核查出库物资的实物和账卡，确属少发的要补发，错发和存在质量问题的物资要及时调换。

第三十五条 物资出库后，保管员应及时办理出库物资销账、销卡手续，更新物资垛卡内容。

第七章 安全管理

第三十六条 物资储备库应定期组织对所属工作人员进行安全作业教育，采取必要的安全措施，杜绝违章指挥、违章操作和违反劳动纪律的现象发生，切实保障人身、物资、设施设备的安全。

第三十七条 物资储备库应根据自身实际，制定有关的安全操作规程和检查、维护、保养制度，并根据仓储物资的特点，制定相应的物资安全作业方法，消除事故苗头和隐患，杜绝重大事故的发生。

第三十八条 仓储作业过程中，应设立安全员，负责安全指挥和安全监督。作业人员应服从安全员的指挥，并按规定穿戴、使用作业防护用具。

第三十九条 定期检查和维护保养设施设备，确保设施设备处于良好的技术状态，操作人员应按相关规定持证上岗。

第四十条 库区、库房和货场应按规定设置安全警示及安全通道等标志标识，按要求配备消防器材，所属人员应掌握常用消防器材的使用方法，保证消防设施设备性能完好和有效使用。

第四十一条 物资储备库应根据实际情况安装视频监控、入侵报警等安全技术防范系统，定期对安防设施进行检查、维护和保养，确保安防设施设备正常运行。

第四十二条 物资储备库要建立物资库房钥匙领交登记制度，库房钥匙应集中存放、双人保管。

第四十三条 物资储备库要建立出入库房登记制度，进入存放有物资的库房必须在《进出库人员登记表》上登记。非工作需要严禁进入物资库房。因工作需要，非物资储备库人员进入物资库房的，按下列规定执行：

（一）本系统人员，经物资储备库负责人同意，由物资储备库相关人员陪同进入；

（二）外部业务往来人员，经报物资储备库负责人批准，由物资储备库相关人员随同进入；

（三）地方党政及公安消防等部门人员，经报物资储备库负责人批准，由物资储备相关人员陪同进入，并将有关情况向上级部门报备；

（四）外籍人员，报上级部门批准后，由上级部门和物资储备库相关人员陪同进入。

第四十四条 运输、携带物资出库，应由物资储备库负责人开具出门证，经门卫严格检查后，按规定放行。

第四十五条 物资储备库应制定仓储作业、储存安全、应急响应等各类突发事件应急预案，并定期组织演练，确保应急预案有效实施。

第八章 信息化管理

第四十六条 物资储备库通过中国红十字会灾害管理系统（以下简称“灾害管理系统”）统一实行信息化管理。

第四十七条 物资储备库应将本级和上级储存的物资信息等情况据实录入“灾害管理系统”中，并适时更新信息。

第四十八条 物资储备库物资入库、盘库、转库、出库以及各类报表反馈等工作应通过“灾害管理系统”进行管理。

第四十九条 “灾害管理系统”使用人员应对本人使用的系统账号、口令保密，由于账号、口令泄露造成不良后果的，由账号拥有人负全部责任。

第九章 监督检查

第五十条 上级部门应定期或不定期对物资储备库的日常管理、物资储存、设施设备及安全状况等进行监督检查，对发现的问题及时采取有效措施进行整改。

（一）查数量：物资数量有无短缺，出库、增减、发运是否符合规定，物证账卡是否相符；

（二）查质量：物资外观及包装情况是否完好；物资有无受潮、霉变、虫蛀、鼠咬、锈蚀、氧化、变质、变形、损坏等；

（三）查安全：安全措施是否符合规定要求；监控、照明、避雷、消防等安防设施是否齐备；库房门窗、风洞、门锁是否严密完好；库房钥匙是否集中管理、双人双责等；

（四）查储存条件：物资保管条件是否符合物资性能要求；库容使用是否合理，地坪负荷利用是否恰当，垛形是否稳固，苫、垫是否完好；库房有无渗漏，地坪有无下沉、裂缝；库房通风效果是否良好，库内及周边是否整洁卫生；检验计量器具、备品用具是否完备，存放是否得当等；

（五）查制度落实：物资储备库各项规章制度是否制定完备并符合规定要求；规章制度是否严格执行落实；各项记录、资料、档案是否完整等。

第五十一条 物资储备库自身实行日常检查、定期检查和临时抽查制度。

（一）日常检查。由保管员负责实施，工作日必须每天检查物资和库房（含存放物资的货棚货场）情况，重点检查物资安全和保管条件，并登记当日检查情况。

1. 检查库存物资与物资垛卡标示内容是否相符；

2. 检查物资的质量状况及外表、包装情况是否完好；

3. 检查物资有无受潮、霉变、虫蛀、鼠咬、锈蚀、氧化、变质、变形、损坏等；

4. 检查物资保管条件是否符合物资性能的要求，货垛、货架是否稳固，苫、垫是否完好，库房温湿度是否符合标准，库房有无渗漏，地坪有无下沉、裂缝，通风效果是否良好；

5. 检查库内及周边是否整洁卫生，仓储设施设备存放是否得当；

6. 检查库房安全措施是否符合规定要求，照明、避雷、消防设施是否齐备、完好，门窗、风洞、门锁是否严密完好；

7. 填写《保管员工作日记》。

（二）定期检查。物资储备库负责人应每月对物资保管和仓储安全等情况进行一次检查。

1. 检查库区、库房、物资、设施设备等基本情况；

2. 检查仓储管理各岗位人员作业情况；

3. 查验《保管员工作日记》；

4. 检查物资储备库各项规章制度执行情况。

（三）临时抽查。对上级部门监督检查和物资储备库日常、定期检查中发现问题的整改落实情况进行临时抽查。

第五十二条 各项检查均应按检查内容填写《物资储备库管理检查登记表》(表九)。

第五十三条 对检查中发现的问题须查明原因、分清责任、及时处理、限期解决。重大问题要及时上报，不得隐瞒。

第十章 附则

第五十四条 本细则由中国红十字会总会负责解释。

第五十五条 本细则自印发之日起试行。

关于印发《红十字物资储备库等级评定办法（试行）》的通知

中红字〔2018〕3号

各省、自治区、直辖市红十字会，新疆生产建设兵团红十字会，中国红十字会总会备灾救灾中心，中国红十字会援外物资供应站：

为进一步提升各级红十字会灾害应急能力，不断规范、加强红十字物资储备库的管理、运行和考核，总会制定了《红十字物资储备库等级评定办法（试行）》，现印发给你们，请认真组织学习贯彻执行，并及时转发。

各单位要严格按照文件内容做好组织管理、基础设施建设、仓储设备配备、物资管理、应急响应、信息化管理、安全管理等工作；省级红十字会要依据各类指标对红十字物资储备库进行督导、检查和考核，并严格按照文件规定的流程和方法开展等级评定工作，推动各级红十字物资储备库管理更加统一规范。

特此通知。

附件

红十字物资储备库等级评定办法（试行）

第一章　总则

第一条　为提升各级红十字会灾害应急能力，进一步促进红十字物资储备库规范化管理，依据《中华人民共和国红十字会法》《中共中央　国务院关于推进防灾减灾救灾体制机制改革的意见》《国务院关于促进红十字事业发展的意见》和《中国红十字事业发展规划（2016—2020年）》等相关法律、规定，制定本办法。

第二条　本办法主要用于规范总会及各省（自治区、直辖市）、地（市）、县（区）红十字会物资储备库的管理与运行。

第三条　本办法适用于由总会、省级红十字会组织的物资储备库等级评定工作和县级（含）以上红十字会物资储备库的日常管理、考核。

第四条　红十字物资储备库等级评定坚持依据实绩、客观公正、公平公开、尊重差异、以评促建、以评促管的原则。

第二章　等级分类

第五条　红十字物资储备库等级评定分为四个等级，分别为一级、二级、三级、四级4个评定等级，其中一级为最高等级。

第三章　评定方法

第六条　总会、省级红十字会为主要评定单位，红十字物资储备库一级、二级评定工作由总会组织，三级、四级评定工作由省级红十字会组织，并将评定结果报总会备案。等级评定工作每三年开展一次。

第七条　首次评定，参评单位可在自评基础上，向评定单位申报拟评等级，经评定单位考评后确定等级，此后每三年由评定单位进行等级复核，不符合标准的予以降级。如需申请升级，需在等级复核工作开始前三个月提交自评报告和升级考评申请，由评定单位纳入评定工作范围进行考评定级。

第八条　等级评定由各级红十字会按照“向评定单位提出物资储备库等级评定申请”—“评定单位备案并列入评定计划”—“申请单位自评”—“本级红十字会审核”—“向评定单位提交自评报告”—“评定单位组织评定”—“评定单位公布评定结果”的流程实施。

第九条　各级红十字物资储备库经评定确定等级后，由评定单位授予相应等级牌匾，牌匾样式由总会统一设计。

第四章　附则

第十条　本办法由中国红十字会总会负责解释。

第十一条　本办法自印发之日起试行。

附件

红十字物资储备库等级评定标准及评分细则表

评定指标		物资储备库等级			
一类指标及分值	二类指标及分值	一级评定标准及评分细则	二级评定标准及评分细则	三级评定标准及评分细则	四级评定标准及评分细则
组织管理15分	机构设置2分	1. 由同级机构编制部门核定设立的红十字会备灾救灾机构负责管理。符合要求得2分，不符合要求扣2分	1. 由红十字会备灾救灾机构或由本级红十字（内设部门）负责管理。符合要求得2分，不符合要求扣2分	1. 由本级红十字会负责管理。符合要求得2分，不符合要求扣2分	1. 由本级红十字会负责管理。符合要求得2分，不符合要求扣2分
	制度建设8分	2. 建立岗位责任制，制定物资管理制度、设备设施操作维护制度、安全管理制度、应急响应制度、工作流程等。各项制度要张贴在库区显要位置。每缺少一项制度扣1分，制度没有张贴在库区显要位置扣2分，扣分项超过本项满额的，不再扣分，以下各项同理	2. 建立岗位责任制，制定物资管理制度、设备设施操作维护制度、安全管理制度、应急响应制度、工作流程等。各项制度要张贴在库区显要位置。每缺少一项制度扣1分，制度没有张贴在库区显要位置扣2分，扣分项超过本项满额的，不再扣分，以下各项同理	2. 建立岗位责任制，制定物资管理制度、设备设施操作维护制度、安全管理制度、应急响应制度、工作流程等。各项制度要张贴在库区显要位置。每缺少一项制度扣1分，制度没有张贴在库区显要位置扣2分，扣分项超过本项满额的，不再扣分，以下各项同理	2. 建立岗位责任制，制定物资管理制度、设备设施操作维护制度、安全管理制度、应急响应制度、工作流程等。各项制度要张贴在库区显要位置。每缺少一项制度扣1分，制度没有张贴在库区显要位置扣2分，扣分项超过本项满额的，不再扣分，以下各项同理

续表

评定指标		物资储备库等级			
一类指标及分值	二类指标及分值	一级评定标准及评分细则	二级评定标准及评分细则	三级评定标准及评分细则	四级评定标准及评分细则
组织管理15分	人员管理5分	3. 工作人员包含专职负责人、专职库房管理员、安保消防人员等。 4. 人员经过相关专业培训，特种作业操作岗位（叉车司机、消防员、电梯操作人员、电工人员）须取得相应资格。 5. 每年进行考核，开展或参加相关业务培训。每缺少一项专职人员，扣1分；工作人员未经过专业培训的，根据缺少的专业培训内容酌情扣分，未组织年度考核的，每出现一年次扣1分	3. 工作人员包含专职负责人、库房管理员、安保消防人员等。 4. 人员经过相关专业培训，特种作业操作岗位（叉车司机、消防员、电梯操作人员、电工人员）须取得相应资格。 5. 每年进行考核，开展或参加相关业务培训。每缺少一项专职人员，扣1分；工作人员未经过专业培训的，根据缺少的专业培训内容酌情扣分，未组织年度考核的，每出现一年次扣1分	3. 工作人员包含负责人、库房管理员、安保消防人员（可兼职）等，并经过相关专业培训。每缺少一类工作人员，扣1分；工作人员未经过专业培训的，根据缺少的专业培训内容酌情扣分	3. 有库房管理员（可兼职）等，并经过相关专业培训。本单位无工作人员负责库房管理的，扣5分；有工作人员但未经过专业培训的，根据缺少的专业培训内容酌情扣分
	经费保障（*）	6. 工作经费纳入本级年度财政预算	6. 工作经费纳入本级年度财政预算	4. 工作经费纳入本级年度财政预算	4. 有经费保障正常工作

续表

评定指标		物资储备库等级			
一类指标及分值	二类指标及分值	一级评定标准及评分细则	二级评定标准及评分细则	三级评定标准及评分细则	四级评定标准及评分细则
基础设施10分	红会标志（*）	7. 有红十字标志	7. 有红十字标志	5. 有红十字标志	5. 有红十字标志
	配套设施4分	8. 装卸月台、防雨罩棚、晾晒场、停车场。不符合要求的，每出现一种扣2分	8. 装卸月台、防雨罩棚、晾晒场、停车场。不符合要求的，每出现一种扣2分	6. 装卸作业场地、晾晒场、停车场。不符合要求的，每出现一种扣2分	6. 停车场、装卸作业场地。不符合要求的，每出现一种扣2分
	附属用房4分	9. 办公室、会议室、监控室、警卫室、值班室、车库、配电室、水泵房、清洗用房。不符合要求的，每出现一种扣2分	9. 办公室、监控室、值班室、配电室、水泵房、清洗用房。不符合要求的，每出现一种扣2分	7. 办公室、值班室（可监控）。不符合要求的，每出现一种扣2分	7. 值班室。不符合要求的，扣4分
	仓储标识（1分）	10. 按照要求有仓库各种作业标识。不符合要求的，每出现一种扣1分	10. 按照要求有仓库各种作业标识。不符合要求的，每出现一种扣1分	8. 按照要求有仓库各种作业标识。不符合要求的，每出现一种扣1分	8. 按照要求有仓库各种作业标识。不符合要求的，每出现一种扣1分
	地理位置（1分）	11. 地理位置优越，邻近主要交通设施，便于救灾物资集散。提交设施周边主要高速公路、铁路站场、机场等布局及距离情况，由专家组进行评价	11. 地理位置优越，邻近主要交通设施，便于救灾物资集散。提交设施周边主要高速公路、铁路站场、机场等布局及距离情况，由专家组进行评价	9. 地理位置优越，邻近主要交通设施，便于救灾物资集散。提交设施周边主要高速公路、铁路站场、机场等布局及距离情况，由专家组进行评价	9. 地理位置优越，邻近主要交通设施，便于救灾物资集散。提交设施周边主要高速公路、铁路站场、机场等布局及距离情况，由专家组进行评价

续表

评定指标		物资储备库等级			
一类指标及分值	二类指标及分值	一级评定标准及评分细则	二级评定标准及评分细则	三级评定标准及评分细则	四级评定标准及评分细则
仓储设备 10 分	装卸设备 3 分	12. 叉车≥ 2 台（注 2）、手动液压叉车≥ 5 台、手推平板车、登高梯、登车桥、链式托盘输送机、伸缩皮带机。不符合要求的，每出现一种扣 1 分	12. 叉车（注 2）、手动液压叉车、手推平板车、登高梯。不符合要求的，每出现一种扣 1 分	10. 手动液压叉车、手推平板车、登高梯。不符合要求的，每出现一种扣 1 分	10. 手动液压叉车。不符合要求的，扣 3 分
	存储设备 4 分	13. 货架、托盘、计量仪、苫布、防潮、通风、防鼠、防虫、照明、发电机、仓库温湿度测量仪。不符合要求的，每出现一种扣 1 分	13. 货架、托盘、计量仪、苫布、防潮、通风、防鼠、防虫、照明、发电机、仓库温湿度测量仪。不符合要求的，每出现一种扣 1 分	11. 货架、托盘、计量仪、苫布、防潮、通风、防鼠、防虫、照明、发电机、仓库温湿度测量仪。不符合要求的，每出现一种扣 1 分	11. 托盘、苫布、防潮、通风、防鼠、防虫、照明、仓库温湿度测量仪。不符合要求的，每出现一种扣 1 分
	整理设备 1 分	14. 打包机、薄膜缠绕机、整理平台、清洗消毒设备。不符合要求的，每出现一种扣 1 分	14. 打包机、整理平台。不符合要求的，每出现一种扣 1 分	12. 打包机、整理平台。不符合要求的，每出现一种扣 1 分	12. 包装器材。不符合要求的，扣 1 分
	安全设备（*）	15. 防火、防雷、防静电、防水、防盗报警系统、应急电源、灭火器械、应急照明、监控设备等	15. 防火、防雷、防静电、防水、防盗报警系统、应急电源、灭火器械、应急照明、监控设备等	13. 防火、防雷、防水、防盗报警系统、应急电源、灭火器械、应急照明、监控设备等	13. 防火、防雷、防水、灭火器械、应急照明等

续表

评定指标		物资储备库等级			
一类指标及分值	二类指标及分值	一级评定标准及评分细则	二级评定标准及评分细则	三级评定标准及评分细则	四级评定标准及评分细则
仓储设备10分	办公设备2分	16. 计算机、传真机、打印机、复印机、条形码设备、扫描终端、通信设备等设施。不符合要求的，每出现一种扣1分	16. 计算机、传真机、打印机、复印机、条形码设备、扫描终端、通信设备等设施。不符合要求的，每出现一种扣1分	14. 计算机、传真机、打印机、复印机、条形码设备、扫描终端、通信设备等设施。不符合要求的，每出现一种扣1分	14. 计算机、传真机、打印机、条形码设备、扫描终端、通信设备等设施。不符合要求的，每出现一种扣1分
	设备管理（*）	17. 设备按照固定资产管理要求，专人负责、建档立账、定期检查维护	17. 设备按照固定资产管理要求，专人负责、建档立账、定期检查维护	15. 设备按照固定资产管理要求，专人负责、建档立账、定期检查维护	15. 设备按照固定资产管理要求，专人负责、建档立账、定期检查维护
物资管理5分	物资验收3分	18. 物资验收及时准确、流程规范，及时处理验收中发现的问题。 19. 随机抽检，抽检率达到千分之五，验收记录资料完整。不符合要求的，每出现一种扣1分	18. 物资验收及时准确、流程规范，及时处理验收中发现的问题。 19. 随机抽检，抽检率达到千分之五，验收记录资料完整。不符合要求的，每出现一种扣1分	16. 物资验收及时准确、流程规范，及时处理验收中发现的问题。 17. 随机抽检，抽检率达到千分之五，验收记录资料完整。不符合要求的，每出现一种扣1分	16. 物资验收及时准确、流程规范，及时处理验收中发现的问题。 17. 随机抽检，抽检率达到千分之五，验收记录资料完整。不符合要求的，每出现一种扣1分

续表

评定指标		物资储备库等级			
一类指标及分值	二类指标及分值	一级评定标准及评分细则	二级评定标准及评分细则	三级评定标准及评分细则	四级评定标准及评分细则
物资管理 5分	物资入库（*）	20. 规范填写完整的入库物资统计报表，并及时将相关数据录入灾害管理系统。 21. 物资入库后要分类存放、布局合理、堆放整齐、标识清晰、便于清点查询和装运。 22. 及时建账立卡。按照仓储规范设置垛卡，标明品名、规格、产地、编号、数量、重量、生产日期、有效期、入库时间、调拨记录等，及时入账，并做到实物、账目、垛卡相符	20. 规范填写完整的入库物资统计报表，并及时将相关数据录入灾害管理系统。 21. 物资入库后要分类存放、布局合理、堆放整齐、标识清晰、便于清点查询和装运。 22. 及时建账立卡。按照仓储规范设置垛卡，标明品名、规格、产地、编号、数量、重量、生产日期、有效期、入库时间、调拨记录等，及时入账，并做到实物、账目、垛卡相符	18. 规范填写完整的入库物资统计报表，并及时将相关数据录入灾害管理系统。 19. 物资入库后要分类存放、布局合理、堆放整齐、标识清晰、便于清点查询和装运。 20. 及时建账立卡。按照仓储规范设置垛卡，标明品名、规格、产地、编号、数量、重量、生产日期、有效期、入库时间、调拨记录等，及时入账，并做到实物、账目、垛卡相符	18. 规范填写完整的入库物资统计报表，并及时将相关数据录入灾害管理系统。 19. 物资入库后要分类存放、布局合理、堆放整齐、标识清晰、便于清点查询和装运。 20. 及时建账立卡。按照仓储规范设置垛卡，标明品名、规格、产地、编号、数量、重量、生产日期、有效期、入库时间、调拨记录等，及时入账，并做到实物、账目、垛卡相符

续表

评定指标		物资储备库等级			
一类指标及分值	二类指标及分值	一级评定标准及评分细则	二级评定标准及评分细则	三级评定标准及评分细则	四级评定标准及评分细则
物资管理5分	物资保管（*）	23. 救灾物资码垛应当符合管理规定；救灾物资堆码不得超过地坪负荷设计要求。 24. 按照库号、架号、层号有序分类，定位存放，设置垛卡等明显标识，做到账卡、账物、卡物相符。 25. 物资存储符合“六不”要求：不锈、不潮、不蛀、不霉、不损坏、不少件。 26. 库房及库内救灾物资应保持整洁，备品用具摆放整齐。库房不渗不漏，门窗、风洞、门锁严密完好，启闭灵活，排水畅通。储存的救灾物资及时办理保险	23. 救灾物资码垛应当符合管理规定；救灾物资堆码不得超过地坪负荷设计要求。 24. 按照库号、架号、层号有序分类，定位存放，设置垛卡等明显标识，做到账卡、账物、卡物相符。 25. 物资存储符合“六不”要求：不锈、不潮、不蛀、不霉、不损坏、不少件。 26. 库房及库内救灾物资应保持整洁，备品用具摆放整齐。库房不渗不漏，门窗、风洞、门锁严密完好，启闭灵活，排水畅通。储存的救灾物资及时办理保险	21. 救灾物资码垛应当符合管理规定；救灾物资堆码不得超过地坪负荷设计要求。 22. 按照库号、架号、层号有序分类，定位存放，设置垛卡等明显标识，做到账卡、账物、卡物相符。 23. 物资存储符合“六不”要求：不锈、不潮、不蛀、不霉、不损坏、不少件。 24. 库房及库内救灾物资应保持整洁，备品用具摆放整齐。库房不渗不漏，门窗、风洞、门锁严密完好，启闭灵活，排水畅通。储存的救灾物资及时办理保险	21. 救灾物资码垛应当符合管理规定；救灾物资堆码不得超过地坪负荷设计要求。 22. 按照库号、架号、层号有序分类，定位存放，设置垛卡等明显标识，做到账卡、账物、卡物相符。 23. 物资存储符合“六不”要求：不锈、不潮、不蛀、不霉、不损坏、不少件。 24. 库房及库内救灾物资应保持整洁，备品用具摆放整齐。库房不渗不漏，门窗、风洞、门锁严密完好，启闭灵活，排水畅通。储存的救灾物资及时办理保险

续表

评定指标		物资储备库等级			
一类指标及分值	二类指标及分值	一级评定标准及评分细则	二级评定标准及评分细则	三级评定标准及评分细则	四级评定标准及评分细则
物资管理 5分	物资出库（*）	27. 物资出库流程规范、制度健全，凭证完整，手续齐备，出库物资数量、批次准确无误，无质量问题。出库登记表格填写完整、字迹清楚、无涂改、签章齐全、格式统一，并及时录入灾害管理系统。 28. 物资装车时要做到不错装、不漏装，防止偏载、超载、集重、亏吨、倒塌、坠落和超限。怕潮和易燃物资应采取相应防潮或防火措施。 29. 物资出库时要及时通知接收单位，并按对方要求的时间、地点及时将物资送达。接收单位按规定出具物资收据	27. 物资出库流程规范、制度健全，凭证完整，手续齐备，出库物资数量、批次准确无误，无质量问题。出库登记表格填写完整、字迹清楚、无涂改、签章齐全、格式统一，并及时录入灾害管理系统。 28. 物资装车时要做到不错装、不漏装，防止偏载、超载、集重、亏吨、倒塌、坠落和超限。怕潮和易燃物资应采取相应防潮或防火措施。 29. 物资出库时要及时通知接收单位，并按对方要求的时间、地点及时将物资送达。接收单位按规定出具物资收据	25. 物资出库流程规范、制度健全，凭证完整，手续齐备，出库物资数量、批次准确无误，无质量问题。出库登记表格填写完整、字迹清楚、无涂改、签章齐全、格式统一，并及时录入灾害管理系统。 26. 物资装车时要做到不错装、不漏装，防止偏载、超载、集重、亏吨、倒塌、坠落和超限。怕潮和易燃物资应采取相应防潮或防火措施。 27. 物资出库时要及时通知接收单位，并按对方要求的时间、地点及时将物资送达。接收单位按规定出具物资收据	25. 物资出库流程规范、制度健全，凭证完整，手续齐备，出库物资数量、批次准确无误，无质量问题。出库登记表格填写完整、字迹清楚、无涂改、签章齐全、格式统一，并及时录入灾害管理系统。 26. 物资装车时要做到不错装、不漏装，防止偏载、超载、集重、亏吨、倒塌、坠落和超限。怕潮和易燃物资应采取相应防潮或防火措施。 27. 物资出库时要及时通知接收单位，并按对方要求的时间、地点及时将物资送达。接收单位按规定出具物资收据

续表

评定指标		物资储备库等级			
一类指标及分值	二类指标及分值	一级评定标准及评分细则	二级评定标准及评分细则	三级评定标准及评分细则	四级评定标准及评分细则
物资管理 5分	物资盘点（*）	30. 每月对物资进行盘点，并上报盘点报表。盘点报表应登记盘点时间、方法、内容、数量、质量等情况，相关责任人签字确认。及时处理发现的问题，做到物资盈亏有原因、损坏有报告、调整有依据。 31. 建立严格的报损制度，库房管理员要定期向主管部门汇报物资储备安全情况，对到保质期或发霉变质的物资要及时向主管部门提出处理意见，由主管部门审查确认批准后，按有关规定及时报损。凡已经报损的物资，要及时销账并注明损耗原因、数量、总价值、批准人等，以便备查	30. 每月对物资进行盘点，并上报盘点报表。盘点报表应登记盘点时间、方法、内容、数量、质量等情况，相关责任人签字确认。及时处理发现的问题，做到物资盈亏有原因、损坏有报告、调整有依据。 31. 建立严格的报损制度，库房管理员要定期向主管部门汇报物资储备安全情况，对到保质期或发霉变质的物资要及时向主管部门提出处理意见，由主管部门审查确认批准后，按有关规定及时报损。凡已经报损的物资，要及时销账并注明损耗原因、数量、总价值、批准人等，以便备查	28. 每月对物资进行盘点，并上报盘点报表。盘点报表应登记盘点时间、方法、内容、数量、质量等情况，相关责任人签字确认。及时处理发现的问题，做到物资盈亏有原因、损坏有报告、调整有依据。 29. 建立严格的报损制度，库房管理员要定期向主管部门汇报物资储备安全情况，对到保质期或发霉变质的物资要及时向主管部门提出处理意见，由主管部门审查确认批准后，按有关规定及时报损。凡已经报损的物资，要及时销账并注明损耗原因、数量、总价值、批准人等，以便备查	28. 每月对物资进行盘点，并上报盘点报表。盘点报表应登记盘点时间、方法、内容、数量、质量等情况，相关责任人签字确认。及时处理发现的问题，做到物资盈亏有原因、损坏有报告、调整有依据。 29. 建立严格的报损制度，库房管理员要定期向主管部门汇报物资储备安全情况，对到保质期或发霉变质的物资要及时向主管部门提出处理意见，由主管部门审查确认批准后，按有关规定及时报损。凡已经报损的物资，要及时销账并注明损耗原因、数量、总价值、批准人等，以便备查

续表

评定指标		物资储备库等级			
一类指标及分值	二类指标及分值	一级评定标准及评分细则	二级评定标准及评分细则	三级评定标准及评分细则	四级评定标准及评分细则
物资管理 5分	优化提升 2分	32. 救灾物资堆码应充分利用库内可用面积。有救灾物资堆码应充分利用库内可用面积的详细方案并实施，但方案不完善，无法体现特色的，专家组可酌情扣分	32. 救灾物资堆码应充分利用库内可用面积。有救灾物资堆码应充分利用库内可用面积的详细方案并实施，但方案不完善，无法体现特色的，专家组可酌情扣分	30. 救灾物资堆码应充分利用库内可用面积。有救灾物资堆码应充分利用库内可用面积的详细方案并实施，但方案不完善，无法体现特色的，专家组可酌情扣分	30. 救灾物资堆码应充分利用库内可用面积。有救灾物资堆码应充分利用库内可用面积的详细方案并实施，但方案不完善，无法体现特色的，专家组可酌情扣分
应急响应 25分	响应机制 5分	33.包含应急准备、应急启动、救援行动、突发事件应对、应急终止等方案。不符合要求的，每出现一种扣1分	33.包含应急准备、应急启动、救援行动、突发事件应对、应急终止等方案。不符合要求的，每出现一种扣1分	31.包含应急准备、应急启动、救援行动、突发事件应对、应急终止等方案。不符合要求的，每出现一种扣1分	31.包含应急准备、应急启动、救援行动、突发事件应对、应急终止等方案。不符合要求的，每出现一种扣1分

续表

评定指标		物资储备库等级			
一类指标及分值	二类指标及分值	一级评定标准及评分细则	二级评定标准及评分细则	三级评定标准及评分细则	四级评定标准及评分细则
应急响应25分	应急能力10分	34. 具备国内国际航空、铁路、海运、公路物资运输协调能力。不符合要求的，每出现一种扣1分。 35. 接到物资出库任务后，发运时间不超过3小时（注3）。不符合要求的，扣5分。 36. 紧急情况下，具备临时仓储扩展、物资接收和应急志愿者招募、管理能力。不符合要求的，每出现一种扣1分	34. 具备国内国际航空、铁路、海运、公路物资运输协调能力。不符合要求的，每出现一种扣1分。 35. 接到物资出库任务后，发运时间不超过3小时（注3）。不符合要求的，扣5分。 36. 紧急情况下，具备临时仓储扩展、物资接收和应急志愿者招募、管理能力。不符合要求的，每出现一种扣1分	32. 具备救灾物资物流运输能力。不符合要求的，扣3分。 33. 接到物资出库任务后，发运时间不超过3小时（注3）。不符合要求的，扣5分。 34. 紧急情况下，具备临时仓储扩展、物资接收和应急志愿者招募、管理能力。不符合要求的，每出现一种扣1分	32. 具备救灾物资物流运输能力。不符合要求的，扣3分。 33. 接到物资出库任务后，发运时间不超过3小时（注3）。不符合要求的，扣5分。 34. 紧急情况下，具备临时仓储扩展、物资接收和应急志愿者招募、管理能力。不符合要求的，每出现一种扣1分
	预案演练5分	37. 每年组织应急响应演练不少于2次。不符合要求的，扣5分	37. 每年组织应急响应演练不少于1次。不符合要求的，扣5分	35. 每年组织应急响应演练不少于1次。不符合要求的，扣5分	35. 每年组织应急响应演练不少于1次。不符合要求的，扣5分

续表

评定指标		物资储备库等级			
一类指标及分值	二类指标及分值	一级评定标准及评分细则	二级评定标准及评分细则	三级评定标准及评分细则	四级评定标准及评分细则
应急响应25分	动员能力5分	38. 拥有20名以上志愿者的动员能力。不符合要求的，每少1人扣1分。 39. 拥有10辆以上运输车辆动员能力。不符合要求的，每少1辆扣1分	38. 拥有15名以上志愿者的动员能力。不符合要求的，每少1人扣1分。 39. 拥有8辆以上运输车辆动员能力。不符合要求的，每少1辆扣1分	36. 拥有10名以上志愿者的动员能力。不符合要求的，每少1人扣1分。 37. 拥有4辆以上运输车辆动员能力。不符合要求的，每少1辆扣1分	36. 拥有5名以上志愿者的动员能力。不符合要求的，每少1人扣1分。 37. 拥有2辆以上运输车辆动员能力。不符合要求的，每少1辆扣1分
信息化管理5分	信息系统3分	40. 物资全部录入中国红十字会灾害管理系统，物资储备、调拨管理全部通过系统进行。不符合要求的，每出现一种扣1分	40. 物资全部录入中国红十字会灾害管理系统，物资储备、调拨管理全部通过系统进行。不符合要求的，每出现一种扣1分	38. 物资全部录入中国红十字会灾害管理系统，物资储备、调拨管理全部通过系统进行。不符合要求的，每出现一种扣1分	38. 物资全部录入中国红十字会灾害管理系统，物资储备、调拨管理全部通过系统进行。不符合要求的，每出现一种扣1分
	能力建设2分	41. 管理人员经过培训，能熟练操作灾害管理系统。不符合要求的，每出现一种扣1分	41. 管理人员经过培训，能熟练操作灾害管理系统。不符合要求的，每出现一种扣1分	39. 管理人员经过培训，能熟练操作灾害管理系统。不符合要求的，每出现一种扣1分	39. 管理人员经过培训，能熟练操作灾害管理系统。不符合要求的，每出现一种扣1分

续表

评定指标		物资储备库等级			
一类指标及分值	二类指标及分值	一级评定标准及评分细则	二级评定标准及评分细则	三级评定标准及评分细则	四级评定标准及评分细则
安全管理20分	保障措施20分	42. 制定安全保卫制度、安全操作规程，落实安全责任人。不符合要求的，每出现一种扣1分。 43. 定期开展安全检查，有安全工作及活动记录。不符合要求的，每出现一种扣1分。 44. 有安全保障设备设施，且完好有效，相关工作人员会熟练使用。不符合要求的，每出现一种扣1分。 45.库内严禁烟火，设有明显的禁止抽烟、禁止攀爬、防火、防水、防雷、防高压电、防静电、防坠落、消防设施、佩戴安全帽等各类相关警示标志。不符合要求的，每出现一种扣1分。发生安全事故的，扣5分	42. 制定安全保卫制度、安全操作规程，落实安全责任人。不符合要求的，每出现一种扣1分。 43. 定期开展安全检查，有安全工作及活动记录。不符合要求的，每出现一种扣1分。 44. 有安全保障设备设施，且完好有效，相关工作人员会熟练使用。不符合要求的，每出现一种扣1分。 45.库内严禁烟火，设有明显的禁止抽烟、禁止攀爬、防火、防水、防雷、防高压电、防静电、防坠落、消防设施、佩戴安全帽等各类相关警示标志。不符合要求的，每出现一种扣1分。发生安全事故的，扣5分	40. 制定安全保卫制度、安全操作规程，落实安全责任人。不符合要求的，每出现一种扣1分。 41. 定期开展安全检查，有安全工作及活动记录。不符合要求的，每出现一种扣1分。 42. 有安全保障设备设施，且完好有效，相关工作人员会熟练使用。不符合要求的，每出现一种扣1分。 43.库内严禁烟火，设有明显的禁止抽烟、禁止攀爬、防火、防水、防雷、防高压电、防静电、防坠落、消防设施、佩戴安全帽等各类相关警示标志。不符合要求的，每出现一种扣1分。发生安全事故的，扣5分	40. 制定安全保卫制度、安全操作规程，落实安全责任人。不符合要求的，每出现一种扣1分。 41. 定期开展安全检查，有安全工作及活动记录。不符合要求的，每出现一种扣1分。 42. 有安全保障设备设施，且完好有效，相关工作人员会熟练使用。不符合要求的，每出现一种扣1分。 43.库内严禁烟火，设有明显的禁止抽烟、禁止攀爬、防火、防水、防雷、防高压电、防静电、防坠落、消防设施、佩戴安全帽等各类相关警示标志。不符合要求的，每出现一种扣1分。发生安全事故的，扣5分

续表

评定指标		物资储备库等级			
一类指标及分值	二类指标及分值	一级评定标准及评分细则	二级评定标准及评分细则	三级评定标准及评分细则	四级评定标准及评分细则
监督检查 5分	目标考核 5分	46. 对仓储管理工作定期开展内部检查和自评，及时解决发现的问题，改进工作。不符合要求的，每出现一种扣1分。 47. 有完整的考核、检查计划，记录、总结等材料。不符合要求的，每出现一种扣1分	46. 对仓储管理工作定期开展内部检查和自评，及时解决发现的问题，改进工作。不符合要求的，每出现一种扣1分。 47. 有完整的考核、检查计划，记录、总结等材料。不符合要求的，每出现一种扣1分	44. 对仓储管理工作定期开展内部检查和自评，及时解决发现的问题，改进工作。不符合要求的，每出现一种扣1分。 45. 有完整的考核、检查计划，记录、总结等材料。不符合要求的，每出现一种扣1分	44. 对仓储管理工作定期开展内部检查和自评，及时解决发现的问题，改进工作。不符合要求的，每出现一种扣1分。 45. 有完整的考核、检查计划，记录、总结等材料。不符合要求的，每出现一种扣1分
特色工作 5分	创新措施 5分	48. 结合具体工作实际，提出创新性工作措施，并起到良好工作效果。提交相关材料，由考评组进行评价	48. 结合具体工作实际，提出创新性工作措施，并起到良好工作效果。提交相关材料，由考评组进行评价	46. 结合具体工作实际，提出创新性工作措施，并起到良好工作效果。提交相关材料，由考评组进行评价	46. 结合具体工作实际，提出创新性工作措施，并起到良好工作效果。提交相关材料，由考评组进行评价

标注：

1. * 标志代表为必须满足选项。

2. 要求叉车额定载重量在1吨以上，可以采用租赁形式，但需签署一年以上长期租赁协议。

3. 应急响应能力评价发运时间为接收到命令后，组织救灾物资装卸搬运活动，在规定时间内完成一辆规定货车的装车任务，车辆额定载重量不小于5吨，以现场实际测试时间为准。

4. 评定期内，如参评单位出现重大安全事故的则取消评审资格。

5. 由评审组按照等级评定打分表进行逐项打分，各等级物资储备库的最后得分90分（含）以上，则认定为对应等级的红十字物资储备库。

关于加强人道资源动员工作的指导意见

中红字〔2018〕4号

各省、自治区、直辖市红十字会，新疆生产建设兵团红十字会，全国铁路系统红十字会，各副省级城市红十字会：

人道资源是为红十字人道救助工作和人道服务工作所提供的财力、物力、人力等各种资源的总称，它包括红十字会为履行法定职责面向社会募集的资金和物资，也包括来自政府、企业、其他社会组织以及红十字运动内部为支持人道事业提供的各种资源。为深入贯彻落实党的十九大精神和习近平总书记关于红十字事业发展的重要指示精神，有效解决人道需求巨大与人道资源供给不足等突出问题，现就进一步加强红十字系统的人道资源动员工作提出如下意见。

一、充分认识加强人道资源动员工作的重要意义

（一）人道资源是红十字会依法履责、有效开展人道救助和人道服务工作的重要支撑。国际红十字运动是志愿救济运动，红十字事业赖以持续发展的财力、物力、人力等人道资源需要红十字组织积极争取和广泛动员。人道资源动员工作是红十字会最基础、最核心的工作，是依法履责、有效开展人道救助和人道服务工作的前提和基础。在党和政府的高度重视和正确领导下，在全社会的广泛参与和大力支持下，我国红十字事业取得了长足发展，但是随着人民群众对于人道救助和人道服务的新需求、新期待不断增加，人道资源存在供给不足、供需矛盾突出等问题。因此，加强人道资源动员工作，为有人道需求的人民群众及时提供人道服务供给，是红十字会应尽的法定职责，也是坚持以人民为中心、不断满足人民美好生活需要的实际行动。

（二）加强人道资源动员工作是增强红十字组织核心竞争力的现实需要。近年来，党和政府高度重视公益慈善事业的发展，我国公益慈善领域呈现出多元发展、充分竞争等新趋势新变化。一方面，随着经济社会的发展和社会公众参与公益慈善事业热情的高涨，人道资源供给日益丰富；另一方面，随着公益慈善组织的数量快速增长，参与社会资源募集的主体日益增多，加剧了公益资源的分化和竞争。特别是随着互联网信息时代的加速发展，“互联网＋公益”的资源动员进入新常态，人道资源动员工作面临着良好的发展机遇，也面临着诸多新的挑战。从总体上看，红十字系统的资源动员能力与红十字组织应有的地位作用还不相适应，与党和人民的要求和期待还有距离，红十字会的核心竞争力需要进一步增强。因此，要进一步增强各级红十字组织的责任感、紧迫感和使命感，采取有效措施把人道资源动员工作提高到一个新水平。

（三）加强人道资源动员工作是新时代中国特色红十字事业可持续发展的必由之路。经过长期努力，中国特色社会主义进入了新时代。新时代要有新气象，更要有新作为。各级红十字会必须紧紧围绕党和国家中心任务，着眼于人民日益增长的美好生活需要和不平衡不充分的发展之间的矛盾，着眼于共建人类命运共同体、发挥国际红十字运动重要成员的作用，以人道需求为导向，以真心关爱群众为目标，加强人道资源的动员和开发，夯实开展人道救助和人道服务工作的物质基础，不断壮大红十字会的人道救助实力，保障新时代中国特色红十字事业持续健康发展。

二、明确人道资源动员工作的指导思想和目标任务

（一）指导思想

以党的十九大精神和习近平新时代中国特色社会主义思想为指引，全面贯彻新发展理念，进一步解放思想，改革创新，发挥优势，突出特色，不断增强人道资源的开发动员能力，为红十字会依法履责、增强核心竞争力，实现红十字事业持续健康发展提供支撑和保障，努力开创人道资源动员工作的新局面。

（二）基本原则

1. 开放共享，合作共赢。坚持社会化、开放式的资源动员机制，广泛动员社会力量参与和支持红十字事业，为爱心企业履行社会责任、为爱心人士奉献社会搭建开放共享的人道服务平台。

2. 改革创新，与时俱进。主动适应新时代、新形势、新要求和新变化，注重学习运用先进理念和新兴技术，推进人道服务供给侧结构改革，不断创新人道资源动员方式。

3. 公开透明，专业运作。建立健全“合作高效、协调统一”的资源动员机制，培养专业化资源动员人才，加强互联网信息技术开发利用，不断提升人道资源动员能力和水平。

4. 因地制宜，持续推进。要围绕党和政府中心工作，结合当地人道需求和人道资源状况等实际情况，发挥自身优势，创造性针对性持续性地开展人道资源动员工作。

（三）总体目标

各级红十字会的人道资源动员能力不断提高，人道资源动员方式不断拓展创新，具有社会效益和广泛影响的资源动员活动（项目）不断开展，社会化、信息化、专业化、制度化的资源动员新机制基本形成，政府资助逐年加大，社会募捐总额逐年上升，红十字人道救助实力和人道服务能力不断增强，红十字会的社会公信力持续提升。

三、着力推进重点领域的人道资源动员工作

（一）以需求为导向策划实施公益项目，广泛动员社会资源。红十字组织如果没有符合社会需求的公益项目，就难以动员和凝聚广泛的社会资源。要围绕红十字会的法定职责和核心业务，结合各地实际，精心设计符合社会需求的人道服务项目，吸引汇聚社会资源，打造具有红十字特色的项目品牌。要上下合力，继续大力推进实施“红十字博爱家园”“红十字天使计划”“红十字博爱送万家”“红十字众筹扶贫大赛”等特色品牌项目，加大项目的宣传力度，动员和凝聚更多的社会资源参与和支持。

（二）积极承接政府购买服务，主动争取政府资源。党和政府的支持是红十字事业健康发展的根本保证，也是红十字组织人道资源的重要来源。各级红十字会要紧紧抓住新修订《中华人民共和国红十字会法》颁布实施、国务院政策文件和红十字会改革方案相继出台的良好机遇，积极争取财政资金、人员编制、公益岗位、办公场地、设施设备等政府资源的支持。同时，要根据社会需求，精心设计既便于政府购买、又便于公众参与的人道公益项目，积极承接政府的购买服务，提升自身承接能力，努力当好人道领域的政府助手。

（三）发挥会员和志愿者作用，进一步动员红十字运动的内部资源。红十字会是既有会员又有志愿者的组织，会员和志愿者是红十字运动重要的人道资源，志愿服务更是红十字运动的基本原则。各级红十字会要高度重视会员和志愿者两大资源群体，充分发挥其在紧急救援、应急救护、防灾避险、扶贫恤病、助老助残以及无偿献血、造血干细胞捐献、遗体和人体器官捐献等人道工作领域的积极作用，为广大会员、志愿者参与志愿服务和奉献爱心提供平台和渠道。要学习借鉴国外红十字会和其他社会组织在动员会员和志愿者资源方面的经验，用新的发展理念开拓发掘资源动员的新领域。

（四）适应互联网时代发展趋势，大力提升互联网资源动员能力。互联网特别是移动互联网的快速发展，深刻改变着社会生活，“互联网＋公益”成为公益慈善新常态，呈现蓬勃发展态势。互联网募捐因其开放性、便捷性和低成本，吸引了公众的广泛参与，资源动员开始从传统模式向新型模式转变。各级红十字会要适应移动互联网和大数据时代的发展趋势，牢固树立互联网思维意识，切实加强与互联网平台的公益合作，积极探索在互联网平台开展人道资源动员工作，不断提升互联网时代资源动员工作的系统能力和整体水平。

（五）鼓励创设专项基金，支持红十字基金会发展，积极拓展人道资源动员新途径。建立专项公益基金、发起成立红十字基金会，是中国特色红十字事业的一大创新，也是人道资源动员的重要途径。红十字基金会是由红十字会发起、依据《中华人民共和国慈善法》和《基金会管理条例》在民政部门注册登记的专业从事资源动员的社会组织，是中国特色红十字事业的重要组成部分。举办基金会可有效发挥其资源动员专业性、体制机制灵活性等优势，有利于进一步拓展红十字系统的人道资源动员途径。各地要认真贯彻落实中国红十字会总会《关于进一步加强地方性红十字基金会规范管理的意见》，充分发挥基金会在资源动员方面的积极作用，使之成为人道资源动员的重要渠道和平台，形成“1+1 ＞ 2”的品牌效应。

专项基金是红十字会（或红十字基金会）与捐赠人共同发起设立的不具有法人资格的公益平台，也是一种重要的资源动员模式。设立专项基金有利于增加对捐赠人的吸引力，有利于培养长期捐赠客户。专项基金因其管理民主、公开透明以及项目执行的开放性和参与感受到捐赠人欢迎。相关红十字会和红十字基金会要依据慈善法、红十字会法和民政部《关于加强专项基金规范管理的通知》以及《中国红十字会专项公益基金管理办法》的要求，切实做好专项基金的设立和管理工作，发挥其在人道资源动员方面的优势和作用。

（六）支持创办公益实体，积极探索可持续的资源动员渠道。近年来，国务院先后出台了《关于促进红十字事业发展的意见》《关于促进慈善事业发展的指导意见》《关于加快发展养老服务业的若干意见》《关于促进社会办医加快发展的若干政策措施》等一系列政策文件，支持和鼓励红十字会等社会组织兴办医疗、康复、养老等社会公益事业。慈善法、红十字会法等法律法规也为包括红十字会在内的社会力量兴办社会公益实体提供了法律依据。有条件的红十字会要学习借鉴国外红十字会的成功经验和做法，进一步解放思想，大胆探索，通过创办公益实体，既为社会提供人道领域的公共服务，又为红十字会提供可持续的人道资源。

四、切实加强对人道资源动员工作的领导和支持

（一）加强对人道资源动员工作的组织领导。人道资源动员工作关键在领导，领导的认识高度、重视程度直接关系到人道资源动员工作的成效。各级红十字会要进一步提高认识，加强领导，把人道资源动员工作列入红十字会的核心工作。主要领导要亲自抓，分管领导要具体抓，领导班子要共同抓。要研究制定人道资源动员的年度目标和中长期发展规划，实行目标考核，努力在激烈的资源竞争中赢得更多的合作伙伴和更多的社会资源。

（二）加强资源动员的机构和人才队伍建设。人道资源动员是一项专业性很强的工作，人员配备至关重要。各级红十字会要学习借鉴国内外先进经验，建立可持续的资源动员机制，整合内部工作机构，强化资源动员职能，配备专门人员，拓宽选人用人渠道，引进筹资人才，建立一支具有专业素质和能力的资源动员工作队伍，把红十字会的人道资源动员工作提高到一个新水平。

（三）形成资源动员工作的整体合力。人道资源动员工作需要各级红十字会的广泛参与和共同努力。各级红十字会要牢固树立全员筹资意识、服务筹资意识和服务捐赠人意识，抓住红十字事业发展的大好机遇，勇于变革、勇于创新，以永不懈怠的精神状态和一往无前的奋进姿态做好人道资源动员工作，努力开创新时代中国特色红十字事业新局面。

关于嘉奖2017年度优秀红十字志愿者的决定

中红字〔2018〕6号

各省（自治区、直辖市）红十字会，新疆生产建设兵团红十字会：

2017年以来，全国各级红十字会认真学习贯彻落实党的十九大精神，大力弘扬“人道、博爱、奉献”的红十字精神，围绕党和国家中心任务，坚持面向基层、面向群众、面向最易受损群体的人道服务需求，在应急救援、健康救护、人道救助、社区服务、宣传无偿献血、捐献造血干细胞、遗体（器官）捐献、人道精神传播、海外志愿服务等领域开展了形式多样、扎实有效的志愿服务，受到了党和政府的充分肯定，赢得了社会各界的普遍赞誉，涌现出一大批优秀的红十字志愿者。

为总结经验，激励先进，在全社会进一步倡导红十字志愿服务精神，促进红十字志愿服务活动深入持久地开展，充分发挥广大红十字志愿者在社会主义精神文明建设中的重要作用，总会决定，对丁茂洲等197名2017年度优秀红十字志愿者予以嘉奖。

这次受到嘉奖的志愿者是广大红十字志愿者中的优秀代表，他们以饱满的热情和强烈的社会责任感，从我做起、勇于实践、乐于奉献，长期坚持参加红十字志愿服务并取得突出的成绩。希望受嘉奖的志愿者珍惜荣誉、再接再厉，坚持高标准、严要求，再创佳绩，再立新功，带头承担起推动红十字志愿服务事业发展的光荣使命。

总会号召广大红十字会员和志愿者、各级红十字会和红十字志愿服务组织以受到嘉奖的优秀红十字志愿者为榜样，学习他们的先进事迹和志愿服务精神，锐意进取、开拓创新，不断增强红十字志愿服务组织的吸引力和凝聚力，不断培育和完善示范性更强的红十字志愿服务项目，为推进中国特色红十字志愿服务事业，推进国家治理体系和治理能力现代化，为决胜全面建成小康社会、夺取新时代中国特色社会主义伟大胜利、实现中华民族伟大复兴的中国梦、实现人民对美好生活的向往作出新的贡献。

附件

2017 年度优秀红十字志愿者名单

丁茂洲（陕西省安康市汉滨区瀛湖镇三星小学）

于素静（唐山市卫生干部进修学校）

才仁巴毛（青海省玉树州广播电视台）

马文波（云南省玉溪市澄江县磷化公司）

丰存旭（甘肃省红十字会志愿服务领导小组办公室）

王书武（辽宁省沈阳市和平区公共服务中心）

王冬华（呼伦贝尔市扎兰屯市红十字会志工委）

王　伟（枣庄矿业集团公司蒋庄煤矿）

王　芳（镇江市工商联宣教处）

王建兵（东营鑫通出租汽车有限公司）

王俊周（乌鲁木齐伊力食品有限责任公司生产一部）

王　勇（杭州出租汽车集团有限公司）

王　莘（南京鼓楼医院集团安庆市石化医院）

王晓明（哈尔滨市轴承制造有限公司质量管理部）

王晓燕（四川省绵阳市中心医院）

王　涛（常州永盛电器配件厂）

王　喆（沈阳市铁西区妇婴医院）

王　晶（朝阳市朝阳县种子管理站）

王　聪（中国中化集团公司）

亓学江（鹤岗市红十字志愿服务工作委员会）

尤志富（台州市红十字会温岭松门急救站）

牛振西（郑州市城市照明灯饰管理处）

毛亚明（天津顺丰速递有限公司）

毛　俊（上海石化股份有限公司烯烃部）

方向红（上海市杨浦区同济小学）

邓义敏（昆明清源自来水有限公司）

邓家镇（广州市港深物业发展有限公司）

甘立荣（兵团第三师医学会医疗事故技术鉴定工作办公室）

葛力溶（浙江经视）

左月清（荆门市掇刀区团林镇赵庙村四组）

石云根（泰州市公共交通有限公司）

叶伟棠（宁波市鄞州区曙光中学）

叶　晨（中国铁路沈阳局集团有限公司）

白　静（北京朝阳劲松文体协会劲松街道红十字志愿者之家）

乐　涛（新华报业传媒集团视觉传媒中心）

冯卫忠（广东壹加壹商业连锁有限公司）

冯　庚（退休）

冯战功（陕西省三原县眼科医院）

冯海河（河南见地律师事务所）

邢　春（自由职业）
邢蕴静（退休）
吉　兵（宁德市红十字水上安全志愿服务队）
朱　丹（贵阳市南明区六和志愿服务中心）
朱发明（浙江省血液中心）
朱娉娉（平凉市红十字无偿献血志愿者服务队）
朱德盛（湖北职业技术学院后勤服务中心）
任　艺（深圳市德义爱心促进会）
任抗战（多氟多化工股份有限公司）
刘小娟（首都医科大学附属北京朝阳医院）
刘玉芬（长沙市天心区红十字志愿服务队）
刘玉敏（内蒙古呼和浩特市新城区团结小学）
刘红丽（河北省红十字捐献造血干细胞志愿服务大队）
刘志雄（三明市红十字水上安全救生志愿服务队）
刘明慧（四川省德阳市二重万信工程设备有限公司）
刘晓民（邯郸市成安县漳河店镇洛町村卫生室）
刘家铭（建行临沂铁路支行）
刘　彬（山东齐星新材料科技有限公司）
汤志刚（黔西南州中鼎吊装有限公司）
许冬梅（北京回龙观医院）
许志红（山西医科大学第二医院）
许鹏志（成都仁人教育支援咨询有限公司）
杜丽梅（个体经营户）
李玉珠（退休）
李宏祥（安徽省天长市公安局）
李奋生（晋中学院）
李　政（新城西街办事处艺南社区）
李柯霖（郑州市金水区红十字会风马旗救援队）
李　峰（中共山东省纪委办公厅）
李雪云（天津市第一百中学）
杨　云（中国新闻社贵州分社）
杨志英（海南嘉和泰建筑装饰有限公司）
杨希军（营口市食品药品监督管理局）
杨　洋（北京华宇公益基金会）
杨　涛（云南省昆明高新区欣欣幼儿园）
杨雪瑶（云南省红十字备灾救灾中心志愿服务队）
杨淑宇（云南省红河州泸西县人民医院）
杨　琳（陕西省西安市西一路街办尚朴社区）
杨　滢（黄石市第二医院护理部）
肖立文（吉林省长春市食品药品监督管理局）
肖　兵（四川警察学院）
肖凌凤（济南市中心医院）
吴大义（白城市红十字爱心家园）
吴志英（陕西省新闻出版局）
吴　玥（自由职业）
吴晓建（济南市第八人民医院）
吴锦泉（南通市港闸区五星村）
吴慧群（江西省人民医院妇科）
何　力（南宁市红十字蓝天救援队）
何青松（江西省人民医院）
余泳龙（珠海市体育中心游泳馆）
余恩俊（云南省红十字备灾救灾中心志愿服务队）
余　雷（无锡市探险协会）

汪天明（黄冈市红安县永佳河工商所）
沙尼汗·艾塔木（阜康市文化路社区居家养老点）
沈文龙（上海外国语大学校红十字会）
沈晓进（云南省昆明市农业科学研究院）
宋亚贤（石家庄物德齐装饰工程有限公司）
张　华（海南医学院国际护理学院）
张　兵（东海建设集团有限公司）
张　欣（西南大学红十字志愿服务队）
张建琴（赤峰宝山医院）
张春艳（吉林省延边龙井市东山实验小学）
张　俊（南宁市中润置业发展有限公司）
张艳红（天津市第一百中学）
张　健（江西省赣州市兴国县水利局防汛办）
张海龙（芜湖市 120 急救中心）
张　菊（郑州市金水区红十字会孝慈志愿者服务队）
张超伟（洛阳市红十字会神鹰救援队）
张　煜（青海大学红十字会）
张慧敏（江苏省徐州市沛县人民医院）
张　磊（天津外国语大学学生处）
陆仁平（自由职业）
陈云芬（云南日报科教部）
陈　丹（南充市老干部活动中心）
陈　旭（湖南省红十字会博爱快乐行助学社）
陈　红（海口市龙华区天天假日宾馆）
陈丽新（贵阳癫痫病研究院）
陈秀娟（退休）
陈　虎（解放军第 307 医院）
陈　俊（南宝玉宝股份有限公司韶关分公司）
陈艳清（云南爱咨家艾滋病咨询中心）
陈　辉（福建省红十字会水上安全救生志愿服务队）
范忠良（恩斯克投资有限公司）
林丽华（漳州红十字义工服务团）
林　灵（赣州医药集团）
罗　维（重庆市大渡口区新闻宣传中心）
图尔洪·巴拉提（和田地区红十字志愿服务中心）
岳　萍（内蒙古自治区红十字会）
金　灿（湖南省红十字蓝天救援队）
周建胜（新疆石河子大学后勤管理处）
周思琦（西南财经大学红十字会）
周晓舟（广东药科大学附属第一医院）
郑志军（泉州市红十字迅捷应急救援队）
郑君华（上海市浦东新区人民医院）
孟正亮（陕西省石泉县池河镇合一村）
项　阳（自由职业）
赵玉坤（南京市红十字会捐献遗体器官志愿者之友协会）
赵红缨（乌鲁木齐市公交珍宝巴士有限公司总部）
赵　菲（中山大学附属第八医院 深圳福田）
赵梅花（河南省科学院生物研究所）
赵　硕（顺丰公益基金会）
赵　静（河北医科大学临床学院团委）
赵翠娥（银川市妇幼保健院）
胡晴钰（广西中医药大学）
胡增亮（河北经贸大学）
禹登容（遵义市义工联合会）
侯延峰（银川市第一人民医院）
袁　星（中国银行上海市卢湾支行）
袁　媛（安徽省广播电视台）
耿红梅（北京市良乡双语幼儿园、房山

区儿童福利院）

栗岩奇（退休）

党晓培（云南省昆明市春城晚报社）

晁甲文（宁夏中医研究院）

徐　亮（军事科学院军事医学研究院）

徐淑芬（建行七台河分行）

徐婷婷（上海市儿童医院）

翁耀佳（广州市越秀区志盟社会服务中心）

高　立（甘肃省康乐县苏集中心卫生院）

高　岑（佳木斯市向阳区永平社区）

郭　爽（重庆蓝海教育信息咨询服务有限公司）

席　文（浙江卫视）

唐子文（中央人民广播电台）

陶报强（十堰市广告公司）

黄　伟（河南路桥建设集团）

黄兴平（重庆宏腾建筑工程有限公司）

黄建军（湖南省红十字会无偿献血志愿服务队）

黄祖发（湖南省红十字会医学专家志愿服务队）

黄爱萍（甘肃省金昌市第一人民医院）

龚邦建（退休）

常向明（北京市西城区红十字会“牵手希望”造血干细胞捐献宣传志愿者服务队）

崔安明（重庆市忠县人民医院）

章　冰（云南省德宏州人民医院）

章金媛（章金媛爱心奉献团）

梁志坚（云浮市红十字会志愿者办公室）

梁洁华（梧州市心之家心理咨询中心）

尉　锋（晋城市金色假期国际旅行社有限公司）

董来东（山东大学齐鲁医院）

董建新（湖州师范学院医学院）

蒋宏杰（福建红十字义工服务团）

韩艳峰（合肥中铁精神病医院）

程泽芬（宣城市仁康大药房有限公司）

舒继平（丽水外国语实验学校）

曾　欣（天津财经大学）

谢达谦（厦门市红十字鼓浪屿大德记水上安全宣导队）

谢　鹰（江西省新余江盐华康盐业有限公司）

窦　伟（中国食品杂志社辽宁食品网）

蔡俊峰（龙岩市红十字应急救援队）

臧运金（青岛大学附属医院）

谭智赟（南京农业大学）

谭锡博（退休）

谭　鹏（中南财经政法大学）

翟志文（淄博绿源文体办公用品商行）

熊禹恒（贵州工程应用技术学院）

颜　润（湖南省环保志愿服务联合会）

潘庆伟（亚瑞建筑设计有限公司深圳分公司）

潘菊香（荆州市生产资料服务公司）

潘　森（天津市和平蓝天市民防灾避险体验中心）

中国红十字会总会关于对“红十字与‘一带一路’同行”志愿服务先进集体和个人给予嘉奖的决定

中红字〔2018〕10号

各省（自治区、直辖市）红十字会，新疆生产建设兵团红十字会：

为践行人类命运共同体精神，助力国家“一带一路”建设，中国红十字会发起“红十字与‘一带一路’同行”的构想，相继实施了中巴急救走廊、天使之旅“一带一路”人道救助计划等国际援助行动，得到了全国红十字系统和社会各界的积极响应和热情参与，涌现了一批优秀志愿服务集体和个人。为大力弘扬人道、博爱、奉献的红十字精神，发挥典型示范作用，进一步动员社会力量参与红十字人道事业，决定对以下志愿服务先进集体和个人给予嘉奖：

一、授予中国红十字会驻巴基斯坦瓜达尔港援外医疗队“红十字与‘一带一路’同行”先进集体荣誉称号，医疗队员派出单位复旦大学附属华山医院、北京市红十字会紧急救援中心同时享有此荣誉。

二、授予中国红十字会赴阿富汗医疗筛查小组“红十字与‘一带一路’同行优秀志愿服务团队”荣誉称号，医疗筛查组成员派出单位首都医科大学附属北京友谊医院、首都医科大学附属北京朝阳医院、新疆医科大学第一附属医院同时享有此荣誉。

三、授予张海波、刘锦纷、周更须、魏永祥、苏俊武、蔡绮哲、张国明、王伟铭、王朝晖、李伟等10名同志“红十字与‘一带一路’同行”优秀志愿者荣誉称号，并颁发中国红十字会“博爱奖章”。

希望受嘉奖的集体和个人，发扬成绩，再接再厉，为弘扬人道、博爱、奉献的红十字精神，助力国家“一带一路”建设发挥更大的作用。全国红十字系统和广大红十字志愿者要以受表彰的集体和个人为榜样，积极宣传推广典型事迹，进一步动员和开展红十字志愿服务活动，为开创新时代中国特色红十字事业新局面做出新的更大贡献。

中国红十字会陈竺会长参加国际联合会领导委员会会议并访问黎巴嫩情况报告

中红字〔2018〕12号

国务院：

2018年1月29日至2月2日，我会会长陈竺以红十字会与红新月会国际联合会（以下简称“国际联合会”）副主席身份率5人代表团赴瑞士日内瓦出席国际联合会新一届领导委员会（以下简称“领委会”）首次会议。2月3日至5日，赴黎巴嫩贝鲁特访问了国际联合会中东北非地区代表处，驻黎大使王克俭全程陪同了在黎巴嫩期间的访问。我会副会长兼秘书长王平等陪同参加了领委会会议和对代表处的访问，领委会前，王平还代表陈竺会长赴意大利罗马参加了意大利红十字会1月27日组织的与教皇会见。现将访问情况报告如下。

一、出席领委会相关会议基本情况

1月30日上午，陈竺会长作为来自亚洲区的副主席召集了亚太地区领委会成员举行亚太大会指导委员会会议，会议通过电话连线听取了菲律宾红会和亚太地区主任哈维尔关于亚太地区大会筹备情况的报告，并审议了大会初步预算。指导委员会肯定了菲律宾红会和亚太地区代表处开展的工作，原则通过了大会约84万瑞郎、青年会约15万瑞郎的初步预算额度，并同意根据惯例向参会人员收取每人500瑞郎注册费。会议还讨论了大会日程，根据大会议题“在迅速变化的世界中动员本地人道行动”，大会将分为“动员方式”“人道行动类别”和“迅速变化中的世界的特点”几个分主题下展开讨论，同时会议还将设置不同的分组会，包括不同次地区的会议，以保证会议成果能够在次地区层面得到落实。会议讨论了大会的标志、筹资进程等问题，敦促菲律宾红会和地区代表处尽快拿出标志草案征求各方意见；明确大会的筹资由主办国家红会负首要责任，国际联合会提供协助，必要时由秘书长或副主席签发筹资信函协助在国际层面筹资。

1月30日下午，新任国际联合会主席罗卡召集主席和副主席会。由于此次会议为本届主席和副主席首次会议，罗卡主席建议与会人员介绍一下去年11月当选以来的工作情况。陈竺会长根据会前准备，全面介绍了我会近期开展的主要工作，尤其是我会配合“一带一路”倡议与沿线巴基斯坦、阿富汗、孟加拉国、叙利亚和埃塞俄比亚等16个国家红会开展合作情况，并介绍了近期访问越南、日本红会时就推动地区合作与两国红会达成的共识。会上罗卡主席还提出了关于国际联合会秘书长阿西任期的议题，阿西秘书长于2014年上半年履职，即将完成4年合同期。此次讨论其后4年去留问题，事前并未通知。阿西来自发展中国家塞内加尔，对华态度友好，重视我与国际联合会的合作，主动与我提出合作开展“博爱单车”全球志愿服务项目。基于以上考虑，陈竺会长在会上明确支持阿西秘书长继续任职，这一提议得到与会多数人的赞同，只有来自美洲区的副主席米盖尔提出2年试用期后再决定去留的方案，最终会议决定继续聘用阿西为未来4年的国际联合会秘书长。

1月31日上午正式开始领委会议程。本次会议是本届领委会入职会议，领委会成员分享了各自对领委会的愿景，自己的工作经历，对其他领委会成员的期待，以及对国际联合会秘书处的运行机制、工作方法和支持领委会的工作规程等方面的看法。与会人员分成若干平行小组进行讨论，了解财务、履职与诚信、欺诈与腐败、运营与战略风险，以及机构治理等方面的内容。陈竺会长积极参与讨论，并结合会议日程表达了我对国际联合会未来发展的看法和我拟在国际联合会框架下发挥的作用。2月1日下午领委会召开了短暂的正式会议，就几项重要事项进行了表决。会议确定了领委会2018—2021年重点为以下四方面工作：一、高效的领委会；二、强大的国家红会；三、加强国际联合会在应对人道危机方面的作用，用一个声音发声；四、确定《2030战略》及其实施；《2030战略》的制订进程也被列为表决事项，会议根据国际联合会大会决定，要求秘书长于2月底前向领委会提交《2030战略》制订的基础文件，包括对《2020战略》的评估、对发展趋势的研判、青少年及志愿者参与等；会议听取了欧洲和亚太地区大会筹备情况并审议了会议议程和预算草案，陈竺会长作为来自亚洲区的副主席汇报了亚太大会筹备情况，会议要求在地区大会细化日程中纳入反腐内容。2月2日领委会继续举行入职会议，由于罗卡主席临时安排了其他重要会议，他委托陈竺会长主持了上午议程。这部分会议主要是向领委会成员介绍国际联合会秘书处部门架构及其主要职能，并介绍了国际联合会与各国红会合作设立的咨询中心运营情况。随后青少年、财务、履约与仲裁、审计与风险委员会分小组对本委员会的工作进行了介绍，相关工作人员还介绍了参会的程序性信息。

刚果（布）红十字会会长克里斯蒂安·丁伽在会议期间约见了陈竺会长，提出希望我会给予能力建设援助，陈竺会长向其介绍了我会执行的商务部对外物资援助、人员培训项目和我会援助其他国家红会开展的社区发展项目情况，欢迎刚果红会向我会申请。

二、访问贝鲁特基本情况

2月3日至4日，陈竺会长赴黎巴嫩贝鲁特访问，视察国际联合会中东北非代表处工作。陈竺会长于去年11月第21届国际联合会大会上成功竞选连任国际联合会来自亚洲地区的副主席，其负责区域包括中东地区。此次访问系陈竺会长以国际联合会副主席身份对中东地区的首访，旨在激励国际联合会及相关国家红会在中东地区的工作，深入了解相关各方需求，推进国际联合会及红十字运动各方在该地区的协调，并利用国际联合会副主席职位提升我在中东地区的积极影响。

2月3日上午，陈竺会长会见了黎议长纳比·贝里，转达了张德江委员长对纳的亲切问候，表达了全国人大愿与黎议会加强交流合作的良好愿望，赞赏黎包括红会等各方在接纳叙利亚等国难民工作中做出的积极贡献，并向纳介绍了我“一带一路”倡议进展情况，以及我拟与黎红会开展的合作项目，表示“一带一路”并不仅仅是经贸合作，而且也是民心相通的重要渠道，为沿线国家的全方位发展创造机遇，黎作为“一带一路”重要结点国家必将发挥重要作用。纳对陈竺一行到访表示热烈欢迎，对两国关系在各领域的发展表示欣慰，并对我“一带一路”倡议表示高度赞赏，认为这一倡议源自传统与文明，必将结出累累硕果。在难民问题上，纳称黎主动承担国际责任接纳难民，本国常住人口与难民比例已达2:1，理应得到国际社会更多支持与援助，然而美国却横加阻挠，纳对此深表不满。

在2月3日上午与黎红会的工作会谈中了解到，黎红会共有8000名志愿者，3500名急救志愿者，通过32个分会、46个EMS中心、13个输血中心、36个主要健康护理中心、9个移动卫生站、32个青少年中心、1个灾害管理单元及其14个附属委员会开展人道工作。开展的业务领域广泛，紧急医疗服务和血液服务等主营业务知晓度高，得到全国范围内的广泛认可与信任。为进一步结合我优势支持黎红会开展人道服务工作，根据双边沟通，我会可在社区小型太阳能电站、饮用水净化、先心病患儿救助等领域予以援助。两会商定由黎红会根据上述合作领域起草中黎两会合作备忘录，积极推进落实。2月3日下午叙利亚红会会长哈布巴提和外联顾问齐亚得专程赶来贝鲁特与陈竺会长会见，叙红会共有14个省级分会，60个二级分会，2400余名员工，7700多名志愿者，叙利亚红新月会提供的医疗卫生、食物、饮用水等服务惠及500万人。在与叙红会的工作会谈中，双边沟通了正在进行的移动医院和疫苗捐赠工作的进展情况，并对下一步工作交流了意见。陈竺会长向叙红会介绍了我会拟向叙援助的建设假肢中心、儿童先心病救助和博爱单车等项目，叙方深表欢迎，将后续与我会对接相关工作。

2月4日陈竺会长一行考察了巴勒斯坦红新月会运营的纳西拉医院和黎红会管理的古比·伊利亚斯叙利亚难民营。

在纳西拉医院，巴红会负责在黎医疗服务的总干事萨米尔·侯赛因·切哈德和院长卡里曼向陈竺会长一行介绍了情况。由于历史原因，黎巴嫩存在大量巴勒斯坦移民，这些移民不享受政治或社会福利上的权利，巴红会在黎境内运营了5家医院，多数设置在巴难民营内部。纳西拉医院基本上属于国内乡镇卫生院水平，也提供一些初级卫生保健等服务。院内共有28张病床，设有急诊室、试验室、手术室、分娩室、X光室、重症监护室等专业科室，医护人员多数为巴勒斯坦移民。医院历史上是由叙利亚红新月会创建并转赠给巴红会的，因此没有设置在难民营内，目前医院70%~80%的服务对象为周边居民，近年叙利亚移民导致当地人口翻倍，各类医疗需求激增，特别是血液类疾病发病率上升显著。该医院住院部每年150万美元的预算中各方提供捐赠仅可负担30%左右，其他均需医院自负，因此药品和医疗用品不足，医院设施器材陈旧无力更新，同时医护人员急需培训。针对不断增长的医疗需求，巴红会还计划扩建2所医院，增设透析中心等设施，由于地址所限需要迁址重建，目前新址基本选定，费用尚在筹措，总预算至少500万美元。陈竺会长赞赏巴红会在黎开展的医疗救助工作，代表国际联合会对他们的工作表示慰问，表达了国际联合会对本地区人道需求的高度关注，同时代表中国红十字会和中国使馆表达了支持，表示中国红会将在国际联合会框架内动员国内力量支持在黎开展人道工作，陈竺会长介绍了我在血液病和癌症治疗等领域的工作，提议可开展相关合作，表示我会将派遣专业医疗队伍来黎进行业务对接，并邀请巴红会代表在11月菲律宾亚太会前到上海共商合作事宜。

在古比·伊利亚斯叙利亚难民营，陈竺会长一行与管理难民营的黎巴嫩红会工作人员和志愿者进行了交流。这个难民营接纳的全部是来自叙利亚的难民，营地地皮由黎政府免费提供，联合国难民署向难民提供每人每天27美元补助，营内儿童可以到黎公立学校接受教育。难民营内住房都是用简易木料、编织袋、废旧广告幕布等材料搭建的临时住房，每户自备储水设备，厕所公用，红会在每个临时住房内都配备了灭火器，并定期对营内居民进行防火教育。黎红会志愿者定期探视难民，并组织难民营内的儿童学习、游戏，营内居民生活稳定，情绪平和。陈竺会长在听取了工作情况介绍之后，走进难民帐篷与难民亲切交谈，询问他们的生活、医疗、教育以及外界援助等情况。黎红会管理人员反映，公共卫生问题是营内最大的隐患，亟需储水箱、移动卫生间等设施，此外营内难以保证持续的能源供给，如配备小型光伏电站可大幅改善居民生活条件。

三、出席教皇会见基本情况

领委会前夕，国际联合会主席弗兰西斯科·罗卡致函领委会成员，告知教皇方济各首次邀请意大利红十字会工作人员及志愿者于2018年1月27日与其会面，邀请领导委员会成员一同出席。我会研究认为，梵蒂冈与我尚未建立外交关系且其活动具有宗教性质，陈竺会长不宜参加，但考虑到梵蒂冈支持我器官捐献移植事业，可利用此活动进一步宣传我在推动器官捐献移植等人道事业中取得的成就，经征求外交部国际司意见，决定派遣我会副会长兼秘书长王平代表陈竺会长出席。

1月27日，王平与20余名领委会成员共同出席了活动，来自意大利红十字会各地分会的6000余名工作人员和志愿者齐聚梵蒂冈教皇大会堂，意大利红十字会首先通过视频和志愿者现场讲述展示了过去一年来开展的抗震、抗洪、移民救助、国际救援等主要工作。随后，方济各教皇在教众簇拥下缓步进入大会堂，教皇与夹道欢迎的红十字会工作人员和志愿者握手致意，时而驻足抚摸和亲吻人群中的残障人士和儿童。方济各教皇坐定后，意大利红十字会会长、国际联合会主席弗兰西斯科·罗卡代表全体与会代表向教皇致辞，表达与教皇会见的荣幸，宣传国际联合会的工作成绩，重申继续服务易受损群体的决心。教皇在致辞中对国际联合会和意大利红十字会的工作表示赞赏，对人道服务中伤亡的红十字会与红新月会志愿者表示慰问和哀悼，希望红十字运动在对易受损群体的服务中发挥更大的作用。

致辞结束后，方济各教皇与到场嘉宾一一握手寒暄，王平利用这一机会向教皇对我器官捐献与移植事业的支持表示感谢，简要介绍了我会器官捐献工作取得的巨大进步，并赠送了我会的纪念品。王平曾于去年2月与中国器官捐献移植委员会主任黄洁夫率领的代表团参加了由梵蒂冈教皇科学院组织的反对器官贩卖全球峰会，在相关宣介会上介绍了我会在参与、推动人体器官捐献领域开展的工作。

四、体会及后续工作安排

（一）精心筹划，为全球治理贡献中国智慧

随着我国综合国力和我会实力的增强，我会正走向红十字国际舞台的中心，陈竺会长顺利连任国际联合会副主席充分说明我会参与红十字国际组织全球治理的地位和作用被广泛认可。我会在国内各个业务领域及国际援助工作所取得的成绩也越来越得到整个国际联合会和国际运动的关注和认同。在未来的工作中，我们应该充分借助我“一带一路”倡议的大势，利用我会国际人道学院和其他智库机构的力量，总结我会成功经验和做法的基础上，进一步进行理论和政策提炼，为全球人道工作的顶层设计贡献中国模式和中国智能。

（二）地区互动，推动国际联合会内部沟通协调

在领委会上陈竺会长召集来自亚洲的领委会成员开会，就深化区域沟通与互助征求意见，会上领委会成员纷纷表示亚太与中东两地的实质联系太少，往往只在四年一届的地区大会上见面，难以形成地区合力。陈竺会长提议亚洲地区领委会成员间建立更紧密的沟通机制，互通信息，探讨加强内部合作的方式。可以在今年南亚次地区会议上邀请来自中东地区的领委会成员参会，增进两地间的相互了解。关于今年11月将在菲律宾召开的亚太地区大会，我会将进一步发挥国际联合会副主席作用，从议程设计上加大中东国家红会参与。就此我会将专门成立工作组，加大参与力度，并拟在亚太大会之前邀请部分中东国家红会和国际联合会中东北

非代表处相关人员来华进行专门研讨，通过增进地区互动体现我在国际联合会中的引领作用。

（三）输送人才，服务“一带一路”倡议

中国红十字会近年来积极开展国际合作，积累了丰富的工作经验和一批专业的国际化人才，可以通过人才资源输出模式，为国际红十字运动贡献力量。此次参加领委会期间陈竺会长将我会拟向国际联合会日内瓦、吉隆坡、贝鲁特三地派遣人员事宜正式提上日程。在与联合会中东北非代表处的会谈中了解到，联合会在该地区人力资源亟待加强，尤其是社区发展、改水改厕、信息通信等业务领域的人才匮乏已影响到该代表处的预算执行。我会将利用此契机，主动与国际联合会积极探索人力支持的具体方案，尽快实现我会在国际联合会管理层人力支持的突破。

（四）通盘考虑，服务国家外交战略全局

通过此次对黎巴嫩的访问，我们了解到国际红十字运动在该地区影响积极正面，针对叙利亚冲突等造成的人道危机开展了大量卓有成效的工作。该地区是我“一带一路”倡议涉及的重要区域之一，人道需求巨大，我在该地区人道领域开展工作前景广阔，大有可为。需针对其需求情况进行评估，尽我所能给予支持。同时考虑该地区地缘政治因素复杂，派别林立，仅凭红会自身力量难以甄别。宜充分发挥各方力量，创新形式加强驻地使馆、中国红会、国际红十字运动等多方合作，充分展现我负责任大国形象。

以上情况特报。

关于印发《红十字（会）名称和红十字标志授权使用管理规定》的通知

中红字〔2018〕13号

各省、自治区、直辖市红十字会，新疆生产建设兵团红十字会，铁路系统红十字会：

《红十字（会）名称和红十字标志授权使用管理规定》已经中国红十字会第十届理事会第四次会议审议通过。现印发给你们，请遵照执行。

特此通知。

附件

红十字（会）名称和红十字标志授权使用管理规定

为维护红十字（会）名称和红十字标志的严肃性，加强红十字系统在对外合作中授权合作相对方使用红十字（会）名称和红十字标志的规范管理，依据中国批准或者加入的日内瓦公约及其附加议定书、《中华人民共和国红十字会法》《中华人民共和国红十字标志使用办法》和红十字与红新月国际大会通过的《各国红会使用红十字或红新月标志规则》，制定本规定。

第一章 总则

第一条 本规定“红十字（会）名称”系指红十字、红十字会、中国红十字、中国红十字会等包含红十字（会）字样的各类名称和文字表述。

第二条 本规定“红十字标志”系指中国红十字会使用的白底红十字标志。

第三条 本规定旨在规范《中华人民共和国红十字标志使用办法》规定使用范围以外，由中国红十字会批准的标明性红十字标志的授权使用。

第四条 本规定中的“授权使用”系指中国红十字会基于宗旨和法定职能，依法与自然人、法人或其他组织签署书面合作协议，确定彼此权利义务关系，授权其在有关活动或项目中使用红十字（会）名称或红十字标志的行为。

第五条 授权合作相对方使用红十字（会）名称和红十字标志要遵循依法管理、严格管理、规范管理、属地管理的原则。

第六条 授权合作相对方使用红十字（会）名称和红十字标志仅表明其与中国红十字会有关，合作相对方不能因此获得日内瓦公约及其附加议定书的保护。

第七条 医疗机构冠名“红十字（会）”适用《关于医疗机构冠名红十字（会）的规定》《冠名红十字医疗机构管理办法》等相关规定。

第二章 授权主体

第八条 中国红十字（会）、中国红十字（会）总会等名称和红十字标志的使用由中国红十字会总会依法审核、授权。

第九条 省级红十字（会）名称和红十字标志的使用由该省级红十字会依法审核、授权，并报中国红十字会总会备案。

第十条 地市级红十字（会）、县级红十字（会）、基层红十字（会）名称和红十字标志的使用由该地市级红十字会依法审核、授权，并报所属省级红十字会备案。

第十一条 全国性行业红十字（会）名称和红十字标志的使用需报经行业红十字会上级主管部门同意，并由中国红十字会总会依法审核、授权。

第十二条 红十字会授权合作相对方使用红十字（会）名称和红十字标志，应于每年 12 月份向所属上级红十字会提交年度授权使用情况报告及一览表，进行备案。

第十三条 中国红十字会总会直属单位在对外合作中仅可授权合作相对方使用该直属单位规范全称。

中国红十字会总会直属单位应于每年 12 月份向中国红十字会总会提交单位规范全称年度授权使用情况报告及一览表，进行备案。

第十四条 省级红十字会直属单位在对外合作中仅可授权合作相对方使用该直属单位规范全称。

省级红十字会直属单位应于每年 12 月份向所属省级红十字会提交单位规范全称年度授权使用情况报告及一览表，进行备案。

第十五条 地市级红十字会直属单位在对外合作中仅可授权合作相对方使用该直属单位规范全称。

地市级红十字会直属单位应于每年 12 月份向所属省级、地市级红十字会提交单位规范全称年度授权使用情况报告及一览表，进行备案。

第三章　资质审核

第十六条　授权合作相对方使用红十字（会）名称和红十字标志前，授权主体要委托律师事务所、会计师事务所等独立第三方机构对合作相对方进行尽职调查，出具法律意见书和财务审查报告，杜绝潜在的法律、财务等方面的风险。

第十七条　合作相对方须符合下列条件：

（一）认同人道理念和红十字精神；

（二）支持红十字事业发展；

（三）在管理政策和业务活动上充分体现社会责任感；

（四）其产品或服务与红十字会的使命或活动相关；

（五）有利于帮助红十字会实现目标、扩大影响、提高社会公信力；

（六）积极参与红十字志愿服务；

（七）在提高员工教育、卫生和社会福利水平方面，其努力程度远超法律所要求的基本水平；

（八）有积极正面的形象、良好的声誉并保持良好的诚信记录。

第十八条　合作相对方不得从事任何与中国红十字会宗旨和红十字运动基本原则相违背的或可能引起社会公众质疑的活动。

第十九条　合作相对方需书面明示同意：一旦其活动有损红十字（会）名称和红十字标志的尊严和信誉，红十字会有权随时撤销授权，终止与其所签署的合同，并在通知合作相对方后立即生效执行，由此产生的任何损失由合作相对方承担，为消除不良影响，红十字会有权向社会公布相关情况。

第二十条　合作相对方需为红十字会随时检查红十字（会）名称和红十字标志使用情况提供所需的一切便利。

第四章　授权方式

第二十一条　红十字会授权合作相对方使用红十字（会）名称和红十字标志，应签署书面合作协议，协议中要明确包括但不限于如下内容：时间限制、地域限制、使用方式、权利义务、违约责任等。

第二十二条　书面合作协议中应包含如下强制要素：

（一）明确协议各方，尤其是：（1）签署协议的合作相对方必须是能独立承担协议中规定责任和义务的自然人、法人或其他组织；（2）签署协议的红十字会应为由机构编制部门管理机构编制、依法成立、理顺管理体制的地市级以上红十字会。

（二）合作相对方不得违反中国红十字会宗旨和红十字运动基本原则。

（三）合作相对方在任何情况下均不得使用保护性红十字标志。

（四）确认依照本规定使用红十字（会）名称和红十字标志，并接受本规定第十九条中对红十字会权利的规定。

（五）明确终止条款，如出现以下情况，红十字会有权立即公开终止合作关系：（1）合作相对方有明显违法、违约行为，尤其是当其不再符合本规定第十七条所确定的标准时；（2）合作相对方行为上的转变或开展业务时造成的公众印象给红十字会声誉造成持续性不利影响。

（六）红十字会给予合作相对方的认可和支持，也要得到合作相对方的认可和支持，两者要程度相当。

（七）确认在合同有效期内以及在合同正式结束时，合作关系特别是红十字（会）名称和红十字标志使用情况要定期接受红十字会的监督、审核和评估。

第二十三条 红十字会不得向任何合作相对方授予无限期的红十字（会）名称和红十字标志的正式使用专属权，或接受在与其他合作相对方发展合作关系方面的限制。

第二十四条 红十字会不因与合作相对方的合作关系而产生购买其产品、商品或服务的任何义务。

第二十五条 授权合作相对方使用红十字（会）名称和红十字标志，绝不能误导社会公众使其认为红十字会对合作相对方的产品、服务等表示赞同或为合作相对方的产品、服务等做担保。

第二十六条 红十字会不能授权在合作相对方设计、开发、生产或者销售的产品或产品包装上使用红十字标志。如出售上述产品的全部或部分收益用于捐献给红十字会，可准许合作相对方在相应产品上对该情况作出说明。

第二十七条 红十字会授权合作相对方使用红十字（会）名称和红十字标志，必须与一定活动、具体项目相联系，必须要明确时间限制、地域限制、使用方式限制等。

第五章 管理监督

第二十八条 中国红十字会总会依法对全国红十字系统在对外合作中授权合作相对方使用红十字（会）名称和红十字标志进行管理和监督。

第二十九条 省级红十字会依法对本辖区内红十字系统在对外合作中授权合作相对方使用红十字（会）名称和红十字标志进行管理和监督。

第三十条 地市级红十字会依法对本辖区内红十字系统在对外合作中授权合作相对方使用红十字（会）名称和红十字标志进行管理和监督。

第三十一条 中国红十字会总会办公室为总会具体负责部门。各省级红十字会、地市级红十字会，全国性行业红十字会要明确具体负责部门，承担相应的管理监督职能。

第三十二条 地方各级红十字会、全国性行业红十字会违反本规定授权合作相对方使用红十字（会）名称和红十字标志的，由上级红十字会要求改正；拒不改正的，由上级红十字会提请其同级人民政府责令改正；造成损失的，由上级红十字会依法追究相关责任。

第三十三条 红十字会直属单位违反本规定授权合作相对方使用红十字（会）名称和红十字标志的，由所属红十字会责令改正；造成损失的，由所属红十字会依法追究相关责任。

第六章 附则

第三十四条 本规定适用于中国红十字会总会、中国红十字会总会直属单位、地方各级红十字会、行业红十字会和基层红十字组织。

第三十五条 本规定所称“中国红十字会宗旨”系指《中国红十字会章程》所确立的如下宗旨：保护人的生命和健康；保障人

类尊严；促进人与人之间相互了解、友谊和合作，促进持久和平。

第三十六条 本规定所称“红十字运动基本原则”系指一九八六年十月日内瓦国际红十字大会第二十五次会议通过的《国际红十字和红新月运动章程》中确立的人道、公正、中立、独立、志愿服务、统一和普遍七项基本原则。

第三十七条 本规定由中国红十字会总会制定、修改并负责解释。

第三十八条 本规定自正式印发之日起施行。

关于举办全国红十字防灾避险知识竞赛的通知

中红办字〔2018〕13号

各省、自治区、直辖市红十字会，新疆生产建设兵团红十字会：

为纪念四川汶川特大地震十周年，并配合全国“防灾减灾日”的宣传，充分发挥红十字会作为党和政府在人道领域联系群众的桥梁和纽带作用，顺应社会各界对我国防灾避险与应急救护能力关注的诉求，使其在更多的人，尤其在大、中、小学校，医院、厂矿、企业、机关等重点单位及重点人群中普及防灾避险和应急救护知识，学会自救互救，努力减少损失，总会决定在全国范围内举办全国红十字防灾避险知识竞赛活动。现就有关事项通知如下：

一、本次知识竞赛是在宣传“5·8”博爱周期间开展的一项重要活动，希望各级红十字会积极联合当地大、中、小学校及医院等医疗机构、厂矿等企业、机关、社区，积极组织和动员红十字志愿者、青少年学生参加知识竞赛。

二、此次活动由中国红十字会总会主办、总会报刊社承办，负责竞赛活动的具体组织工作，竞赛试题将刊登在《中国红十字报》上，需要试卷的单位可直接与总会报刊社联系。试卷订购时间为3月15日至4月30日。每份试卷1.2元。

三、2018年3月初启动此项活动，4月中旬刊登知识竞赛试题，“五八”博爱周期间开展答题竞赛，6月下旬完成试卷回收及判卷，7月中旬公布获奖名单。

四、奖项设置：设单位最佳组织一、二、三等奖若干名，设个人一等奖30名，二等奖50名，三等奖100名。

关于印发《中国红十字会捐赠工作管理办法》的通知

中红字〔2018〕14号

各省、自治区、直辖市红十字会，新疆生产建设兵团红十字会，铁路系统红十字会：

《中国红十字会捐赠工作管理办法》已经2018年2月9日中国红十字会第十届理事会第四次会议审议通过，现印发给你们，自通过之日起施行。

附件

中国红十字会捐赠工作管理办法

第一章 总则

第一条 为规范中国红十字会募捐和接受捐赠工作，依照《中华人民共和国红十字会法》《中华人民共和国慈善法》《中华人民共和国公益事业捐赠法》以及《国务院关于促进红十字事业发展的意见》等法律和文件精神，制定本办法。

第二条 中国红十字会总会（以下简称“总会”）指导地方红十字会和行业红十字会的募捐和接受捐赠工作。

第三条 地方红十字会和行业红十字会应加强募捐和接受捐赠工作管理，规范募捐和接受捐赠行为。

第四条 地方红十字会可以授权基层红十字组织协助开展募捐和接受捐赠工作。红十字会以外的单位和个人未经县级以上红十字会授权，不得以红十字的名义开展募捐和接受捐赠工作。

第五条 各级红十字会开展募捐和接受捐赠工作，依法接受同级民政部门的监督。

第六条 各级红十字会开展募捐和接受捐赠工作，应当严格遵守《中华人民共和国红十字会法》和《中华人民共和国红十字标志使用办法》等法律法规关于红十字标志和名称使用的规定，不得违背国际红十字运动基本原则，不得损害红十字会名誉。

第二章 开展募捐

第七条 各级红十字会依法开展的募捐活动包括面向社会公众的公开募捐和面向特定对象的定向募捐。

第八条 各级红十字会开展公开募捐，要按照民政部、中国红十字会总会《关于红十字会开展公开募捐有关问题的通知》的有关要求执行。

第九条 各级红十字会开展公开募捐活动，如涉及公共安全、公共秩序以及消防等事项的，应当按照有关规定履行批准程序。

第十条 各级红十字会开展公开募捐，可以采取下列方式：

（一）在公共场所设置募捐箱；

（二）举办面向社会公众的义演、义赛、义卖、义展、义拍、慈善晚会等；

（三）通过广播、电视、报刊、互联网等媒体发布募捐信息；

（四）其他公开募捐方式。

第十一条 通过互联网开展公开募捐活动的，应在民政部统一或者指定的信息平台发布公开募捐信息，并可同时在红十字会官方网站、微博、微信、移动客户端等网络平台发布公开募捐信息。

第十二条 各级红十字会与不具有公开募捐资格的组织或者个人合作开展公开募捐活动的，应依法签订书面合作协议，募捐的全部收支应纳入红十字会捐款账户进行统一的财务核算和管理。

第十三条 各级红十字会可以接受国（境）外和辖区以外单位和个人的直接捐赠，未经总会或上级红十字会授权，地方红十字会不得到国（境）外和辖区以外开展公开募捐。

第十四条　总会根据发生重大自然灾害等突发公共事件的情况，决定是否向国际和国内发出募捐呼吁。地方红十字会和行业红十字会未经总会批准，不得直接向辖区外或行业外发出募捐呼吁。

第三章　接受捐赠

第十五条　各级红十字会接受捐赠应开设银行专户，建立专账进行管理。

第十六条　红十字会接受的捐赠财产应当是捐赠人有权处分的合法财产。捐赠财产包括货币、实物、房屋、有价证券、股权、知识产权等有形和无形财产。接受捐赠的实物应当具有使用价值，符合安全、卫生、环保等标准。

第十七条　红十字会接受捐赠，可根据实际情况，或与捐赠人签订捐赠协议，或请捐赠人出具捐赠函，约定捐赠财产的种类、数量、用途、交付时间等内容。捐赠人不得指定其利害关系人作为受益人。

第十八条　红十字会接受捐赠后，应及时向捐赠人出具财政部门统一监（印）制的捐赠票据。捐赠人匿名或放弃捐赠票据的，应当做好相关记录。

第十九条　红十字会接受捐赠的非货币性资产，应当以其公允价值进行人民币折算，由捐赠人提供其公允价值的合法有效证明。

第二十条　通过总会接受的国（境）外捐赠物资，其到达口岸后的运输等费用一般由受援地区的红十字会负担；境内捐赠物资的运费一般由捐赠人承担或按照捐赠协议执行。国（境）外捐赠物资的检验、检疫、免税和入境等手续，由总会或相关省级红十字会按照国家有关规定统一办理。

第四章　捐赠管理

第二十一条　各级红十字会应当建立捐赠财产的财务管理、内部控制、审计公开和监督检查等制度，规范捐赠财产的管理和使用。

第二十二条　红十字会应当按照募捐方案、捐赠协议或捐赠人意愿处分接受的捐赠财产，用于符合红十字会宗旨的人道救助工作。

第二十三条　红十字会不得违背募捐方案、捐赠协议或捐赠人意愿擅自改变捐赠财产的用途。如确需改变用途的，应当征得捐赠人的书面同意。对于没有具体捐赠意向的捐赠财产，红十字会可以按照其宗旨和人道需求统筹安排使用，其使用情况应向捐赠人及时反馈。

第二十四条　使用捐赠财产开展的人道公益项目，一般应由红十字会系统组织实施；特殊情况下，也可委托其他具有合法资质的社会机构负责具体执行。

第二十五条　红十字会使用捐赠资金开展人道救助工作所产生的实际成本，可从捐赠资金中据实列支并向社会公开。从捐赠资金中列支实际成本，应在接受捐赠时通过捐赠协议或募捐公告等方式向捐赠人事前明示，严格限制列支额度和使用范围。实际成本主要包括项目聘用人员的报酬、志愿者补贴和保险，使用房屋、设备、物资发生的相关费用和为管理项目发生的差旅、物流、交通、会议、培训、审计、评估等费用。捐赠资金不得用于机构及在编人员的经费支出。

第二十六条 捐赠财产的收支管理情况，应接受审计机构的审计和民政部门的监督，并向红十字会理事会、监事会报告。

第二十七条 红十字会应当严格遵守国家的有关规定，按照合法、安全、有效的原则，积极实现捐赠财产的保值增值。

第五章 信息公开

第二十八条 各级红十字会应建立健全信息公开制度，规范信息发布，在统一的信息平台及时向社会公布捐赠款物的收入和使用情况，接受社会监督。

第二十九条 红十字会应当每年向社会公开经审计的捐赠收支情况报告。

第三十条 红十字会应当定期向社会公开其募捐情况和项目实施情况。公开募捐周期超过六个月的，至少每三个月公开一次募捐情况，公开募捐活动结束后三个月内应当全面公开募捐情况。捐赠项目实施周期超过六个月的，至少每三个月公开一次项目实施情况，项目结束后三个月内应当全面公开项目实施情况和募得款物使用情况。

第三十一条 红十字会开展定向募捐的，应当及时向捐赠人告知募捐情况、募得款物的管理使用情况。

第三十二条 红十字会使用捐赠财产开展人道救助，应采取适当方式向受助人告知资助标准、资助流程等相关信息。

第三十三条 涉及国家秘密、商业秘密、个人隐私的信息以及捐赠人、慈善信托的委托人不同意公开的姓名、名称、住所、通讯方式等信息，不得公开。

第六章 捐赠表彰

第三十四条 总会按照以下标准，对一次性捐赠100万元人民币以上的捐赠人进行表彰：

（一）对一次性捐赠人民币100万元以上、500万元以下的捐赠人，授予“中国红十字奉献奖章”，颁发由中国红十字会会长签发的捐赠证书；

（二）对一次性捐赠人民币500万元以上、1000万元以下的捐赠人，授予“中国红十字博爱奖章”，颁发由中国红十字会会长签发的捐赠证书；

（三）对一次性捐赠人民币1000万元以上的捐赠人，授予“中国红十字人道勋章”，颁发由中国红十字会会长签发的捐赠证书及“博爱”牌匾。

第三十五条 100万元人民币以下的现金捐赠及非货币捐赠，总会不统一进行表彰，各地可根据实际情况自行制定相应表彰办法。

第三十六条 总会对捐赠人的表彰每年进行一次。各省级红十字会应在每年12月30日前将捐赠人名称、捐赠金额、捐赠时间以及受捐红十字会等信息汇总报送总会筹资与财务部，申领相应的奖章、捐赠证书及“博爱”牌匾。

第三十七条 捐赠人通过县级以上红十字会向红十字事业的捐赠，依法享受相应的税收优惠政策。

第七章　附则

第三十八条　中国红十字基金会和地方红十字基金会开展募捐和接受捐赠工作，按照《中华人民共和国慈善法》、国务院《基金会管理条例》等规定并参照本办法执行。

第三十九条　本办法由中国红十字会总会负责解释。

第四十条　本办法经中国红十字会第十届理事会第四次会议通过后施行。《中国红十字会募捐和接受捐赠工作条例》（红办字〔2009〕124号）及《中国红十字会总会捐赠者表彰奖励办法》（红办字〔2007〕67号）同时废止。

关于印发《中国红十字会人道基金管理办法》的通知

中红字〔2018〕15号

总会机关各部室、各直属单位：

《中国红十字会人道基金管理办法》已经中国红十字会第十届理事会第四次会议审议通过，现予印发，自2018年2月9日起执行。

附件

中国红十字会人道基金管理办法

第一章　总则

第一条　为规范中国红十字会总会（以下简称“总会”）捐赠资金管理，根据《中华人民共和国红十字会法》《中华人民共和国慈善法》《中华人民共和国公益事业捐赠法》《国务院关于促进红十字事业发展的意见》以及国家相关法律法规制定本办法。

第二条　人道基金是总会设立用于促进红十字事业发展的专项基金，旨在支持红十字会开展国内、国际人道救助援助工作，提高人道救助救援能力，充分发挥中国红十字会在人道领域的政府助手作用。

第三条　人道基金的管理和使用，遵循专款专用、公开透明、规范高效的原则。

第二章　基金的来源和用途

第四条　人道基金主要来源：

（一）捐赠人指定向人道基金的捐赠；

（二）募集的专项捐赠在项目结束后，经审计并向社会公示后的结余；

（三）基金增值收入等。

第五条　人道基金的主要用途：

人道基金主要用于开展国内人道救助、国际人道援助和支持红十字事业发展。

（一）国内人道救助

1. 对国内发生的重大自然灾害或突发性事件提供紧急人道救助；

2. 实施国内人道救助项目，包括与救灾、救护、救助工作相关的公益项目以及开展人体器官捐献、造血干细胞捐献、无偿献血等人道救助工作；

3. 支持人道救助方面的能力建设，包括救援队建设、招募和培训志愿人员、购置救灾救助设备、建设备灾减灾设施等；

4. 其他符合红十字宗旨的人道救助活动。

（二）国际人道援助

1. 响应红十字国际委员会、红十字会与红新月会国际联合会以及其他国际组织的人道呼吁，并根据其人道需求提供紧急人道援助；

2. 对遭受传统和非传统人道危机的国家和地区提供紧急人道援助；

3. 援助发展中国家红会的能力建设，开展多边、双边的国际交流与合作；

4. 其他需要提供的国际人道援助。

（三）红十字事业发展

1. 红十字运动的研究及传播工作；

2. 人道资源动员工作；

3. 基层组织发展、红十字青少年以及志愿服务工作；

4. 开展法律监督、社会监督工作；

5. 符合红十字宗旨的其他项目。

第三章　基金的管理和使用

第六条　中国红十字会常务理事会（以下简称“常务理事会”）是人道基金的预算审批机构，负责审议批准本基金的年度预算及年度财务报告。中国红十字会执行委员会（以下简称“执委会”）是本基金的管理执行机构，负责向常务理事会提交年度预算及年度财务报告。

总会相关业务主管部门具体负责人道基金项目的申请、实施和报告等工作；总会财务部门具体负责基金的会计核算、财务监督及编制年度预算、财务报告等工作。

第七条　人道基金的申请审批程序：

（一）人道基金按年度编制预算。总会业务主管部门负责编制项目申报文本，报分管会领导签署意见，并于每年 10 月 31 日前向财务部门送达项目申报文本，财务部门汇总后，提交执委会审议并提请常务理事会审批。

（二）总会业务主管部门（赈济救护部）每年度申报紧急备用金预算 500 万元。

（三）追加项目预算，应于下一年度视同新项目按流程审批。预算内调整资金使用，由业务部门根据实际需要提出工作方案和资金使用计划，报分管会领导签署意见。

第八条　本基金用于国内人道救助、国际人道援助、红十字事业发展的比例，一般为 60%、30%、10%。

第九条　严格控制项目预算执行期限，各项目预算执行期一般不超过 2 年，执行期届满后不再纳入下一年度预算，执行期届满确需延期的，应当在执行期届满前编制延期项目申报文本。

第十条　预算经批准后，财务部门按照《中国红十字会总会财务管理办法》《中国红十字会总会财务支出管理规定》，会同业务主管部门具体办理有关业务。

第十一条　使用人道基金开展工作所产生的符合规定的管理成本，原则上不超过当年项目支出总额（扣除用于特别重大自然灾害等公共突发事件的项目支出）的 4%，总成本原则上不超过 800 万元。管理成本主要包括聘用人员相关费用、志愿者费用以及审计、评估与检查督导费用等。

第十二条　依据国家的有关规定，按照合法、安全、有效的原则，实现基金的保值增值。

第四章　基金的监督和评估

第十三条　人道基金的管理和使用应符合国家有关的法律法规和总会相关规定，接受政府部门、捐赠人以及社会的监督和审计。

第十四条　执委会每年向常务理事会报告人道基金的使用情况，接受理事会及监事会监督。

第十五条　总会每年邀请有公信力的社会审计机构对基金进行审计，审计报告向社会公布。

第十六条　总会根据基金资助项目的进展情况，委托有公信力和专业资质的评估机构对资助项目进行绩效评估。

第五章　附则

第十七条　本办法由中国红十字会执委会负责解释。

第十八条　本办法经中国红十字会理事会审议通过后施行，向社会公告并报财政部、审计署备案。原《中国红十字会国内人道救助基金管理办法》《中国红十字会国际人道援助基金管理办法》《中国红十字会事业发展基金管理办法》同时废止。

中国红十字会总会办公室关于《中共中国红十字会总会党组学习宣传贯彻党的十九大精神实施方案》的备案报告

中红办字〔2018〕16号

中共中央办公厅：

现将中国红十字会总会党组于2017年11月15日印发的《中共中国红十字会总会党组学习宣传贯彻党的十九大精神实施方案》和制定说明一式3份报请中央备案。

关于印发《中国红十字会信息公开标准》的通知

中红字〔2018〕17号

各省、自治区、直辖市红十字会，新疆生产建设兵团红十字会，铁路系统红十字会：

《中国红十字会信息公开标准》已经中国红十字会第十届理事会第四次会议审议通过，现印发给你们，请遵照执行。

特此通知。

附件

中国红十字会信息公开标准

第一章　标准概述

一、制定目的

为深入贯彻落实《中华人民共和国红十字会法》和《国务院关于促进红十字事业发展的意见》，建立健全信息公开制度，规范信息发布，打造公开透明的红十字会，制定本标准。

二、制定依据

《中华人民共和国红十字会法》《中华人民共和国公益事业捐赠法》《中华人民共和国慈善法》《中华人民共和国政府信息公开条例》《红十字会与红新月会国际联合会章程》《中国红十字会章程》等。

三、制定原则

（一）以法律法规为基础。本标准指标主要来自相关法律法规和部门规章中需要披露的项目。

（二）与实际情况相符合。考虑不同层级红十字会所处经济社会环境的实际情况。

（三）具有前瞻引导性。超前于部分红十字会当前信息披露水平，可作为信息公开工作指引。

（四）可在实践中优化。标准及相应评估方式可随各级红十字会能力发展而优化改进。

四、适用对象

本标准适用于中国红十字会总会和省、市、县级红十字会。

五、使用说明

本标准的主要内容包括标准概述、公开原则、公开内容、公开方式、披露工具等。“标准概述”，主要明确了本标准的制定目的、制定依据、适用原则、适用对象和使用说明等。“公开原则”，主要规定了进行信息公开应当遵守的八项原则。“公开内容”，主要规定了应当予以公开的五种信息种类。“公开方式”，主要规定了公开信息时应当采取的具体方式。“披露工具”，主要提供了用于信息公开的四种表格样式。

第二章　公开原则

一、合法性原则。所披露信息必须符合国家相关法律规定，法律不允许公开的不得公开。

二、真实性原则。所披露信息必须真实可靠，符合客观实际，能反映客观情况，不得有任何虚假成分。

三、准确性原则。在进行信息公开时必须用清晰准确的语言进行表达，在公开内容与表达方式上不得使人误解。

四、完整性原则。所有可能影响信息公开对象决定的相关信息都应当公开，不得故意隐瞒。

五、及时性原则。在合理的时间内尽快公开应当公开的信息，不得有迟延。

六、易得性原则。在进行信息公开时，应选择便于信息公开对象获取信息的渠道。

七、易理解性原则。应以通俗易懂的形式进行信息公开，便于信息公开对象更好地理解信息。

八、权益人保护原则。在进行信息公开时，应充分考虑信息相关人的意愿、隐私权以及宗教信仰等合法权益，以及由此可能带来的社会影响，平衡知情权和隐私权之间可能的冲突。

特别说明：信息公开豁免事项和豁免的原因需要在进行信息公开时予以注明；在使用信息相关人信息前，应先征询信息相关人同意。例如在登记信息时，通过书面方式告知信息相关人，或在信息公开主体网站主页显要位置进行说明，主要内容应包括：信息相关人的哪些信息正在被信息公开主体所收集，以及这些信息将被如何使用；如何联系信息公开主体以核查被收集的信息，并要求更正，或告知信息公开主体希望个人信息适用的范围；信息公开主体采取了哪些安全措施来保护信息相关人的个人信息。

第三章　公开内容

一、基本信息

（一）成立信息

公开内容：标志组织成立合法性的信息。

具体要求：

应包含本会的正式名称、设立依据、批准设立的机构名称以及文件编号或登记证字号。本会如有简称，应统一并通过正式渠道对外发布。

（二）联系信息

公开内容：供社会公众对本会进行咨询联系所需的信息。

具体要求：

应包含本会的办公地址、联系电话、电子邮箱等。

（三）信息公开工作

公开内容：信息公开的载体、范围、方式等。

具体要求：

应包括本会信息公开的载体、范围、方式等，有信息公开管理制度的应当公开该制度。

二、治理信息

（一）管理层信息

公开内容：现任的理事会、监事会、执行委员会成员等相关信息。

具体要求：

应包含名誉会长、名誉副会长、会长、副会长、秘书长姓名及个人简介。

应包括理事会、监事会、执行委员会成员名单等信息。

（二）理事会决策

公开内容：理事会会议做出的重大决策。

具体要求：

重大决策包括但不限于工作报告、财务报告、战略规划、人事变动等。

（三）部门机构

公开内容：组织内部机构设置。

具体要求：

应包含内设部门名称、部门职能、部门负责人等。

（四）组织网络

公开内容：与本会相关的机构信息。

具体要求：

应包含本会的上下级红十字会名单，本会主管的事业单位、基金会、社会服务机构名单，经由本会批准的红十字（会）名称、红十字标志使用单位名单和冠名医疗机构名单，本会组织建立的志愿者队伍名单。

（五）会员信息

公开内容：与本会会员相关的信息。

具体要求：

应包含本会的团体会员和个人会员的相

关数据。

（六）法规政策

公开内容：本会运作所依据的法律法规、政策文件。

具体要求：

公开法律和政策文件全文。

包括但不限于《日内瓦公约及其附加议定书》《国际红十字和红新月运动章程》《中华人民共和国红十字会法》《中华人民共和国公益事业捐赠法》《中华人民共和国慈善法》《中华人民共和国献血法》《人体器官移植条例》《中华人民共和国红十字标志使用办法》《国务院关于促进红十字事业发展的意见》《中国红十字会章程》等。

（七）内部规章制度

公开内容：本会可以对外公开的规章制度等。

具体要求：

应依法公开相关管理制度，包括但不限于招标采购、捐赠管理、项目管理、对外合作等方面的制度。

三、业务活动信息

（一）募捐信息

公开内容：本会所开展的公开募捐活动相关信息。

具体要求：

应公开本会的募捐资格和捐赠者可以享受的减免税等优惠待遇。

应包括募捐活动名称或募捐倡议书、募捐持续时间、募捐资金用途等。有条件的募捐活动可注明筹款目标金额。

以清单形式列出本会当前接受捐赠的项目名称。

募捐活动信息公开可参见附表一《募捐活动信息表》。

（二）社会捐赠款物接收信息

公开内容：所接收到的社会捐赠款物相关信息。

阶段性捐赠款物信息的披露可参见附表二《捐赠款物接收信息表》。

具体要求：

应包括捐赠人、捐赠金额（或折价）、捐赠意向。匿名的捐赠人姓名可用“爱心人士”或其他方式代替。

（三）款物使用信息

公开内容：使用社会捐赠款物、财政拨款和彩票公益金开展项目的相关信息。

具体要求：

应包括上一年度所有使用社会捐赠款物、财政拨款和彩票公益金开展项目的相关信息。

应包括项目名称、项目内容、实施时间、项目金额、实施地域、项目受益方、项目合作方、项目效益等。

针对个人的救助项目应公开受益人标准。

款物使用信息的公开可参见附表三《款物使用信息表》。

（四）应急救援信息

公开内容：应急救援工作相关信息。

具体要求：

应包括本会应急救援的工作流程和相关统计数据等。

应急救援队伍名单，应急救援领域类别等。

（五）应急救护培训信息

公开内容：应急救护培训工作相关信息。

具体要求：

应包括红十字会开展应急救护培训工作

的流程和服务内容。

应包括应急救护培训具体内容、服务对象、参与方式、培训规模等。

（六）人道救助工作信息

公开内容：人道救助工作相关信息。

具体要求：

应包括人道救助工作流程、救助类别、救助标准、救助成果等。

（七）“三献”工作相关信息

公开内容：无偿献血、造血干细胞捐献、遗体和人体器官捐献相关工作的信息。

具体要求：

应包括本会法定职能简介和捐献工作指南、相关工作流程、所需资料表格及网站链接等。

（八）青少年工作相关信息

公开内容：红十字青少年工作信息。

具体要求：

应包括红十字会开展红十字青少年工作的内容、学校红十字会的名单。

应包括红十字青少年工作的活动名称、活动情况等。

（九）国际交流工作相关信息

公开内容：国际交流合作工作信息。

具体要求：

应包括但不限于同其他国家政府部门、红十字组织、非政府组织合作的项目名录和内容，接收的境外捐赠来源和金额，向境外捐赠的项目与金额。

四、组织财务信息

（一）年度预算决算

公开内容：本会上一年度部门决算和本年度部门预算。

具体要求：

应公开本年度部门预算。

应公开本会上一年度部门决算报告。

应公开上一年度的审计报告。

应在每年人大批准后一个月内公开。

年度预决算报告期限为自年度的 1 月 1 日起至 12 月 31 日止。

（二）捐赠款物收入和使用情况审计报告

公开内容：依法设立的独立第三方机构对捐赠款物收入使用情况的审计报告。

具体要求：

应公开捐赠款物收入和使用情况审计报告全文。

（三）项目财务

公开内容：重要项目、重要专项基金的年度财务信息。

具体要求：

开展了公开募捐活动的项目、使用重大专项基金开展的项目和救灾项目，应公开项目上一年度直接用于受助人的款物数额、运行费用等支出数据（参见附表四《重要项目支出细目表》）。

（四）招标采购信息

公开内容：使用财政性资金和捐赠资金进行采购活动的相关信息。

具体要求：

应包括采购项目的目录、标准及采购结果。

在公开部门决算时，公布上一年全部采购信息。

五、其他信息

（一）志愿者活动信息

公开内容：志愿者队伍活动相关信息。

具体要求：

应包括志愿者队名称、志愿者数量、服务内容、参与方式、工作流程等。

（二）南丁格尔奖信息

公开内容：南丁格尔奖评审表彰相关信息。

具体要求：

本省（自治区、直辖市）候选人名单确定后，应在本省（自治区、直辖市）红十字会官方网站进行公示。

总会应公示评审委员会相关信息。

国家级候选人名单须在《中国红十字会报》、中国红十字会总会网站进行公示。

总会应长期公开历届南丁格尔奖章获奖者姓名和事迹。

第四章　公开方式

中国红十字会总会、省级红会和已理顺管理体制的市级红会，应通过官方网站发布本标准所涉及信息。

县级红十字会和未理顺管理体制的市级红十字会应通过上级红十字会的官方网站公开基本信息，有条件的县级红十字会可通过本级官方网站公开本标准所涉及信息。

通过互联网开展公开募捐活动，应当在民政部统一制定的信息公开平台发布募捐信息。

其他公开方式包括：

1. 政府公报。

2. 政府网站、地方门户网站、行业信息平台、社交媒体等。

3. 大众媒体，如电视、报纸、电台、杂志等，相关资料应有档案保存，便于社会公众查询。

4. 新闻发布会。

5. 实地活动，如街头展览等；相关资料应有档案保存，便于社会公众查询。

6. 内部出版物，如年报、通讯等。

7. 其他合法方式。

第五章　披露工具

附表 1：

募捐活动信息表

活动名称	
活动地域	
起止时间	
募捐款物用途	
募捐活动目标	
合作伙伴	
募捐方式	
募捐款物使用计划	
募捐活动联系方式	

本表适用于信息公开主体在进行公开募捐活动前就公开募捐活动信息进行披露。

活动名称：指募捐活动名称，可以与项目名称相同。

活动地域：指开展募捐活动的行政区域、媒体发布范围。省以内的募捐活动应明确到地市，地市以内的募捐活动应明确到县。网络募捐视为全国性募捐。

募捐款物用途：使用所募款物的项目名称及简介。

募捐活动目标：募捐活动所得财物总额期望值。

合作伙伴：合作的企业、媒体等。无合作伙伴可填“无”。

募捐方式：说明捐赠者进行捐献的途径。

募捐款物使用计划：所募款物的分配使用方式，应包含工作成本。

募捐活动联系方式：应包括对外联系人和联系电话或电邮。

附表2：

捐赠款物接收信息表

时间	来源	性质	物资数量	金额	意向

本表适用于信息公开主体在进行募捐活动后就捐助款物接收信息进行披露，也可用于对长期募捐的定期披露。

时间：款物实际到账日期。

来源：捐赠者的姓名或企业名称。

性质：可填现金、证券、物资。物资应有物品名。

物资数量：捐赠物资的数量。

金额：物资应填折价总额。

意向：捐赠者关于捐赠款物使用的意思表达。

附表3：

款物使用信息表

<table>
<tr><td>项目名称：</td><td>实施时间：</td></tr>
<tr><td colspan="2">项目收入来源：财政拨款，占收入总额　　%；社会捐助，占收入总额　　%；
彩票公益金，占收入总额　　%；其他，占收入总额　　%。</td></tr>
<tr><td>项目年度收入总额：</td><td>项目年度支出总额：</td></tr>
<tr><td colspan="2">运行地域：</td></tr>
<tr><td>受益对象：</td><td>项目合作方：</td></tr>
<tr><td colspan="2">项目成果：</td></tr>
</table>

项目收入来源：如某收入来源为0可不填。“其他”需注明来源。

实施地域：指开展项目活动的行政区域。省以内的活动应明确到地市，地市以内的活动应明确到县。网络活动视为全国性活动。

项目合作方：合作的政府机关、社会组织、企业、媒体等。无合作伙伴可填“无”。

附表4：

重要项目支出细目表

项目名称	直接用于受助人或项目内容的款物	项目直接运行费用						总计
		立项、执行、监督和评估费用	项目人员经费	宣传推广费用	租赁房屋、购买和维护固定资产费用	其他费用	小计	

项目人员经费，包括：和项目直接相关非在编人员的工资福利、劳务费、专家费等；

为立项、执行、监督和评估公益项目发生的费用，包括：差旅费、交通费、通信费、会议费、办公费、水电费、邮电费、购买服务费等；

为宣传、推广公益项目发生的费用，包括：广告费、购买服务费等；

因项目需要租赁房屋、购买和维护固定资产的费用，包括：所发生的租赁费、折旧费、修理费、物业管理费等；

其他费用，为开展项目需要支付的其他费用。

如认为有需要特别指明的项目，可在表中新增一栏。

中国红十字会总会办公室关于《中国红十字会总会党组关于成立意识形态工作领导小组的通知》的备案报告

中红办字〔2018〕17号

中共中央办公厅：

现将中国红十字会总会党组于2017年10月31日印发的《中国红十字会总会党组关于成立意识形态工作领导小组的通知》和制定说明一式3份报请中央备案。

中国红十字会总会 2017 年度网络安全工作报告

中红字〔2018〕18 号

中央网络安全和信息化领导小组办公室：

网络安全工作事关国家安全、政权安全和经济社会发展。为进一步加强网络安全工作，中共中央办公厅制定印发了《党委（党组）网络安全工作责任制实施办法》（以下简称《实施办法》）。《实施办法》明确了各级党委（党组）主要承担的网络安全责任。中国红十字会总会（以下简称“总会”）党组高度重视网络安全和信息化建设工作，现就 2017 年度学习贯彻习近平总书记关于网络安全讲话精神，贯彻执行《中华人民共和国网络安全法》（以下简称《网络安全法》）《实施办法》以及网络安全工作情况报告如下：

一、强化网络安全意识，落实主体责任

总会高度重视网络安全工作。2017 年 2 月，总会印发了《关于成立中国红十字会总会网络安全和信息化领导小组及相关机构的通知》（中红办字〔2017〕9 号），网络安全和信息化领导小组组长由中国红十字会党组书记、常务副会长徐科担任，副组长由中国红十字会党组副书记、副会长郭长江担任，成员由中国红十字会党组成员、副会长王海京、王汝鹏、王平（兼秘书长）担任。

领导小组下设办公室，由中国红十字会总会办公室负责人邵锋负责，承担日常工作；下设网络宣传与舆情应对工作组、信息化建设工作组、网络资源动员与财务信息公开工作组、网络安全与保密工作组等四个工作组，明确各组组长由各分管会领导负责，副组长由相关业务部室一把手负责具体抓落实，网络安全与信息化领导小组办公室负责落实督导具体工作。

网络安全与信息化领导小组多次召集会议，专题研究、部署网络安全和信息化建设工作，形成《会议纪要》，落实中央关于网络安全的部署，推动总会信息化建设工作落实。

二、学习贯彻习近平总书记关于网络安全系列重要讲话精神

2017 年 12 月 5 日，总会召开党组理论学习中心组会议。党组书记、常务副会长徐科同志主持会议。党组副书记、副会长郭长江，党组成员、副会长王海京、王汝鹏、王平（兼秘书长）出席会议。

会议认真学习了习近平总书记关于网络安全系列重要讲话精神，传达学习了《实施办法》。

会议认为，党中央、国务院高度重视网络安全和信息化。习近平总书记强调，没有网络安全就没有国家安全，没有信息化就没有现代化，建设网络强国的战略部署要与“两个一百年”奋斗目标同步推进。党的十八大以来，习近平总书记站在党和国家事业发展全局的高度，作出了加快建设网络强国的战略部署，并就网络安全和信息化工作做出一系列重要指示，发表了一系列重要讲话，为我们做好新形势下网络安全和信息化工作提供了根本遵循。《实施办法》的下发，为做好网络安全工作指明了方向，明确了要求。

会议指出，总会党组高度重视网络安全工作，根据中央精神和中央网络安全和信息化领导小组的要求，成立了网络宣传与舆情应对、信息化建设、网络资源动员与财务信息公开、网络安全与保密等四个工作组，明确了工作职责。

会议要求，要结合实际，切实抓紧抓好《实施办法》的贯彻落实工作。一要用习近平新时代中国特色社会主义思想武装头脑、指导实践、推动工作。认真贯彻落实党中央和习近平总书记关于网络安全工作的重要指示精神和决策部署，贯彻落实网络安全法律法规，做到守土有责、守土负责、守土尽责。二要强化责任意识，充分发挥领导小组统一组织领导作用，认真落实请示报告制度。领导小组办公室及四个工作组要加强协调、各负其责，确保各项工作落到实处。三要进一步明责、确责、考责，严明纪律规矩，强化监督检查，坚持有责必问、问责必严，层层压实责任。四要加强网络安全教育。维护网络安全是总会每一位干部职工的共同责任，要采取多种形式开展经常性网络安全宣传教育，使总会每一名干部职工树立正确的网络安全观，切实提高加强网络安全保护工作的自觉性。五要认真落实《实施办法》，提升网络安全的责任意识，把互联网安全常态化、制度化。

三、贯彻执行《网络安全法》，强化网络安全工作

2017 年 6 月，《网络安全法》颁布，总会根据中央网信办文件精神，依照《网络安全法》的规定，以开展关键信息基础设施安全检查为抓手，推动《网络安全法》的贯彻执行。

（一）信息安全等级保护工作

1. 等级保护测评工作

总会利用等保测评工作作为网络安全基础，对网站和应用系统进行全面诊断，对测评中出现的问题及时进行整改。信息化系统包含 8 个业务系统，且均被定级为等级保护三级系统，在北京市公安局东城分局登记备案。根据信息安全等级保护要求，每年总会对系统进行测评工作。2016 年 11 月总会与北京市电子产品质量检测中心（简称检测中心）签订了《中国红十字会信息化系统安全等级保护测评服务合同书》，该公司于 2016 年 12 月开始对中国红十字会信息系统进行安全等级保护测评工作，提交了问题清单和整改建议。针对发现的问题，已要求联通公司和紫光公司分别进行整改，其中联通公司负责网络安全部分整改，紫光公司负责主机安全和应用安全的整改，管理制度三方协同整改。通过单元测评结果汇总分析、整体测评、总体安全状况分析、安全问题风险评估，形成《等保测试报告》，根据国家的技术标准，等保整体测试得分 78 分，比 2016 年有了很大提升。

2. 等级保护检查工作

总会按照北京市东城区网安大队（以下简称“网安大队”）对信息安全等级保护监督检查要求进行网络安全的自查，报送了《2016 年度中国红十字会信息系统等级保护自查报告》，填报自查情况报表，通过了等级保护安全检查。近期，网安大队要求总会再次进行网络安全检查，并填报等级保护检查表，目前总会正在填报相关表格，完成后上报网安大队。

（二）组织开展安全加固

2017 年 6 月根据中网办发函〔2017〕86 号文件要求，总会办公室印发中红办字〔2017〕64 号文件《关于做好关键信息基础设施安全保障工作的通知》，通知要求总会机关各部室加强外网邮箱管理，注销非在职人员邮箱账号，要求指定专人对部门公用邮箱进行管理。同时注重网络安全管理，及时更新并对总会局域网内的计算机进行病毒查杀。

（三）加强网站安全管理

认真对照《关于加强党政机关网站安全管理的通知》等文件和标准要求，进一步加强总会网站安全管理和防护。

1. 重新办理网站备案工作

2017 年 4 月，总会收到北京联通网站备案信息核实通知，由于总会法人已变更，根据通知的要求，我们及时与北京联通公司进行沟通，准备备案相关材料，填写《网站备案现场核验变更登记单》，报送至北京联通公司，完成了网站备案工作。

2. 增加域名锁服务

为保证总会域名安全，2016 年增加域名锁服务，域名锁功能是禁止域名被删除、修改和转移，保证域名安全。

四、建立制度出台文件，严控网络安全事件发生

（一）制定《网络安全事件应急预案》

7 月，总会派员参加了中央网信办网络组织的安全事件应急预案培训班。8 月，总会结合《国家网络安全事件应急预案》和《网络安全事件应急演练指南》，并根据总会工作实际，制定了《中国红十字会总会网络安全事件应急预案》（以下简称《预案》）和《中国红十字会总会网络安全事件应急演练方案》，并通过执委会会议专题研究审批，下发通知颁布执行。

（二）明确网站管理责任

2017 年底，为适应新形势的需要，“中国红十字会网站”全面改版。新改版的网站不仅丰富了网站内容，更重要的是重新规范网站的安全和管理，对网站所收集、发布的数据做全面的整合，特别是对核心数据进行加密处理，明确网站管理责任；对新网站进行全面安全测试；根据新形势的要求，依照民政部《慈善组织互联网公开募捐信息平台基本技术规范》《慈善组织互联网公开募捐信息平台基本管理规范》，对新网站进行规范，打造全新的公益网站。

（三）网络安全事件应急演练

依照《网络安全法》的规定，依照中央网信办的统一部署，10 月，总会在网络安全和信息化领导小组的领导下，按照《中国红十字会总会网络安全事件应急演练方案》所规范的内容，进行了总会网络安全事件应急演练，演练邀请网络平台供应、软件开发单位技术人员共同参与，并与机房、云平台、异地灾备、用户联动；同时邀请信息化项目建设的监理单位、系统测试单位，对演练的全过程进行监督和技术保障测试，并形成了演练的全过程记录和最终报告，演练达到了突发网络事件应急处理的预期目标。

五、网络安全与保密工作相结合，十九大网络安全保障有力

（一）部署网络安全自查，技术保障得力

中国红十字会的网站和信息平台托管在联通公司，专线接入总会机关。接到保障十九大网络安全的通知后，总会专门给联通公司发函，要求在十九大期间和网络安全检查期间，全力做好技术保障和设备自查保障，并以《预案》为基础，提供红会网站和信息平台的技术保障团队，重点在防止攻击、防病毒、防瘫痪等方面，全面保障网络安全。

（二）网站自查和保障措施

根据原工作计划，总会网站要在 7 月进

行全面调整更新，并已完成了网页设计改版工作，为保障十九大网络安全和网信办的有关要求，从讲政治的高度，总会决定停止网页更新工作，重新进行风险评估，并对网站的安全防护、防瘫痪、防篡改等方面进行了重新布置。

（三）针对病毒攻击，布置自查保障措施

勒索病毒暴发后，总会以此防范为契机和抓手，首先从网络端口防范作为重点，通过联通的网络入口把好端口安全关；同时要求上网计算机全面升级打补丁，在升级防病毒软件的同时，对服务器的所有系统软件进行全面升级补漏，对总会所有计算机进行普查，对采用XP系统的计算机进行重点普查登记，把好防止病毒的基础关和传播关。由于防范到位，总会机关实现了计算机病毒零感染。

（四）重要数据加密保障措施

总会的核心信息主要包括：捐赠人数据、干细胞配型数据、器官捐赠数据等。在数据安全保障方面，我会重点做好如下工作：一是数据备案，红十字会的所有数据，特别是捐赠人数据，在灾备的基础上，系统和管理均采取再备份，保证源数据的安全可靠；二是严格数据库管理授权，对数据的使用、修改、迁移、传输等，访问记录严格备案。在系统内使用的财务数据基本上控制在两年内的数据。三是对数据错误进行技术跟踪，2017年提出了对数据进行比对，校准数据、查找数据问题的工作方案，保证数据的真实可靠。

（五）工作邮箱安全管理

对邮箱采用专人管理、行政人事部门确认的管理方式，授权单一，防止多渠道管理出现漏洞风险。对离职人员马上进行必要的清理，保证邮箱的安全可控。

（六）网站发布安全管理

红会网站的信息发布有严格的审核制度，唯一性的授权管理，保证发布的统一性、可追溯性，线下审批与线上授权相结合的管理方式，保证信息发布准确和可监控。对网络舆情，总会有一整套的管理制度和预警制度，有专门的部门和人员管理以及相关报告制度，保证网络舆情的紧急处置和应急管理。

对加密文件资料进行保密部署和安全排查，通过保密局2017年的保密工作检查，未发现保密泄漏和保密隐患问题。

（七）系统内网络安全部署

在保障十九大网络安全工作中，根据网信办有关文件精神，总会对各直属单位通过下发通知、组织学习、专题会议等方式，全面传达部署有关部门对十九大期间对网络安全的保障要求，要求各直属单位高度重视网络安全工作，认真展开自查，落实完善网络安全制度和管理，要求一把手亲自抓，并且要切实做到责任到人。

（八）网安工作资金保障到位

为保障十九大网络安全工作有效到位，总会为十九大网络安全提供60万元的保障资金，对数据库的核心数据进行全面加密，为大数据的应用提供了全面安全保障；对系统平台加装堡垒机，对平台的核心系统操作提供全程监控保障，也为等保测试和技术人员管理提供了有效的保障。

随着互联网、网络信息科技的飞速发展，意识形态工作重点从传统领域转向网络领域，网络成为前沿阵地。尽管总会网络安全工作总体状况良好，但在安全意识、防护技能、应急处置等方面还存在差距和不足，补短板、防风险的任务依然艰巨。维护网络安全是当前面临的重大挑战，也是必须履行的重要使命。《实施办法》为做好网络安全工作指明了方向，明确了要求。总会将以习近平新时代中国特色社会主义思想为指导，认真落实《网络安全法》和《实施办法》，确保网络安全。要提高政治站位，强化责任意识，做到守土有责、守土负责、守土尽责；落实《实施办法》，强化制度建设、基础管理，扎实做好网络安全工作。

关于申报中国红十字会博爱家园助力脱贫攻坚精品项目的通知

中红办字〔2018〕19号

各省、自治区、直辖市红十字会，新疆生产建设兵团红十字会：

为进一步贯彻落实党中央、国务院关于推进精准扶贫的战略部署，充分发挥博爱家园项目助力脱贫攻坚工作的积极作用，中国红十字会总会定于2018年3—5月组织博爱家园助力脱贫攻坚精品项目评选活动。现就评选活动有关事项通知如下：

一、评选目的

全面贯彻“十三五”规划及中央提出的精准扶贫战略方针，充分发挥博爱家园项目在扶贫攻坚工程中的助力作用，梳理、提炼、传播项目有益经验，凝聚全国红十字系统精神动力，为打赢脱贫攻坚战贡献力量。

二、奖项设置

全国红十字系统共评选出10个博爱家园助力脱贫攻坚精品项目。

三、项目评选标准

（一）坚持“社区为本”原则：社区居民积极参与，项目设计充分结合群众需求，项目内容通过VCA自下而上确定，项目实施符合当地实际需要，建设凝聚力强的社区。

（二）坚持“公开、公平、公正”原则：项目阳光操作，社区群众有充分知情权、参与权、选择权、监督权，贫困户的确定严格经过公示程序，建立社区反馈渠道。

（三）坚持“因地制宜、积极创新”原则：结合当地资源、能力及经验，扶持本土化的产业发展，优先推荐地理标志及特色文化生计项目；项目结合地方特色，能够积极创新项目模式，体现红十字会在扶贫攻坚领域的独特优势。

（四）项目效率：项目严格按照预算及项目计划实施，达成所有项目既定目标（比照逻辑框架），项目成本效益最大化；项目充分发挥资金杠杆作用，有效撬动政府、社会、企业等资源。

（五）项目扶贫成效：生计帮扶项目设计合理，受益面广，受益户选择坚持“扶真贫、真扶贫”原则，生计金能够滚动发展、循环运作，项目内容充分融合“扶智、扶志”等内容，项目整体性及关联性强，有效实现了困难群众增收致富。

（六）项目社会效益：项目在当地具有较大影响力和良好声誉，项目有益经验得到广泛传播，通过弘扬人道文化和社会主义核心价值观，打造了共建、共享、互助、合作的和谐社区。

（七）项目综合效益：项目通过减少贫困，有效地降低了社区的易受损性，提高了整个社区抵御自然灾害的能力及综合发展实力；同时通过项目实施，大力夯实了基层红十字会的项目管理水平和资源动员能力。

（八）项目可持续性：项目设计及实施着眼长远，注重培育社区自主发展意识和能力，同时应保护生态，对自然资源基础的利用更具持续性。

具体量化打分指标由专家委员会确定。

四、参选项目范围

（一）总会资金支持的博爱家园项目；

（二）地方自筹经费开展的博爱家园项目；

（三）国际组织、香港红十字会支持的博爱家园项目。

参选项目所在县级红十字会须已经理顺管理体制。

五、组织机构

（一）主办单位：中国红十字会总会、国务院扶贫办

（二）承办单位：云南省红十字会

（三）专家评审委员会：由相关部委领导、知名学者、专家组成，负责制定评审标准并参与项目评审。

六、评选及表彰流程

（一）省级红十字会推荐：省级红十字会负责组织在本省内的评选申报工作，每省最多推荐两个项目点，并将《中国红十字会博爱家园助力脱贫攻坚精品项目申报表》于3月30日前以邮寄及电子邮件形式上报至总会；

（二）专家评审：专家评审委员会对省级红十字会的推荐材料进行审核，初步确定评选结果报总会执行委员会审定；

（三）报批审定：总会执行委员会对专家评审结果进行审核并批准正式受表彰项目；

（四）下发表彰决定：总会向各省级红十字会下发评选表彰决定；

（五）颁奖仪式：在5月16日项目推进会上由陈竺会长、国务院扶贫办领导予以授牌（证书）表彰，授予“全国红十字系统博爱家园助力脱贫攻坚精品项目”荣誉称号。

七、有关要求

（一）坚持标准，保证质量。严格按照评选条件和程序，做到优中选优。推荐工作应面向基层一线，充分调动项目实施地的参与热情，把评选表彰的过程作为学习宣传精品项目的过程，以评选促干劲，以表彰鼓士气，传播有益经验，分享最佳实践。

（二）公开公正，维护公平。坚持公开透明，项目推荐应在深入调研基础上完成，坚持民主集中制原则，广泛听取各方面意见，确保评选推荐工作的公正性和公信力。

（三）严格把关，严守纪律。严肃纪律，规范程序，严格审核。对虚构事迹材料、违反评审规定等行为，一经发现，撤销评选资格，并追究有关单位和人员的责任。

关于做好2018年自然灾害救助工作的通知

中红字〔2018〕26号

各省、自治区、直辖市红十字会，新疆生产建设兵团红十字会：

根据国家减灾委员会办公室自然灾害趋势预测，预计2018年汛期（5—9月），我国气候状况总体偏差，降水呈现“南北多、中间少”的分布，旱涝并重，极端天气气候事件多；夏季（6—8月）我国存在南北两个主要多雨区，北方多雨区位于内蒙古中西

部、西北地区中东部、西南地区北部、华北、黄淮大部，南方多雨区位于江南东南部和华南大部，上述地区可能出现较重的洪涝灾害，黄河流域、海河流域、珠江流域可能出现较重汛情；东北地区北部、江淮西部、江汉南部、江南北部、西南地区东部降水较常年明显偏少，易出现阶段性干旱；2018年登陆我国的台风个数为7—9个，接近常年（7个）或偏多。为积极应对自然灾害，充分发挥红十字会作为政府在人道领域的助手作用，现就做好2018年自然灾害救助工作通知如下。

一、高度重视，加强组织领导

"开展救援、救灾的相关工作"是《中华人民共和国红十字会法》赋予我会的重要职责之一，各级红十字会要进一步提高思想认识，以履行法定职责的高度责任意识，切实加强防灾减灾救灾工作的组织领导，按照以防为主，防抗救相结合的工作方针，早谋划、早安排、早部署，努力实现从注重灾后救助向注重灾前预防转变，从应对单一灾种向综合减灾转变，从减少灾害损失向减轻灾害风险转变，提升防灾减灾救灾能力。要注意结合本地区各类自然灾害发生频率和自身救灾工作实际，以提高应急工作的科学性、时效性为目标，进一步完善应急预案，增强预案的指导性和可操作性。上一级红十字会要加强对下一级红十字会的工作指导，帮助基层红十字会完善救援、救灾应急工作机制，切实提高应急处置和应急救助能力，确保在灾害到来时能够做出快速反应，取得良好效果。

二、全面部署，做好应对准备

（一）加强灾害应对沟通协调机制建设和应急值守。各级红十字会要积极主动参加当地政府有关灾害应对的各类协调机制、会议和活动，重点加强与减灾办（应急办）、应急管理（民政）、地震、气象等部门的沟通与联系，及时掌握灾害预警信息和灾情信息。一方面根据灾害预警信息加强应急值守，做好救灾人员派遣和救灾款物拨付准备，另一方面在灾害发生后切实做好灾情和需求信息收集、核实和上报，进一步提高灾情和需求报送的时效性和准确性，确保灾情和需求准确严谨、报送及时、评估科学，同时，受灾严重的省份要实行24小时值班制度，安排精通业务的人员做好应急值班，保持通讯畅通，确保各类自然灾害事件得到及时高效有序处置。

（二）建设高水平专职救灾干部队伍。各省级红十字会及备灾救灾中心（仓库）要配备得力的专职救灾干部，并确保队伍稳定。若救灾人员发生变动，须及时对新上岗的救灾人员进行岗前业务培训，做好工作交接并上报总会，确保无缝对接。各省级红十字会要积极参加总会组织的灾害应急能力建设培训班，同时制定灾害应急业务培训计划，在本地区内组织开展相关培训，形成自下而上报灾、自上而下指导、协调有序、科学高效的应急体系。

（三）做好救灾款物和应急物流准备。各级红十字会要结合本地区以往自然灾害情况，抓紧采购、储备常用救灾物资，并积极申请、协调紧急备用金储备，以满足紧急阶段临时性应急物资需求。相关备灾救灾中心（仓库）要做好救灾物资的存储管理工作，及时关注并更新灾害管理系统，定期清点物资数量、检查物资质量，与固定的物流公司签署救灾物资装运协议，保证救灾物资在第一时间出库。

（四）充分发挥救援队伍作用。各级

红十字会要高度重视发挥已建各类救援队伍的作用，尤其是要注重发挥赈济救援队在灾情和需求评估、救灾物资发放、临时安置点建设与管理等方面的业务功能，协助受灾地红十字会对受灾群众进行救助，并在必要时调派其他救援队伍共同参与救灾。同时，各级红十字救援队要严格落实队伍人员备勤制度，对所有装备进行清点维护，制定救援方案并有针对性地组织演练。国家级红十字救援队要严格落实《中国红十字救援队管理办法》的相关规定，加强人员和装备管理，做好随时派出的准备。

三、规范流程，落实应急举措

（一）注重灾前预防和灾后救助。灾害预警后，各地红十字会要密切跟踪本地区灾情的发生、发展，加强对灾害发生趋势的研判。灾害发生后，要尽快通过灾害管理系统逐级向总会上报准确的灾情和实际的需求，并根据本地区灾情及时启动相应应急预案，及时拨付、使用救灾资金，组织调运、接收救灾物资。

（二）严守救灾规则和纪律。在紧急阶段对救灾款物的接收发放要严格遵守救灾工作的规则和纪律，严禁截留或挪用救灾款物。各级红十字会要切实加强救灾资金的管理，确保资金使用安全规范，实现效益最大化。受灾地区红十字会要按照“快速、高效、公平、透明”的原则，及时足额分配、发放救灾物资，不得留存，同时要注意保存好相关资料和凭证以备检查、审计。在救灾过程中，未经总会同意，受灾省份红十字会不得擅自向其他内地省级红十字会、港澳红十字会及台湾红十字组织发出呼吁。

（三）切实做好灾害管理系统的使用。各级红十字会要加强对业务人员关于灾害管理系统使用方面的培训，且均须通过系统进行报灾及相关流程操作，灾情不分大小，凡灾必报。同时，各级红十字会救灾物资、救援队人员和装备信息等须及时录入系统，为救灾工作做好准备。

四、募集资源，号召广泛参与

各级红十字会要积极发挥主观能动性，广泛动员社会资源，加大救灾款物的募集力度，不断增强红十字会救灾的综合实力，提高对受灾群众的救助力度。要充分发挥会员和志愿者的作用，弘扬红十字应急救援的正能量。总会提倡各级红十字会充分发挥“一方有难，八方支援”的人道精神，主动支援帮助受灾地区红十字会开展救灾工作。

五、加强宣传，营造良好氛围

各级红十字会要充分认识正确的舆论宣传对做好救灾工作的重要作用，主动加强与本地区宣传部门和主要新闻媒体的沟通与合作，充分利用广播、电视、报纸和网络等平台以及微博、微信等自媒体，及时发布红十字会救灾工作信息，要重点宣传救灾过程中表现突出的先进队伍、人物和先进事迹，弘扬正能量，营造良好的社会舆论氛围，引导社会各界了解、支持、参与红十字会救灾工作。对于国家彩票公益金资助的救灾物资，应予以重点宣传，以更好体现国家彩票公益金“取之于民，用之于民”的理念。

关于开展 2018 年“红十字博爱周”活动的通知

中红办字〔2018〕27 号

各省、自治区、直辖市红十字会，新疆生产

建设兵团红十字会，铁路系统红十字会，总会机关各部门、各直属单位：

为纪念第71个“世界红十字日”，进一步扩大红十字会的社会影响，凝聚更多的社会力量参与和支持红十字事业，总会定于2018年“‘5·8’世界红十字日”期间，在全国范围内开展“红十字博爱周”活动。活动方案如下：

一、活动时间

2018年5月7日—13日

二、活动主题

2018年，红十字会与红新月会国际联合会确定的世界红十字日主题为“微笑”。

请各地各单位围绕“人道——为了你的微笑”这一主题，组织开展红十字博爱周活动，在社会上集中传播人道精神，宣传红十字人、红十字志愿者热心服务基层、密切联系群众的行动，展示红十字会在新时代的新气象、新作为。

三、活动内容

（一）通过新闻媒体及新媒体传播平台，以“新时代、新气象、新作为”和“我与改革开放共成长”等主题采访征文活动为契机，着力创新传播手段和内容，广泛宣传红十字会在新时代开展“三救三献”、助力精准扶贫脱贫、参与“一带一路”建设、服务易受损群体等方面的工作成就，讲好红十字故事，传播好红十字声音。

（二）围绕红十字会重点工作和重要任务，结合各地工作实际和群众需求，组织开展丰富多彩、各具特色的人道服务活动，如组织开展防灾减灾知识普及、应急救护技能培训、面向困难群体的人道救助、红十字特色的志愿服务、无偿献血、造血干细胞捐献、人体器官捐献宣传等活动。

（三）结合实际，开展“我是红十字人”主题宣誓活动，通过主题活动、公益广告、报告演讲、专题宣传等形式，充分展示各地红十字会在人道服务领域做出的贡献，推介和宣传一批认真践行红十字运动基本原则、全心全意服务易受损群体的红十字志愿者、红十字基层工作者，传播红十字正能量，弘扬人道、博爱、奉献精神。

四、工作要求

（一）总会机关各部室、各直属单位，各省级红十字会根据活动通知精神，按照统一时间、统一主题、上下联动、形成合力的要求，精心策划，周密组织，设计安排好本部门本地区的活动，并结合实际邀请红十字会理事参加有关活动，使红十字博爱周活动丰富多彩，产生良好反响。

（二）总会官方网站、中国红十字报、官方微博、微信等集中对各地开展红十字博爱周活动情况进行报道和转载。各级红十字会组织媒体对博爱周活动进行集中宣传。

（三）总会机关各部室、各直属单位，各省级红十字会将博爱周期间拟组织开展的重要活动于4月30日前报送总会。

（四）活动结束后，总会机关各部室、各直属单位，各省级红十字会于5月30日前将2018年“红十字博爱周”活动举办情况总结报送总会。

中国红十字会总会办公室

2018年4月16日

联 系 人：郝东升（总会组织宣传部宣传处）

联系电话：（010）84025890-5013，64025639（传真）

邮　　箱：xuanchuanchu@redcross.org.cn
邮寄地址：北京市东城区北新桥三条 8 号（100007）

关于认真贯彻落实
习近平总书记重要指示精神
切实加强救灾工作的紧急通知

中红字〔2018〕29 号

各省、自治区、直辖市红十字会，新疆生产建设兵团红十字会，中国红十字会总会备灾救灾中心、中国红十字基金会：

近期，全国多地连日强降雨，一些地方受灾严重，并引发次生灾害，给人民群众生命财产造成重大损失。党中央、国务院高度重视，习近平总书记作出重要指示，强调要全力组织开展抢险救灾工作，最大限度减少人员伤亡，妥善安排好受灾群众生活，最大程度降低灾害损失。李克强总理等中央领导同志对贯彻落实习近平总书记重要指示提出明确要求。当前，正值“七下八上”防汛关键时期，据有关部门预测，东北中南部、华北大部、西北地区中部、黄淮、西南地区北部等北方地区多雨，黄河中游、海河流域等可能发生较大洪水，长江上游、汉江上游、辽河等可能发生区域性暴雨洪水。预计下半年台风登陆数量较常年偏多，风力和影响可能较常年偏重，防汛抗灾形势十分严峻。近日，国家减灾委员会办公室、国务院安委会办公室、应急管理部下发了《关于认真贯彻落实习近平总书记重要指示精神 切实加强汛期安全防范和抢险救灾工作的紧急通知》，就做好汛期安全防范和抢险救灾工作提出要求。为认真贯彻落实中央领导同志重要指示精神，切实保护人民群众生命财产安全，现就红十字系统汛期防灾减灾救灾工作要求如下：

一、切实加强对救灾工作的组织领导

习近平总书记的重要指示，充分体现了以人民为中心的思想和心系人民群众安危冷暖的为民情怀，彰显了我们党全心全意为人民服务的宗旨。各级红十字会要把贯彻落实习近平总书记重要指示精神作为检验“四个意识”牢不牢的重要标准，以实际行动坚决做到“两个维护”，充分认识做好当前防灾减灾救灾工作的极端重要性，始终绷紧神经、严防松懈麻痹，宁可十防九空、不可失防万一。各级红十字会干部要把做好防灾减灾救灾工作作为践行忠诚担当的具体行动，切实把人民群众生命安全放在第一位，增强责任意识和担当意识，始终站在防灾减灾救灾第一线，关键时刻经得住考验，率先垂范，靠前指挥，强化组织领导，与当地政府应急管理部门密切配合，充分调动各方资源，全力打赢防灾减灾救灾这一仗。

二、加强沟通，及时获取灾害预警和灾情信息

要加强与政府应急管理部门及气象、自然资源、水利等部门的沟通联系，密切关注雨情、汛情、风情和地质灾害发展变化。做到灾前及时掌握预警信息，提前谋划，做好人员和物资准备，灾后第一时间获取灾情信息，及时启动应急响应，应向灾区提供救援救助，并通过灾害管理信息系统向上级红十字会报告灾情。

三、全力做好救灾救援各项准备工作

要加强汛期应急值守，领导干部要在岗带班，受灾严重的省份要实行 24 小时值班制度，安排精通业务的人员做好应急值班，保持通讯畅通，出现突发情况迅速有力处置，重大灾情立即按规定启动应急响应机制，及时派工作组深入灾区一线参与救灾工作，重要情况及时上报。

各级红十字备灾救灾中心（仓库）要做好救灾物资的检查和整理工作，通过灾害管理信息系统核对仓储台账。要提前做好应急物流准备工作，确保接到指令迅速调拨，出库物资质量可靠、数量准确。

要充分发挥红十字救援队伍作用。各级红十字会要强化责任担当，将救援队派出纳入救灾常态机制管理，在灾害发生后积极响应、主动派出。注重发挥医疗、供水、大众卫生等救援队在受灾群众生活安置方面的优势和搜救、水上等救援队在受灾群众紧急转移和生命搜索等方面的作用，尤其要将赈济救援队与救灾物资的运输、发放、评估、回访紧密结合，通过实战救援更好地服务受灾群众，同时检验队伍、锻炼队伍，不断提高救援水平。要提前对救援装备进行检查维护，密切保持与救援队员的联系沟通，坚持灾情就是命令，确保紧急情况下迅速调集到位，迅速投入救援。

各级红十字会要加强与政府应急管理部门的密切配合，引导社会力量有序参与救灾，发挥各方优势，服从指挥，形成合力，最大限度保护人民群众生命财产安全。

四、妥善做好受灾群众安置救助

要加强各类救灾款物的统筹保障，根据灾区需求尽快调拨。配合政府做好受灾群众安置工作，确保受灾群众有饭吃、有衣穿、有干净水喝、有病能及时就医、有临时安全住所。要特别关注和加大对城乡困难群众的救助力度，对特别困难人员给予临时救助和生活补贴。要动员社会力量积极参与灾后恢复重建工作，帮助受灾群众早日重建家园，尽快恢复生产生活秩序。

五、加强救灾工作的监督和反馈

各级红十字会要严格遵守各类工作纪律，尤其要加强救灾款物的使用监督，做到专款专用、专物专用、合法合规。要通过各种形式向捐赠人和社会各界通报、公示款物使用情况和救灾进展，做到公开透明。

中国红十字会总会关于2018年近阶段自然灾害救灾救助情况的报告

中红字〔2018〕32号

应急管理部：

2018年7—8月，受台风、暴雨等极端天气影响，我国多地发生洪涝等自然灾害，中国红十字会总会（以下简称“总会”）根据法定职责，积极开展了救灾救助工作，现将有关情况报告如下。

7月26日，总会根据国家减灾委员会办公室、国务院安委会办公室、应急管理部《关于认真贯彻落实习近平总书记重要指示精神 切实加强汛期安全防范和抢险救灾工作的紧急通知》，下发了《关于认真贯彻落实习近平总书记重要指示精神 切实加强救灾工作的紧急通知》，就全国红十字系统做好汛期防灾减灾救灾工作提出要求。同时，总会进一步加强了同应急管理部门的沟通与联系，通过参加国家减灾委员会召开的灾情会商会议和接收国家预警发布中心的气象短信等方式获取灾情预测、预警信息，并向相关省级红十字会发布，要求相关省级红十字会做好应急值守、仓库盘点、物流协调、救援队人员和装备准备等备灾工作。

灾害发生后，总会要求相关省级红十字会立足我会应急救援体系建设基础，及时上报灾情和需求，并结合总会启动应急响应情况和灾区政府的救灾工作实际，快速调派救援队伍、调运发放救灾物资等，为受灾群众提供基本生活救助。

7 月以来，总会共收到河北等 20 个省级红十字会上报的台风、洪涝、地震等 8 类自然灾害灾情及需求报告 88 份，根据总会自然灾害应急响应标准，总会统筹境内外资源，共对 13 个省份启动应急响应 21 次（三级响应 3 次，四级响应 10 次，特殊响应 3 次，追加救助 5 次），向灾区调拨赈济家庭包 31600 个、毛巾被 20500 床、服装 16700 件、棉被 5000 床、单帐篷 550 顶、折叠床 500 张，并拨付紧急救灾备用金 336.61 万元，款物价值共计 1474 万元，用于支持当地红十字会开展灾害救助。其中，总会积极协调红十字会与红新月会国际联合会、香港红十字会对灾区进行救助，为四川、甘肃提供联合会救灾资金 222.92 万元，为山东、安徽提供香港红十字会救灾资金 58.68 万元。各受灾地红十字会也积极派出了救灾工作组或调派了救援队伍在一线参与评估灾情及需求、发放救灾物资等救灾工作。

下一步，我会将继续关注自然灾害等突发事件的预警、监测信息和灾情数据信息，及时掌握灾情发展情况，并根据灾区需求启动应急响应，协助灾区党委、政府及时为受灾群众提供救助。

特此报告。

中国红十字会总会关于做好 2018 年全国防灾减灾日有关工作的通知

中红办字〔2018〕33 号

各省、自治区、直辖市红十字会，新疆生产建设兵团红十字会，铁路系统红十字会：

今年 5 月 12 日是我国第十个全国防灾减灾日。根据《国家减灾委员会关于做好 2018 年全国防灾减灾日有关工作的通知》，今年防灾减灾日的主题是“行动起来，减轻身边的灾害风险”，5 月 7 日至 13 日为防灾减灾宣传周。为做好今年全国防灾减灾日各项工作，根据国家减灾委员会相关工作部署，现就有关事项通知如下。

一、突出“行动起来，减轻身边的灾害风险”主题，扎实开展防灾减灾宣传教育活动

党的十九大报告明确要“树立安全发展理念，弘扬生命至上、安全第一的思想，健全公共安全体系，完善安全生产责任制，坚决遏制重特大安全事故，提升防灾减灾救灾能力”。各省级红十字会要深入学习贯彻习近平新时代中国特色社会主义思想，在组织今年全国防灾减灾日宣传教育活动时，突出“行动起来，减轻身边的灾害风险”这一主题，强调不能把减轻灾害风险停留在口头上，而是要进一步行动起来，针对身边的灾害风险，采取排查治理灾害隐患、修订完善应急预案、组织开展应急演练等多种措施，努力实现从注重灾后救助向注重灾前预防转变，从应对单一灾种向综合减灾转变，从减少灾害损失向减轻灾害风险转变，提升防灾减灾救灾能力。

二、强化灾害风险防范，有效推进灾害隐患排查治理

各省级红十字会要根据所在区域和行业主要灾害风险，结合备灾救灾、救护培训、养老服务、“三献”业务，针对各类易发灾害可能带来的威胁，支持引导红十字救援队、救护队和养老志愿服务队等志愿者服务队、团体会员单位、冠名医疗机构以及专职工作人员、会员、志愿者和社区居民等参与，集中开展全面、系统的灾害隐患排查，积极参与做好社区、学校、医院、敬老院、福利院、建筑工地、机场、火车站、城市地下管网等人员密集场所和重要设施的隐患排查，尤其要重点做好红十字备灾救灾中心（仓库）等救灾物资储备场所、红十字应急救护培训基地、红十字冠名医疗机构、红十字会试点养老机构等场所的隐患排查，对排查出的灾害隐患，要提出有针对性的整治措施，明确工作责任和时间进度，尽最大可能减轻灾害风险，切实提高社会公众获得感、幸福感、安全感，维护社会公众生命财产安全。

三、修订完善应急预案，扎实开展防灾减灾救灾演练

各省级红十字会要根据灾害风险和抵御灾害的综合防范能力，进一步修订完善各类防灾减灾应急预案，要注重提高应急预案的科学性、针对性和可操作性，重点针对城市内涝、地质灾害、台风、地震等灾害，有效发挥各类红十字救援队、救护队和其他志愿服务队等队伍以及备灾救灾网络体系等优势，因地制宜组织开展人员疏散和搜救、群众生活救助、伤员救治、应急指挥、物资调运、信息共享、志愿者力量参与等演练活动，进一步规范各类灾害的应对处置程序，确保责任明确到人、落实到位。在灾害可能发生的重点地区，鼓励引导社会公众以家庭为单位储备必要的应急物资，促进城乡居民增强风险防范意识，提升应急避险和自救互救能力。

四、加大宣传教育力度，普及防灾减灾知识技能

各省级红十字会要以社区、农村、学校、机关、厂矿、企业等为平台，根据所在区域和行业特点，紧贴我会主要业务范围，结合“红十字博爱周”、防灾避险知识竞赛等活动，不断丰富防灾减灾宣传教育内容、创新宣传活动形式，进一步面向系统和社会公众普及各类灾害知识和防范应对基本技能。向社会公众开放红十字应急救护培训基地和相关科技馆等设施和场所，设立专区开展防灾减灾基本技能公众体验活动。开发针对不同社会群体的防灾减灾科普读物、教材、动漫、游戏、影视剧等宣传教育产品，拍摄防灾减灾公益宣传片，充分发挥微博、微信和客户端等新媒体的作用，不断扩大宣传活动覆盖面，从不同途径、方位、角度大力普及防灾减灾专业知识和技能，确保宣传教育取得实效。

请各省级红十字会高度重视、精心组织开展今年全国防灾减灾日各项活动，注意收集典型事例及效果资料，做好活动相关数据统计，并将活动报告于5月20日前报总会赈济救护部。

中国红十字会总会办公室

2018年4月27日

联 系 人：王永才

联系方式：010-64022601/64024577（传真）18310939361

关于推荐第47届南丁格尔奖章候选人的通知

中红字〔2018〕35号

各省、自治区、直辖市红十字会，新疆生产建设兵团红十字会，香港、澳门特别行政区红十字会：

根据红十字国际委员会通知，总会现启动第47届南丁格尔奖章候选人推荐工作。依据《中国红十字会南丁格尔奖章候选人推选办法》（中红字〔2016〕23号，以下简称《推选办法》），现将有关事项通知如下。

一、推荐单位和程序

各省级红十字会、特别行政区红十字会负责本地区南丁格尔奖章候选人推荐工作。推荐工作自下而上进行，候选人须经推荐单位、省级卫生计生部门和省级红十字会逐级推荐和遴选。

中央军委后勤保障部卫生局统一组织军队、武警系统的候选人推荐和遴选工作。

二、候选人条件和名额

（一）符合《推选办法》规定的候选人范围和条件，参评者已退休或去世的，须在其停止工作两年之内推荐。

（二）各省级红十字会、特别行政区红十字会推荐的候选人不得超过1名，军队、武警卫生系统推荐的候选人总数不得超过2名。

三、推荐材料的填报

推荐单位填报候选人推荐表（地方候选人填附件1，军队、武警候选人填附件2）。被推荐人填写申请表（附件3），并撰写事迹材料（5000字以内）和事迹简介（300字以内）。

表格电子版可到总会网站（http://www.redcross.org.cn）的通知公告栏下载。

四、其他事项

（一）各省级红十字会要会同当地卫生计生部门，积极推荐，严格把关，切实做好候选人推荐工作。

（二）根据《推选办法》规定，被推荐人须经过所在单位、省级两级公示（各一周）无异议后，方可向上级单位推荐。

（三）请于2018年11月12日前将推荐材料（纸质版）和公示记录材料（照片、网页截图、报纸复印件等）一式二份报送总会。同时，将事迹材料和事迹简介电子版发至jiuhuchu2010@163.com。逾期未报，视为弃权。

关于梁惠玲、徐科同志职务任免的报告

中红字〔2018〕39号

中央纪委国家监委驻国家卫生健康委纪检监察组：

经中共中央批准，梁惠玲同志任中国红十字会党组书记，徐科同志不再担任中国红十字会党组书记；提名梁惠玲同志为中国红十字会常务副会长人选，徐科同志不再担任中国红十字会常务副会长职务。

特此报告。

民政部　中国红十字会总会关于充分发挥红十字会在加强和完善城乡社区治理中作用的实施意见

中红字〔2018〕42号

各省、自治区、直辖市民政厅（局）、红十字会，新疆生产建设兵团民政局、红十字会：

在社区开展人道救助、健康安全促进、志愿服务、人道传播等人道主义工作是红十字会的重要职责，是加强和完善城乡社区治理工作的重要组成部分。为深入贯彻落实《中共中央、国务院关于加强和完善城乡社区治理的意见》和《中共中央关于加强和改进党的群团工作的意见》，现就推进红十字会参与城乡社区治理工作提出以下意见。

一、总体要求

以习近平新时代中国特色社会主义思想为指导，紧紧围绕统筹推进“五位一体”总体布局和协调推进“四个全面”战略布局，坚持党的领导、固本强基，坚持依法治理、协调发展，坚持因地制宜、突出特色，坚持稳中求进工作总基调，坚持以人民为中心的工作导向，真心关爱群众，完善社区红十字工作，积极推进红十字会参与城乡社区治理，充分发挥红十字会作为党和政府在人道领域联系群众的桥梁和纽带作用，使社区服务供给更加充足，人居环境不断改善，社会更加和谐稳定，为推进国家治理体系和治理能力现代化作出积极贡献。

二、主要任务

（一）开展人道服务，扩大社区服务供给。各级红十字会要深入贯彻落实《中华人民共和国红十字会法》，在城乡社区积极开展符合社区群众需要、与红十字会职责相关的养老照护、健康宣传、教育培训、公益慈善、邻里互助、居民融入等人道服务，积极推动无偿献血、造血干细胞捐献、遗体和人体器官捐献工作。积极整合社会资源，完善社区红十字工作，增强社区治理能力，打通红十字会服务社区群众的“最后一公里”。动员组织社区居民共同开展人道服务项目、活动，参与社区事务。积极引导红十字会会员、理事通过会员活动、“理事办实事”等方式参与城乡社区治理工作。培养和发展社区红十字志愿者和志愿服务组织，组织引导群众开展红十字志愿服务，实现“群众服务群众，大家帮助大家”。

（二）开展人道救助，维护社区和谐稳定。各级红十字会要积极反映社区困难群众民生诉求，动员社会人道资源，开展社区人道救助工作，化解矛盾，促进和谐。建立健全社区人道救助制度，着力形成精准救助的长效机制，有针对性地对社区孤、老、病、残、困等居民尤其是困境儿童进行救助。积极开展专项救助、扶贫帮困等社会救助活动，加强对城乡社区易受损群体开展精神慰藉和心理健康服务，帮助困难家庭、失能失智老人就医，帮助失学儿童完成学业。着力改革创新社区人道救助工作，有效整合和统筹使用人道资源，完善“博爱超市”等救助措施，扩大对困难群众的有效帮扶范围，让老百姓得实惠。

（三）助力健康安全，提升社区应急管理能力。各级红十字会要积极开展应急救援、救灾备灾相关工作，积极改善社区人居环境，加强社区风险防范和管理能力建设。在自然灾害、事故灾难、公共卫生事件等突发事件中，配合应急管理、卫生健康等相关部门，对伤病人员和其他受害者做好紧急救援救护工作。在社区开展应急救护培训，配备适用的急救设备设施，普及应急救护、防灾避险和卫生健康知识。开展社区防灾减灾宣传教育，加强社区备灾救灾能力建设，组织社区居民开展应急救援培训及实战演练，管好用好备灾物资。组织急救、逃生、自然灾害自救知识和技能培训，增强群众的应急避险意识，提高社区群众防灾避险和自救互救能力。

（四）开展人道传播，推进社区精神文明建设。各级红十字会要结合社区红十字工作，在城乡社区大力培育社会主义核心价值观，倡导人道、博爱、奉献精神，传承中华民族孝慈仁爱的优良传统，宣传《中华人民共和国红十字会法》《中华人民共和国献血法》等法律法规，统筹推进社区精神文明建设。用好社区文化广场、宣传栏（墙）以及网络媒体等，培育社区互助意识，营造社区文明和谐氛围。积极支持和参加新时代文明实践活动，开展红十字知识宣传和讲座等活动，丰富社区群众的文化生活。以美德感染群众，大力表彰无私奉献、救死扶伤的崇高行为，选树百姓身边的先进典型和道德模范，汇聚社会爱心力量，传播、传递社会正能量，增强居民群众的社区认同感、归属感。

三、组织实施

（一）完善领导体制和工作机制。各级红十字会要会同民政部门等有关方面，规范有序推进红十字会参与城乡社区治理工作，不断提升工作质量和综合效益。省级、市级、县级红十字会要在当地党委政府的领导下，积极加入社区治理协调机制，结合实际加强社区红十字工作，推进红十字会参与城乡社区治理工作。

加强党对红十字会和红十字工作的领导，坚持党建带群建，把社区红十字工作与社区党建工作结合起来，完善社区红十字工作。运用专业社会工作的方法和理念开展工作，坚持共建共治共享，统筹资源，专兼结合，将红十字组织向下延伸，队伍向下扎根，工作向下推进，更广泛地联系和服务基层群众，让社区群众有更多获得感。

（二）加强红十字会参与城乡社区治理的能力建设。各级红十字会要会同民政部门等有关方面，加强社区红十字工作，推动社区红十字会进百家门、知百家情、解百家难，因地制宜在社区开展人道服务。充分发挥“博爱送万家”“博爱家园”等活动和项目的带动作用，不断完善红十字社区服务站、红十字救护站、博爱学校、博爱卫生院（站）等红十字基层阵地的服务功能，使其成为红十字会参与城乡社区治理的重要抓手和平台。充分发挥“网上红十字会”在社区治理中的作用，积极开展社区红十字网络公益活动。

各级民政部门要对红十字会干部社区治理能力建设及时给予指导和支持。各级红十字会要从实际出发，以举办培训班、召开现场会等多种形式，加强干部在社区治理工作方面的教育培训，不断提高各级红十字会参与和推进社区治理的能力。社区红十字会要积极吸收社区内热心公益事业、乐于奉献的党员干部、居民代表，成为红十字会会员、志愿者，健全以会员、志愿者为基础的工作力量，更好地服务社区群众。

（三）完善政策标准体系和激励机制。各级红十字会要会同民政部门等有关方面，制定相关配套政策，鼓励通过慈善捐赠等方式，引导社会资金投向城乡社区治理领域，推进社区人道救助工作与政府救助体系相互衔接。把推进红十字人道服务精准化与民政部门公共服务均等化有机结合起来，加大政府购买服务力度，鼓励社区红十字会设置社工岗位。坚持问题导向，针对社区困难群众需求，设计适宜项目，开展适宜的人道服务，增强社区红十字工作的吸引力、凝聚力。

各级红十字会要会同民政部门等有关方面对开展社区红十字工作表现突出的单位和个人进行表彰，加强对社区红十字志愿服务活动的激励，增强社区红十字工作力量。推动优秀红十字工作品牌在社区落地生根、开花结果，在服务社区群众中彰显红十字工作品牌的社会价值。充分发挥报刊、广播、电视等新闻媒体、网络新媒体和社区综合培训室、文化书屋、志愿者活动室、文化长廊的宣传作用，大力宣传党中央国务院对城乡社区群众的关心关怀、加强和完善城乡社区治理的决策部署以及各地结合实际推进社区治理工作、服务群众的实效。

各省级、市级、县级民政部门、红十字会要结合实际贯彻落实本意见，制定具体措施。

中国红十字会总会关于印发《贯彻落实〈中国红十字会总会改革方案〉重点任务分工方案》的通知

中红字〔2018〕43号

总会机关各部室、各直属单位：

《贯彻落实〈中国红十字会总会改革方案〉重点任务分工方案》已经总会党组研究同意，现印发给你们，请结合实际认真贯彻执行。

附件

贯彻落实《中国红十字会总会改革方案》重点任务分工方案

贯彻落实《中国红十字会总会改革方案》（以下简称《改革方案》）是深入贯彻落实党中央关于群团改革决策部署的重大政治任务，是深入学习贯彻落实习近平总书记关于群团工作和红十字工作重要讲话精神的实际行动，是推动我国红十字事业持续健康发展的一次重大机遇，使命光荣，责任重大。为落实好《改革方案》提出的目标任务，根据总会各部门、各直属单位的职能职责，提出如下重点任务分工方案。列在首位的是牵头单位，分管牵头单位的党组成员为责任领导。

一、改进治理结构，优化机构设置

（一）改进治理结构

1. 完善中国红十字会全国会员代表大会、理事会和常务理事会制度。严格审核全国会员代表大会代表资格，提高全国会员代表大会、理事会和常务理事会中来自社会各领域及基层一线红十字会员、青少年、志愿者、工作者和捐赠人的比例，增强全国会员代表大会、理事和常务理事的代表性和广泛性。到中国红十字会第十一次全国会员代表大会时，代表、理事、常务理事中来自社会各领域及基层一线的比例分别提高到 50%、30% 和 20%，挂职、兼职副会长中来自社会各领域及基层一线的比例达到 40%。

责任领导：王汝鹏

责任单位：组织宣传部、办公室

完成时限：2019 年 6 月底前制定工作方案和办法并长期坚持。

2. 理事会从红十字会系统增选 1 名挂职副会长驻会工作，同时从系统外增选 1 名兼职副会长。

责任领导：王平

责任单位：人事部、组织宣传部、筹资与财务部、机关服务中心

完成时限：2019 年 6 月底前制定工作方案，在中国红十字会第十一次全国会员代表大会前完成。

3. 增设监事会。中国红十字会第十一次全国会员代表大会时，选举产生监事会，推选产生监事长和副监事长，履行对理事会、执委会的监督职责，形成理事会决策、执委会执行、监事会监督的治理结构。

责任领导：王汝鹏

责任单位：组织宣传部、人事部

完成时限：2019 年 3 月底前制定工作方案，在中国红十字会第十一次全国会员代表大会上成立监事会。

（二）调整优化总会内设机构、直属单位设置

通过内部调剂编制，设立机关党委（纪委、人事部），统筹管理总会党建、纪检监察和干部人事工作。改革后总会内设 6 个部室：办公室、机关党委（纪委、人事部）、赈济救护部、筹资与财务部、组织宣传部、联络部。撤销红十字扶贫开发中心，将其职能整合到基金会。中国红十字会总会报刊社转企改制为中国红十字报刊社，加挂中国红十字网络中心牌子，统一管理红十字会官网、人道网、中红在线等网络媒体。调整优化后，总会直属单位由 10 个减少为 9 个。

责任领导：王平

责任单位：人事部、各相关部门、单位

完成时限：2019 年 12 月底前完成。

二、改革组织人事制度，密切机关干部与群众的联系

（三）改进总会机关干部选拔任用工作

坚持党管干部原则，坚持德才兼备、以德为先，精准科学选人用人，拓宽总会机关干部队伍来源渠道，注重基层一线工作经历，不拘一格选拔人才，努力形成一支专兼挂结合、充满活力的干部队伍。

推动总会与党政机关、企事业单位之间的干部双向交流。总会选派 10% 的机关干部到地方红十字会、边远贫困地区、灾区一线挂职或工作，同时从地方红十字会选拔优秀干部到总会机关挂职。从社会各领域吸收优秀专业人士到总会机关兼职。总会机关赈济救护部、筹资与财务部、组织宣传部、联

络部各选配 1 名兼职副部长，40% 的业务处室各选配 1 名兼职副处长。

责任领导：王平

责任单位：人事部

完成时限：2019 年 12 月底前完成并长期坚持。

（四）建立总会机关干部直接联系服务群众制度

将总会机关干部深入基层一线、深入联系群众、深入开展调查研究工作制度化。执委会成员每年深入基层一线开展调研和工作不少于 60 天，一般干部不少于 30 天。

责任领导：王平

责任单位：办公室、赈济救护部、筹资与财务部、组织宣传部、联络部、机关党委

完成时限：2019 年 3 月底前制定有关制度并长期坚持。

三、加强基层组织和阵地建设，动员社会广泛参与

（五）加强红十字基层组织建设

在乡镇、街道、社区、学校、企事业单位积极发展红十字基层组织，扩大覆盖面。加强基层组织能力建设，提升工作水平，做到有热心红十字事业的带头人、有稳定的会员和志愿者队伍、有规范的管理制度、有稳固的服务平台、有红十字特色的活动，更广泛地联系和服务基层群众。

责任领导：王汝鹏

责任单位：组织宣传部

完成时限：2019 年 6 月底前制定有关指导意见并长期坚持。

（六）发挥红十字基层阵地作用

增强红十字社区服务站、红十字救护站、博爱家园、博爱学校、博爱卫生院（站）等红十字基层阵地的服务功能，使其成为基层公共服务、社区治理和精神文明建设的重要平台。

责任领导：王海京

责任单位：赈济救护部、组织宣传部

完成时限：2019 年 6 月底前制定有关工作方案并长期坚持。

（七）动员社会各界广泛参与红十字运动

1. 改进会员管理工作，实现会员管理的制度化、规范化、信息化。

责任领导：王汝鹏

责任单位：组织宣传部

完成时限：2019 年 9 月底前完成章程修改并制定有关指导意见，长期坚持。

2. 精心筹划和培育受群众欢迎、可持续发展的品牌项目，积极搭建爱心企业履行社会责任、爱心人士服务社会的平台。

责任领导：王海京

责任单位：赈济救护部、筹资与财务部、基金会

完成时限：2019 年 6 月底前制定有关工作方案并长期坚持。

3. 在青少年中广泛开展人道主义教育，鼓励引导青少年参与红十字运动。建立健全红十字志愿服务制度，加快志愿服务信息化建设步伐，提高志愿者招募、培训、管理、激励的规范化水平。加强红十字志愿服务能力建设，按专业分领域制定服务标准，提升专业化水平。加大对优秀红十字志愿者、志愿服务项目、志愿服务组织、志愿服务社区等先进典型的表彰力度。

责任领导：王汝鹏

责任单位：组织宣传部

完成时限：2019 年 9 月底前制定有关工作意见并长期坚持。

四、加强公信力建设，提高人道服务能力

（八）提高决策的科学化水平

总会要进一步加强内部管理，坚持从严治会，严格执行“三重一大”集体决策制度，完善绩效考评和问责机制。建立专家咨询制度、法律顾问制度和公职律师制度，成立红十字智库，优化专家委员会，作出重大决策前要进行专家论证、风险评估和合法性审查。

责任领导：王平

责任单位：办公室

完成时限：2019 年 6 月底前完成。

（九）建设网上红十字会

运用互联网技术与思维，增强互联网在红十字会组织建设、能力建设、资源动员、品牌传播等工作中的应用力度，推动互联网与红十字事业的全面深度融合，构建“互联网＋红十字会”的工作新格局。

责任领导：王汝鹏

责任单位：组织宣传部、办公室、赈济救护部、筹资与财务部、联络部、机关党委，报刊社等直属单位

完成时限：2019 年 9 月底前制定《关于加强网上红十字会建设的指导意见》并长期坚持。

（十）着力推进公开透明

1. 完善红十字会信息公开标准，建立健全信息公开制度，在统一的信息平台及时向社会公布捐赠款物的收入和使用情况，接受社会监督，切实保障捐赠人和社会公众的知情权、参与权和监督权。

责任领导：王汝鹏

责任单位：筹资与财务部、办公室、报刊社

完成时限：2019 年 6 月底前制定有关工作方案并长期坚持。

2. 推动各级人大加强对红十字会法的执法检查和各级政协对红十字工作的视察指导。

责任领导：王平

责任单位：办公室

完成时限：2019 年 6 月底前制定有关工作方案并长期坚持。

3. 建立健全新闻发言人制度，及时发布相关信息，回应社会关切。

责任领导：王汝鹏

责任单位：组织宣传部

完成时限：2019 年 6 月底前制定总会新闻发言人制度并长期坚持。

（十一）做好“三救”“三献”等重点工作

1. 坚持以人民为中心的发展思想，依法依规做好应急救援、应急救护、人道救助、无偿献血、造血干细胞捐献、遗体和人体器官捐献等工作。

责任领导：王海京

责任单位：赈济救护部、训练中心、备灾救灾中心、干细胞库管理中心、器官捐献管理中心、基金会

完成时限：2019 年 6 月底前制定有关工作方案并长期坚持。

2. 继续实施“红十字博爱送万家”“红十字博爱家园”“红十字天使计划”等品牌项目和活动，对贫困人口集中的地区加大精准救助力度，在农村和社区大力开展健康服务、大病救助、扶贫帮困等社会救助和未成年人关爱保护活动，完善城乡红十字人道服务体系。

责任领导：王海京

责任单位：赈济救护部、基金会

完成时限：2019 年 6 月底前制定有关

工作方案并长期坚持。

3. 结合实际，兴办医疗、康复、养老等与红十字会宗旨相符的社会公益事业。

责任领导：王海京

责任单位：赈济救护部、事业发展中心

完成时限：2019 年 6 月底前制定有关工作方案并长期坚持。

五、加强理论研究，大力开展宣传工作

（十二）加强红十字理论研究

依托高等院校和研究机构建立全国性红十字运动研究基地，组建红十字理论研究队伍，充分挖掘红十字文化内涵，围绕红十字运动重大理论和现实问题开展研究，推动中国特色红十字事业持续健康发展。

责任领导：王平

责任单位：办公室、基金会

完成时限：2019 年 12 月底前完成有关工作并长期坚持。

（十三）大力开展红十字宣传

总会要结合世界红十字日、世界急救日、防灾减灾日、国际减灾日等重要时间节点和重大自然灾害等突发事件救援工作，与宣传、教育等部门密切合作，充分发挥专兼职干部、会员和志愿者作用，积极开展人道传播，普及红十字运动基本知识，弘扬“人道、博爱、奉献”的红十字精神，践行社会主义核心价值观。充分利用各类媒体，大力宣传红十字事业发展进程中涌现出的先进人物和感人事迹，讲好红十字故事，传播好红十字声音。

责任领导：王汝鹏

责任单位：组织宣传部、办公室、赈济救护部、筹资与财务部、联络部、机关党委，报刊社等直属单位

完成时限：2019 年 9 月底前制定有关工作指导意见并长期坚持。

六、参与国际红十字运动事务，加强交流合作

（十四）积极参与国际红十字运动事务

1. 总会要积极协调有关方面，协助政府履行日内瓦公约及其附加议定书。会同外交部门和军队，探索在武装冲突、紧急状态及参加国际维和行动时建立战场救护、平民难民救助等方面的沟通协调机制。

责任领导：王平

责任单位：联络部

完成时限：2019 年 6 月底前建立有关协调机制并长期坚持。

2. 履行国际责任和义务，积极参与我国政府对外人道主义紧急援助，参与人道灾难国际救援。参与援外医疗队工作，组织志愿者参加短期义诊和培训活动。

责任领导：王平

责任单位：联络部、赈济救护部

完成时限：2019 年 6 月底前制定有关工作方案并长期坚持。

3. 参与国际红十字运动规则制定，扩大中国红十字会的国际影响力和话语权。加强与国际红十字组织和各国红十字组织的交流与合作。重点与“一带一路”国家红十字组织开展务实有效惠及基层民众的民生项目，使中国红十字会成为“一带一路”民心相通的重要力量。

责任领导：王平

责任单位：联络部

完成时限：2019 年 6 月底前制定有关工作方案并长期坚持。

（十五）加强与港澳台的交流合作

总会要加强与香港、澳门红十字会之间的联系，进一步密切在灾害管理、资源动

员、社区发展、志愿服务等方面的合作。加强与台湾红十字组织的交流，增进两岸青少年、志愿者及民众之间的沟通和互助，为推进祖国统一大业发挥独特作用。

责任领导：王平

责任单位：联络部

完成时限：2019 年 6 月底前建立有关合作机制并长期坚持。

七、加强党的领导，加大党委和政府对红十字工作的支持力度

（十六）全面加强党建工作

落实全面从严治党主体责任，充分发挥总会党组的领导核心作用，为总会深化改革提供坚强政治保证。总会要加强与省级党委的沟通协调，推动落实县级以上党委将红十字会党的建设纳入当地党建工作总体格局。推进省级、市级和有条件的县级红十字会设立党组。总会党组要加强对系统机关和主管社会组织党建工作的指导，推动各级红十字会及基层组织健全党组织，严肃党的组织生活，切实发挥基层党组织战斗堡垒作用。

责任领导：王平

责任单位：办公室、机关党委、组织宣传部

完成时限：2019 年 6 月底前制定有关工作方案并长期坚持。

（十七）争取党委和政府的工作支持

1. 总会要推动县级以上党委和政府每年听取红十字会工作汇报，将红十字会工作列入党委群团工作考核内容。

责任领导：王平

责任单位：办公室

完成时限：2019 年 6 月底前形成工作机制并长期坚持。

2. 加强党员领导干部红十字工作方面的教育培训。

责任领导：王海京

责任单位：机关党委、人事部、训练中心

完成时限：2019 年 6 月底前制定有关工作方案并长期坚持。

3. 推动各级政府进一步贯彻《国务院关于促进红十字事业发展的意见》，依法依规对红十字会开展工作给予支持，将红十字会列入有关议事协调机构，健全红十字会与有关职能部门间的工作联动机制。落实县级以上政府在编制国民经济和社会发展规划时同步编制红十字事业发展专项规划。

责任领导：王平

责任单位：办公室、赈济救护部、筹资与财务部、组织宣传部、联络部

完成时限：2019 年 6 月底前制定有关工作方案并长期坚持。

（十八）完善地方红十字会管理体制

总会要按照党中央、国务院有关要求，推进地方红十字会进一步理顺管理体制，配齐配强领导班子，加强干部队伍建设，充实工作力量，规范内部机构设置，加大上级红十字会对下级红十字会的业务指导、工作督查和财务监督力度。

责任领导：王汝鹏

责任单位：组织宣传部、办公室、赈济救护部、筹资与财务部、联络部

完成时限：2019 年 6 月底前制定有关工作方案并长期坚持。

各部门各单位要进一步增强紧迫感、使命感，只争朝夕，久久为功，确保党中央决策部署得到有效贯彻落实。一是要提高思想认识，深刻认识贯彻落实《改革方案》的重大战略意义，将其作为重大政治任务抓紧抓

好。二是狠抓责任落实，各牵头单位要会同责任单位对改革任务进行认真研究，制定具体工作方案，明确时间表和路线图，在规定期限内逐项抓好落实。各牵头单位于2018年11月底前，将具体工作方案报总会深化改革工作领导小组。三是要抓好督促检查。总会深化改革工作领导小组及其办公室要加强督导检查和调度，协调推进，确保责任落实到人，确保各项改革任务按期顺利完成。

关于梁惠玲同志当选中国红十字会常务副会长的通报

中红字〔2018〕47号

各位理事：

日前，中国红十字会采取通信选举的方式，增补梁惠玲同志为中国红十字会第十届理事会理事、常务理事，选举梁惠玲同志为中国红十字会常务副会长，选举徐科同志为中国红十字会副会长（兼职）。

特此通报。

中国红十字会代表团出席红十字会与红新月会国际联合会第十届亚太地区大会情况报告

中红字〔2018〕48号

国务院：

2018年11月11日至14日，红十字会与红新月会国际联合会（以下简称“国际联合会”）第十届亚太地区大会（以下简称“亚太大会”）在菲律宾马尼拉召开。本届亚太大会共有来自51个国家红会约300名代表与会。国际联合会副主席、全国人大常委会副委员长、中国红十字会会长陈竺率中国红十字会代表团参会。现将参会相关情况报告如下：

一、会议基本情况

亚太大会是国际联合会在亚太地区的法定会议，每四年举办一次，来自亚太及中东地区所有成员国红十字会和红新月会均派代表出席，共商本地区的人道事务。本届亚太大会主题为“在快速变化的世界中开展本地化人道行动”，议题包括三个方面：如何通过志愿者、社区和合作伙伴的工作，提高红十字会与红新月会改善最易受损群体境况的能力；各国如何开展人道主义行动，实现抗灾力建设的本地化；如何秉承上届大会成果文件《北京创新呼吁》的创新理念，通过本地区各国红会的共同努力，在快速变化的世界中提升人道主义服务水平。会议期间，与会代表共同参与了气候变化、抗灾力、人口迁徙、老龄化社会、传染性及非传染性疾病等重大而紧迫的人道议题讨论，并进一步确立了在这些领域持续深入开展工作的决心和路径。

大会通过了成果文件《马尼拉宣言》，强调将致力于在国际和国家红会各级领导和治理层面实现更高的女性代表权，鼓励各国红会加入“十亿人抗灾力联盟（1BC）”，将现金项目作为维护受影响人口尊严的重要工具，在快速变化的世界中参与本地化的人道行动。该宣言提出国家红会从动员本地力量开展人道行动、加强信息化技术应用、提升应急反应能力、以社区为中心开展工作等几个方面作出承诺，得到了与会代表的热烈响应。

二、代表团参会情况

（一）参加大会情况

陈竺以上届大会主办国红会会长和国际联合会副主席双重身份主持大会开幕并多次在全会重要环节发言。在作《北京创新呼吁》实施成果报告时陈竺指出，面对复杂严峻的人道主义危机，没有一个国家红会能够独自应对，应当从构建人类命运共同体的高度，重新定义和谋划全球人道事务分工，形成人道资源多方供给、人道行动协同推进的多元治理格局。面对亚太地区不断增长的人道需求，各国红会迅速开展人道行动，在人道领域发挥了积极作用。陈竺在为《2030战略》专题研讨会议作总结讲话时指出，国际联合会组织国家红会共同起草制定《2030战略》，正是为了在高度紧迫而又充满挑战的人道议题中更好地发挥红十字与红新月运动的作用，希望各国红会未来在该战略框架下进一步驱动创新与发展，使这些谋划尽早成为现实，让人道行动惠及更多需要帮助的群体。

陈竺还以国际联合会副主席身份与国际联合会主席弗朗西斯科·罗卡、国际联合会青年委员会主席巴斯·范·罗素姆一起出席了大会之前的青年论坛开幕式，与来自亚太、中东地区 41 个国家红会的红十字青年工作者、志愿者代表进行了亲切交流。他指出，青年不仅是红十字与红新月运动的未来，也是当前人道事业创新发展需要依靠的重要力量。中国红十字会正在积极探索，希望能在培养国内外红十字青年骨干方面发挥更大作用。

会议期间，中国红十字会代表团全面参与了大会的各项议程，围绕气候变化与应急救援、抗灾力、当代社会的志愿服务、人道主义教育等议题积极发言或讨论，并派员参与了《马尼拉宣言》的起草工作。

（二）双边会见

代表团利用地区各国红会领导人齐聚一堂的机会，通过主动约谈和应邀会谈等方式，同与我会开展合作或有合作意向的国家红会进行广泛接触，就进一步加强交流合作进行深入探讨。陈竺会长和我会新任党组书记、常务副会长梁惠玲等领导与红十字国际组织和部分国家红会领导人举行双边会见，夯实了与相关国家红会的既有合作，也为今后拓展工作领域奠定了基础。代表团成员也充分利用会议间隙与其他国家红会代表进行大量沟通，建立工作层的良好联系。

陈竺、梁惠玲共同会见了国际联合会主席罗卡、阿富汗红新月会代理会长、伊拉克红新月会会长。梁惠玲还先后会见了红十字国际委员会副总干事斯泰赫林、国际联合会秘书长阿西以及日本、越南、韩国、朝鲜等亚太地区国家红会领导人，就深化多边、双边合作进行了深入交流。在会见中，我会领导回顾了中国红十字会与各方交往合作的历程，对各方长期以来给予中国红十字会的支持和帮助表示感谢，指出习近平主席提出的“一带一路”倡议得到世界范围内的广泛响应，推进民心相通是践行“一带一路”倡议的重要内容，中国红十字会作为政府在人道领域的助手，愿与红十字国际组织和相关国家红十字会一道，继续深化交流，开展务实合作，为推进“一带一路”建设、构建人类命运共同体作出积极贡献。参加会见的红十字国际组织领导人表示，中国在国际人道事务中的影响越来越大，愿与中国政府及中国红十字会开展广泛深入的合作，共同推进地区乃至全球人道事务的发展。相关国家红十字会领导人纷纷表示，感谢中国红十字会多年来的支持与帮助，在新的历史环境下，各国红十字会都希望能在国家友好合作的基础上，同中国红十字会保持传统友谊，不断加强高层互访以及在双边事务、防灾减灾、志愿服务、社区发展、卫生健康、红十字青少年等领域的交流与合作，共同推进国际红十字与红新月运动的发展。

大会期间，应菲律宾红十字会会长理查德·高登邀请，陈竺、梁惠玲、中国驻菲律宾大使馆公使衔参赞以及代表团部分成员访问了菲律宾红十字会，先后参观了菲律宾红十字会献血中心、救灾指挥中心和相关服务设施，对菲律宾红十字会在无偿献血管理工作、运用信息技术开展救灾指挥和管理工作方面所积累的宝贵经验给予高度评价。高登会长代表菲律宾红十字会热烈欢迎代表团一行来访，诚挚感谢中国人民和中国红十字会给予菲律宾人民和菲律宾红十字会在应对人道危机方面的支持和帮助。

（三）其他活动

国际联合会亚太地区青年峰会和论坛于 11 月 10 日至 11 日在亚太大会之前召开，就年轻的人道工作者们如何在快速变化的世界中为人道事业做贡献进行了讨论，来自 41 个国家红会的 55 名青年代表一起围绕青年参与红十字与红新月运动决策展开讨论。我会选派的两名青年代表和香港、澳门红会各一名青年代表在青年论坛上积极发言，表现活跃，并全程参与了亚太大会。

亚太大会期间，我会还设展介绍并宣传与国际联合会共同设立的博爱单车项目。大会期间，罗卡主席、阿西秘书长及参会代表纷纷到展台参观并合影留念，对中国红十字会开展的国际人道主义工作给予高度评价。中国红十字会展台接待了地区各国红会同仁，向他们介绍中国红十字会的国内和国际工作，请代表们试骑博爱单车并赠送红十字、杜南主题的文创产品。大会期间，代表团成员参加了国际联合会组织的博爱单车项目签约仪式，与印尼、缅甸、越南、巴基斯坦、泰国等国红会签署了合作备忘录。代表团成员还参加了东亚地区会议、亚太减灾与社区抗灾力资源中心指导委员会会议及相关边会等。

三、体会与思考

（一）精心筹备，展示中国风采

此次会议是陈竺会长履职国际联合会副主席后召开的标志性会议，我会高度重视并作了充分准备。陈竺会长在大会前多次主持召开专题会议，就亚太大会议题设置、资金保障等进行研究，要求参会代表认真做好各项筹备工作并积极参与大会各项环节。根据陈竺会长的提议，我会邀请部分出席亚太大会的代表在参会途中到苏州停留，就如何推动亚太和中东国家红会间合作、构建人类命运共同体交流研讨，取得良好效果，并进一步深化了与相关红会的友谊。

陈竺会长在亚太大会期间成功主持多个法定程序环节，党组书记、常务副会长梁惠玲作为新当选的会领导，第一次在重要的国际场合亮相，均得到了各方代表的积极评价。代表团成员精心筹备并参与会议各项议题，积极发声，建言献策。此次参会很好地体现了我会的国际作为与担当，展示了我会在国际红十字运动中的领导能力与风范，给与会各国红会代表和国际组织留下深刻印象。

（二）成果显著，指导未来工作

大会成果文件《马尼拉宣言》全面总结了自亚太地区第九届北京大会以来的工作成绩，并对本地区国家红会今后四年的人道工作提出了展望和要求。我会派员参加了大会起草委员会的工作，参与了大会文件的准备，在重要会议文件中注重体现我会的经验和做法。我会将全面系统地广泛传播会议成果文件《马尼拉宣言》，并对重大问题进行专项学习和研究，认真履行宣言中的各项内容，积极推进大会成果的落实。

（三）积极发声，宣传中国模式

代表团在会见国际组织和各国红会代表时，主动传递中国声音，传播我构建人类命运共同体的理念，宣传我“一带一路”倡议，展现我国政府对我会的支持和指导，体现我会服务国家大局，作为政府在人道领域的助手和民心相通渠道发挥的重要作用，得到各方的高度评价和积极回应。此外，代表团还组织新华社、中央广播电视总台、中新社等中央媒体积极报道参会情况，并通过中国红十字会官网、官方微信、《中国红十字报》等发布报道十余篇。此次参会，我会充分利用国际会议平台，多方面全方位宣传我会经验与立场，坚持做到“既要做功好，又要唱功好”，取得了良好的效果和反应。

（四）协调有力，圆满完成任务

大会期间，除全体会议各环节外，我会还安排了多场双边会谈，密度高，强度大。在会领导有力的协调部署下，代表团会前周密部署，会上默契配合，分工明确，各司其职，在参会期间与各国、各地区红会积极交流沟通，为陈竺会长服务保障有力，圆满完成了各项参会任务。此次参会也切实锻炼了我会的干部队伍，增强了我会人员在对外交往中的政治站位和把握全局的能力。

特此报告。

中国红十字会总会
2018 年 11 月 30 日

附件

国际联合会第十届亚太地区大会《马尼拉宣言》

主题：在快速变化的世界中开展本地化人道行动

我们，亚太地区红十字会和红新月会的领导人，于 2018 年 11 月 11 日至 14 日齐聚马尼拉，参加第十届亚太地区大会。

我们回顾并借鉴 2014 年第九届亚太地区大会通过的《北京创新呼吁》。

我们回顾并借鉴2018年《巴格达宣言》。

我们回顾 2017 年代表会议通过的关于加强运动协调与合作（SMCC）的第1号决议。

我们支持以“青年在时代的核心”为主题的“2018 马尼拉青年承诺”。

我们憧憬并承诺，在 2030 年之前创建志愿服务文化、预防文化及参与和协作的文化。

我们在集体和个体层面承诺，将贯彻第十届亚太地区大会的马尼拉呼吁，在快速变化的世界中开展本地化人道行动。

为何在快速变化的世界中开展本地化人道行动

亚太地区，从地中海东岸一直延伸到太平洋的最远处，人口占世界人口近三分之二，是一个充满活力、丰富多样、快速变化、经济增长强劲的地区，驱动着全球创新，给世界带来机遇。与此同时，本地区受极端天气事件、地震和火山爆发等因素影响而易发重大灾害；气候变化已给整个地区造成破坏性影响且将成为越来越大的威胁。此外，一些世界上最复杂和最持久的冲突也影响着该地区，这些灾难和危机夺去人们的生命，摧毁人们的生活，导致数百万人背井离乡，成为移民与难民。健康是该地区的一个主要问题，非传染性疾病和流行病的风险和流行率都很高。

在当今世界，信任是一个组织获得社会支持的最重要财富之一。拥有信任是人道主义机构接触到世界上最弱势群体的最重要保证，无论他们处于何种境遇，生存环境如何；也是红十字与红新月运动完成其人道使命的重要条件。为培养这种信任，我们必须确保能代表社会的多样性，包括青年、妇女和残疾人，需要各方积极和多样化的参与。

我们在集体层面和个体层面承诺，将实施第10届亚太地区大会围绕“在快速变化的世界中开展本地化人道行动”主题提出的以下建议。

女性的领导力

我们致力于在国际和国家红会各级领导和治理层面实现更高的女性代表权。

参与

1. 认识到提升当地社区抗灾能力的重要性和紧迫性，承诺将加强资源动员、推动技术工具的应用和经验分享。

2. 加入“十亿人抗灾力联盟”（1BC），倡导在城市和农村的社会各阶层建立有效的合作伙伴关系。

3. 提高志愿者的技能和能力，通过技术和社交媒体充分发挥其才能。

4. 确保志愿者在领导和治理方面的多元代表性。

5. 制定运动合作及与外部伙伴合作的框架和机制，推动援助的本地化、增强国家红会的可持续性。

6. 与商业界一起建立实践社区，以优化创收活动和社会创业。

7. 开发可持续的、相关度高的互联互通技术，缩小数字鸿沟。

本地化的人道行动

8. 鼓励各国红会将现金项目作为维护受影响人口尊严的重要工具。

9. 在政策和战略文件中纳入保护、性别和包容性（PGI）以及社区参与和问责等内容，将残疾人纳入各国红会的会员和各项工作之中。

10. 通过自力更生，提高社会凝聚力，与各利益攸关方建立互信，及增强当地分支机构工作能力等方式，解决受长期危机和流离失所影响人群（包括难民、国内流离失所者和其接受地人民）的需求。

11. 以积极、雄心勃勃和包容的态度更加高效地工作，提升整个运动的成效，利用运动成员的最佳组合来实现共同的人道主义目标。

快速变化的世界

12. 与社区和其他组织合作，在地方一级预防和应对疫情、流行病和传染病。

13. 投资预测性的融资和社区监测系统，与相应的监测和预警机制相关联。

14. 增加对创新方法和技术的投资，同时推动城市环境中的志愿服务和青年动员工作。

15. 加强我们对城市联盟和多利益攸关方伙伴关系的参与，成为首选合作伙伴，提高我们在高度复杂的城市化地区工作的效率和效益。

16. 参与“安全校园”计划，重点引入风险意识、国际红十字与红新月运动基本原则和学校的人道主义价值观。

17. 在所有环境下为学生提供安全的入学机会，确保所有人尤其是社会和经济上被边缘化的群体都有受教育机会。

一般承诺

18. 采用以社区为中心的方法，重点是加强与合作伙伴、分支机构和社区的接触。

19. 根据本地化目标，国家红会将下放管理和资源分配工作。

20. 增强人道主义和包容理解的文化，同时坚持对欺诈、腐败、性剥削和性虐待行为的零容忍，保持对社区和合作伙伴最高标准的诚信、廉洁、透明度和问责制。

21. 加强我们采取紧急行动保护人们及其环境的能力，从而应对气候变化带来的移民和流离失所问题，这是我们这个时代的人道主义挑战之一。

22. 在气候变化背景下和整个人口流动过程中，加强宣传并提升我们开展紧急和前瞻性行动的能力，满足移民、难民、流离失所者和东道社区的需求。

目标：

1. 在各国红会和联合会（IFRC）治理层，当选和被任命的领导至少有 50% 是女性。

2. 到 2022 年，至少有 70% 的国家红会加入“十亿人抗灾力联盟（1BC）”。

3. 至少有 50% 的国家红会在领导和治理方面拥有多元化的志愿者代表，尤其是青年志愿者。

4. 建立起一个创收活动和社会创业的实践社区。

5. 联合会（IFRC）和所有国家红会都制定了相关机制、开发了相关工作以吸引和保留志愿者。

6. 100% 的国家红会根据本国和当地情况使用了相应的互联互通手段。

7. 至少有 60% 的国家红会已“预备好现金”。

8. 100% 的国家红会和联合会（IFRC）在工作中制定了保护、性别和包容性（PGI）的最低标准。

9. 至少 75% 的国家红会通过具体的需求评估和制定相关的移民政策与策略，将移民、难民和流离失所者的需求纳入其战略规划过程。

10. 至少有 50% 的国家红会采用预测性融资和社区监测系统。

11. 至少有 50% 的国家红会参与“安全校园”计划。

12. 100% 的国家红会制定了以下政策：诚信和防止欺诈、腐败、性剥削和性虐待，以保持对我们社区和合作伙伴最高标准的诚信、廉洁、透明度和问责制。

13. 至少 80% 的亚太国家红会通过选举或任命将青年代表纳入决策层。

亚太地区各领导人感谢菲律宾红十字会员工和志愿者在第十届亚太地区大会中的热情款待和对会议的出色组织，感谢运动合作伙伴的参与和支持，感谢菲律宾共和国政府对人道主义事业的一贯宝贵支持。

关于印发《2018 年总会定点扶贫工作计划》的通知

中红办字〔2018〕49 号

机关各部室、各直属单位：

《2018 年总会定点扶贫工作计划》已经总会定点扶贫工作领导小组审议通过，现印发给你们，请结合单位实际情况，认真做好总会 2018 年定点扶贫工作。

2018 年总会定点扶贫工作计划

2018 年，我会将继续结合英山县脱贫攻坚实际需求，充分发挥自身优势，创新帮扶方式，加强对英山的定点扶贫支持力度，主要从以下几个方面开展工作。

一、切实加强调研指导。总会扶贫工作领导小组成员要结合工作实际到英山深入开展扶贫调研，机关各部室和直属单位结对帮扶英山县贫困村，帮助贫困村加快脱贫攻坚进程，确保如期实现建档立卡贫困人口脱贫销号、贫困村脱贫出列、英山县脱贫“摘帽”。

二、持续提升应急救援能力。协助英山县红十字会有效应对自然灾害等突发事件；遭遇自然灾害时，在派遣救援队伍、分配救灾物资时给予倾斜；支持英山县红十字会加强备灾救灾能力建设。（牵头部门：赈济救护部）

三、扎实推进应急救护培训工作。指导和支持英山县红十字会开展应急救护培训“五进”工作；建立完善群众性应急救护培训长效机制，提高应急救护知识在群众中的普及率和公众自救互救能力水平；培训救护师资和旅游景区救护人员。研究在英山筹建生命健康安全教育基地。（牵头部门：赈济救护部；协助部门：训练中心，基金会）

四、不断加大人道救助支持力度。推动和支持在英山实施“红十字博爱送万家”“红十字天使计划”等品牌项目和活动，加大对贫困人口集中乡镇的救助力度，在农村和社区开展以健康服务、大病救助、扶贫帮困等为主要内容的社会救助活动；在日常捐赠物资分配时给予倾斜。（牵头部门：赈济救护部；协助部门：基金会，筹资与财务部）。

五、不断加大人道项目扶持力度。继续在英山县贫困村开展 14 个博爱家园项目，提升社区防灾减灾能力，促进社区发展，提高基层农村社区生计扶贫工作的能力和水平；继续援助英山县建设博爱学校、设立红十字书库；研究推进校医室建设，探索儿童健康干预；继续加强红十字博爱卫生站建设，培训乡村医生等。（牵头部门：赈济救护部；协助部门：基金会）

六、持续加强人才队伍建设。继续选派优秀干部赴英山县挂职，担任县委或县政府相应职务，驻村第一书记；开展针对英山县红十字会专职工作人员、基层组织骨干成员和志愿者等参加的干部培训班。争取国际组织项目支持，组织红十字活动、培训班等，开阔视野、增长才干。（牵头部门：办公室；协助部门：组织宣传部，联络部）

七、积极加大扶贫工作宣传力度。通过各类媒体，宣传报道扶贫典型，总结推广先进扶贫经验和优秀事迹。组织捐赠人深入英山，探访扶贫项目。组织开展青少年和志愿

服务活动。组织国际培训班学员赴英山考察扶贫项目和工作。（牵头部门：组织宣传部；协助部门：联络部，训练中心，基金会）

八、努力探索产业扶贫新路径。深入研究发掘英山地区的资源禀赋，因地施策，突破发展瓶颈，实现精准产业帮扶。探索通过开展众筹等形式引入产业资本，形成特色化产业模式，改进英山地区茶叶、中药材等农产品的产销渠道。（牵头部门：基金会；协助部门：筹资与财务部）

关于印发陈竺和梁惠玲同志在全国红十字系统改革推进会上讲话的通知

中红字〔2018〕51 号

各省、自治区、直辖市红十字会，新疆生产建设兵团红十字会，铁路系统红十字会：

12月17日，总会组织召开全国红十字系统改革推进会，深入贯彻落实习近平总书记关于群团工作和群团改革重要讲话精神和中央关于群团改革的决策部署，按照国务院办公厅印发的《中国红十字会总会改革方案》要求，对全面推进红十字系统改革工作进行部署。全国人大常委会副委员长、中国红十字会会长陈竺出席会议并作重要讲话，中国红十字会党组书记、常务副会长梁惠玲主持会议并作总结讲话。现将陈竺和梁惠玲同志的讲话予以印发，请认真组织学习，并抓好贯彻落实工作。请及时将学习贯彻落实情况报总会办公室。

特此通知。

关于开展“红十字 99 公益日总动员”活动的通知

中红办字〔2018〕57 号

各省、自治区、直辖市红十字会，新疆生产建设兵团红十字会：

为进一步提升全国红十字系统互联网人道资源动员能力，适应互联网时代发展趋势，推进“互联网＋公益”在红十字系统的发展，总会决定开展“红十字 99 公益日总动员”活动，并委托中国红十字基金会具体承办。现将有关事宜通知如下：

一、活动内容

中国红十字基金会拟向全社会招募 100 个公益项目，其中面向红十字系统招募 70 个公益项目，参与 2018 年 9 月 7 日—9 日腾讯“99 公益日”筹款活动。中国红十字基金会将给予 350 万元非定向配捐支持，并从互联网筹款项目的设计与管理、传播与推广、腾讯公益平台项目运营维护及“99 公益日”等多个方面开展培训，要求每个参与省份推出一个筹款 100 万元以上的品牌项目。

二、组织原则

本次活动本着自愿参与原则，多种形式并举。各省、市、县红十字会和地方红十字基金会不分等级均可向中国红十字基金会申报项目；已经独立开展腾讯“99 公益日”筹款活动的地方红十字会和红十字基金会也可继续自行参与。每个参与活动的单位需指定 1 名专职工作人员作为对接人，负责“99 公益日”项目的各项对接工作。

三、项目遴选条件

（一）按照红十字宗旨和“三救三献”法定职责，结合互联网特点，设计具有红十字特色的互联网筹款项目；

（二）鼓励推荐地方红会的品牌项目参与“99公益日”活动，筹款目标以不低于100万元为宜；

（三）鼓励推荐有企业合作的项目参与“99公益日”活动；

（四）项目执行周期符合互联网筹款项目规律，能够做到快速执行并及时更新项目进展，援建周期较长的项目不建议参与此次筹款活动。

四、工作安排

（一）项目提报（7月3日前）

各省、市、县红十字会和红十字基金会通过线上链接提报项目申请书，提报方式见二维码。

（二）项目第一轮筛选结果通知（7月4日）

红十字系统内筛选90个项目进入方案优化阶段。

（三）第一轮培训（7月5日）

目标：项目方案完整、可执行性高，风险可预期且有应对方案；形式：线上培训；内容：针对项目设计与文案进行培训指导，并有针对性地开展“一对一”辅导。

（四）项目第二轮筛选结果与协议签订（7月15日）

目标：红十字系统内筛选70个项目上线参与“99公益日”筹款，中国红十字基金会与地方红会签订合作协议。

（五）项目第二轮培训（7月16日）

形式：线上培训+线下工作坊；内容：“99公益日”规则解读及互联网筹款传播策略；目标：所有项目对接人员对腾讯“99公益日”规则基本掌握，结合本组织、本项目实际情况制定资源动员方案。

（六）项目签约及上线（7月16日—7月31日）

目标：70个项目完成报备并在腾讯公益平台完成上线工作。

（七）项目第三轮培训（8月7日）

形式：现场培训；目标：所有项目对接人员对腾讯“99公益日”规则完全掌握，并能结合本组织、本项目实际情况确定最终资源动员方案；内容：互联网公益前沿、互联网筹款项目的传播与推广、腾讯公益平台项目运营维护及“99公益日”规则解读。

（八）“99公益日”及之后的项目筹款与执行

筹款周期：7月31日—10月31日；执行周期：依项目方案确定。

五、工作要求

（一）各级红十字会要高度重视，切实加强组织领导。“99公益日”是互联网公益的品牌，也是展示人道需求、开展人道资源动员工作非常好的契机。参与“99公益日”是红十字系统提升互联网人道资源动员能力的一次演练，各级红十字会要明确分管领导，落实专人负责，积极参与此次总动员活动。

（二）要广泛动员各方面资源，加强协调配合。“99 公益日”是社会化、开放式的资源动员机制，要广泛动员社会力量参与和支持红十字事业，通过发动企业“配捐”、动员爱心团体和爱心人士发起“一起捐”等形式，为爱心企业履行社会责任、为爱心人士奉献社会搭建开放共享的人道服务平台。

（三）加强宣传引导，营造良好舆论氛围。各级红十字会要将筹资与宣传紧密结合，将总动员活动列入工作日程。互联网筹款首先是筹人，要积极运用互联网、手机等新媒体手段，发动企业、合作单位、社会公众，形成“红十字社群”，共同开展项目的传播和筹资动员。同时，要积极借助广播电视、报纸杂志等传统媒体，提升红十字组织在社会上的影响力。

关于举办 2018 年“一带一路”沿线国家青年交流营的通知

中红办字〔2018〕59 号

北京、天津、上海、江苏、山东、湖南省（市）红十字会：

为加强中国红十字青年组织网络建设和青年骨干能力建设，促进“一带一路”沿线国家红十字青年骨干交流合作，总会、红十字会与红新月会国际联合会合作举办 2018 年“一带一路”沿线国家青年交流营，现将具体事宜通知如下。

一、活动目标

（一）加强青年交流，深化“一带一路”沿线国家青少年友好往来，增进民心相通；

（二）培养青春善言行同伴教育者，推广青春善言行项目；

（三）选拔、培养红十字青年骨干，加强各地红十字青年组织网络建设。

二、时间地点

时间：2018 年 8 月 12 日—18 日。8 月 12 日 17：00 前报到，当晚开班，8 月 19 日离营。

地点：北京天湖会议中心（北京市房山区青龙湖镇小苑上村 150 号，电话：010-60322266）

三、参加人员

（一）营员推荐条件

1. 35 周岁以下；

2. 英语流利；

3. 男女性别比例平衡；

4. 是学校红十字会（红十字志愿服务组织）青年骨干，或热心红十字事业的社会工作专业学生、高校辅导员，红十字会专兼职青年干部；

5. 在未来 2 年能够持续参与红十字青少年工作，有意愿、有时间、有精力在参加培训后作为同伴教育者组织开展青春善言行活动。

（二）营员分配

北京红十字青年骨干 10 名，天津、上海、江苏、山东、湖南红十字青年骨干各 4 名，分别由以上各省（市）红十字会推荐。香港、澳门特别行政区红十字会青年骨干各 2 名。活动还将邀请“一带一路”沿线国家红十字青年共同参加。

四、活动内容

青春善言行青年同伴教育者培训，中国红十字会历史与发展讲座，中国文化体验等。

五、相关要求

（一）各省级红十字会请于 7 月 13 日 17：00 前将培训报名表发至联系人邮箱。

（二）8 月 10 日前，每名参训营员须登录指定网址（https：//ifrc.csod.com/client/ifrc/default.aspx），完成红十字运动专题课程学习及考试。课程学习说明及培训前的准备事宜等相关信息，将在报名完成后发送到参训营员邮箱。

（三）培训结束后，每名营员每年组织青春善言行活动时间不少于 20 小时，每期活动参与人数不少于 15 人。

（四）参训营员须在 2018 年 10 月 1 日前组织完成首期青春善言行青年同伴教育活动。2018 年 12 月 31 日前，每名营员需向总会和所在省级红十字会提交当年活动总结材料电子版（包括总结报告、照片等）。

（五）交流营提供活动期间食宿和短期意外保险费用，其他费用（含往返路费、个人消费等）自理。

关于同意作为总会第二批开展养老服务试点单位的批复

中红办字〔2018〕67 号

河南、吉林、广东、内蒙古、黑龙江、宁夏、青海、陕西、山西、新疆、河北、贵州、湖南省（自治区）红十字会：

你会申请参与养老服务试点工作的请示收悉。经研究决定，确定你会作为总会第二批开展养老服务工作试点单位。请按《关于红十字会参与养老服务工作的指导意见》（中红字〔2017〕1 号）、《关于继续组织申报开展养老服务工作试点单位的通知》（中红办字〔2018〕1 号）等相关文件的要求，结合本省（自治区）实际，积极主动、探索创新，推进红十字会养老服务工作，确保试点工作取得成效。

特此批复。

关于召开 2018 年报刊宣传工作会议的通知

中红办字〔2018〕76 号

各省、自治区、直辖市红十字会，新疆生产建设兵团红十字会：

为总结 2017—2018 年度报刊宣传工作，听取各级红十字会对进一步办好“一报一刊”的意见和建议，总会报刊社定于 9 月 18 日在湖南省长沙市召开 2018 年报刊宣传工作会议。现将有关事宜通知如下：

一、会议时间

9 月 18 日（17 日全天报到，19 日离会）。

二、会议地点

长沙宇成朝阳大酒店

联系电话：0731-88936666

地址：长沙市芙蓉区车站中路 39 号

三、会议内容

（一）总会领导讲话；

（二）总结 2017—2018 年度报刊宣传工作，交流报刊宣传工作经验；

（三）表彰报刊宣传工作先进集体和先

进个人；

（四）通报报刊发行情况，研讨新形势下的报刊宣传发行工作。

四、参会人员

（一）各省级红十字会和计划单列市红十字会分管宣传工作的会领导和宣传部门负责人；

（二）部分省会城市和市、县级红十字会负责人；

（三）报刊宣传工作成绩突出的单位和个人代表（名额分配见附件）。

五、其他事项

（一）会议食宿费由主办方承担，往返交通费自理；

（二）请各省级红十字会按照分配名额通知相关参会人员，并以省为单位于 9 月 12 日前将参会人员名单报总会报刊社；

（三）会议不安排接送站。乘车路线：

长沙火车站：可乘坐 101 路或 148 路到人民路立交桥北站下车后，步行到达酒店。

长沙南站：可乘坐地铁 2 号线到长沙火车站下车（2 口出），步行到达酒店。

长沙黄花国际机场：可乘机场大巴到民航酒店站下车，步行到达酒店。

中国红十字会总会办公室
2018 年 8 月 22 日

联 系 人：郑　勇（13311393405）
刘亚昆（13488868685）
胡笑瑜（18519901090）
联系方式：电　话（010）65231826
传　真（010）65238052

附件 1

2018 年中国红十字会报刊宣传工作会议名额分配表

省市自治区	分配名额	省市自治区	分配名额
北京	5	湖北	5
天津	4	湖南	3
河北	2	广东	3
山西	2	广西	3
内蒙古	6	海南	2
辽宁	5	重庆	9
吉林	2	四川	13
黑龙江	2	贵州	2
上海	10	云南	4
江苏	20	西藏	2
浙江	7	陕西	20
安徽	7	甘肃	2
福建	5	青海	2
江西	4	宁夏	2
山东	14	新疆	3
河南	7	新疆生产建设兵团	1

附件 2

会议代表回执

序号	姓　名	性　别	单位及职务	工作电话	手　机	QQ 号码
1						
2						
3						
4						

关于召开中国—东盟红十字博爱论坛的通知

中红办字〔2018〕79 号

各省、自治区、直辖市红十字会：

为进一步深化中国和东盟国家红十字会之间的人道交流与合作，巩固中国 – 东盟红十字合作平台，总会定于近期在南宁市举办中国 – 东盟红十字博爱论坛，现将有关事项通知如下。

一、论坛时间

2018 年 9 月 12 日—14 日（9 月 11 日报到，9 月 15 日离会）。

二、论坛地点

广西怡养园大酒店（南宁市厢竹大道 88 号）。

三、论坛主要内容

论坛以“共同引领、共同行动、共享未来”为主题，围绕“应急救援”“社区抗灾”“公共卫生”三个领域进行研讨。

四、参会人员

各省级红十字会负责人 1 名。

五、其他事项

（一）请于 8 月 29 日前将报名回执单（包括电子照片）传真或发送邮件至广西壮族自治区红十字会和总会联络部。参会代表电子照片要求 JPG 格式，白底彩色证件照，240×320 像素，大小 50—200k 以内；

（二）参加论坛人员交通费自理，并自行预订往返机票或车票，论坛期间食宿费由主办方承担；

（三）论坛详细日程另行通知。

关于正式启用中国红十字会组织建设信息系统的通知

中红办字〔2018〕90 号

各省、自治区、直辖市红十字会，新疆生产建设兵团红十字会：

根据工作安排，总会决定正式启用中国红十字会组织建设信息系统（以下简称“系统”），现就有关事项通知如下。

一、启用时间

系统于 2018 年 10 月 1 日起正式上线使用。请各级红十字会按照系统使用说明（见附件），于 2019 年 12 月 31 日前完成组织机构、会议、会员信息的录入。

二、工作要求

（一）各省级红十字会务必高度重视，

做好系统推广应用工作，督导市级、县级红十字会按期完成相关工作，确保系统推广使用顺利进行。

（二）各级红十字会要指定系统管理员，经总会信息处批准授权后，方可登录使用和管理本系统。管理员负责本级红十字会数据的录入、导出、修改、统计分析，并可查看下级红十字会的数据。

（三）各级红十字会系统管理员应认真做好信息的采集、审核、录入，确保信息的准确与完整，并注意保存登录密码，适时进行数据备份，确保数据安全。

（四）系统启用后，严禁在正式版本下进行练习操作。

特此通知。

附件

中国红十字会组织建设信息系统使用说明

中国红十字会组织建设信息系统设置于内网系统中，包括“组织机构管理”“会议管理”“会员管理”“冠名单位管理”“统计查询”版块。

一、“组织机构管理”版块

该版块的主要内容由组织建设部门填报、使用和管理，要求各级红十字会录入本级机构的基础信息，包括本级机构具体信息、基层组织情况，以及代表大会、理事会、常务理事会、执委会、监事会的构成情况、会议时间等内容，录入的数据将被系统自动分类统计，结果可在“统计查询”版块中查询。

“组织机构管理”版块 中的“部门信息”数据由人事部门填报、使用和管理。主要功能是显示本级红十字会的各部门及工作人员的级别、职务、联系方式等信息。管理员可以向总会信息处申请使用权限。

二、“会议管理”版块

该版块由组织建设部门填报、使用和管理，用于记录保存代表大会、常务理事会、理事会、监事会等会议的时间、地点、名称、主要内容及文件。

三、“会员管理”版块

该版块包括“个人会员”和“团体会员”两个部分，由组织建设部门填报、使用和管理。会员信息可以通过下载模板进行批量导入、导出。会员编号在信息录入后会自动生成，一共 15 位：第 1—2 位是省级序号，第 3—4 位是市级序号，第 5—6 位是县级序号，第 7 位是基层组织类别编号（1 代表城市社区，2 代表农村乡镇社区，3 代表企业和事业单位，4 代表学校，5 代表医疗机构，6 代表其他组织），第 8—10 位是基层组织序号，第 11 位显示个人或团体会员（1 代表个人会员，2 代表团体会员），第 12—15 位是会员序号。此前试点省份录入的数据，在系统升级中可能会出现乱码或错误格式，请及时修改或重新录入，以确保数据的准确性。各级红十字会特别、永久会员的表彰和信息统计工作均应在系统中完成。

四、“冠名单位管理”版块

该版块由赈济救护部门录入、使用和管理。主要功能是查询、统计、修改、考核冠名医疗单位。管理员可以向总会信息处申请使用权限。

五、“统计查询”版块

该版块可以实现个人会员、团体会员、

基层组织、本级红十字会及下级红十字会的基本情况统计。统计依据为“组织机构管理”和“会员管理”中录入的数据。为了确保统计的准确性、有效性，请及时录入、更新、修正机构及会员等信息。统计结果为整表导出，如需筛选，请在导出后进行删减操作。

系统使用说明等文件将上传至“组织与志愿者管理系统 QQ 群（459253405）”文件共享，请各省管理员加群学习了解。使用过程中遇到问题，可直接与技术人员联系，联系电话：010–84025890 转 3041 或 010–64000085。

关于做好 2018 年世界艾滋病日主题宣传工作的通知

中红办字〔2018〕102 号

各省、自治区、直辖市红十字会，新疆生产建设兵团红十字会：

今年 12 月 1 日是第 31 个“世界艾滋病日”，为响应国务院防治艾滋病工作委员会办公室的号召，进一步推动艾滋病防治工作，全面落实《中国遏制与防治艾滋病“十三五”行动计划》，营造全民参与艾滋病防治工作的良好氛围，继续开展艾滋病防治宣传活动，今年的活动主题是“主动检测，知艾防艾，共享健康”（英文主题为 Know your status）。现将主题活动有关事宜通知如下：

一、认真落实国务院防治艾滋病工作委员会办公室《关于做好 2018 年“世界艾滋病日”宣传活动的通知》精神，根据当地防艾工作规划，围绕宣传主题，开展多种形式的宣传活动。

二、加强与媒体合作，在开展知识宣传的同时，积极展示红十字会防艾工作成果。

三、请注意收集活动中的相关资料和数据（如图片、参与活动的人员数量、志愿者数量、受众人群的类别和人数等），并于 12 月 10 日前将活动总结报总会赈济救护部。

关于举办中国红十字会 2018 年赈济救护工作会议的通知

中红办字〔2018〕108 号

各省、自治区、直辖市红十字会，新疆生产建设兵团红十字会：

按照年度工作安排，总会定于 11 月下旬在福建福州举办中国红十字会 2018 年赈济救护工作会议。现将有关事宜通知如下：

一、时间和地点

时间：2018 年 11 月 27 日—30 日（27 日报到，30 日离会）；

地点：福建福州西湖大酒店（地址：福州鼓楼区湖滨路 158 号，电话：0591–87839888）。

二、会议内容

本次会议主要包括四部分内容，具体如下：

（一）总结与研讨

总结 2018 年赈济救护工作情况，研讨 2019 年工作；根据相应评定结果，向一级、二级红十字物资储备库授牌；向首批红十字应急救护培训示范基地授牌；

（二）专题介绍

1.《中国红十字会救援队装备管理办

法》《中国红十字会救援队装备通用标准》起草情况；

2. 救护师资规范化与参与马拉松救护服务工作情况；

3. 红十字会参与养老服务工作情况；

4. 城市博爱家园手册编写情况。

（三）省级红十字会汇报工作

根据工作安排，10 个省级红十字会汇报 2018 年度赈济救护工作。

（四）分组讨论

1. 分组讨论赈济救护相关管理办法及手册等；

2. 对救护师资管理、参与养老服务工作的建议；

3. 对 2019 年红十字赈济救护工作的建议。

三、参加人员及要求

（一）各省（自治区、直辖市）红十字会常务副会长或分管副会长 1 人，赈济、救护工作负责人 2 人。

（二）参会人员往返交通费用自理，食宿等费用由主办方承担。

（三）本次会议不安排接送站，请自行前往。

（四）请各有关单位务必于 11 月 16 日 12：00 前将回执单（附件 2）传真 / 发送至总会赈济救护部及福建省红十字会，以便安排会务工作。

关于举办中国红十字会组织宣传工作研讨班的通知

中红办字〔2018〕109 号

各省、自治区、直辖市红十字会，新疆生产建设兵团红十字会，铁路系统红十字会：

为学习贯彻国办印发的《中国红十字会总会改革方案》精神，落实组织宣传工作方面改革任务，加强改革工作的调查研究，交流研讨组织宣传工作经验，总会定于 2018 年 12 月 4 日—6 日在内蒙古自治区呼和浩特市举办中国红十字会组织宣传工作研讨班，现将有关事项通知如下。

一、报到时间

12 月 3 日全天报到，7 日离会。

二、地点

内蒙古饭店（地址：呼和浩特市新城区乌兰察布西路 31 号，电话：0471-6938888）。

三、参加人员

1. 各省级红十字会常务副会长或分管组织宣传工作的副会长 1 人；

2. 省级红十字会组织宣传部门负责同志 1 人；

3. 副省级城市和省会城市红十字会常务副会长或分管组织宣传工作的副会长 1 人。

四、主要内容

1. 总会领导讲话；

2. 学习贯彻改革方案精神，研讨改革重点难点问题；

3. 交流研讨组织宣传工作；

4. 专家讲座；

5. 实地调研考察。

五、其他事项

1. 请各省级红十字会统一填报研讨班回执，并于 2018 年 11 月 23 日前盖章传真至总会组织宣传部，同时将电子版发总会组织宣传部邮箱。

2. 参加人员的交通费自理，并自行预订往返机票或车票，研讨班期间食宿费由总会承担。不安排接送站。

3. 严格执行中央八项规定精神，调研考察、会务接待严格按照有关制度规定执行。

二

纪事篇

大事记

2018 年

1月

1月2日，中国红十字会会长陈竺率慰问组赴山东省临沂市开展“红十字博爱送万家”活动，在新年伊始，将党和政府以及红十字会的关怀和温暖送到困难群众心中。中国红十字会副会长王汝鹏陪同出席上述活动。

1月2日—6日，中国红十字会副会长王海京率团访问尼泊尔红十字会，签署援建尼泊尔红会备灾仓库项目协议，出席仓库建设启动仪式。

1月3日，中国红十字会副会长兼秘书长王平率慰问组赴甘肃省定西市开展“红十字博爱送万家”活动，为困难群众送去温暖。

1月4日，中国红十字会党组副书记、副会长郭长江率慰问组赴河南省信阳市开展“红十字博爱送万家”活动，为困难群众送去新年的问候。

1月9日，中国红十字会党组书记、常务副会长徐科率慰问组赴四川省成都市开展“红十字博爱送万家”活动，为困难群众送去温暖。

1月9日，中国红十字会党组副书记、副会长郭长江率慰问组赴山西省吕梁市开展“红十字博爱送万家”活动，将党和政府以及红十字会的关怀和温暖送到他们心中。

1月10日，中国红十字会副会长兼秘书长王平率慰问组赴湖北省黄冈市开展“红十字博爱送万家”活动，为困难群众送去温暖。

1月11日，中国红十字会副会长王海京率慰问组赴黑龙江省齐齐哈尔市开展“红十字博爱送万家”活动，为困难群众送去温暖。

1月11日，中国红十字会副会长王汝鹏率慰问组赴内蒙古自治区赤峰市开展“红十字博爱送万家”活动，为困难群众送去温暖。

1月12日，中国红十字会党组书记、常务副会长徐科率慰问组赴重庆市大足区开展“红十字博爱送万家”活动，为困难群众送去温暖。

1月15日—19日，为深入学习贯彻党的十九大精神，中国红十字会总会举办了处级以上领导干部及党支部委员学习贯彻党的十九大精神培训班。中国红十字会党组书记、常务副会长徐科，党组副书记、副会长郭长江，副会长王海京、王汝鹏，副会长兼秘书长王平出席开班式。

1月18日，红十字会与红新月会国际联合会副主席、全国人大常委会副委员长、中国红十字会会长陈竺访问越南红十字会。

1月22日，红十字会与红新月会国际

联合会副主席、全国人大常委会副委员长、中国红十字会会长陈竺访问日本红十字会。

1月26日，中国红十字会副会长兼秘书长王平赴意大利出席教皇集体会见会，后陪同红十字会与红新月会国际联合会副主席、全国人大常委会副委员长、中国红十字会会长陈竺赴瑞士、黎巴嫩出席红十字会与红新月会国际联合会领导委员会会议并赴黎巴嫩访问联合会中东北非地区代表处。

1月26日，广东省中山市举行“博爱欢乐传万家——中山市2018年（第31届）慈善万人行”义演晚会。中国红十字会原会长彭珮云出席晚会。

1月29日—2月4日，红十字会与红新月会国际联合会副主席、全国人大常委会副委员长、中国红十字会会长陈竺赴瑞士出席红十字会与红新月会国际联合会领导委员会会议并赴黎巴嫩访问联合会中东北非地区代表处，了解该地区人道需求。

2月

2月4日，红十字会与红新月会国际联合会副主席、全国人大常委会副委员长、中国红十字会会长陈竺前往叙利亚难民营考察，听取红十字工作人员在难民营开展的工作情况介绍，走进难民营帐篷与难民亲切交谈。

2月8日—9日，中国红十字会第十届理事会第四次会议在京召开。中国红十字会会长陈竺出席会议并讲话。中国红十字会第十届理事会理事170余人参加会议。会议审议通过《中国红十字会2017年度工作报告》《中国红十字会2017年度财务收支情况报告》，以及常务理事会关于制定《红十字（会）名称和红十字标志授权使用管理规定》等文件；表决通过了有关人事变更的决议，选举田学军、王贺胜为中国红十字会副会长。会议期间，来自基层的12名红十字工作者、红十字志愿者代表围绕红十字会各项业务工作进行交流发言。同时，会议对全国197名优秀红十字志愿者以及12个“一带一路”同行优秀志愿服务集体和个人进行了嘉奖。

2月9日，中国红十字会总会召开红十字会系统从严治党工作会议。中国红十字会党组书记、常务副会长徐科主持会议并讲话，党组副书记、副会长郭长江，副会长王海京、王汝鹏，副会长兼秘书长王平和中央纪委驻国家卫生计生委纪检组史盛丰出席会议。

3月

3月2日，以“弘扬博爱精神，共创美好生活”为主题的中山市2018年（第31届）慈善万人行巡游活动举行。广东省人民政府副省长余艳红，广东省人民政府原常务副省长汤炳权，中山市委书记陈旭东，中山市委副书记、市长焦兰生，中国红十字会副会长兼秘书长王平、红十字会与红新月会国际联合会项目与行动部副秘书长亚甘・扎普干等出席活动。

3月8日，正值第108个“三八”国际劳动妇女节，由中国红十字会淘宝公益基金和阿里巴巴公益主办，中国红十字基金会承办的“魔豆妈妈”创业扶贫大赛启动会在杭州梦想小镇举行。中国红十字会副会长王汝鹏、蚂蚁金服集团董事长彭蕾和来自全国31个省、自治区、直辖市红十字会及浙江省妇联、残联、扶贫办的相关领导、部门负责人出席启动仪式。

3月15日，中国红十字会党组副书记、副会长郭长江前往医院看望因公受伤住院治疗的中国红十字会理事边清江。

3月23日上午，中国红十字会党组副书记、副会长郭长江会见红十字国际委员会总部外科主任、灾害医学与创伤学教授、医学博士安德烈亚斯·弗拉迪斯，双方就在战地开展救护工作交换了意见。会见前，弗拉迪斯还在总会召开题为“在冲突与灾害中利用有限资源开展外科手术”的专题讲座。

3月27日—30日，中国红十字会党组成员、副会长兼秘书长王平赴香港出席东亚地区红十字会领导人会议。

3月28日，中国红十字基金会召开2018年度目标管理责任制暨党风廉政建设责任书签署会议，强调以全面加强党的领导为统领，以治理能力现代化为导向，以职能优化协同高效为着力点，进一步改革项目制机构设置。中国红十字会党组副书记、副会长郭长江出席会议并讲话。

3月31日，清明节来临之际，在中国红十字会总会、国家卫生健康委员会支持下，2018年全国人体器官捐献缅怀纪念暨宣传普及活动在湖北省武汉市举行。中国红十字会党组书记、常务副会长徐科，中国人体器官捐献与移植委员会主任委员、中国器官移植发展基金会理事长黄洁夫，国家卫生健康委员会副主任王贺胜出席活动。中国红十字会副会长兼秘书长王平出席活动并讲话。

3月31日—4月1日，中国红十字会党组书记、常务副会长徐科一行到湖北省黄冈市英山县调研红十字会参与精准扶贫工作。

4月

4月1日，中国红十字基金会“院士+”博爱基金2017年度院士博爱奖学金颁奖仪式在浙江大学医学院举办，首批57名来自上海交通大学、浙江大学、复旦大学、首都医科大学、中南大学和东南大学的品学兼优、临床表现突出的全日制本科生和研究生获得奖励。中国科学院院士、“院士+”博爱基金发起人陈国强，中国红十字会党组副书记、副会长郭长江等出席颁奖仪式。

4月11日—19日，红十字会与红新月会国际联合会副主席、全国人大常委会副委员长、中国红十字会会长陈竺应邀对瑞典、法国和伊拉克进行访问并出席会议。陈竺在瑞典期间出席瑞典皇家科学院舍贝里奖颁奖典礼并访问瑞典红十字会，在法国期间与法兰西学院进行学术交流，在伊拉克期间访问伊拉克红新月会并出席红十字会与红新月会国际联合会中东北非地区会议。

4月16日—21日，中国红十字会副会长王汝鹏率团赴香港、澳门进行交流访问并出席17日在澳门举办的“红十字人道资源动员研讨会”。来自内地部分省市红十字会、香港和澳门红十字会以及台湾红十字组织的60余名代表齐聚澳门，交流分享在人道资源动员方面的经验和案例。

4月21日—22日，中国红十字养老服务工作经验交流会在山东省济南市召开。中国红十字会副会长王海京出席会议并讲话。会议邀请了民政部、全国老龄工作委员会相关领导介绍养老工作，还邀请了日本红十字会介绍开展养老工作情况。

4月29日，由上海华山医院，复旦大

学附属妇产科医院及北京 999 急救中心组成的第二批中国红十字援外医疗队一行 14 人从北京首都机场出发，前往巴基斯坦瓜达尔港开展为期半年的人道医疗救助服务。中国红十字会总会、国家卫生健康委员会联合召开了医疗队行前动员会和培训，中国红十字会副会长兼秘书长王平等出席动员会。

5月

5 月 3 日—4 日，内蒙古自治区红十字会第四次会员代表大会在呼和浩特市隆重召开。中国红十字会会长陈竺，自治区党委书记、人大常委会主任李纪恒出席大会并讲话。自治区党委副书记、自治区主席、自治区红十字会名誉会长布小林，中国红十字会党组副书记、副会长郭长江出席会议。

5 月 4 日，天津市举办 2018 年世界红十字日主题宣讲活动。中国红十字会副会长王汝鹏，天津市副市长、市红十字会会长曹小红，红十字会与红新月会国际联合会东亚地区代表处宣传和倡导代表伊丽莎白 · 茉莉等出席活动。

5 月 7 日，中国红十字会副会长王汝鹏在总会会见到访的红十字会与红新月会国际联合会财务委员会主席阿卜杜尔·卡德尔·胡斯雷（Abdul Kader Husrieh），并就联合会会费改革、财政计划和预算、资源动员和发展等共同关心的问题进行会谈交流。

5 月 8 日，中国红十字会援助叙利亚人道救援设备启运仪式在上海外高桥码头举行。中国红十字会会长陈竺出席活动并宣布中国红十字会援助叙利亚人道救援设备启运，中国红十字会党组副书记、副会长郭长江出席启运仪式并致辞，副会长兼秘书长王平、红十字会与红新月会国际联合会代表、红十字国际委员会代表、叙利亚驻华使领馆代表、捐赠企业代表等出席仪式。

5 月 8 日，由中国红十字会总会和上海市人民政府共同主办的“博爱申城——‘5 · 8’世界红十字日滨江行”活动在黄浦江两岸的滨江大道举行。中国红十字会会长陈竺，上海市委副书记、市长、市红十字会名誉会长应勇，上海市委常委、浦东新区委书记翁祖亮，上海市副市长、上海市红十字会会长翁铁慧，中国红十字会党组副书记、副会长郭长江，副会长兼秘书长王平，红十字会与红新月会国际联合会财务委员会主席阿卜杜尔 · 卡德尔 · 胡斯雷（Abdul Kader Husrieh），红十字会与红新月会国际联合会东亚地区代表处主任彭玉美（Gwen Pang），以及上海市红十字会、市文明办、市体育局、市公安局、市卫生计生委、市教委等部门相关负责人出席活动。陈竺、应勇、翁祖亮、翁铁慧、郭长江、王平等还参与骑行活动，并与红十字志愿者亲切交谈。

5 月 8 日，第 71 个世界红十字日，以“你微笑时，世界很美”为主题的红十字与“一带一路”同行分享暨研讨会在上海复旦大学附属华山医院（中国红十字会华山医院）举办。中国红十字会会长、红十字会与红新月会国际联合会副主席陈竺，中国红十字会党组副书记、副会长郭长江，副会长兼秘书长王平等出席活动。

5 月 11 日，应四川省委、省政府邀请，全国人大常委会原副委员长、中国红十字会原会长彭珮云到四川出席“5 · 12”汶川特大地震抗震救灾 10 周年纪念仪式，参观“5 · 12 汶川特大地震灾区发展振兴成就展”，并对红十字工作和项目进行考察和调研。中国红十字会副会长王汝鹏陪同考察和调研。

5月14日，中国红十字会助力脱贫攻坚“博爱家园”项目推进会在云南省昆明市举办。中国红十字会会长陈竺，全国政协副主席、农工党中央常务副主席何维出席推进会。中国红十字会党组副书记、副会长郭长江，全国人大环资委副主任委员、全国人大常委会委员、农工党中央专职副主席、监督委员会主任龚建明，财政部副部长余蔚平，国务院扶贫办党组成员夏更生，云南省人大常委会副主任纳杰，云南省政府副省长李玛琳，云南省政协常务副主席杨嘉武等出席会议。郭长江主持会议并讲话。

5月14日—19日，2018年中国红十字赈济救援队联合演练在宁夏石嘴山市举办，中国红十字会党组副书记、副会长郭长江到场指导。

5月18日—20日，中国红十字会会长陈竺率中国医科院、中科院专家及总会、红十字基金会等相关人员赴广西南宁、梧州两地就健康扶贫工作进行调研。

5月22日—25日，中国红十字会总会报刊社、红十字国际委员会东亚地区代表处联合主办的2018年度新闻传播业务培训班在江苏省无锡市开班。来自全国各地红十字会的近700名宣传工作者分两期参加培训。中国红十字会党组副书记、副会长郭长江出席开班式。

5月29日—31日，中国红十字会总会在上海国家会计学院举办全国红十字系统财务与统计培训班，中国红十字会副会长王汝鹏出席开班式并讲话。

5月30日，国家副主席王岐山在中南海会见红十字国际委员会主席彼得·莫雷尔。中国红十字会会长陈竺，中国红十字会党组书记、常务副会长徐科，副会长兼秘书长王平，兼职副会长、外交部部长助理张军等参加会见。

5月30日，中国红十字会会长陈竺在京会见红十字国际委员会主席彼得·莫雷尔。中国红十字会党组书记、常务副会长徐科，副会长兼秘书长王平等参加会见。

5月31日，999人道救助热线开通发布会在北京市红十字会紧急救援中心（999）举行，中国红十字会党组副书记、副会长郭长江出席发布会，并为999人道救助热线揭牌。

6月

6月6日，由中国红十字会总会和台湾红十字组织主办，福建省红十字会承办、厦门市红十字会协办的第八届海峡两岸红十字博爱论坛在厦门举行。中国红十字会副会长兼秘书长王平、台湾红十字组织常务监事召集人曹尔忠、国务院台湾事务办公室交流局副局长董碧幽等出席论坛开幕式。

6月8日，中国红十字会副会长王海京赴青岛市调研市红十字会参与服务保障上合峰会等工作。

6月14日，第15个“世界献血者日”主题宣传活动全国主会场在四川大学举行，中国红十字会副会长王海京出席活动并讲话。

6月21日—25日，中国红十字会副会长王汝鹏率团赴意大利参加索尔费里诺纪念活动，向意大利红十字会捐赠100辆博爱单车，出席中、意、加三国红会纪念诺尔曼·白求恩研讨会。

6月21日—27日，由商务部、中国红十字会总会主办，中国红十字会总会训练中心承办的“2018年尼泊尔通道建设和灾后重建能力研讨班”在北京举办。中国红十字会副会长兼秘书长王平出席开班式并致辞。

6月23日，由中国、意大利、加拿大三国红十字会共同举办的纪念亨利·杜南和诺尔曼·白求恩人道精神研讨会，在索尔弗利诺所在的意大利布雷西亚市举办。中国红十字会副会长王汝鹏出席并讲话。

6月29日，中国红十字会第十届理事会第五次会议在京召开，聘请国家副主席王岐山为中国红十字会名誉会长。中国红十字会会长陈竺出席会议并讲话，中国红十字会党组书记、常务副会长徐科主持会议，中国红十字会第十届理事会理事出席会议。

7月

7月2日—7日，越南红十字会会长阮氏春秋率团对红十字会进行工作访问，先后赴广西、浙江和云南省红十字会考察，中国红十字会党组书记、常务副会长徐科陪同。

7月3日，中国红十字会党组副书记、副会长郭长江一行赴天使阳光基金定点医院广东省惠州市第一人民医院，调研该院开展先天性心脏病患儿救助情况，看望正在手术治疗的患儿。

7月9日，红十字会与红新月会国际联合会副主席、全国人大常委会副委员长、中国红十字会会长陈竺在京会见巴基斯坦红新月会主席赛义德·伊拉希访华代表团。

7月9日，“红色之旅——助力精准扶贫 乡村振兴”公益行动首站启动仪式在山西省忻州市岢岚县举行。中国红十字会党组副书记、副会长郭长江出席并宣布活动启动。

7月9日，中国红十字会“2018年红十字备灾救灾中心业务骨干培训班”在京举办。中国红十字会副会长王海京出席开班仪式并讲话。来自全国区域级、省级、部分地市级、县级红十字会备灾中心（库）主任及业务骨干参加培训。

7月17日，为落实中央财政关于预算管理的要求，认真做好2019年预算编制工作，中国红十字会总会召开2019年预算编制工作动员会。中国红十字会副会长王汝鹏出席会议并作动员讲话。

7月18日，中国红十字会党组副书记、副会长郭长江召开中国红十字基金会“天使之旅——999人道救助热线探访营”活动公益分享会，讲述自己在探访活动中的所见所闻所感，分享自己对999人道救助热线、大病患者救助等工作的建议和思考。

7月26日，红十字会与红新月会国际联合会副主席、全国人大常委会副委员长、中国红十字会会长陈竺在京会见加拿大红十字会会长康拉德·苏威访华代表团。

7月27日，由中国红十字会淘宝公益基金、阿里巴巴公益主办，中国红十字基金会承办的全国“魔豆妈妈”创业扶贫大赛决赛在京落幕。40名“魔豆妈妈”齐聚北京，通过路演和专家评审角逐20名全国“优秀魔豆妈妈”。中国红十字会副会长王汝鹏出席大赛并做总结讲话。

8月

8月8日，由中国红十字会总会主办、总会报刊社承办的“2018年全国红十字防灾避险知识竞赛”结果揭晓：40 名一等奖、60 名二等奖、100 名三等奖，共 200 名个人奖获得者被随机抽出。四川省红十字会、江苏省红十字会、浙江省红十字会、辽宁省红十字会、上海市红十字会等单位获最佳组织奖。中国红十字会副会长王海京出席抽奖仪式，并从答案全部正确的有效答卷中随机抽出个人获奖者。

8 月 15 日—16 日，中国红十字会会长陈竺率中国红十字会总会调研组，深入湖北省英山县调研定点扶贫工作，并召开脱贫攻坚座谈会。中国红十字会副会长兼秘书长王平，湖北省人大常委会副主任、黄冈市委书记刘雪荣，国务院扶贫办社会扶贫司负责人曲天军等陪同调研。

8 月 18 日，首届“一带一路”医学救援大会在北京国家会议中心召开。该次大会由国家卫生健康委员会和中国红十字会总会指导，卫生健康委国际交流与合作中心和中国红十字基金会共同主办，中国太平保险（香港）有限公司和欧盟中国健康产业促进委员会协办。中国红十字会副会长兼秘书长王平出席会议并讲话。

9 月

9 月 4 日，中国红十字会对口支援西藏工作会议在西藏自治区拉萨市召开。中国红十字会副会长王海京，西藏自治区党委常委、组织部部长曾万明，西藏自治区人民政府副主席张永泽出席会议。

9 月 8 日，由中国红十字会总会主办、江西省红十字会承办、南昌市红十字会等单位协办的第 19 个“世界急救日”纪念活动，在南昌市“八一”广场举行。中国红十字会副会长王海京，江西省政协副主席刘卫平等出席活动。

9 月 10 日—15 日，2018 年中国红十字救援队综合演练在广西南宁举办，中国红十字会副会长兼秘书长王平莅临指导。

9 月 11 日，由中国造血干细胞捐献者资料库（中华骨髓库）管理中心主办的纪念第四个“世界骨髓捐献者日”活动暨“造血干细胞捐献者，你还好吗”主题采风媒体分享会在京举行。中国红十字会副会长兼秘书长王平出席活动。

9 月 12 日，由中国红十字会总会、广西壮族自治区人民政府主办、广西壮族自治区红十字会承办，红十字会与红新月会国际联合会支持的“中国—东盟红十字博爱论坛”在南宁开幕。中国红十字会副会长兼秘书长王平、广西壮族自治区副主席黄俊华等出席论坛开幕式并致辞。

9 月 18 日，全国红十字报刊宣传工作会议在湖南长沙召开。中国红十字会副会长王汝鹏出席会议并讲话。湖南省人大常委会党组成员、省红十字会会长李友志出席会议并致辞。

9 月 27 日，中国红十字会会长陈竺到宁夏调研红十字会工作并召开座谈会。宁夏回族自治区主席咸辉主持座谈会并讲话，中国红十字会副会长兼秘书长王平出席座谈会。会上，中国红十字会总会分别与宁夏回族自治区人民政府签署精准扶贫战略合作备忘录，与宁夏医科大学总医院签署参与“一带一路”倡议合作备忘录。

10 月

10 月 8 日—11 日，红十字会与红新月会国际联合会副主席、全国人大常委会副委员长、中国红十字会会长陈竺率团赴日内瓦出席联合会第 38 届领导委员会会议。大会期间，陈竺主持亚太大会计划委员会会议，参加主席副主席会，出席强大国家红会与志愿服务工作组会议，就制定《国家红会发展协定》、“国家红会投资联盟”基金提供咨询意见。

10 月 15 日，中国红十字会与中国航空集团有限公司（简称“中航集团”）在国航总部大楼举行战略合作协议签字仪式。中航集团董事长、党组书记蔡剑江，中航集团党组副书记、副总经理曹建雄，中国红十字会党组成员、副会长王汝鹏出席签字仪式。

10 月 18 日，中共中央批准，梁惠玲任中国红十字会党组书记。

10 月 19 日—26 日，中国红十字会副会长王海京应邀率团访问克罗地亚和格鲁吉亚红十字会。

10 月 25 日—26 日，中国红十字会人道传播与创新项目督导评估工作会在湖北武汉召开。会议展示 2018 年人道传播与创新项目实施情况并进行了督导评估，就深入推进网上红十字会建设进行研讨。中国红十字会副会长王汝鹏出席会议并讲话。

10 月 31 日，由中国红十字会总会与香港红十字会主办、天津市红十字会承办的全国红十字青少年工作培训班在天津开班。中国红十字会副会长王汝鹏出席开班式并讲话。天津市副市长、市红十字会会长曹小红在开班式上致辞。

11 月

11 月 3 日，中国红十字会副会长王海京到 999 驻上海的保障指挥部，考察航空医疗保障备勤情况、慰问了保障工作人员。

11 月 4 日，中国红十字会副会长王海京一行前往首届中国国际进口博览会（简称“进博会”）各医疗点，慰问红十字志愿服务者并查看场馆 AED（自动体外除颤仪）设置情况。

11 月 6 日，中国红十字会副会长王汝鹏，新疆维吾尔自治区政协常务副主席、自治区红十字会会长程振山，中国驻阿富汗大使刘劲松等来到新疆医科大学第一附属医院，看望即将回国的 27 名阿富汗儿童，并为他们送上中国红基会特别准备的“英雄能量包”。第四批在新疆乌鲁木齐接受治疗的 27 名阿富汗先心病患儿于 11 月 7 日痊愈回国。至此，中国红十字基金会“天使之旅阿富汗行动”已救助 100 名阿富汗先心病患儿。

11 月 8 日，为深入贯彻落实国务院办公厅印发的《中国红十字会总会改革方案》，中国红十字会总会召开改革工作动员会。中国红十字会党组书记梁惠玲作动员讲话，党组成员、副会长王海京、王汝鹏出席，党组成员、副会长兼秘书长王平主持会议。

11 月 9 日—10 日，以“构筑人道桥梁”为主题的东吴国际人道交流合作研讨会在江苏苏州举行。这是中国红十字会为加强红十字国际人道交流合作、推动共建共享人道教育体系、促进新时代红十字事业持续健康发展组织的一次国际交流活动。中国红十字会会长陈竺主持研讨会并讲话。来自红十字会与红新月会国际联合会、红十字国际委员会以及瑞典、阿富汗、叙利亚、伊拉克、土耳其等国家红会代表参加研讨交流。中国红十字会党组书记梁惠玲、副会长兼秘书长王平、外交部、中联部、国家国际合作发展署、应急管理部、教育部等部委有关人员参加。党组书记梁惠玲、江苏省人民政府副省长陈星莺、外交部国际司参赞李集涓、红十字会与红新月会国际联合会哈吉·阿西秘书长、红十字国际委员会东亚代表处主任裴道博、马海德基金会会长周幼马致辞。

11 月 11 日—14 日，红十字会与红新月会国际联合会第十届亚太地区大会在菲律宾马尼拉举行。红十字会与红新月会国际联合会副主席、全国人大常委会副委员长、中国红十字会会长陈竺率中国红十字会代表团出席大会。来自亚太、中东地区 51 个国家红会约 300 名代表参加大会。大会期间，陈竺出席青年论坛开幕式，主持第一次全体会议、并作《北京创新呼吁》实施成果报告，出席“2030 战略”专题研讨会，并作亚太地区大会总结讲话。中国红十字会党组书记、常务副会长梁惠玲先后会见红十字国际委员会、红十字会与红新月会国际联合会以及日本、越南、韩国、朝鲜等亚太地区国家红十字会领导人，就深化多边、双边合作进行了深入交流。中国红十字会副会长兼秘书长王平，以及由香港、澳门红十字会代表，总会有关部门代表、青年代表组成的中国红十字会代表团出席会议。

11 月 12 日，中国红十字会第十届理事会增补梁惠玲为理事、常务理事，选举梁惠玲为中国红十字会常务副会长，徐科同志为中国红十字会副会长（兼职）。

11 月 19 日，中国红十字会会长陈竺在中国红十字会总会机关会见了中国驻阿富汗大使刘劲松，双方就中国红十字会在阿富汗开展的人道救助工作进行了会谈。中国红十字会副会长兼秘书长王平以及外交部亚洲司有关负责同志参加会见。

11 月 20 日—21 日，中国红十字会副会长兼秘书长王平一行在湖北省英山县开展脱贫攻坚专题督导调研。

11 月 21 日—23 日，中国红十字会党组书记、常务副会长梁惠玲率调研组赴内蒙古就全面推进《中国红十字会总会改革方案》落实，深化红十字会改革等问题进行专题调研。

11 月 21 日，中国红十字会总会援建的山西省吕梁市田家会街道博爱卫生院举行奠基仪式，中国红十字会副会长王汝鹏出席奠基仪式并在山西进行工作调研。

11 月 24 日—25 日，中国红十字会青年国际人道问题辩论赛在上海成功举办。中国红十字会党组书记、常务副会长梁惠玲，党组成员、副会长王汝鹏，红十字国际委员会东亚地区代表处、红十字会与红新月会国际联合会东亚地区代表处有关负责人出席辩论赛决赛，并为获得冠军、亚军等代表队颁奖。

11 月 25 日—29 日，中国红十字会党组书记、常务副会长梁惠玲率调研组赴上海、浙江等进行深化红十字会改革等问题专题调研。

11 月 27 日，由中国红十字会总会与红十字国际委员会共同主办、浙江省红十字会承办的探索人道法项目经验交流会在浙江湖州举行。中国红十字会副会长王汝鹏出席会议并讲话。

11 月 28 日—29 日，中国红十字会 2018 年赈济救护工作会议在福建省福州市召开。中国红十字会党组成员、副会长王海京出席开幕式，对学习贯彻落实习近平新时代中国特色社会主义思想和习近平总书记关于防灾减灾救灾工作的重要论述进行再部署，并就落实《中国红十字会总会改革方案》，做好相关工作向与会代表进行宣讲和布置。

12月

12月3日，中国红十字会“天使之旅——‘一带一路’人道救助计划”蒙古国行动第二批先心病患儿在内蒙古自治区人民医院完成手术治疗，中国红十字会副会长王汝鹏，内蒙古自治区副主席、红十字会会长欧阳晓晖及专程从乌兰巴托赶来的蒙古国红十字会秘书长宝乐尔玛等一行到医院心外病房看望，并为孩子们送上中国红十字基金会的“英雄能量包”（内含玩具、文具、书籍等）。

12月3日—7日，中国红十字会党组成员、副会长王海京率团赴香港出席灾后恢复重建项目研讨会。

12月4日—6日，中国红十字会组织宣传工作研讨班在内蒙古呼和浩特市举办。中国红十字会副会长王汝鹏出席并讲话。

12月6日，内蒙古自治区红十字会与内蒙古师范大学在呼和浩特市签署战略协议，成立内蒙古红十字人道文化传播与研究中心并举行揭牌仪式。中国红十字会副会长王汝鹏出席仪式。

12月9日，红十字会与红新月会国际联合会副主席、全国人大常委会副委员长、中国红十字会会长陈竺访问伊朗红新月会。陈竺先后考察伊朗红新月会志愿组织、备灾救灾中心，在伊朗红新月会总部参观博物馆，考察健康、治疗和恢复部，并在伊朗红新月会下属的努尔·阿尔沙医院与其会长阿里阿斯加帕万迪进行会谈。

12月13日，中国红十字基金会在广东省召开红十字救护站项目建设工作会。第十一届全国人大常委会副委员长、中国红十字会原会长、中国红十字会特别顾问、中国红十字基金会名誉会长华建敏，中国红十字会副会长王汝鹏出席并讲话；中国红十字基金会理事长郭长江主持会议。

12月13日，国家卫生健康委、中国红十字会总会、中央军委后勤保障部卫生局在北京联合召开《中华人民共和国献血法》实施20周年暨2016—2017年度无偿献血表彰大会。中国红十字会副会长王海京出席表彰大会并为获奖者颁奖。

12月17日，中国红十字会在京召开全国红十字系统改革推进会。会议以习近平新时代中国特色社会主义思想为指导，认真学习贯彻落实中央关于群团改革的决策部署、习近平总书记关于群团工作和群团改革的重要讲话精神、关于红十字事业重要讲话精神和国务院办公厅印发的《中国红十字会总会改革方案》，对全国红十字系统全面深化改革工作进行动员部署。中国红十字会会长陈竺出席会议并讲话。中国红十字会党组书记、常务副会长梁惠玲主持会议并作总结讲话。中国红十字会党组成员、副会长王海京、王汝鹏，党组成员、副会长兼秘书长王平出席会议。

12月18日，经中组部研究，提名梁惠玲为中国红十字会常务副会长人选。

12月18日，经中组部研究，提名尹德明为中国红十字会副会长人选。

12月19日，广西壮族自治区红十字会第九次会员代表大会在南宁召开，中国红十字会会长陈竺，国家卫生健康委副主任王贺胜，中国红十字会副会长王汝鹏，自治区党委副书记孙大伟，自治区人大常委会副主任杨静华，自治区政府副主席黄俊华，自治区政协副主席黄日波等领导出席大会开幕式。

12 月 19 日，广西重型地中海贫血患者救治行动签约暨捐赠仪式在南宁举行。中国红十字会会长陈竺出席签字仪式，中国红十字会副会长王汝鹏、国家卫生健康委副主任王贺胜、广西壮族自治区政府副主席黄俊华代表三方签署救治行动合作协议。

12 月 19 日—20 日，中国红十字会会长陈竺率总会慰问组，先后前往广西南宁、江西赣州慰问困难群众，在寒冬岁末，将党和政府以及红十字会的关怀和温暖送到困难群众心中。中国红十字会副会长王汝鹏，江西省委副书记、赣州市委书记李炳军等领导及两地红十字会负责人分别参加上述活动。

12 月 28 日，中国红十字基金会第四届理事会第六次会议在北京召开。中国红十字基会理事长郭长江主持会议。中国红十字会副会长王汝鹏出席会议并讲话。

12 月 30 日，全国人大常委会副委员长、中国红十字会会长陈竺一行赴上海交通大学医学院附属瑞金医院，看望慰问来自广西壮族自治区钦州市灵山县的重型地中海贫血患儿小任（化名）一家。

中国红十字会第十次理事会第四次会议

在中国红十字会第十届理事会第四次会议上的工作报告

中国红十字会常务副会长　徐科
2018 年 2 月 8 日

2017 年工作情况

2017 年，全国红十字系统深入学习宣传贯彻党的十九大精神，以习近平新时代中国特色社会主义思想为指导，紧紧围绕党和国家中心任务，充分发挥桥梁纽带作用，认真履行法定职责，着力推进改革创新，大力开展人道救援和人道服务，助力精准扶贫、精准脱贫，参与“一带一路”建设，开展“一老一小”人道服务，全面加强自身建设，团结奋进、攻坚克难，锐意进取、埋头苦干，各项工作取得了新成效。

一、认真学习宣传贯彻党的十九大精神

全国红十字系统把学习宣传贯彻党的十九大精神作为首要政治任务，按照中央部署和习近平总书记提出的“学懂、弄通、做实”的要求，采取有效措施把学习宣传贯彻党的十九大精神落到实处、引向深入。一是召开专题会议。总会和省级红十字会通过召开党组会、党组理论学习中心组（扩大）学习会、党员干部大会等形式，及时传达学习党的十九大精神。组织召开全国红十字系统学习宣传贯彻党的十九大精神会议，对学习宣传贯彻工作进行部署。二是及时制定印发学习宣传贯彻党的十九大精神通知及实施方案，对红十字系统学习贯彻落实工作，提出明确要求。三是组织集中宣讲。总会和省级红十字会班子成员带头学习、带头讲党课、带头深入基层宣讲党的十九大精神。四是以多种方式开展宣传。在红十字报、中红在线等开辟专栏，集中宣传各级红十字会学习宣传贯彻党的十九大精神情况。五是通过举办专题培训班、专题辅导、工作交流、集中研讨等，深化红十字系统广大党员干部对党的十九大精神的理解。通过持续不断的学习，红十字系统广大党员干部的“四个意识”进一步增强，“四个自信”更加坚定，自觉在思想上政治上行动上同以习近平同志为核心的党中央保持高度一致，坚定不移把红十字事业推向前进。

二、助力精准扶贫、精准脱贫

全力全方位参与精准扶贫，面向贫困地区实施“博爱家园”项目，坚持扶贫与扶志、扶智相结合，激发贫困户内生动力，引导贫困群众通过辛勤劳动实现脱贫致富。截至 2017 年 12 月底，全国红十字系统共投入 6.74 亿元，覆盖全国 26 个省的 2184 个社区，有效改善了当地贫困群众的生活状况。去年底，在贵州召开中国红十字会助力脱贫攻坚“博爱家园”项目推进会，对项目推进作出安排部署，陈竺会长、国务院扶贫办副主任陈志刚出席并作重要讲话。举办全国红十字系统“众筹扶贫”大赛，通过众筹平台销售特色农产品，增加贫困户的经济收入。各地红十字会按照当地党委政府要求，集中资源，聚焦重点，通过选派优秀干部、派驻工作队等方式深入扶贫工作一线，扎实开展定点扶贫工作。内蒙古红十字会开展“光明行”活动，吉林省红十字会成立肿瘤救助基金，河南省红十字会启动“结伴同行脱贫路”活动，积极开展有红十字特色的扶贫工作。

三、积极参与国家“一带一路”建设

成立“丝路博爱基金”，作为服务“一带一路”建设的专项基金开展国际援助项目。一是在瓜达尔港建成中巴急救走廊示范项目中巴博爱医疗急救中心。积极争取政策支持，将红十字援外医疗队纳入国家援外医疗队总体规划，派驻巴基斯坦开展为期两年的医疗服务。二是启动“博爱单车”全球志愿服务行动，为东盟国家红会捐赠2500辆博爱单车，支持这些国家的志愿者扩大人道服务可及范围。三是在广西南宁举办中国—东盟国家红十字博爱论坛，在北京举办中国与非洲国家可持续发展与人道救援研讨会，交流工作经验，商谈合作意向。四是启动“一带一路”大病患儿人道救助计划阿富汗、蒙古国行动，组织医疗队实地筛查，将74名先心病患儿分别接到新疆、内蒙古及北京实施免费治疗。五是援建中孟博爱血液透析中心、中缅博爱医疗急救中心、印度尼西亚红十字博爱卫生院和博爱血站等。为巴基斯坦、斯里兰卡、孟加拉国、马尔代夫等4个国家红会举办水上救生培训班。六是支持“一带一路”沿线10个国家红会开展以社区为本的综合发展项目。七是在埃塞俄比亚、肯尼亚、乌干达等国有序实施海外“博爱家园”项目。八是举办“一带一路”沿线国家青春善言行青年培训班，来自巴基斯坦等13个国家红会的青年骨干参加了培训。云南省红十字会通过实施缅甸红十字社区健康培训项目、越南老街省肢残患者假肢安装与康复项目，为周边国家提供人道服务。

四、持续开展“一老一小”人道服务工作

与民政部、国务院老龄办联合下发红十字会参与养老服务工作的指导意见，召开养老服务试点工作启动会，在江西等7个省份开展试点。组织编写全国养老服务培训教材、工作手册，试点的前三个季度培训师资1400余人，普及养老服务知识3.4万人次，开展养老志愿服务近2.7万人次。在全国60家养老机构试行曜阳养老标准，红十字“曜阳养老联盟”为全国近4000家养老机构提供定向资助、政策咨询、专业培训等公益服务。江苏省红十字会新建105个社区红十字养老照护志愿服务队，超额完成省政府重点工作考核指标。以院士博爱基金支持新疆、贵州、青海实施“院士＋西部儿科医师培训计划”，将科技力量融入人道服务领域，帮助西部地区提升儿科医疗服务能力。持续推进针对贫困患儿的大病医疗救助工作，总会全年投入2.15亿元救助白血病、先心病患儿7900余人。新疆红十字会开展先心病患儿筛查救治活动，西藏红十字会设立“贫困孤儿助养基金”，为特殊困难群体提供帮扶。

五、认真履行法定职责

一是积极做好国内应急救援及灾后重建工作。总会全年共启动应急响应34次，调拨救灾款物60批次，价值2658万元人民币，向湖南等受灾严重地区派出救灾工作组，支持指导救灾工作。继续抓好灾后恢复重建项目，组织召开鲁甸地震灾后重建工作推进会，推进鲁甸地震援建项目实施，解决灾后重建中出现的问题。江西、湖南、广西、四川等省红十字会积极参与地震、洪涝等灾害救援工作。

二是努力提高救援综合能力。新建东北、西北、西南国家级医疗救援队，提高区域性医疗应急救援能力。制定完善救援队培训及演练大纲、赈济救援队工作手册，提升红十字救援工作科学化、标准化水平。完成灾害管理信息系统升级改造。全年举办12期6类救援队跨区域培训演练，组织30个红十字备灾救灾中心进行应急响应演练。完善10个省级红十字会救灾物资储备，加强云南、新疆等省区救援队能力建设。北京、天津、河北举行京津冀应急救援联合演练，海南、广西、广东举办琼桂粤水上应急救援联合演练活动，有效提升应急救援区域协同能力。

三是深化应急救护培训。稳步推进应急救护培训示范基地建设，开展“生命健康安全教育项目”，确定25个省份30个应急救护示范基地建设项目，进一步提升各级红十字会应急救护能力。隆重召开第四十六届南丁格尔奖章颁奖大会，李源潮名誉会长为6名获奖者颁奖。成功举办第四届全国红十字应急救护大赛暨应急救护研讨会。与国家体育总局合作，积极参与马拉松及相关运动赛事的应急救护服务保障工作。浙江、安徽、山西等省红十字会建立应急救护培训网络管理平台，提升应急救护培训信息化管理水平。宁夏红十字会为全区500余名纪检监察干部进行应急救护培训。

四是扎实推进无偿献血、造血干细胞捐献、遗体和人体器官捐献相关工作。积极推进造血干细胞捐献工作，全年新增库容13万余人份，实现捐献805例。参与推动遗体和人体器官捐献工作，成功举办2017年全国人体器官捐献缅怀纪念暨宣传普及活动，全年实现器官捐献5015例，捐献器官1.3万余个。利用国家彩票公益金支持17个省的红十字会开展无偿献血宣传及志愿服务活动，与相关部门举办2017年“世界献血者日”活动。黑龙江省红十字会扎实开展血液病患者服务工作，把党和政府的关爱送到他们身边。

六、深化对外交流合作

依托对外人道主义紧急援助部际工作机制，向斯里兰卡、古巴等派出红十字国际救援队，圆满完成救援任务。通过外交部小额援助机制，向14个国家红会提供了880万元人民币的人道援助。有序开展非紧急人道援助项目，举办7期发展中国家红会能力建设培训班，对来自28个国家红会和政府部门的213名学员进行培训。向塞尔维亚、斯里兰卡等5个国家的红会提供价值650万元人民币的人道物资援助。

进一步密切与红十字会与红新月会国际联合会、红十字国际委员会的联系。“一带一路”国际合作高峰论坛期间，李源潮名誉会长、陈竺会长会见国际委员会主席莫雷尔和国际联合会秘书长阿西，就在“一带一路”沿线国家合作开展人道项目等进行会谈。在第21届国际联合会大会上，陈竺会长成功当选国际联合会副主席，中国红十字会代表团与36个国家红会进行会谈，就进一步加强交流合作进行深入探讨。选派红十字青年骨干参加在土耳其举办的青年论坛和法定会议，吸引更多青年参与红十字运动。

进一步加强港澳台交流合作。开展紧急人道救援、社区服务等项目，深化红十字青少年交流活动，增进港澳民众文化认同。举办第七届海峡两岸红十字博爱论坛，促进海峡两岸民间交流。福建省红十字会举办闽台红十字大学生人道之旅夏令营，来自海峡两岸 66 所高校的 120 名大学生参加，促进了两岸青年之间的互信互动。

七、大力宣传贯彻红十字会法

全面推进红十字会法的学习宣传贯彻工作。总会印发学习宣传贯彻通知，制定工作方案，组织宣讲团赴 26 个省份进行宣讲，推动红十字会法的宣传普及和贯彻落实。截至去年底，全国举办专题培训班 33 期，培训地市级以上红十字会专职干部 2000 余名。精心组织以宣传贯彻新修订的红十字会法为主题的“5·8”世界红十字日和红十字博爱周活动。其间，总会举行了中国红十字事业发展新闻通报会，向新闻媒体介绍红十字事业发展有关情况。《中国红十字报》推出“学法进行时”“用法大家谈”专栏，刊发各级红十字会学法、用法的措施和行动，让更多的人了解红十字会法，增强红十字系统依法治会的自觉性。江西、重庆、河北、甘肃等省（市）红十字会创新宣传方式，通过微信公众号、手机客户端等扩大红十字会法宣传普及。内蒙古、陕西、云南等省（区）红十字会积极争取当地人大支持，将红十字会法实施办法或红十字会条例修订列入立法规划，正式启动修订工作。

八、着力推进改革创新

一是加强顶层规划。召开中国红十字会发展战略研究启动会，陈竺会长出席并作重要讲话，就红十字事业发展进行战略部署。分解红十字事业“十三五”规划年度任务，起草总会改革方案。总会先后成为国务院抗震救灾指挥部、全国社区建设部际联席会议、全国社会救助部际联席会议成员单位。浙江省红十字会积极争取省委支持，把“发展红十字事业”写入党代会报告。

二是完善治理结构。制定印发地方红十字会设立监事会的指导意见，指导支持地方红十字会依法设立监事会。上海、贵州、江西、重庆等省（市）部分地方已依法设立监事会，并制定工作规则。内蒙古红十字会积极争取党委政府支持，为依法设立监事会创造了有利条件。在上海嘉定组织召开监事会改革工作座谈会，陈竺会长出席并作重要讲话，对全面推进依法设立监事会工作提出明确要求。制定印发做好服务理事工作、发挥理事作用的指导意见等文件，进一步做好服务理事工作，发挥理事作用。

三是创新人道资源动员方式。在江西开展省级人道资源动员工作试点，组织召开全国人道资源动员工作经验交流会，印发加强人道资源动员工作的指导意见。在全国红十字系统评选人道资源动员好活动、好项目。根据有关办法，对重要捐赠人进行表彰。宣传推广“中山慈善万人行”活动经验。整合国内人道救助基金、国际人道援助基金、事业发展基金为人道基金。与民政部联合下发红十字会开展公开募捐有关问题的通知，指导全国红十字系统的公开募捐工作。

四是创新宣传工作。落实意识形态主体责任，召开全国红十字系统宣传工作会议，部署新时代红十字宣传工作。制定加强红十字网络宣传工作的指导意见，加强宣传队伍、平台、内容、制度建设及舆情监测处置工作。推进网上红十字会建设，形成全国红十字网络宣传工作体系和新媒体群。围绕助力精准扶贫、参与“一带一路”建设、开展“一老一小”人道服务，组织开展主题宣传活动。与中央有关部门建立合作机制，共同实施红十字网络公益工程。统筹建设总会官网、中红在线、中国人道网。健全总会品牌管理工作机制，制定网络舆情监测处置和声誉风险管理工作规程，切实加强红十字品牌管理。在全国红十字系统开展向河北省邯郸市红十字会杨海燕同志学习活动。中国红十字会救护总队贵阳图云关抗战纪念园项目已获批复，上海红十字历史文化陈列馆、辽宁营口红十字文化传播基地已经建成，湖北省红十字会在省电视台推出“博爱荆楚”栏目，扩大了红十字文化传播力度。

五是强化监督机制。加强专项基金的规范化管理，对偏离“三救三献”主责主业的专项基金进行清理整顿。总会督导组赴 15 个省份对核心业务的落实情况进行督导。全国红十字系统进一步加强财务管理，完善有关管理制度，加强内部控制，防范财务风险。青海、贵州、山东等省红十字会在信息化平台统一发布捐赠信息，广泛接受社会监督。

六是加强组织建设。继续推进理顺管理体制工作，吉林、湖北等省红十字会理顺管理体制工作取得新进展，黑龙江省红十字会抓住实施博爱家园项目的契机，积极推动理顺县级红十字会管理体制。把强基层作为组织建设工作重点，主动参与城乡社区治理工作，推动应急救护培训、人道救助、志愿服务、红十字精神传播进社区，切实解决基层人道服务“最后一公里”的问题，推动红十字基层组织“建起来”“活起来”“强起来”。陕西省红十字会推进“博爱三秦”项目进社区，创新社区志愿服务新模式。

九、全面推进党的建设

全国红十字系统按照党要管党、全面从严治党要求，着力加强党建工作。组织召开全国红十字系统党建工作座谈会，对红十字系统党建工作提出要求，对全系统党风廉政建设进行部署。切实发挥党组领导核心作用，认真履行全面从严治党主体责任，落实党建工作责任制，扎实推进党的建设。严肃党内政治生活，严格执行民主集中制，认真开展批评和自我批评。坚持党管干部原则，切实加强干部队伍建设，严格按照标准和程序选拔任用干部，全面加强对干部的教育监督和管理。坚持全覆盖、常态化、重创新、求实效，扎实推进“两学一做”学习教育常态化制度化。加强基层组织建设，贯彻落实基层组织工作条例，严格执行“三会一课”制度，不断丰富“三会一课”内容和形式，推动全面从严治党向基层党组织和党员延伸。坚持把纪律挺在前面，严格遵守党章党规党纪，提高广大党员干部党规党纪意识。持续推进党风廉政建设，进一步巩固拓展落实中央八项规定精神成果，坚决防止“四风”反弹。各级红十字会把巡视整改工作作为一项重要政治任务，加强组织领导，对照反馈的问题和有关意见建议，认真制定整改方案，坚持高标准、严要求，做到条条有整改、件件有着落，阶段性整改任务已经全部完成。

在总结成绩的同时，我们也认识到红十字事业发展还面临一些问题和不足。主要是：人道资源动员能力还不够强，方式方法单一；人道救助和服务能力不足，专业化人才缺乏；红十字志愿服务工作还需要进一步加强；组织建设还比较薄弱，会员管理、会费收缴等问题还没有很好解决；公信力建设还需要进一步加强。这些问题需要采取有效措施，切实加以解决。

关于2018年重点工作

2018年是贯彻党的十九大精神的开局之年，是改革开放40周年，是决胜全面建成小康社会、实施“十三五”规划承上启下的关键一年。中国红十字会要全面贯彻落实党的十九大精神，坚持以习近平新时代中国特色社会主义思想为指导，紧紧围绕“五位一体”总体布局和“四个全面”战略布局，统筹国际国内两个工作平台，坚持稳中求进，坚持依法治会和改革创新，重点做好以下工作。

一、提高政治站位，把学习贯彻党的十九大精神不断引向深入

全国红十字系统要持续深化对党的十九大精神的学习，始终把学习贯彻习近平新时代中国特色社会主义思想作为首要政治任务，继续在“学懂、弄通、做实”上下功夫。领导班子要充分发挥示范引领作用，研究制定学习计划，认真组织实施。广大党员干部要不断增强学习贯彻的自觉性、坚定性，真正做到用习近平新时代中国特色社会主义思想武装头脑。创新方式方法，提升学习的针对性和实效性，通过举办培训班、开展专题辅导、交流研讨、开展建言献策等多种方式，进一步深化党员干部对党的十九大精神的理解。扎实推进“两学一做”学习教育常态化、制度化，发挥党支部主体作用，通过“三会一课”、主题党日、支部书记讲党课、主题联学等方式，深化对习近平新时代中国特色社会主义思想的学习。注重学习成果转化，以习近平新时代中国特色社会主义思想为指导，深入贯彻落实中央党的群团工作会议和习近平总书记关于红十字事业的重要指示精神，将党的十九大报告中与红十字会有关的工作进行分解，明确目标任务要求，组织贯彻实施。

二、以永远在路上的坚韧，持之以恒加强党的建设

红十字系统各级党组织要按照新时代党的建设总要求，切实担起党要管党、全面从严治党的政治责任，把管党治党的螺丝拧得更紧，使全面从严治党的思路举措更加科学、更加严密、更加有效。一是把政治建设摆在首位，坚定执行党的政治路线，严格遵守政治纪律和政治规矩，在政治立场、政治方向、政治原则、政治道路上同以习近平同志为核心的党中央保持高度一致。二是按照中央部署，扎实开展“不忘初心、牢记使命”主题教育，抓住用习近平新时代中国特色社会主义思想武装头脑这个根本，坚定中国特色社会主义信念，更加自觉地为实现新时代党的历史使命不懈奋斗。三是加强党的基层组织建设，以提升组织力为重点，把基层党组织建设成为宣传党的主张、贯彻党的决定、团结服务群众、推动改革发展的坚强战斗堡垒。四是坚定不移推进正风肃纪，继续巩固拓展落实中央八项规定精神成果，认真学习贯彻习近平总书记关于进一步纠正“四风”、加强作风建设的重要指示精神，认真查找“四风”突出问题特别是形式主义、官僚主义的新表现，采取过硬措施，坚决加以整改，务求取得实效。五是大兴调查研究之风，围绕贯彻落实党的十九大精神、事关红十字事业改革发展的重大理论和实践问题，开展深入细致的调查研究，真正把功夫下到察实情、出实招、办实事、求实效上。

三、大力实施“博爱家园”项目，助力打赢脱贫攻坚战

充分发挥“博爱家园”项目优势，重点在增加数量、提高质量、扩大效果上下功夫，使更多需要帮助的困难群众受益。

增加“博爱家园”项目数量。2018年，全国已有2000余个“博爱家园”项目，要在此基础上，进一步加大资金投入，努力实现国家级贫困县全覆盖。结合对口支援西部、定点扶贫、援疆、援藏总体工作安排，综合施策，精准定位，加大“博爱家园”项目对贫困地区的支持力度。加强与政府相关部门的沟通协调，广泛动员社会爱心力量积极参与，放大投入资金的经济社会效应，进一步扩大“博爱家园”项目的数量和覆盖面。

提高“博爱家园”项目质量。各级红十字会要高度重视，严格执行项目管理有关规定，加强组织保障、科学制定实施方案，分解目标，明确任务，落实责任，建立健全考核评估、信息沟通分享等制度。省、市级红十字会要切实加强对执行能力较弱的县级红十字会的指导、培训、支持和检查力度，加强项目评估和督导。要抓住项目实施机遇，积极推动理顺管理体制工作，提升基层组织的项目执行能力，确保项目取得预期成效。要强化项目管理，加强风险防控，排除风险隐患，加强对资金使用、工程质量等监管，维护好“博爱家园”品牌声誉。

扩大“博爱家园”项目效果。以社区为载体和平台，普及防灾减灾、自救互救、逃生避险等知识，提高社区抵御自然灾害和应对突发事件能力。积极开展大众健康知识普及活动，增强居民健康意识，提高社区群众健康水平。通过生计发展，有效改善社区困难群众的生活状况，把党和政府关怀送到更多困难群众身边，提升他们的获得感、幸福感。积极开展红十字志愿服务，推动形成尊老爱幼、向上向善、自助互助等风尚，广泛传播“人道、博爱、奉献”的红十字精神和红十字文化。

四、强化顶层设计，积极推进改革创新

红十字系统要适应进入新时代面临的新任务、新要求，不断推进改革创新，提升规范化、专业化水平，推动各项工作迈上新台阶。

健全法律法规体系。目前，全国30个省份有红十字会条例或红十字会法实施办法，要积极争取省级人大和法制办支持，根据新修订的红十字会法，结合本地实际，及时修订红十字会条例或实施办法，为红十字事业发展提供可靠的法律保障。

研究制定改革方案。省级红十字会要根据中央党的群团工作会议精神，以保持和增强“三性”为总体要求，在当地党委政府领导下，结合自身特点，坚持问题导向，在充分调查研究基础上，研究制定改革方案，明确目标任务，采取有效措施，扎实推进改革工作。

依法设立监事会。各级领导班子要切实负起责任，把监事会改革工作纳入重要工作日程，制定时间表和路线图，有计划地加以推进。尚未设立监事会的红十字会要结合换届工作依法设立监事会。已经设立监事会的，要严格履职、强化管理、完善机制、规范流程，做到监督到位不缺位不越位，切实发挥好监督作用。

加强重大问题战略研究。紧紧围绕新时代红十字事业的特点和规律、国际红十字运动的发展、中国红十字运动的历史、红十字事业发展中出现的重大理论和实践问题进行深入研究，充分发挥理论对实践的指导作用。充分发挥高校、研究机构专家学者和红十字系统理论实践经验丰富的人员作用，加强专兼职理论研究队伍建设，为理论研究提供人才支撑。总会要加强与有关部门的沟通协调，做好相关筹备工作，推动设立红十字国际学院和中国红十字运动研究机构，为理论研究提供组织保障。

启动章程修订工作。现行《中国红十字会章程》是2015年修订的，为红十字会运行和管理提供了重要遵循。近年来，红十字事业的发展遇到了一些新情况、新问题，党的十九大对红十字事业发展提出了新要求，新修订的红十字会法对法定职责、治理结构、监督管理作出了新规定，需要对现行章程做出必要的修订。要通过深入调研，广泛征求意见，充分论证，认真做好修订工作。

五、扎实做好国内人道服务工作，为保障和改善民生贡献力量

一是提升防灾减灾救灾能力。积极推进应急指挥中心建设。加强应急仓储体系建设，建立健全与政府相关部门协调合作机制。依托志愿者建立各类专业救援队伍，加强救援队规范化建设，提升应急救援能力。做好重大自然灾害和突发事件救援工作，及时调拨救灾物资、拨付救灾资金、派遣救援队。

二是持续做好应急救护培训工作。推进救护培训“五进”工作，培训红十字救护员300万人次。继续开展应急救护培训基地创建工作，新建30个应急救护培训示范基地。推进救护师资的注册管理工作，建立各级红十字会救护注册师资库，探索救护师资分级分类管理机制。

三是依法做好“三献”工作。红十字会法将参与推动无偿献血、遗体和人体器官捐献工作，参与开展造血干细胞捐献的相关工作纳入法定职责。充分发挥专业力量，提升工作专业化水平。加强与相关部门的沟通协调，建立完善遗体和人体器官捐献各项工作制度。制订完善造血干细胞捐献行业技术规范，加强省级管理中心的规范化建设，进一步提高入库数量和质量。

四是做好“一老一小”人道服务工作。认真落实红十字会参与养老服务工作指导意见，继续推进养老服务试点工作，新增10个试点省份。继续实施“院士＋西部儿科医师”培训计划，助力西部儿科医疗服务能力建设。实施红十字天使计划，持续推进针对贫困患儿的大病医疗救助工作。

五是加强与港澳红十字会、台湾红十字组织的交流合作。实施好与香港红十字会合作框架协议，与澳门红十字会签订合作框架协议，加强在志愿服务、红十字青少年、养老服务、资源动员等方面的合作，继续举办海峡两岸红十字博爱论坛。

六、积极开展对外交流合作，充分发挥民间外交渠道作用

当前，全球政治、经济、社会、文化、生态环境正在发生复杂而深刻的变化，部分地区冲突摩擦加剧，贫困、难民危机、重大传染性疾病、气候变化等传统与非传统人道主义危机相互交织，国际人道领域面临严峻挑战，人道主义需求达到前所未有的高度。中国红十字会要充分利用红十字运动的国际性特点，探索建立相互尊重、公正包容、协作共赢的国际人道领域合作机制，处理好多边与双边、发展中国家与发达国家、全面覆盖和重点布局的关系，建立发展合作伙伴关系网络，进一步彰显负责任大国红会形象，促进红十字与红新月运动发展，为推动构建人类命运共同体贡献力量。

一是积极开展民心相通项目。继续实施中巴急救走廊、大病患儿人道救助、博爱单车、海外“博爱家园”等项目。二是广泛动员各方面资源积极参与。积极争取政府相关部门支持，加强与驻外企业合作，发挥好志愿服务组织、公益机构作用，形成对外人道援助工作合力。三是充分发挥总会和地方红会两个积极性。总会要发挥总体规划、政策支持、宏观指导、人才培养、考核评估、总结推广的作用。地方红会要在总会和地方外事部门指导下，结合本地实际，积极参与“一带一路”建设，充分利用地缘、资源、人才和政策等优势参与国际合作，承接具体的援外任务和项目，与有关国家红会的分支机构建立友好关系，开展务实合作。四是积极配合政府参与全球治理。充分发挥我联合会副主席国家红会的作用，通过参加国际会议和出访交流，积极参与国际联合会事务顶层设计和战略谋划，建立东盟博爱论坛工作机制，举办好各类国际培训班，提升我国际影响力。五是精心做好参加重要国际会议与活动的保障工作。今年国际联合会将召开 3 次领委会、1 次亚太地区大会，要围绕会议主题做好工作方案、文件准备等工作。

七、大力加强自身建设，不断提升工作能力

加强组织建设。已经理顺管理体制的红十字会，要巩固理顺管理体制工作成果，主动融入党委政府工作大局，充分发挥作用。尚未理顺管理体制的红十字会，要积极争取党委政府支持，继续推进理顺管理体制工作。加强市、县级红十字会组织机构建设，提升基层组织能力。适时对会员、会费管理办法等进行修改，加强会员、会费管理工作。

积极参与社区治理。充分发挥红十字会独特作用，推进人道救助、应急救护培训、志愿服务、红十字精神传播进社区，做好社区群众服务工作，为实现政府治理和社会调节、居民自治良性互动贡献力量。

加强志愿服务工作。深入贯彻落实《志愿服务条例》，建立健全红十字志愿服务工作管理机制，要加强对志愿服务工作的统筹规划、协调指导、督促检查和经验推广。按专业分领域发展志愿服务队伍，建立健全志愿者队伍管理、培训、激励、保障等相关制度，推进志愿服务制度化建设。

抓好网络舆论宣传。实施网络公益工程、强化网络宣传内容管理，加强网络宣传队伍建设，推进网上红十字会建设。创新传播手段，统筹建设中国红十字会新媒体平台，提升新媒体宣传工作水平。综合运用多种宣传手段和方式方法，围绕重点工作统筹开展重大主题宣传。

加强人道资源动员能力建设。推进重点领域的人道资源动员工作，以需求为导向策划实施公益项目，广泛动员社会资源，主动争取政府支持，提升互联网资源动员能力，探索人道资源动员新领域、新途径，挖掘可持续的资源动员渠道。

加强红十字品牌建设。建立健全品牌管理制度，严格规范使用品牌。落实红十字会法、红十字标志使用办法等法律法规，严格规范红十字标志和名称授权使用行为，依法开展品牌保护工作，打造有特色、有影响力的工作品牌。

加强风险防控。要切实增强风险防控意识，建立健全风险防控制度体系。强化制度执行，加强重点岗位、重点环节、重点人员的管理监督。加强风险源头治理，有效防范化解各类法律、财务、声誉风险。

同志们，新时代要有新气象，更要有新作为。全国红十字系统要更加紧密地团结在以习近平同志为核心的党中央周围，紧紧围绕党和国家中心任务，以钉钉子的精神，以抓铁有痕、踏石留印的工作作风，切实增强责任意识，真抓实干、狠抓落实，努力推动中国特色红十字事业持续健康发展，为决胜全面建成小康社会、实现中华民族伟大复兴中国梦作出更大的贡献！

中国红十字会 2017 年度财务收支情况报告

中国红十字会副会长　王汝鹏

2018 年 2 月 8 日

各位理事：

受常务理事会委托，我向各位理事报告中国红十字会 2017 年度的财务收支情况，请予审议。

2017 年度财务收支情况的报告期为 2017 年 1 月 1 日至 2017 年 12 月 31 日。本报告依据总会（含直属单位）和地方红十字会的统计汇总情况编制。报告分为两部分：一是报告中国红十字会总会（含直属单位）的财务收支汇总情况；二是报告全国红十字系统的财务收支汇总情况。

一、总会的财务收支汇总情况

（一）收入情况

2017 年，总会实现财务收入 102841.52 万元，与上一统计期相比增长了 19.6%，主要是政府拨款及资金增值收益比去年有较大幅度增长。收入分类情况如下：

1. 会费收入

会费收入 7.37 万元，主要是总会机关及直属单位红十字会员缴纳的会费。

2. 境内外捐赠收入

接受境内外捐赠收入 40288.58 万元，其中：境内捐赠收入 37568.53 万元，境外捐赠收入 2720.05 万元。在全部捐赠收入中，捐款收入 26977.60 万元，物资及其他服务性捐赠收入（折合人民币）13，310.98 万元。捐赠收入占总会财务收入的 39.2%，与上一统计期相比增长了 3.7%。

3. 政府拨款收入

政府拨款收入 55165.37 万元，其中：公共预算收入 8574.37 万元，政府性基金（彩票公益金）46591.00 万元。政府拨款占总会财务收入的 53.6%，与上一统计期相比增长了 30.4%。

4. 动产、不动产及其他收入

动产、不动产及其他收入 7380.20 万元，主要是资金增值收入。动产、不动产及其他收入占总会财务收入的 7.2%，与上一统计期相比增长了 51.8%。

（二）支出情况

2017 年，总会财务支出共计 102611.77 万元，与上一统计期相比增长了 16.8%。支出分类情况如下：

1. 按资金来源支出情况

（1）会费支出 19.90 万元，主要是红十字会会员、团体会员的奖章制作费。

（2）境内外捐赠支出 42077.61 万元，其中：捐款支出 28703.17 万元，物资及其他服务性捐赠支出（折合人民币）13，374.44 万元。捐赠支出占总会财务支出的 41%。

（3）政府拨款支出 55030.20 万元，其中：公共预算支出 8，539.76 万元，政府性基金（彩票公益金）支出 46490.44 万元。政府拨款支出占总会财务支出的 53.6%。

（4）动产、不动产及其他支出 5484.06 万元，主要是事业单位日常运行费用、人员费用、资源动员以及金融机构手续费等。该项支出占总会财务支出的 5.4%。

2. 按资金用途支出情况

（1）用于博爱家园、扶贫帮困、助医助学、儿童大病救助等人道救助方面支出 54，523.43 万元，占财务支出的 53.2%。

（2）用于国内救灾救援和灾后恢复等方面支出 11415.30 万元，占财务支出的 11.1%。

（3）用于救护培训、生命健康教育等方面支出 4015.86 万元，占财务支出的 3.9%。

（4）用于造血干细胞捐献、人体器官捐献、无偿献血宣传等方面支出 10，351.01 万元，占财务支出的 10.1%。

（5）用于红十字国际组织会费和国际人道援助方面支出 2160.20 万元，占财务支出的 2.1%。

（6）用于红十字文化宣传和品牌传播、红十字青少年和志愿者工作以及养老服务等组织建设和事业发展方面的支出 14076.21 万元，占财务支出的 13.7%。

（7）用于机构运行、人员经费等方面的基本支出 6069.76 万元，占财务支出的 5.9%。

2017 年总会的财务收支基本持平。

二、全国红十字系统 2017 年度财务收支汇总情况

（一）收入情况

2017 年，全国红十字系统财务收入共计 649151.22 万元，其中：总会收入 102841.52 万元，省级红十字会收入 137622.74 万元，市、县级红十字会收入 408686.96 万元。与上一统计期相比增长了 19.5%。收入分类情况如下：

1. 会费收入情况

会员会费收入共计 2940.62 万元，其中：总会收入 7.37 万元，省级红十字会收入 128.87 万元，市、县级红十字会收入 2804.38 万元。会费收入占全国红十字系统财务收入的 0.5%。与上一统计期相比增长了 9.4%。

2. 境内外捐赠收入情况

接受境内外捐赠 333238.04 万元，其中：总会接受捐赠 40288.58 万元，省级红十字会接受捐赠 69086.58 万元，市、县级红十字会接受捐赠 223862.88 万元。捐赠收入占全国红十字系统财务收入的 51.3%，与上一统计期相比增长了 19.2%。

按捐赠来源划分，境内捐赠 326896.35 万元（其中捐款 220341.71 万元，物资及其他服务性捐赠 106，554.64 万元）；境外捐赠 6341.69 万元（其中捐款 6,279.03 万元，物资及其他服务性捐赠 62.66 万元）。

3. 政府拨款收入情况

政府拨款收入共计 297414.19 万元，其中：总会 55165.37 万元，省级红十字会 65851.64 万元，市、县级红十字会 176397.18 万元。政府拨款收入占全国红十字系统财务收入的45.8%，与上一统计期相比增长了19.9%。

4. 动产、不动产及其他收入情况

动产、不动产及其他收入共计15558.37万元，主要为资金增值收入。其中总会收入7380.20万元，省级红十字会收入2555.65万元，市、县级红十字会收入5622.52万元。该项收入占全国红十字系统财务收入的2.4%，与上一统计期相比增长了18.4%。

（二）支出情况

2017年，全国红十字系统财务支出共计605370.22万元，与上一统计期相比增长了17.2%。支出分类情况如下：

1. 按资金来源支出情况

（1）会费支出2066.26万元，主要用于会员活动、组织建设、红十字品牌传播及人道服务项目支出等方面，会费支出占全国红十字系统财务支出的0.4%。

（2）境内外捐赠支出共计297343.26万元，其中：境内捐款支出187550.66万元，境内捐物支出104025.99万元；境外捐款支出5706.95万元，境外捐物支出59.66万元。本项支出占全国红十字系统财务支出的49.1%。

（3）政府拨款支出293039.99万元，其中：基本支出157928.77万元，项目支出135111.22万元。本项支出占全国红十字系统财务支出的48.4%。

（4）动产、不动产及其他支出共计12920.71万元，主要用于相关项目资助、业务活动、资源动员以及事业单位的机构运行等方面。本项支出占全国红十字系统财务支出的2.1%。

2. 按资金用途支出情况

（1）人道救助支出269564.66万元，主要用于扶贫帮困、助医助学、儿童大病救助、重大传染病预防与关爱、红十字博爱送万家以及建设博爱家园等。本项支出占全国红十字系统财务支出的44.5%。

（2）国内国际救灾救援等支出57593.99万元，主要用于重大自然灾害的紧急救援、救灾物资采购发放、救援队建设、灾后恢复重建（包括援建卫生站、救护站、学校、备灾设施等）以及缴纳红十字国际组织会费等。本项支出占全国红十字系统财务支出的9.5%。

（3）应急救护、生命健康教育等支出28833.50万元，主要用于应急救护培训、设备教具购置、教材编印、救护标准研发以及宣传教育等。本项支出占全国红十字系统财务支出的4.8%。

（4）开展造血干细胞捐献、人体器官捐献、无偿献血宣传等支出23246.15万元，本项支出占全国红十字系统财务支出的3.8%。

（5)用于红十字文化宣传和品牌传播、红十字青少年和志愿者工作等组织建设和事业发展方面的支出68203.15万元，本项支出占全国红十字系统财务支出的11.3%。

（6）用于机构运行、人员经费等基本支出157928.77万元，本项支出占全国红十字系统财务支出的26.1%。

2017年全国红十字系统的财务总收入与总支出基本持平。

2017 年中国红十字会财务收支情况表

单位：万元

项目			总会	全国红十字系统（含总会）
收入	收入合计		102841.52	649151.22
	会费收入		7.37	2940.62
	境内外捐赠收入		40288.58	333238.04
	政府拨款收入		55165.37	297414.19
	动产、不动产及其他收入		7380.20	15558.37
支出	支出合计		102611.77	605370.22
	按资金来源	会费支出	19.90	2066.26
		境内外捐赠支出	42077.61	297343.26
		政府拨款支出	55030.20	293039.99
		动产、不动产及其他支出	5484.06	12920.71
	按资金用途	救助支出	54523.43	269564.66
		救灾支出	11415.30	55415.03
		救护支出	4015.86	28833.50
		三献支出	10351.01	23246.15
		国际援助支出	2160.20	2178.96
		事业发展支出	14076.21	68203.15
		基本支出	6069.76	157928.77

关于中国红十字会第十届理事会人事变更情况的报告

中国红十字会副会长　王海京

2018 年 2 月 8 日

一、需要更换的理事

北京市理事林克庆、马润海，河北省理事许宁，山西省理事郭立，内蒙古自治区理事刘新乐，辽宁省理事秦国夫，上海市理事谢毓敏（女），浙江省理事郑继伟、王冬梅（女）、张明华，福建省理事李红（女），河南省理事王艳玲（女），四川省理事赵万华（女），贵州省理事杨赤忠，西藏自治区理事徐巧飞，甘肃省理事李玉堂，新疆维吾尔自治区理事张爱华（女），新疆生产建设兵团理事卢晓峰，香港特别行政区理事罗荣生，阿里巴巴集团理事顾潇，河仁慈善基金会理事林瑞华（女）因工作变动等原因不再担任第十届理事会理事。

北京市红十字会推荐卢彦、李宝峰，河北省红十字会推荐徐建培，山西省红十字会推荐郑红（女），内蒙古自治区红十字会推荐欧阳晓晖，辽宁省红十字会推荐阎雄，上海市红十字会推荐李国华，浙江省红十字会推荐成岳冲、陶竞（女）、许亚南（女），福建省红十字会推荐杨贤金，河南省红十字会推荐戴柏华，四川省红十字会推荐冉茂琴（女），贵州省红十字会推荐魏定梅（女），西藏自治区红十字会推荐廖贻东，甘肃省红十字会推荐陈明，新疆维吾尔自治区红十字会推荐赵黎（女），新疆生产建设兵团红十字会推荐李萍（女），香港特别行政区红十字会推荐蔡永忠，阿里巴巴集团推荐王瑞合（女），河仁慈善基金会推荐李磊（女）为第十届理事会理事候选人。

中国红十字会总会理事高崇华、查慧勤（女）、白藟（女）、沈南冰、孙志祥，因工作变动等原因不再担任第十届理事会理事，推荐张莉（女）、赵建忠、徐振宇、李黎、侯峰忠为第十届理事会理事候选人。

二、需要更换的常务理事

中国红十字会副会长、常务理事郝平因工作调整不再担任中国红十字会第十届理事会理事、常务理事、副会长。教育部推荐田学军为第十届理事会理事、常务理事候选人。

中国红十字会常务理事方辉因工作变动不再担任中国红十字会第十届理事会理事、常务理事。中央军委政治工作部推荐孙波为第十届理事会理事、常务理事候选人。

三、需要罢免的理事

新疆生产建设兵团理事朱东兵因涉嫌严重违纪，建议罢免其第十届理事会理事职务。

此次共更换理事 26 人，更换常务理事 2 人，罢免理事 1 人。变更后，第十届理事会共有理事 173 人。

特此报告。

中国红十字会第十届理事会拟更换理事候选人简介

王瑞合 女 汉族 1974 年出生

阿里巴巴公益基金会秘书长。曾任北京市委办公厅、政法委、宣传部主任科员，北京奥组委奥运新闻中心副处长，北京市政府新闻办公室处长，全国健康产业工作委员会副秘书长。

田学军 男 汉族 1962 年出生

教育部副部长、党组成员。曾在山东大学外文系、外交学院外交系学习。曾任中华人民共和国驻科威特国大使馆职员、随员，中华人民共和国驻孟加拉人民共和国大使馆随员、三秘，外交部干部司三秘，外交部办公厅二秘、一秘、参赞，国务院办公厅秘书，中华人民共和国驻希腊共和国特命全权大使，外交部干部司司长，中华人民共和国驻南非共和国特命全权大使。

冉茂琴 女 土家族 1962 年出生

四川省红十字会党组书记、常务副会长。曾在四川省石柱县计生委办公室工作，曾任黔江地委组织部副主任科员、黔江地区计生委副主任、党组成员、省计生委政策法规处副处长、人事处副处长、直属机关党委副书记(正处级)、党办主任、办公室主任，省人口和计划生育委员会办公室主任、党组成员、直属机关党委书记。

卢 彦 男 汉族 1963年出生

北京市副市长、党组成员。曾任北京商学院经济研究所副所长，市场经济研究所市场流通研究室主任，北京市物价局党组成员、副局长，北京市商委工委委员、副主任，北京市东城区副书记、代区长、区长，北京市商务委党组书记、主任，北京市发展改革委党组书记、主任，市能源与经济运行调节工作领导小组办公室主任（兼），市推进京津冀协同发展领导小组办公室主任（兼）。

孙 波 男 汉族 1973年出生

中央军委政治工作部联络局三处处长。

许亚南 女 汉族 1964年出生

宁波市人民政府副市长、市红十字会会长。曾任宁波教育学院教师、系副主任，民盟宁波市委会副主委，宁波市江东区人民政府副区长，浙江省劳动和社会保障厅培训处副处长（挂职），宁波广播电视大学校长，民盟宁波市委会主委，民盟省委会副主委，宁波市社会主义学院院长。

成岳冲 男 汉族 1962年出生

浙江省人民政府副省长、民盟中央常委、民盟浙江省委会主委、省红十字会会长。曾任宁波师范学院政史系教师，宁波市政协办公厅文史处副处长、处长，宁波市海曙区人民政府副区长，宁波市人民政府副市长，宁波市人大常委会副主任、市文联主席（兼），浙江省科技厅副厅长（保留正厅长级），浙江省知识产权局副局长，民盟宁波市委主委、民盟浙江省委副主委、民盟中央委员。

李国华 男 汉族 1964年出生

上海市浦东新区人民政府副区长。曾任上海市杨浦区中心医院院长、区政协副主席（不驻会）、区工商联主席，虹口区副区长等职。

李宝峰 男 汉族 1965年出生

北京市红十字会党组书记。曾任北京市平谷县兴谷工业开发区管委会副主任、主任，平谷区兴谷街道党工委书记、办事处主任，平谷区副区长、马坊镇党委（地区工委）书记，平谷区委常委、副区长、统战部部长，平谷区委副书记、政法委书记。

李 萍 女 汉族 1963年出生

新疆生产建设兵团党委常委、副司令员，兵团红十字会会长。曾任新疆阿勒泰地区财政处预算科科员、副科长、科长、副处长、党组成员，阿勒泰地区财政局副局长、党组成员，新疆生产建设兵团财务局党组成员、副局长，财政部会计司副司长（挂职），兵团财务局党组书记、局长，兵团党委常委、副司令员，中国新建集团公司副总经理。

李 黎 男 汉族 1965年出生

中国造血干细胞捐献者资料库管理中心主任。日本东京大学卫生经济学硕士、健康科学博士。曾任中国疾控中心免疫规划中心一室主任、中心副主任、主任，中国疾控中心人力资源处副处长、处长，中华预防医学会副秘书长。

李 磊 女 汉族 1967年出生

河仁慈善基金会副秘书长。曾任法国兴业银行驻华代表处代表助理，法国圣戈班集团驻中国代表处总代表助理，圣戈班（中国）投资有限公司工业发展与市场经理，福耀集团董事长助理。

陈 明 男 汉族 1964年出生

甘肃省红十字会专职副会长。曾任甘肃省地方病防治办公室科员、副主任科员、主任科员，甘肃省医疗器械维修站副站长，甘肃省保健局副局长、局长、党支部书记。

张　莉　女　汉族　1960年出生

中国红十字会总会筹资与财务部部长。曾任中国红十字会总会财务处副处长，监察审计室主任，直属机关纪委副书记。

郑　红　女　汉族　1965年出生

山西省红十字会党组书记。中央党校国际政治专业研究生。曾任大同市郊区马军营乡团委副书记、书记，中国引进报社记者、主任记者，山西省政府驻海南办事处主任科员、副主任（副处级），山西省妇联组织部副部长、部长、老干处处长、党组成员，山西省妇联副主席，山西省朔州市委副书记。

杨贤金　男　汉族　1962年出生

福建省人民政府副省长。曾任天津大学材料科学与工程学院院长，天津大学党委副书记、党委常务副书记，华东理工大学党委书记，同济大学党委书记。

欧阳晓晖　男　汉族　1961年出生

内蒙古自治区副主席。内蒙古医学院附属医院肿瘤外科医生、普通外科医生、副主任，内蒙古医学院第一附属医院副院长、院长，内蒙古医学院副院长、党委委员、院长、党委副书记，内蒙古自治区卫生厅副厅长（正厅级）、党组成员，内蒙古人民医院院长、党委书记，内蒙古自治区卫生和计划生育委员会主任、党组副书记、党组书记，自治区卫生计生行业党工委书记。

赵建忠　男　汉族　1971年出生

中国红十字会总会训练中心主任。曾在北京市丰台区卫生防疫站工作，曾任北京市丰台区卫生监督所科长、副所长，北京市丰台区疾控中心主任，中国红十字会总会训练中心副主任。

赵　黎　女　汉族　1966年出生

乌鲁木齐市人民政府党组成员、副市长、市红十字会会长。曾任阿克苏地区劳动人事处干事、主任科员，阿克苏地区团委副书记（正科级），阿克苏地区团委副书记（副县级），阿克苏地直机关工委副书记，阿克苏地区文体局党组副书记、副局长、党组书记，温宿县委副书记（正县级）、政法委书记、人大常委会党组书记（正县级），温宿县委书记。

侯峰忠　男　汉族　1972年出生

中国人体器官捐献管理中心副主任（主持工作）。曾任山西省第二人民医院医师，山西省卫生厅卫生监督所主管医师，卫生部卫生监督中心副处长，中国红十字会总会赈济救护部处长，云南省昭通市人民政府市长助理（挂职）。

陶　竞　女　汉族　1963年出生

浙江省红十字会党组书记、常务副会长。曾任浙江省计划生育委员会人事处助理调研员、副处长，杭州市下城区区长助理（挂职），浙江省人口计生委人事处处长、党组成员，浙江省计划生育协会副会长、专职副会长，省卫生和计划生育委员会党组成员。

徐建培　男　汉族　1960年出生

河北省人民政府副省长。曾任中国矿业学院地质系政治辅导员、中国矿业学院团委副书记、中国矿业大学团委书记、中国矿业大学党委宣传部副部长、中国矿业大学党委办公室副主任，江苏省铜山县副县长（挂职），中国矿业大学校办主任、校长助理，中国矿业大学党委副书记，中国煤炭经济学院院长，青岛大学党委副书记、书记、校长，科学技术部政策法规司司长，科学技术部副秘书长(正局级)、秘书长、党组成员，河北省委高校工委书记。

徐振宇 男 汉族 1963 年出生

中国红十字会总会备灾救灾中心副主任（主持工作）。曾任中国红十字会总会备灾救灾中心物资管理处副处长兼办公室主任、处长，总会备灾救灾中心副主任。

阎 雄 男 汉族 1961 年出生

辽宁省红十字会党组书记、常务副会长。曾在东北工学院工业自动化专业学习、在沈阳烟酒粮业公司工作，曾任辽宁省统计局主任科员、副处长，省人口计生委副主任、党组成员，省卫生和计划生育委员会副主任、党组成员。

蔡永忠 男 汉族 1959 年出生

香港特别行政区红十字会副主席。自 1997 年加入香港红十字会，曾委任为输血服务中心管治委员会主席、香港骨髓捐赠者资料库管治小组主席、董事会成员及总监，于 2016 年获选为香港红十字会副主席及人力资源委员会主席。蔡先生为执业会计师、德勤中国主席。于 2012 及 2017 年先后获特区政府委任为太平绅士及颁发铜紫荆星章。

廖贻东 男 汉族 1965 年出生

西藏自治区红十字会党组成员、巡视员。曾任西藏自治区财政厅农财处副主任科员、主任科员、副处长，西藏自治区阿里地区财政局党组副书记、局长，西藏自治区阿里地区行署副专员、地区财政局党组副书记、局长，西藏自治区工商联党组成员、副主席。

戴柏华 男 汉族 1962 年出生

河南省人民政府副省长、党组成员、省红十字会会长。中国人民大学计划统计学院国民经济计划与管理专业博士研究生。历任中南财经大学计统系计划教研室教师，财政部综合计划司干部、综合与改革司处长、综合司司长、办公厅主任，财政部党组成员、部长助理。

魏定梅 女 汉族 1967 年出生

贵州省贵阳市人民政府副市长。曾任贵州省城乡规划设计研究院干部、助理规划师，贵阳市城市规划设计研究院规划设计三室主任、研究院副总规划师，贵阳市规划管理局总工程师，贵阳市城乡规划局总工程师，贵阳市城市规划设计研究院院长，贵阳市人大城建环保委员会副主任委员（兼），贵阳市政协副主席。

红十字（会）名称和红十字标志授权使用管理规定

为维护红十字（会）名称和红十字标志的严肃性，加强红十字会系统在对外合作中授权合作相对方使用红十字（会）名称和红十字标志的规范管理，依据中国加入的《日内瓦四公约》及附加议定书、《中华人民共和国红十字会法》《中华人民共和国红十字标志使用办法》和红十字与红新月国际大会通过的《各国红会使用红十字或红新月标志规则》制定本规定。

第一章 总则

第一条 本规定“红十字（会）名称”系指红十字、红十字会、中国红十字、中国红十字会等包含红十字（会）字样的各类名称和文字表述。

第二条 本规定“红十字标志”系指中

国红十字会使用的白底红十字标志。

第三条　本规定旨在规范《中华人民共和国红十字标志使用办法》规定使用范围以外，由中国红十字会批准的标明性红十字标志的授权使用。

第四条　本规定中的“授权使用”系指中国红十字会基于宗旨和法定职能，依法与自然人、法人或其他组织签署书面合作协议，确定彼此权利义务关系，授权其在有关活动或项目中使用红十字（会）名称或红十字标志的行为。

第五条　授权合作相对方使用红十字（会）名称和红十字标志要遵循依法管理、严格管理、规范管理、属地管理的原则。

第六条　授权合作相对方使用红十字（会）名称和红十字标志仅表明其与中国红十字会有关，合作相对方不能因此获得《日内瓦公约》及其附加议定书的保护。

第七条　医疗机构冠名“红十字（会）”适用《关于医疗机构冠名红十字（会）的规定》《冠名红十字医疗机构管理办法》等相关规定。

第二章　授权主体

第八条　中国红十字（会）、中国红十字（会）总会等名称和红十字标志的使用由中国红十字会总会依法审核、授权。

第九条　省级红十字（会）名称和红十字标志的使用由该省级红十字会依法审核、授权，并报中国红十字会总会备案。

第十条　地市级红十字（会）、县级红十字（会）、基层红十字（会）名称和红十字标志的使用由该地市级红十字会依法审核、授权，并报所属省级红十字会备案。

第十一条　全国性行业红十字（会）名称和红十字标志的使用需报经行业红十字会上级主管部门同意，并由中国红十字会总会依法审核、授权。

第十二条　红十字会授权合作相对方使用红十字（会）名称和红十字标志，应于每年12月份向所属上级红十字会提交年度授权使用情况报告及一览表，进行备案。

第十三条　中国红十字会总会直属单位在对外合作中仅可授权合作相对方使用该直属单位规范全称。

中国红十字会总会直属单位应于每年12月份向中国红十字会总会提交单位规范全称年度授权使用情况报告及一览表，进行备案。

第十四条　省级红十字会直属单位在对外合作中仅可授权合作相对方使用该直属单位规范全称。

省级红十字会直属单位应于每年12月份向所属省级红十字会提交单位规范全称年度授权使用情况报告及一览表，进行备案。

第十五条　地市级红十字会直属单位在对外合作中仅可授权合作相对方使用该直属单位规范全称。

地市级红十字会直属单位应于每年12月份向所属省级、地市级红十字会提交单位规范全称年度授权使用情况报告及一览表，进行备案。

第三章　资质审核

第十六条　授权合作相对方使用红十字（会）名称和红十字标志前，授权主体要委托律师事务所、会计师事务所等独立第三方机构对合作相对方进行尽职调查，出具法律意见书和财务审查报告，杜绝潜在的法律、财务等方面的风险。

第十七条 合作相对方须符合下列条件：

（一）认同人道理念和红十字精神；

（二）支持红十字事业发展；

（三）在管理政策和业务活动上充分体现社会责任感；

（四）其产品或服务与红十字会的使命或活动相关；

（五）有利于帮助红十字会实现目标、扩大影响、提高社会公信力；

（六）积极参与红十字志愿服务；

（七）在提高员工教育、卫生和社会福利水平方面，其努力程度远超法律所要求的基本水平；

（八）有积极正面的形象、良好的声誉并保持良好的诚信记录。

第十八条 合作相对方不得从事任何与中国红十字会宗旨和红十字运动基本原则相违背的或可能引起社会公众质疑的活动。

第十九条 合作相对方需书面明示同意：一旦其活动有损红十字（会）名称和红十字标志的尊严和信誉，红十字会有权随时撤销授权，终止与其所签署的合同，并在通知合作相对方后立即生效执行，由此产生的任何损失由合作相对方承担，为消除不良影响，红十字会有权向社会公布相关情况。

第二十条 合作相对方需为红十字会随时检查红十字（会）名称和红十字标志使用情况提供所需的一切便利。

第四章 授权方式

第二十一条 红十字会授权合作相对方使用红十字（会）名称和红十字标志，应签署书面合作协议，协议中要明确包括但不限于如下内容：时间限制、地域限制、使用方式、权利义务、违约责任等。

第二十二条 书面合作协议中应包含如下强制要素：

（一）明确协议各方，尤其是：（1）签署协议的合作相对方必须是能独立承担协议中规定责任和义务的自然人、法人或其他组织；（2）签署协议的红十字会应为由机构编制部门管理机构编制、依法成立、理顺管理体制的地市级以上红十字会。

（二）合作相对方不得违反中国红十字会宗旨和红十字运动基本原则。

（三）合作相对方在任何情况下均不得使用保护性红十字标志。

（四）确认依照本规定使用红十字（会）名称和红十字标志，并接受本规定第十九条中对红十字会权利的规定。

（五）明确终止条款，如出现以下情况，红十字会有权立即公开终止合作关系：（1）合作相对方有明显违法、违约行为，尤其是当其不再符合本规定第十七条所确定的标准时；（2）合作相对方行为上的转变或开展业务时造成的公众印象给红十字会声誉造成持续性不利影响。

（六）红十字会给予合作相对方的认可和支持，也要得到合作相对方的认可和支持，两者要程度相当。

（七）确认在合同有效期内以及在合同正式结束时，合作关系特别是红十字（会）

名称和红十字标志使用情况要定期接受红十字会的监督、审核和评估。

第二十三条　红十字会不得向任何合作相对方授予无限期的红十字（会）名称和红十字标志的正式使用专属权，或接受在与其他合作相对方发展合作关系方面的限制。

第二十四条　红十字会不因与合作相对方的合作关系而产生购买其产品、商品或服务的任何义务。

第二十五条　授权合作相对方使用红十字（会）名称和红十字标志，绝不能误导社会公众使其认为红十字会对合作相对方的产品、服务等表示赞同或为合作相对方的产品、服务等做担保。

第二十六条　红十字会不能授权在合作相对方设计、开发、生产或者销售的产品或产品包装上使用红十字标志。如出售上述产品的全部或部分收益用于捐献给红十字会，可准许合作相对方在相应产品上做出说明。

第二十七条　红十字会授权合作相对方使用红十字（会）名称和红十字标志，必须与一定活动、具体项目相联系，必须要明确时间限制、地域限制、使用方式限制等。

第五章　管理监督

第二十八条　中国红十字会总会依法对全国红十字系统在对外合作中授权合作相对方使用红十字（会）名称和红十字标志进行管理和监督。

第二十九条　省级红十字会依法对本辖区内红十字系统在对外合作中授权合作相对方使用红十字（会）名称和红十字标志进行管理和监督。

第三十条　地市级红十字会依法对本辖区内红十字系统在对外合作中授权合作相对方使用红十字（会）名称和红十字标志进行管理和监督。

第三十一条　中国红十字会总会办公室为总会具体负责部门。各省级红十字会、地市级红十字会，全国性行业红十字会要明确具体负责部门，承担相应的管理监督职能。

第三十二条　地方各级红十字会、全国性行业红十字会违反本规定授权合作相对方使用红十字（会）名称和红十字标志的，由上级红十字会要求改正；拒不改正的，由上级红十字会提请其同级人民政府责令改正；造成损失的，由上级红十字会依法追究相关责任。

第三十三条　红十字会直属单位违反本规定授权合作相对方使用红十字（会）名称和红十字标志的，由所属红十字会责令改正；造成损失的，由所属红十字会依法追究相关责任。

第六章　附则

第三十四条　本规定适用于中国红十字会总会、中国红十字会总会直属单位、地方各级红十字会、行业红十字会和基层红十字组织。

第三十五条　本规定所称“中国红十字会宗旨”系指《中国红十字会章程》所确立的如下宗旨：保护人的生命和健康；保障人类尊严；促进人与人之间相互了解、友谊和合作，促进持久和平。

第三十六条　本规定所称“红十字运动

基本原则”系指一九八六年十月日内瓦国际红十字大会第二十五次会议通过的《国际红十字和红新月运动章程》中确立的人道、公正、中立、独立、志愿服务、统一和普遍七项基本原则。

第三十七条 本规定由中国红十字会总会制定、修改并负责解释。

第三十八条 本规定自正式印发之日起施行。

中国红十字会信息公开标准

第一章 标准概述

一、制定目的

根据《中华人民共和国红十字会法》规定和《国务院关于促进红十字事业发展的意见》精神，为建立健全信息公开制度，规范信息发布，打造公开透明的红十字会，制定本标准。

二、制定依据

《中华人民共和国红十字会法》《中华人民共和国公益事业捐赠法》《中华人民共和国慈善法》《中华人民共和国政府信息公开条例》《红十字会与红新月会国际联合会章程》《中国红十字会章程》等。

三、制定原则

（一）以法律法规为基础。本标准指标主要来自相关法律法规和部门规章中需要披露的项目。

（二）与实际情况相符合。考虑不同层级红十字会所处环境的经济政策实际情况。

（三）具有前瞻引导性。与部分红十字会当前信息披露水平有一定差距，可作为工作的指引。

（四）可在实践中优化。标准及相应评估方式可随各级红十字会能力发展而改进。

四、适用对象

本标准适用于中国红十字会总会和省、市、县级红十字会。

五、使用说明

本标准的主要内容包括标准概述、公开原则、公开内容、公开方式、披露工具等。

“标准概述”，主要明确了该标准的制定目的、依据、原则、适用对象和使用说明等。

“公开原则”，主要规定了进行信息公开应当遵守的八项原则。

“公开内容”，主要规定了应当予以公开的五种信息种类。

“公开方式”，主要规定了公开信息时应当采取的具体方式。

“披露工具”，主要提供了用于信息公开的四种表格样式。

第二章 公开原则

一、合法性原则。所披露信息必须符合国家相关法律法规规定，法律不允许公开的不得公开。

二、真实性原则。所披露信息必须真实可靠，与客观实际相符，能反映客观情况，不得有任何虚假成分。

三、准确性原则。在进行信息公开时必须用准确清晰的语言表达其含义，在内容与表达方式上不得使人误解。

四、完整性原则。所有可能影响信息公开对象决定的相关信息都应当公开，不得故意隐瞒。

五、及时性原则。在合理的时间内尽快公开其应当公开的信息，不得有迟延。

六、易得性原则。在进行信息公开时，应选择便于信息公开对象获取信息的渠道。

七、易理解性原则。应以通俗易懂的形式进行信息公开，便于信息公开对象更好地理解信息。

八、权益人保护原则。在进行信息公开时，应充分考虑信息相关人的意愿、隐私权以及宗教信仰等合法权益，以及由此可能带来的社会影响，平衡知情权和隐私权之间可能的冲突。

特别说明：信息公开豁免事项和豁免的原因需要在进行信息公开时予以注明；在使用信息相关人信息前，应先征询信息相关人同意。例如在登记信息时，通过书面方式告知信息相关人，或在信息公开主体网站主页显要位置进行说明，主要内容应包括：信息相关人的哪些信息正在被信息公开主体所收集，以及这些信息将被如何使用；如何联系信息公开主体以核查被收集的信息，并要求更正，或告知信息公开主体希望的个人信息适用范围；信息公开主体采取了哪些安全措施来保护信息相关人的个人信息。

第三章　公开内容

一、基本信息

1.1 成立信息

公开内容：标志组织成立合法性的信息。

具体要求：

应包含本会的正式名称、设立的依据、批准设立的机构名称以及文件编号或登记证字号。本会如有简称，应统一，并通过正式渠道对外发布。

1.2 联系信息

公开内容：供社会公众对本会进行咨询拜访所需的信息。

具体要求：

应包含本会的办公地址、联系电话、电子邮箱等。

1.3 信息公开工作

公开内容：信息公开的载体、范围、方式等。

具体要求：

应包括本会信息公开的载体、范围、方式等，有信息公开管理制度的应当公开该制度。

二、治理信息

2.1 管理层信息

公开内容：现任的理事会、监事会、执行委员会成员等相关信息。

具体要求：

应包含名誉会长、名誉副会长、会长、副会长、秘书长姓名及个人简介。

应包括理事会、监事会、执行委员会成员名单等信息。

2.2 理事会决策

公开内容：理事会会议做出的重大决策。

具体要求：

重大决策包括但不限于工作报告、财务报告、战略规划、人事变动等。

2.3 部门机构

公开内容：组织内部机构设置。

具体要求：

应包含内设部门名称、部门职能、部门

负责人等。

2.4 组织网络

公开内容：与本会相关的单位机构信息。

具体要求：

应包含本会的上下级红十字会名单，本会主管的事业单位、基金会、社会服务机构名单，经由本会批准的红十字标志使用单位名单和冠名医疗机构名单，本会组织建立的志愿者队伍名单。

2.5 会员信息

公开内容：与本会会员相关的信息。

具体要求：

应包含本会的团体会员和个人会员的相关数据。

2.6 法规政策

公开内容：本会运作所依据的法律法规、政策文件。

具体要求：

公开法律和政策文件全文。

包括但不限于《日内瓦公约及其附加议定书》《国际红十字和红新月运动章程》《中华人民共和国红十字会法》《中华人民共和国公益事业捐赠法》《中华人民共和国献血法》《人体器官移植条例》《中华人民共和国红十字标志使用办法》《国务院关于促进红十字事业发展的意见》《中国红十字会章程》等。

2.7 内部规章制度

公开内容：本会可以对外公开的规章制度等。

具体要求：

应依法公开相关管理制度，包括但不限于招标采购、捐赠管理、项目管理、对外合作等方面的制度。

三、业务活动信息

3.1 募捐信息

公开内容：本会所开展的公开募捐活动相关信息。

具体要求：

应公开组织的募捐资格和捐助者可以享受的减免税等优惠待遇。

应包括募捐活动名称或募捐倡议书、募捐持续时间、募捐资金用途等。有条件的募捐活动可注明筹款目标金额。

以清单形式列出组织当前接受捐赠的项目。

募捐活动信息公开可参见附表一《募捐活动信息表》。

3.2 社会捐赠款物接收信息

公开内容：所接收到的社会捐赠款物相关信息。

阶段性捐赠款物信息的披露可参见附表二《捐赠款物接收信息表》。

具体要求：

应包括捐赠人、捐赠金额（或折价）、捐赠意向。匿名的捐赠人姓名可用“爱心人士”或其他方式代替。

3.3 款物使用信息

公开内容：使用社会捐赠款物、财政拨款和彩票公益金开展的项目的相关信息。

具体要求：

应包括上一年度所有使用社会捐赠款物、财政拨款和彩票公益金开展的项目的相关信息。

应包括项目名称、项目内容、实施时间、项目金额、实施地域、项目受益方、项目合作方、项目效益等。

针对个人的救助项目应公开受益人标准。

款物使用信息的公开可参见附表三《款物使用信息表》。

3.4 应急救援信息

公开内容：应急救援工作相关信息。

具体要求：

应包括本会应急救援的工作流程和统计数据等。

应急救援队伍名单，应急救援类别等。

3.5 应急救护培训信息

公开内容：应急救护培训工作相关信息。

具体要求：

应包括红十字会开展应急救护培训工作的流程和服务内容。

应包括救护培训具体内容、服务对象、参与方式、培训人数等。

3.6 人道救助工作信息

公开内容：人道救助工作相关信息

具体要求：

应包括人道救助工作流程、救助类别、救助标准、救助成果等。

3.7“三献”工作相关信息

公开内容：无偿献血 / 造血干细胞捐献 / 遗体和人体器官捐献相关工作的信息。

具体要求：

应包括相关法律法规和捐献指南、本会相关工作流程、所需资料表格及网站链接等。

3.8 青少年工作相关信息

公开内容：红十字青少年相关工作的信息。

具体要求：

应包括红十字会开展红十字青少年工作的内容、学校红十字会的名单。

应包括红十字青少年工作的活动名称、活动情况等。

3.9 国际交流工作相关信息

公开内容：国际交流相关工作的信息。

具体要求：

应包括与其他国家政府部门、红十字组织、非政府组织合作的项目名录和内容，接收的境外捐赠来源和金额，向境外捐赠的项目与金额。

四、组织财务信息

4.1 年度预算决算

公开内容：本会上一年度部门决算和本年度部门预算。

具体要求：

应公开本年度部门预算。

应公开本会上一年度部门决算报告。

应公开上一年度的审计报告。

应在每年人大批准后一个月内公开。

年度预决算报告期限为自年度的 1 月 1 日起至 12 月 31 日止。

4.2 捐赠款物收入和使用情况审计报告

公开内容：依法设立的独立第三方机构对捐赠款物收入使用情况的审计报告

具体要求：

应公开捐赠款物收入和使用情况审计报告全文。

4.3 项目财务

公开内容：重要项目、重要专项基金的年度财务信息。

具体要求：

开展了公开募捐活动的项目和救灾项目，应公开项目上一年度直接用于受助人的款物数额、运行费用等支出数据（参见附表四《重要项目支出细目表》）。

4.4 招标采购信息

公开内容：使用财政性资金和捐赠收入

进行采购活动的相关信息。

具体要求：

应包括采购项目的目录、标准及采购结果。

在公开部门决算时，公布上一年全部采购信息。

五、其他信息

5.1 志愿者活动信息

公开内容：志愿者队伍活动相关信息

具体要求：

应包括志愿者队名称、志愿者数量、服务内容、参与方式、工作流程等。

5.2 南丁格尔奖信息

公开内容：南丁格尔奖评审表彰相关信息。

具体要求：

本省（自治区、直辖市）候选人名单确定后，应在本省（自治区、直辖市）红十字会官方网站进行公示。

总会应公示评审委员会相关信息。

国家级候选人名单须在《中国红十字会报》、中国红十字会总会网站进行公示。

总会应长期公开历届南丁格尔奖章获奖者姓名和事迹。

第四章　公开方式

中国红十字会总会、省级红会和已理顺管理体制的市级红会，应通过官方网站发布本标准所涉及信息。

县级红十字会和未理顺管理体制的市级红十字会应通过上级红十字会的官方网站公开基本信息，有条件的县级红十字会可通过本级官方网站公开本标准所涉及信息。

通过互联网开展公开募捐活动，应当在民政部统一制定的信息公开平台发布募捐信息。

其他公开方式包括：

1. 政府公报。

2. 政府网站、地方门户网站、行业信息平台、社交媒体等。

3. 大众媒体，如电视、报纸、电台、杂志等，相关资料应有档案保存，便于社会公众查询。

4. 新闻发布会。

5. 实地活动，如街头展览等；相关资料应有档案保存，便于社会公众查询。

6. 内部出版物，如年报、通讯等。

第五章 披露工具

附表 1：

募捐活动信息表

活动名称	
活动地域	
起止时间	
募捐款物用途	
募捐活动目标	
合作伙伴	
募捐方式	
募捐款物使用计划	
募捐活动联系方式	

本表适用于信息公开主体在进行公开募捐活动前就公开募捐活动信息进行披露。

活动名称：指募捐活动名称，可以与项目名称相同。

活动地域：指开展募捐活动的行政区域、媒体发布范围。省以内的募捐活动应明确到地市，地市以内的募捐活动应明确到县。网络募捐视为全国性募捐。

募捐款物用途：使用所募款物的项目名称及简介。

募捐活动目标：募捐活动所得财物总额期望值。

合作伙伴：合作的企业、媒体等。无合作伙伴可填“无”。

募捐方式：说明捐赠者进行捐献的途径。

募捐款物使用计划：所募款物的分配使用方式，应包含工作成本。

募捐活动联系方式：应包括对外联系人和联系电话或电邮。

附表 2：

捐赠款物接收信息表

时间	来源	性质	物资数量	金额	意向

本表适用于信息公开主体在进行募捐活动后就捐助款物接收信息进行披露，也可用于对长期募捐的定期披露。

时间：款物实际到账日期。

来源：捐赠者的姓名或企业名称。

性质：可填现金、证券、物资。物资应有物品名。

物资数量：捐赠物资的数量。

金额：物资应填折价总额。

意向：捐赠者关于捐赠款物使用的意思表达。

附表 3：

款物使用信息表

项目名称：	实施时间：
项目收入来源：财政拨款，占收入总额 %；社会捐助，占收入总额 %； 彩票公益金，占收入总额 %；其他，占收入总额 %。	
项目年度收入总额：	项目年度支出总额：
运行地域：	
受益对象：	项目合作方：
项目成果：	

项目收入来源：如某收入来源为 0 可不填。“其他” 需注明来源。

实施地域：指开展项目活动的行政区域。省以内的活动应明确到地市，地市以内的活动应明确到县。网络活动视为全国性活动。

项目合作方：合作的政府机关、社会组织、企业、媒体等。无合作伙伴可填“无”。

附表 4：

重要项目支出细目表

项目名称	直接用于受助人或项目内容的款物	项目直接运行费用						总计
		立项、执行、监督和评估费用	项目人员经费	宣传推广费用	租赁房屋、购买和维护固定资产费用	其他费用	小计	

项目人员经费，包括：和项目直接相关非在编人员的工资福利、劳务费、专家费等；

为立项、执行、监督和评估公益项目发生的费用，包括：差旅费、交通费、通信费、会议费、办公费、水电费、邮电费、购买服务费等；

为宣传、推广公益项目发生的费用，包括：广告费、购买服务费等；

因项目需要租赁房屋、购买和维护固定

资产的费用，包括：所发生的租赁费、折旧费、修理费、物业管理费等；

其他费用，为开展项目需要支付的其他费用。

如认为有需要特别指明的项目，可在表中新增一栏。

中国红十字会捐赠工作管理办法

第一章　总则

第一条　为规范中国红十字会募捐和接受捐赠工作，依照《中华人民共和国红十字会法》《中华人民共和国慈善法》《中华人民共和国公益事业捐赠法》以及《国务院关于促进红十字事业发展的意见》等法律和文件精神，制定本办法。

第二条　中国红十字会总会（以下简称“总会”）指导地方红十字会和行业红十字会的募捐和接受捐赠工作。

第三条　地方红十字会和行业红十字会应加强募捐和接受捐赠工作管理，规范募捐和接受捐赠行为。

第四条　地方红十字会可以授权基层红十字组织协助开展募捐和接受捐赠工作。红十字会以外的单位和个人未经县级以上红十字会授权，不得以红十字的名义开展募捐和接受捐赠工作。

第五条　各级红十字会开展募捐和接受捐赠工作，依法接受同级民政部门的监督。

第六条　各级红十字会开展募捐和接受捐赠工作，应当严格遵守《中华人民共和国红十字会法》和《中华人民共和国红十字标志使用办法》等法律法规关于红十字标志和名称使用的规定，不得违背国际红十字运动基本原则，不得损害红十字会名誉。

第二章　开展募捐

第七条　各级红十字会依法开展的募捐活动包括面向社会公众的公开募捐和面向特定对象的定向募捐。

第八条　各级红十字会开展公开募捐，要按照民政部、中国红十字会总会《关于红十字会开展公开募捐有关问题的通知》的有关要求执行。

第九条　各级红十字会开展公开募捐活动，如涉及公共安全、公共秩序以及消防等事项的，应当按照有关规定履行批准程序。

第十条　各级红十字会开展公开募捐，可以采取下列方式：

（一）在公共场所设置募捐箱；

（二）举办面向社会公众的义演、义赛、义卖、义展、义拍、慈善晚会等；

（三）通过广播、电视、报刊、互联网等媒体发布募捐信息；

（四）其他公开募捐方式。

第十一条　通过互联网开展公开募捐活动的，应在民政部统一或者指定的信息平台发布公开募捐信息，并可同时在红十字会官方网站、微博、微信、移动客户端等网络平台发布公开募捐信息。

第十二条　各级红十字会与不具有公开募捐资格的组织或者个人合作开展公开募捐活动的，应依法签订书面合作协议，募捐的全部收支应纳入红十字会捐款账户进行统一的财务核算和管理。

第十三条 各级红十字会可以接受国（境）外和辖区以外单位和个人的直接捐赠，未经总会或上级红十字会授权，地方红十字会不得到国（境）外和辖区以外开展公开募捐。

第十四条 总会根据发生重大自然灾害等突发公共事件的情况，决定是否向国际和国内发出募捐呼吁。地方红十字会和行业红十字会未经总会批准，不得直接向辖区外或行业外发出募捐呼吁。

第三章 接受捐赠

第十五条 各级红十字会接受捐赠应开设银行专户，建立专账进行管理。

第十六条 红十字会接受的捐赠财产应当是捐赠人有权处分的合法财产。捐赠财产包括货币、实物、房屋、有价证券、股权、知识产权等有形和无形财产。接受捐赠的实物应当具有使用价值，符合安全、卫生、环保等标准。

第十七条 红十字会接受捐赠，可根据实际情况，或与捐赠人签订捐赠协议，或请捐赠人出具捐赠函，约定捐赠财产的种类、数量、用途、交付时间等内容。捐赠人不得指定其利害关系人作为受益人。

第十八条 红十字会接受捐赠后，应及时向捐赠人出具财政部门统一监（印）制的捐赠票据。捐赠人匿名或放弃捐赠票据的，应当做好相关记录。

第十九条 红十字会接受捐赠的非货币性资产，应当以其公允价值进行人民币折算，由捐赠人提供其公允价值的合法有效证明。

第二十条 通过总会接受的国（境）外捐赠物资，其到达口岸后的运输等费用一般由受援地区的红十字会负担；境内捐赠物资的运费一般由捐赠人承担或按照捐赠协议执行。国（境）外捐赠物资的检验、检疫、免税和入境等手续，由总会或相关省级红十字会按照国家有关规定统一办理。

第四章 捐赠管理

第二十一条 各级红十字会应当建立捐赠财产的财务管理、内部控制、审计公开和监督检查等制度，规范捐赠财产的管理和使用。

第二十二条 红十字会应当按照募捐方案、捐赠协议或捐赠人意愿处分接受的捐赠财产，用于符合红十字会宗旨的人道救助工作。

第二十三条 红十字会不得违背募捐方案、捐赠协议或捐赠人意愿擅自改变捐赠财产的用途。如确需改变用途的，应当征得捐赠人的书面同意。对于没有具体捐赠意向的捐赠财产，红十字会可以按照其宗旨和人道需求统筹安排使用，其使用情况应向捐赠人及时反馈。

第二十四条 使用捐赠财产开展的人道公益项目，一般应由红十字会系统组织实施；特殊情况下，也可委托其他具有合法资质的社会机构负责具体执行。

第二十五条 红十字会使用捐赠资金开展人道救助工作所产生的实际成本，可从捐赠资金中据实列支并向社会公开。从捐赠资金中列支实际成本，应在接受捐赠时通过捐赠协议或募捐公告等方式向捐赠人事前明示，严格限制列支额度和使用范围。实际成本主要包括项目聘用人员的报酬、志愿者补贴和保险，使用房屋、设备、物资发生的相关费用和为管理项目发生的差旅、物流、交通、会议、培训、审计、评估等费用。捐赠资金不得用于机构及在编人员的经费支出。

第二十六条 捐赠财产的收支管理情况，应接受审计机构的审计和民政部门的监督，并向红十字会理事会、监事会报告。

第二十七条 红十字会应当严格遵守国家的有关规定，按照合法、安全、有效的原则，积极实现捐赠财产的保值增值。

第五章 信息公开

第二十八条 各级红十字会应建立健全信息公开制度，规范信息发布，在统一的信息平台及时向社会公布捐赠款物的收入和使用情况，接受社会监督。

第二十九条 红十字会应当每年向社会公开经审计的捐赠收支情况报告。

第三十条 红十字会应当定期向社会公开其募捐情况和项目实施情况。公开募捐周期超过六个月的，至少每三个月公开一次募捐情况，公开募捐活动结束后三个月内应当全面公开募捐情况。捐赠项目实施周期超过六个月的，至少每三个月公开一次项目实施情况，项目结束后三个月内应当全面公开项目实施情况和募得款物使用情况。

第三十一条 红十字会开展定向募捐的，应当及时向捐赠人告知募捐情况、募得款物的管理使用情况。

第三十二条 红十字会使用捐赠财产开展人道救助，应采取适当方式向受助人告知资助标准、资助流程等相关信息。

第三十三条 涉及国家秘密、商业秘密、个人隐私的信息以及捐赠人、慈善信托的委托人不同意公开的姓名、名称、住所、通讯方式等信息，不得公开。

第六章 捐赠表彰

第三十四条 总会按照以下标准，对一次性捐赠100万元人民币以上的捐赠人进行表彰：

（一）对一次性捐赠人民币100万元以上、500万元以下的捐赠人，授予“中国红十字奉献奖章”，颁发由中国红十字会会长签发的捐赠证书；

（二）对一次性捐赠人民币500万元以上、1000万元以下的捐赠人，授予“中国红十字博爱奖章”，颁发由中国红十字会会长签发的捐赠证书；

（三）对一次性捐赠人民币1000万元以上的捐赠人，授予“中国红十字人道勋章”，颁发由中国红十字会会长签发的捐赠证书及“博爱”牌匾。

第三十五条 100万元人民币以下的现金捐赠及非货币捐赠，总会不统一进行表彰，各地可根据实际情况自行制定相应表彰办法。

第三十六条 总会对捐赠人的表彰每年进行一次。各省级红十字会应在每年12月30日前将捐赠人名称、捐赠金额、捐赠时间以及受捐红十字会等信息汇总报送总会筹资与财务部，申领相应的奖章、捐赠证书及“博爱”牌匾。

第三十七条 捐赠人通过县级以上红十字会向红十字事业的捐赠，依法享受相应的税收优惠政策。

第七章 附则

第三十八条 中国红十字基金会和地方红十字基金会开展募捐和接受捐赠工作，按照《中华人民共和国慈善法》、国务院《基金会管理条例》等规定并参照本办法执行。

第三十九条 本办法由中国红十字会总会负责解释。

第四十条 本办法经中国红十字会十届四次理事会通过后施行。中国红十字会八届六次理事会通过的《中国红十字会募捐和接受捐赠工作条例》及《中国红十字会总会捐赠者表彰奖励办法》同时废止。

中国红十字会人道基金管理办法

第一章 总则

第一条 为规范中国红十字会总会（以下简称“总会”）捐赠资金管理，根据《中华人民共和国红十字会法》《中华人民共和国慈善法》《中华人民共和国公益事业捐赠法》《国务院关于促进红十字事业发展的意见》以及国家相关法律法规制定本办法。

第二条 人道基金是总会设立用于促进红十字事业发展的专项基金，旨在支持红十字会开展国内、国际人道救助援助工作，提高人道救助救援能力，充分发挥中国红十字会在人道领域的政府助手作用。

第三条 人道基金的管理和使用，遵循专款专用、公开透明、规范高效的原则。

第二章 基金的来源和用途

第四条 人道基金主要来源：

（一）捐赠人指定向人道基金的捐赠；

（二）募集的专项捐赠在项目结束后，经审计并向社会公示后的结余；

（三）基金增值收入等。

第五条 人道基金的主要用途：

人道基金主要用于开展国内人道救助、国际人道援助和支持红十字事业发展。

（一）国内人道救助

1. 对国内发生的重大自然灾害或突发性事件提供紧急人道救助；

2. 实施国内人道救助项目，包括与救灾、救护、救助工作相关的公益项目以及开展人体器官捐献、造血干细胞捐献、无偿献血等人道救助工作；

3. 支持人道救助方面的能力建设，包括救援队建设、招募和培训志愿人员、购置救灾救助设备、建设备灾减灾设施等；

4. 其他符合红十字宗旨的人道救助活动。

（二）国际人道援助

1. 响应红十字国际委员会、红十字会与红新月会国际联合会以及其他国际组织的人道呼吁，并根据其人道需求提供紧急人道援助；

2. 对遭受传统和非传统人道危机的国家和地区提供紧急人道援助；

3. 援助发展中国家红会的能力建设，开展多边、双边的国际交流与合作；

4. 其他需要提供的国际人道援助。

（三）红十字事业发展

1. 红十字运动的研究及传播工作；

2. 人道资源动员工作；

3. 基层组织发展、红十字青少年以及志愿服务工作；

4. 开展法律监督、社会监督工作；

5. 符合红十字宗旨的其他项目。

第三章　基金的管理和使用

第六条　中国红十字会常务理事会（以下简称“常务理事会”）是人道基金的预算审批机构，负责审议批准本基金的年度预算及年度财务报告。中国红十字会执行委员会（以下简称“执委会”）是本基金的管理执行机构，负责向常务理事会提交年度预算及年度财务报告。

总会相关业务主管部门具体负责人道基金项目的申请、实施和报告等工作；总会财务部门具体负责基金的会计核算、财务监督及编制年度预算、财务报告等工作。

第七条　人道基金的申请审批程序：

（一）人道基金按年度编制预算。总会业务主管部门负责编制项目申报文本，报分管会领导签署意见，并于每年 10 月 31 日前向财务部门送达项目申报文本，财务部门汇总后，提交执委会审议并提请常务理事会审批。

（二）总会业务主管部门（赈济救护部）每年度申报紧急备用金预算 500 万元。

（三）追加项目预算，应于下一年度视同新项目按流程审批。预算内调整资金使用，由业务部门根据实际需要提出工作方案和资金使用计划，报分管会领导签署意见。

第八条　本基金用于国内人道救助、国际人道援助、红十字事业发展的比例，一般为 60%、30%、10%。

第九条　严格控制项目预算执行期限，各项目预算执行期一般不超过 2 年，执行期届满后不再纳入下一年度预算，执行期届满确需延期的，应当在执行期届满前编制延期项目申报文本。

第十条　预算经批准后，财务部门按照《中国红十字会总会财务管理办法》《中国红十字会总会财务支出管理规定》，会同业务主管部门具体办理有关业务。

第十一条　使用人道基金开展工作所产生的符合规定的管理成本，原则上不超过当年项目支出总额（扣除用于特别重大自然灾害等公共突发事件的项目支出）的 4%，总成本原则上不超过 800 万元。管理成本主要包括聘用人员相关费用、志愿者费用以及审计、评估与检查督导费用等。

第十二条　依据国家的有关规定，按照合法、安全、有效的原则，实现基金的保值增值。

第四章　基金的监督和评估

第十三条　人道基金的管理和使用应符合国家有关的法律法规和总会相关规定，接受政府部门、捐赠人以及社会的监督和审计。

第十四条　执委会每年向常务理事会报告人道基金的使用情况，接受理事会及监事会监督。

第十五条　总会每年邀请有公信力的社会审计机构对基金进行审计，审计报告向社会公布。

第十六条　总会根据基金资助项目的进展情况，委托有公信力和专业资质的评估机构对资助项目进行绩效评估。

第五章　附则

第十七条　本办法由中国红十字会执委会负责解释。

第十八条　本办法经中国红十字会理事会审议通过后施行，向社会公告并报财政部、审计署备案。原《中国红十字会国内人道救助基金管理办法》《中国红十字会国际人道援助基金管理办法》《中国红十字会事业发展基金管理办法》同时废止。

中国红十字会 2017 年度统计数据公报

一、组织发展情况

全国共有 33 个省级红十字会，包括 31 个省、自治区、直辖市红十字会，新疆生产建设兵团红十字会和铁路系统红十字会；地市级总数 335 个，其中已理顺管理体制 322 个，占 96.1%；县级总数 2846 个，其中已理顺管理体制 1966 个，占 69.1%。红十字基层组织 9.2 万个；团体会员单位 7.8 万个。会员总数 2039 万人，其中成人会员 623 万人，青少年会员 1416 万人；志愿者 192 万名；冠名医疗机构数为 1125 个；社区公益服务站点 2.4 万个。

二、人员发展情况

全国红十字会共有编制人数 13473 人，实有专职人员 14151 人，兼职人员 23788 人。

三、收入情况

全国各级红十字会共收入 64.92 亿元。其中，总会收入 10.29 亿元，省级红十字会收入 13.76 亿元，地级红十字会收入 16.67 亿元，县级红十字会收入 24.2 亿元，分别占总收入的 15.85%、21.19%、25.68%、37.28%。

四、支出情况

全国各级红十字会共支出 60.54 亿元。其中，“三救”（救灾、救护、救助）支出为 35.38 亿元；“三献”（无偿献血、捐献造血干细胞、捐献人体器官）支出为 2.33 亿元；国际援助、事业发展及其他支出为 22.83 亿元，分别占总支出的 58.44%、3.85%、37.71%。

五、其他业务工作开展情况

全国各级红十字会共培训救护师资 2.6 万人；培训救护员 310 万人；全国各级红十字会共普及无偿献血知识人数为 3278 万人次。

说明：

1. 数据统计时间为 2017 年 1 月 1 日至 2017 年 12 月 31 日。

2. “总会”数据包含基金会、干细胞库管理中心等所有直属单位数据。

3. 统计数据未包括香港及澳门特别行政区和台湾省。

中国红十字会 2017 年度统计数据

全国地市级理顺管理体制情况统计表

表 1

序号	单位	理顺机构数（个）	未理顺机构数（个）	合计（个）	地市级理顺机构百分比（%）
1	河北	11	0	11	100.0
2	山西	11	0	11	100.0
3	内蒙古	12	0	12	100.0
4	辽宁	14	0	14	100.0
5	吉林	9	0	9	100.0
6	黑龙江	13	0	13	100.0
7	江苏	13	0	13	100.0
8	浙江	11	0	11	100.0
9	安徽	16	0	16	100.0
10	福建	9	0	9	100.0
11	江西	11	0	11	100.0
12	山东	17	0	17	100.0
13	河南	18	0	18	100.0
14	湖北	13	0	13	100.0
15	湖南	12	2	14	85.7
16	广东	21	0	21	100.0
17	广西	14	0	14	100.0
18	海南	3	1	4	75.0
19	四川	19	2	21	90.5
20	贵州	9	0	9	100.0
21	云南	16	0	16	100.0
22	西藏	0	7	7	0.0
23	陕西	10	0	10	100.0
24	甘肃	13	1	14	92.9
25	青海	8	0	8	100.0
26	宁夏	5	0	5	100.0
27	新疆	14	0	14	100.0
合计		322	13	335	96.1

全国县级理顺管理体制情况统计表

表 2

序号	单位	理顺机构数（个）	未理顺机构数（个）	合计（个）	县级理顺机构百分比（%）
1	北京	16	0	16	100.0
2	天津	16	0	16	100.0
3	河北	116	52	168	69.0
4	山西	94	25	119	79.0
5	内蒙古	102	0	102	100.0
6	辽宁	97	3	100	97.0
7	吉林	24	36	60	40.0
8	黑龙江	54	79	133	40.6
9	上海	16	0	16	100.0
10	江苏	97	0	97	100.0
11	浙江	88	1	89	98.9
12	安徽	75	29	104	72.1
13	福建	84	0	84	100.0
14	江西	96	4	100	96.0
15	山东	88	49	137	64.2
16	河南	102	56	158	64.6
17	湖北	28	76	104	26.9
18	湖南	72	50	122	59.0
19	广东	45	74	119	37.8
20	广西	54	55	109	49.5
21	海南	11	12	23	47.8
22	重庆	32	7	39	82.1
23	四川	102	83	185	55.1
24	贵州	87	0	87	100.0
25	云南	129	0	129	100.0
26	西藏	0	74	74	0.0
27	陕西	72	34	106	67.9
28	甘肃	66	20	86	76.7
29	青海	10	36	46	21.7
30	宁夏	0	22	22	0.0
31	新疆	93	3	96	96.9
合计		1966	880	2846	69.1

全国人员编制情况统计表

表 3

序号	单位	编制人数（人）	专职人数（人）	兼职人数（人）	专职人员占编制数百分比（%）
1	总会	280	352	11	125.7
2	北京	358	1025	124	286.3
3	天津	135	134	112	99.3
4	河北	612	429	209	70.1
5	山西	557	470	188	84.4
6	内蒙古	693	928	12553	133.9
7	辽宁	427	398	785	93.2
8	吉林	277	251	368	90.6
9	黑龙江	362	285	119	78.7
10	上海	183	301	4723	164.5
11	江苏	642	821	536	127.9
12	浙江	437	620	532	141.9
13	安徽	345	344	170	99.7
14	福建	356	378	377	106.2
15	江西	454	407	116	89.6
16	山东	810	728	306	89.9
17	河南	817	730	501	89.4
18	湖北	311	247	124	79.4
19	湖南	612	528	122	86.3
20	广东	444	463	292	104.3
21	广西	374	328	124	87.7
22	海南	78	86	7	110.3
23	重庆	163	144	48	88.3
24	四川	831	703	279	84.6
25	贵州	576	560	168	97.2
26	云南	864	945	136	109.4
27	西藏	41	31	27	75.6
28	陕西	443	471	78	106.3
29	甘肃	343	371	71	108.2
30	青海	127	136	60	107.1
31	宁夏	50	77	45	154.0
32	新疆	457	454	401	99.3
33	兵团	14	6	58	42.9
34	铁路	0	0	18	–
合计		13473	14151	23788	105.0

全国组织发展情况统计表

表 4

序号	单位	基层组织（个）	志愿者（人）	团体会员（人）	成人会员（人）	青少年会员（人）	冠名医疗机构数（个）
1	总会	0	747	0	159	0	2
2	北京	3012	34477	4420	235142	699483	0
3	天津	2186	95750	1715	133893	550179	3
4	河北	1686	57288	1550	125049	202255	25
5	山西	1084	19752	612	32932	67407	19
6	内蒙古	11975	46733	6629	681420	1002993	28
7	辽宁	5406	165087	3251	285997	769580	47
8	吉林	1654	60002	1116	834021	305758	8
9	黑龙江	1239	22360	4459	61223	85254	34
10	上海	1605	34246	994	317862	336336	71
11	江苏	7532	184022	4123	455104	2730882	176
12	浙江	9309	94775	5351	356365	2224953	13
13	安徽	1854	57791	3368	103220	112526	58
14	福建	2880	136975	3690	207304	619255	21
15	江西	1689	58685	3707	150074	306863	17
16	山东	9874	191677	5241	548866	1066639	47
17	河南	7242	191347	2659	218632	537921	66
18	湖北	1190	120956	1536	136416	174763	30
19	湖南	3336	30764	3815	178310	262731	74
20	广东	1105	58735	2514	157749	361388	10
21	广西	976	12150	929	106581	117751	44
22	海南	67	3724	42	3675	17526	3
23	重庆	2077	29758	1446	115294	406788	133
24	四川	3173	30771	3295	116110	137319	45
25	贵州	3059	60303	2109	182724	429928	32
26	云南	1144	41927	2806	165410	203131	50
27	西藏	27	154	70	335	214	0
28	陕西	1492	33594	949	31291	91036	16
29	甘肃	450	9736	1330	28108	42328	13
30	青海	244	11230	450	9588	4206	13
31	宁夏	25	778	263	2145	2830	0
32	新疆	3170	23744	3661	237009	285551	25
33	兵团	126	5963	243	8937	8485	2
34	铁路	18	0	0	0	0	0
合计		91906	1926001	78343	6226945	14164259	1125

全国卫生救护培训情况统计表

表 5

序号	单位	师资培训人数（人）	救护员培训人数（人）
1	总会	1321	20491
2	北京	296	235925
3	天津	257	37049
4	河北	1792	31577
5	山西	38	18920
6	内蒙古	217	31430
7	辽宁	1370	59994
8	吉林	805	12364
9	黑龙江	702	22523
10	上海	701	31426
11	江苏	695	417734
12	浙江	3138	214382
13	安徽	100	93038
14	福建	595	52597
15	江西	429	106627
16	山东	340	82055
17	河南	806	42541
18	湖北	430	54502
19	湖南	767	32810
20	广东	1162	138543
21	广西	603	81200
22	海南	147	23688
23	重庆	691	564650
24	四川	1441	54481
25	贵州	3431	165877
26	云南	875	291219
27	西藏	12	4080
28	陕西	430	21917
29	甘肃	436	54337
30	青海	1027	27478
31	宁夏	115	4674
32	新疆	335	49014
33	兵团	254	5172
34	铁路	0	17000
合计		25758	3101315

全国救助情况统计表

表 6

序号	单位	救助情况		
		救助支出（万元）	受益人数（人）	人均受益金额（元）
1	总会	54527	1756998	310
2	北京	6963	169263	411
3	天津	946	65029	146
4	河北	5050	93883	538
5	山西	1271	150998	84
6	内蒙古	8954	346775	258
7	辽宁	5325	195084	273
8	吉林	4871	38038	1280
9	黑龙江	1115	53475	209
10	上海	10715	111087	965
11	江苏	15248	384560	397
12	浙江	17297	267182	647
13	安徽	11347	233224	487
14	福建	7627	157988	483
15	江西	13951	437129	319
16	山东	6130	176273	348
17	河南	7563	138579	546
18	湖北	7040	343489	205
19	湖南	3850	290716	132
20	广东	13611	230252	591
21	广西	2245	185409	121
22	海南	211	14667	144
23	重庆	6324	86279	733
24	四川	9066	89984	1008
25	贵州	12741	355555	358
26	云南	20016	315646	634
27	西藏	30	3930	76
28	陕西	775	49519	156
29	甘肃	3291	41641	790
30	青海	2069	7291	2837
31	宁夏	123	34229	36
32	新疆	9018	77231	1168
33	兵团	256	45375	56
34	铁路	0	0	
合计		269569	6946778	388

四级红十字会救助情况汇总表

表 7

序号	单位	救助情况		
		救助支出（万元）	受益人数（人）	人均受益金额（元）
1	总会	54527	1756998	310
2	省级	60113	1067327	563
3	地级	74416	1665417	447
4	县级	80512	2457036	328
合计		269568	6946778	388

全国无偿献血、社区公益服务站点统计表

表 8

序号	单位	无偿献血知识普及人数（人）	社区公益服务站点（个）
1	总会	0	271
2	北京	91271	539
3	天津	117412	835
4	河北	1237765	359
5	山西	696567	301
6	内蒙古	220701	524
7	辽宁	992891	2345
8	吉林	197093	261
9	黑龙江	322998	379
10	上海	435156	5397
11	江苏	2115492	2653
12	浙江	767873	2904
13	安徽	1199996	311
14	福建	988747	392
15	江西	2377068	154
16	山东	1642195	650
17	河南	3832402	1553
18	湖北	3365533	575
19	湖南	2398275	454
20	广东	1665000	359
21	广西	770642	160
22	海南	135138	18
23	重庆	1586357	137
24	四川	1940846	408

续表 8

序号	单位	无偿献血知识普及人数（人）	社区公益服务站点（个）
25	贵州	659370	460
26	云南	1403457	217
27	西藏	4440	0
28	陕西	339156	362
29	甘肃	713474	34
30	青海	73289	55
31	宁夏	22694	64
32	新疆	207757	439
33	兵团	200458	13
34	铁路	55000	0
合计		32776513	23583

全国筹资情况统计表

表 9　　单位：万元

序号	单位	政府拨款	国内捐款	国内捐赠物资	外援款	外援物资	会费	其他收入	筹资总数
1	总会	55165	24258	13311	2720	0	7	7380	102842
2	北京	19889	6121	1734	0	0	0	179	27923
3	天津	3334	499	0	0	0	18	89	3941
4	河北	4180	5791	926	0	0	87	73	11058
5	山西	3881	1868	68	0	0	15	62	5894
6	内蒙古	12233	14401	1176	0	0	167	236	28213
7	辽宁	6113	1935	3323	0	0	34	9	11414
8	吉林	3245	5629	878	0	0	245	18	10015
9	黑龙江	3131	589	727	8	0	20	8	4481
10	上海	16942	7153	556	0	0	205	723	25579
11	江苏	19982	15200	1550	103	0	495	1819	39149
12	浙江	20649	17508	4338	0	0	45	510	43049
13	安徽	4067	3553	8205	19	0	45	799	16687
14	福建	6840	5133	3310	4	0	45	391	15724
15	江西	4892	7001	11670	0	0	102	127	23791
16	山东	9660	4106	2371	6	0	193	207	16543
17	河南	7533	6143	1330	4	0	121	87	15218
18	湖北	6283	3603	5840	0	0	32	198	15956
19	湖南	7959	6441	10016	4	3	147	78	24646
20	广东	11255	25307	3670	758	0	43	335	41367
21	广西	6366	1780	1270	65	0	8	212	9700

续表 9

序号	单位	政府拨款	国内捐款	国内捐赠物资	外援款	外援物资	会费	其他收入	筹资总数
22	海南	1478	258	25	0	0	0	5	1767
23	重庆	4965	13078	1804	0	0	51	235	20134
24	四川	15081	11664	2293	665	0	187	327	30217
25	贵州	6418	7418	7318	191	50	101	280	21776
26	云南	15810	10325	13478	1246	10	169	558	41597
27	西藏	874	2	299	0	0	0	3	1178
28	陕西	4942	385	425	487	0	46	167	6452
29	甘肃	3012	1263	2816	0	0	39	118	7248
30	青海	2698	2937	735	0	0	31	106	6506
31	宁夏	978	129	13	0	0	6	11	1137
32	新疆	7440	8779	971	0	0	240	208	17638
33	兵团	119	83	107	0	0	0	0	310
34	铁路	0	0	0	0	0	0	0	0
合计		297414	220342	106555	6279	63	2941	15558	649151

四级红十字会筹资情况汇总表

表 10　　单位：万元

序号	单位	政府拨款	国内捐款	国内捐赠物资	外援款	外援物资	会费	其他收入	筹资总数
1	总会	55165	24258	13311	2720	0	7	7380	102842
2	省级	65852	38432	28084	2571	0	129	2556	137623
3	地级	60241	55387	47053	889	10	639	2493	166712
4	县级	116156	102265	18107	99	53	2165	3129	241975
合计		297414	220342	106555	6729	63	2941	15558	649151

各省级红十字会按资金来源支出情况统计表

表 11　　单位：万元

序号	单位	政府拨款	国内捐款	国内捐物	境外捐款	境外捐物	会费	其他	支出合计
1	总会	55030	25620	13374	3083	0	20	5484	102612
2	北京	18851	5372	1736	0	0	0	165	26124
3	天津	3229	753	263	0	0	4	4	4253
4	河北	3984	4510	1052	0	0	76	52	9674
5	山西	3849	1242	46	0	0	29	16	5182
6	内蒙古	12177	9308	1184	0	0	138	189	22996
7	辽宁	6072	1395	3323	0	0	25	10	10825
8	吉林	3235	4678	878	0	0	247	29	9067

续表 11

序号	单位	政府拨款	国内捐款	国内捐物	境外捐款	境外捐物	会费	其他	支出合计
9	黑龙江	3131	428	692	0	0	21	7	4287
10	上海	16829	6303	427	0	0	57	409	24024
11	江苏	19011	13167	1476	54	0	280	1536	35525
12	浙江	20524	14138	3966	0	0	29	267	38924
13	安徽	4036	2988	8149	19	0	24	599	15814
14	福建	7011	5060	3441	4	0	25	283	15824
15	江西	5116	5493	10843	0	0	64	119	21635
16	山东	9544	4010	2501	6	0	115	112	16290
17	河南	7533	6013	1330	17	0	73	56	15021
18	湖北	6389	2347	5733	0	0	34	150	14653
19	湖南	7437	6339	9919	4	0	127	83	23909
20	广东	11032	19380	2926	129	0	34	167	33668
21	广西	6229	1210	1266	65	0	6	290	9065
22	海南	1455	215	25	0	0	0	5	1701
23	重庆	4457	10173	1781	0	0	45	189	16646
24	四川	15036	9097	2117	1110	0	143	502	28005
25	贵州	6489	5951	7807	183	50	75	396	20952
26	云南	15582	9666	12856	629	10	113	615	39471
27	西藏	774	0	30	0	0	0	0	804
28	陕西	4910	496	624	183	0	26	126	6365
29	甘肃	2992	983	2798	0	0	21	12	6806
30	青海	2639	2251	585	213	0	10	787	6485
31	宁夏	929	234	13	0	0	9	21	1205
32	新疆	7357	8667	747	0	0	196	241	17208
33	兵团	173	63	117	0	0	0	0	353
34	铁路	0	0	0	0	0	0	0	0
合计		293040	187551	104026	5707	60	2066	12921	605370

四级红十字会按资金来源支出情况汇总表

表 12

单位：万元

序号	单位	政府拨款	国内捐款	国内捐物	境外捐款	境外捐物	会费	其他	支出合计
1	总会	55030	25620	13374	3083	0	20	5484	102612
2	省级	64596	35654	28184	1707	0	70	2634	132845
3	地级	59544	45064	45135	820	10	445	2186	153205
4	县级	113870	81213	17332	96	50	1531	2616	216709
合计		293040	187551	104026	5707	60	2066	12921	605370

各省级红十字会按资金来源支出情况统计表

表 13　　　　单位：万元

序号	单位	救灾	救护	救助	三献	国际援助	事业发展	基本支出	支出合计
1	总会	11415	4016	54523	10351	2160	14076	6070	102612
2	北京	1203	1201	6963	660	3	9654	6441	26124
3	天津	32	170	946	104	0	109	2892	4253
4	河北	418	385	5050	420	0	398	3003	9674
5	山西	47	85	1271	21	0	259	3499	5182
6	内蒙古	1468	924	8954	175	0	1934	9541	22996
7	辽宁	142	556	5325	424	0	537	3841	10825
8	吉林	884	222	4871	213	0	870	2008	9067
9	黑龙江	81	287	1115	198	0	129	2477	4287
10	上海	351	1385	10715	1331	0	4030	6211	24024
11	江苏	675	3651	15248	1351	0	3498	11101	35525
12	浙江	988	2977	17297	2023	0	3319	12318	38924
13	安徽	258	757	11347	251	0	496	2706	15814
14	福建	1246	546	7627	239	0	1379	4788	15824
15	江西	644	953	13951	496	0	2382	3210	21635
16	山东	647	732	6130	423	0	826	7532	16290
17	河南	215	503	7563	351	0	806	5583	15021
18	湖北	757	479	7040	1012	0	2315	3049	14653
19	湖南	13933	632	3850	536	0	1270	3687	23909
20	广东	8226	1529	13611	489	0	3070	6743	33668
21	广西	440	513	2245	398	0	2144	3324	9065
22	海南	45	81	211	113	0	332	919	1701
23	重庆	439	1144	6324	542	0	6356	1840	16646
24	四川	3583	1233	9066	260	0	2449	11413	28005
25	贵州	997	250	12741	230	0	1422	5312	20952
26	云南	3182	1685	20016	316	16	2397	11859	39471
27	西藏	97	10	30	49	0	124	494	804
28	陕西	1097	630	775	157	0	161	3545	6365
29	甘肃	341	359	3291	45	0	221	2549	6806
30	青海	958	773	2069	7	0	518	2160	6485
31	宁夏	203	36	123	19	0	42	781	1205
32	新疆	371	127	9018	41	0	670	6980	17208
33	兵团	32	4	256	0	0	9	52	353
34	铁路	0	0	0	0	0	0	0	0
合计		55415	28834	269565	23246	2179	68203	157929	605370

四级红十字会按资金用途支出情况汇总表

表 14 **单位：万元**

序号	单位	救灾	救护	救助	三献	国际援助	事业发展	基本支出	支出合计
1	总会	11415	4016	54523	10351	2160	14076	6070	102612
2	省级	11991	7115	60113	6872	16	20646	26092	132845
3	地级	16196	6994	74416	2774	0	11580	41246	153205
4	县级	15813	10709	80512	3250	3	21901	84520	216709
合计		55415	28834	269565	23246	2179	68203	157929	605370

会议讲话

在中国红十字会第十届理事会第五次会议上的讲话

陈　竺

（2018 年 6 月 29 日）

自今年初十届四次理事会以来，全国各级红十字会深入学习宣传贯彻党的十九大精神，以习近平新时代中国特色社会主义思想为指导，紧紧围绕党和国家中心任务，充分发挥桥梁纽带作用，认真履行法定职责，继续着力推进改革创新，大力开展人道救援和人道服务，助力精准扶贫、精准脱贫，积极参与“一带一路”建设，全面加强自身建设，锐意进取、埋头苦干，各项工作取得了新进展、新成效。今年上半年，特别是入汛以来，我国多地发生了洪涝灾情，有的地方还发生了地震灾情，各级红十字会的同志们广泛动员志愿者，配合政府及相关部门，投入救灾赈济，为确保经济社会发展作出了重要贡献。

下半年，红十字会改革发展的各项任务依然十分繁重艰巨，各级红十字会要对照理事会确定的 2018 年工作要点和工作部署，切实增强责任感、使命感，坚持问题导向，以奋发有为的精神状态和踏石留印、抓铁有痕的韧劲，完成好各项工作任务。下面，我就重点工作谈一些意见，供同志们参考。

一、持续做好党的十九大精神的学习贯彻

红十字系统要始终把学习宣传贯彻党的十九大精神作为首要政治任务，真正在学懂、弄通、做实上下功夫。要突出学习重点，进一步深刻领会党的十九大精神的丰富内涵，把学习贯彻聚焦到习近平新时代中国特色社会主义思想上，更加深入、更加透彻地领会和把握习近平新时代中国特色社会主义思想的精髓，进一步增强“四个意识”，坚定“四个自信”，坚决维护习近平总书记在党中央和全党的核心地位，坚决维护党中央权威和集中统一领导。要注重学用结合，增强学习实效，坚持用创新理论指导解决实际问题，自觉以习近平新时代中国特色社会主义思想为指引，将十九大提出的提高保障和改善民生、深入开展脱贫攻坚、推进群团改革发展、加强社区治理体系建设、构建人类命运共同体等与红十字会联系紧密的工作，融入推进红十字事业持续健康发展的全过程，明确新时代红十字工作的目标和举措，坚定不移地把红十字事业推向前进。

这里，我有些体会。在我国，要坚持人道主义的宗旨和原则，就必须加强党的领导，必须落实好习近平总书记关于人道主义事业的一系列重要讲话、指示精神。我们要牢记习近平总书记在 2015 年 5 月 5 日中国红十字会第十次全国会员代表大会会见全体代表时发表的重要讲话，要学深学透去年年初习近平总书记在达沃斯论坛和联合国日内瓦总部的两次重要讲话。在去年的两次讲话中，习近平总书记专门引证了红十字运动之父亨利·杜南的名言，而且强调不应将国际人道主义援助政治化。针对一些国家出现的逆全球化、单边主义、民粹主义等思潮泛滥的情况，习近平总书记提出了“人类命运共同体”的重要思想。这些是对国际红十字与红新月运动七项基本原则的最好阐释。我们要坚定发挥好人道领域的政府助手作用，将自身工作纳入党和政府工作的全局之中，才能体现红十字运动的特殊价值。

二、全力打造红十字精准扶贫项目，助力国家脱贫攻坚战略

前不久，习近平总书记对脱贫攻坚工作再次作出重要指示，强调脱贫攻坚时间紧、任务重，必须真抓实干、埋头苦干。我们要以“博爱家园”项目为抓手，持之以恒，积极作为，加大助力脱贫攻坚工作力度，特别要加大对定点扶贫、包括总会的定点扶贫县湖北英山县的支持力度。各级红十字会的一把手要切实负起责任，逐级分解目标，细化任务，切实加强对执行能力较弱的基层红十字会的指导、培训和监督力度。做好“博爱家园”项目，必须大处着眼，细处用力，强化精准，要充分发挥生计基金的作用，因地制宜，因人而异，设计出具有个性化、精准化的生计帮扶计划，鼓励有强烈发展意愿和一定能力的贫困户通过自主生产获取可持续的收入来源，变输血为造血，让贫困群众看到出路、看到希望。要加强风险防范，确保各项资金及时下拨到位，注重提高资金使用效益，为脱贫攻坚项目的顺利实施提供有力保障。

各级红十字会在做好“博爱家园”项目的同时，还要结合自身优势，瞄准脱贫短板，整合资源，精准发力。要结合中国红十字基金会目前正在实施的“天使计划”等大病救助项目，针对建档立卡的贫困户家庭中15周岁以下大病患儿实施精准人道救助。上海市红十字会在儿童因病致贫、因病返贫的救助机制方面有很好的经验值得大家学习。目前上海市红十字会管理的少儿住院医疗互助基金覆盖了上海市18岁以下儿童，包括本地户籍和外来户籍的200多万儿童。内蒙古自治区红十字会在积极探索18岁以下先心病儿童的兜底救助。针对建档立卡的贫困户家庭中15周岁以下大病患儿的兜底性救助，目前总会已做了一些前期工作并计划在云南开展救助试点，我希望要进一步加强调研，加大力度，加快进度。我也希望在全国其他有条件的省份积极探索针对这一群体的兜底性救助机制，形成具有一定规模、一定影响的红十字特色人道救助新模式，为2020年我国现行标准下农村贫困人口实现脱贫贡献红十字人的一份特殊力量。

三、注重发挥总会和地方两个积极性，积极参与国家“一带一路”建设

近日，中共中央召开了外事工作会议，习近平总书记发表重要讲话，提出我国对外工作要坚持以新时代中国特色社会主义外交思想为指导，统筹国内国际两个大局，牢牢把握服务民族复兴、促进人类进步这条主线，推动构建人类命运共同体，积极参与引领全球治理体系改革，打造更加完善的全球伙伴关系网络，努力开创中国特色大国外交新局面。中国红十字会作为党和政府在人道领域工作助手和民间外交重要渠道，要继续发挥自身在加强人道领域合作、促进友好往来、增进相互了解和传统友谊等方面的独特优势，围绕国家外交大局，利用国际红十字与红新月运动平台，深化与“一带一路”沿线国家的合作，关爱其易受损群体，为促进全球人道事业发展作出更大贡献。

在各方的共同努力下，红十字会参与“一带一路”建设目前已取得了显著的成效，不少地方红十字会（例如北京、上海、新疆、内蒙古等）也积极参与其中，如前期我们已选派了两批红十字援外医疗队先后进驻巴基斯坦瓜达尔港建立的中巴博爱医疗急救中心，这些队员分别来自上海华山医院、上海妇幼医院和北京999急救中心。新疆红十字会、内蒙古红十字会积极参与了对阿富汗、蒙古国的先心病患儿救治，来自北京、上海的专家志愿者也都积极参与了患儿筛查和手术救治等工作并取得重大成效。这些援助工作充分体现了红十字组织与其他社会组织比较的优势，产生了很好的国际影响，这是与大家的共同努力、相互配合密不可分的，每位参与者、每位支持者都功不可没。希望在下一步的国际援助行动中，能有更多的地方红十字会参与进来，发挥各自工作优势，结合当地工作实际，全国一盘棋，形成国际援助合力。比如西南沿边省份红十字会下一步在和东盟国家红会特别是和越南、老挝、缅甸等国家红会合作过程中，可以发挥更大作用。希望上海市红十字会继续做好孟加拉国血液透析中心的援建工作。希望宁夏、甘肃等西部地区红十字会能与新疆、内蒙古红十字会一样，在与中亚国家红会的合作中发挥特殊作用。最近朝鲜半岛形势发生很大变化，我们也注意到在朝韩的对话中，双方红十字会发挥了重要作用。目前，朝鲜红会的人道救助需求很大，希望辽宁、吉林红十字会能够在下一步的合作中及时向其提供医疗服务和药品等人道援助。总会要进一步加强对各地红会参与“一带一路”建设工作的支持指导和统筹协调，发挥好两个积极性。

加强红十字国际交流合作、积极参与“一带一路”建设，离不开国家相关部门的大力支持，总会要加强与外交部、中联部、国际合作发展署、卫健委以及发改委、财政部等相关部委的联系，多多争取他们的支持与指导，配合国家外交大局，发挥好政府人道领域工作助手和民间外交渠道的重要作用。

四、不断推进改革，继续着力做好监事会设立工作

依法设立监事会是推进红十字会改革创新的一项重要举措，是深入贯彻落实依法治国方略、推进依法治会的战略性制度安排，是实现红十字会治理体系和治理能力现代化、提高治理结构科学化水平的根本要求。截至目前，全国红十字系统已有1个省级、16个市级、31个县级红十字会依法选举产生了监事会。内蒙古自治区红十字会是新修订的红十字会法颁布实施以来第一个召开会员代表大会的省级红十字会，在今年5月4日召开的换届大会上依法选举产生了首个省级红十字会监事会，在全国具有引领示范的标杆意义。今年要完成换届的6个省级红十字会（河北、辽宁、广东、广西、西藏、新疆）的主要负责同志列席了大会。上海市红十字会在设立监事会方面做了开创性的工作，去年嘉定区红十字会在换届时成立了第一个区级红十字会监事会。希望面临换届的各地红十字会，要结合本地实际，切实做好监事会设立工作。各级红十字会党组要切实负起监事会设立的领导责任，把监事会工作纳入红十字会重要工作日程。借此机会，我要感谢中编办对中国红十字会改革方案和设立监事会工作的指导和支持。目前，总会正在积极筹备明年的换届工作，总会的监事会设立方案也正在研究制定之中。

大家非常关心的总会改革方案目前已上报国务院办公厅，待方案进一步完善后即将印发。希望各级红十字会认真落实中共中央关于群团改革的决策部署，牢牢把握改革正确方向，以更大的力度、更实的举措推进改革，把红十字会建设得更加充满活力、更加坚强有力。在加强政治性、先进性引领的同时，红十字会的工作应该更多彰显群众性。各级红十字会的同志们都要学会做群众工作，深入群众，敢于组织和实施项目，善于将项目资源转化为服务成效。

五、以创新的精神，扎实做好人道资源动员工作

红十字会依法履行职责，有效开展人道救助、提供人道服务、践行人道使命，离不开各类人道资源作为重要支撑。而这些资源的获得需要红十字同仁出色的工作和扎实的动员才能取得，这方面的空间和潜力是巨大的。各级红十字会要着力推进重点领域的人道资源动员工作，以需求为导向，策划实施公益项目，精心筹划和培育有竞争力、可持续发展的品牌项目，用品牌项目带动人道资源的动员，搭建爱心企业履行社会责任、爱心人士奉献社会的人道公益平台。下一步，我们要特别注重个人小额捐助资源动员。这种动员，不仅可使善款的涓涓细流汇成江河，也是传播人道精神的重要方式。当然，我们要做好绩效评估，不仅要回答钱用到哪里去了，还要向捐献者报告这些资源产生的效果。这方面我们要向港澳同事们学习。港澳红十字会做的项目，审计和绩效评估工作做得特别扎实。我们要加强筹资创新，适应互联网时代发展新趋势，为社会公众提供多样化的捐赠渠道和捐赠方式，要利用好“互联网 +”平台，精心设计互联网筹资项目，使之符合社会需求和红会宗旨，并通过网络平台及时反馈项目执行进展，增强捐赠者的荣誉感、获得感。在争取更多的爱心企业和人士积极参与人道捐赠工作的同时，还要邀请他们参与善款的管理工作。去年成立的丝路博爱基金和前年成立的院士 + 博爱基金，都邀请了捐赠者作为项目管理委员会成员，定期向他们汇报项目进展，取得了比较好的效果。此外，我们还要主动争取政府的项目资源，根据实际需求，精心设计既便于政府购买、又便于公众参与的人道服务项目，积极承接政府的购买服务，努力当好人道领域的政府助手。

六、加快推进信息化建设，为公信力提升奠定坚实技术基础

信息化平台建设是提升红十字会管理的科学化、规范化水平，增强红十字社会公信力的内在要求。新修订的红十字会法明确要求，红十字会应当建立健全信息公开制度，规范信息发布，在统一的信息平台及时向社会公布捐赠款物的收入和使用情况，接受社会监督。总会改革方案，也提出运用先进的信息技术构建“互联网 + 红十字会”的工作新格局，强调要制定并完善红十字会信息公开标准，严格执行信息公开制度。不少地方红十字会都在这方面积累了宝贵经验。山东省红十字会把本省多个地市级红十字会的财务管理体系整合到一个信息平台上，效果非常好。贵州省红十字会依托贵州发展“大数据”，加快“一网一平台”建设，建立突出人道供给侧结构性改革的“博爱云”大数据综合服务平台。总会对信息化建设这项工作高度重视，专门成立了信息化领导小组，明确责任和分工，加强协调与沟通，加快推进信息化建设进度。我了解到，目前总会已与有关单位形成了详细的合作协议和技术方案，与中国工商银行、中国联通、紫光集团、用友软件公司签署了战略合作备忘录。今年年底以前，总会必须要完成信息化平台建设并投入运行。各地红十字会的信息化建设都要注重借鉴先进技术和经验，注重前瞻设计、优势互补、资源共享。要加强对信息化应用的培训，注重做好试点工作，通过总结推广典型经验，推动信息化系统的普及应用。

七、积极筹建红十字国际学院，大力促进红十字人才队伍建设

随着中国日益走近世界舞台的中央，我们迫切需要更多的国际化人才。对于中国红十字会而言，这既是巨大的挑战，也是前所未有的机遇。面对世界日益严峻的人道主义危机，我们需要思考如何建立国际人道主义救援新体系，研究如何通过红十字国际运动传播构建人类命运共同体的思想，如何促进“一带一路”建设中的“民心相通”。这就需要加强人道服务能力建设，培养国际化人才队伍，需要更多的多边、双边合作新载体和新平台。正是基于这样的考虑，我们决定在中国创办全球首个既培养人才又承担人道智库功能的新平台——红十字国际学院。该学院将专门致力于国际红十字运动的人才培养、理论研究、文化传播、学术交流，同时也将填补全球红十字运动缺乏专业性人才培养和专门研究机构的空白。目前，总会正计划与苏州大学合作，共同筹备建设红十字国际学院，得到江苏省和苏州市政府及红会的积极响应。为做好这项工作，总会已成立了筹建工作委员会与专家委员会，对学院的办学方向、办学模式、专业设置、学生培养等方面正在进行研究论证，待完成可行性报告并形成方案后将报送国家有关部门和国务院批准。红十字基金会的同志正在积极开展筹资动员并吸纳社会力量参与。希望这项工作能够得到教育部、卫健委等有关部委的大力支持，也希望各位理事都能献计献策，积极参与，推动红十字国际学院早日设立。

借此机会，我也想告诉大家，我们一直在与红十字国际委员会、国际联合会沟通，并且现在已经达成共识，将分批选派优秀骨干到红十字国际组织总部或地区办事处去工作、去学习，组织更多的红十字医疗队和其他志愿者队伍前往那些人道需求迫切的国家、地区开展人道服务工作，希望各地红十字会都能积极选拔推荐优秀人才加入其中。

各位理事，同志们，中国特色社会主义进入新时代，我国红十字事业正站在新的历史起点上，每一位红十字人都要不忘初心、牢记使命，以深厚的人道情怀投身事业，以干练的工作本领抓住机遇、迎接挑战。我们要更加紧密地团结在以习近平同志为核心的党中央周围，一步一个脚印，求真务实，真抓实干，在破解难题中开拓红十字事业发展新局面，为决胜全面建成小康社会、夺取新时代中国特色社会主义伟大胜利、实现中华民族伟大复兴的中国梦作出新的更大贡献！

在中国红十字会总会改革工作动员大会上的讲话

梁惠玲

（2018 年 11 月 9 日）

国务院办公厅印发了中国红十字会总会改革方案，抓好改革方案的贯彻落实是红十字会当前一个时期重中之重的工作任务。总会党组召开专题会议对贯彻落实改革方案、深化总会改革进行了研究部署，制定了贯彻落实的重点任务分工方案和主要工作安排。今天我们召开总会机关大会进行动员部署，就是要进一步提高政治站位、统一思想认识、凝聚改革共识、采取有力措施，务实高效地推动改革方案各项举措落地生效，确保按时全面完成各项改革任务，为推进红十字事业持续健康发展注入强大动力。根据总会党组研究意见，就贯彻落实改革方案、深化总会改革讲三点意见。

一、提高政治站位，统一思想认识，切实增强推进总会改革的紧迫感和主动性。

改革是当代中国发展的根本动力，是大势所趋、人心所向。党的十八大以来，以习近平同志为核心的党中央坚定不移推进全面深化改革，为党和国家事业实现历史性变革提供了重要体制机制保障。党的群团工作是党的一项十分重要的工作，群团改革是全面深化改革的重要任务。作为党领导下的群团组织，我们要深刻认识红十字会改革的重大意义，把推进红十字会改革纳入党和国家全面深化改革的大局，以高度的责任感、使命感全力推进改革，以改革破解发展难题，用改革促进健康发展。

（一）推进总会改革是落实党中央关于群团改革决策部署的重大政治任务。以习近平同志为核心的党中央对群团工作和群团改革高度重视。党中央召开群团工作会议，制定下发了关于加强和改进党的群团工作的意见，对群团改革工作进行全面部署。习近平总书记对群团改革工作作出重要指示，从全局和战略高度，深刻阐明推进群团改革的重大意义、目标任务和基本要求，为做好群团改革工作指明了方向，提供了重要遵循。党的十九大围绕党和国家事业发展新要求，对全面深化改革提出了新任务。党的十九届三中全会对群团改革进行了新部署。我们要坚决贯彻落实党中央的决策部署和习近平总书记的重要指示精神，切实担负起推进总会改革这一重大政治责任，落实好这一重大政治任务，牢牢把握改革的正确方向，始终坚持党的领导，坚决贯彻党的意志和主张，坚持走中国特色社会主义群团发展道路，牢固树立“四个意识”，坚定“四个自信”，始终在思想上政治上行动上同以习近平同志为核心的党中央保持高度一致，直面突出问题，采取有力举措，敢于攻坚克难，通过改革克服机关化、行政化、贵族化、娱乐化现象，切实保持和增强红十字会的政治性、先进性、群众性，充分发挥好红十字会作为党和政府在人道领域联系群众的桥梁纽带作用。

（二）推进总会改革是促进红十字事业发展的重大机遇。红十字事业是一项崇高的事业。党中央高度重视、关心、支持红十字事业发展。习近平总书记在会见红十字国际委员会主席莫雷尔时强调，红十字不仅是一种精神，更是一面旗帜，跨越国界、种族、信仰，引领着世界范围内的人道主义运动。习近平总书记在接见中国红十字会“十大”代表时提出，“希望中国红十字会适应新形势新任务，紧紧围绕党和国家中心任务，增强责任意识，推进改革创新，加强自身建设，开展人道救助，真心关爱群众，努力为国奉献、为民造福”，习近平总书记的重要指示为红十字事业改革发展指明了方向。近年来，中国红十字会在重大灾害救援、保护生命健康、促进人类和平进步等方面做了大量工作，做了很多好事、善事，在围绕中心、服务大局中发挥了特殊作用，作出了积极贡献。但我们也要清醒地看到，红十字事业发展还面临许多亟待解决的问题。比如一定程度上存在行政化机关化倾向，不能真正贴近基层；职责定位不清，职能存在交叉重叠；治理结构不够完善，自身建设需要加强；还有一些干部群众反映比较强烈的问题。不解决这些问题，就会严重制约红十字事业健康可持续发展。我们只有抢抓机遇、迎难而上，通过深化改革，探索完善高效、透明、规范的体制机制，切实解决制约和影响红十字事业发展全局的重点难点问题，不断提升履职尽责的能力和水平，才能跟上时代步伐，不断开创红十字事业发展新局面，更好地服务党和国家工作大局。

（三）推进总会改革是对红十字会发展能力的重大考验。党的十九大站在历史和时代的高度，作出了中国特色社会主义进入新时代的重大政治判断，明确了党和国家事业发展所处的历史方位和时代坐标，开启了坚持和发展中国特色社会主义的新征程。我国社会主要矛盾已经转化为人民日益增长的美好生活需要和不平衡不充分的发展之间的矛盾，人道服务的需求和方式也势必会发生转变。随着我国国际地位的不断提升，世界对我国在国际事务中发挥更大作用也有了更高期望，推动构建人类命运共同体为红十字会发挥作用提供了更宽的领域，对红十字会的实力、能力、活力都提出了新的更高要求，使红十字事业发展面临新的挑战。历史是进步的台阶，在长期的历史发展过程中，红十字会形成了许多优良传统和作风，我们既要在继承中发展，更要与时俱进、开拓创新，树立以人民为中心的发展思想，通过深化改革，主动自觉地转职能、转方式、转作风，着力改进治理结构，优化机构设置，改革组织人事制度，增强创新活力，提高创新能力，提升人道服务水平，不断增强红十字会的影响力、公信力和凝聚力。

二、牢牢把握总体要求，着力解决突出问题，以扎实有效的举措推动总会改革取得实效。

国务院办公厅印发的改革方案，明确了总会改革的指导思想、基本原则、主要目标和举措，给总会改革指明了方向，确定了重点，我们要认真学习，深刻领会，采取有力举措，确保各项改革任务的落实。

一是要明确总体要求，坚持改革的正确方向。推进总会改革要全面贯彻党的十九大和十九届二中、三中全会精神，坚持以习近平新时代中国特色社会主义思想为指导，牢固树立“四个意识”，坚决维护习近平总书记核心地位、坚决维护党中央权威和集中统一领导，认真落实党中央、国务院决策部署，统筹推进“五位一体”总体布局和协调推进“四个全面”战略布局，以保持和增强政治性、先进性、群众性为目标，坚定不移走中国特色社会主义群团发展道路，培育和践行社会主义核心价值观，弘扬

“人道、博爱、奉献”的红十字精神，推进改革创新，加强自身建设，真心关爱群众，着力提高服务能力和水平，促进红十字事业持续健康发展。在推进改革过程中，要坚持党的领导，坚定正确方向；坚持依法治会，依法履行职责；坚持人道宗旨，服务困难群众；坚持改革创新，推动健康发展；坚持问题导向，加强自身建设。要通过改革保持和增强总会政治性、先进性、群众性，克服机关化、行政化、贵族化、娱乐化现象，积极推进总会治理结构、人事制度、运行机制和工作方式等方面的改革创新，带动各级红十字会建设理想信念坚定、联系群众紧密、作风扎实过硬、组织体系健全、运行机制科学、更加公开透明、更具公信力的红十字组织，成为促进社会和谐进步的重要力量和精神文明建设的生力军，成为开展民间外交、促进民心相通的重要渠道。

二是要坚持问题导向，以重点突破实现改革的总体推进。全面推进总会改革，首先是要深刻了解掌握总会改革方案和重点任务分工方案的内容。要组织全体干部职工认真学习改革方案，通过印发通知、召开动员部署会、进行专题讲解、召开座谈会、加强调研指导、拓展宣传渠道等多种方式，大力宣传红十字会改革的重大意义、重要内容，让广大干部职工知道为什么改、改什么、怎么改？营造全系统关心支持红十字会改革的浓厚氛围，增强参与改革的积极性主动性创造性。总会改革方案涉及 7 个方面 18 项改革措施，重点是改进治理结构，优化机构设置；改革组织人事制度，密切机关干部与群众的联系；加强基层组织和阵地建设，动员社会力量广泛参与；加强公信力建设，提高人道服务能力；加强理论研究，大力开展宣传工作；参与国际红十字运动事务，加强交流合作。这些重点改革举措中，涉及许多关键性问题。比如职能不清的问题，这也是大家反映比较集中的问题，要通过改革进行调整、优化和加强，使资源得到优化配置，解决同一件事多个部门办、效率不高的问题。比如治理结构问题，要通过设立监事会、机构人事改革，探索有利于红十字事业发展的体制机制。比如工作作风问题，要通过转职能、转方式、转作风，着力克服机关化、行政化和形式主义、官僚主义现象。再比如信息化建设问题，现在群众都是在网上了解信息，习惯于使用网络，我们要通过改革打造网上红十字会工作平台，形成网上网下互动共建，开展志愿服务，夯实基层基础，进一步扩大服务覆盖面，更好地联系服务群众。我们要围绕这些任务，聚焦重要领域和关键环节，破解重点难点问题，以重点突破带动改革的全面推进，有效增强红十字事业发展的动力和活力。

三是坚持高标准高质量，实化细化总会改革具体措施。要深入学习、深刻领会、全面把握党中央关于群团改革重要精神和习近平总书记关于群团改革的重要讲话精神，对标对表党中央关于群团改革的部署和要求，扎实推进总会各项改革任务，做到政治自觉、思想自觉、行动自觉，绝不能于己有利的就改革，于己不利的就不改革。要深入调查研究，坚持问题导向，研究制定务实管用的改革措施。行之有效的措施是在调查研究中得来的，要坚持开门搞改革，广泛听取全系统全社会各方面意见建议，认真研究改革推进中遇到的各种矛盾和问题，搞明白问题出在什么地方，分析产生问题的原因，拿出解决问题的办法和措施。要针对改革方案总体部署，研究制定落实总会改革任务的“施工图”，明确改革主要任务、具体措施、责任领导、责任单位和时限要求，突出针对性、操作性、时效性，确保改革举措可落实、可检查、可评估。要学习借鉴其他群团改革有益经验，工青妇等群团改革比我们开展得早，形成了许多行之有效的经验做法，我们要加强与其他群团的交流沟通，向他们学习取经，为红十字会改革提供有益的借鉴。要敢于动真碰硬，刀刃向内、自我革命，绝不能讳疾忌医，要找准短板，正视问题，不回避、不遮掩，牵住“牛鼻子”，围绕厘清部门职责、完善体制机制、加强作风建设、提升红十字会公信力等重点难点问题，落实落细改革举措，确保每一项措施都内涵清晰、指向明确、解决问题。要健全工作责任制，对每一项改革举措都要分解到位、落实到岗、量化到人，层层肩负责任，层层传导压力，凡事有人管、有人盯、有人促、有人干，以环环相扣、科学合理、行之有效的工作责任制促落实、保成效，形成一级抓一级、层层抓落实的工作局面。

三、加强组织领导，强化责任担当，确保总会改革有力有序有效推进。

加强组织领导对于抓好改革任务落实至关重要。全会上下要凝心聚力、攻坚克难，坚持全会一盘棋，科学统筹，狠抓落实，用更大的力度、更实的举措推进各项改革，力争在明年6月底前完成绝大部分改革任务，确保在3年改革期内向党中央国务院交上一份满意的答卷。

一是要切实加强组织领导。推进总会改革是一项复杂的系统工程，要保障各项改革任务落到实处，关键在于强化组织领导。要建立总会改革的组织领导机制，在总会党组领导下，成立总会深化改革工作领导小组，下设办公室。形成党组领导、深化改革领导小组统筹抓总、改革办具体协调负责、各部室各单位分别牵头负责、协同落实的工作格局，凝聚推进总会改革的强大合力。党组履行贯彻落实总会改革方案、深化总会改革的主体责任。改革领导小组要对重大改革事项进行决策、统筹和协调，督促检查总会各项工作贯彻落实，确保领导到位、组织到位、协调到位、指导到位、落实到位。改革办要加强协调、加强调度、加强督办，大胆工作，做到协调有力、督办有力、落实有力。各部门各单位要承担直接责任，根据总体部署和要求扎实推进本部门本单位具体改革任务落实。要落实好各级领导的领导责任，我作为党组书记和总会深化改革领导小组组长，是推进总会改革的第一责任人。各分管领导是各分管工作领域深化改革的主要责任人，都要切实负起责任，对承担的改革任务要亲自研究部署、亲自协调推进、亲自检查督办。各部门各单位一把手是推进本部门本单位改革任务落实的直接责任人，要履行好一岗双责，要本着对事业、对历史负责的态度，抓好各项改革任务的落实工作。

二是要真抓实干、狠抓落实。一分部署，九分落实。要务实重行。务实就是要讲实绩、看实效，要落实落细，具体措施要务实管用。重行就是要切忌空谈，不能说一套干一套、唱功好做工差，要防止大而化之、马而虎之。要雷厉风行。大力倡导马上就办、办就办好，切实提高工作效率。拖拖拉拉、慢慢腾腾，低标准、低效率是改革必须解决的问题，我们要以转作风、转方式的新风尚、新成效确保各项改革措施落地。要只争朝夕。推进总会改革关键在抓落实，抓而不紧，等于不抓，要以钉钉子精神抓好改革举措落地，扭住关键，敢啃“硬骨头”，盯紧抓，跟踪抓，不落实不松手，不达目的不罢休。要做到挂图作战、销号管理。健全改革台账，把总会深化改革的重点任务逐项登记，纳入改革任务总台账，对账盘点，既注重细化方案出台，更注重方案实施，实行动态管理、压茬推进，积小胜为大胜。要久久为功，遵循改革规律和红十字事业特点，建立全过程、高效率、可核查的改革落实机制，明确责任分工，坚持一抓到底，干一件成一件，否则半途而废危害更大。对改革需要解决的问题要进行分类，明确哪些是有条件马上可以解决的，哪些是需要创造条件争取解决的，哪些是需要建立机制长期落实的。必须坚持不懈抓落实，决不能制定了方案、印发了文件，就算了事。要统筹推进改革工作和年度工作任务，做到两手抓、两促进，以改革促进年度工作开展，用年度工作进展检验改革的精神状态和实际成效。

三是要加强监督检查。要加强对推进改革工作的统筹部署、协调落实、整体推进，不能相互掣肘。总会改革办要及时掌握改革工作的动态进展，加强调度，实现全会改革一盘棋。各部门各单位要建立周报制度，明确专人负责对改革进展情况进行梳理总结，每周向总会改革办及时报告。总会改革办及时汇总情况，印发每周情况通报。总会改革办要建立月报制度，以简报等形式及时向领导小组汇报每月改革工作进展情况。要及时研究、发现改革中存在的困难问题，加强政策指导，推动改革措施及时落地。要加强督办落实机制，对改革落实情况进行督办，及时跟踪检查，对存在的问题及时整改纠正，对需要调整完善的方案及时研究明确，做到改革推进到哪里、督办就跟进到哪里。要尊重基层首创精神，鼓励基层改革创新，及时发现和总结推广基层创新举措和鲜活经验，坚持典型引路，努力使改革实践成果上升为制度成果，为深化红十字系统改革提供参考借鉴。要建立约束机制，对抓落实不力、严重影响改革方案实施效果的单位和个人要通报批评、督促纠正。要健全干部考核评价机制，在深化改革过程中，要看表态、看行动，更要看成效，把改革推进落实情况纳入干部考核评价体系，作为干部选拔使用、年度考核的重要依据，对埋头苦干、狠抓落实的干部进行褒奖，对弄虚作假、推进不力的干部进行批评，营造崇尚实干、力戒空谈的良好工作氛围。

四是要强化责任担当。推进总会改革，各级领导干部要敢于担当，勇于负责，主动作为，心往一处想，劲往一处使，抓好各项改革举措落地。要树立大局意识，改革没有局外人、没有旁观者，广大干部职工要积极参与总会改革工作，胸怀全局，正确处理个人利益和集体利益、个人意愿和组织需要的关系，自觉跳出个人利益、部门利益的“小天地”。要树立机遇意识，深刻认识到改革是影响红十字事业发展的关键一招，只有抓住机遇，以更大的决心、更大的力度抓好改革落实，才能进一步创造有利于红十字事业发展的体制机制。要增强进取意识，以当仁不让、舍我其谁的勇气，敢于涉险滩、啃硬骨头，敢于触及矛盾、动真碰硬。改革总是要触动利益，要及时了解和掌握干部职工的思想状况，有针对性地做好思想政治工作，确保干部职工思想稳定、工作秩序稳定。

同志们，改革的目标任务已经明确，

关键在于抓好落实。让我们紧密团结在以习近平同志为核心的党中央周围，以习近平新时代中国特色社会主义思想为指导，进一步解放思想，锐意进取，扎实苦干，全面推进总会各项改革工作，以改革的新突破推动红十字事业发展的新跨越，为实现“两个一百年”奋斗目标、实现中华民族伟大复兴中国梦作出新的更大贡献。

在全国红十字系统改革推进会上的讲话

陈 竺

（2018 年 12 月 17 日）

今天，我们在这里召开全国红十字系统改革推进会，主要任务是以习近平新时代中国特色社会主义思想为指导，认真贯彻落实国务院办公厅印发的《中国红十字会总会改革方案》，进一步提高政治站位，统一思想认识，凝聚改革共识，采取有力举措，全面推进红十字会改革，为红十字事业持续健康发展奠定坚实基础。

这次会议召开的时机非常好。今年是改革开放 40 周年。明天，中共中央、国务院将召开大会，隆重庆祝改革开放 40 周年，回顾改革开放 40 年的光辉历程，深刻总结改革开放的伟大成就和宝贵经验，宣示改革开放再出发。中国红十字会过去 40 年的历史，也是一部改革开放的历史。1993 年，全国人大常委会审议通过了红十字会法，去年又进行了修订。1999 年，中国红十字会总会由“卫生部代管”改为国务院领导联系。2012 年，国务院印发了《关于促进红十字事业发展的意见》。今年，国务院办公厅印发了《中国红十字会总会改革方案》。40 年来，中国红十字事业不断改革创新发展，各级红十字会成为党和政府在人道领域的助手和联系群众的桥梁纽带。我们召开这次会议，就是要宣示中国红十字会改革再出发。

中国红十字会第十次全国会员代表大会以来，总会党组高度重视红十字会改革工作，认真贯彻落实中央党的群团工作会议精神，强化党组对红十字会改革工作的领导，就改革方案出台做了大量前期工作，在监事会设立等重要改革方面取得了阶段性进展。今年 10 月党组主要负责同志调整以来，梁惠玲书记带领总会党组，按照中央的决策部署，大力推进红十字会改革工作：迅速召开动员大会，对全面深化总会改革进行部署；坚持问题导向，深入基层一线，开展调查研究，广泛听取意见建议；召开务虚会，就如何解决影响红十字事业发展的重点难点问题、推进红十字事业持续健康发展开展大讨论，充分体现了对改革工作的高度重视，体现了求真务实的工作作风，全会上下呈现出浓厚的改革氛围。

日前，国务院办公厅印发的总会改革方案已经印发给各地。各地红十字会认真学习贯彻落实文件精神，正在结合自身实际积极推进改革。因此，本次全国红十字系统的改革推进会非常及时，对于各地推进改革具有重要的指导意义。下面，我就做好红十字会改革工作讲三点意见。

一、充分认识红十字会改革的重大意义

习近平总书记指出，改革开放是决定当代中国命运的关键抉择，是当代中国发展进步的活力之源，是党和人民事业大踏

步赶上时代的重要法宝，是坚持和发展中国特色社会主义、实现中华民族伟大复兴的必由之路。红十字运动发展的生动实践表明，中国红十字事业的不断发展必须坚定不移地推进改革。进入新时代，红十字事业面临新的形势和任务，面临新的挑战和机遇，人民群众对人道服务提出了新的更高要求，迫切需要我们持续深化改革，用改革的办法履行好职责，用改革解决影响红十字事业发展的问题，用改革推动红十字工作不断迈上新台阶。

（一）推进红十字会改革是贯彻落实中央群团改革重大决策部署的重要举措。党的群团工作是党治国理政的一项经常性、基础性工作，是党组织动员广大人民群众为完成党的中心任务而奋斗的重要法宝。以习近平同志为核心的党中央高度重视群团工作，印发了《关于加强和改进党的群团工作的意见》，先后召开了群团工作会议和群团改革工作座谈会，对党的群团工作和群团改革作出了全面部署。党的十九大围绕党和国家事业发展新要求，对全面深化改革提出了新任务，党的十九届三中全会对群团组织改革提出了新的要求。习近平总书记多次就群团工作和群团改革作出重要指示，为做好群团改革工作指明了方向，提供了根本遵循。红十字会改革是群团改革重要组成部分，是全面深化改革的重要任务。我们必须站在贯彻落实习近平总书记重要指示精神的高度，站在贯彻落实党中央国务院决策部署的高度，扎实做好红十字会改革工作。

（二）推进红十字会改革是时代和形势发展的必然要求。党的十九大作出了“中国特色社会主义进入了新时代”的重大政治论断。新时代对红十字工作提出了新任务、新要求。红十字工作面临新情况、新问题、新考验、新挑战。我国社会主要矛盾已经转化为人民日益增长的美好生活需要和不平衡不充分的发展之间的矛盾，人道服务的需求和服务的方式势必会发生相应改变。随着综合国力的提升，我国在全球治理中的作用日益凸显，构建人类命运共同体的进一步推进，对中国红十字会参与国际红十字运动和进行民间外交的能力提出了新要求。科学技术的进步，移动互联网时代和智能社会的到来，使人民群众的社会生活方式发生深刻变化，对红十字会的运行和服务方式提出了挑战。社会组织蓬勃发展，特别是公益慈善组织快速发展，人道公益事业形成了多元发展、日趋激烈的新格局，红十字会的人道服务工作面临新的压力。这些都需要我们通过深化改革，加快信息化建设步伐，大力提升红十字组织的公信力，不断提升履职尽责能力和水平。只有这样，才能迎接新的挑战，抓住新的发展机遇，跟上时代发展的新步伐，更好地服务党和国家工作大局，满足人民群众的人道需要。

（三）推进红十字会改革是红十字事业发展的内在需求。近年来，红十字会按照习近平总书记提出的“适应新形势新任务，紧紧围绕党和国家中心任务，增强责任意识，推进改革创新，加强自身建设，开展人道救助，真心关爱群众，努力为国奉献、为民造福”总要求，依法履行职责，积极开展重大灾害事故应对和人道救助，深化对外交流合作，开展对外人道援助，推进改革创新，积极投身“三大攻坚战”，尤其是精准脱贫工作，不断为事业发展注入新活力，各项工作取得了新进展，但也存在思想观念滞后，自我革命勇气不足，政治性、先进性、群众性有待增强等问题，存在职责定位不清晰、职能交叉重叠、治理结构不畅、组织体系分割、基层基础工作薄弱、社会动员能力不足、社会公信力不强等问题，严重制约了红十字事业的发展。解决这些问题，根本上是要靠深化改革，建立健全高效、透明、规范的体制机制，激发红十字会的组织活力，提升红十字会服务能力和水平，扩大红十字会的社会影响力，动员更多社会力量参与人道工作，促进红十字工作跨越式发展。

二、牢牢把握改革的总体要求，着力破解改革重点难点问题

国务院办公厅印发的改革方案，明确了总会改革的指导思想、基本原则、主要目标和举措，确定了改革重点和需要解决的问题，我们要认真学习，深刻领会，采取有力措施，确保各项改革任务的全面落实。

（一）要坚持正确的改革方向。深化红十字会改革，必须坚持正确政治方向，沿着正确道路推进。中国红十字会的改革，必须自觉接受并紧紧依靠党的领导，把政治建设放在首位。这是任何时候都不能动摇的。推进改革要全面贯彻党的十九大和十九届二中、三中全会精神，坚持以习近平新时代中国特色社会主义思想为指导，牢固树立“四个意识”，坚决维护习近平总书记核心地位、坚决维护党中央权威和集中统一领导，认真落实党中央、国务院决策部署，统筹推进“五位一体”总体布局和协调推进“四个全面”战略布局，以保持和增强政治性、先进性、群众性为目标，坚定不移走中国特色社会主义群团发展道路，培育和践行社会主义核心价值观，弘扬“人道、博爱、奉献”的红十字精神，推进改革创新，加强自身建设，真心关爱群众，着力提高服务能力和水平，促进红十字事业持续健康发展。

（二）要准确把握改革的基本要求。全面推进红十字会改革，要深入学习、深刻领会和认真贯彻习近平总书记关于全面深化改革的重要思想特别是关于群团改革的一系列重要论述，深入学习《中共中央关于加强和改进党的群团工作的意见》《深化党和国家机构改革方案》《中华人民共和国红十字会法》《中国红十字会总会改革方案》等重要文件和法律精神，真正把改革的各项要求落到实处。在推进改革过程中，必须始终坚持党的领导，坚定正确方向；坚持依法治会，依法履行职责；坚持人道宗旨，服务困难群众；坚持改革创新，推动健康发展；坚持问题导向，加强自身建设。要注重发挥领导干部“关键少数”的示范带头作用，通过改革保持和增强政治性、先进性、群众性，切实克服机关化、行政化、贵族化、娱乐化现象，通过改革不断提高人道服务能力和水平，充分发挥好党和政府在人道领域联系群众的桥梁纽带作用。

（三）要着力破解改革的重点难点问题。总会改革方案涉及7大方面18项改革举措，重点是改进治理结构，完善中国红十字会会员代表大会、理事会和常务理事会制度，增设监事会，优化内设机构设置；改革组织人事制度，探索有利于事业发展的干部专兼挂机制，密切基层和群众的联系；加强基层组织和阵地建设，动员社会力量广泛参与红十字运动，更广泛地联系和服务基层群众；加强公信力建设，提高人道服务能力；加强红十字理论研究，大力开展宣传工作；参与国际红十字运动事务，加强交流合作；加强党的领导，加大党委和政府对红十字工作的支持。我们要围绕这些重点和关键举措，破解影响红十字事业发展的重点、难点问题，结合各地实际推进改革，以转观念、转职能、转方式、转作风为突破口，有效增强红十字事业发展的动力和活力。

三、勇于攻坚克难，确保红十字会各项改革举措的落地生效

目前，总会和地方红十字会的改革正在全面推进中。红十字系统广大干部职工要把推进改革作为当前一个时期重中之重的政治任务，以强烈的责任担当和自我革新勇气，增强改革的信心和决心，采取实实在在的行动，下更大气力，全面推进改革，通过深化改革和创造性工作增强红十字组织的活力和影响力，把改革蓝图切实转化为生动的工作实践，不断开创红十字事业新局面。

（一）要抓好顶层设计。顶层设计是谋划改革的重要方法。深化红十字会改革是一项复杂的系统工程，需要加强整体谋划，制定切合实际、管用、可操作的改革方案。总会改革方案下发后，总会制定印发了《贯彻落实〈中国红十字会总会改革方案〉重点任务分工方案》，明确了改革事项、责任领导、责任单位和完成时间，确立了路线图和时间表。下一步要着力做好改革举措的细化工作。绝大多数省级红十字会正在研究制定改革方案。制定改革方案时，改革的指导思想、总体目标和要求，要符合中央和总会改革方案的精神。红十字会法和总会改革方案提出明确要求的事项在改革中不能少、不能漏。要善于借用“外脑”，学习借鉴其他群团组织和已出台改革方案的兄弟红十字会的经验。鉴于各地发展状况的差异，红十字工作的基础、历史和现实情况的差别，省级红十字会制定改革方案，要符合当地实际，体现地方特点，不能搞“一刀切”。要坚持解放思想和实事求是相统一，探索建立符合当地实际、体现红十字会特色的工作模式。

（二）要树立鲜明的问题导向。习近平总书记指出，要“加强领导，科学统筹，狠抓落实，把改革重点放到解决实际问题上来”。抓改革，从来都是为了解决现实问题。解决问题的前提是发现问题，把存在的突出问题搞准。找准问题主要靠调查研究。前段时间，惠玲书记和总会其他党组成员，分别组成调研组，赴多地开展调研，重点了解地方红十字会贯彻落实总会改革方案、推进红十字会改革创新发展中好的经验和做法，听取有关意见和建议。总会还专门召开了务虚会，查找红十字事业发展过程中存在的问题，听取改进的意见建议。这种做法，本身就是克服机关化的重要途径，也是转变工作作风的重要体现。经验来自基层，智慧来自群众。地方红十字会也要下沉一线、深入基层，问计于群众，问计于基层。要对发现的问题进行分类，既要统筹兼顾，也要突出重点。是谁的问题就由谁来解决，能解决的马上解决，能办的马上办，对那些事关战略全局、事关长远发展的重要问题，要科学统筹、优先解决，切实提高改革的效能。

（三）要积极争取党委政府的支持。2015 年 5 月，习近平总书记在会见中国红十字会第十次全国会员代表大会代表时要求，各级党委和政府要加强对红十字工作的领导和支持，热情帮助解决红十字事业发展中遇到的困难和问题。《关于加强和改进党的群团工作的意见》规定，各级党委要加强对群团工作的政治领导、思想领导、组织领导；要研究决定群团工作重大问题；应注意听取上级群团组织意见，加强沟通协调，形成工作合力；要加强群团组织领导班子和干部队伍建设等。红十字会改革不能局限于红十字会内部，不能“关门”搞改革，需要党委政府和有关部门的大力支持，改革方案需报党委政府同意。涉及红十字会改革中的改进治理结构、优化机构设置、改进人事制度等重大改革事项，离不开各级党委政府和有关部门的有力支持。各级红十字会要主动作为，把红十字会改革融入改革发展大局，在当地党委政府的领导下开展红十字会改革工作，把红十字会改革纳入群团改革总体部署，及时跟进，主动对接，遇到重大事项要及时向当地党委政府请示报告，特别重大事项要及时向总会报告。

（四）要加强上下联动。红十字会的改革是一项系统性工程，总会和地方红十字会改革是红十字会改革有机组成部分。红十字系统要牢固树立改革“一盘棋”的思想，凝心聚力，形成合力，确保改革任务的如期完成。总会要切实加强对地方红十字会改革的指导，要就地方红十字会的改革方案提出完善的意见建议，协调地方党委政府帮助解决有关问题。地方红十字会要利用离基层近、贴近群众、遇到的问题和突出矛盾多等特点，为总会推进改革提供鲜活素材。有的地方红十字会改革已先行一步，如一些地方红十字会依法设立了监事会，这些经验要很好地进行总结，并加以推广。地方红十字会之间，要相互学习，加强交流，相互取长补短。要按照习近平总书记指出的“要注意边实践、边总结，把好经验运用好”要求，总结规律，用好的经验完善改革，提高改革的成效。

（五）要狠抓落实。全面深化红十字会改革，关键在落实。习近平总书记指出，“制定出一个好文件，只是万里长征走完了第一步，关键还在于落实文件”，“一分部署，九分落实”。各级红十字会要以钉钉子精神，锲而不舍抓好各项改革举措的落实。各级领导干部要走在改革的前头，做出表率，把抓改革作为重要政治责任，敢于担当，主动作为，亲自抓好改革的部署、改革方案的制定、改革关键环节的协调、改革举措的执行。红十字系统广大干部职工要牢固树立大局意识，深刻认识改革事关红十字事业发展全局，上下同心，全员参与，积极支持改革、投身改革，执行好相关改革举措和任务。要将对改革的态度、参与程度、取得的实效，作为检验识别干部的重要标准，在红十字系统形成崇尚改革、真抓实干的浓厚氛围。要完善激励机制，建议明后两年总会对在改革工作中表现突出的集体和个人予以表扬。要对标对表，认真做好红十字事业“十三五”规划实施的中期评估工作，确保规划目标如期完成。

全面深化红十字会改革是一场攻坚战，是对红十字会能力的一次重大考验，也是中国特色红十字事业创新发展的重大机遇。机不可失，失不再来。红十字系统广大干部职工要进一步解放思想，更新观念，坚持问题导向，强化忧患意识，增强自我革新的决心和勇气，增强改革的责任感、使命感，勇于直面矛盾，善于解决问题，持续深化红十字会改革，为推动红十字事业发展提供不竭动力，通过切实有效的人道服务工作让人民群众有更多获得感和满足感，为实现“两个一百年”奋斗目标，实现中华民族伟大复兴中国梦作出新的更大的贡献。

坚决贯彻落实中央决策部署 全面推进红十字会深化改革

梁惠玲

（2018 年 12 月 17 日）

全国红十字系统改革推进会是对我国红十字事业发展具有十分重要意义的一次会议。国务院办公厅印发的《中国红十字会总会改革方案》，对推进红十字会深化改革作出全面部署、提出明确要求，抓好改革方案的贯彻落实是全国红十字系统当前和今后一个时期重中之重的工作。我们召开这次会议，就是要以习近平新时代中国特色社会主义思想为指导，进一步提高政治站位、统一思想认识、凝聚改革共识，采取有力举措，务实高效地推动改革措施落地生效，确保全面完成改革任务，为推进红十字事业持续健康发展注入新的生机和活力。今天上午，陈竺会长的重要讲话深刻阐述了全面深化红十字会改革的重要意义，对推进改革提出了明确要求，我们要认真贯彻落实。下面，我就全面推进红十字会深化改革、扎实抓好改革任务落实强调几点意见：

一、增强责任感、使命感，切实担负起全面推进红十字会深化改革的重大政治责任

改革是当代中国发展的根本动力，是大势所趋、人心所向。党的十八大以来，以习近平同志为核心的党中央坚定不移推进全面深化改革，为党和国家事业实现历史性变革提供了重要体制机制保障。群团改革是全面深化改革的重要任务。作为党领导下的群团组织，我们要深刻认识红十字会改革的重大意义，自觉在党和国家全面深化改革的大局中谋划改革，以改革破解难题，推进红十字事业持续健康发展，更好地发挥党和政府在人道领域的助手和联系群众的桥梁纽带作用。

（一）推进红十字会改革是落实党中央关于群团改革决策部署的重大政治任务。以习近平同志为核心的党中央对群团工作和群团改革高度重视。党中央下发了关于加强和改进党的群团工作的意见，召开了群团工作会议，对群团改革工作进行全面部署。习近平总书记在会议上发表重要讲话，从全局和战略高度，深刻阐明推进群团改革的重大意义、目标任务和基本要求，为做好群团改革工作指明了方向，提供了重要遵循。党的十九大围绕党和国家事业发展新要求，对全面深化改革提出了新任务。党的十九届三中全会对群团改革进行了新部署。我们要深入贯彻落实习近平总书记在中央党的群团工作会议上的重要讲话精神，按照中央关于全面深化改革的总体部署、加强和改进党的群团工作的意见要求，坚决贯彻落实《中国红十字会总会改革方案》，全面推进红十字会改革创新，始终在思想上政治上行动上同以习近平同志为核心的党中央保持高度一致，雷厉风行、真抓实干、履职尽责，以高度的思想自觉和行动自觉，切实担负起全面推进改革的政治责任和政治任务。

（二）推进红十字会改革是促进红十字事业发展的重大历史机遇。红十字事业是一项崇高的事业，党中央高度重视、关心、支持红十字事业发展。习近平总书记在会见红十字国际委员会主席莫雷尔时强调，红十字不仅是一种精神，更是一面旗帜，跨越国界、种族、信仰，引领着世界范围内的人道主义运动。习近平总书记在接见中国红十字会“十大”代表时提出，“希望中国红十字会适应新形势新任务，紧紧围绕党和国家中心任务，增强责任意识，推进改革创新，加强自身建设，开展人道救助，真心关爱群众，努力为国奉献、为民造福”。总书记的重要指示为红十字事业改革发展指明了方向。近年来，中国红十字会在重大灾害救援、保护生命健康、促进人类和平进步等方面做了大量工作，在围绕中心、服务大局中发挥了特殊作用，作出了积极贡献。但我们也要清醒地看到，红十字事业发展还面临许多亟待解决的问题。比如，存在行政化、机关化倾向，不能真正贴近基层、贴近群众；基层基础薄弱，体制机制不顺，治理结构有待完善；公信力、凝聚力不强，人道资源动员能力和人道服务能力亟待提升，等等。这些问题严重制约红十字事业发展，必须通过改革切实加以解决，不改革就没有出路。我们必须抢抓改革重大机遇，以改革创新为动力，迎难而上、攻坚克难、锐意进取，切实解决影响红十字事业发展的重点难点问题，增强红十字会的活力、实力、公信力和凝聚力，奋力开创红十字事业发展新局面。

（三）推进红十字会改革是对红十字会组织和广大干部的重大政治考验。全面推进红十字会深化改革，以解决问题倒逼落实改革，没有退路，任务重、要求高，这是对各级红十字会组织和广大干部政治素质、能力作风、工作水平的重大考验，是衡量我们是否牢固树立“四个意识”、坚决落实“两个维护”的重要标尺，是检验各级红十字会党组发挥领导核心作用是否坚强有力的试金石。从前一段工作情况来看，落实改革任务还存在一些不容忽视的问题。比如，有的认识不到位，认为“四化”问题在红十字会表现不突出，缺乏改革的紧迫感和主动性；有的学习研究不够，抓不住重点、扭不住关键，缺乏清晰的思路和管用的举措；有的不敢啃硬骨头，避重就轻，碰到实质问题绕着走，等等。对这些问题，我们务必高度重视，切实加以解决。我们要深刻把握深化红十字会改革的重要性、必要性和紧迫性，化任务为担当、变压力为动力，既要雷厉风行、精心谋划、立行立改，全力推进改革取得良好开局，又要蹄疾步稳、统筹安排、久久为功，有力有序推动改革深入开展，努力向党和人民交出一份满意答卷。

二、坚持党的领导，坚定红十字会改革正确方向

中国特色社会主义最本质的特征是中国共产党的领导，中国特色社会主义制度的最大优势是中国共产党的领导。毫不动摇地坚持党对红十字会的领导，坚定不移走中国特色社会主义群团发展道路，把保持和增强政治性、先进性、群众性作为主线贯穿改革全过程，这是红十字会改革必须牢牢把握、始终坚持的正确方向。

（一）必须自觉坚持并紧紧依靠党的领导。坚持党的领导是全面深化红十字会改革第一位的要求，无论改什么，怎么改，红十字会都要始终将自己置于党的领导下，在思想上政治上行动上同以习近平同志为核心的党中央保持高度一致，在这个问题上绝对不能有半点含糊。红十字会改革的成效如何，最重要的就是看党的领导是否得到切实加强，看党的理论和路线方针政策是否得到有效贯彻。要把党的政治建设摆在首位，切实增强政治觉悟、提升政治能力，坚决维护习近平总书记的核心地位、坚决维护党中央权威和集中统一领导，坚决贯彻落实党中央决策部署，把“四个意识”的要求落实到思想认识的提高上、落实到政治责任的增强上、落实到工作水平的提升上。要推动县级以上地方党委将红十字会党的建设纳入党建工作总体布局，推动建立党委政府加强红十字工作领导的制度机制，推动省级、市级和有条件的县级红十字会设立党组，充分发挥党组的领导核心作用。要切实加强红十字会党的建设，严守党的政治纪律和政治规矩，严格执行重大问题请示报告制度，对涉及红十字事业改革发展的重大问题，要及时主动向党委政府请示报告。要抓好领导班子和干部队伍建设，严格落实民主集中制，严肃党内政治生活，不断提高红十字会全面从严治党的水平，为红十字会改革创新提供坚强政治保障。

（二）坚定不移走中国特色社会主义群团发展道路。中国特色社会主义群团发展道路是中国特色社会主义道路在群团工作领域的具体展开，是群团组织与时俱进、发展壮大的必由之路。全面推进红十字会改革必须坚定不移走中国特色社会主义群团发展道路，做到自觉接受党的领导、团结服务所联系群众、依法依章程开展工作相统一。要自觉服从服务于党和国家工作大局。在大局中谋划发展，找准工作的结合点和着力点，把党和政府认可不认可、社会各界参与不参与、人民群众满意不满意作为评判红十字会工作水平的标准，展现新作为，做出新贡献。要树立以人民为中心的工作导向。坚持服务群众的工作生命线，广泛团结凝聚会员、志愿者和社会力量，面向最困难、最需要帮助、最易受损害群体开展人道服务，通过扎扎实实的工作传递党和政府的声音、汲取智慧力量、回应群众期盼。要依法依规开展工作。牢固树立法治观念，自觉运用法治思维和法治方式开展工作。坚持从严治会，加强内部管理，建立健全依法决策、依法执行、依法监督机制和工作制度体系，扎紧制度的笼子，实现红十字工作的制度化、规范化、程序化。

（三）坚持把保持和增强政治性、先进性、群众性贯穿改革全过程。保持和增强政治性、先进性、群众性是红十字会的改革目标。改革每向前一步，都要聚焦这一目标，看是不是真正落实了政治性要求，更好地承担起引导所联系群众听党话、跟党走的政治任务，把群众最广泛最紧密地团结在以习近平同志为核心的党中央周围，夯实党的执政基础；看是不是真正落实了先进性要求，能够更好地围绕中心、服务大局，广泛动员社会力量参与，发挥红十字会独特优势、独特作用，为国奉献、为民造福；看是不是真正落实了群众性要求，能够面向基层、贴近基层，真心关爱群众、真情融入群众、真诚服务群众。要紧紧围绕保持和增强“三性”这一主线，推进治理结构、人事制度、运行机制和工作方式等方面的改革创新，着力转职能、转方式、转作风，建设理想信念坚定、联系群众紧密、作风扎实过硬、组织体系健全、运行机制科学、更加公开透明、更具公信力的红十字组织。

三、着力破解改革重点难点问题，以重点突破实现改革的整体推进

改革是发展的动力，目的是革故鼎新、解决问题。必须朝着问题去，奔着问题改，以逢山开路、遇水搭桥的精神，勇于破除僵化陈旧的思想观念，敢于向长期形成的顽瘴痼疾开刀，善于探索建立务实高效的体制机制。我们要坚定改革信心，强化改革担当，以更大力度、更实举措推动各项改革任务的落实。

（一）要深入学习调研、精心谋划红十字会改革实施方案。要深入学习、深刻领会、全面把握习近平总书记关于群团工作和群团改革的重要讲话精神和中央关于群团改革的决策部署，准确把握红十字会改革的指导思想、根本原则、主要目标和改革举措，在学懂弄通做实上下功夫，真正做到学深悟透，内化于心、外化于行。要深入调查研究，坚持开门搞改革，坚持问题导向，紧紧围绕落实总会改革方案，聚焦群众反映最强烈的问题，找准制约事业发展最突出的矛盾，明确改革着力的重点难点。要认真总结工作中行之有效的经验做法并上升为制度机制，要广泛听取党委政府有关部门、各级红十字组织、会员和志愿者的意见建议，学习借鉴工青妇等其他群团改革的有益经验，充分集思广益、凝聚智慧、汇聚力量，研究制定切实可行、务实管用的改革措施。要敢于动真碰硬。坚持刀刃向内、自我革命，绝不能讳疾忌医。坚持强弱项、补短板，做到不回避、不遮掩，抓住关键点，牵住“牛鼻子”，紧紧围绕聚焦主责主业、完善体制机制、加强作风建设、提升公信力等重点难点问题，细化实化改革方案，落实落细改革措施，确保每一项措施都内涵清晰、指向明确、解决问题。

（二）要扩大组织和工作的有效覆盖，动员社会力量广泛参与。随着群众生活、就业日益多样化和新社会组织不断发展，红十字工作在基层有组织无阵地、有阵地无活动、有活动无影响，覆盖不到、覆盖不全的问题日益突显，基层服务功能和服务能力不能满足群众需求、跟不上时代要求。要创新组织设置，按照“五有”标准，在乡镇、街道、学校等积极发展红十字基层组织，加强能力建设，提升工作水平，更好地联系和服务群众，扩大组织有效覆盖。要着力增强基层阵地服务功能，使群众愿意来、经常来，把红十字基层阵地建设成为团结服务所联系群众的博爱家园和基层公共服务、社区治理、精神文明建设的重要平台。要动员社会各界广泛参与。创新体制机制和方式方法，改进会员、志愿者的管理服务，实现服务的制度化、规范化、信息化。通过开展特色活动、出台支持政策、进行有效宣传和激励，增强服务的针对性、可及性和实效性，动员更多的社会力量参与到红十字事业中来，不断夯实红十字事业发展的群众基础。

（三）要聚焦主责主业打造精品工程，彰显独特优势和独特作用。要聚焦核心业务，打造服务品牌。紧紧围绕中心，服务大局，积极开展以“三救”“三献”为主体的核心业务，紧盯群众所急、党政所需、自己所能，找准着力重点，握紧拳头、积聚力量、精准发力、持续用力，把重点工作做大做强做优，形成人道工作特色，彰显人道服务优势，充分发挥党和政府在人道领域的助手作用。要突出工作重点，抓出特色亮点。打造精品工程要善于抓重点、带一般、促全面，善于抓典型、求突破、以点带面，善于把重点工作抓出特色，形成亮点，扩大影响。打造工作特色亮点，必须充分发挥红十字会的平台作用，广泛凝聚社会资源，把全社会的爱心送到困难群众身边，必须扩大特色工作覆盖面，增强工作的有效性和影响力，把“盆景”变成“风景”。各级红十字会要结合本地实际，发挥自身优势，挖掘亮点品牌，开展具有本地特色的工作，将改革的成效转化为提高服务群众的能力和水平。

（四）要着力加强公信力建设，提高人道服务能力。公信力就是红十字会的生命力。加强公信力建设，既要做功好，又要唱功好。做功好就是要着力提高人道服务能力，精心精细精致地做好重点工作，提高工作质量和水平，打造工作特色和亮点，赢得社会赞誉。要提高决策的科学化水平，着力推进公开透明，大力提升人道资源动员能力，把“博爱家园”“救在身边”“爱心相髓”等项目打造成精品工程，提升美誉度和知晓率，靠办实事、做善事、干好事取信于民，通过实实在在的工作和服务增强吸引力、凝聚力、影响力。唱功好就是要牢牢把握舆论宣传主动权，讲好红十字故事，传播好红十字声音，弘扬正能量，引领新风尚。要强化宣传意识。既要敢于宣传，又要善于宣传，增强舆论宣传的传播力、影响力和公信力。要精心组织策划。充分利用各类媒体，大力宣传在红十字事业发展进程中涌现出来的感人事迹，精心策划新闻报道、主题宣传、专题宣传、典型宣传，严把宣传的政治关、内容关、程序关。要加强舆情处置机制建设。及时发现问题，针对有关舆情，迅速采取有效措施，把问题解决在萌芽状态、把风险化解在苗头之中。要把信息化建设摆在突出位置。建设“网上红十字会”，创新方式方法，善于运用新媒体，充分利用互联网和“两微一端”、微视频等，打造舆论宣传矩阵，推动互联网与红十字事业的全面深度融合，构建“互联网＋红十字会”的工作新格局。

（五）要创新体制机制和方式方法，探索建立高效规范的运行机制。要改进治理结构。依法设立监事会，形成理事会决策、执委会执行、监事会监督的治理结构。要以监督项目资金及其实施效果为重点，发挥监事会内部监督、贴身监督、及时监督、跟踪监督的作用，以监督强规范、提质效、防风险。要创新领导机关运行机制。厘清机关和直属单位、“民非”组织的职责定位，防止职责交叉、职能不清、叠床架屋，要充分发挥直属单位、“民非”组织的优势和作用，延伸工作手臂，延展组织链条，壮大工作力量。要努力打造枢纽型组织。创新基层组织设立模式，面向新经济组织、新社会组织发展红十字志愿服务组织，着力增强服务意识和服务能力。要积极向党委政府反映他们的诉求，主动为他们排忧解难，支持他们提升专业能力和水平，大力宣传他们中间的好人好事，尽力为他们提供实现价值的机会和平台，把他们团结成为红十字会开展人道服务的有生力量。要创新工作方式方法。着力提升组织协调能力，善于运用沟通协调、合作协同方式开展工作，建立红十字会与党政部门之间、上下级红十字会之间、红十字会机关与直属机构之间、红十字会与其他社会组织之间的合作机制，充分发挥机制作用，聚集强大的工作合力。

（六）转变思想观念，改进工作作风，不断增强深化改革、创新发展的动力和活力。思想是行动的先导。解放思想，更新观念，是改革创新的一大法宝，是破解难题的金钥匙。长期以来，广大红十字工作者热爱和忠诚红十字事业，依法履职、扎实工作、砥砺奋进，充分体现了红十字人博爱奉献的情怀、坚忍不拔的意志和无私无畏的品格。但是，也要清醒地认识到，面对新形势、新任务、新要求，我们的队伍还存在许多不适应、不符合甚至背道而驰的问题。比如，有的封闭运行、自我循环、自我欣赏，不能主动服务大局、融入大局，缺乏在大局中谋划工作、彰显作为的境界和追求；有的因循守旧、安于现状，进取意识不强，缺乏干事创业的动力和激情；有的畏难不前，怨天尤人、“等靠要”思想严重，缺乏攻坚克难的勇气和毅力；有的得过且过、标准不高、要求不严，缺乏争先创优、争创一流的精神状态和工作作风等等。深化改革创新，推进红十字事业持续健康发展，离不开一支政治素质高，业务能力强，思想解放，锐意进取、具有高度责任心的高素质干部队伍。我们要下决心转变观念理念，牢固树立在大局中谋划推动事业发展的观念，积极进取、主动作为、争做贡献。要牢固树立社会化、开放式、整合资源的观念理念，海纳百川、汇聚力量，将社会资源为我所用，把红十字工作推向社会。要牢固树立高标准、严要求、高质量发展的观念理念，着力提升人道服务能力和水平，争创一流业绩。要树立勇于改革创新，勇于开拓进取，勇于攻坚克难的观念理念，不断激发干事创业的激情。我们要务实重行，真抓实干，埋头苦干，切实提高能力、转变作风，展现改革的新气象、新成效。

四、切实加强组织领导，有力有序地抓好红十字会改革任务落实

全面推进红十字会改革的目标已经明确、蓝图已经绘就，关键在于抓落实。我们要以钉钉子精神抓好各项改革举措的落实，不达目的誓不罢休。

一是强化责任担当。要加强对改革工作的组织领导。建立深化红十字会改革的组织领导机制，各地要成立全面推进改革工作领导小组和工作专班。各级红十字会党组要切实担负起落实改革、推进改革的政治责任和领导责任，党组书记是抓好本地改革工作的第一责任人，要亲自抓、负总责，当好“施工队长”。要把改革放在更加突出的位置，把准方向、精心谋划、敢于担当，狠抓落实，主要领导要亲自研究部署、亲自协调推进、亲自检查督办，班子成员要分工负责，“一岗双责”，切实做到守土有责、履职尽责、担当负责，以求真务实高效的作风把改革推向深入。我作为总会党组书记是贯彻落实中央决策部署和总会改革方案的第一责任人，要亲力亲为、以上率下，抓好组织实施工作。

二是加强统筹协调。总会要加强对全国红十字系统深化改革的统筹协调、精心指导、督办落实，在推进改革措施落实上精准发力，持续用力，上下联动，统筹推进，做到全国一盘棋。各级红十字会党组要在抓好本级改革的同时，加强对下级红十字会改革的指导，一级带着一级干，一级做给一级看，确保改革工作有力有序有效推进。要增强改革的系统性、整体性、协同性，积极向党委政府汇报，争取重视和领导，主动与有关职能部门加强沟通协调，争取理解和支持，特别是对涉及人员、编制、资金等重点问题要反复协商、努力达成一致意见。要做好改革方案的沟通审核工作。各省（区、市）红十字会改革方案要及时报总会改革办初审，根据反馈意见进行完善，报经总会改革领导小组审核复函同意后，呈报当地党委政府研究审批。各省（区、市）红十字会改革方案的审批工作力争在明年3月底前完成。

各地要根据改革方案，抓紧制定重要改革举措分工方案，及时制定“施工图”，明确重点任务、具体措施、责任领导、责任单位、时限要求，把各项改革措施落细落实，确保三年内全面完成改革任务。

三是加强分类指导。落实改革任务，既要贯彻落实好中央决策部署和总会改革方案，又要因地制宜、因事制宜，从本地实际出发，充分调动和发挥好各地的积极性、主动性。要及时跟踪了解改革进展情况，掌握哪些已经落实、哪些还没有落实，哪些落实得比较好、哪些落实的还不到位，通过督查指导，抓两头带中间。要总结推广改革中好的经验做法，推动相互学习借鉴，形成整体推进的良好格局。

四是营造浓厚氛围。要制定改革宣传工作方案，组织新闻媒体加强红十字会改革宣传，全方位、多渠道，大张旗鼓地宣传红十字会改革，唱响改革主旋律，在全社会营造关心、支持、参与红十字会改革的浓厚氛围。要解读好改革方案，针对新闻媒体和社会公众对改革的关注点，通过答记者问、专题讲解、座谈会、现场观摩等方式进行深入的解读和宣传。要加强对改革组织实施和改革成效的宣传，及时宣传报道改革创新的先进典型，增强打好改革攻坚战的信心和决心。

实现红十字会改革的目标任务艰巨、责任重大、使命光荣。让我们紧密团结在以习近平同志为核心的党中央周围，以习近平新时代中国特色社会主义思想为指导，进一步解放思想，锐意进取，扎实苦干，全面推进红十字会深化改革，以改革的新突破推动红十字事业发展的新跨越，为实现“两个一百年”奋斗目标、实现中华民族伟大复兴中国梦作出新的更大贡献。

三

总 会 篇

[illegible]会点

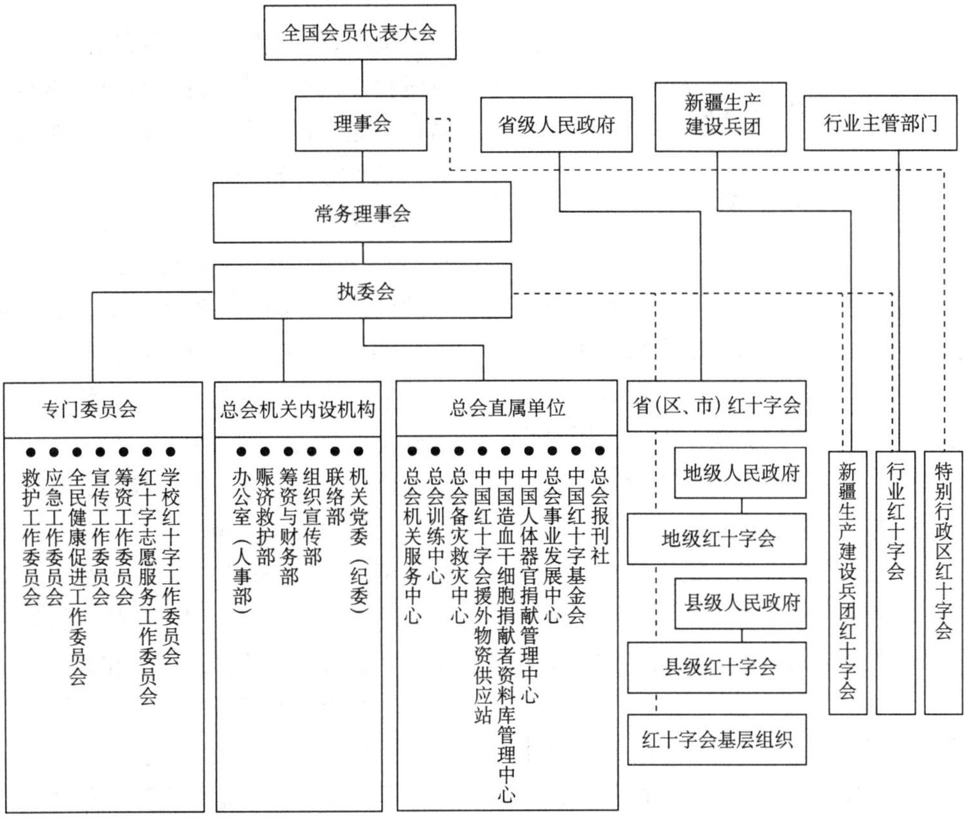

注：图中实线表示领导关系；虚线表示业务指导关系

中国红十字会结构图

中国红十字会总会机关及直属单位

总会机关

办公室

2018年，在总会党组的坚强领导下，总会办公室全体人员以习近平新时代中国特色社会主义思想为指导，深入贯彻落实党的十九大精神，切实履行党建、保密、国家安全等主体责任，认真做好综合协调、干部人事、政策法规、网络信息、离退休干部服务等工作，相关工作取得了一定进展。

（一）努力把深入学习贯彻习近平新时代中国特色社会主义思想贯穿到党建工作全过程

坚持用习近平新时代中国特色社会主义思想武装头脑，牢牢把握正确政治方向。一是把学习贯彻习近平新时代中国特色社会主义思想和党的十九大精神作为头等大事。制定《办公室党支部关于学习党的十九大精神计划》，组织党员积极参加贯彻落实党的十九大精神培训班，召开深入贯彻落实党的十九大精神学习研讨专题会议，切实在学懂、弄通、做实上下功夫，促进和推动习近平新时代中国特色社会主义思想和党的十九大精神的学习贯彻工作有序、深入、全面开展，内化于心，外化于行。二是着力推进“两学一做”学习教育常态化制度化。在深入学习贯彻习近平新时代中国特色社会主义思想的过程中，进一步加深对自身工作的理解和认识，通过青年党员讲党课，增强以光辉思想为指引做好本职工作、服务红十字事业发展的使命感和责任感。组织支部全体党员赴总会定点扶贫县英山增强对国家脱贫攻坚战略的认识，赴国家博物馆感受改革开放四十年来的深刻巨变、赴中国海关博物馆了解“一带一路”的古与今、沉与浮。三是扎实开好党支部民主生活会和组织生活会。支部领导班子对工作进行对照检查，支部党员进行了深刻的自我分析和检查，及时发现和查找关于习近平新时代中国特色社会主义思想和党的十九大精神学习工作的相关问题和不足，并提出有效的整改措施和方案。四是切实落实全面从严治党主体责任，推动党建工作目标管理，形成支部书记“一岗双责”、支部委员分工负责、全体党员各负其责的压力传导和责任落实机制，在具体工作中做到将党建工作和业务工作同谋划、同部署，切实解决支部党建工作中存在的事务性工作多、组织生活质量有待提高等重点难点问题。五是认真落实党风廉政建设责任制，深入推进党风廉政建设和反腐败工作。根据总会党组关于落实党风廉政建设主体责任的实施意见要求，办公室党支部主要负责同志签署了责任书，通过廉政风险点梳理排查建立起层层抓落实的责任体制。对照总会贯彻中央八项规定精神实施细则进行梳理，严格贯彻落实中央八项规定精神，切实防范廉洁风险。组织党员干部前往中央国家机关廉政教育基地恭王府接受警示教育，强化纪律意识。

（二）坚持高标准高质量，切实加强重大事项的协调与落实

一是切实加强与相关部委的沟通汇报，会同会内相关部门按程序做好名誉会长的聘请工作。二是积极做好总会改革方案印发过程中的沟通协调工作。积极协调国办秘书局，指定专人与国办秘书局对接，及时反馈国办修改意见，协调保障公文流转及交接，并认真记录改革方案出台过程中的重要工作内容，全力推动总会改革方案的印发工作。三是扎实细致地做好牵头落实的总会改革重点任务。根据总会改革总体要求和部署，就改革分工中涉及办公室的10项牵头任务进行逐项研究，并与相关部室进行协调沟通，进一步细化实化具体举措，制作“施工图”，建立工作台账，定期对账盘点，做到挂图作战、销号管理。

（三）认真做好办会办文工作，为机关工作正常有序运转提供保障

一是着力提升办会水平。针对年度重要会议偏多的特点，会前充分准备、会中有序组织、会后强化落实，承担各类重要会议的组织和保障工作。与相关部门团结协作，确保了十届四次理事会、十届五次常务理事会、十届五次理事会的顺利召开。为执委会、党组会准备会议材料，2018年，筹备保障党组会10次，准备会议议题78个，筹备保障执委会9次，准备会议议题101个；二是不断提高文稿起草质量。始终把握红十字工作大局，紧跟领导工作思路，着力改进文风和提高质量，精心起草一系列重大会议和重要活动的各类文稿数篇。编印《会内通报》4期，便于机关干部和地方红十字会学习贯彻总会领导关于红十字工作的部署要求。编印《红会信息》3期，既为领导和有关方面了解情况提供信息参考，也为地方红十字会搭建了交流平台。三是保障公文办理工作有序进行。加强文件收发、送阅、办理和用印管理，不断提高工作质量和效率，共处理文件2300余件。坚持做好中红字、中红函、中红办字，中红办函的管理工作，严把发文质量关。

（四）以贯彻落实新修订的红十字会法为契机，坚持抓好依法治会工作

一是积极推进相关立法普法工作。多次与全国人大常委会法工委研究室沟通联系，有序推动红十字会法英文版翻译工作的开展。为《河北省实施〈中华人民共和国红十字会法〉办法》的修订提供有力帮助和支持，推动其顺利出台。为广东、重庆、湖北等省市修订红十字会法实施办法或红十字会条例提供了诸多意见建议。协调法律顾问赴浙江等省份红十字会进行普选宣传讲座。二是做好法律风险防控。发挥法律顾问制度作用，联系配合法律顾问单位对总会所有合同进行审查。认真执行总会合同管理办法，履行好对总会对外签署的合同审核登记、用印存档、全年合同履行情况调查等管理职能，截至年末，共审核登记合同226件。委托专业律所开展的“中国红十字会总会法律风险防控标准化建设研究”并已完成课题报告。开展法律风险防控培训，邀请总会法律顾问结合具体案例为大家讲授日常工作中可能会存在的法律风险点，提高总会机关干部法律风险防控意识。配合法律顾问就重大决策事项出具法律意见，为执委会决策提供参考。

（五）不断完善干部人事制度，切实做好干部选任工

一是制定《总会干部队伍建设规划》《中国红十字会总会工作人员辞职辞退管理办法》《中国红十字会总会直属单位中层领导人员选拔任用工作管理办法》等 5 项人事制度。二是配合中组部完成 2017 年度总会“一报告两评议”工作，并按要求进行通报。2017 年的选人用人工作评价结果比上一年度有了明显提高。对 3 家直属单位进行了干部选拔任用“一报告两评议”工作，评议新选拔任用干部 12 人。组织完成总会 2017 年度领导干部共计 92 人的个人有关事项填报工作，按中组部要求对 10 名干部个人有关事项进行了抽查核实，查核结果与本人填报情况一致率有了大幅上升。三是下功夫抓干部选任工作。妥善完成 2018 年公务员考录、遴选、军转干部接收工作。扎实做好定点扶贫、博士服务团、西部地区、老工业基地和革命老区挂职干部选派工作，按要求完成援疆、援藏、扶贫、驻村第一书记等挂职干部的年度工作考核。完成 2017 年新提拔干部试用期满考核和 2017 年直属单位接收应届毕业生落户等工作，继续推进协调中组部解决总会部分干部“两地分居”问题。

（六）协调推进信息化建设和网络安全、履行保密责任、国家安全人民防线建设、档案管理等工作

一是在推进信息化建设和网络安全工作方面，理清思路，加强沟通，强化责任，加强合作。起草并签署《联通、工行、紫光、用友战略合作伙伴关系备忘录》，促成总会与上述单位建立战略合作关系。组织召开网络安全和信息化领导小组会议 2 次，根据执委会确定的任务分工，通报《2017 年度网络安全和信息化工作情况报告》，推动相关工作开展。每周牵头组织召开 1 次协调会，相关部门（单位）负责人和工作人员参加，解决信息化建设工作开展中出现的具体问题。二是在履行保密责任方面，制定印发总会涉密人员管理制度、总会信息公开保密审查制度等 4 项保密制度；编发保密文件 19 件次，收取处理机要文件 715 件、密电 66 件；及时组织总会在京涉密人员保密轮训、总会及各直属单位开展保密自查自评等活动；组织召开总会保密委会、保密办会议 2 次，保密专家论证会 1 次。三是在国家安全人民防线建设方面，履行总会国家安全人民防线建设小组办公室的职责，组织召开国家安全人民防线建设小组会议 2 次，压实了国家安全人民防线建设责任。四是在为离退休老同志服务方面，认真落实离退休干部的政治待遇和生活待遇，加强离退休干部党支部建设，通过多种形式组织好离退休干部的政治学习，组织离退休干部开展“不忘初心、牢记使命”老干部党员重温入党誓词、支部书记讲党课、大家畅谈改革开放 40 年国家发生的巨大变化主题教育活动。建立关怀帮扶机制和走访慰问制度，做好离退休人员津补贴调整、医药费报销、健康检查等工作，把党组织的关心和温暖送到老同志的心坎上。五是在档案管理方面，严谨规范细致做好文件资料的整理归档工作，收集整理 2017 年度机关各部室档案 200 余卷。

赈济救护部

2018 年，总会赈济救护部以习近平新时代中国特色社会主义思想为指导，在总会

党组的领导下，在全国各级红十字会的支持和配合下，各项工作取得了进展。

（一）不断增强灾害应急反应能力，切实做好备灾救灾工作

2018年，印发了《关于认真贯彻落实习近平总书记重要指示精神切实加强汛期安全防范和抢险救灾工作的紧急通知》《关于做好2018年自然灾害救助工作的通知》等文件，要求各级红十字会切实做好备灾救灾工作。截至11月份，总会共收到河北等25个省级红十字会上报的台风、暴雨洪涝、低温冷冻、地震等自然灾害灾情及需求报告167份，总会统筹境内外资源，共对17个省份启动应急响应36次，其中三级响应4次，四级响应17次，特殊响应8次，追加救助7次，向灾区调拨家庭包42464个，服装32700件，棉被32500床，毛巾被23500床，单帐篷750顶，棉帐篷300顶，折叠床600张，并拨付紧急救灾备用金386.61万元，款物价值共计2258.9万元，用于支持当地红十字会开展灾害救助工作。

与民政部联合印发《关于加强红十字会系统防灾减灾救灾工作机制建设的意见》，编写并审校基础知识、赈济、心理、供水4本救援队培训教材，开展供水、大众卫生、搜救三类救援队工作手册与《中国红十字救援队服装标准》《中国红十字会救灾物资通用标准》的修订工作。起草《中国红十字救援队装备管理办法》《中国红十字救援队装备通用标准》。下发《关于推进新建国家级红十字医疗救援队建设的函》，新成立中国红十字（吉林、云南、新疆）三支国家级红十字医疗救援队，国家级红十字应急救援队增加到24支，提前完成《中国红十字事业发展规划（2016—2020年）》关于应急救援队的建设目标。为中国红十字（青海）赈济救援队、中国红十字（福建、山东、广东）水上救援队采购价值111.28万元的交通工具；完成赈济救援队供餐车标志标识设计，协调辽宁、广西、青海、宁夏四省级红十字会完成供餐车接收工作。支持吉林、云南、新疆三省级红十字会为其赈济救援队采购救援队装备48万元。举办7个类型救援队多队伍、跨区域培训、演练12期，总时长超过72天，培训救援队师资、队员合计超过600人。出台实施《中国红十字会物资储备库管理工作细则》《红十字物资储备库等级评定办法》，开展一级、二级红十字物资储备库等级评定工作，进一步加强物资储备库标准化、规范化管理，提升应急物流效率。下发中国红十字会灾害管理系统使用情况报告，督促各省级红十字会推广使用系统。继续实施九寨沟地震灾后恢复重建项目，落实鲁甸地震灾后恢复重建项目后续事宜。

（二）推动救护培训示范基地创建工作，加强救护工作能力建设

根据《中国红十字事业发展规划（2016—2020年）》与《中国红十字会关于加强红十字应急救护培训基地建设的指导意见》有关要求，印发《关于启动2018年度红十字应急救护培训示范基地建设申报工作的通知》，组织专家评审，确定2018年度总会支持山西等20个省份30个救护培训基地建设。近三年总会已支持地方90个救护培训基地建设，通过救护培训示范基地创建工作，提升了各级红十字会的救护工作标准化水平。各地通过救护培训示范基地创建工作争取地方政府在场地、人员、资金、政策等方面的支持，有效地发挥了杠杆作用，加强了地方红十字会的能力建设。为表彰先进，

经过评审，确定江西省红十字会救护培训中心等 20 个总会支持建设的基地与浙江省杭州市临安区红十字会等 3 个地方自建的基地为第一批救护培训示范基地。印发《关于进一步加强应急救护师资规范化管理的通知》，加强对应急救护师资的注册管理。全国各级红十字会已经完成救护师资的注册和信息收集工作，共入库注册师资 2 万余名，基本完成《中国红十字事业发展规划（2016—2020 年）》有关救护师资注册工作。

9 月，总会在江西省南昌举办主会场活动，启动全国红十字系统“世界急救日”纪念主题活动。“世界急救日”期间，全国各级红十字会与相关部门密切合作，围绕“交通安全、救在身边”主题开展了形式多样的主题宣传活动，传播应急救护知识，增强公众交通安全意识。2017 年，总会印发《关于积极参与马拉松及相关运动赛事救护服务工作的通知》，2018 年，各级红十字会按照总会要求，积极参与了马拉松及相关运动赛事救护服务工作，共有 26 个省级红十字会参与了马拉松及相关运动赛事救护服务工作，总计服务赛事 380 余场，其中马拉松比赛 140 场，提供 AED 服务 114 场，组织招募志愿者 27116 人次，救护扭伤创伤 31285 例，徒手心肺复苏 17 例，使用 AED 服务 24 例。为更好发挥在政府人道领域的助手作用，总会与北京儿童医院等 16 家医疗机构签署《战略合作备忘录》，开展战略合作，发挥各自优势，共同助力“健康中国”战略，开展人道服务相关工作。

（三）深入群众，开展人道救助工作

印发《关于继续组织申报开展养老服务工作试点单位的通知》，深入开展红十字会参与养老服务工作，经过综合评审，确定河北、山西、内蒙古、吉林、黑龙江、河南、湖南、广东、贵州、陕西、宁夏、青海、新疆等 13 个省（自治区）红十字会作为总会第二批开展养老服务工作试点单位。修订《居家老年人照护知识技能培训教材》（师资版），编印《居家老年人照护知识技能培训教材》（护理员版），与《养老照护技能培训管理手册》《养老志愿服务工作手册》一起配发各试点省份。召开养老服务工作经验交流会，总结开展养老服务试点工作情况，交流参与养老工作经验。印发《红十字养老服务培训基地建设标准》，为每个试点省提供 30 万元经费的支持，用于购买养老服务培训教具及举办养老服务护理员（志愿者）培训班。举办 8 期养老服务师资培训班。为 20 个试点省份培训师资 300 余名。

2018 年元旦、春节期间，开展“红十字博爱送万家”活动，共投入资金 900 万元，采购慰问物资 3 万箱，为 22 个省份国家级贫困县，2 个扶贫挂职点的 3 万户贫困家庭送去了温暖，全国人大常委会副委员长、中国红十字会会长陈竺及会领导班子全体成员参加慰问。总会继续支持辽宁、吉林、甘肃、云南 4 省红十字会对艾滋病感染者实施生产自救项目。支持贵州、云南 2 省红十字会实施艾滋病致孤儿童关爱项目。在江西省开展慢性非传染性疾病预防和控制试点项目。

依法推动无偿献血工作，总会与国家卫生计生委、中央军委后勤保障部卫生局联合印发了《关于组织开展 2018 年“世界献血者日”宣传活动的通知》。6 月 14 日，总会与国家卫生计生委、中央军委后勤保障部卫生局在四川省成都市联合举办“世界献血者日”主会场活动。与国家卫生计生委、中央军委后勤保障部卫生局联合印发《关于开展〈献血法〉实施20周年总结宣传活动的通知》。各地以《献血法》实施20周年为契机，策划、组织了一系列的宣传教育活动。支持14个省（市、志愿服务队）红十字会开展无偿献血宣传、志愿服务工作，与国家卫生计生委、中央军委后勤保障部卫生局联合进行无偿献血表彰工作。

（四）狠抓项目成效，做好博爱家园项目工作

积极贯彻落实中央关于精准扶贫的重大战略部署，以博爱家园项目为抓手，助力国家扶贫攻坚工程。3月在全国范围内组织了首次博爱家园项目评选活动，共评选出10个博爱家园助力脱贫攻坚精品项目和10个优秀项目。2018年为夯实脱贫攻坚工作成效，使用总会人道基金5000万元在21个省启动实施120个国家级贫困县博爱家园项目，使用国家彩票公益金800万元在8个省20个项目点启动实施博爱家园项目。派员赴陕西、安徽、湖北、黑龙江、贵州组织项目培训，支持地方红十字会提升项目管理能力。在全国选拔了一批业务精良、经验丰富的项目管理骨干，建立了博爱家园项目管理师资库。与香港红十字会、国际联合会、国际委员会开展项目合作，在四川、陕西、云南、重庆、湖北、宁夏、青海七省市区实施博爱家园、城市及学校为本减灾项目。为落实总会对口支援西部工作，2018年在拉萨组织召开中国红十字会对口支援西藏工作会议，对未来三年对口援藏工作进行部署，并与自治区政府签署《中国红十字会对口支援西藏自治区红十字事业发展战略合作框架协议（2018—2020年）》，会议邀请了18个承担对口援藏工作任务的省级红十字会主要领导出席，直接与自治区各受援地州对接需求，极大推进了对口援藏的工作力度。赴湖北、江苏开展项目调研，积极探索在城市开展博爱家园项目模式。截至年末，累计投入7.27亿元在全国2343个贫困社区实施博爱家园项目，覆盖国家级贫困县441个，已提前完成《中国红十字事业发展规划（2016—2020年）》建设1000个博爱家园的目标。

（五）助力脱贫攻坚，做好定点扶贫工作

总会领导高度重视定点扶贫工作，全国人大常委会副委员长、中国红十字会会长陈竺及有关会领导先后五次赴英山开展督导调研。通过召开座谈会、进村入户走访、项目实地考察、查阅档案资料等形式，调研指导精准扶贫、精准脱贫工作，督促检查脱贫攻坚主体责任与扶贫政策落实情况。

在总会党组和定点扶贫工作领导小组的领导下，认真落实领导小组制定的定点扶贫工作政策措施、完成各项定点扶贫任务，选派赈济救护部健康服务处副处长曹橙驻英山县方家咀乡四棵枫村担任第一书记。2018年前三季度，总会在英山县新增援建25个博爱家园项目，项目资金规模1000万元。赈济救护部项目办和机关党委联合举办对总会13个负责联系帮扶工作的党支部进行了项目管理培训。总会支持10期红十字应急救护公益讲座，培训48名红十字应急救护师资，应急救护普及培训900余人，成功实施心肺复苏1例。根据灾情和需求，调度价值23万余元的救灾款物支援英山县灾区。2018年元旦和春节期间，通过“红十字博爱送万家”活动，为困难群众送去了价值24万余元的生活物资。

筹资与财务部

2018年，在总会党组和执委会的正确领导下，在各部门和单位大力支持下，筹资与财务部以习近平新时代中国特色社会主义思想为指导，深入学习贯彻党的十九大精神，紧紧围绕总会中心工作，锐意进取，不断创新，扎实推进各项工作，取得积极的进展。

一、认真贯彻落实习近平新时代中国特色社会主义思想

筹资与财务部自觉学习贯彻党的十九大精神，自觉用习近平新时代中国特色社会主义思想武装头脑、指导实践、推动工作；坚决维护习近平总书记在党中央和全党的核心地位，坚决维护党中央权威和集中统一领导，切实增强政治意识、大局意识、核心意识、看齐意识，在思想上政治上行动上同以习近平同志为核心的党中央保持高度一致。

一是及时组织学习习近平总书记系列讲话，学习《中华人民共和国宪法》《中华人民共和国监察法》《中国共产党纪律处分条例》等法律和党内法规，并通过支部讲党课的形式进一步加深理解，巩固学习成果。二是结合落实总会改革方案，反复学习习近平总书记关于红十字事业发展、群团工作和群团改革的重要思想，进一步统一思想认识，凝聚改革共识。三是积极参加总会组织的各项学习、培训和活动，按照会党组、机关党委（纪委）布置，及时传达学习党的十九大精神和中央政策精神等。四是制定党建工作计划及学习活动计划表，坚持定期安排专门时间进行支部学习、支部活动及党小组活动，通过工作交流、部门微信群、鼓励自学等，深化党员干部对党的十九大精神的理解，形成学习宣传贯彻党的十九大精神的浓厚氛围。五是通过民主生活会和专题组织生活会，认真开展批评与自我批评，增强班子及党员干部发现和解决自身问题的能力，达到触动思想、增进团结、促进工作的效果。六是组织党员干部参观纪念马克思诞辰200周年主题展览，改革开放40周年主题展览，周恩来、邓颖超天津故居，平津战役纪念馆和抗日战争纪念馆等，深化对党员干部的理想信念教育。七是扎实开展警示教育，注重结合工作实际防范廉洁风险。制定了《筹资与财务部党风廉政建设责任清单》，进一步强化廉政风险防控责任和措施，将廉政风险防控贯穿部门工作的全过程。通过通报领导干部违纪案件和违反中央八项规定精神的问题，要求党员干部引以为戒，明底线、守纪律、知敬畏。八是在联系实际深入上下功夫，围绕精准扶贫、精准脱贫，积极落实支部对口帮扶任务，先后两次赴英山进行扶贫调研和帮扶对接，摸清对口帮扶村的发展情况、致贫原因、资源禀赋等，有针对性地研究帮扶思路，帮助英山县落实意向援助资金40万元。

二、重点工作开展和履职尽责情况

（一）强化制度建设，夯实管理基础

一是印发《中国红十字会捐赠工作管理办法》《关于加强红十字会人道资源动员的指导意见》，根据总会和民政部《关于红十字会开展公开募捐有关问题的通知》，指导地方红十字会申领公开募捐资格证书，

依法依规开展资源动员工作。二是印发《人道基金管理办法》，研究起草《捐赠资金保值增值管理办法》，对《中国红十字会总会财务管理办法》《中国红十字会总会资产管理办法》《中国红十字会总会财务支出管理规定》等财务管理制度进行研究修订，前后吸收主要意见 50 余条，讨论 20 余稿，完善预算和财务管理，现已基本成稿。三是贯彻落实财政部关于内部控制的政策要求，召开总会内部控制培训和动员会议，积极推进总会内部控制建设，并初步与第三方机构达成框架协议，争取构建简明高效、体现总会特色的内部控制制度。

（二）加强财务工作，做好基础保障

一是对人道基金的使用进行规范，首次编制完成了 2018—2019 年人道基金预算，报送常务理事会审批，并及时进行批复。组织财政资金“一上”预算动员会，开展项目评审，核减不合理预算 958 万元，认真编制 2019 年度财政预算和 2019—2021 年三年规划，加强预算执行，做好财政决算。在中央社保部门中，红十字会预算执行进度基本保持在前三名，得到财政部通报表扬；在 2018 年的中央部门预算管理工作考核中，红十字会荣获二等奖。二是做好会计核算，完成财政资金支出目标，每月按时、准确、完整提供财务核算资料和信息，全年总计经费支出 3000 余笔，涉及资金 3.66 亿元。三是大力组织开展审计、绩效评价及预算公开工作。组织完成 2017 年财政预算资金和社会捐赠资金绩效评价，并对结果进行反馈，推动总会各部门和直属单位进行整改。总会绩效评价方面的做法和成效，被《中国会计报》以《提高绩效管理就是提高公信力》为题进行专门报道。邀请第三方中介对捐赠资金开展社会审计，主动推进 2018 年度预算公开工作，依法加强财务公开透明。四是编写中国红十字会 2017 年度财务收支情况报告，由第十届理事会第四次会议审议通过。进一步做好相关统计数据的分析应用，为决策提供参考。五是推动财务信息系统建设工作。基本完成财务捐赠系统的升级改造工作，完成财务管理系统内部模块升级，对收入数据整理、核算科目、辅助科目、报表格式以及与各省级红十字会的财务对接进行了重新设定；完成与山东、安徽、陕西 3 个省级红十字会的内部系统对接测试工作；部分完成与银行、总会新官网、综合信息化管理平台对接的任务，保证总会信息化工作顺利推进。

（三）推进捐赠资金管理，促进规范有效

一是在清理各类项目的基础上，规范捐赠资金的财务报表格式和报送方式，建立按月报送项目收支明细表和财务报表的制度。按照国际联合会和香港红十字会的要求报送项目报表和执行情况。优化半年度财务报告内容，对捐赠情况进行分析，为管理层提供有效财务数据。二是加强银行账户管理，认真做好捐赠人接待和第三方平台捐赠维护工作。全年管理捐赠账户 12 个，维护捐赠数据 8000 条，向有关捐赠方报送报表 100 余份。捐赠室回复咨询电话近千次，接待上门捐赠 120 余人次，开具捐赠票据 1800 份，寄送票据 1400 份。做好灵析平台、银联系统等第三方捐赠平台的日常维护。三是主动谋划捐赠资金的保值增值，建立捐赠资金保值增值的基本工作规范。通过主动与银行沟通，发现并及时调整外币资金存储方式，将接受的美元捐赠资金由定期存款调整为大额存单，由此利率整整提高了 3.2 百分点。建立捐赠资金三家比价工作规范，通过不同开户银行产品和利率比对，办理大额资金结构性存款，按年利率计算，一年可实现增值收入 1400 万元。四是及时向财政部申请 2017 年度捐赠税前扣除资格，向北京市税务局申请非营利组织免税资格。

（四）挖掘人道资源，提升筹资水平

一是切实提升互联网人道资源动员水平。顺应“互联网 +”发展趋势，与灵析平台合作，开通微信支付，设计捐赠页面和捐赠证书，实现微信单次捐款、微信月捐、二维码扫码捐款等功能，开拓了便捷高效的互联网捐款渠道。首次组织动员全国红十字系统参加腾讯“99 公益日”活动，印发《关于开展“红十字 99 公益日总动员”活动的通知》，对活动进行策划和布置。全系统“99 公益日”筹款超过 2800 万元，捐赠人次超过 80 万人次，取得历史性突破。积极维护手机短信捐款平台，协调有关运营商和服务商，及时续签协议、进行资金结算，保证手机用户捐赠通畅，年度筹款超过 400 万元。二是深化与互联网企业战略合作，由总会和阿里巴巴集团主办，中国红十字基金会承办，开展了全国“魔豆妈妈”创业扶贫大赛。26 个省级红十字会组织了 1202 名困难母亲参赛。通过省级赛和决赛，为困难女性提供 230 余万元奖励金和技能培训等，发挥红十字会在精准扶贫、精准脱贫中的积极作用。三是持续开展专项基金管理。推动专项基金资助计划实施落地，与华泰保险公司合作，通过华泰保险博爱基金实施“小小铅笔”公益计划，资助云南、四川、吉林和陕西 4 所小学改善教学设施；与中国医药物资协会合作，通过成长博爱基金资助中国红十字基金会 200 万元实施“博爱单车”项目；与隆基公司合作，通过隆基百分之一基金实施“英才励学计划”，持续资助贫困学生完成学业。四是加强捐赠人服务工作。完善捐赠人表彰奖章设计，策划 2018 年度全国红十字系统捐赠人表彰活动，拟对全国 272 个捐款 100 万元以上的捐赠人进行表彰。开展“88 九寨沟地震”重建项目调研，将捐赠人与重建项目进行对应并提供捐赠反馈。协调三星公司、内蒙古伊泰集团等大额捐赠人参加四川省委省政府举办的汶川特大地震十周年纪念活动。洽商、跟进有关专项基金设立合作，推动落实部分大额捐赠人捐助项目，处理日常捐赠咨询等，不断加强和改进捐赠人服务工作。

（五）推动能力建设，加强工作指导

一是协调 22 个省市红十字会参加红十字人道资源动员（澳门）研讨会，协调 12 个省市红十字会赴香港红十字会开展人道资源动员工作交流，就互联网众筹、创新筹资项目、大数据平台等进行分享，就如何顺应新时代新要求，做好新形势下的人道资源动员工作等进行深入研讨。二是举办全国红十字系统财务与统计培训班，对全系统 100 余名财务统计人员进行了法规政策、工作程序、方法技能等培训。选派总会本级及直属单位的 10 名财务骨干，参加政府会计准则制度培训班。推荐 10 余人次参加各类财政业务培训。三是开展人道资源动员和财务管理问卷调研，形成并印发省级红十字会问卷调研分析报告；先后赴浙江、四川、内蒙古、云南等地，实地调研人道资源动员和财务管理工作；启动对 6 个省级红十字会财务管理，内部控制、审计公开等情况的检查和调研。对总会直属单位开展财务调研，对上年度财务检查发现问题的整改提出针对性意见和建议。

（六）落实改革举措，服务改革大局

一是及时传达总会全面深化改革有关会议、文件和讲话精神，坚决贯彻总会改革决策部署，对有关改革问题进行深入学习研究，广泛征求干部职工对深化改革和部门工作的意见建议，形成改革共识，凝聚改革力量，坚定改革决心。二是根据总会改革重点任务分工方案和主要工作安排，牵头制定关于推进总会信息公开工作的方案，配合有关部门针对网上红十字会建设，搭建爱心企业履行社会责任、爱心人士服务社会的平台等提出方案建议。三是突出问题导向，持续改进部门工作作风，切实把自己摆进去、把思想摆进去、把工作摆进去。部门内部提出了具体的措施和明确的要求，包括提高文件办理效率，不积压文件，当天文件当天处理；规范出差、请假报备，部门领导出差、请假告知部门秘书，部门人员赴地方出差调研在部门秘书处进行统一登记；强调开门办公，撤除办公室遮挡屏风；部门领导定期赴捐赠室开展捐赠人接待工作等。四是做好新政府会计准则制度改革的实施准备工作。2019 年 1 月 1 日起，全国各级行政事业单位将实行统一的政府会计准则制度，为配合这次改革，总会组织了有关直属单位进行部署和培训，对会计科目进行了重新设计，相关账套和报表逐一梳理，做好新旧会计制度的衔接准备。五是认真落实中央增资改革政策，做好数据测算和预算申请工作，保证中央的决策在总会得到较好的贯彻落实。

组织宣传部

2018 年，组织宣传部在总会党组的坚强领导下，在全体人员的共同努力下，相关工作取得了一定进展。

一、组织建设工作情况

（一）推进总会改革工作

2018 年，由组织建设处牵头负责在国务院办公厅指导下对《中国红十字会总会改革方案》不断修改完善，并再次征求中央组织部、中央编办、外交部、民政部、司法部等 18 个单位的意见，由国办印发。向全系统印发《关于贯彻落实〈中国红十字会总会改革方案〉精神的通知》，并举办红十字系统组织宣传工作研讨班，学习贯彻改革方案精神，研讨改革重点难点问题。

在浙江、内蒙古开展红十字会组织建设规范管理和会员管理试点工作。指导各地红十字会依法设立监事会。地方已有 51 个红十字会召开换届大会并依法选举产生监事会，其中省级红十字会会 1 个，市级红十字会 17 个，县级红十字会 33 个。

召开全国红十字系统组织宣传工作研讨班，深入学习习近平总书记关于群团工作和红十字工作的重要讲话精神，统一思想认识，交流各地红十字组织建设和宣传工作，分析研讨新形势下红十字组织宣传工作面临的新情况新问题，为深入推进红十字会改革提出对策建议。

（二）推进红十字会参与城乡社区治理工作

深入贯彻落实中共中央、国务院《关于加强和完善城乡社区治理的意见》，统筹推进各级红十字会在社区组织开展人道服务、人道救助、健康安全促进、人道传播等人道主义工作。总会作为全国社区建设部际联席会议成员单位，协同有关部门研究、部署和推动红十字会参与城乡社区治理。组织建设处召开了全国“红十字在社区”工作推进会，起草了《关于充分发挥红十字会作用加强和完善城乡社区治理的实施意见》并与民政部联合印发。各级红十字会结合实际，推进社区红十字工作，在加强和完善城乡社区治理中发挥了积极作用。北京、天津、内蒙古等地以红十字社区服务推动红十字会基层组织建设，形成了一大批有热心红十字事业的带头人、有稳定的会员和志愿者队伍、有规范的管理制度、有固定的服务平台、有红十字会特色的活动、有稳定的经费保障的红十字会基层组织网络。

（三）推动红十字会精神文明建设工作

2018 年，总会作为中央文明委成员单位，向中央文明办提交了 2 项精神文明建设重点工作项目。一是大力实施博爱家园项目，助力打赢脱贫攻坚战。在实施扶贫项目过程中注重扶贫与扶志相结合，通过弘扬“人道、博爱、奉献”的红十字精神与“扶危济困、守望相助”中华民族传统道德，弘扬劳动光荣、奋斗光荣的时代新风和社会主义核心价值观，培育友善互助的人道情怀和健康向上的社会风尚。二是推进养老服务，建立以红十字志愿者为核心的红十字养老志愿服务队伍，深入家庭、社区和养老机构等开展针对老年人的红十字志愿服务活动。

二、红十字宣传工作情况

（一）推进红十字主题宣传、专题宣传

1. 深入落实会长陈竺指示，继续开展“助力扶贫攻坚——博爱家园”“一带一路”“一老一小”三大主题宣传，组织新华社、中国新闻社、中央电视台《光明日报》等新闻媒体记者逾 30 人次赴贵州、青海、江西、云南、湖北等地走访报道基层红十字会的工作与项目，共形成文字、摄影报道 1500 余篇，其中“助力扶贫攻坚——博爱家园”相关报道 804 篇，“一带一路”相关报道 115 篇，“一老一小”相关报道 589 篇。宣传红十字会助力扶贫攻坚的新闻短视频《峭壁上的养牛人》和《双拐上的金鸡独立》在总会官方微博、微信、今日头条的总推荐量近 40 万次，总点击收看量超过 7 万次。

2. 围绕十届四次、五次理事会和红十字国际委员会主席彼得·莫雷尔到访、红十字会与红新月国际联合会第十届亚太地区大会、总会改革方案印发等重大活动，“‘5·8’博爱周”“世界献血者日”“世界器官捐献者日”“骨髓捐献者日”“世界急救日”“国际志愿者日”等重要时间节点，组织协调中央和有关媒体进行宣传报道，相关新闻报道网络转发量逾 300 万次，网络点击阅读量超 1000 万次。

3. 组织中央和地方媒体开展“新时代新气象新作为”主题采访活动，集中播发红十字事业专题报道 186 篇，其中“捐献者你好吗”相关报道 162 篇，“守护夕阳——养老护理”相关报道 24 篇。

（二）加强网上红十字会建设

1. 总会指导、推进各省级、市级红十字会制定和落实网上红十字会建设安排，全面推进网络宣传、网络人道服务、网上组织建设，网上网下相融互促的红十字工作格局逐步形成。以“红十字人道传播与创新项目”为载体，组织推动 15 个省级、市级、县级红十字会实施网上红十字会建设项目，探索

“平台—内容—服务—宣传”四位一体的网上红十字会建设规律。

2. 完善总会—省级—市级红十字会三级红十字新媒体矩阵建设，截至2018年9月中旬，全国红十字系统建成官网775个、微博497个、微信公众号513个、手机App17个。加强总会新媒体平台建设，着力提高内容质量，拓展内容分发渠道，提升系统内外影响力。

3. 加强中国红十字会新媒体平台与内容建设。开通总会官方微信公众号、腾讯视频账号，加强总会官方网站、官方微博维护。截至2018年11月底，系统内网上新闻年度报道量达到7万余篇，总会官方微信公众号文章214篇、微博179条，微信公众号关注人数为18023人，文章单篇阅读量最高达到10541，微博关注人数超34万人，单条信息点击量最高达到3000万。

（三）加强红十字工作品牌创建

1. 总会召开创建红十字工作品牌推进会，指导推进各省级、副省级城市红十字会，在社会效益显著的红十字工作（服务、项目、活动）基础上打造红十字工作品牌51个。各个红十字工作品牌以务实的工作赢得当地党委政府的肯定，以管用的举措赢得社会各界的认可，以日益增长的获得感赢得人民群众的点赞。

2. 遵循“党政支持、群众所需、红会所能”的原则，按照“筹资—服务—宣传”三位一体的邀请，加强红十字工作品牌创建，“光明行”“博爱江淮”“中山慈善万人行”“微尘”“救在身边”“博爱青春”等一批红十字工作品牌脱颖而出，在宣传筹资、应急救护、青少年与志愿服务等工作领域有较高的社会知名度、认知度、美誉度。

（四）积极做好声誉风险管理工作

在党组领导下，总会机关各部门、各单位认真落实意识形态工作责任制和网络意识形态工作责任制，积极开展声誉风险管理工作，红十字会舆情总体平稳。截至2018年9月底，涉及红十字会的舆情共11条，均得到及时妥善处理。

总会每季度组织召开声誉风险管理工作协调会，组织各部门、各单位排查声誉风险点14个，及时加以整治，加强声誉风险源头管控，着力做好“治未病”工作，有效防范声誉风险的发生。

（五）红十字文化传播教育基地建设

总会指导推动红十字文化传播教育基地建设、发挥作用。上海、辽宁营口红十字文化传播教育基地红十字会已建成并通过验收，参观人次总计已接近2.5万人次。贵州省红十字文化教育基地项目，根据中办批复，已正式纳入“贵州图云关抗战纪念园”项目，正式进入筹备建设阶段。陕西延安红十字文化教育传播基地项目，展馆布展方案已经审核定稿，基地建设已完成延安市发改委立项。青海省、江苏省红十字会人道文化教育传播基地项目已纳入总会人道基金2018—2019年预算。

三、加强红十字青少年工作

（一）召开全国红十字青少年工作培训班

培训各省级红十字会青少年工作专职干部，副会长王汝鹏出席并讲话，明确红十字青少年工作的重要意义，研究探讨红十字青少年工作的主要内容和体制机制，部署红十字青少年工作。

（二）举办“一带一路”沿线国家青年交流营

马来西亚、孟加拉国、蒙古国、越南、缅甸、哈萨克斯坦、日本等国的青年骨干参加，普及红十字运动知识和人道理念，传播非暴力和平文化，倡导面对不同文化的开放包容、互学互鉴，助力在沿线国家青年中形成相互欣赏、相互理解、相互尊重的人文格局。

（三）开展青少年人道教育

与红十字国际委员会合作，继续推进青少年人道教育。在原有 8 个试点省的基础上，将云南、河南纳入探索人道法项目试点省份，全年共举办探索人道法项目师资培训班 4 期，师资复训班 3 期，培训师资 238 人，召开全国探索人道法项目经验交流会，举办中国红十字会青年国际人道问题辩论赛，探索人道法项目稳步推进。

举办青春善言行青年同伴教育培训班，培训师资 131 人，激励经培训合格的同伴教育者积极开展“青春善言行”同伴教育活动，在红十字青少年中广泛传播红十字运动基本原则。

（四）培养红十字青年骨干

中国红十字青年骨干再次当选东亚地区青年网络主席、亚太地区青年网络执委，选派青年赴蒙古国、马来西亚、意大利、日本等参与双边交流，以及赴菲律宾参加亚太地区青年峰会和亚太大会。举办了中国红十字会青年骨干训练营，支持各地红十字青少年组织网络发展。

四、积极推进红十字志愿服务工作

（一）嘉奖促进红十字志愿服务

开展全国红十字系统优秀红十字志愿者嘉奖，经 32 个省级红十字会选拔推荐，共有 197 名优秀红十字志愿者获总会嘉奖。

（二）扶持红十字特色志愿服务项目

经各省申报，由文明办、团中央、北京大学等专家组评审，资助了全国 18 个省（区、市）的 22 个志愿服务项目。带动了江苏、上海、浙江、安徽、甘肃、云南、北京等省市纷纷开展志愿服务项目培育计划。

（三）推动红十字志愿服务信息化工作

完善中国红十字会志愿服务信息管理平台，印发《关于中国红十字会志愿服务信息管理平台使用情况的通报》，督导工作进度，加强技术支持，努力推动平台的试用及推广工作。

（四）参与全国红十字志愿服务工作大格局

加强与中央文明办、民政部、团中央的沟通协调，组织推选优秀的红十字志愿者、志愿服务组织、志愿服务项目和志愿服务社区参加学雷锋四个 100 先进典型推选活动，2017 年度红十字系统 16 名典型受表彰。

（五）积极参与志愿服务领域的国际交流与合作

加入国际联合会志愿服务联盟，加强与国际联合会以及其他国家红会的交流与合作，借鉴和分享志愿服务发展理念和实践成果，同时支持选派志愿者参与国际人道行动。

联 络 部

2018 年，联络部积极学习和贯彻落实“习近平新时代中国特色社会主义思想”，在“一带一路”框架下推动重点工作和项目落实。

中国红十字会作为党和政府人道工作领域助手和民间外交重要渠道，在国家“一带一路”框架下积极开展国际合作项目，密切民间交往，增进民心相通，在国际红十字与红新月运动中发挥着日益重要的作用。特别是会长陈竺就任红十字会与红新月会国际联合会（以下简称国际联合会）副主席以来，不仅在国际联合会内部积极推动构建新型国际关系，通过亚太大会、领委会等重要多边平台宣传我国“一带一路”倡议，用人类命运共同体理念引导红十字运动发展，而且亲赴黎巴嫩、伊拉克等冲突战乱国家，了解当地人道需求，有力推进了中国红十字会人道援助工作在“一带一路”沿线国家的实施，为民心相通积极贡献力量。

一、保障国际联合会副主席工作

继续为会长陈竺履行国际联合会副主席职责，发挥总会在国际联合会和国际委员会的积极作用、提高我话语权和国际影响提供支持。

红十字会筹备组织陈竺会长于1月访问国际联合会驻黎巴嫩的中东北非地区代表处，4月赴伊拉克出席中东地区国家红会会议。通过访问了解中东地区人道需求和挑战，向叙利亚、伊拉克等中东国家提供人道主义援助，打开与中东合作新局面。

11月，国际联合会在菲律宾召开第10届亚太地区大会，该会议是会长陈竺履职国际联合会副主席后召开的标志性会议，红十字会精心筹备，周密谋划，协助会长陈竺指导大会筹备，并保障其完成会议期间的职责，同时帮助并配合参会代表团其他同事筹备并参与会议，保障全团成员圆满成功地完成全部既定参会任务。

红十字会还筹备组织会长陈竺1月、10月赴日内瓦出席联合会领导委员会例会，参与联合会重大事项的决策磋商。6月的例会会长陈竺由于常务会时间无法出席，红十字会派员参会，保证了副主席的信息通畅。

二、配合国内需要，开展高层交流

（一）莫雷尔主席到访接待

5月30日，国际委员会主席彼得·莫雷尔访华，副主席王岐山在中南海予以会见。副主席王岐山肯定了国际委员会的积极贡献，表示中国政府将一如既往地支持红十字人道主义事业，鼓励中国红十字会与国际红十字组织就“一带一路”建设等各领域加强务实合作。

同日，会长陈竺在总会会见莫雷尔并与其签署《中国红十字会与红十字国际委员会谅解备忘录》及一系列项目合作协议。协调国际委员会及总会各有关部室召开相关会议，明确了《谅解备忘录》九大合作机遇的主责部门；并以该《谅解备忘录》为指引，有序开展各项工作。

（二）东吴国际人道交流合作研讨会（“绿茶歇”）

11月，借国际联合会亚太大会之机，会长陈竺创造机遇开展主场外交，在苏州举办了以“构筑人道桥梁”为主题的“绿茶歇”活动，得到红十字国际组织、中东地区国家红会和部分欧美国家红会的热烈响应，邀请到多名高层领导出席。外交部、中联部、国家国际合作发展署、应急管理部、教育部等部委也派代表参加会议，就如何推动亚太和中东地区国家红会的合作开展研讨交流，彰显了作为负责任大国红十字会的形象，有利于推动亚太和中东地区人类命运共同体的构建。

三、助力精准扶贫

红十字会积极联动国际委员会及国际联

合会配合我国大政方针，在助力精准扶贫上做工作。

充分结合红十字会的对口联系贫困县，协助总会与国际委员会签署湖北、贵州、陕西博爱家园项目协议及补充协议，并稳步推进项目开展。同时，协助总会与国际联合会签署湖北博爱家园项目协议，并落实项目资金到位。

四、成立丝路博爱基金，打造“一带一路”重点品牌项目

为更好地服务国家“一带一路”倡议，红十字会在红十字事业发展“十三五”规划中提出了红十字与“一带一路”同行构想，并于2017年年初成立了丝路博爱基金，以加强与沿线国家红会的交流合作，重点打造服务民生的品牌项目，努力改善脆弱群体生活状况。红十字会在该基金支持下主要开展了以下项目：

（一）中巴急救走廊项目

该项目于2017年启动，旨在与巴基斯坦红新月会合作，沿中巴经济走廊建设一条提供医疗服务、灾害响应、能力建设为一体，造福当地百姓的紧急医疗服务体系。2017年9月，红十字会派出由13人组成的援外医疗队，在红十字会援建的中巴博爱医疗急救中心开展医疗服务。第三批医疗队员计划于明年1月赴瓜达尔港进行轮换。截至2018年11月30日，医疗队共计接诊患者2217人次，其中巴基斯坦籍患者1505人次，中国籍患者712人次，还为300余名我国援建的法曲尔小学学生及驻瓜达尔中资企业员工进行了体检。医疗队发现由于瓜达尔地区食物种类匮乏，当地儿童体重指数普遍低于世界卫生组织健康儿童最低体重标准，因此发放了维生素C及维生素B共4280瓶。

中巴博爱医疗急救中心的落成是整个中巴急救走廊的起点和示范点，中国红十字会援外医疗队的入驻更是具有标志性意义，为进一步推进中巴急救走廊项目的开展奠定了良好基础。

（二）先心病儿童救助项目

2017年，红十字会与阿富汗红新月会和蒙古国红十字会合作，启动了“天使之旅”——“一带一路”先心病患儿人道救助项目，计划为每个国家各免费救治100名患儿。

红十字会医疗队两次冒着恐袭及战火的危险抵达阿富汗筛查先心病患儿，完成救治100名患儿的计划，受到了阿富汗政府和民众的普遍欢迎。阿富汗总统夫人鲁拉·加尼特意在筛查期间会见了中国红十字援外医疗队一行，代表阿富汗人民衷心感谢红十字会及中国人民的人道善举，表示中阿两国是“兄弟与兄弟，姐妹与姐妹”的关系，红十字会开展的人道救助项目进一步增进了两国人民的友谊。阿富汗财政部部长埃克利勒·艾哈迈德·哈基米也于项目期间赴新疆看望慰问了接受治疗的患儿。

在赴蒙古国进行筛查后，红十字会已为100名先心病患儿分别在内蒙古和北京实施了免费手术治疗。会长陈竺亲自赴首都医科大学附属北京安贞医院看望了患儿。

（三）叙利亚和伊拉克医疗车项目

应叙利亚红新月会的请求，红十字会2017年启动了移动医院的捐赠项目。移动医院具备移动医疗和远程医疗功能，可为当地民众提供基本诊疗、手术、体检、疾病筛查、医疗转运等综合性卫生健康服务。每组移动医院由两辆大巴车和两辆救护车组成。大巴车装配有手术方舱、生化检验、X

光、B超、心电图、除颤仪等设备，并配套开发了信息系统，可实现远程会诊和实时通讯。第一组移动医院于2018年5月8日——第71个世界红十字日在上海外高桥码头启运，会长陈竺和叙利亚驻华大使易马德·穆斯达法出席了启运仪式。

移动医院于8月初抵达叙利亚后，红十字会派出工作组赴叙利亚参加了设备交接仪式，为当地医务人员开展了培训，并实地考察了在黎巴嫩的叙利亚的难民营。工作组所到之处均受到了当地民众和各有关方面的热烈欢迎。叙利亚红新月会工作人员表示：在叙利亚人的眼中，中国人民是值得信赖的朋友，中国人民对叙利亚人民一直怀有友善和真诚，是在真心帮助我们。

2018年4月，会长陈竺在参加国际联合会中东北非地区大会期间，访问了伊拉克红新月会并考察了当地医院。会长陈竺代表国际联合会表达了对本地区人道需求的高度关注，表示红十字会将在国际联合会框架内动员国内力量支持各方在伊开展人道工作，并就与伊拉克红会增进合作的领域达成了初步意向。2018年，根据伊拉克红会需求，我会向其捐赠的移动医院于10月5日启运，已运抵伊拉克港口。

（四）孟加拉国血液透析项目

应孟加拉国红新月会请求，中国红十字会捐赠了8台血液透析机，建立孟加拉国公立医疗系统首个血液透析中心。红十字会还派出医疗队赴孟加拉国首都达卡，为当地医生进行培训，指导血液透析中心的运营。孟加拉国红新月会表示，红十字会援建的血液透析中心发挥了很大作用，并希望中国能够再多捐赠一些血液透析机，为更多肾衰患者带来福音。

（五）志愿服务“博爱单车”项目

为倡导志愿服务，帮助易受损群体，红十字会和国际联合会于2017年5月共同启动了“博爱单车”项目，计划“为全球百万红十字志愿者提供100万辆自行车”，扩大人道服务可及范围，完成人道援助“最后一公里”。会长陈竺与国际联合会秘书长阿西在启动仪式上亲自骑行博爱单车，引领示范这项覆盖全球百万志愿服务的大型人道公益倡导行动。2018年5月8日“世界红十字日”活动中，会长陈竺在上海滨江大道再次骑上博爱单车，进一步倡导全球人道志愿服务行动。红十字会已完成向马来西亚红新月会捐赠500辆单车、向蒙古国红会捐赠150辆单车的首期计划，并正在向东盟、中亚、欧洲等地区的8个国家配送单车。在2018年的索尔弗利诺火炬游行纪念活动上，红十字会向意大利红会捐赠了100辆单车，使博爱单车项目成为红十字国际大家庭的联合行动，让“轮上的爱”沿着“一带一路”通往四面八方，遍及五洲全球。在刚刚结束的国际联合会亚太大会上，有更多国家红会表示了希望得到捐赠的意向。

（六）继续为丝路博爱基金开展筹资工作

以“你微笑时，世界很美”为主题的红十字与“一带一路”同行分享暨研讨会于2018年“世界红十字日”在上海复旦大学附属华山医院（中国红十字会华山医院）举办。研讨会以会长陈竺提出的打造四个丝绸之路构想为主旨，形成并发布了《丝路博爱基金上海倡议》，号召全社会在“一带一路”倡议下，携手打造人道丝绸之路、健康丝绸之路、友谊丝绸之路、博爱丝绸之路，牢固树立人类命运共同体意识，共同投身人道公益新实践。红十字会向社会各界汇报了“丝路博爱基金”的工作情况和未来计划，向给予基金大力支持的捐赠企业、志愿服务单位、媒体及个人颁发了“丝路天使”奖牌和奖章。参与丝路博爱基金项目的亲历者进行了以“红十字与‘一带一路’同行”为主题的人道公益分享。外交部、国家卫生健康委员会、国家国际发展合作署等相关部委领导，红十字国际组织代表，巴基斯坦、阿富汗驻华使领馆代表，两院院士代表，地方红十字会代表，医疗机构代表等及相关新闻媒体代表共 200 余人出席活动。

五、配合政府相关部门，做好国际人道援助工作

（一）紧急人道主义援助

除了在丝路博爱基金支持下开展的上述项目外，红十字会作为国家对外人道主义紧急援助部际工作机制的成员单位，积极配合外交部、商务部、国家国际发展合作署、国家卫健委等相关部门，参与重大自然灾害和地区冲突的国际紧急人道救援工作，开展了形式多样的国际援助项目。

红十字会通过与外交部合作，第一时间向发生自然灾害的国家提供现汇援助，2018 年共向 14 个国家捐款 135 万美元（约合 945 万元人民币，美元汇率按 1:7 计算，下同）。经过与商务部及其交流中心的共同努力，在援外供应站配合下，中国红十字会完成了俄罗斯、乌克兰紧急人道援助项目剩余物资的清算工作，顺利收回项目款近 400 万元。

（二）人道物资援助项目

2018 年，红十字会受商务部委托，执行第二期塞尔维亚尼科利奇夫人基金会物资援助项目，捐赠了价值 50 万元人民币的医疗设备，包括 1 台高压蒸汽灭菌器、1 台麻醉机、2 台监护仪和 1 台便携式呼吸机。

2018 年至 2019 年，红十字会计划向越南、缅甸、蒙古国、格鲁吉亚和津巴布韦红会捐赠人道物资，预算共 800 万元人民币，正在申请国家国际发展合作署立项。

（三）社区综合发展项目

近年来，红十字会通过申请外交部专项基金支持及自筹资金，顺利完成了与越南、老挝、柬埔寨、缅甸、斯里兰卡、塔吉克斯坦、吉尔吉斯斯坦、哈萨克斯坦、乌干达和埃塞俄比亚等 10 个国家红会合作开展的社区发展项目，主要内容涉及公共卫生、防灾减灾、急救培训、献血宣传、生计项目、能力建设等。项目扎根基层，面向百姓，受到当地红会和民众的认可和欢迎。中国红十字会继续支持越南、老挝、柬埔寨和缅甸红会的 2018 年社区项目。红十字会还参与了尼泊尔灾后重建项目，正在为尼泊尔红会援建一所备灾仓库，增强其灾害应对能力，预算 130 万美元（约合 910 万元人民币）。

2019 年，红十字会拟将社区综合发展项目继续向“一带一路”沿线国家扩展。2018 年总会已批准人道基金 1470 万元人民币，2019 年将支持哈萨克斯坦、俄罗斯、朝鲜等 7 个国家红会开展社区项目；同时已向中联部申请“南南”合作基金约 1300 万元人民币，计划与吉尔吉斯斯坦、蒙古国、埃塞俄比亚等 13 个亚太和非洲国家红会合作开展社区项目；已向外交部申请澜沧江—湄公河流域专项基金 470 万人民币，计划继续支持越南、老挝、柬埔寨、和缅甸红会开展社区项目。

（四）能力建设项目

在商务部支持下，红十字会 2018 年共组织了12期发展中国家红会能力建设培训班，来自28个国家红会和政府相关部门的315名代表参加了培训。在外交部亚专资的支持下，红十字会为来自斯里兰卡、马尔代夫和孟加拉国红会的15名代表举办水上救生培训班。

六、构建区域人道交流机制

2018年9月，红十字会与广西壮族自治区政府在南宁成功举办中国—东盟红十字博爱论坛，中外与会嘉宾达成共识，认为论坛为进一步深化中国与东盟各国红会间的合作，开拓新的合作空间，发掘新的合作潜力提供重要平台，为推动中国—东盟的伙伴关系打下了坚实的民意基础，并希望中国与东盟各国红会的合作与交流形成机制，将国家红会及整个红十字运动的发展与共建人类命运共同体相结合、抓住共建“一带一路”的契机，增进交流、凝聚共识、深化合作、共享发展。

七、推进海峡两岸交流工作

作为海峡论坛的活动项目之一，“海峡两岸红十字博爱论坛”已连续成功举办七届。2018年第八届“海峡两岸红十字博爱论坛”是两岸公益人和红十字人之间又一次较大规模的聚会，“民间性、草根性、广泛性”的定位得以充分彰显，体现最大程度关注民生、倾听民意、汇集民智，博爱论坛因此也成为两岸红十字组织之间的“连心桥”，聚集起两岸“大交流、大融合、大发展”的民意力量。2018年的博爱论坛呈现了几大亮点：一是突出人道合作，引领两岸公益；二是聚焦养老服务，凝聚社会共识；三是凸显基层互动，扩大民间交流。论坛突显了红十字组织人道中立、沟通桥梁、爱心平台和组织优势，有力促进了两岸人道公益交流深入发展，受到了两岸各界的广泛关注。第八届“海峡两岸红十字博爱论坛”的再次成功举办，使两岸红十字组织交流合作的平台更稳固，为促进海峡两岸红十字事业共同发展奠定了更加坚实的基础。应台湾红十字组织邀请，中国红十字会组织来自北京、甘肃、陕西、四川、浙江、广东、海南等七个省市的高校红十字青少年骨干夏令营代表团35人，于2018年7月赴台湾参加2018年海峡两岸红十字青少年人道之旅暨夏令营活动。两岸红十字青少年一起参与了灾难模拟演习和防灾避难包的学习与制作，应急救护知识与技能复训、团建技巧培训等，更首次邀请了台湾花莲当地60名四到六年级的小学生参与夏令营活动，通过两岸大学生与台湾小学生组建团队的互动方式，指导台湾小朋友们参与此次水陆消防安全夏令营活动，共同学习了安全防护知识。

直属机关党委

2018年，在中央和国家机关工委（以下简称“工委”）、总会党组领导下，总会直属机关党委坚持以习近平新时代中国特色社会主义思想为指导，全面贯彻党的十九大精神和十九届二中、三中全会精神，紧紧围绕党建工作“服务中心、建设队伍”核心任务，服务于总会改革发展大局，坚持以党的政治建设为统领，深入推进总会机关党的政治建设、思想建设、组织建设、作风建设、纪律建设，把制度建设贯穿其中，深入推进总会党风廉政建设和反腐败工作，着力树牢“四个意识”，坚定“四个自信”，带头做到“两个维护”，做好“三个表率”，建设让党中央放心、让人民群众满意的模范机关，推动新时代党的建设总要求在总会落地生根。

（一）坚持把党的政治建设摆在首位，带头做到“两个维护”

总会各级党组织坚持把党的政治建设摆在首位，以党的政治建设为统领，树牢“四个意识”，坚定“四个自信”，坚决做到“两个维护”。一是党组充分发挥领导核心作用。通过召开党组会、党组理论学习中心组（扩大）学习研讨会以及党员干部会议，举办专题研讨班和开展建言献策活动等方式，认真学习贯彻落实习近平新时代中国特色社会主义思想和党的十九大精神以及党中央的各项决策部署。会党组把深入贯彻落实国务院印发的《中国红十字会总会改革方案》（以下简称《方案》）作为深入学习贯彻落实习近平总书记关于群团工作和红十字工作重要指示精神的实际行动，作为推动红十字事业持续健康发展的一次重大机遇，成立由总会党组书记任组长的深化改革领导小组，要求各级红十字会把贯彻落实《方案》精神作为当前重中之重的政治任务来抓。时刻绷紧严守党的政治纪律和政治规矩这根弦，召开党组理论学习中心组专题学习会，传达中办关于秦岭违建问题通报精神，坚决拥护党中央的决定，认真学习领会习近平总书记重要批示精神，进一步加强总会政治建设，切实做到“两个维护”，把讲政治纪律、政治规矩，反对形式主义、官僚主义，勇于担当负责和管党治党等各项要求落实到工作。带动总会各级党组织认真学习贯彻《中共中央政治局关于加强和维护党中央集中统一领导的若干规定》并形成制度、成为工作常态，把维护党中央集中统一领导要求落到实处。带头严格执行重大问题向党中央请示报告制度，依据《中国共产党党组工作条例（试行）》有关规定及时向党中央报告总会党组工作开展和主要任务完成情况。二是严肃党内政治生活。会党组成员带头认真学习并严格执行《关于新形势下党内政治生活的若干准则》《中国共产党党内监督条例》，坚持落实双重组织生活制度，以普通党员身份积极主动参加所在党支部活动，为党员干部讲党课，发挥了示范带头作用。及时召开党组理论学习中心组专题学习会、党的政治建设推进会暨党建工作年中会议，传达习近平总书记关于中央和国家机关推进党的政治建设的重要指示精神及中央和国家机关党的政治建设推进会精神，听取各党支部半年党建工作情况汇报，党组对贯彻落实政治建设推进会精神和抓好下半年总会直属机关党建工作提出明确要求。各级党组织站在讲政治的高度，严肃认真对待党的政治建设督查自查工作，按照工委规定的自查重点内容，通过自下而上的方式，逐条逐项开展自查。机关党委、机关纪委组成督导组，对各党支部民主生活会进行督导，不断增强党内政治生活的政治性、时代性、原则性、战斗性。各党支部严格民主生活会和组织生活会、坚持“三会一课”、谈心谈话和民主评议党员等制度，党员领导干部在民主生活会上如实说明组织约谈情况和报告个人有关事项，严肃认真开展批评和自我批评。建立党支部党建工作台账，定期报告“三会一课”制度落实情况。

（二）加强思想建设，深入学习贯彻落实习近平新时代中国特色社会主义思想和党的十九大精神

一是发挥党组理论学习中心组的示范带头作用。将深入学习贯彻习近平新时代

中国特色社会主义思想列为党组理论学习中心组学习的首要任务，列入重要议事日程，纳入党建工作责任制和意识形态工作责任制。修订中心组学习制度，进一步丰富学习内容，明确学习要求，提高学习质量。2018 年，党组理论学习中心组先后进行 10 次集中学习，通过学习扩大会、邀请专家学者辅导讲课、座谈交流、撰写学习体会等方式深入学习习近平新时代中国特色社会主义思想和党的十九大精神。党组成员带队分赴全国十余个省、区、市红十字会开展专题调研，研究解决问题，推动改革落实，深入贯彻落实习近平新时代中国特色社会主义思想和党的十九大精神。在 2017 年度总会党组领导班子民主生活会中，围绕学习贯彻情况查摆出的问题，制定有针对性的整改措施，明确责任领导、牵头和配合部门以及完成时限，确保学习宣传贯彻工作组织领导有力。二是机关党委加强领导和监督检查，推动各基层党组织学习贯彻工作不断深化。将学习贯彻工作列入总会年度党建工作要点，制定机关党委、纪委“两委”委员学习计划，指导、督促党支部制订学习计划，把学习贯彻工作引向深入。机关纪委对总会机关及直属单位各党支部学习贯彻党的十九大精神情况进行了专项监督检查，机关党委在广大党员干部中开展“学习贯彻十九大，推动红十字事业发展”建言献策和“学用新思想 笔谈千字文”等活动，推动学习贯彻工作的深化。组织党员干部分批分次参加中央、工委、派驻纪检组举办的宣讲报告会和专题培训班，加深对党的十九大精神的理解领悟。机关党委组织了 2 期学习培训班，实现了总会机关及直属单位全体党员干部学习培训全覆盖。各党支部组织广大党员干部认真落实有关要求，认真制定个人学习计划，主动学、自觉学，踊跃参加上级党组织和党支部开展的各项活动，努力把学懂弄通做实的要求体现到个人工作学习的方方面面。

（三）落实党建工作责任制，着力提升基层党组织组织力

一是着力压实管党治党主体责任。按照党组书记负总责、分管领导分工负责、机关党委推进落实、各部门负责人“一岗双责”的党建工作责任体系和“党建工作领导小组领导、机关党委部署、基层党组织推动、党员群众落实”的党建工作机制，党组书记带头履行抓党建第一责任人职责，其他党组成员根据分工切实抓好职责范围内的党建工作。充分发挥总会党建工作领导小组、党风廉政和反腐败工作领导小组作用，召开两次两个领导小组扩大会议。进一步加强机关党委、机关纪委“两委”委员联系基层党支部制度，利用民主生活会督导、日常检查调研等时机深入联系点，了解掌握第一手资料，对党支部开展党建工作进行有针对性的指导。强化党建工作述职评议考核结果运用，注重把考核情况作为评先评优、选拔任用干部的重要依据。通过党建工作述职评议考核，进一步压实支部书记责任，增强支部书记管党治党意识，切实担负起全面从严治党主体责任。二是围绕中心，服务大局，充分发挥各级党组织在推动总会改革发展过程中的积极作用。在总会召开改革动员部署会后，机关党委立即组织各党支部开展以“坚决贯彻落实党中央决策部署，深入扎实推进红十字会改革”为主题的学习讨论活动，进一步统一思想认识，提高政治站位，为推进总会改革深入开展夯实思想基础。围绕核心

业务和重点工作，充分发动各级党组织和广大党员积极参与中国红十字会“三救三献”、精准扶贫、“一带一路”建设和“一老一小”人道服务等工作。三是围绕总会重点工作，发挥党支部战斗堡垒作用。围绕总会对口扶贫工作，配合赈救部组织各党支部对口扶贫英山乡村博爱家园项目实施工作，并共同对各党支部对口帮扶工作作出部署，提出要求。机关党委先后拨付专项党费 24 万余元用于支持中国红十字会扶贫点湖北省英山县四棵枫村建设党员活动中心和开展党建活动。机关纪委分别与总会扶贫点所属市、县纪委监委建立起扶贫干部监督联动机制，加强对扶贫干部的日常监督管理，加大对红十字会投放项目及资金执行情况的监督检查，对扶贫工作中出现的违反中央八项规定精神的行为严肃问责，与英山县纪委分别对 4 名人员进行了批评教育和谈话提醒。四是加强分类指导，支持党支部建设，着力提升基层党建工作水平。积极进行“两新”组织“两个覆盖”工作的探索，调研和推广“曜阳养老服务体系”党建工作经验，该党建工作经验已被《党建杂志》《中国组织人事报》刊发。认真执行有关规定，指导各党支部制定年度党建活动计划，统筹用好财政资金和党费，保障党建工作开展。通过组织各党支部认真开展“不忘初心，重温入党志愿书”主题党日活动，积极参加反映党和国家发展伟大成就的展览、庆祝活动等，进一步强化了党支部的政治功能，有效提升了组织力。坚持把政治标准放在首位，按照“控制总量、优化结构、提高质量、发挥作用”的总要求，严格党员发展审批程序，把好新党员入口关，2018 年按计划接收 5 名预备党员。建立换届提醒督促机制，将基层党组织换届情况列入党建述职评议考核内容，督促各党支部按期换届，总会所有基层党组织均已按期换届。

（四）坚持把纪律挺在前面，扎实推进党风廉政建设和反腐败工作

机关纪委认真履行监督执纪问责职责，深化运用监督执纪“四种形态”，坚持惩前毖后、治病救人，抓早抓小，防微杜渐，推动总会全面从严治党工作逐步深化。一是认真落实监督责任，切实把管党治党要求落到实处。印发《中国红十字会总会直属机关 2018 年党的纪检工作要点》，研究制定 2018 年度总会党风廉政建设和反腐败工作分工意见，压实各部门各单位责任。召开总会党风廉政建设和反腐败工作领导小组会，听取各党支部党风廉政建设工作等情况汇报，部署党风廉政建设和反腐败工作任务，确保党风廉政建设和反腐败工作组织领导有力。组织与各部门（单位）负责人签订 2018 年党风廉政建设责任书，将全面从严治党责任进行逐级分解，有效传导压力，不断增强部门（单位）负责人“一岗双责”意识。将党风廉政建设落实情况纳入年终党建述职评议考核内容，通过考核倒逼责任落实。组织各部门（单位）第三次对廉政风险防控措施和工作流程进行修改完善，找准廉洁风险点，制定防范措施。建立总会机关及直属单位处级及以下党员干部廉政档案，加强对干部的动态监督，为 18 名处级及以下党员干部出具廉政情况报告。在财务部门配合下，完成对 3 名直属单位主要负责人的离任审计工作。二是抓好中央八项规定精神贯彻落实，持之以恒正风肃纪。第一，加强经常性教育。机关纪委制定下发总会《2018 年度经常性纪律教育计划》，对开展

经常性纪律教育工作作出部署安排，通过教育引导党员干部时刻坚守政治红线、纪律高压线和廉洁底线。抓住每年节假日及暑期休假等“四风”问题易发多发重要节点，通过向各党支部下发廉洁过节有关通知，通报中纪委、纪工委、纪检组和总会有关违反中央八项规定精神的典型案例，向总会机关全体党员干部及直属单位处以上党员干部发送廉洁提醒短信等方式，不断重申纪律要求，进一步强化广大党员干部“守纪律、讲规矩”意识。第二，加强警示教育。开展警示教育月活动，党组书记进行动员部署，对活动开展提出明确要求。各党支部通过组织党员干部参观廉政教育基地、观看警示教育片、通报近年来总会的违纪案例等形式，以案明纪、以案释纪，教育引导党员干部进一步深刻认识党风廉政建设和反腐倡廉工作的重要性和紧迫性。认真梳理本部门（单位）纪律作风和廉政风险点，修改完善本部门（单位）的廉政风险及防控措施一览表和工作流程图，建立健全防控机制。对年初签订的党风廉政建设责任书、党风廉政建设和反腐败工作分工意见落实情况进行“回头看”，进一步强化责任意识。各党支部开展旁听犯罪庭审、家庭助廉等配合活动，推动警示教育活动各项工作取得实效，确保中央和国家机关警示教育会精神贯彻落实到位。第三，加大监督执纪问责力度。机关纪委根据公务用车及餐厅分布情况，对重点节假日贯彻落实中央八项规定精神情况采取支部自查与实地抽查相结合方式，对相关直属单位公务用车、餐厅用餐情况进行专项监督检查。分别对1名存在公车私用问题和1名存在办公用房面积超标、公车私用问题党员领导干部给予党内警告处分和诫勉谈话，对2名存在办公用房面积超标、公车私用问题党员领导干部进行提醒谈话。三是加强自身建设，持续强化监督执纪工作。第一，加强机关纪委的政治建设，着力提升专兼职纪检干部的政治和业务水平。召开3次机关纪委（扩大）会议和多次纪委办公会议，深入学习贯彻党的十九大精神，传达贯彻十九届中央纪委二次全会、纪工委、纪检组有关会议精神。组织机关专兼职纪检干部参加专题培训班、辅导报告、研讨交流、学习讨论、印发学习材料、开展知识测试等，提高纪检干部的政治素质和执纪能力。第二，加强机关纪委规范化、制度化建设。纪工委执纪审查工作专项检查情况通报会和纪检组执纪审查工作推进会召开后，机关纪委及时将会议精神向党组进行了汇报，并召开机关纪委会、纪委办公会，学习贯彻会议精神，认真进行自查自纠。发挥机关纪委全委会作用，凡涉及总会纪检工作的重大事项均通过召开机关纪委全委会的方式进行研究。进一步规范信访举报和问题线索管理处置工作，印发《中国红十字会总会直属机关纪委信访举报工作办法（试行）》《中国红十字会总会直属机关纪委问题线索管理办法（试行）》和《中国红十字会总会直属机关纪委办公会议制度（试行）》。加强信访举报工作，落实好纪工委和纪检组信访举报和问题线索月报告、季度报告制度，进一步规范信访举报和问题线索管理。第三，运用监督执纪“四种形态”，严肃执纪问责。2018年，机关纪委共收到信访件10件，其中，职责内信访举报5件（重复线索1件），机关纪委初核或函询6件（含2017年来件），了结5件，对2人进行了诫勉谈话，对2人进行了提醒谈话，对1名违纪党员给予党内警告处分。

（五）坚持党建带群建，积极发挥工青妇群团组织作用

将群团工作纳入每年机关党委工作要点之中，统筹安排考虑，并在活动策划、组织协调、经费保障等方面给予大力支持。一是支持工会履行职责，代表和维护职工合法权益。积极组织职工参加各类书画展、摄影及书画培训讲座等活动，支持总会文体协会及其所属的足球、羽毛球、毽球、瑜伽、编织、太极拳等兴趣小组积极开展活动，丰富干部职工的文化生活。逢年过节和会员结婚生育、生日、生病住院或退休离岗等时机，工会及时组织看望慰问。积极助力总会精准扶贫工作，通过湖北省英山县和重庆市酉阳县政府购买当地土特产累计 10 万余元，用于逢年过节为工会会员发放节日慰问品。二是发挥团委作用，助推团员青年成长成才。制定《关于贯彻落实〈中央和国家机关工委关于推进中央和国家机关年轻干部深入学习习近平新时代中国特色社会主义思想的意见〉实施办法》，推进总会年轻干部深入学习习近平新时代中国特色社会主义思想，加强年轻干部的思想武装。组织 2018 主题团日暨青年大学习活动，开展“根在基层”青年干部调研实践活动，与有关部委团委联合开展多种联学互促等活动，为青年成长成才创造条件。三是加强妇女工作，发挥女职工作用。持续开展“恒爱行动”公益活动，举办向妇女干部职工寄语健康讲座，组织女职工开展“织毛衣送温暖关爱孤残儿童”“庆三八、展风采”等活动，发挥好妇工委的作用。

总会直属单位

总会机关服务中心

2018 年，机关服务中心在总会党组的正确领导和分管会领导的直接领导下，中心班子带领全体干部职工团结、协作、务实、进取，以习近平新时代中国特色社会主义思想为指导，以深入学习贯彻落实党的十九大精神为主线，以提升机关服务质量和效能为目标，紧紧围绕和服务总会工作大局，积极采取以强化内部管理抓质量，以加强自身建设促发展等措施，凝心聚力，开拓创新，求真务实，扎实工作，为满足总会机关运转和服务需求提供了服务和支撑保障，基本完成了中心工作年度目标任务。

一、深入学习贯彻十九大精神，用习近平新时代中国特色社会主义思想指导实践、推动工作

认真学习领会习近平新时代中国特色社会主义思想，把贯彻落实党的十九大精神作为当前和今后一个时期的首要政治任务来抓，继续推进“两学一做”学习教育常态化制度化，把思想和行动统一到中央和会党组的决策部署上来，紧密联系中心工作实际和广大干部群众思想实际，强化思想武装和大局观念。把政治建设摆在首位，严守政治纪律、政治规矩，牢固树立“四个意识”，坚定“四个自信”，做到“四个服从”和“两个坚决维护”，坚持把纪律和规矩挺在前面，坚决防范各种新形式的“四风”问题。

中心党支部用十九大精神和习近平新时代中国特色社会主义思想统揽全局、指导工

作，一手抓学习贯彻，一手抓业务工作，把党的路线方针政策和会党组部署要求贯彻落实到业务工作和事业发展之中，用以指导、推进实际工作。积极发挥中心班子的示范引领作用和党支部的战斗堡垒作用，推动党员领导干部先学一步、学深一步，党员领导干部在贯彻落实十九大精神和做好各项工作中讲党性、作表率。中心坚持领导带头，以上率下，增强贯彻落实中央八项规定及实施细则的自觉性和坚定性。坚持民主集中制，落实分工协作，一岗双责，决策时注重广泛听取多数人意见，坚持“三会一课”制度，落实党建日常工作。全年召开支委会 9 次，研究议题 19 个，召开党小组会 6 次，全体党员大会 4 次。支部书记带头讲党课，曹怀杰同志主讲“以史鉴今，做新时代廉政楷模”廉政专题党课，支部副书记兼纪检委员傅刚同志主讲“弘扬红船精神，坚定理想信念”主题党课。坚持“三重一大”制度，凡是重大事项决策、重要项目安排、重要干部任免和大额资金使用均上会集体研究，落实集体决策和民主决策，确保中心各项决策民主化、制度化。

二、围绕年度任务目标，认真履行工作职责

2018 年，中心围绕总会部署要求，按照年初工作计划，全体干部职工共同努力，完成了自身建设、行政后勤服务、固定资产管理、物资采购等方面的各项工作任务并取得较好成效。

（一）加强自身建设

1. 强化党风廉政建设。落实党风廉政建设责任制，完善风险防控体系和风险防控制度，成立了中心主任为组长、纪委委员为副组长、各处室负责人为成员的风险防控工作领导小组，确定了资产与财务管理处为具体牵头部门，加强对重点岗位、重点人员的教育和管理，用风险防控制度制约、规范大额资金使用、预决算和资产管理、物资采购等工作，确保中心各项工作规范化、制度化。强化支部纪检委员的监督责任，加大对党员干部和重点岗位、重点部门工作人员党风廉政教育力度，做到警钟长鸣，防微杜渐，形成风清气正的良好工作氛围。

2. 开展主题党日活动，增强党员组织观念和责任意识。组织党员干部参观国家博物馆“真理的力量——纪念马克思诞辰 200 周年主题展览”“伟大的变革——庆祝改革开放 40 周年大型成果展”、革命传统教育基地双清别墅和廉政教育基地恭王府等，开展系列主题党日活动，每次活动大家积极参与，参观活动后，支部及时将有关活动内容和收获制作专题在中心宣传栏展示。通过主题党日和专题教育活动，进一步提高了党员干部思想修养和党性观念。

3. 加强中心内部建设。进一步完善规章制度，提升科学化、制度化管理水平。结合中心实际，按照与时俱进、务实管用的原则，对现有的制度和规定进行认真研究和全面梳理，共新定制度 9 项，修订完善制度 17 项，新的《机关服务中心制度汇编》已编辑完成。积极开展业务培训，提升业务管理水平。结合业务工作需要，制订了全年学习培训计划，采取请进来、走出去相结合、自学和集中学习相结合等形式，在自学中创建了“三合一”学习法，对干部职工开展政策法规、改革创新思路和管理能力等为主要内容的学习培训，逐步转变传统观念，开拓工作视野，提高政策理论水平。与总会机关签订新一轮《机关服务合同》，使服务内容更加明确，服务收费有了标准依据。持续开展“服务满意度调查”，提升服务质量及效率，按季度向机关各部室发放调查问卷，了解机关干部职工对机关服务的意见和建议，对收集到的意见建议逐条进行分析、研判和落实，查找自身问题，及时抓好整改。

（二）强化后勤服务保障

加强办公用房和职工住房管理工作。做好总会办公用房维修与管理，对工程报修及时响应，保障了机关及直属单位的正常办公，截至 11 月底，共受理、完成大小工程维修总计 575 次；完成了 2019—2021 年财政性资金项目申报书（办公楼维护项目）的申报工作；配合总会办公室对机关和直属单位办公用房集中进行核查清理，根据总会人员调整情况及时跟进办公用房使用面积调整，严格执行和落实《党政机关办公用房管理办法》有关规定。完成职工住房配售配租工作，按照国管局职工住房配售配租相关政策，在总会配售配租工作领导小组领导下，协助总会 4 人办理配租型住房入住、3 人办理购买腾退旧房相关手续；编报 2018 年下半年职工住房配售计划并获国管局批复。做好职工住宅老旧小区整治和管理，完成了锡拉胡同 13 号院、南河沿 3 号院职工住宅老旧小区综合整治项目竣工扫尾工作，相关档案资料移交存档。制订总会住宅装饰装修管理制度，进一步规范对总会产权小区房屋装饰装修行为的管理。编报了总会机关本级和干细胞管理中心、备灾救灾中心、器官捐献中心等单位 2017 年住房改革支出决算报表和 2019 年住房改革支出预算报表。

做好总会会议服务工作。按照总会要求，完成了中国红十字会第十届理事会第四次会议、第五次会议的会务服务保障工作，两次会务服务为总会节约会议预算资金 15 万余元。加强机关会议室服务管理，通过对会议室预订、会前布置、会中服务、会后结算、会议设备改造等环节不断加以改进和完善，提高服务水平，截至 11 月底，共为总会机关提供办公会议服务 230 次。

做好公务用车管理。加强车队安全行驶宣传教育，签订交通安全目标管理责任书，组织车队全体人员学习交通法规，及时传达中央国家机关交通安全有关文件政策精神，使所有驾驶员时刻保持和做到安全驾驶，2018 年安全行驶 5.9 万公里无事故，较好完成总会领导、应急、机要交换、离退休干部等用车任务。建立了总会机关公务车辆运行费用台账，实现车辆运行及费用状况台账记实记录管理。严格执行《党政机关公务用车管理办法》，配合总会办公室完成了对总会备灾救灾中心、事业发展中心、干细胞管理中心、训练中心等单位公务用车改革执行情况的督察工作。根据会领导用车需要和机关公务用车年限、状况，积极协调国管局资产司完成中国红十字会领导用车配备更换 4 辆并较高效率完成 4 辆新车的缴纳购置税、保险、新车检测、挂牌等手续办理和内装工作。

推进机关餐厅服务改革。为推进机关餐饮服务社会化改革，切实提高餐饮专业化水平，经调研其他部委和相关餐饮企业，向总会提交改革报告并经总会后勤服务管理领导小组研究同意，启动餐饮服务改革工作，总会机关餐饮服务公开招标工作扎实、有序进行，即日将开标评标。在机关餐饮人力、经费有限的情况下，积极改进菜品口味和质量，保证健康合理营养膳食，并于 11 月 19 日起增加了加班晚餐，不断满足机关干部职工饮食服务和加班需要，2018 年已为机关提供用餐服务共计 2.7 万余人次。

做好节能减排工作。推进节约型公共机构示范单位创建工作，开展了总会办公楼能源审计，在国管局节能检查中获得好评，有望获批示范单位；积极向国管局申请，对总会办公楼的照明系统进行智能照明节能改造，对总会职工餐厅灶具节能、油烟净化系统进行改造，预计 2019 年将大幅度降低办公耗电量，减少油烟排放。完善能耗统计数据台账，认真做好总会本级并指导直属单位做好公共机构能耗数据统计工作，完成了国管局节能司、北京市统计局要求的能源资源消费统计报表工作。

做好安全保障工作。实行安全保障目标责任管理，中心分别与总会机关各部室签订了责任书，各直属单位都成立了由行政一把手负总责的综合治理领导机构，并分别与各处室签订了综合治理、防火、保密安全、交通安全等责任书。健全完善突发应急机制，加强与消防支队、综治办、驻地派出所等部门的联系与沟通，搞好单位内部的安全保卫和防范工作。做好综合治理及“平安单位”创建工作、保密工作和流动人员管理工作，完善防汛工作应急预案、突发事件（治安、防火、防暴）应急处置预案等。在节假日和重大活动期间，安排和督导物业保安人员加强巡逻和值班，提高人防物防技防能力，切实筑牢安全防线。坚持开展以“平安创建”为中心的治安防范、消防安全、交通安全、防暴、防灾、信访维稳等内容的宣传教育活动。通过标语横幅、展板、板报、发放宣传材料、外出参观、集中学习讨论、实战演练等形式，对干部职工开展安全教育和培训，收到了较好的效果。

做好爱国卫生工作。开展了总会机关和在京直属单位办公区生活垃圾强制分类工作。在相应区域设置餐厨垃圾、有害垃圾、可回收物和其他垃圾分类回收容器并粘贴规范的分类标识，多种形式开展生活垃圾分类宣传活动，建立垃圾分类台账，提高了垃圾分类管理水平，较好地完成了中央国家机关爱卫办对总会办公区生活垃圾强制分类验收检查工作。

做好人民防空有关工作。继续推进总会办公楼地下空间维修改造项目后续收尾工作，布置进行了防汛应急演练，完成了汛前检查、物资保障等准备工作，确保地下空间安全度汛。

做好医疗健康保障工作。按照年度计划，完成了医疗照顾对象的医疗保障服务；组织机关及中心约 140 人进行健康体检；购买应急药品 38 类，提供个人领用及会议药品保障 200 余人次；为总会职工核报医药费 485 笔，报销医药费 120 万余元。

完成其他服务工作。全年送取机要文件 5118 件；收转处理总会文件 579 件；收发报纸杂志信件 30 余种 4136 件；完成各类排版 3367 版、印制文件 400 余件 72215 份；完成代管经费 165.16 万元的使用与管理。

（三）抓好物资采购管理

强化业务培训，提高物资采购服务保障能力。物资采购工作政策性强、服务对象广、采购需求多，为了准确把握采购新规及采购工作专业性要求，确保依法履职、按章办事，中心积极组织采购工作相关人员参加财政部、政府采购中心等部门举办的各项业务培训，不断提升采购工作的服务水平。

完善制度，提高服务效率。制订了《机关服务中心物资采购管理办法》，进一步明确物资采购工作具体原则、方法、程序等，确保采购流程科学化、制度化、规范化。完成总会 2018 年彩票公益金救护培训教具 3500 万元项目和红十字人道救助救援项目六类物资 2060 万元项目、2019 年“送温暖”活动 900 万元物资采购项目委托中央国家机关政府采购中心进行公开招标采购工作以及总会机关 160 种 18000 余件办公用品的采购，为总会人道救援及办公提供了有力保障。

（四）做好资产管理工作

加大监管力度，不断提高资产使用效益。积极推进固定资产的规范化管理，严格执行固定资产配置标准，建立健全固定资产从配置、使用、管理到评估处置的操作规程，做到账账、账卡、账实相符。2018 年对超过使用年限的 83 件、价值 1151497 万元的办公设备进行清理、处置，将其中还能使用的 39 件、价值 267060 元可用于教学的电脑等设备捐献给贫困地区红十字学校，实现资源最大利用。充分履行职责，做好资产报告编报工作。按照财政部及国管局的工作要求，准确编制总会及行政事业单位 2017 年度国有资产报表，完成资产报告工作，经财政部审核，在近日召开的资产管理培训会上，总会工作受到通报表扬。

总会训练中心

2018 年，总会训练中心在总会的坚强领导和大力支持下，依托红十字生命健康安全教育项目（以下简称“生命项目”）、援外培训和博爱家园等项目，面向社会大力开展红十字应急救护培训，广泛普及应急救护、防灾避险和卫生健康知识，传播红十字精神，不断提高公众自救互救能力和意识，助力“一带一路”民心相通和培育践行社会主义核心价值观。

一、认真贯彻落实习近平新时代中国特色社会主义思想，全面加强党的建设，保证红十字应急救护工作健康发展

在总会党组的领导下，训练中心以习近平新时代中国特色社会主义思想为指导，全面增强“四个意识”，坚决做到“两个维护”，把政治建设摆在首位，从思想上、组织上、制度上、行动上全面加强训练中心党的建设，为红十字应急救护工作健康发展提供坚强政治保证。一是在党员思想教育上坚持政治建设优先，大力加强党性教育，增强党的意识，通过开展“重温入党志愿书”“读讲一本书”“每周一讲”“学习榜样”及观看主旋律电影等活动，学习党史、时政、政策文件等，培育践行社会主义核心价值观，与党中央保持高度一致。二是成立 3 个党小组，从组织上落细落实责任，充分发挥基层党组织战斗堡垒作用及党员的先锋模范作用，党小组定期开展组织生活 40 余次，在扎实的组织生活中提升党组织的组织力凝聚力。三是以严格党的组织生活制度为切入点，将制度建设贯穿始终，制定《党小组组织生活制度实施办法》，明确了组织生活内容和要求，组织生活更加规范。四是全面加强纪律建设，开展警示教育月活动，通过观警示教育基地、看警示教育片、听违纪案例通报、谈党纪文件学习感悟、学党纪处分条例等形式，强化纪律红线意识。

二、以项目实施管理和事业发展引领为抓手，稳步推进年度重点工作

（一）加强生命项目管理，推进红十

字应急救护培训基地建设。为规范提高生命项目和应急救护培训基地（简称“基地”）管理水平，修订了生命项目管理手册和基地管理标准化手册，举办培训班，建立完善管理沟通机制和专家库，加强技术指导和督导，落细过程管理。2018 年评审确定由 26 个省（区、市）承担项目工作，7 月总会发文确定项目点，8 月向各省拨付项目首款（总额的 70%）。30 个体验教室已全部落实建设场地，基本都在招标和建设中，1 个已完工。项目活动开展方面，资金总体执行率为 42.7%，“学校 + 社区”安全教育相关救护员培训、应急演练等活动完成比例从 45.5% 到 86.7% 不等，安全辅导员和师资培训分别完成 67.5% 和 77.7%；公益讲座完成 92.3%。

2018 年依托生命项目，本着向西部和近 3 年培训量大的省份倾斜，红十字会自有场地优先的原则，评审确定在 21 个省（区、市）建设 30 个基地，组织对 2016 和 2017 年建设的部分基地进行验收，评定 23 个基地为首批红十字应急救护培训示范基地，并启动 2019 年基地建设申报工作。

（二）加强援外培训等涉外培训和项目管理工作，助力“一带一路”民心相通。根据商务部援外培训有关管理要求，制定了援外培训项目管理手册，加强援外培训规范化管理。按照年初援外培训业务交流会所明确的“授人以渔”理念和“一个主题，三个模块”培训方案，讲解“一带一路”倡议、救援救护、灾害管理等民心相通、业务和管理方面内容，并组织学员赴国家紧急救援训练基地、湖北等地考察。2018 年共举办 12 期援外培训班，来自 28 个发展中国家 315 名代表参加培训，同比增加了 5 期 102 人。经评估，学员对民心相通方面内容的评分均在 9 分以上（满分 10 分），对专业课程的评分高达 12.3 分（满分 14 分），对培训总体满意度平均分高达 92.5 分（满分 100 分）。

此外，协调指导有关地方红十字会做好国际联合会、新加坡红会援建的博爱家园项目，及新加坡红会援建供水救援队项目等涉外项目工作，做好系统内 16 个单位 18 名干部赴美国参加国际援助能力建设培训相关准备工作。

（三）加强统筹高层倡导和基层推进，面向社会全面开展应急救护培训。在总结前两年经验的基础上，2018 年以各大部委机关、央企总部及高校为重点开展应急救护倡导性培训，通过对部门和行业的高层作倡导宣传，扩大应急救护影响力，以期达到带动一个系统、一个行业的效果。全年共完成倡导性培训 38 期，培训 3500 余人。其中，外交部、财政部、人社部、卫健委等国家部委 22 期，占 58%，外交部培训中心、中铝集团等单位已有预约或扩展培训的意向。

同时，深入湖北武汉和英山、山东邹城、重庆酉阳、河北衡水等地的企业、社区和乡村进行培训，共面向社会开展救护员培训 118 期，培训救护员 7998 人。其中，在奔驰、百度、国航等合作 3 年以上的企业开展培训 85 期，占期数的 72%，在武汉邮科院培训 3800 人，占培训人数的 47.5%。经调查评估，参训学员对培训的综合满意程度达 97%。共开展各类应急救护培训 202 期，直接受益民众 15800 余人。

（四）加强研究开发和人才队伍建设管理，不断提升救护培训标准化和专业化水平。围绕“专业能力建设年”，大力开展研究开发，为救护培训提供专业支撑。一是加强教学研究和学术化建设，举办 16 期学术沙龙和教学研讨，不断夯实培训专业基础。二是完善培训教材体系，编写应急救护相关知识和操作手册 8 本，着手修订总会救护培训教材。三是完成应急救护培训课程体系研究设计，编写《红十字生命健康安全教育课程体系》。四是开发急救包参数标准，为总会和地方采购急救包提供参考。五是设计建立救护大赛题库，为全国救护大赛作技术准备。

在人才队伍建设管理方面，一是发挥救护培训指导中心和国家队的引领带动作用，为全国培训救护师资 1061 名。二是建立全国应急救护培训师资库，推进全国救护师资注册管理。三是对本中心师资分批进行评审、培训，规范提升教学水平。四是修订应急救护专家委员会管理办法，补充和更新专家名单，形成专家咨询、研究开发和培训师资三维团队，做好人才技术支持。

（五）加强信息化建设和宣传普及工作，广泛传播应急救护等知识和红十字精神。在原有网络信息平台的基础上进行调整升级，完善培训管理、师资管理、项目管理等功能模块，开发在线培训学习软件，制作标准电子课件和实操视频。此外，积极开发微信公众号、企鹅号、报刊等媒体平台，对信息平台作有益补充。依托信息化手段，分享全国项目点探索的先进做法和经验，提高项目管理和救护培训服务效率和水平，开放应急救护在线学习资源，提高普及应急救护知识的可及性和传播效果。

以“世界红十字日”和“世界急救日”为契机，大力开展应急救护相关系列宣传活动，中国红十字报、人民网、中国网、健康时报等多家媒体对活动进行了报道。在援外培训、项目开展等日常工作中，通过灯箱广告、网络媒体、报刊、专刊和宣传册等形式积极宣传普及应急救护知识技能，传播红十字精神。

（六）认真落实总会改革、养老照护服务培训、救护员培训国际认证等工作。认真学习领会总会改革精神和分工方案，统一改革思想，凝聚改革力量，按照总会改革工作部署，做好学习动员、问题梳理、措施研究、方案制定、材料准备、进展报告等工作。落实总会关于参与养老服务工作有关要求，开展养老服务人员知识技能培训，现已完成相关培训教具采购，举办两期养老照护服务师资培训和一期养老护理员培训。积极推进救护员培训国际认证，以提高我国救护培训质量和国际化水平，进行国际认证相关资料的翻译准备，并与联合会、全球急救资源中心就合作内容、进度安排等进行沟通。

总会备灾救灾中心

2018 年，备灾救灾中心在主管副会长王海京的带领下，在总会赈济救护部的指导下，一方面完善中心内部管理、制度建设，一方面助力总会备灾救灾核心业务发展。

（一）党建工作情况

2018 年中心支部坚持把学习贯彻习近平总书记系列重要讲话精神、党的十九大精神以及总会党组、党委的重大部署作为首要的政治任务，引导广大党员干部深入领会精神实质，不断增强“四个意识”，坚定“四个自信”，形成了一个党建学习角，一条党建文化路，一面文化主题墙，一片主题宣传广场。中心党支部在年初制定了 10 条 50 项党建工作全年推进表、月度工作计划，组织广大党员干部认真学习宣传贯彻落实习近平新时代中国特色社会主义思想，十九大相关文件精神及重要讲话。前十个月共召开党员大会、支部扩大会议、支委会等共 13 次。先后组织集中学习 5 次，组织党日主题活动 3 次，党建联谊活动 7 次，报送发展对象 1 名、入党积极分子 2 名。在十月的警示教育月中，中心完成了机关党委要求的廉政教育基地参观、《中国共产党纪律处分条例》的学习、廉洁党课讲授、违纪案例学习等规定动作，还组织学习了中央国家机关警示教育录，制作了中心的廉政手册，履行好基层党支部的主体责任、巩固“四风”建设成效。

（二）组织管理情况

中心年初制定了工作推进表，明确了财务、人事、行政等管理工作，通过加强中心制度建设，完善中心内部控制、资金管理和组织建设。2018 年，中心共梳理了决策制度、会议制度、党建及廉政建设制度、人事制度、保密制度、服务制度等六大类 33 项 489 条内容，完善了重点岗位工作流程和廉政风险点管理，在现有条件下强化了内部控制、合同管理，正式实行了指纹打卡制度，为中心考勤和考核管理提供了更加准确、翔实的数据支撑，通过修订管理制度和流程，进一步完善中心的内部管理。中心 7 名在编在职人员从 2018 年 5 月正式缴纳在职人员基本养老保险，1 名退休人员的部分养老金自 2018 年 6 月起已由央保中心发放。按照总会人事的通知，中心已经部分开展绩效工资补发工作。

2018 年北京市的几次火灾事件，让全市单位的消防管理上了新的台阶，中心作为顺义区的重点消防单位和总会的重要资产，非常重视消防安全保障，配合马坡消防中队进行了消防培训、消防演练，完成了微型消防站的建设工作。同时，由于地处偏远，冬季没有采暖设备，气候变化较市内更为剧烈，为保证国有资产保值增值，2018 年中心完成了院区东北角外墙维修；1—4 号库喷淋系统维修；3、4 号库外墙维修及女儿墙防水维修；消防水箱维修；1—4 号库卷帘门维修；1、2 库区地面漆工作；库区连接桥和消防栓电伴热工作等。

（三）业务开展情况

2018 年，中心以副会长王海京的指示要求为指导，紧紧围绕物资库标准化建设，物资通用标准修订等核心职能稳步开展业务工作。

1. 深入基层调研，走出去请进来，加强交流宣传

中心 2018 年 3 月赴四川、云南调研落实总会文件情况，赴广东、山东等省红十字会调研总结现有救援队服装的先进经验，发现其使用过程中存在的问题和缺陷，提出解决方案。建立了全国备灾救灾中心主任微信工作群，完成了全国各级备灾救灾中心（物资库）通讯信息征集并整理印刷《全国各级备灾救灾中心（物资库）通讯录》。中国红十字会备灾救灾工作展厅开展后，承担了备灾救灾工作参观宣讲任务，截至年末，接待宣讲达 500 余人次（总会领导、总会办公室、总会训练中心、总会器官中心、国家储备局直属处、牛栏山一中师生、应急救护师资培训班学员、各期国外紧急救援研修班学员），完成展厅参观指南的设计制作。

2. 建设中心示范库，完成全国一、二级物资库等级评定工作

中心根据总会赈济部的统一布置和要

求，组织并参与备灾库等级评定工作，对库房内的物资和救援队装备进行了专业分类和打包。依照总会2018年一号、二号、三号文件的要求，进行了标准化示范库房改造，中心库区增置高位货架78组780个货位，中型货架64组，钢制托盘880个，钢制库房连接桥1个，铺设自流平1957.6平方米，实现库房物资分区分类管理，将库房打造成全国备灾库样板。中心首次组织完成红十字系统全国备灾救灾物资库的等级评定工作，11家单位被评选为全国一级物资库，10家单位被评选为全国二级物资库。

3. 建立专家团队，完善标准化建设

2018年中心邀请国家纺织检测中心等多名专家参与2017版物资采购通用标准修订，并于第一季度和第四季度分别组织了两次专家评审会。2018年5月邀请了应急管理部、北京服装学院的专家组织召开了救援队服装标准工作研讨会。在总会赈济救护部的领导下，中心积极联络物资、物流、救援专业领域的专家，承担了红十字会系统物资采购标准、救援队服装标准、红十字救援队装备标准目录等标准化文件的制定工作。

4. 开展装备采购，组织红十字备灾干部培训

救援队交通工具（供餐车）采购项目于2018年4月举办了交接仪式，顺利将供餐车交付给四支国家级救援队；救援队交通工具（运输车辆）采购项目于2018年7月完成了招标；仓储笼采购项目已经通过第三方机构完成招标，正顺利推进；舟艇类招标工作目前正在进行再次公开招标。中心2018年组织开展全国备灾救灾中心业务干部标准化培训班1期，首次将参训学员覆盖至全国多个地市级的备灾救灾干部，加强了与各区域、省市县级备灾救灾中心的业务指导和资源共享。

（四）总结经验

通过参与总会的核心工作，中心认为首先要加强专家队伍建设，通过咨询各方面专家的意见，不仅可以获得了智力支撑，而且也给中国红十字备灾救灾工作指明了前进的方向。其次，深刻领会了学习的重要性，在中心工作中需要向相关领导专家多请教，主动学习，任何工作成绩的取得都必须不断地学习，提升自身的能力，才能提高总会的备灾救灾、应急响应能力。再次，中心充分认识到面向基层与服务基层的生命力，中心在分管领导王海京副会长的指示下，把2018年备灾救灾业务骨干培训班的学员范围扩大到地市级，2018年参训的学员达到100余人，参训效果好，接地气。

中国红十字援外物资供应站

2018年，中国红十字会援外物资供应站（以下简称“供应站”）紧紧围绕国家外交大局和“一带一路”发展战略，深入学习贯彻党的十九大精神以及习近平总书记和会长陈竺在中国红十字会“十大”会议上的重要讲话精神，聚焦总会援外工作部署，不断转变职能，优化管理，各方面工作取得了较好成绩。

一、援外业务取得突破进展，服务质效不断提升

供应站助力总会服务国家外交大局，融入“一带一路”建设，积极配合商务部和总会完成系列对外援助工作，在项目开拓和合作上取得了可见可感的成效和收获。

（一）认真落实国际人道援助项目

在总会的支持下，由供应站负责执行的商务部 2017 年非紧急国际人道援助项目顺利完成，共援助斯里兰卡、马拉维、马尔代夫等 6 个国家红会，援助总额达到 800 万元人民币。其中，塞尔维亚尼科利奇夫人医疗设备援助项目继 2017 年顺利执行 50 万元人民币的呼吸机和麻醉机援助后，2018 年又承接了预算 50 万元人民币的援助项目，监护仪、蒸汽灭菌器等医疗设备已安全运抵塞尔维亚，援助效果得到商务部及受援国红会的肯定。

2019 年非紧急国际人道援助项目也已完成上报申请工作，涉及援助格鲁吉亚、津巴布韦、越南等 5 个国家红会，援助总额 800 万元人民币。

（二）拓展与红十字组织间的国际业务合作项目

1. 与国际红十字组织的业务合作。供应站与国际红十字组织的采购合作取得实质性进展。供应站承接了ICRC综合工具包项目，共计采购总价值 55000 美元的 3000 余套工具包，并按期运抵巴布亚新几内亚，物资质量和工作能力得到了 ICRC 和巴布亚新几内亚红会的充分肯定；同时，供应站与 IFRC 日内瓦总部通过电话会议明确了双方合作意向，确定了下一阶段新的框架协议的签订以及采购项目的合作。

2. 与兄弟单位的项目合作。供应站积极参与中国红十字基金会负责的博爱单车项目。圆满完成对意大利、马来西亚、蒙古国等 6 个国家和地区数百辆博爱单车的供应以及对巴基斯坦、印度尼西亚、泰国等 8 个国家共 2525 辆博爱单车的招标。较好发挥了供应站在人道外交领域的积极作用，中国红十字基金会对供应站的工作能力和物资质量也比较满意。

3. 与省市红十字会的项目合作。受广西壮族自治区红十字会委托，供应站承接了其为柬埔寨红十字会捐赠 20000 顶蚊帐的项目，其间克服了台风登陆造成的停港停运等重重困难，按时将蚊帐运达柬埔寨的金边港口，广西壮族自治区红十字会和柬埔寨首相夫人对供应站工作特地以感谢信的方式予以肯定。

（三）配合总会顺利完成家庭包采购任务

总会下达给供应站的 2018 年家庭包采购金额为 1850 万元，共计招标采购家庭包 60064 个，供应站严格履行产品抽检、生产追踪、产品再抽查等程序，已将家庭包分批运抵 20 余个省级备灾中心，确保了援助物资的采购保质保量按时完成。同时，受总会委托，供应站根据受援省市红十字会反馈意见和实际使用情况，改进了家庭包规格，完善了物品种类，得到了总会和受援群众的肯定。

二、物业管理规范有效，经济效益持续稳定

作为自收自支事业单位，主要收入来源为物业租赁费，

供应站 2018 年以来经营收入整体稳定，同时进一步严格落实安全责任，把安全工作落实到日常管理和经营发展的各个环节，为供应站可持续发展提供有力保障。

（一）提升管理能效，合法经营创收

围绕“强管理、降成本、增效益”的目标，一是运用现代化管理模式，节省管理成本，强化管理效能；二是提升物业品质，完善硬件配套设施；三是优化经营业态，提高

运营环境；四是采取多渠道招租，灵活签订租赁合同等措施，确保租赁业务有序运行，增强物业整体营运效益。2018年供应站物业租赁收入613万元，部分承租企业的租金较上年同期增长3.6%—20%不等，出租率达到97.4%，租赁合同执行率达到96%。同时，严格遵守国家有关法律法规和单位《物业租赁管理制度》，做到了合法创收、依法纳税，没有发生一起企业违法违规行为。

（二）狠抓安全防范，保障日常经营

房产面积8000平方米，共有承租企业30余家，加上物业年久失修，设施设备老化严重，安全隐患突出。为了确保单位和群众生命财产安全，通过完善《安全管理制度》，明确安全领导小组权责，与承租企业签订安全责任书，实行每月两次安全巡视，每年组织两次安全工作大检查和一次消防演练等方式，及时消除各类安全隐患。同时，积极响应中央、市委和地方有关进博会安全保障工作的部署和要求，配合有关职能部门完成了沪青平仓储基地的安全排查整治和安全隐患专项治理工作，对桂林路物业违章搭建进行了拆除和防水补漏，确保了进博会期间安全无事故。

三、内部管理不断优化，管理水平大幅提升

2018年以来，供应站稳步提升内部管理效能，通过调整机构职能，健全制度规范，优化队伍建设，构建制度完备、管理科学、运行高效的内部管理体系，确保工作的有序开展。

（一）紧跟总会步伐，贯彻推进全面深化改革

全力配合总会落实国务院改革方案，及时召开全体干部职工改革动员大会，传达和学习国务院印发的《中国红十字会总会改革方案》和总会印发的《贯彻落实〈中国红十字会总会改革方案〉重点任务分工方案》以及总会领导的重要讲话精神，同时结合供应站实际，就援外工作、物业管理、内部管理、党建工作4个方面制定了《关于贯彻落实国务院〈中国红十字会总会改革方案〉和总会〈重点任务分工方案〉的责任清单》19条，将改革措施落实、落小、落细，在每项工作的各个环节得到体现，不折不扣、保质保量完成供应站的改革任务，以实际行动贯彻落实总会改革决策部署的重大政治任务，推动红十字事业发展。

（二）以问题为导向，不断完善管理制度

在站领导的高度重视和各部门的共同配合下，供应站结合实际，以规范为目标，以问题为导向，结合实际，对内部管理制度中的机构职能设置、财务报销、职工请销假和门卫值守等5项制度进行了调整和完善，形成了由25份制度构成的全新内部管理制度体系。其中，调整后的《人员编制及机构职能设置管理规定》进一步厘清了处（科）室职能分工，优化了运转机制，提升了工作效能。新修订的《制度汇编》确保了各项管理工作有规可依、有章可循，内部管理效能显著提升，为供应站全年各项工作部署和执行提供了有力保障。

（三）加强干部队伍建设，深化纪律作风建设

干部管理方面，为顺应供应站事业发展和人才队伍建设的客观需求，严格按照国家和总会有关规定，规范有序地解决了部分干部职工的入编问题，发挥人事管理的激励和引导作用，提振了士气，净化了风气，增

强了干部职工的凝聚力、向心力和战斗力。人员招聘方面，结合部分干部职工退休、辞职的情况，根据岗位实际需要，分别向社会公开招聘了物流管理处安全管理科科长和援外处工作人员各 1 名，充实了人才队伍，确保新形势下各项业务工作顺利开展。同时，结合请销假制度的修订，进一步规范了对干部职工的监督管理，增强了干部职工的政治纪律和组织纪律观念，促进了干部队伍作风建设。

（四）运用法律武器，维护合法权益

面对复杂的历史遗留问题和频繁的诉讼案件，供应站聘请业界知名律师事务所作为常年法律顾问，为供应站提供法律咨询和法律保障。同时，通过组建应诉小组、完善文书档案、厘清历史财务账目，为站领导决策和应诉提供了重要参考和有力凭据。2013 年至今，共应诉民事案件和劳动仲裁 14 宗，无一败诉，为单位避免经济损失 500 万元。

（五）协调落实重大事项，推进可持续发展

一是根据总会妥善处理历史遗留问题的要求，供应站稳步、合法、依规地完成了下属五方公司的工商注销、税务清算等系列注销工作，并启动了红园公司的税务清算工作，进一步清理了债权债务关系，强化了国有资产管理，防范了经营风险；二是为消除现有物业管理存在的安全隐患，在总会支持和帮助下，致函上海市闵行区人民政府沪青平仓储基地变性后的使用功能，加快该地块建设改造进程，为国有资产的保值增值，供应站的健康、长期发展夯实了基础；三是根据国家《关于调整机关事业单位工作人员基本工资标准和增加机关事业单位离退休人员离退休费三个实施方案的通知》（国办发〔2016〕62 号）的有关精神，经请示总会同意，制定了在职干部职工 2016 年 7 月至 2018 年 10 月薪资差额的补发方案，保障了干部职工的合法权益，激发了干部职工的工作积极性；四是按照国家事业单位档案管理的有关规定，着手解决部分干部职工人事档案分存于上海市各区人才服务中心保管的现状，实现人事档案的集中、统一、规范管理，更好地为干部人事工作服务。

四、加强组织建设，发挥党建引领作用

供应站党支部深入学习贯彻党的十九大和习近平总书记系列讲话精神，紧紧围绕上级党委和上级主管单位党组的部署要求，认真落实党建工作责任制、党风廉政建设责任制和意识形态工作责任制三大工作重点。《2018 年党建工作要点》20 条全部兑现，为供应站和谐、稳定和发展提供了思想政治和组织保证。

（一）抓好学习培训，提高干部队伍综合素质

利用每月 1 次政治学习，结合“三会一课”“两学一做”学习教育、主题党日活动等形式，对广大党员和干部职工进行党的理论知识、法律法规、业务技能、社会主义核心价值观等学习培训，突出强调“学”是基础、“做”是关键，注重融入日常、抓在经常，增强“四个意识”，落实“两个责任”，践行“三严三实”，使干部职工提高政治站位，把准政治方向，进一步发挥党员的先锋模范作用和党支部的战斗堡垒作用。

（二）抓好廉洁自律，保障事业健康发展

持续推进党风廉政建设，确保落实“两个责任”，认真贯彻“三重一大”制度，自觉遵守中央八项规定，严格执行民主集中制

原则，层层签订《廉洁自律责任承诺书》，对援外、财务、租赁等廉政风险高发环节进行风险防控和监督。提高党员干部克己自律意识，筑牢防腐拒变的思想道德防线。2018年以来，供应站未发现一起党员和领导干部违法违纪现象，锻造了优良的党风政风，营造了海晏河清的政治生态，确保了单位的和谐稳定。

（三）抓好争先创优，保持党员先进性

坚持不懈在党员中开展“五带头”争先创优活动，从而带动全体干部职工“岗位创优、技能创优、业绩创优”的积极性。2018年，党支部被合作交流工委授予系统“党支部建设示范点”，中共上海市委组织部主办的《上海组织工作》以《落实党建新理念，实现爱的新奉献》为题介绍了支部工作情况。

（四）抓好结对帮扶，参与建设美丽乡村

供应站党支部与金山区廊下镇勇敢村党总支实行城乡党组织结对帮扶，通过党建帮扶、项目帮扶、资金帮扶、物资帮扶、文化帮扶，使1360人次的低保、大病、残疾人员和60岁以上老人得到救助。同时，两地党组织战斗力不断增强，党员素质不断提升，实现了互促互进。2018年，供应站党支部积极践行习近平总书记关于大兴调查研究之风的重要指示精神，就帮扶工作进行了调研，形成《关于结对帮扶工作的调查报告—对金山区廊下镇勇敢村的调查》，为深化结对帮扶工作，促进乡村振兴战略提出了比较有价值的意见和建议，并捐款20万元整修村主干道永勤路，解决上千名群众出行难的问题。与勇敢村党总支结对帮扶的经验做法被上级党委作为《城乡党组织结对帮扶优秀案例》推荐上报上海市委组织部。

中国造血干细胞捐献者资料库管理中心

2018年，干细胞库管理中心深入贯彻落实党的十九大精神和习近平关于群团改革的重要指示，全面推进《中国红十字会总会改革方案》，各项工作取得较大成果。

一、中心党支部党建工作开展情况

以强化“四个意识”、做到“两个维护”为核心，结合管理中心党支部实际情况，制定全年支部党建工作计划，明确党建工作主体责任，以不同形式做到月月有活动，实现支部党建活动全年覆盖。

以学习贯彻习近平新时代中国特色社会主义思想和党的十九大精神为主要内容，及时传达党中央重大决策部署、重要会议文件、重要指示批示，以开展专题党日活动、落实警示教育月为契机，创新学习方式。重视推进年轻干部党员的理论学习，要求全体党员按照支部党建工作计划，制定个人学习计划，创新考核方式，鼓励党员干部有机会参加各类党校培训活动，全年共有3名党员同志参加了相关培训活动。

严肃党内政治生活，坚决落实民主集中制，严格执行党支部“三会一课”基本制度，支部书记讲授了党课《习近平七年知青岁月》导读、以现身说法开展廉洁从政警示教育、在西山无名英雄纪念广场进行现场爱国主义教育。按时召开民主生活会和组织生活会，充分开展批评和自我批评，及时制定整改方案，有措施分步骤地进行落实整改。坚决做到“四个服从”，遇事及时向上级党组织请示汇报。

严明党的政治纪律和政治规矩，以学考结合的方式，组织全体党员对新修订的《中国共产党章程》《中国共产党纪律处分条例》等进行学习。认真落实警示教育大会精神，通过支部书记李黎同志现身说法等形式向全体工作人员发出廉政警示提醒。

强化党内监督，坚持不懈正风肃纪，扎实推进党风廉政建设和反腐败工作。明确主体责任，落实“一岗双责”，与分管副主任和中层干部签订廉政责任书。支部按要求制定了年度经常性纪律教育计划。全面加强纪律建设，持之以恒整治“四风”。拓展落实中央八项规定精神成果，确保制度刚性执行。采取多种形式，开展党纪党规的学习教育。组织生活会民主评议党员 1 次、廉政专题党课 2 次、廉政学习情况测试 2 次、廉政建设宣传栏 6 次、廉政参观活动 2 次、传达违反中央八项规定的通报若干次，开展警示教育月活动。支部副书记兼纪检委员结合纪检组干部培训班的学习体会，专门讲授了“学习十九大和中纪委二次全会精神严明纪律争做合格党员”的党课。在节假日前微信提醒。省外实验室招标采购评标前与相关人员廉政谈话。对重点环节（如工会经费使用、培训、会议、出访安排、差旅、办公用房等）进行重点把控。班子成员车改后不再报销出租车费。廉政工作与中心相关工作同研究同部署，在全国会议培训前、培训中均对请销假制度、会议经费、培训经费、八项规定实施细则、党政机关厉行节约反对浪费条例等相关纪律和要求进行宣传和提醒，咨询和指导。制定下发《管理中心“三重一大”集体决策制度实施办法》，严格执行“三重一大”制度，严格执行采购有关政策和制度，政府采购中标结果上会集体研究确定。严格履行财务审批及支出手续。以此营造廉政文化氛围，预防廉政风险。参加总会机关纪委组织的纪检干部培训班，系统地学习十九大精神、监察法、党纪党规及腐败案例，从理论和实践层面均有很大收获。

支部高度重视对英山县杨柳湾镇王家界村、雷家店镇飞跃村的对口帮扶工作，支部书记带领中心部分党员、农业专家、爱心企业赴定点帮扶村进行实地调研，根据帮扶村的实际情况，结合骨髓库的业务优势，动员相关方力量，研究制定帮扶方案。

支部高度重视改革工作的开展，专门召开会议传达学习总会改革方案和梁书记的讲话精神，安排部署干细胞管理中心的改革工作，紧紧围绕“坚持以人民为中心的发展思想，依法依规做好造血干细胞捐献工作”，从宏观长远考虑，以问题为导向，听取基层建议，创新工作方式方法，科学合理地制定干细胞管理中心的改革方案。

支部积极支持中心工会和青年工作的开展，采用恳谈会等形式加强与中心青年职工的交流，了解青年人的实际困难和职业规划。

二、年度业务工作开展情况

（一）主要业务指标完成情况

1. 入库情况：截至 11 月 30 日累计库容 262 万人，2017 年省外实验室 8.28 万人入库任务已完成，2018 年入库任务已基本完成。

2. 检索捐献服务：截至 11 月 30 日，2018 年提供初次检索查询服务 6994 人次，通过世界骨髓库网站提供错配检索 1030 人次。共发出初筛 71486 份，再动员 19366 份，高分辨通知 4894 万份，体检 1594 人次，捐献造血干细胞 837 例，较上年同期

（718 例）增加 119 例，增长率 16.6%，创历史新高。其中向国（境）外提供 28 例。历史累计捐献造血干细胞 7839 例，其中涉外 312 例，涵盖 27 个国家和地区。2018 年 8 月，中华骨髓库单月移植数首次超过百例。2018 年首次实现向瑞典和西班牙捐献。

接收二次移植申请 51 例（其中 17 例为二次干细胞申请，34 例为二次淋巴细胞申请），全年完成 21 例二次淋巴细胞移植，2 例二次干细胞移植。

3. 人道救助服务：2018 年，共救助 10 个省级管理中心（贵州、广东、安徽、云南、上海、河北、黑龙江、山东、河南、吉林）29 位捐献者，受助捐献者的捐献时间跨度为 2003 年到 2018 年，累计发放救助金 44.5 万元。

4. 造血干细胞出入境服务：受总会委托，按照现行规定及途径办理血液及特殊血液成分出入境的申请手续，印发了《关于中国造血干细胞捐献资料库办理造血干细胞出入境申请手续的通知》，明确了办理造血干细胞出入境工作流程以及所需提交文件。为配合各地海关进行造血干细胞入境后的后期监管工作，按照北京海关的要求印发了《关于在“海关出入境特殊物品全流程一体化信息监管平台”注册备案的通知》，完成关联备案移植医院 17 家。

5. 受卫健委和总会委托，起草《关于中国造血干细胞捐献者资料库办理血液出入境申请手续的通知（代拟稿）》，已在协调进行会签。

6. 其他项目：完成 150 家医院的备案登记工作，其中 2018 年新加入医院 39 家。完成 2019—2020 年度捐献者购买保险项目的竞争性磋商，成交商为太平养老保险股份有限公司。顺利完成了 2018—2020 年冷链运输服务项目的竞争性磋商，成交商为上海腾翼搏时国际货运代理股份有限公司，已累计向 17 个国家或地区寄送志愿者高分辨检测血样和传染病检测血样 132 例。

（二）宣传和志愿服务工作

在总会的指导下，中国造血干细胞资料库的宣传工作始终坚持正确舆论导向，传播正能量，努力构建大宣传格局，并借助新媒体的特点不断推陈出新。微博已成为紧密联系省级管理中心、志愿者团队的工具，通过在网上构建宣传矩阵，及时回复网上各种疑问，化解矛盾，年回复量上千条，有效引导舆论导向，传递人间大爱。微信公众号以其新颖、灵活的方式进行科普知识、典型人物宣传，组织策划了许多专题活动，“拿出手机来投票”“主题采风活动启动”“cctv 说”“拯救大兵”“世界骨髓捐献者日”等专题活动，点击量均过万，取得很好的宣传效果。

2018 年 4 月 10 日在海南正式启动“造血干细胞捐献者，你还好吗”主题采风活动，同年借助第四届世界骨髓捐献者日有利时机，在京组织开展了《看见》大型宣传活动。活动中相关主流媒体讲述了开展主题采风活动的心得体会；管理中心发布了爱心大使公益广告；组织了共患见面等活动，此次活动的开展，既向所有造血干细胞捐献者表达了社会各界对他们的关切和敬意，又向全社会有力地证明了“捐献造血干细胞无损健康”，在社会上引起了强烈反响。

《造血干细胞捐献者，你还好吗》荣获 2018 年中国公益映像节优秀作品奖和最佳作品传播奖并获得世界骨髓捐献者协会提名奖。中心正筹备将该活动中媒体的采访稿件汇编成书，公开发行，进一步增强主题宣传效果。

2018年还制作《不忘初心，让爱回家》公益广告片、宣传海报等，从全方位多角度进行宣传。确定了“爱心宝贝”卡通宣传形象，并设计完成一系列的vi设计方案，制作了卡通玩偶、文件夹、笔、布袋等宣传品。

加强信息安全保密审查工作，制定并实施《中国造血干细胞捐献者资料库官网信息发布制度》《中国造血干细胞捐献者资料库管理中心信息公开保密审查程序流程图》《中国造血干细胞捐献者资料库管理中心信息公开保密审查表》《中国造血干细胞捐献者资料库管理中心官网信息公开登记表》，确保信息公布的规范性、及时性、安全性。

支持各地建立志愿服务组织，推动志愿服务工作全面开展。各地紧紧围绕造血干细胞捐献这一核心，有效开展了志愿服务工作，顺利完成志愿服务总队的改选工作，评出五星志愿者1156名。按计划开展入库志愿捐献者质控抽检工作，2017年志愿者随访质控同意捐献率为80.7%，创历史新高。全面开展志愿者保留项目，制订《志愿者保留项目实施细则》。

（三）技术支撑及标准化

积极准备世界骨髓捐献者协会（WMDA）认证工作。推动骨髓库各项工作的规范化和标准化，实现骨髓库从大库向强库迈进的重要手段。中心组织第二次全员培训、体系文件运行培训和日常业务培训，审定了质管体系策划表，组织各部室编写完成质量体系文件，该项目已进入收尾阶段。

专家委员会秘书处工作。组织召开专家委第一次全体会议，制定了2018年专家委的工作计划，建立移植组全体专家参与捐献体检疑难问题的轮值制度，及时跟进国际最新研究进展，指导推广适宜技术。制订颁布了《人类白细胞抗原基因分型检测体系技术要求核查指南》、中国常见及确认的HLA等位基因表（CWD）（2.3版）、《HLA基因分型质量管理与控制办法（2018版）》《HLA基因分型数据入库标准（2018）》《非血缘造血干细胞捐献者捐献前健康检查及适宜性评估指导意见（试行）》《非血缘造血干细胞捐献者第二次捐献指导意见（试行）》《非血缘造血干细胞捐献者捐献后随访指导意见（试行）》《非血缘造血干细胞捐献不良事件处置指导意见（试行）》。召开HLA技术核查指南培训班，对高分实验室及部分入库实验室开展技术核查。深入广西2市6个单位调研地中海贫血救治工作，召开地贫救治推进会，协调专家起草地贫患者救治活动方案，联合相关部室、分库和医院积极做好患者对接工作，用行动推动广西地贫患者救治项目的开展。

严把数据入库关，完成2017年度HLA分型数据入库及2%抽样质控工作（含口拭子），完成2017年度实验室室间质评工作，完成2017年度样品库样品质控工作。制订《2018年数据入库标准及质控办法》。完成2018—2020年度高分辨分型确认实验室的审核确认和协议签订工作。

科研项目管理。完成2018年度中华骨髓库政策创新、科学研究课题的征集、评审，并对18个课题进行立项资助。按章受理了5家单位的科研课题申报。以中国的CWD表为题，向第12届国际骨髓库大会投稿，并首次获批在会场海报展示。组织召开了“2018年中华骨髓库国际培训班”。

三、业务支撑和内部管理保障情况

（一）业务支撑平台建设

资料库未来的发展取决于信息化水平。认真落实国家和总会对中心信息化工作的要求，继续严格执行信息化管理制度和应急机制。做好节日期间的机房值守；完成了“十三五业务系统升级改造”项目的实施。执委会新批准的1600万资料库信息化建设项目目前已完成专家论证工作，正按照公开、透明、科学、高效的要求，走政府集中采购程序。

（二）内部管理保障等工作

1. 财务管理。预算执行情况。2018年全年预算总收入8083.24万元。截至2018年11月底，实际收入7809.39万元，其中财政补助收入7783.80万元，利息及捐款等其他收入25.59万元。支出总计9521.09万元，其中财政补助支出9374.89万元，其他支出146.2万元。较好地完成了预算收支工作。

捐献预付金结算工作。捐献预付金结算委托给第三方，从6月开始，当年的费用结算及时，并清理了大部分2017年患者移植流程已终止应退未退的款项。2018年1—11月共为患者代收1208笔，资金2445.81万元。为分库及患者结算共2626笔，资金2477.09万元。其中，付分库1256人次，资金1031.26万元；退患者1370人次，金额1445.83万元。

强化制度管理。修订下发《省级管理中心彩票公益金管理办法》，《关于修改省级管理中心彩票公益金管理办法的通知》《管理中心财务报销细则》等文件，修改出纳网银付款额度，加强资金末端监管。

2. 人事管理及日常行政办公后勤保障工作。与央保中心同步，完成养老保险实时征缴后的数据清算，发放绩效工资，优化工资结构，着手制定专业技术人员评聘管理办法，为派遣人员和返聘人员增长工资，完成5位派遣制同志和1位返聘同志的续聘，着手干部人事档案清查工作。做好办公用品采购和管理，开展固定资产报废。建设完成档案室、陈列室、小型会议室，刷新墙壁，更换窗帘和桌椅，使中心面貌焕然一新。

3. 政府采购工作。完成4项政府采购工作。“2018年入库数据分型检测费服务项目”“捐献志愿者保险项目”“业务系统运行维护项目”“捐献预付金结算项目”。

4. 完成2018年世界骨髓库会费缴纳，完成11月我国台湾慈济骨髓库的交流活动，12月出访波兰的准备工作。

5. 举办会议培训9个，国家级管理中心联合省级管理中心及部分专家委员会成员，分别对部分省级管理中心、备案医院、组织配型实验室、高分实验室、样品库进行了业务督导、财务检查和工作调研。

中国人体器官捐献管理中心

2018年，在总会党组的领导下，在分管会长的直接领导下，中国人体器官捐献管理中心（以下简称“器官中心”）领导班子团结协作，全体干部职工共同努力，紧紧围绕总会中心工作，切实增强责任意识，加强自身建设，积极履行职责，推进改革创新，在思想政治素质、综合能力等方面进一步提升，各项工作稳步推进，器官捐献志愿登记和捐献例数据初步统计，截至2018年12月2日，累计志愿登记者人数达845599

人；累计完成逝世后捐献21018例，捐献器官59758个，其中2018年志愿登记者人数468866人，完成捐献5845例，捐献器官16835个，均已大幅超过2017年全年水平，百万人口捐献率上升到4.26。公民逝世后器官捐献的社会知晓度和公众参与度进一步增强。

一、支部建设得到加强，内部管理进一步规范

（一）抓好学习教育，加强支部建设

修订器官中心《关于推进“两学一做”学习教育常态化制度化实施计划》，深入学习贯彻党的十九大精神和习近平总书记系列讲话精神，开展“不忘初心、牢记使命”主题教育，组织学习《中国共产党纪律处分条例》《中国共产党支部工作条例》，突出抓好思想政治建设，党的组织建设、作风建设和党风廉政建设，全体党员干部同以习近平同志为核心的党中央保持高度一致，强化“四个意识”，坚定“四个自信”，为器官中心业务发展提供坚强的政治保证和组织保证。

制定器官中心《“三会一课”制度》《党支部组成及主要职责》，严格落实党支部的各项基本制度和基本职责，认真落实“三会一课”制度，扎实开展支部的各项工作。器官中心8名党员成立了两个党小组，全年共召开全体党员大会16次，支委会12次，党小组会议2次，上党课6次，主题党日活动3次，印发《器官捐献管理中心党建》内刊4期，发展4名入党积极分子。

（二）严格落实党风廉政建设，严格集体决策

按照总会机关党委要求认真梳理中心党风廉政建设风险点，加强对物品采购、固定资产管理和资金分配使用等工作的风险防控。严格落实集体决策制度，凡“三重一大”事项均按规定程序由领导班子集体研究、科学民主决策，2018年，共召开主任办公会20次，全体会2次，重大事项均通过会议讨论确定。

（三）梳理工作问题，细化改革措施

按照总会改革方案和党组书记梁惠玲动员讲话要求，提高政治站位，统一思想认识，切实以问题为导向，根据中编办批复职责，认真梳理了落实宣传动员、报名登记、缅怀纪念、捐献见证、救助激励和信息平台建设职责方面的各类问题和改革措施，在总会指导下扎深入实推动器官捐献工作改革。

（四）做好日常管理，严格财务管理

进一步完善中心各项规章制度，修订相关管理制度，进一步规范考勤、采购、资产、档案、保密和人事管理，为中心开展器官捐献业务工作做好保障。加强财务管理，认真编制年度财务预算，做好年度财务决算，执行好彩票公益金项目预算，2017年度彩票公益金器官捐献项目绩效评价得分88.67分，排名第2；运行项目得分87.2分，排名第3，总体成绩良好，按要求启动养老保险和职业年金扣缴等工作。

二、重点业务工作取得显著成绩

（一）制度制定和法规政策推动工作

认真做好器官捐献相关管理制度起草制定工作，保障和规范工作开展。修订印发《中央彩票公益金器官捐献项目管理办法》和2018年度捐献服务补助费及人道救助分配方案；就《人体器官捐献登记管理办法》《人体器官捐献协调员管理办法》修订进行深入讨论；配合国家卫生健康委员会完成国家卫生标准《公民逝世后捐献器官运输标

准》起草制定工作；办理十三届全国人大、政协提案答复意见，积极推动遗体和人体器官捐献条例的立法。

（二）宣传动员工作进一步加强

创新思路，构建全方位宣传格局，大力宣扬“自愿无偿、大爱奉献”理念，营造全社会参与、支持器官捐献的社会氛围。制作器官捐献的宣传品，组织拍摄《等待新生》和《向阳而生》宣传片，编印《新生·心声》宣传册；策划组织“生命之约·大爱传递”器官捐献志愿登记宣传季活动，支持开展器官捐献进校园活动；协助央视《朗读者》《等着我》等栏目制作器官捐献专题节目，宣讲器官捐献者、移植受者、协调员等的感人故事，经两年筹划，与腾讯公益合作推出“一个人的球队”创益项目，引发积极反响和广泛好评，得到腾讯1000余万元的投放推广；运营“中国人体器官捐献”微信公众号，有近22万人关注，2018年新增12万人，新开通澎湃问政和百度百家号，充分利用器官捐献工作通讯、网站、微信、微博、客户端等信息发布平台，及时发布工作信息；推动器官捐献志愿服务队伍、宣传教育基地建设。2018年，全国各级红十字会组建志愿服务者队伍总计3500余人，共设立器官捐献宣教基地300余个。

（三）报名登记工作进一步规范

不断简化和规范志愿登记信息和流程，最大限度地方便公众登记。畅通现场、网站、微信公众号以及其他网络平台四种登记途径，还积极做好登记服务工作，设计精美的志愿登记卡、登记证书、感谢信，做好申领实体登记卡的发放工作，2018年发放实体登记卡和感谢信近3万份。我们还推出“秀出你的登记卡”活动，引起广泛响应，器官捐献志愿登记人数持续增加，2018年登记46万余人，超过前7年的总和。

认真梳理工作流程，不断完善案例报告相关内容，形成《潜在捐献者登记》《捐献确认登记》《获取见证登记》《捐献完成登记》四张表格并推广应用。在信息系统的有力保障下，个案信息报告率已经由2016年初的不足30%达到了目前的80%以上，有的地方已经实现了与分配系统完全同步。

（四）队伍培训及管理工作继续深入

举办三期（第29—31期）全国人体器官捐献协调员培训班，新培训协调员317名，建立了2500余人的专兼职人体器官捐献协调员队伍。针对协调员队伍中出现的一些问题，2018年6月召开“加强协调员管理工作会”，切实加强和规范协调员管理，经征求国家卫健委同意，启动换发协调员证件工作。做好2017年度协调员考核工作，评选嘉奖全国优秀人体器官捐献协调员12名，拨付180余万元彩票公益金支持协调员开展捐献服务工作。举办第三期全国人体器官捐献高级培训班，拓宽工作视野，交流工作经验，借鉴国际经验，研讨存在问题。

（五）大力推进缅怀纪念工作

3月31日成功在湖北武汉组织举办2018全国人体器官捐献缅怀纪念活动，并号召全国各级红十字会在清明节期间组织多种形式的缅怀纪念活动；支持四川、陕西两个省开展缅怀纪念场所建设，推动各地建立遗体和人体器官捐献者的缅怀纪念场所，截至2018年年底，全国已建有104处捐献者缅怀纪念场所。

（六）积极推动慰问救助工作

制作发放器官捐献者荣誉证书，拨付230余万元彩票公益金对捐献者家庭进行人道救助和回访慰问。全国有 14 个省级红十字会设立了器官捐献救助基金，针对困难捐献者家属开展不同程度的救助工作。为进一步规范人道救助工作，赴广西、河北、黑龙江、浙江、福建、海南等省区开展工作调研，了解各地人体器官捐献人道救助工作开展情况，研究拟定器官捐献人道救助工作的建议及意见。

（七）信息化建设工作跨上新台阶

密切结合工作需要，持续的升级改造信息系统，通过信息化提升工作质量和效率。形成了“人体器官捐献管理中心网站”“人体器官捐献志愿登记系统”“人体器官捐献案例报告系统”等主要信息平台，2018 年 9 月 20 日正式推出“器官捐献”手机端应用，做好 400-010-6695 咨询热线值班工作，为社会公众提供更便捷服务。

（八）其他相关工作

参与中国人体器官捐献与移植委员会相关工作，筹备成立中国人体器官捐献技术委员会，开展角膜捐献调研，支持海南开展器官和角膜捐献综合试点，参与主办 2018 年第三届中国 - 国际器官捐献大会。

总会事业发展中心

2018 年，在总会党组的正确领导下，在有关部门和社会各界的大力支持下，事业发展中心（以下简称中心）及所属实体单位，学习贯彻党的十九大精神和习近平新时代中国特色社会主义思想，以党建工作为引领，推进落实总会改革任务，制定了《中心五年发展规划（2018—2022）》，统筹推进公益养老、民办教育、博爱中国文化、基金项目等重点工作，圆满完成了各项任务，取得了较为突出的成绩。

一、持续深入学习宣传贯彻党的十九大精神

2018 年，中心坚持以习近平新时代中国特色社会主义思想为指导，通过制定发展规划、落实总会改革任务、举办学术交流活动、开展送教下乡等形式，深入学习宣传贯彻党的十九大精神。

（一）研究制定《中心五年发展规划（2018—2022）》

2018 年初，中心组织制定了《中心五年发展规划（2018—2022）》，明确了中心的发展目标与总体思路。

未来五年，中心的发展总目标是：力争成为国内公益养老的引领者和民办教育的引领者、红十字会系统参与养老服务、宣传红十字精神的示范者。

未来五年，中心的总体工作思路是：坚持以习近平新时代中国特色社会主义思想为指导，坚持党建对工作的引领，聚焦养老和教育两个民生领域，持续打造曜阳养老品牌和拔萃教育两个工作品牌，实现五个根本转变，推进五个基础建设，重点建设四支队伍，完成八方面指标任务，努力形成“1225548”的工作格局。

（二）推进落实总会改革工作重点任务

总会改革启动以后，中心迅速召开了中层及以上干部会议，传达了书记梁惠玲的讲话精神和《重点任务分工方案》的文件精神；成立事业发展中心改革工作领导小组，及时制定了落实总会改革工作重点任务工作方案并报赈济救护部，同时制定中心曜阳养老工作经验总结提炼和省市红十字会养老服务工作调研方案。相关领导已分头组织总结提炼工作，同时分组前往江西、湖北、浙江、江苏等地开展专题调研。

（三）举办第四届中国养老服务业发展高层论坛

10月17日，中心与中国社会保障学会在扬州共同举办了第四届中国养老服务业发展高层论坛。论坛以“养老服务中的人文关怀”为主题，研究分析了我国社会养老服务体系建设的成绩和不足，交流了养老服务过程中实施人文关怀的好经验和好做法，努力推进我国养老服务业的持续健康发展。相关领导、专家学者、养老机构负责人和企业代表等共计近500人参加了论坛。人民网、央视网、新浪网等30余家主流媒体进行了相关报道。

（四）举办“宣讲行送教行”大型公益活动

8月和11月，中心与中国教育报刊社合作，先后在安徽泗县和贵州遵义共同举办了“宣讲行送教行”大型公益活动，来自北京等发达地区的优秀教师，为贫困地区和革命老区的一线教师和教育管理者，宣讲了习近平新时代中国特色社会主义思想、党的十九大精神、全国教育大会精神、教育改革的发展任务以及先进教育教学理念和方法等。

二、坚持以党建促中心各项业务发展

2018年，中心坚持以党建工作为统领，在中心、所属养老和教育实体、广泛联系的养老机构三个层面，扎实开展党建工作，推动各个层面的工作全面发展。

（一）高品质抓好中心及实体单位党建工作

2018年，中心党支部在做好“三会一课”基本建设的同时，与各党小组签订了党风廉政建设责任书，明确各党小组在党风廉政建设中的责任和要求。中心专门成立了党建工作办公室，设置了党建专员岗位1名，专职负责党建具体工作。

2018年，中心党支部专门制定了《党建工作三十条》指导中心建设的养老和教育实体做好党建工作。扬州曜阳公寓党支部已有职工党员6名，入住老人中已有7名党员将党组织关系转入公寓党支部，60余名党员入住老人经常性参加公寓党支部活动；杭州曜阳公寓党支部已有职工党员8名，入住老人中已有15名党员将党组织关系转入公寓党支部，10余名党员入住老人经常性参加公寓党支部活动。

（二）积极探索党建工作引领养老机构发展的途径和方法

为了落实中央关于在两新组织（新经济组织和新社会组织）中加强党建工作的要求，中心在开展党建引领养老机构发展试点工作的基础上，联合相关企业研发了曜阳“智慧党建”手机App，曜阳养老联盟成员单位党组织和党员通过App实现了党建工作的互联互动。截至11月底，全国已有150家养老机构能在智慧党建App上实现信息互通。对此，中央组织部、中宣部和总会党组给予高度评价和肯定。中宣部“党建网”以及中国人力资源和社会保障部《中国组织人事报》相继对曜阳党建工作进行了专题报道。

三、全力打造曜阳养老公益品牌

2018年，中心继续发挥公益优势，瞄准失能老人等弱势群体的需求，以建好管理所属养老机构、大力开展关爱贫困失能老人行动、搭建养老机构支持平台为主要抓手，协助政府推进养老服务供给侧改革。

（一）建好管好曜阳养老实体

一是围绕各类老人的健康养老需求，坚持打造医养结合型养老机构。截止到 11 月底，扬州曜阳国际老年公寓和杭州富春江曜阳国际老年公寓已建成了自理型养老公寓、康复（老年）医院和护理院三大功能模块，初步形成了“全程照护医养结合型养老服务模式”，成为曜阳养老旗舰店。其中扬州曜阳公寓和康复医院的联合体，再次入选了“2017 年中国医养结合 50 强”。济南曜阳国际公寓采用了“养老院 + 幼儿园”建设模式，并与周边医疗机构签订医疗服务协议、建立老人就医绿色通道，凸显了医养结合专业护理特色。贵州曜阳养老服务中心和邯郸曜阳养老服务中心依托原有医院的医疗优势，已建成高水平医养结合型养老护理院，并向周边地区提供居家社区养老服务。其中贵州曜阳入选国家发改委新时代养老服务典型案例。

二是以公建民营的形式，承接了北京市海淀西三旗曜阳养老服务中心的管理运营工作。该中心在充分体现曜阳养老特色的基础上，将机构养老、社区养老和居家养老结合在一起，构成“三位一体”，并且承担政府购买服务，做好基本养老保障人员的服务工作。11 月，海淀曜阳已正式揭牌，已收住失能半失能老人 20 余名。

三是总结提炼曜阳养老的品牌特色，编辑出版了《曜阳养老人文关怀的探索与实践》系列丛书。丛书一套三册，已于 10 月 17 日正式出版。其中第一分册，主要反映中心开展曜阳养老 19 年来的理论思考、实践做法和初步成绩；第二分册和第三分册，主要从“老有所养”“老有所乐”“老有所医”“老有所学”和“老有所为”五个角度，以案例故事的形式，全面展示扬州老年公寓和富春江老年公寓在养老服务中实施人文关怀的具体做法。

（二）持续开展“曜阳关爱行动”

一是在程序更加规范、要求更加严格的基础上，组织实施了“中央专项彩票公益金支持失能老人养老服务项目”。2018 年中心利用项目资金 1000 万元，为河北、河南和江西三省 50 家养老机构添置了 10 余类养老物资和设施设备，极大地改善了入住老人的居住环境，提高了入住老人的晚年生活质量。

二是利用社会爱心捐赠开展“曜阳关爱行动”。2018 年中心先后赴湖南省醴陵市、河北省定州市、广东省珠海市、河北省正定县、江西省兴国县等地，向 10 余家养老机构累计捐赠款物价值超过 100 万元，惠及近 1000 名失能半失能老人。中心同时协调相关单位和人员为当地老人举办了健康义诊和慰问演出活动，受到了当地老人的热烈欢迎。

三是与 CCTV 合作开展救助贫困失能老人公益项目。9 月 23 日，中心与 CCTV《社会与法》频道，合作举办了《福寿中国》大型晚会，共同启动了“温暖夕阳——关爱贫困失能老人行动”。项目利用 CCTV《社会与法》频道宣传平台，扩大社会影响，号召和吸引更多的社会力量参与养老，关心关爱更多的贫困失能老人。首笔救助款项 30 万元已送到河北、内蒙古相关养老机构。

（三）稳步推进曜阳养老支持平台建设

针对国内众多民办养老机构在发展中面临的技能人才短缺、服务水平不高等问题，中心除联合中国社会保障学会每年举办养老服务业发展高层论坛等学术活动以外，还通过教育培训、加强联络员队伍建设等形式，稳步推进曜阳养老机构支持平台建设。

一是大力开展养老服务人才培训。2018年，中心共计举办了3期曜阳养老院长培训班和1期曜阳养老护理员培训班，累计培训了全国28省440家养老院院长和50名养老护理人员。中心同时委托承德职业护理学院制作了50节养老护理微课视频，初步形成了养老护理培训微课课程体系。

二是选拔曜阳养老联盟地方联络人。截至11月中心已联系近5000家养老机构。为了方便养老机构之间的交流，中心在国内选拔了20名政治条件过硬、养老发展思想先进、认同曜阳养老理念的养老机构负责人，授权其为地方联络员，代表中心负责省内相关养老机构的交流协作。

三是组织养老机构参加展示交流活动。5月，中心组织扬州、杭州、海淀等三家曜阳养老机构参加了第七届中国国际养老服务业博览会。第十一届全国政协副主席张梅颖参观了中心和三家机构的展台，对中心和机构的养老服务工作给予了高度评价。

（四）积极营造尊老爱老助老的社会氛围

一是中心与广东省珠海市红十字会合作，共同举办了“关爱贫困失能老人、关注特殊儿童慈善之夜”大型公益活动，共筹集善款1420万元（其中捐赠物品折价968万元）。这些善款将全部用于关爱贫困失能老人和特殊儿童，不断改善其生活条件。

二是中心与央视《社会与法》频道合作举办了“养老护理员榜样人物事迹展播及颁奖活动”。在全国各省推荐30名优秀养老护理员的基础上，在CCTV演播大厅举办了9名优秀养老护理员先进事迹展播活动。相关节目将在2019年元旦播出。截止到11月23日24时，30名优秀养老护理员的事迹视频已在央视网、央广网、中华网、夕阳红微信公众号和今日头条、西瓜视频播出，其中夕阳红微信公众号的浏览量已超百万人次。

（五）积极探索农村养老服务模式

2018年下半年，中心在深入调研的基础上，与正定县民政部门共同确定“二共建、一组建、一捐赠”农村养老帮扶方案。“二共建”即：中心与正定县共同建设一所农村失能老人集中供养的示范养老机构，中心与正定县人民政府及爱心企业共同建设一座价值1100万元的红十字曜阳水站，惠及10000名老人。“一组建”是中心在正定县组建“曜阳养老志愿服务队”，为当地老年人提供志愿养老服务。“一捐赠”就是中心联合有关企业向正定县捐赠一套互联网健康管理系统。

四、着力打造拔萃教育品牌

2018年，中心在指导扬州世明双语学校和北京拔萃双语学校的教育管理的同时，积极参与政府购买服务，实现了拔萃教育的品牌输出。

（一）加强对两所双语学校监督指导

中心加强了对两所学校在依法办学、经济效益、社会效益和品牌维护等方面进行监督和指导。两所双语学校的家长满意度测评均达95%以上。北京拔萃小学部毕业统考名列朝阳区前茅，语数外三科平均成绩全部进入区直属示范校行列，居民办校榜首；中学部实现了一本、二本双超的教学目标；国际部留学生100%被重点大学录取。扬州世明教育教学质量稳居扬州市前列，“天使民乐团”选送的器乐表演《金蛇狂舞》获得扬州市特等奖，1名学生被评为扬州市少年科学院小研究员。

（二）及时总结社会组织兴办教育事业的工作经验

2018年是中心创办的扬州世明双语学校建校二十周年。8月29日，主任江丹在《中国教育报》上发表《以红十字精神为引领，助力新时代教育事业》的文章。10月11日，中心主任江丹又在《人民日报》发表《社会组织公益办学的实践与思考》的文章。这是中心代表红十字会，系统总结和提炼社会组织助力新时代教育事业的经验和体会。

（三）打造公办民助办学新模式

为促进北京城市副中心基础教育的发展，北京市通州区教委委托中心下属的北京拔萃双语学校，派出优秀的管理团队，负责管理新建的北京拔萃骏源学校。公办民助的创新融合，为通州区基础教育注入了新的活力。9月1日，北京拔萃骏源学校正式开学。

五、积极开展对外交流与合作

一是主动到发达国家和地区学习养老工作经验。2018年8月，江丹带队到美国、加拿大，与当地养老机构和社会组织开展养老服务经验交流，学习发达国家先进的养老服务理念和具体做法。10月，党支部副书记吴昂坪带队到香港地区，与当地红十字会交流参与养老服务和开展志愿服务的工作经验。

二是主动引进外国基金开展公益项目。2018年中心继续与比利时UCB健康希望基金合作，先后在云南、四川举办了两期乡村医生培训班，共培训乡村医生396名；在自贡市开展了癫痫治疗专业培训，参训医务人员超过3000人次。

六、加大宣传提升红十字会社会形象

中心高度重视宣传工作，力图通过宣传中心的各项工作，不断提升红十字会的社会形象。2018年，中心先后在中组部《干部人事》杂志、中宣部《党建工作》网站、《人民日报》《中国教育报》发表4篇专题文章，展示中心对养老、教育的思考与探索。中心与CCTV合作，先后举办“职业盛典—优秀养老护理员事迹展播活动”“福寿中国——关爱失能老人大型公益活动”，共同拍摄了纪录片《草原医生》。相关节目播出后，获得社会各界高度一致的好评，有效地提升了红十字会的社会形象。为了搞好对中心工作的宣传，在原宣传片《大爱无疆》的基础上，重新拍摄制作了宣传片《博爱天下》。

中国红十字基金会

2018年，在总会领导下，中国红十字基金会不忘初心，锐意进取，扎实开展各项人道救助和人道服务工作，品牌影响力和公信力持续加强，党建和队伍建设迈出新步伐，展示了新时代人道公益事业的新担当新作为。

一、重点工作完成情况

（一）健康扶贫深入开展。投入彩票公益金2.2亿元，救助白血病患儿5599人、先心病患儿2114人，完成全年任务。中国红十字基金会“彩票公益金贫困大病患儿救助项目”作为政府购买服务成功案例，被财政部提交全国人大审议。联合北京市红十字会紧急救援中心开通999人道救助热线，面向全国受理人道救助申请，共接听求助电话7177个，“红十字智能救助”微信公众号关注量达到2982人。999人道救助热线成为红十字健康扶贫新品牌。继续实施“心拯救·一包药”“全心关爱”、慢病管理等健康扶贫项目，加大互联网救助力度，2018 年，新增心梗救助患者 64 万人，新增慢病管理患者 50 万人。救助唇腭裂、矮小症、再生障碍性贫血、听力障碍等患者 2157 人。大力推进地中海贫血、鼻咽癌等地方多发病专项救助行动。

（二）生计扶贫和备灾救灾工作有序推进。以“5·12 震区”“三区三州”为重点，着力推进易受损地区社区防灾减灾和生计发展，立项博爱家园 13 个，1.3 万贫困人口受益。在总会指导下联合阿里巴巴继续开展“魔豆妈妈”电商技能培训和手工艺帮扶，新增招募困难妈妈 8129 人，培训 4684 人，其中实现创就业人数 4376 人，人均增收 1000 元。开展第二期“全国‘魔豆妈妈’创业扶贫大赛”，26 个省级红十字会参与，1202 名妈妈参赛，20 人获得“中国红十字会·淘宝公益基金”创业孵化金支持。应对频发自然灾害，启动“天使之旅”救灾行动 9 期，共向新疆、江西、内蒙古、甘肃、四川、重庆、安徽、山东、青海、云南等 10 个省市区、30 个受灾市县发放赈济家庭箱 21790 个。赈济家庭箱备灾库增至 4 个，辐射西南、中南、西北 3 个片区，平均配送周期由 5—7 天缩短至 3—5 天，备灾救灾能力进一步提升。

（三）人道服务项目体系不断完善。继续实施“院士 +”西部儿科医师培训计划，共为贵州、内蒙古、陕西、云南培训儿科医师 66 名。启动院士博爱奖学金项目，发放奖学金 114 万元，资助医学生 57 人。发起“院士 +”县域医疗卫生管理能力人才培训计划，共培训县级医疗卫生管理人员 150 名。“院士 +”品牌效应进一步显现。继续支持基层卫生条件改善，立项援建博爱卫生院（站）60 所，培训乡村医生 1234 名。联合国家卫生发展中心开展全国中小学校医室专项调研，形成《谁在为中国中小学生的健康守门——中国中小学校医室现状调查研究报告》，新建博爱学校 5 所，博爱校医室、未来教室 50 所，配赠红十字书库 190 个，发放中小学安全防护书包 2650 套，博爱校园项目体系不断完善。实施肿瘤介入、脑卒中患者关爱、血友病健康干预等行动，不断拓展人道服务范围。

（四）国际化战略迈出新步伐。根据总会援外工作部署，第二批援外医疗队入驻巴基斯坦瓜达尔港，中巴急救走廊第二个急救单元启动。2018 年继续组织医疗队赴阿富汗、蒙古国开展先心病患儿筛查，分 5 批次将 126 名患儿转运至新疆、北京、内蒙古接受免费手术治疗，完成阿富汗、蒙古国一期先心病患儿救助目标。启动“光明行”蒙古国白内障救助行动，建设中缅博爱医疗急救中心，“天使之旅—‘一带一路’人道救助计划”持续推进。两组大型移动医疗单元分别运抵叙利亚、伊拉克，黎巴嫩难民营社区恢复力建设项目启动，武装冲突地区人道援助向更多区域拓展。“博爱单车”亮相国际红十字运动起源地索尔弗利诺、亚洲部长级防灾减灾会议、红十字会与红新月会国际联合会第十届亚太大会，并陆续向亚洲、欧洲 16 个国家推广。海外博爱家园在埃塞俄比亚、乌干达落地，非洲免费午餐在 7 国开餐，受益 4682 人。联合红十字国际委员会，成功开展“战火中的人道——阿富汗救援”互联网众筹项目试点。丝路博爱基金品牌影响力进一步提升。

（五）品牌传播和资源动员能力不断提

升。策划推出博爱周、丝路博爱基金公益分享会、东吴国际人道交流合作研讨会（“绿茶歇”）、“百年东吴与红十字运动——因链接而美好，红十字运动在中国”系列展览、“一带一路人道公益合作”基金会沙龙等主题传播活动，“爱微笑”亮相鸟巢半程马拉松，品牌辨识度进一步提升。联合中国红十字报推出“十年·我去汶川——寻找汶川救灾人”大型传播活动，引起积极反响。加大主流媒体宣传力度，央视《朝闻天下》《新闻直播间》等播报专题新闻10次，新华社发稿15次，总新闻触达33亿次。加强新媒体传播，今日头条、一点资讯、网易、腾讯、澎湃等大号总曝光量1700万次。加强自媒体建设，“双微六端”全媒体矩阵初步成型，微博粉丝半年涨幅达到上年全年的1.77倍。视频制作及推广成为新亮点，多支视频达到百万级播放量。借活动热点触发网络公众参与热情，传播公益正力量，“魔豆妈妈”大赛热身微博话题“逆境阳光做最好的自己”共有8992.8万人参与，在抖音上发起的手指舞挑战“为魔豆妈妈打call”共394.7万人参与，同名微博话题阅读量达575万。助力红十字文化传播及理论研究，红十字国际学院筹建工作取得阶段性进展，选定共建伙伴，初步形成建设模式，项目可行性报告已报国家相关部委，得到了积极反馈，并已完成二次论证。加强伙伴关系维护和开发，企业捐赠、专项基金筹款保持稳定。在“99公益日”发起“伙伴·计划”，联合28个红十字组织、19个公益机构共享平台资源，62个项目上线，获得捐赠25万余笔、629万余元，并撬动企业捐款211万。小额捐款量由上年同期350万笔到2018年突破1000万笔。其中，网络筹款捐赠人次856万，捐赠金额2876万，互联网筹资贡献率不断提升。截至2018年12月8日，实现收入6.5亿元，同比增长14%。

（六）党建和队伍建设持续加强，内部治理水平不断提升。全面落实从严治党主体责任，完善“三会一课”“三重一大”等制度，共召开民主生活会1次，专题组织生活会及民主评议党员1次，党员大会7次，支委会议8次，党小组会6次，上党课6次，党务人事会议6次，秘书长办公会26次，各咨询委员会。开展上海红色之旅、“天使之旅——999人道救助热线探访营”、湖北英山专题扶贫督导调研、参观无名英雄纪念碑缅怀革命先烈等主题实践活动，组织干部员工参观马克思诞辰200周年、改革开放40年等大型展览，进一步增强了干部队伍宗旨和使命意识。工会建立慰问重病、孕产、家庭困难员工制度，团支部组织开展读书分享会等活动，增强员工归属感和凝聚力。经总会直属机关党委预审，经支部大会表决，发展预备党员3名，党员35名，占员工总数的50%。优化理事会成员，逐渐形成了“精干、高效、有为”的理事会治理结构，现有理事23人，其中专家学者13人；增设信息化咨询委员会，理事会现有专业委员会5个，决策专业化优势显现。继续深化项目制管理改革，撤销项目制中心1个，新增3个，调整职能3个，内设机构设置进一步优化。拓展招聘渠道，广泛吸引人才。开发中国红十字基金会员工能力手册，建立中国红十字基金会人12项素质能力模型。再次通过ISO 9001认证，质量管理意识不断增强。开展新一轮社会监督巡察员公开招聘，拓展第三方评估和审计范围，切实加强综合性监督机制建设。召开专家咨询论证会、评审会

11次，成立项目可行性研究课题组2个，项目评估专业性进一步增强。上线财务管理信息系统、OA协同办公系统、999热线智能求助管理、志愿者管理、彩票金项目管理系统，信息化建设取得新突破。

总会报刊社

2018年，在总会党组的正确领导下，在总会各部门及各级红十字会的大力支持下，总会报刊社各项工作取得新进展，为中国特色红十字事业发展做出了新贡献。

（一）以一报一刊为阵地，充分发挥机关报、刊作用。一是发布国家和总会重要决策部署，指导各级红十字会开展工作，包括发布国务院办公厅印发中国红十字会总会改革方案、总会召开深化改革工作动员会等；深入学习宣传贯彻党的十九大精神，开辟“学习宣传贯彻党的十九大精神”专栏，刊载广大红十字工作者、会员、志愿者以及理论研究工作者等关于十九大精神的学习体会，刊发《红十字工作要与时代同频共振》等9篇稿件；开辟专栏“新时代 新气象 新作为”，宣传各级红十字会在党的十九大精神指引下指导实践、推动工作上台阶，刊发《花椒树下的致富路》50余篇稿件。二是加强“三救”“三献”核心工作的宣传报道，以典型经验或新方法做报道，消息或通讯刊发，《救人是我的职责——湖南应急救护师资在天安门广场成功救人》等稿件。三是开辟“我是红十字人”专栏，抒写广大红十字工作者、会员和志愿者对红十字的热爱情怀，刊发《我快乐，我是红十字志愿者》10余篇稿件；为传播红十字精神，记录人物思想，特开辟专栏“红十字人物志”，刊发红十字人物记16篇。四是为配合学习贯彻落实红十字会法，推出“会法释义”专栏，刊发释义21篇。五是紧扣时代脉搏，进行庆祝改革开放40周年系列报道，报道中国红十字会在改革大潮中的独特作用，刊发《潮起东方万象新》等13篇稿件；策划并开展“十年·我去汶川”——寻找当年救灾人活动，报道当年红十字人在汶川地震救灾现场的感人故事，四个版面、图文并茂、共发人物27人。六是配合总会中心工作，《博爱》杂志通过“红十字情缘”栏目向外展示了红十字人的工作风貌。在“人道、博爱、奉献”红十字精神的指引下，用故事打动人心，启迪读者心灵，弘扬红十字精神，传递红十字温暖，让广大读者通过《博爱》杂志走进真善美的世界，了解红十字精神，从而扩大红十字会的影响力。据统计，2018年博爱杂志有42篇原创文章被主流文摘报刊转载，还被《特别关注》《杂文选刊》《故事会文摘版》《启迪与智慧》等定为重点选稿刊物。

总会的机关报、刊在丰富内容、提高质量的同时，越来越受到红十字会系统和红十字会理事、会员单位、志愿者以及政府部门、社会各界的欢迎，订阅量也在逐年上升，一报一刊的作用也越来越得到大家的重视和认可。2018年，在总会的正确领导下，在全国纸质媒体普遍大幅度下滑的情况下，一报一刊订阅数量均比上年增长4%左右，并彻底消灭了报纸订阅空白县，呈现连续3年持续增长的好势头。

（二）以多种形式开展宣传教育培训工作并取得良好效果。2018年，继续举办了全国红十字防灾避险知识竞赛活动，共计发行试卷233万余份，得到全国各级红十字会及广大青少年的热烈欢迎，全国800余万名青少年参与答题。一些地方红十字会将此项活动作为“5·8”博爱周的一项重要活动，精心组织，周密布置。在组织广大青少年参加知识竞赛的同时，还配套开展了一系列相关活动，宣传红十字会法和自救互救知识，提高青少年学生的能力。一些地方政府、医院、社区也主动组织干部职工及居民参加答题活动。

为加强通讯员培训班队伍建设，报刊社与相关机构自2003年起组织举办了全国红十字系统新闻培训班。2018年共举办通讯员培训班三次，培训通讯员871人次，创报刊社历年新高。5月下旬与红十字国际委员会东亚地区代表处联合在江苏省无锡市举办了两期新闻传播业务培训班，该次培训班共培训564人次；9月在长沙举办秋季培训班，培训307人次，对春季培训成果进行检验和复训，得到广大红十字新闻工作者的好评。

2018年9月，在湖南长沙召开了2018年报刊宣传工作会议，副会长王汝鹏代表中国红十字会党组参加会议并发表讲话。会议表彰了2018年度全国红十字报刊宣传工作先进集体和先进个人，颁发了2018年度优秀新闻作品奖，总结推广了2018年度报刊宣传工作先进经验。

（三）加强新媒体建设，积极拓展宣传渠道。在做强做实纸媒的基础上，积极创建新媒体，开发了《中国红十字报》《博爱》杂志手机客户端发布平台；2014年改版的网站“中红在线”访问量不断提高；为扩大微信公众号的影响力，2018年将2015年上线的“中红在线红报馆”微信公众号拆分为中国红十字报和博爱杂志两个公众号，努力形成1+1 > 2的微信宣传格局，截至年末，中国红十字报微信公众号粉丝量已超过15000人，其中《南海大阅兵中的红十字》一文阅读量超过21000人次。中国红十字报的微博达到40000余粉丝量。按照总会部署，报刊社承接了中国红十字会总会官网的改版和运营维护工作，新官网已改版完成，经测试后已上线运行。报刊社已基本形成了纸媒和“两微两网一端”等传统媒体与新媒体相结合的立体化、宽覆盖、权威性与指导性的有效宣传平台。

（四）贯彻国务院和总会部署，深入推进各项改革工作。召开全体干部职工大会，认真学习传达了党组书记梁惠玲在总会改革工作动员大会上的讲话，对报刊社推进深化改革工作进行正式动员；通过发放电子文件等方式，组织全体人员认真学习、深刻理解习近平总书记关于红十字事业发展、群团工作和群团改革的重要思想；就如何在新时代以习近平总书记的重要思想为统领做好红十字会各项改革工作进行了深入讨论，统一了大家的思想，凝聚了改革共识。在初步明确任务分工的基础上，报刊社党支部将中国红十字会改革方案中涉及报刊社的相关任务汇总分类发至报刊社每人，要求每人认真学习、了解各项改革任务，并进行了集中研讨，为圆满完成改革任务群策群力，凝聚智慧；成立以报刊社社长、总编辑任正副组长、各相关部门负责人为成员的报刊社深化改革领导小组及办公室，为深化改革提供有力组织保障。不断细化改革方案，明确任务分工。在初步明确分工的基础上，就如何在新时代以习近平总书记的重要思想为统领做好红十字会各项改革工作进行了深入讨论，听取了大家的意见建议，对改革举措进行了进一步完善。形成包括 15 条细化措施的《中国红十字会总会报刊社贯彻落实总会改革方案具体措施（征求意见稿）》，明确具体负责人、工作机制和完成时限。

（五）推进全面从严治党战略部署，加强党建工作，促进事业发展。2018 年，报刊社党支部积极推进全面从严治党战略部署，组织全体党员、入党积极分子深入学习党的十九大精神，学习习近平总书记重要讲话精神等，加强党建工作。2018 年年初召开支部大会全面部署党建工作；召开专题民主生活会和组织生活会，深入查摆存在的问题，班子成员和全体党员深入查摆自身存在的问题，紧密联系思想实际、岗位职责和工作经历，逐一进行对照检查，开展批评和自我批评统一了思想、团结了队伍；进一步加强组织建设，截至 11 月底，共召开党员大会 8 次、支委会 11 次、党小组会 8 次，上党课 3 次。对 4 名入党积极分子加强培养，明确入党重点培养对象。与河北省石家庄市红十字会共同开展党建活动，重温入党誓词。组织全体干部职工观看《厉害了我的国》《红海行动》等爱国主义电影。通过支部书记上党课，深入学习了《人民日报》理论文章《万山磅礴看主峰——如何领会习近平新时代中国特色社会主义思想》等《人民日报》、新华社理论文章，全体同志进一步增强了以习近平新时代中国特色社会主义思想统领今后各项工作的思想和行动自觉。进一步加强党风廉政建设，进一步明确党风廉政建设责任，层层抓落实。坚持民主集中制，上半年共召开社委会研究重大事项并形成决议 8 次。高度重视意识形态工作，坚持以马克思主义新闻观办报、办刊。党支部书记为第一责任人，严格按照“一岗双责”要求，认真梳理廉政风险点，健全相关制度。严格执行“三重一大”“公车管理”“出差公示”等制度。认真开展贯彻落实中央八项规定“回头看”，制定报刊社加强经常性纪律教育的计划，通过召开支部专题会议等形式，及时学习传达总会直属机关纪委《关于进一步严明纪律持之以恒落实中央八项规定精神的通知》等通知、通报精神，进一步加强思想教育和警示教育。节日前进行党风廉政教育，强调认真贯彻落实中央八项规定，保持清醒头脑，清正廉洁过佳节。

四

人名篇

四

论今人

中国红十字会历届领导人

名　单

1904—1910 年

1904 年 3 月 10 日，上海万国红十字会支会成立。一周后定名为上海万国红十字会，实行董事会制，由中、西董事联合组成。

董事会：45 人。

主席：英工部局值年总董培恩。

中方董事：10 人，以沈敦和为首。

西方董事：35 人，以李提摩太为首。

董事会下设执行董事 7 人。其中，中方董事 2 人（后为 3 人），以沈敦和为首。

西方董事 5 人，以英刑司威金生为首。

1905 年 9 月 5 日，日俄两国最终签订了《朴次茅斯条约》，战争结束。此时上海万国红十字会已完成自己的使命。

1905 年 11 月上旬，突然有招商局抄示外务部致北洋大臣电，谓海参崴发生乱事，华民住处被焚，饬即派轮前往救护云云。上海万国红十字会当即与招商局商派海定号轮船，由牛庄折赴烟台，装足药片食物，前往救济。故万国红十字会得仍继续存在约两年之久。

吕海寰、盛宣怀于光绪三十三年（1907 年 7 月 21 日）向清廷请旨试办中国红十字会的奏折名为《沥陈创办红十字会情形并请立案奖励折》。1908 年 5 月核定照准“著徐世昌查明具奏该部知道”，上海万国红十字会解散。清政府就此开始运作创办中国红十字会之事。红十字会事务由吕海寰、盛宣怀等大臣监临。

1910—1911 年

1910 年 1 月，商约大臣吕海寰与前电政大臣吴重熹又上《酌拟中国红十字会试办章程请旨立案折》会奏试办中国红十字会，并酌拟试办章程六条附呈。试办章程六条中的第二条是“从前万国红十字会，由中西董会议刊刻中西合璧图记，钤用信守。现创设中国红十字会，拟请旨饬部铸造中国红十字会关防一颗，须由会长执掌印用，以照凭信”。

1910 年 2 月 27 日，军咨处向清廷上《详核红十字会原奏敬陈管见折》：“宣统二年正月十八日（2 月 27 日）奉谕旨，吕海寰等奏，酌拟中国红十字会试办章程，请立案一折，著派盛宣怀充红十字会长，余依议。该衙门知道钦此，由军机处抄交到处，自应钦遵办理。……再此折系军咨处主稿，会同外务部筹办，海军事务处、陆军部办理，合并声明谨奏。宣统二年四月十二日奉旨依议钦此。”大清红十字会正式成立。

会长：盛宣怀（1910 年 2 月—1911 年 10 月）

总董：沈敦和

1911—1912 年

辛亥革命爆发，大清红十字会改名为中国红十字会。1911 年 11 月 13 日，发上谕任命前外务部尚书吕海寰担任中国红十字会会长。10 月 30 日，召开统一大会，总会设于北京，总办事处设于上海。会长驻总会，副会长及常议会驻总办事处。

会长：吕海寰（清政府委派）

总董：沈敦和、福开森（清政府委派）

理事长：沈敦和

理事：江绍墀（公推）

1912—1913 年

1912 年 9 月大总统委任吕海寰、沈敦和为中国红十字会正副会长。10 月，第二次常议会决议：正副大总统为红十字会名誉总裁。

名誉总裁：袁世凯

名誉副总裁：黎元洪

会长：吕海寰

副会长：沈敦和

常议会会长：沈敦和（兼）

理事长：江绍墀

1913—1922 年

1913 年 9 月 29 日召开中国红十字会第一次会员代表大会选举出领导人，由大总统任命。

名誉总裁：袁世凯

徐世昌（1918 年公推）

名誉副总裁：黎元洪

会长：吕海寰（1920 年 9 月辞职，公推为名誉会长）

汪大燮（1920 年 9 月民国政府任命）

副会长：沈敦和（1919 年辞职，1920 年 7 月过世）

蔡廷干（1919—1922 年）

蔡耀堂（驻京副会长 1922 年 8 月）

杨晟（驻沪副会长 1922 年 8 月）

常议会会长：沈敦和（兼）

杨晟（1920 年 7 月常议会公推）

常议员：朱佩珍、施则敬等 34 人

理事长：江绍墀（1914 年辞职）

赵鸿藻（1914—1918 年）

朱煜（1918—1919 年）

吴宝义（1919 年 1—5 月）

唐元湛（1919 年 5 月—1921 年 11 月）

庄录（1921 年 11 月）

秘书长：冯恩崑

1922—1924 年

1922 年 6 月召开第二次会员代表大会，选举出的会领导由总统任命。

会长：汪大燮

副会长：蔡廷干、杨晟

议长：王震

副议长：盛炳记

1924—1928 年

1924 年常议会推选会长、副会长，由政府任命。

会长：颜惠庆

副会长：蔡廷干（驻京副会长）

杨晟（驻沪副会长）

1928—1933 年

会长：颜惠庆

副会长：王正廷（1928 年 8 月）

虞和德（1928 年 8 月）

1931 年内政部、外交部拟定了管理红十字会法规，转呈立法院审核。

1933—1938 年

1933 年国民政府将中国红十字会改名为中华民国红十字会。

1934 年召开第一次理事联席会议，公推领导人。

名誉会长：蒋中正

名誉副会长：黄绍竑、吴铁成、颜惠庆、虞和德（洽卿）

会长：王正廷（国民政府任命）

副会长：史量才、刘鸿生（史量才被刺后，杜月笙继任）

秘书长：曹云祥

庞京周（1937 年继任）

常务理事：林康候、闻兰亭、王一亭、王晓籁、关炯之

常务监事：黄涵之、钱新之、陆伯明

1938—1943 年

1938 年行政院增聘调整红十字会领导人。

名誉会长：蒋中正

名誉副会长：孔祥熙、宋子文、黄绍竑、吴铁成、颜惠庆、虞和德（洽卿）

会长：王正廷

副会长：杜月笙、刘鸿生

常务理事：王晓籁、林康候、闻兰亭、王一亭、关炯之、钱新之、陆伯明

常务监事：黄涵之

秘书长：潘小萼

1943—1946 年

国民政府国防委员会通过改组由军事委员会对红十字会施以管制，制定《战时监督红十字会暂行办法》，红十字会领导人仍由行政院聘任。

名誉会长：蒋中正

名誉副会长：宋美龄、戴季陶、孔祥熙、宋子文、吴铁成、王正廷、虞和德（洽卿）

会长：蒋梦麟

副会长：杜月笙、刘鸿生

常务理事：戴季陶、商震、翁文灏、王晓籁、宋子文

常务监事：钱新之、张伯苓、宋汉章

理事：虞和德、杜月笙、刘鸿生、刘瑞恒、蒋梦麟、朱恒璧、康心之、缪加铭、杭力武、戚寿南

监事：陈仪、王世杰、邵力子、许世

英、屈文六、周诒春、穆籍初、丁文渊、汤飞凡

秘书长：胡兰生

1946—1949 年

国民政府颁布《复原期间管理中华民国红十字会办法》，改组红十字会，会长、副会长、理事、秘书长由行政院聘任。

名誉会长：蒋中正

李宗仁（1948 年增聘）

名誉副会长：宋美龄、戴季陶、孔祥熙、宋子文、吴铁成、王正廷

会长：蒋梦麟

副会长：杜月笙、刘鸿生

常务理事：蒋梦麟、蒋廷、金宝善、马超俊、吴有训、关颂声、徐国懋

理事：杜月笙、刘鸿生、谷正纲、杭力武、王云五、王晓籁、刘瑞恒、钱大钧、张蔼真、徐寄庼

秘书长：胡兰生

副秘书长：曾大钧、汤蠡舟

中华人民共和国成立后改组红十字会。

1949 年中华人民共和国建立前夕，蒋梦麟等带领红十字会总会机关大部分人员跟随国民党政府去台湾。刘鸿生、胡兰生等领导人和部分工作人员留在大陆。1950 年中央人民政府对中华民国红十字会进行协商改组，改名为中国红十字会，改组会议由卫生部副部长苏井观、中国人民救济总会秘书长伍云甫、中国红十字会总会原秘书长胡兰生担任主席团主席。选出的中国红十字会第一届理事均由周恩来总理签署聘任书予以聘任。

1950 年 8 月—1961 年 10 月

（第一届）

会长：李德全

副会长：彭泽民、熊瑾玎、刘鸿生、胡兰生

党组书记：伍云甫

秘书长：胡兰生（兼）

副秘书长：林士笑、倪斐君

1961 年 10 月—1979 年 2 月

（第二届）

1961 年 10 月 23—27 日，中国红十字会召开代表会议，选举产生第二届领导人，经国务院批准。

会长：李德全

副会长：伍云甫、赵朴初、熊瑾玎

党组书记：伍云甫

秘书长：彭炎

副秘书长：倪斐君

1965 年中国红十字会进行改选，产生第二届新的领导人，中共中央中发 193 号文件批复。

会长：钱信忠

副会长：伍云甫、刘清扬、熊瑾玎、赵朴初、彭炎、孟谦

党组书记：伍云甫

秘书长：彭炎（兼）

副秘书长：倪斐君、王敏

1979年2月—1985年5月

（第三届）

1979年中国红十字会进行改选，选举产生第三届领导人。中共中央组织部批准。

会长：钱信忠

副会长：杨纯、王仪、王敏、顾锦心、沈其震、赵朴初、彭炎、熊天荆、龚普生、孟谦、王肇元、邓启修、魏龙镶、刘鹏飞

党组书记：杨纯

秘书长：王敏（兼）

副秘书长：吴日承

1985年5月—1990年2月

（第四届）

1985年5月31日至6月1日，中国红十字会召开第四次全国代表大会，选举产生第四届领导人。

名誉会长：朱学范、赵朴初、钱信忠

会长：崔月犁

副会长：谭云鹤、章明、沈辰、何理良、蔡壬癸

党组书记：谭云鹤

秘书长：蔡壬癸（兼）

副秘书长：范雨田、曲折

1990年2月—1994年4月

（第五届）

1990年2月15日至17日，中国红十字会召开第五次全国会员代表大会，选举产生第五届领导人。

名誉会长：朱学范、赵朴初、钱信忠、崔月犁

顾问：谭云鹤

会长：陈敏章

副会长：顾英奇（常务）、张德江、邹时炎

郝长元（1990年2月—1992年2月）

胥昌忠（1992年2月—1994年4月）

吴常康（1992年2月—1993年1月）

孙柏秋

党组书记：顾英奇

秘书长：韩长林（1990年2月—1992年2月）

吴常康（兼）（1992年2月—1993年1月）

曲折（1993年1月—1994年4月）

副秘书长：曲折（1990年2月—1993年1月）

1994年4月—1999年10月

（第六届）

1993年10月31日，第八届全国人民代表大会常委会第四次会议通过《中华人民共和国红十字会法》，国家主席江泽民颁

布第 14 号主席令施行。

1994 年 4 月 23—25 日，中国红十字会召开第六次全国会员代表大会，改选产生第六届领导人。

名誉会长：江泽民

名誉副会长：赵朴初、王光英、李沛瑶、钱信忠、崔月犁、陈敏章

会长：钱正英

副会长：顾英奇（常务）、范宝俊、杨崇春

林炎志（1994 年 4 月—1997 年 4 月）

柳斌（1997 年 4 月—1999 年 10 月）

彭玉（1997 年 4 月—1999 年 10 月）

王立忠（1998 年 3 月—1999 年 10 月，专职）

孙柏秋（专职）、曲折（专职）

党组书记：顾英奇

秘书长：李长明（1994 年 4 月—1999 年 3 月）

孙爱明（1999 年 4 月—1999 年 10 月）

1999 年 10 月—2004 年 10 月

（第七届）

1999 年 10 月 11—13 日，中国红十字会第七次全国会员代表大会改选产生第七届领导人。

名誉会长：江泽民

名誉副会长：王光英、何鲁丽、赵朴初、钱正英、钱信忠、张文康

会长：彭珮云

副会长：王立忠（常务）、孙爱明（专职）

党组书记：王立忠

秘书长：苏菊香

副秘书长：汤声闻

1999 年 12 月 29 日，中央机构编制委员会以中编办批准中国红十字会总会“由卫生部代管改由国务院领导联系”。理顺了总会的管理体制。

2001 年 10 月 10 日中央机构编制委员会办公室关于印发《中国红十字会总会机关主要职责、内设机构和人员编制方案》的通知（中央编办发〔2001〕34 号），确定总会机关内设 4 个机构和机关党委，编制 60 名。

2004 年 10 月—2009 年 10 月

（第八届）

中国红十字会第八次全国会员代表大会于 2004 年 10 月 27—29 日在北京人民大会堂召开，选举出新一届领导人。

名誉会长：胡锦涛

名誉副会长：司马义 · 艾买提、何鲁丽（女）、韩启德、傅铁山、黄孟复、张怀西

会长：彭珮云（女）

常务副会长：江亦曼（女）

副会长：朱庆生（2004 年 10 月—2007 年 1 月）

马晓伟（2007 年 1 月—2009 年 10 月）

姜力（女，2004 年 10 月— 2009 年 10 月）

赵沁平（2004 年 10 月—2006 年 1 月）

陈小娅（2006 年 1 月—2009 年 10 月）

肖捷（2004 年 10 月—2006 年 1 月）

王军（2006 年 1 月—2009 年 10 月）

沈国放（2004年10月—2007年1月）

崔天凯（2007年1月—2009年10月）

苏菊香（女，专职）、郭长江（专职）

党组书记：江亦曼（女）

秘书长：郭长江（兼）（2004年10月—2006年1月）

王海京（2006年1月—2009年10月）

顾问：王立忠、孙爱明、汤声闻

2009年10月—

（第九届）

中国红十字会第九次全国会员代表大会于2009年10月27—29日在北京召开，选举出新一届领导人。

名誉会长：胡锦涛

名誉副会长：韩启德、桑国卫、黄孟复、张榕明（女）、李金华

会长：华建敏

常务副会长：王伟（2009—2011年）

赵白鸽（2011—2014年）

徐科（2014年9月—　）

副会长：何亚非（2009年10月—2011年9月）

吴海龙（2011年9月—2012年12月）

马朝旭（2012年12月—　）

陈小娅（女）（2009年10月—2011年9月）

郝平（2011年9月—　）

王军（2009年10月—2012年12月）

朱之鑫（2009年10月—　）

王伟（2011年9月—　）

郭长江（专职）、郝林娜（女　蒙古族　专职）、王海京（专职）

党组书记：王伟（2009—2011年）

赵白鸽（2011—2014年）

徐科（2014年9月—　）

秘书长：王海京（兼，2009年10月—2010年4月）

王汝鹏（2010年4月—　）

特别顾问：彭珮云

顾问：江亦曼、苏菊香

人　物

南丁格尔奖章

南丁格尔与南丁格尔奖章

佛罗伦斯 · 南丁格尔（1820 年 5 月 12 日—1910 年 8 月 13 日）生于意大利中部的历史名城佛罗伦萨，后来随家迁居英国。幼年时就怀有一颗仁慈而美好的心灵。她鄙弃养尊处优和无聊的社交生活，不顾父母的反对，毅然于 1850 年离家去普鲁士学习护理，接受短期的医护训练。1853 年受聘担任伦敦患病妇女护理会的监督职。

1854 年到 1856 年的克里米亚战争中，英国战地医院管理不善，条件极差，又没有护士护理伤病员，士兵死亡率超过 50%。南丁格尔得此消息后，即率领 38 名护士抵达前线，在四所战地医院里进行服务。当时前线药品缺乏，水源不足，卫生极差，但她毫不气馁，竭力排除种种困难，为伤病员解决必需用品和食品，组织士兵家属协同工作，增加他们的营养，从而使战地医院面貌改观。在短短的半年时间里，就使伤病员的死亡率下降到 2.2%，她的功绩顿时传播四海。

南丁格尔在克里米亚战地为伤病员所做的忘我奉献，激励了后来不久成立的红十字会的成员。他们主张的人道宗旨，已生动而具体地体现于南丁格尔的战地活动实践中。因此，在她生前，红十字国际委员会在 1907 年的伦敦大会上就设立南丁格尔奖章，作为鼓励各国护士的国际最高荣誉奖。1912 年，即南丁格尔死后第二年，在华盛顿举行的第九届红十字国际大会上正式确定颁发南丁格尔奖章，基金由各国红十字会认捐。具体颁发任务委托给在日内瓦的红十字国际委员会。

按照奖章条例，南丁格尔奖章系奖励“毕业护士和志愿助手，他们是红十字会或红十字会附属医护单位的积极分子或定期支持者。他们在战时或平时，以特别的勇气和献身精神为伤病员服务，因而建立了优异功绩”。从事积极救助而牺牲的上述人员，亦可在“死后”追赠南丁格尔奖章。

南丁格尔奖章，在正常情况下，每两年颁发一次，每次最多颁发 50 枚奖章。迄今为止，我国共有 68 名优秀护理工作者荣获此奖。

按照章程规定，受奖人名单公布后，要在当年举行隆重的授奖仪式，由国家元首或该国红十字会会长亲自颁发奖章，并广泛进行宣传，鼓舞广大护理人员。

中国第二十九届至第四十六届南丁格尔奖章获得者

名　单

第二十九届（1983 年）

王琇瑛，女，1908 年生，中华护理学会原副理事长。

第三十届（1985 年）

司堃范，女，1930 年生，北京市红十字朝阳医院外科原护士长。

梁季华，女，1916 年生，广州市红十字医院护理部原主任。

杨必纯，女，1940 年生，四川省泸州市红十字医院护理部副主任。

第三十一届（1987 年）

史美黎，女，1936 年生，上海市红十字医院胸外科护士长。

陈路得，女，1914 年生，天津医学院附属医院原顾问。

张云清，女，1925 年生，辽宁省肿瘤医院副主任护师。

第三十二届（1989 年）

林菊英，女，1920 年生，中华护理学会原理事长。

周娴君，女，1931 年生，湖南省湘西自治州人民医院副院长。

孙秀兰，女，1942 年生，河北省唐山市红十字儿童急救中心护士长。

陆玉珍，女，1934 年生，上海市遵义医院护理部主任。

第三十三届（1991 年）

吴静芳，女，1926 年生，河南省商丘地区医院护理部主任。

第三十四届（1993 年）

李桂美，女，1937 年生，青岛市传染病医院护士长。

张水华，女，1933 年生，宁夏医学院附属医院护理部主任。

张瑾瑜，女，1926 年生，福建省肿瘤医院护理部主任。

第三十五届（1995 年）

孙静霞，女，1914 年生，江苏省常州市第一人民医院护理部顾问。

邹瑞芳，女，1930 年生，浙江省湖州市第一人民医院护理部主任。

第三十六届（1997 年）

汪赛进，女，1923 年生，安徽省护理学会荣誉理事长。

关小瑛，女，1928 年生，原天津市护理学会理事长。

陆冰，女，1932 年生，上海市第六人民医院护理部主任。

孔芙蓉，女，1936 年生，河南省护理学会副理事长。

黎秀芳，女，1917 年生，解放军兰州军区总医院专家组成员。

第三十七届（1999 年）

曾熙媛，女，1933 年生，中华护理学会原理事长。

王桂英，女，1920 年生，天津市护理学会原理事长。

秦力君，女，1943 年生，解放军总医院护理部原主任。

第三十八届（2001 年）

吴景华，女，1932 年生，宁夏回族自治区护理学会副理事长。

王雅屏，女，1945 年生，北京市红十

字会急诊抢救中心副院长。

李秋洁，女，1949 年生，哈尔滨医科大学附属二院护理部主任。

第三十九届（2003 年）

叶欣，女，1956 年生，广东省中医院二沙岛分院急诊科护士长。

钟华荪，女，1947 年生，广东省护理学会副理事长、省人民医院护理部主任。

李淑君，女，1963 年生，解放军第二炮兵总医院口腔科护士长。

姜云燕，女，1976 年生，解放军喀喇昆仑模范医疗站护士长。

苏雅香，女，1945 年生，贵州省护理学会理事长。

巴桑邓珠，男，1951 年生，四川省甘孜州人民医院副院长。

章金媛，女，1929 年生，江西省南昌市第一人民医院原护理部主任。

梅玉文，女，1939 年生，天津市护理学会名誉理事长。

李琦，女，1942 年生，上海第二人民医院原护士长。

陈东，女，1944 年生，北京佑安医院护理部主任。

第四十届（2005 年）

陈征，女，1947 年生，北京地坛医院社会服务部主任。

万琪，女，1965 年生，解放军西藏军区总医院护理部主任。

王亚丽，女，1955 年生，甘肃省定西市人民医院护理部主任。

刘振华，女，1955 年生，山东省济南市皮肤病防治院麻风病房住院部主任。

冯玉娟，女，1952 年生，香港医院管理局九龙西联网护理总经理、广华医院及东华三院黄大仙医院护理部经理。

第四十一届（2007 年）

泽仁娜姆，1968 年生，青海省同仁慢性病防治院主管护师。

陈海花，1969 年生，北京军区总医院消化科护士。

丁淑贞，1951 年生，大连医科大学附属第一医院护理部主任。

聂淑娟，1947 年生，新疆医科大学第一附属医院主任护师。

罗少霞，1950 年生，澳门镜湖医院护理部主任。

第四十二届（2009 年）

刘淑媛，66 岁，首都医科大学附属北京安贞医院心血管外科重症监护室护士长。

张桂英，39 岁，吉林省神经精神病医院精神科护士长。

潘美儿，32 岁，浙江省皮肤病防治研究所住院部护士长。

杨秋，33 岁，四川省都江堰向峨乡公立卫生院护士。

鲜继淑，40 岁，重庆第三军医大学第一附属医院神经外科护士长。

王文珍，46 岁，海军总医院护理部总护士长。

第四十三届（2011 年）

孙玉凤，43 岁，上海皮肤病医院护理部副主任。

张利岩，53 岁，武警总医院副院长、护理部主任。

陈声容，47 岁，南京军区南京总医院妇产科护士长。

陈容秀，67 岁，天津市肿瘤医院护理质控中心主任。

吴欣娟，53 岁，北京协和医院护理部

主任。

姜小鹰，58岁，福建医科大学护理学院院长。

赵生秀，53岁，青海省人民医院副院长。

索玉梅，59岁，解放军第四医院医务处副主任护师。

第四十四届（2013年）

蔡红霞，1965年生，解放军第261医院精神病科总护士长。

成翼娟，1949年生，四川大学华西医院护理部原主任（退休）。

现返聘华西医院管理研究所专家。

林崇绥，1948年生，香港医院管理局原总护理行政经理（退休）。

现任临时香港护理专科学院院长。

王海文，1968年生，解放军第413医院麻醉科护士长。

王克荣，1963年生，北京地坛医院红丝带之家护士长。

邹德凤，1956年生，南昌大学第四附属医院医疗服务部主任。

第四十五届（2015年）

杜丽群，1965年5月生，广西壮族自治区南宁市第四人民医院艾滋病科护士长。

宋静，1963年12月生，河南省柘城县人民医院护理部主任。

王新华，1972年6月生，中国人民解放军第三〇二医院妇产中心护士长。

邢彩霞，1958年3月生，内蒙古自治区人民医院护理部副主任。

赵庆华，1963年9月生，重庆医科大学附属第一医院护理部副主任。

第四十六届（2017年）

杨辉，1960年9月生，山西医科大学第一医院副院长兼护理部主任。

杨惠云，1963年11月生，西安交通大学第二附属医院护理部主任。

杨丽，1962年7月生，解放军总医院南楼临床部护理部副主任。

殷艳玲，1964年11月生，吉林大学第二医院副院长兼护理部主任。

游建平，1974年3月生，第三军医大学第一附属医院传染科护士长。

国际人道主义服务荣誉奖

获奖名单

1988年12月，姜健获美国红十字会“国际人道主义服务荣誉奖”。

1992年6月，张振坤获美国红十字会“国际人道主义服务荣誉奖”。

全国民族团结进步模范

中国红十字基金会赴西藏志愿医疗队被国家民委授予民族团结进步模范称号

1998年10月14日，中华人民共和国国家民族事务委员会以民委（政）字〔1998〕322号文件作出《关于授予中共中央办公厅赴青海省玉树藏族自治州帮扶组等单位和张继政等同志民族团结进步模范称号的决定》。决定指出：为贯彻党的十五大精神，加强社会主义精神文明建设，进一步巩固和发展平等、团结、互助的社会主义民族关系，促进民族团结进步事业不断发展，国家民委决定对中央、国务院有关部委、直属机构，各民主党派、人民团体，解放军、武警部队在促进民族团结进步事业和发展民族经济文化方面作出突出贡献的单位和个人进行表彰，授予中共中央办公厅赴青海省玉树藏族自治州帮扶组、中国红十字基金会赴西藏志愿医疗队等 133 个单位和张继政、李兰颂等 120 人民族团结进步模范称号。

决定强调：希望荣获民族团结进步模范称号的单位和个人，戒骄戒躁，再接再厉，不断取得新成绩。希望全国各族人民以民族团结进步模范为榜样，为维护祖国统一，增进民族团结，促进各民族共同繁荣作出更大贡献。

附录：民族团结进步模范集体、模范个人名单

民族团结进步模范集体、模范个人名单

中国红十字会总会

中国红十字基金会赴西藏志愿医疗队

李兰颂　男　汉族　中国红十字基金会副秘书长

刘平　男　汉族　哈尔滨医科大学第一临床医学院眼科副主任医师

周军　男　汉族　北京市同仁医院眼科主治医师

冯永明　男　汉族　光明集团股份有限公司总裁

（摘自《人民日报》
1999 年 1 月 16 日第 8 版）

全国红十字会系统先进集体和先进工作者

《关于表彰全国红十字会系统先进集体和先进工作者的决定》

（人发〔2002〕31 号
2002 年 3 月 22 日）

各省、自治区、直辖市人事厅（局）、红十字会：

新中国成立后，特别是改革开放以来，在党中央、国务院的领导和社会各界的支持下，我国红十字事业蓬勃发展。1993 年 10 月 31 日《中华人民共和国红十字会法》的颁布施行，是我国红十字事业发展史上的一个里程碑。从此，全国各级红十字会组织和广大红十字工作者，以邓小平理论为指导，认真学习、努力实践“三个代表”重要思想，坚持依法建会、依法治会和依法兴会，抓住机遇，开拓进取，把国际红十字运动的基本原则与中国社会主义建设的实际相结合，积极探索建设有中国特色的红十字事业。在自身建设、备灾救灾工作、群众性卫生救护知识培训、社区服务、开展红十字青少年活动、推动无偿献血、进行社会救助、台湾事务工作以及对外交往等方面都取得了显著成绩，涌现出一大批先进集体和先进工作者。

为表彰他们的模范事迹，进一步弘扬“人道、博爱、奉献”的红十字精神，人事部、中国红十字会总会决定：授予北京市红十字会等31个单位“全国红十字会系统先进集体”荣誉称号；授予杨有平等30人“全国红十字会系统先进工作者”荣誉称号。被授予“全国红十字会系统先进工作者”荣誉称号的人员，享受省部级劳动模范和先进工作者待遇。

受到表彰的先进集体和先进工作者，有的从事红十字工作几十年，为红十字事业辛勤耕耘；有的锐意进取、开拓创新；有的埋头苦干，无私奉献；有的多方筹资，开展社会救助活动，把党和政府的关怀送到千家万户。他们以优异的成绩和良好的作风，赢得了广大人民群众的信赖和赞誉，展现了新时期红十字工作者高尚的思想品质和良好的精神风貌。

人事部、中国红十字会总会号召各级红十字会组织和全体红十字工作者向受到表彰的先进集体和先进工作者学习。学习他们开拓进取、不断创新、与时俱进的改革精神；学习他们心系群众、爱岗敬业、奉献爱心的高尚情操；学习他们艰苦奋斗、不辞辛劳、扎实工作的优良作风。希望受到表彰的先进集体和先进工作者把荣誉作为新的起点，谦虚谨慎，戒骄戒躁，再接再厉，为红十字事业作出新的更大的贡献。

全国各级红十字会组织和全体红十字工作者要以先进模范为榜样，高举邓小平理论伟大旗帜，紧密团结在以江泽民为核心的党中央周围，以“三个代表”重要思想为指导，齐心协力，努力拼搏，为建设有中国特色的红十字事业，为社会主义两个文明建设作出新的更大的贡献，以优异的成绩迎接党的十六大的胜利召开。

中国红十字会系统先进集体名单

（2002年）

北京市红十字会
天津市红十字会
河北省石家庄市红十字会
山西省晋城市红十字会
内蒙古自治区通辽市红十字会
辽宁省沈阳市红十字会
吉林省延边州红十字会
黑龙江省密山市红十字会
上海市红十字会
江苏省红十字会
浙江省常山县红十字会
安徽省铜陵市红十字会
福建省厦门市红十字会
江西省九江市红十字会
山东省红十字会
河南省焦作市红十字会
湖北省武汉市武昌区红十字会
湖南省慈利县红十字会
广东省广州市红十字会
广西壮族自治区柳州市红十字会
海南省琼山市红十字会
四川省广元市红十字会
重庆市红十字会
贵州省贵阳市云岩区红十字会
云南省红十字会
西藏自治区红十字会赈济部
陕西省西安市红十字会

甘肃省天水市红十字会
青海省西宁市红十字会
宁夏回族自治区固原地区红十字会
新疆维吾尔自治区乌鲁木齐市红十字会

中国红十字会系统先进工作者名单

（2002 年）

杨有平，女，50 岁，北京市通州区红十字会秘书长。

李彭林，女，53 岁，天津市汉沽区红十字会办公室主任。

曹雪梅，女，44 岁，河北省邯郸市红十字会秘书长。

杨竹梅，女，42 岁，山西省大同市红十字会专职副会长兼秘书长。

云曙碧，女，78 岁，内蒙古自治区红十字会会长。

郭春英，女，47 岁，辽宁省锦州市红十字会秘书长。

韩丽娟，女，40 岁，吉林省红十字会专职副会长。

崔淑珍，女，45 岁，黑龙江省哈尔滨市红十字会秘书长。

孙国华，女，54 岁，上海市南汇区红十字会常务副会长。

蔡丽萍，女，36 岁，江苏省响水县红十字会秘书长。

龚学跃，男，52 岁，浙江省乐清市红十字会秘书长。

赵胜利，女，54 岁，安徽省合肥市红十字会秘书长兼办公室主任。

陈金治，女，40 岁，福建省莆田市莆田县红十字会干部。

李安海，女，48 岁，江西省南昌市红十字会秘书长。

张玉荣，女，57 岁，山东省济宁市红十字会常务副会长。

严淑华，女，45 岁，河南省许昌市红十字会秘书长。

柯剑，男，44 岁，湖北省咸宁市红十字会秘书长。

赵云英，女，47 岁，湖南省衡东县红十字会副会长。

赵敢，男，59 岁，广西壮族自治区百色地区红十字会秘书长。

卓英，男，54 岁，海南省红十字会常务副会长。

赵国荣，女，47 岁，四川省红十字会主任科员。

彭东鲁，男，46 岁，重庆市大足县红十字会副会长兼秘书长。

郭介华，男，57 岁，贵州省铜仁地区副会长兼秘书长。

次仁旺堆，男，46 岁，西藏自治区红十字会秘书长。

李辛，女，53 岁，陕西省宝鸡市红十字会专职副会长兼秘书长。

郑怀安，男，55 岁，甘肃省红十字会秘书长。

尼玛，女，44 岁，青海省红十字会专职副会长。

刘静，女，43 岁，宁夏回族自治区红十字会秘书长。

马春丽，女，40 岁，新疆维吾尔自治区昌吉州红十字会专职副会长。

《关于表彰全国红十字会系统先进集体和先进工作者的决定》

（国人部发〔2004〕88号）

各省、自治区、直辖市人事厅（局）、红十字会：

在党中央、国务院的领导和关怀下，全国各级红十字会及广大红十字工作者，以邓小平理论和“三个代表”重要思想为指导，全面贯彻党的十六大精神，树立和落实科学发展观，坚持依法建会、依法治会和依法兴会，扎实工作、无私奉献，充分发挥了在人道主义救助工作领域政府助手的作用，涌现出一大批先进集体和先进个人。

为表彰他们的模范事迹，弘扬“人道、博爱、奉献”的红十字精神，人事部、中国红十字会总会决定：授予北京市西城区红十字会等29个集体“全国红十字会系统先进集体”荣誉称号；授予斯日古楞等10名个人“全国红十字会系统先进工作者”荣誉称号。被授予“全国红十字会系统先进工作者”荣誉称号的个人享受省部级劳动模范和先进工作者待遇。希望受到表彰的先进集体和个人珍惜荣誉，发扬成绩，戒骄戒躁，再立新功。

全国各级红十字会和全体红十字工作者要以受表彰的先进集体和个人为榜样，在以胡锦涛为总书记的党中央领导下，高举邓小平理论和“三个代表”重要思想伟大旗帜，解放思想，实事求是，开拓创新，与时俱进，不断推进中国红十字事业的发展，为全面建设小康社会、实现中华民族的伟大复兴而不懈奋斗。

中国红十字会系统先进集体名单

（2004年）

北京市西城区红十字会
天津市大港区红十字会
河北省保定市红十字会
山西省大同市城区红十字会
内蒙古自治区呼和浩特市红十字会
辽宁省辽阳市红十字会
吉林省通化市红十字会
黑龙江省佳木斯市红十字会
上海市南汇区红十字会
浙江省瑞安市红十字会
安徽省宿州市红十字会
福建省南安市红十字会
江西省南昌市红十字会
山东省济宁市红十字会
河南省红十字会
湖北省黄冈市蕲春县红十字会
湖南省红十字会
广东省肇庆市广宁县红十字会
海南省儋州市红十字会
四川省泸州市红十字会
重庆市开县红十字会
贵州省贵阳市红十字会

云南省红十字会备灾救灾中心
西藏自治区拉萨市城关区红十字会
陕西省宝鸡市红十字会
青海省红十字会
宁夏回族自治区红十字会
新疆维吾尔自治区红十字会

中国红十字会系统先进工作者名单

（2004 年）

斯日古楞，女，55 岁，内蒙古自治区赤峰市红十字会常务副会长。

刘琳娜，女，49 岁，辽宁省红十字会常务副会长。

周莉，女，40 岁，黑龙江省伊春市红十字会秘书长。

史庆荣，女，48 岁，安徽省滁州市红十字会秘书长。

刘丽萍，女，51 岁，山东省青岛市红十字会常务副会长。

牛茂修，男，44 岁，河南省安阳市红十字会专职副会长。

龙军胜，男，49 岁，广西壮族自治区红十字会秘书长。

喇建康，男，42 岁，四川省凉山州红十字会秘书长。

阮姮，女，47 岁，云南省昆明市红十字会常务副会长。

李云，女，55 岁，新疆维吾尔自治区阿克苏地区红十字会主任科员。

人力资源和社会保障部 中国红十字会总会《关于表彰全国红十字会系统先进集体和先进工作者的决定》

（人社部发〔2009〕120 号
2009 年 10 月 15 日）

各省、自治区、直辖市人力资源社会保障（人事、劳动保障）厅（局）、红十字会，新疆生产建设兵团人事局、劳动保障局、红十字会：

近年来，在党中央、国务院的正确领导下，全国红十字会系统广大干部职工以邓小平理论和“三个代表”重要思想为指导，深入贯彻落实科学发展观，认真履行《中华人民共和国红十字会法》赋予的职责，改革创新，锐意进取，扎实工作，为推动红十字事业快速发展作出了突出贡献，涌现出一大批先进集体和先进个人。

为表彰先进，弘扬“人道、博爱、奉献”的红十字精神，进一步调动全国红十字会系统广大干部职工的积极性和创造性，人力资源和社会保障部、红十字会总会决定，授予北京市红十字会紧急救援中心等 31 个单位“全国红十字会系统先进集体”荣誉称号；授予内蒙古自治区锡林郭勒盟红十字会阿穆古朗等 10 人“全国红十字会系统先进工作者”荣誉称号，享受省部级劳动模范和先进工作者待遇。希望受到表彰的先进集体和先进个人珍惜荣誉，再接再厉，为红十字事业的发展再立新功。

全国红十字会系统广大干部职工要以受表彰的先进集体和先进个人为榜样，更加紧密地团结在以胡锦涛为总书记的党中央周围，高举中国特色社会主义伟大旗帜，以邓小平理论和“三个代表”重要思想为指导，深入贯彻落实科学发展观，扎实工作，锐意进取，为构建社会主义和谐社会，开创中国特色社会主义事业新局面而努力奋斗。

全国红十字会系统先进集体名单（2009年）

（31个）

北京市红十字会紧急救援中心
天津市北辰区红十字会
河北省红十字会
山西省太原市红十字会
内蒙古自治区呼伦贝尔市红十字会
辽宁省大连市红十字会
吉林省红十字会
黑龙江省佳木斯市郊区红十字会
上海市徐汇区红十字会
江苏省南京市红十字会
浙江省舟山市红十字会
安徽省红十字会
福建省福州市红十字会
江西省红十字会
山东省滨州市红十字会
河南省郑州市红十字会
湖北省红十字会
湖南省娄底市红十字会
广东省红十字会
广西壮族自治区南宁市红十字会
海南省文昌市红十字会
重庆市垫江县红十字会
四川省内江市红十字会
贵州省红十字会救护培训指导中心
云南省德宏傣族景颇族自治州红十字会
陕西省安康市石泉县红十字会
甘肃省红十字会
青海省红十字会备灾救灾中心
宁夏回族自治区石嘴山市红十字会
新疆维吾尔自治区阿勒泰地区红十字会
新疆生产建设兵团农三师图木舒克市红十字会

全国红十字会系统先进工作者名单（2009年）

（10名）

阿穆古朗（蒙古族） 内蒙古自治区锡林郭勒盟红十字会常务副会长

杨　笑　辽宁省红十字会秘书长

丁超英（女） 上海市南汇区红十字会常务副会长

钱俊友　浙江省瑞安市红十字会副会长

李明珠（女） 福建省厦门市红十字会副会长兼秘书长

季庆林 山东省济宁市红十字会党组书记、常务副会长

张丽岩（女） 湖南省株洲市红十字会党组书记、常务副会长

李远珍（女） 重庆市开县红十字会专职副会长兼秘书长

郝正荣 四川省雅安市红十字会常务副会长

古丽斯坦·艾地格尔（女，维吾尔族） 新疆维吾尔自治区喀什市红十字会常务副会长

人力资源和社会保障部 中国红十字会总会《关于表彰全国红十字会系统先进集体和先进工作者的决定》

2015 年 1 月 22 日

各省、自治区、直辖市及新疆生产建设兵团人力资源社会保障厅（局）、红十字会：

近年来，在党中央、国务院的正确领导下，全国红十字会系统广大干部职工以邓小平理论、“三个代表”重要思想、科学发展观为指导，深入贯彻落实党的十八大和十八届三中、四中全会精神，认真履行救灾、救护、救助等职责，锐意进取，扎实工作，为促进红十字事业又好又快发展作出了积极贡献，涌现出一大批先进集体和个人。

为表彰先进，树立典型，弘扬“人道、博爱、奉献”的红十字精神，激发广大红十字工作者的积极性和创造性，人力资源和社会保障部、中国红十字会总会决定，授予北京市红十字会紧急救援中心等 32 个单位“全国红十字会系统先进集体”荣誉称号；授予李晓军等 10 名同志“全国红十字会系统先进工作者”荣誉称号。获得“全国红十字会系统先进工作者”荣誉称号的人员享受省部级先进工作者和劳动模范待遇。希望受到表彰的先进集体和先进个人珍惜荣誉，再接再厉，更好地发挥模范带头作用。

全国红十字会系统广大干部职工要以受表彰的先进集体和先进个人为榜样，更加紧密地团结在以习近平同志为核心的党中央周围，认真贯彻落实党中央、国务院的决策部署，坚定不移地走中国特色社会主义红十字事业发展道路，开拓进取，奋发有为，为全面建成小康社会、全面深化改革、全面推进依法治国和实现中华民族伟大复兴的中国梦作出新的更大贡献！

附件 1

全国红十字会系统先进集体名单
（32 个）

北京市红十字会紧急救援中心
天津市和平区红十字会
河北省唐山市红十字会
山西省大同市红十字会
内蒙古自治区鄂尔多斯市红十字会
辽宁省鞍山市红十字会

吉林省延边朝鲜族自治州红十字会
黑龙江省哈尔滨市红十字会
上海市浦东新区红十字会
江苏省无锡市红十字会
浙江省绍兴市红十字会
安徽省宿州市红十字会
福建省厦门市红十字会
江西省新余市红十字会
中国造血干细胞捐献者资料库山东分库
河南省郑州市红十字会
湖北省神农架林区红十字会
湖南省长沙市红十字会
广东省中山市红十字会
广西壮族自治区柳州市红十字会
海南省昌江县红十字会
重庆市垫江县红十字会
四川省阿坝藏族羌族自治州红十字会
贵州省红十字会“绿色家园行动”推进办公室
云南省红河哈尼族彝族自治州红十字会
陕西省西安市红十字会
甘肃省庆阳市红十字会
青海省西宁市红十字会
宁夏回族自治区固原市红十字会
新疆维吾尔自治区乌鲁木齐市红十字会
新疆生产建设兵团第三师图木舒克市红十字会
中国红十字会总会赈济救护部灾害管理处

附件 2

全国红十字会系统先进工作者名单

（10 名）

李晓军（女） 北京市房山区红十字会业务部主任

严瑞生　山西省隰县红十字会专职副会长、秘书长

梅世民　河南省固始县红十字会常务副会长

胡　林（女） 中国造血干细胞捐献者资料库湖北分库管理中心干部

欧　奕（女） 广西壮族自治区南宁市青秀区红十字会常务副会长

刘俊华（女、侗族） 贵州省铜仁市红十字会综合科科长

番　林　云南省红十字会赈济救护部副部长

尚玉芳（女） 陕西省长武县红十字会常务副会长

王海涛（回族） 青海省红十字会赈济救护部部长

周孝勇　新疆生产建设兵团第三师图木舒克市红十字会主任科员

无偿献血表彰

关于表彰 2016—2017 年度无偿献血奉献奖金奖等奖项获奖者的决定

国卫医发〔2018〕42 号

各省、自治区、直辖市及新疆生产建设兵团卫生计生委（卫生健康委）、红十字会，军队有关单位：

1998 年 10 月 1 日《献血法》正式施行，20 年来，在各级党委政府和相关部门的组织领导和有力推动下，在广大群众的积极参与下，我国无偿献血制度全面建立。社会各界大力践行社会主义核心价值观，弘扬献血救人的无私奉献精神，各地涌现出了一大批先进个人、单位和部队。为表彰先进，鼓励社会、公民关心、支持、参与无偿献血工作，根据《中华人民共和国献血法》和《全国无偿献血表彰奖励办法（2014 年修订）》的规定，经地方有关部门推荐并按照相关规定向社会进行了公示，国家卫生健康委、中国红十字会总会、中央军委后勤保障部卫生局决定，对 2016—2017 年度在无偿献血工作中作出突出成绩的王立有等 71123 名同志授予“无偿献血奉献奖金奖”，贾诚桢等 84991 名同志授予“无偿献血奉献奖银奖”，王辉等 235855 名同志授予“无偿献血奉献奖铜奖”；纪宏文等 202 名同志、清华大学等 439 个单位授予“无偿献血促进奖”；刘丽荣等 9390 名同志授予“无偿献血志愿服务奖”；天津市等 13 个省份和河北省石家庄市等 283 个市（区）授予“无偿献血先进省（市）奖”；北京卫戍区等 15 个军队单位授予“无偿献血先进部队奖”；邢佳齐等 1649 名同志授予“无偿捐献造血干细胞奖”。

为贯彻落实习近平新时代中国特色社会主义思想和党的十九大精神，大力宣传无偿献血先进人物和典型事迹，传递社会正能量，国家卫生健康委、中国红十字会总会、中央军委后勤保障部卫生局现公布获奖者名单，请各地组织表彰活动，对获奖的单位和个人予以表彰。希望获奖的个人、单位和地方珍惜荣誉，继续发挥模范带头作用，带动社会公众支持和参与无偿献血工作。我们号召社会各界以他们为榜样，弘扬救死扶伤的人道主义精神，为他人着想，捐献热血，分享生命，为推动社会文明进步和实施健康中国战略贡献力量。

国家卫生健康委　中国红十字会总会

中央军委后勤保障部卫生局

2018 年 10 月 30 日

造血干细胞捐献

造血干细胞捐献者名录（2018 年）

序号	荣誉证书号	分库	捐献者	序号	荣誉证书号	分库	捐献者
1	6861	广东	冯　飞	25	7027	江西	张绍良
2	6868	广东	冷　虹	26	7028	广东	郑　晨
3	6960	贵州	宋正波	27	7029	天津	徐晓萌
4	6990	广东	林孝臣	28	7030	河南	李新毅
5	7007	江西	余艳丽	29	7031	贵州	李　维
6	7008	山东	李　娜	30	7032	河北	郝东风
7	7009	山东	刘　彬	31	7033	湖南	徐黔志
8	7010	四川	何红英	32	7034	贵州	雷宽涛
9	7011	安徽	梁海洋	33	7035	湖南	黄　远
10	7012	江苏	唐晓龙	34	7036	湖南	邹海岚
11	7013	浙江	黄智成	35	7037	上海	陈庄明
12	7014	甘肃	赵彦云	36	7038	上海	张麒云
13	7015	山东	丛　波	37	7039	云南	肖润涛
14	7016	宁夏	马海龙	38	7040	四川	向小均
15	7017	辽宁	张涵淼	39	7041	浙江	马啸天
16	7018	湖南	孙羽中	40	7042	福建	林文迟
17	7019	河南	贾培科	41	7043	陕西	郑嘉炜
18	7020	湖北	郑时民	42	7044	辽宁	田　兵
19	7021	山东	董中华	43	7046	内蒙古	张　鑫
20	7022	山东	张　勇	44	7047	广西	马宇慧
21	7023	广东	韦有松	45	7048	福建	程　穗
22	7024	浙江	王德光	46	7049	广东	王子顺
23	7025	广东	潘景龙	47	7050	河南	郑高山
24	7026	江苏	蔡天豪	48	7051	湖北	熊　鹰

续表

序号	荣誉证书号	分库	捐献者	序号	荣誉证书号	分库	捐献者
49	7052	浙江	方　源	76	7079	广东	郑小斌
50	7053	山东	张永平	77	7080	浙江	戎佳燕
51	7054	福建	李　洲	78	7081	江苏	蒋文娟
52	7055	浙江	曾延坤	79	7082	江苏	沈　涛
53	7056	湖北	张　洲	80	7083	湖南	毛　勇
54	7057	山东	朱建军	81	7084	湖南	彭石辉
55	7058	内蒙古	王　昆	82	7085	河南	刘建营
56	7059	辽宁	牛承运	83	7086	四川	邓　佳
57	7060	海南	胡恩学	84	7087	福建	陈　芳
58	7061	湖南	何云苹	85	7088	河南	尤　龙
59	7062	山东	周子腾	86	7089	四川	潘海文
60	7063	江苏	李健峰	87	7090	河北	周　杨
61	7064	江苏	杨吟光	88	7091	广西	郑星星
62	7065	广东	陈建成	89	7092	浙江	赵敏芬
63	7066	山西	杨海俊	90	7093	湖南	汤立波
64	7067	湖北	彭　谦	91	7094	安徽	杨　杰
65	7068	江苏	王　旭	92	7095	上海	葛超全
66	7069	广东	邓萍萍	93	7096	湖南	刘　荣
67	7070	浙江	金忠明	94	7097	河北	焦敬朋
68	7071	河北	杜大学	95	7098	湖南	鄢燕荣
69	7072	广西	何　俊	96	7099	湖南	李　超
70	7073	湖北	朱　锟	97	7100	江苏	朱虎林
71	7074	山东	李　强	98	7101	江苏	李　波
72	7075	陕西	朱　蒙	99	7102	湖南	杨海峰
73	7076	广东	郑荣斌	100	7103	江苏	刘　芳
74	7077	福建	许小良	101	7104	新疆	吴明寿
75	7078	上海	郝　前	102	7105	山东	闫晓鹏

续表

序号	荣誉证书号	分库	捐献者	序号	荣誉证书号	分库	捐献者
103	7106	重庆	朱　力	130	7133	湖南	王　涛
104	7107	河南	贾　闯	131	7134	贵州	曹胜兰
105	7108	浙江	赵　科	132	7135	山东	朱雪龙
106	7109	广东	谢小萍	133	7136	河北	任珏琦
107	7110	新疆	马新国	134	7137	浙江	戴辉剑
108	7111	山东	刘　娜	135	7138	山东	辛志慧
109	7112	湖南	唐　林	136	7139	浙江	陈　健
110	7113	天津	李玉芝	137	7140	北京	欧阳小平
111	7114	上海	王东华	138	7141	北京	王昌改
112	7115	湖南	李万向	139	7142	山东	黄继振
113	7116	河南	吴亚楠	140	7143	湖北	郭仕军
114	7117	江苏	孙晓建	141	7144	内蒙古	张小磊
115	7118	湖南	黄若宇	142	7145	广东	杨再勇
116	7119	山东	巩文元	143	7146	山东	程先涛
117	7120	湖南	罗　操	144	7147	浙江	毛哲帆
118	7121	新疆	罗国君	145	7148	广东	王国威
119	7122	湖南	苏平利	146	7149	河南	陈宠帅
120	7123	广西	卢　明	147	7150	湖南	曾　湉
121	7124	湖南	易　添	148	7151	广东	童瑞斌
122	7125	山东	孟　申	149	7152	广东	张存华
123	7126	广东	翟治政	150	7153	山东	王　成
124	7127	宁夏	焦　刚	151	7154	重庆	刘荣兴
125	7128	广东	陈　晶	152	7155	浙江	楼烈锋
126	7129	四川	王培林	153	7156	湖南	冯　豪
127	7130	四川	孟　敏	154	7157	山西	李颖峰
128	7131	安徽	李修根	155	7158	新疆	罗　伟
129	7132	湖北	彭泽龙	156	7159	湖南	彭亚可

续表

序号	荣誉证书号	分库	捐献者	序号	荣誉证书号	分库	捐献者
157	7160	江苏	卞丹芹	184	7187	浙江	程　杰
158	7161	山东	邢延生	185	7188	云南	胡慧媛
159	7162	山东	庞　伟	186	7189	上海	范佳磊
160	7163	浙江	范祥源	187	7190	江苏	尚　蓉
161	7164	河南	贺　瑜	188	7191	内蒙古	刘永军
162	7165	江苏	李左胜	189	7192	安徽	朱　涛
163	7167	浙江	黄钢锋	190	7193	湖南	姜明华
164	7166	江西	黄　龙	191	7194	辽宁	张国坤
165	7168	湖南	章望重	192	7195	湖南	邹　珊
166	7169	河南	王立明	193	7196	江苏	吕牧羊
167	7170	河北	彭子响	194	7197	湖南	黄盛曦
168	7171	山东	朱菁菁	195	7198	江西	王思敏
169	7172	天津	王　宁	196	7199	广东	林树青
170	7173	浙江	柳火生	197	7200	四川	许勇平
171	7174	浙江	王志勇	198	7201	贵州	郭　萍
172	7175	广东	李如发	199	7202	河北	乔　红
173	7176	安徽	胡　锐	200	7203	广西	杜云花
174	7177	广东	蔡汉宁	201	7204	山东	张明青
175	7178	天津	邓玉婵	202	7205	安徽	万　敏
176	7179	山东	焦祥英	203	7206	江苏	蔡云根
177	7180	北京	王永彪	204	7207	河北	李久丰
178	7181	广东	陈鸿奕	205	7208	江苏	张　涛
179	7182	江苏	朱晶峰	206	7209	浙江	裘　阳
180	7183	湖北	李晓浩	207	7210	湖北	郑　松
181	7184	浙江	姚敏刚	208	7211	内蒙古	李　帅
182	7185	广东	陈德富	209	7212	广东	连锴城
183	7186	海南	唐海平	210	7213	山东	张勇杰

续表

序号	荣誉证书号	分库	捐献者	序号	荣誉证书号	分库	捐献者
211	7214	天津	张宗林	238	7241	山东	姜 鹏
212	7215	福建	陈 普	239	7242	山东	赵新建
213	7216	河南	杨 刚	240	7243	河南	邢峰亮
214	7217	广东	陈 文	241	7244	浙江	裘 杰
215	7218	天津	柳沛喆	242	7245	山东	张金辉
216	7219	河南	关国定	243	7246	贵州	张旭阳
217	7220	江苏	彭 婷	244	7247	广东	李志伟
218	7221	湖南	文治国	245	7248	浙江	王卫巍
219	7222	山东	张明阳	246	7249	广东	李俊凤
220	7223	湖南	王 勇	247	7250	天津	王 琦
221	7224	黑龙江	冯 昊	248	7251	福建	陈 霖
222	7225	江西	解战龙	249	7252	贵州	谢黎晨
223	7226	湖北	郭 奇	250	7253	安徽	孟祥伟
224	7227	辽宁	惠 超	251	7254	安徽	吴馀强
225	7228	四川	高国彬	252	7255	宁夏	王学锋
226	7229	安徽	单三毛	253	7256	吉林	葛俊龙
227	7230	江苏	邱 瑜	254	7257	江苏	严 卉
228	7231	广西	覃 朗	255	7258	江苏	胡修彬
229	7232	重庆	邹 瑜	256	7259	北京	田 心
230	7233	辽宁	付国忠	257	7260	北京	郭 跃
231	7234	山东	徐栋华	258	7261	四川	李 焰
232	7235	江苏	高仁萍	259	7262	北京	李守庆
233	7236	天津	金 鹏	260	7263	湖南	苏金腾
234	7237	山东	李晓菲	261	7264	广东	侯火炬
235	7238	山东	赵 晶	262	7265	广西	张思玉
236	7239	云南	许家卫	263	7266	湖北	姚长销
237	7240	广东	陶盛飞	264	7267	黑龙江	刘海燕

续表

序号	荣誉证书号	分库	捐献者	序号	荣誉证书号	分库	捐献者
265	7268	山东	孙　宇	292	7295	湖北	王小平
266	7269	江苏	李庆伟	293	7296	湖北	骆秋潇
267	7270	广西	黄　文	294	7297	河北	刘长青
268	7271	湖南	尹　勤	295	7298	山东	赵庆雷
269	7272	江西	何洪涛	296	7299	江苏	于　杰
270	7273	江西	陈淑霞	297	7300	广西	禤行瑞
271	7274	内蒙古	马皖苏	298	7301	吉林	代宏宇
272	7275	江苏	曹育杨	299	7302	浙江	谢毕傲
273	7276	浙江	颜旭东	300	7303	内蒙古	王冬毅
274	7277	湖南	王　兴	301	7304	北京	陈元锋
275	7278	四川	李　竹	302	7305	贵州	全孺均
276	7279	北京	李　浩	303	7306	河南	王康普
277	7280	江苏	杨志荣	304	7307	广东	谢文志
278	7281	江苏	孟献辉	305	7308	广东	肖　代
279	7282	吉林	张建军	306	7309	浙江	张亚明
280	7283	陕西	全少博	307	7310	浙江	陈均均
281	7284	山东	许文龙	308	7311	山东	王海滨
282	7285	四川	周　林	309	7312	山东	丁　旭
283	7286	河南	张学东	310	7313	山东	林亚军
284	7287	广东	陈　彬	311	7314	山东	黄　纬
285	7288	广东	叶胜越	312	7315	山东	梁忠利
286	7289	广东	李东杰	313	7316	湖南	陆　波
287	7290	山东	崔振洋	314	7317	湖南	张振源
288	7291	河南	余　林	315	7318	广东	陈春瑜
289	7292	广东	王　昂	316	7319	广东	刘石浪
290	7293	上海	刘智杰	317	7320	广东	邬金燕
291	7294	江苏	顾庆锋	318	7321	浙江	顾弘劼

续表

序号	荣誉证书号	分库	捐献者	序号	荣誉证书号	分库	捐献者
319	7322	江苏	王　永	346	7349	浙江	顾春梅
320	7323	浙江	林进军	347	7350	上海	于利冬
321	7324	山东	高艳宁	348	7351	广东	陈贵生
322	7325	江苏	殷文超	349	7352	山东	王　凯
323	7326	浙江	毛晓敏	350	7353	河南	李　刚
324	7327	贵州	娄乾松	351	7354	四川	冯刚强
325	7328	浙江	陆林峰	352	7355	四川	张　波
326	7329	陕西	赵晓东	353	7356	吉林	张淑娟
327	7330	陕西	胡冯伟	354	7357	山东	高　宁
328	7331	广东	张　超	355	7358	四川	郑乐燕
329	7332	甘肃	杨喜荣	356	7359	广西	李燕宁
330	7333	福建	彭　胡	357	7360	广东	黄东晓
331	7334	河南	王　楠	358	7361	江苏	钱己任
332	7335	浙江	薛　君	359	7362	上海	徐　淼
333	7336	天津	张　旭	360	7363	山东	贺国伟
334	7337	江苏	刘　飞	361	7364	广东	陈远文
335	7338	江苏	杨理想	362	7365	海南	陈宝田
336	7339	广东	王金烁	363	7366	北京	洪光照
337	7340	广东	陈　林	364	7367	云南	蒋　军
338	7341	云南	陈光云	365	7368	山东	营松江
339	7342	广东	胡珺雯	366	7369	河北	邓　伟
340	7343	山东	侯旺山	367	7370	山东	彭洪奎
341	7344	北京	肖　瑛	368	7371	江苏	程　鹏
342	7345	北京	李　志	369	7372	湖南	方　洁
343	7346	北京	赫　采	370	7373	湖南	吕涧特
344	7347	云南	张千柏	371	7374	山西	杨云龙
345	7348	浙江	余雪辉	372	7375	广东	赵明星

续表

序号	荣誉证书号	分库	捐献者	序号	荣誉证书号	分库	捐献者
373	7376	浙江	陈　玲	400	7403	四川	李小军
374	7377	江苏	田登峰	401	7404	北京	谷士军
375	7378	山西	马旭凯	402	7405	北京	孟长青
376	7379	江西	肖珠荣	403	7406	浙江	孙超凡
377	7380	安徽	张　明	404	7407	湖北	包樊燕
378	7381	河南	徐安顺	405	7408	广东	何世龙
379	7382	湖南	秦国权	406	7409	河北	马　勃
380	7383	广东	植美汉	407	7410	福建	艾小梅
381	7384	浙江	王　忠	408	7411	安徽	辛　华
382	7385	山东	张晓晓	409	7412	北京	李　眉
383	7386	安徽	佘明伟	410	7413	山东	姚　磊
384	7387	湖南	朱亚秋	411	7414	山东	史承波
385	7388	辽宁	陆祥宇	412	7415	山东	周文海
386	7389	湖北	焦晓龙	413	7416	山东	刘春喜
387	7390	江苏	仇　亮	414	7417	安徽	王晓薇
388	7391	广西	甘共华	415	7418	江西	张　斌
389	7392	四川	陈　英	416	7419	河南	李亚庆
390	7393	新疆	叶尔包拉提·艾不力	417	7420	贵州	李罗曼
391	7394	广东	赖桂兵	418	7421	河南	刘春香
392	7395	河北	邵轩泽	419	7422	湖南	周　波
393	7396	甘肃	钟峰超	420	7423	内蒙古	王贺男
394	7397	新疆	郭　旗	421	7424	湖南	胡小娥
395	7398	山东	黄海龙	422	7425	江苏	李文青
396	7399	江苏	蒋佳娜	423	7426	江苏	江风军
397	7400	安徽	王　伟	424	7427	江苏	朱东波
398	7401	河南	万　营	425	7428	新疆	张　彦
399	7402	河南	郝会朝	426	7429	福建	周　洋

续表

序号	荣誉证书号	分库	捐献者	序号	荣誉证书号	分库	捐献者
427	7430	湖北	伍　岳	454	7457	四川	孟　敏
428	7431	福建	刘小宾	455	7458	山东	张绍杰
429	7432	湖南	刘明阳	456	7459	广东	曾远豪
430	7433	云南	廖术涛	457	7460	河南	宋铭宸
431	7434	云南	鲁顺平	458	7461	广东	黄福标
432	7435	河北	王　慧	459	7462	安徽	萧　相
433	7436	浙江	易　娟	460	7463	湖北	黄志涛
434	7437	北京	陈明萍	461	7464	湖南	刘小毛
435	7438	天津	彭宏飞	462	7465	湖南	姚志伟
436	7439	北京	曹礼松	463	7466	山东	任　铭
437	7440	河南	张文义	464	7467	广东	洪庆华
438	7441	山东	范正亮	465	7468	湖南	刘　闯
439	7442	湖南	谭文辉	466	7469	江苏	袁振涛
440	7443	浙江	蓝　晨	467	7470	北京	李　严
441	7444	河北	伍　波	468	7471	山东	王　云
442	7445	山东	万克朋	469	7472	江苏	林　榕
443	7446	广东	林华超	470	7473	河北	张俊校
444	7447	陕西	赵登魁	471	7474	江西	郭　帅
445	7448	江苏	王　飞	472	7475	江西	段胜峰
446	7449	广东	秦志起	473	7476	广东	肖　沛
447	7450	山东	马东岩	474	7477	安徽	韦娄晟
448	7451	河南	李悦功	475	7478	湖南	雷旭毅
449	7452	河南	李　冰	476	7479	湖南	钟凌志
450	7453	湖南	苑家庆	477	7480	湖南	叶永果
451	7454	江西	黎　鹏	478	7481	湖南	辛治杰
452	7455	湖南	朱德政	479	7482	北京	陈　众
453	7456	湖北	李敏娟	480	7483	宁夏	张海洋

续表

序号	荣誉证书号	分库	捐献者	序号	荣誉证书号	分库	捐献者
481	7484	上海	吴　妹	508	7511	江苏	胥子伍
482	7485	上海	王　琦	509	7512	云南	杨茜茜
483	7486	上海	苏乔拓	510	7513	湖南	李　卓
484	7487	江苏	宋凯轩	511	7514	湖南	范火炬
485	7488	广西	黄静怡	512	7515	广东	陈　杰
486	7489	北京	刘浩波	513	7516	福建	张驰驰
487	7490	江苏	姬传坤	514	7517	广西	郭纹君
488	7491	贵州	陈小鸿	515	7518	云南	赵海凤
489	7492	江苏	梁登广	516	7519	广西	项载文
490	7493	辽宁	梁俊亭	517	7520	重庆	吴江天
491	7494	福建	董游榕	518	7521	四川	陶　静
492	7495	山东	王延松	519	7522	广东	郑淑丹
493	7496	山东	咸　勇	520	7523	山东	杨智群
494	7497	江西	陈会非	521	7524	安徽	梁　浩
495	7498	广东	徐栩坚	522	7525	广东	麦小丽
496	7499	陕西	王瀚泽	523	7526	广西	申　宇
497	7500	云南	吴文伟	524	7527	云南	陈　根
498	7501	湖南	蓝媛青	525	7529	河北	李　斌
499	7502	广东	梁海华	526	7530	浙江	何亚芳
500	7503	浙江	邢俊东	527	7531	浙江	周　华
501	7504	辽宁	李文政	528	7532	湖南	贺辉波
502	7505	广西	况光大	529	7533	四川	余　杭
503	7506	江苏	谢少云	530	7534	江苏	董发林
504	7507	江苏	王荣海	531	7535	四川	王　哲
505	7508	广东	姚鑫丽	532	7536	重庆	张江波
506	7509	山东	李　娟	533	7537	湖北	周　倩
507	7510	浙江	李国强	534	7538	北京	黄春贵

续表

序号	荣誉证书号	分库	捐献者	序号	荣誉证书号	分库	捐献者
535	7539	广东	李春苑	562	7566	江西	冯 岩
536	7540	浙江	陈选燕	563	7567	浙江	刘孙方文
537	7541	广东	林 涛	564	7568	山东	肖田军
538	7542	福建	徐 越	565	7569	云南	肖弘斌
539	7543	贵州	袁玉敏	566	7570	浙江	葛杨玲
540	7544	贵州	兰世杰	567	7571	新疆	丁 峰
541	7545	福建	庄宇攀	568	7572	新疆	曹均洋
542	7546	湖南	马万里	569	7573	广西	梁思敏
543	7547	广东	魏建国	570	7574	重庆	幸鸿宇
544	7548	湖南	张锦军	571	7575	河南	徐伟
545	7549	广东	周成贵	572	7576	海南	白凌云
546	7550	福建	黄 琳	573	7577	湖北	杜鼎夫
547	7551	广东	张晓晓	574	7578	湖南	兰龙刚
548	7552	广东	区龙照	575	7579	湖南	陈 彪
549	7553	黑龙江	贾 伟	576	7580	江苏	周 松
550	7554	山西	刘金太	577	7581	江苏	窦可明
551	7555	山西	李宗杰	578	7582	广西	蒋冬志
552	7556	北京	卢明玥	579	7583	云南	邓永平
553	7557	江苏	周宇佳	580	7584	广东	陈 云
554	7558	江苏	李 进	581	7585	山东	孙 浩
555	7559	江苏	魏 谦	582	7586	浙江	邵俊杰
556	7560	江苏	徐国平	583	7587	辽宁	冯 权
557	7561	山东	史继亮	584	7588	河南	冯雪珂
558	7562	湖北	朱天喜	585	7589	四川	舒 畅
559	7563	山东	张传海	586	7590	北京	付 超
560	7564	浙江	陈德坤	587	7591	湖南	胡征祥
561	7565	云南	王正宏	588	7592	江苏	董正山

续表

序号	荣誉证书号	分库	捐献者	序号	荣誉证书号	分库	捐献者
589	7593	湖南	罗　澎	616	7621	湖南	郭云舟
590	7595	广东	廖君毫	617	7622	上海	赵　容
591	7596	浙江	高新路	618	7623	新疆	李旭发
592	7597	湖南	唐　澍	619	7624	广西	吕　栋
593	7598	江西	张晓东	620	7625	吉林	王宇飞
594	7599	天津	刘蔚林	621	7626	黑龙江	丁劲皓
595	7600	广东	黄金华	622	7627	江西	王　祯
596	7601	云南	纪元佼	623	7628	山东	段德瑞
597	7602	山东	孙建军	624	7629	天津	杨玉称
598	7603	陕西	池永湛	625	7630	广东	陈凤斐
599	7604	江苏	柯维军	626	7631	湖南	张　毅
600	7605	黑龙江	郑秀刚	627	7632	湖南	何嘉欣
601	7606	河北	王　健	628	7633	河南	吕长坤
602	7607	天津	张　晶	629	7635	浙江	游久青
603	7608	浙江	董科杰	630	7636	上海	刘　辉
604	7609	浙江	伍斌斌	631	7637	青海	赵静姝
605	7610	江西	贾　伟	632	7638	贵州	郑　黔
606	7611	湖南	王陆海	633	7639	贵州	洪发刚
607	7612	山东	张树国	634	7640	江西	顾　菁
608	7613	山东	朱传丽	635	7641	四川	岳天会
609	7614	广东	黄河万	636	7642	新疆	徐秋艳
610	7615	上海	蔡儒婧	637	7643	贵州	周智雅
611	7616	江西	尹海龙	638	7644	山东	张爱刚
612	7617	湖北	刘　冲	639	7645	山东	赵军程
613	7618	山东	蒋文宗	640	7646	山东	吴　童
614	7619	湖南	彭文兰	641	7647	江苏	周　晨
615	7620	河南	张振东	642	7648	四川	李志忠

续表

序号	荣誉证书号	分库	捐献者	序号	荣誉证书号	分库	捐献者
643	7649	四川	杨淑林	670	7676	浙江	陈跃洋
644	7650	浙江	郑　晖	671	7677	北京	王存起
645	7651	浙江	马海峰	672	7678	上海	朱　红
646	7652	贵州	徐元胜	673	7679	云南	陆水金
647	7653	上海	沈　瑜	674	7680	江苏	崔锦华
648	7654	云南	甘国才	675	7681	山西	温凤萍
649	7655	广东	别文海	676	7682	广东	梁伟强
650	7656	内蒙古	都日斯哈乐	677	7683	湖南	刘伟平
651	7657	安徽	刘陈希	678	7684	宁夏	孔　建
652	7658	河南	杨　丹	679	7685	广东	谭嘉玲
653	7659	贵州	熊齐书	680	7686	安徽	陈梦龙
654	7660	辽宁	刘　波	681	7687	北京	黄文欢
655	7661	江苏	焦　薇	682	7688	陕西	左　凯
656	7662	湖北	任九松	683	7689	安徽	王亚军
657	7663	浙江	王　康	684	7690	河南	吴选利
658	7664	湖北	张　静	685	7691	广东	方伟江
659	7665	广西	覃立报	686	7692	天津	刘　旭
660	7666	山东	马飞飞	687	7693	上海	蔡　枫
661	7667	安徽	聂　健	688	7694	湖北	邹　涛
662	7668	山东	陶德臣	689	7695	广东	林锦钟
663	7669	安徽	江　敏	690	7696	江苏	马　钊
664	7670	上海	褚蓓彦	691	7697	青海	周　林
665	7671	广西	杨政霖	692	7698	河南	李红伟
666	7672	广东	黎仲勇	693	7699	山东	卜小强
667	7673	陕西	雷维维	694	7700	山东	刘恩利
668	7674	湖南	易理梵	695	7701	江苏	陈　晨
669	7675	天津	左志宇	696	7702	江苏	朱智康

续表

序号	荣誉证书号	分库	捐献者	序号	荣誉证书号	分库	捐献者
697	7704	湖北	黄胜红	724	7731	天津	高木桂
698	7705	四川	王晓聪	725	7732	北京	陈　欢
699	7706	湖南	何福珍	726	7733	广东	陈小刚
700	7707	湖南	张接春	727	7734	河南	刘凤凤
701	7708	江西	江滕军	728	7735	安徽	张国文娃
702	7709	河南	尚梦龙	729	7736	江苏	沈新华
703	7710	河南	梅大伟	730	7737	江西	刘　聪
704	7711	贵州	胡　伟	731	7738	江苏	杨克非
705	7712	山东	李一民	732	7739	江苏	郑　刚
706	7713	山东	冯　强	733	7740	河南	刘文常
707	7714	广东	杨梓民	734	7741	北京	王效国
708	7715	江西	应建荣	735	7742	贵州	刘凡梦
709	7716	广东	尚庆菊	736	7743	广东	石一杰
710	7717	广东	何彩霞	737	7744	上海	李江涛
711	7718	辽宁	白茹雪	738	7745	云南	陈春林
712	7719	浙江	王战军	739	7746	河北	郭红亮
713	7720	广西	李　官	740	7747	北京	于皓岩
714	7721	北京	吕海燕	741	7748	湖北	李　敏
715	7722	辽宁	刘　迪	742	7749	广西	尹元红
716	7723	辽宁	宋恩德	743	7750	湖南	资　源
717	7724	辽宁	吕金龙	744	7751	湖南	许晓凌
718	7725	广西	李明雷	745	7752	湖南	向再福
719	7726	山东	严永生	746	7753	湖南	陈吉林
720	7727	湖南	乔　维	747	7754	广西	刘　莉
721	7728	湖南	刘　卫	748	7755	江苏	金　川
722	7729	北京	毛　宁	749	7756	浙江	金逍君
723	7730	山东	申成亮	750	7757	湖北	王晨阳

续表

序号	荣誉证书号	分库	捐献者	序号	荣誉证书号	分库	捐献者
751	7758	四川	张斯宇	778	7785	河南	韩陈佳
752	7759	安徽	王振学	779	7786	内蒙古	卫立强
753	7760	浙江	谢可越	780	7787	河北	安小辉
754	7761	广东	李辉旭	781	7788	安徽	薛凤田
755	7762	广东	陈　沛	782	7789	浙江	胡建飞
756	7763	湖南	毛　江	783	7790	广东	叶振祥
757	7764	广西	江俊儒	784	7791	江西	徐慧蓉
758	7765	江西	林伟鑫	785	7792	云南	张瑜晓
759	7766	四川	曾　源	786	7793	四川	李旭东
760	7767	河南	毛先付	787	7794	北京	冯　正
761	7768	河北	孔维杰	788	7795	广西	李书为
762	7769	河南	张　莉	789	7796	辽宁	徐天博
763	7770	河南	崔志斌	790	7797	广东	苏　壮
764	7771	河南	张明娅	791	7798	辽宁	李　鑫
765	7772	四川	邹佳昕	792	7799	上海	温可可
766	7773	山东	刘　博	793	7800	广东	卢保德
767	7774	河北	王　昆	794	7801	河南	李　庆
768	7775	浙江	卢清根	795	7802	北京	游振忠
769	7776	浙江	黄彬沈	796	7803	福建	邱福川
770	7777	安徽	李　沈	797	7804	河北	傅兆军
771	7778	吉林	邢　星	798	7806	山东	郭立斌
772	7779	山东	郭　坦	799	7807	广东	刘兆龙
773	7780	北京	李　浩	800	7808	江苏	李紫荆
774	7781	河北	刘首池	801	7809	江苏	张付玉
775	7782	山东	时圣华	802	7810	山东	黄守志
776	7783	江苏	孔宪鹏	803	7811	云南	窦靖春
777	7784	内蒙古	春　茂	804	7812	湖南	冷元杰

续表

序号	荣誉证书号	分库	捐献者	序号	荣誉证书号	分库	捐献者
805	7813	河南	毛家伟	832	7840	河南	常志飞
806	7814	宁夏	张瑞玺	833	7841	安徽	夏　莉
807	7815	福建	黄建辉	834	7842	湖北	张子文
808	7816	上海	陈　佳	835	7843	湖北	张　洋
809	7817	浙江	陈俊杰	836	7844	广东	王秀文
810	7818	广东	古飞鸿	837	7845	江苏	汪　洁
811	7819	湖南	李中杰	838	7846	河北	刘春晖
812	7820	河北	王盛龙	839	7847	安徽	潘　登
813	7821	河北	李耀强	840	7848	四川	代晓龙
814	7822	广东	许立峰	841	7849	湖南	后大为
815	7823	四川	谭玟粤	842	7850	湖南	李　湘
816	7824	陕西	王　博	843	7851	湖南	刘伯林
817	7825	广东	何俊雄	844	7852	辽宁	孙宏禹
818	7826	湖南	薛　瑶	845	7853	山东	张世玉
819	7827	湖北	宋森森	846	7854	云南	李文杰
820	7828	内蒙古	包志颖	847	7855	内蒙古	姜喜梅
821	7829	福建	薛　龙	848	7856	江西	梁游龙
822	7830	河北	曾庆超	849	7857	贵州	潘　蓉
823	7831	广西	廖超杰	850	7858	湖北	沈　西
824	7832	广东	林维英	851	7859	内蒙古	刘俊财
825	7833	浙江	周萍萍	852	7860	河南	董松玮（董佩佩）
826	7834	山西	范留兵	853	7861	新疆	刘利群
827	7835	广东	梁助川	854	7862	湖南	赵红霞
828	7836	安徽	伍宏传	855	7863	福建	赵庆宝
829	7837	贵州	秦世大	856	7864	河南	方宾宾
830	7838	广东	朱满权	857	7865	江苏	周建峰
831	7839	浙江	牛朝辉	858	7866	天津	史潮川

续表

序号	荣誉证书号	分库	捐献者	序号	荣誉证书号	分库	捐献者
859	7867	湖南	戴恩泽	886	7894	贵州	韦桂片
860	7868	上海	赵　普	887	7895	江苏	杨　浩
861	7869	山东	许　波	888	7896	河南	程习文
862	7870	北京	宋　宁	889	7897	河南	傅丙钧
863	7871	上海	田　野	890	7898	黑龙江	韩　亮
864	7872	山东	陈鲁鲁	891	7899	北京	刘　备
865	7873	黑龙江	杨　磊	892	7900	河北	杨　佳
866	7874	湖北	杜泰山	893	7901	福建	欧阳宏
867	7875	山东	魏良山	894	7902	贵州	王成勇
868	7876	安徽	张丽华	895	7903	浙江	郑士苗
869	7877	江西	熊敏亮	896	7904	江西	程　刚
870	7878	广西	潘耀望	897	7905	河南	史君丽
871	7879	河北	孔　东	898	7906	广东	吴怡娟
872	7880	浙江	叶　盛	899	7907	山东	张岚清
873	7881	天津	姜洪祥	900	7908	辽宁	张再山
874	7882	海南	韦　凌	901	7909	辽宁	陈海艳
875	7883	上海	严　密	902	7910	安徽	王小平
876	7884	河南	徐　华	903	7911	北京	韩正果
877	7885	江苏	孔毓琦	904	7912	江苏	李东杰
878	7886	北京	刘晨昱	905	7913	江苏	李霞春
879	7887	江苏	蒋丹平	906	7915	四川	刘代书
880	7888	江苏	薛宇飞	907	7916	浙江	宋佳林
881	7889	山东	杜德兵	908	7917	浙江	朱志勇
882	7890	云南	朱红艳	909	7918	四川	雷万勇
883	7891	河南	张敏鹏	910	7919	河北	谢　舰
884	7892	甘肃	王　庭	911	7920	广东	郭泽颖
885	7893	贵州	李如欣				

五

分会篇

省、自治区、直辖市红十字会

北京市红十字会

2018年，北京市红十字会在市委、市政府的坚强领导下，在中国红十字会总会的亲切关心下，围绕市委、市政府的总体部署，全面深化从严治党主体责任，坚持聚焦主责主业，各项工作呈现平稳发展的良好势头。

（一）聚焦市委市政府工作部署，当好人道领域里的助手

在精准帮扶上集中发力。贯彻落实中央和市委实施乡村振兴战略和脱贫攻坚工作，特别是针对231个低收入村和6.9万低收入户，通过“红十字村（社区）”平台及“千人公益救助”“白内障复明”等工程，先后在怀柔、平谷、延庆、密云、门头沟等区域，开展义诊巡诊、送医送药、入户慰问、赠送物资等，投入资金1600余万元，受益家庭达5000户，深受老百姓欢迎。

在对口帮扶上突出特色。着眼于京津冀协同发展战略和对口帮扶工作，先后在津冀蒙多地开展对口帮扶活动，签订京蒙对口帮扶协议，推出“京津冀脑瘫儿童联合救助”、张家口蔚县助学、丰宁公益行、内蒙古失依儿童陪伴计划、“白血病患儿彩虹计划”等多个救助项目，组织医疗专家开展医疗健康活动，累计投入资金1000余万元。举办京津冀人道应急演练、理论技能培训、应急救援成果展示。积极开展“同心·共铸中国心”藏区大型医疗公益活动，开展先心病筛查、捐赠药品、援建基层卫生设施和建立因病返贫基金等工作，得到了当地群众的认可。

在大事要事服务保障上发挥作用。按照市政府应急救援工作部署，7月，派出救援装备和人员，参与密云石城镇暴雨现场救援。11月，完成“首届进口博览会”航空医疗救援保障任务。建立国内首个新生儿航空医疗转运体系。组织志愿者全程参与北京马拉松赛事服务工作以及应急救护培训。

（二）围绕红十字组织功能定位，增强群众的幸福感获得感

认真做好人道救助工作。立足民生福祉，推出一系列惠民举措。全市红会系统共接收社会捐赠款物3亿余元，围绕助老、助残、助幼、助困、助学以及大病救助等，累计支出款物近9000万元，惠及2.8万贫困群众。先后组织实施“生命关爱”“博爱助学”“博爱帮困”等多个救助活动，支出5000余万元，发放物资2000余万元，赢得了群众的普遍赞誉。

创新会员发展和志愿服务模式。与市农商银行联手推出了“四个一”的会员之家，推进会员实名制，会员人数达到近1.7万人，探索了刷卡做公益、积分献爱心的

公益和现代金融的有益结合，取得了一定的成效。推进志愿服务队实名制。开展志愿服务 300 余场次，参与人数近万人。举办了一系列防艾宣传、人道法师资培训、骨干培训等活动。海淀区教育部门将中小学红十字建设纳入政府专项督导；丰台区、朝阳区建立区级红十字青少年活动中心。近 22000 人报名捐献遗体，3000 余人实现了遗体捐献。市会青少年工作在全国青少年工作会上介绍经验。中国人民公安大学红十字会获得中国红十字会青少年人道问题辩论赛冠军。

加强应急救护培训。立足于广泛提高市民自救互救能力，在学校、企业、社区、农村、部队、机关等单位，组织应急救护培训，建成了 16 家应急救护教育培训基地，开展了应急救护普及课程 5190 余节，活动宣传 1200 余次。普及培训 116 万余人次，取得技能培训证 11 万余人、救护员培训证 1 万余人。

大力开展无偿献血和造血干细胞宣传。立足于献血制度改革和形势的需要，深入落实市政府 137 号折子工程，组建无偿献血志愿服务队，与市卫健委联合推动无偿献血宣传表彰工作，举办上百场无偿献血宣传活动。超额完成造血干细胞志愿者招募任务，库容量达到 13 万人份，成功捐献 331 人。首都高校造血干细胞公益宣传动画大赛获奖作品，被国家骨髓库和多家省级分库作为宣传材料。

深入推进民间交流。举办京津冀三地红十字青少年交流营，参加了中日韩三国首都、海峡两岸红十字青少年交流营活动。完成了赴巴基斯坦等 7 个团组 32 人出访任务。接待了国际残奥会主席等 7 个代表团 77 人次的来访。与北京电视台合作，推出 10 个宣传主题，制作了宣传片，精心开展了一系列宣传活动。

（三）牵牢党建“牛鼻子”，落实主体责任

深入学习习近平新时代中国特色社会主义思想，先后组织 27 次党组会、13 次理论中心组学习会、4 次党员干部培训班、2 次参观见学活动，深入学习习近平新时代中国特色社会主义思想和党的十九大精神，教育党员干部坚定理想信念，牢固树立“四个意识”，严守政治纪律和政治规矩，切实做到“三个一”和“四个决不允许”。

扎实开展主题教育活动。按照市委、市直机关工委统一安排，扎实开展“两学一做”学习教育以及“不忘初心、牢记使命”主题教育，16 次集中研究支部建设，围绕“一规一表一册一网”，坚持规定动作不走样，自选动作有特色，创造性地开展了书记讲党课、“党建一刻钟”、发挥“栏墙网刊”作用等一系列有特色的学习教育活动，增强了学习教育的针对性和实效性。

狠抓问题整改。先后召开 4 次党风廉政建设会议，建立了 5 个责任清单，加大党建督查力度，配备纪检监察专职干部，选举新一届机关党委、机关纪委。6 月、9 月、12 月，在市直机关工委和市纪检监察派驻组分别组织的 4 次全面从严治党主体责任检查考核中，总体评价较好。

（四）继续坚持全面从严治党

深入学习习近平新时代中国特色社会主义思想和党的十九大精神，发挥党组的领导核心作用，强化党建责任意识，落实主体责任，运用好监督执纪“四种形态”，推动全面从严治党向纵深发展。

（五）努力深化市级红十字会改革

按照机构改革要求，调整优化机构和职能，以首善标准抓好机构改革方案的组织实施。按照市委、市政府关于事业单位改革的部署，认真做好自收自支事业单位的改革。

（六）认真筹备召开“十代会”

按照《中华人民共和国红十字会法》的要求，做好换届工作，健全完善市会领导班子、理事队伍、监事队伍等，谋划未来五年发展规划，推进红十字事业持续健康发展。

（七）深入研究《我市实施〈中华人民共和国红十字会法〉的办法》相关事宜

加大调研力度，积极争取政策支持，着力解决红十字组织登记和会员发票等一些制度瓶颈。

（八）全面履行红十字组织的法定职责

结合市政府 2019 年为民办实事要求，大力做好 200 个村（社区）应急救护培训，创新网络培训与集中培训模式，力争实现一个家庭有一个救护员的目标。围绕低收入村和低收入户现状，精心设计一系列助老、助残、助幼、助困、助学等项目，大力推进“红十字村（社区）”建设，助力精准帮扶。关心遗体捐献志愿者，健全完善网上祭奠和实体祭奠模式。做好会员、志愿者、捐赠者服务，加强各类培训，给予人道关爱。加强宣传策划，注重与媒体合作，讲好红十字故事、传播好红十字声音。

天津市红十字会

2018 年，在中国红十字会总会的关心指导下，天津市红十字会以习近平新时代中国特色社会主义思想为指引，深入学习贯彻党的十九大和十九届二中、三中全会精神，紧紧围绕“五个现代化”天津建设大局，主动作为，充分发挥党和政府在人道领域联系群众的桥梁纽带作用，为改善困难群众民生，为天津经济发展、社会和谐、民生改善做出积极贡献。

（一）以救援救护能力建设为着力点，提高备灾救灾战斗力

一是不断提升应急救援救护规范化、专业化、标准化水平。组织市红十字应急救援队出色完成第三次京津冀应急救援演练。发挥应急救护培训主体作用，为基层发放模拟人教具 1612 套，截至 2018 年，全系统已完成 1 万余名急救员标准化培训认证工作。为 600 名夏季达沃斯论坛志愿者骨干进行专项应急救护理论培训和实际操作展示。

二是进一步全方位推进社会公共安全体系建设。在机场、车站等重要交通点位举办应急救护现场培训互动体验活动、“世界急救日”主题宣传活动，筑牢应急救护安全防线。开展“红十字爱心急救角”AED 设备专项督导，为部分站点更换设备电池，确保机器有效运行。将应急救护普及性培训与“双万双服促发展”活动相结合，为 27 家企业举办普及性讲座，提高企业工作人员的应急救护意识。

三是联合市应急办、红桥区政府举办“行动起来，减轻身边的灾害风险”防灾减灾主题活动及应急演练，增强群众防灾减灾救灾意识，指导红桥区红十字会成立全市首支全部由街道社区工作者组成的应急救援队——红桥区红十字社区应急救援队。

（二）以精准救助为着力点，提高人道资源动员力

一是依法开展募捐，筹集救灾救助善

款。截至2018年，共接受国内组织和个人捐款共146.14万元。坚持“公开、透明”原则，每月公示捐赠收入和专项支出情况，确保捐赠人和社会公众的知情权、监督权。

二是围绕市委、市政府决策部署，以服务民生需求为抓手，推进公益项目活动落地实施。积极开展对口支援、结对帮扶工作，支援河北省承德市救灾救助物资72785件、结对帮扶困难村物资7581件，在困难村相继开展学雷锋志愿服务暨红十字应急救护结对帮扶活动、红十字医疗义诊活动。开展贫困白内障老人复明项目，免费为宁河区127名贫困老人实施白内障复明手术。通过线上线下相结合方式举办以“逆境阳光，做最好的自己”为主题的“魔豆妈妈”创业扶贫大赛，推荐优秀选手参加全国大赛，其中河北区的李玉荣荣获全国优秀“魔豆妈妈”奖。

三是开展2018年度“红十字博爱送万家”活动，全系统共精准救助困难家庭10477户，发放慰问款物合计350.03万元。搭建“红十字博爱助学”平台，实现捐赠企业与受助学校对接，捐赠人与受助学生结对，精准救助249名困难学生。完成“博爱助老助残助孤”活动，全系统救助困难老人、孤儿、残疾人14657名，发放慰问款物121.84万元。做好国家彩票公益金“小天使基金”“天使阳光基金”申报审核，精准救助白血病患儿40名、先心病患儿4名，发放救助款131.5万元。

（三）以生命关爱为着力点，提高博爱奉献感召力

一是造血干细胞捐献工作扎实推进。截至11月初，新增入库报名志愿者3000余人，累计报名入库进行检索配型的志愿者已达8万余人；共18人实现捐献，同比上年同期增长23%，已累计成功实现捐献达223人。成功举办京津冀造血干细胞捐献工作培训会，加强京津冀三地联动协作，继续开展“彩虹计划”公益品牌项目，为231名血液病患儿送去儿童节心愿礼物。举办“感谢你，捐献者”联谊活动，加强成功捐献者的相互联系，展现健康向上精神风貌。为新疆红十字会开展造血干细胞捐献业务培训，支援民族边疆地区红十字事业发展。

二是人体器官捐献工作体系进一步完善。深入贯彻《天津市人体器官捐献条例》，开展第六次人体器官捐献知识宣传周活动，举办人体器官知识户外宣传活动245场，印发各类宣传品20.8万份，宣传受众人数达3.7万人次。84人志愿报名登记成为人体器官捐献志愿者。2018年度实现器官捐献237例，捐献大器官763个，角膜捐献94例、遗体捐献69例。联合天津市广播电台在蓟州区举行“奉献者生命礼赞·红十字清明追思”——2018年“心声 新生”清明缅怀公祭活动。

三是无偿献血宣传工作稳步推进。与市政府献血办、市卫生计生委在天津大学海河教育园校区联合举办“津血同源、爱聚成海”大型无偿献血公益跑活动，推进无偿献血工作广泛开展。

（四）以志愿服务和青少年工作为着力点，提高红十字吸引力

一是规范红十字志愿服务队管理，加强专业技能培训，开展特色志愿服务活动。为多支红十字志愿服务队开设专题讲座，讲解红十字运动理论知识，讲授志愿服务团队管理、项目运作及评估技能。组织红十字志愿者参加“珍爱生命，情满空港”春运应急救护现场培训互动体验、“凝聚力量 志愿先

行”学雷锋志愿服务等活动。积极参加“天津V站”志愿服务站推广活动。

二是选树红十字典型模范，弘扬社会正能量。推选南开医院护理部主任王玉玲为天津市南丁格尔奖章候选人参加全国评选。选送红十字骨干力量参加天津市学雷锋志愿服务“五个10”先进典型评选，其中杜鹏瑶被评为天津市优秀志愿者，天津市红十字应急救援队、天津外国语大学红十字会志愿服务队被评为天津市优秀志愿服务队，安泰人体器官捐献服务站被评为天津市优秀志愿服务岗站。

三是多领域推进红十字青少年工作，确保全国领先优势。在天津举办全国红十字青少年工作培训班，展示天津红十字形象。选拔培养青少年骨干，打造天津红十字青年网络行动组，传播红十字文化，参与红十字工作。举办“红十字大观园”等校际红十字青少年大型交流活动，提升学校红十字会组织力。天津师范大学、天津工业大学和天津科技大学等学校红十字会成功申报全国大学生社会实践项目，获得1万元经费支持。和平区万全小学举办千名红十字青少年入会仪式，使广大青少年熟知红十字运动基本知识，树立人道主义理念。结合弘扬社会主义核心价值观，打造青春善言行特色品牌，引导校园形成崇德向善的文化氛围。继续推动探索人道法试点工作，协调总会高水平师资来津讲授“探索人道法”项目，推动红十字运动理论传播。

（五）以综合宣传为着力点，增强红十字文化传播力

积极融合传统媒体与新媒体优势，打造综合宣传体系，拓展宣传渠道，进一步唱响红十字好声音。截至年末，在各类媒体上刊发、播出源头新闻稿件、节目85篇次，在《中国红十字报》《天津日报》《今晚报》等纸媒头版发稿11篇次。在市红十字会官方网站更新各类新闻150篇次。在微信公众号发布红十字新闻、运动知识80篇次。运用“央视新闻App”、今日头条等平台对重要活动进行网络直播，增强了社会影响力。利用“津云”客户端对重点工作、相关法律法规、红十字运动知识等进行积极普及推广。利用红十字博爱周、人体器官捐献宣传周、世界艾滋病日等重大时间节点，积极开展“我与红十字的故事”——纪念2018世界红十字日等主题宣传活动。充分利用公共场所广告位、传媒资源宣传“三救三献”法定职责。

（六）以修法护法为着力点，增强红十字事业发展保障力

坚持依法治会、依法兴会，推动修订《天津市实施〈中华人民共和国红十字会法〉办法》进入市十七届人大教科文卫委员会2018年工作安排，与南开大学法学院合作开展修订草案的起草工作，为加快红十字事业发展提供保障。联合市市场监管委在全市范围内开展红十字标志检查和宣传活动，维护红十字标志的严肃性和纯洁性。

（七）以外事外联为着力点，增强红十字影响力

不断加强对外沟通与联络。主动融入市委、市政府“一带一路”国家沿线民生项目，推进与巴基斯坦开展应急救护培训合作及交流访问事宜。与韩国仁川红十字会沟通协调开展红十字青少年交流互访活动。根据总会要求，完成赴美“国际援助能力建设”培训相关手续。赴上海市、广东省、云南省、内蒙古自治区红十字会开展专题调研，接待甘

肃省、青海省红十字会来津参观交流。受新疆维吾尔自治区红十字会邀请，组织红十字医疗志愿者在新疆喀什地区伽师县克孜勒博依乡开展义诊活动，为贫困村民搭起人道博爱、民族团结的桥梁。

（八）以党建主业为着力点，增强机关工作向心力

一是坚持把党建放在红十字各项工作统领位置，切实担负起全面从严治党主体责任。提高政治站位，突出抓好党的政治建设，严格党的组织生活，扎实推进全面从严治党，营造风清气正的政治生态。领导班子带头认真学习宣传贯彻党的十九届二中、三中全会精神，坚决维护习近平总书记核心地位，坚决维护党中央权威和集中统一领导。会党组严格遵循有关要求，高标准、严要求，召开一次较高质量的民主生活会和“不忘初心、牢记使命——向郑德荣等先进典型学习”专题组织生活会。

二是筑牢理想信念根基，确保习近平新时代中国特色社会主义思想入脑入心。举办“携手奋进新时代 同心共筑人道梦”——市红十字会学习贯彻习近平新时代中国特色社会主义思想和党的十九大精神专题培训班，通过多形式的学习与交流，统一了思想、提高了认识、明确了责任、激励了干劲。健全完善会党组、理论中心组、机关党委学习制度。坚持读原文学原著，学习市委最新文件精神，截至目前，开展集中学习40余次。

三是树立一切工作到支部的鲜明导向。会党组与机关党委、基层党支部层层签订党风廉政建设责任书，全方位进行警示教育。落实处级领导干部“一岗双责”制度，做到业务工作和党务工作两手抓，为各项任务圆满完成提供了坚强的思想和组织保障。推进“大兴学习之风、深入调研之风、亲民之风、尚能之风”活动，先后开展了宪法专题培训、机关公文写作专题培训、调研服务月等活动，窗口部门践行服务宗旨，通过“亮身份、亮标准、亮承诺”提升服务水平。

河北省红十字会

2018年，是全面贯彻党的十九大精神的开局之年。2018年，河北省各级红十字会以习近平新时代中国特色社会主义思想和党的十九大精神为引领，紧紧围绕河北省“三六八九”工作思路和“双创双服”要求，提高政治站位，增强宪法意识，勇于担当作为，服务全省大局，各项工作取得新进展新成效。

一、持续抓好系统党建，为事业发展提供坚强政治保证

全省红十字会系统把深入学习习近平新时代中国特色社会主义思想和党的十九大精神作为首要政治任务，通过集中学习、专题研讨、“三会一课”等形式，努力在学懂弄通做实上下功夫，让“四个意识”“两个维护”根植于灵魂深处。省红十字会党组带头制定了《关于加强自身建设的若干规定》等10项制度，指导机关支部开展了“三学三思三提”活动。继续推进市、县红十字会党组织建设，通过给各市市委发函恳请支持，4个市红十字会被批准设立党组，县级红十字会党组织建设在理顺中得到加强。压实全面从严治党主体责任，两次召开系统会议强调党风廉政建设的重要性，利用系统内外典型案例开展警示教育，深入推进纠正

“四风”和作风纪律专项整治，切实抓好中央巡视组反馈意见整改落实，在全系统营造了忠诚担当、团结干事、风清气正的良好政治生态。

二、始终坚持以上率下，全面深化改革实现良好开局

全面贯彻落实中央和省委有关群团改革精神，把红十字会改革作为重大政治任务，参照总会要求和试点经验，及早组织起草省红十字会改革方案，反复修改并征求多方面意见。省红十字会改革方案已由省政府办公厅印发，是总会改革方案下发后第一个出台改革方案的省份，受到总会领导的肯定。紧紧抓住省人大常委会修订《河北省实施〈中华人民共和国红十字会法〉办法》的有利契机，将设立监事会、基层组织建设、“三免”回馈机制等重大改革举措纳入修订条款，用立法的形式固化下来。2017 年 7 月 27 日，省人大常委会第四次会议一审通过了《河北省实施〈中华人民共和国红十字会法〉办法》，成为新修订的红十字会法施行后，第一个出台实施办法的省份。中国红十字会党组书记、常务副会长梁惠玲，中国红十字会副会长王汝鹏作出肯定性批示。实施办法的出台，助推改革措施落地，省红十字会监事会办事机构已由省编办批准；石家庄、沧州、衡水、邯郸红十字基层组织建设取得新进展，沧州实现了街道（乡镇）、社区（村）红十字组织大面积覆盖；张家口市红十字会 12 个县级红十字会理顺管理体制，使全省理顺率提高到 78%，超全国平均水平 8.9 个百分点。

三、认真履行法定职责，为服务保障民生作出新贡献

一是加强应急救援能力建设，与应急办、民政、地震等部门建立常态化协调机制，设立了 500 万元应急储备金，构建了环绕京津、覆盖全省的备灾救灾物资储备网络；全省建立 32 支应急救援队，实现灾害管理信息系统县级直报，与北京 999 合作搭建起空地救援生命走廊，连续 4 次举办京津冀应急救援实战演练，确保一旦有灾情，能够快速响应、联动出击。山东受灾后，省红十字会紧急援助 12 万余元救灾物资；总会召开对口支援西藏工作会议后，省会与西藏阿里确定了四项帮扶措施，就阿里备灾库事宜及时与省发改委进行了沟通，并向西藏自治区红十字会捐赠了 180 万元爱心药品，救助了阿里地区 28 名贫困学生。上年省红十字会被评为“7・19”灾后重建先进集体，在全国备灾救灾业务培训会上介绍了经验。二是拓宽应急救护“五进”路径，沧州、石家庄、承德、唐山、定州等地开展活动比较活跃，衡水、秦皇岛、邯郸、张家口市红十字会积极参与赛事救护保障，3 个应急救护培训基地发挥了良好作用，石家庄红十字应急救护培训基地被总会评为首批全国示范基地；大学生应急救护培训覆盖 38 所高校，累计培训师资 3000 余名，救护员 4 万余名，新生近 30 万名，得到总会充分肯定；应急救护知识纳入干部网络学院课程，在线培训 2 万余人；师资培训和注册师资人数分别位居全国第七和第四。三是大力推进生命关爱工程，河北省被国家卫生健康委、中国红十字会总会、中央军委后勤保障部卫生局授予无偿献血先进省称号，545 名志愿者被授予无偿献血志愿服务奖，76 名捐献者被授予无偿捐献造血干细胞奖，获奖人数分别位居全国第六和第七；捐献造血干细胞志愿者入库资料达到 14.25 万人份，在全国排名第三，邯郸造血干细胞捐献累计已突破100例；遗体捐献例数翻了一番，器官捐献完成54例，比上年增长92.8%，累计捐献遗体282例，捐献器官135例，获得大器官398个，挽救了数百人的生命和健康。石家庄器官捐献例数占全省60%，灵寿县李双全、李斌“父捐遗体子捐髓”的感人事迹被中央电视台等多家媒体报道。邯郸市红十字会张静被评为全国优秀器官捐献协调员。四是深入开展红十字志愿服务和青少年工作，河北省志愿服务组织数量位居全国第二，注册志愿者数量位居全国第八；29个“博爱燕赵·火热青春”高校志愿服务项目服务时长3万小时，服务人群10万人；完成京津冀中学生红十字青少年交流营任务；全国防灾避险知识竞赛中河北省25个单位获奖，其中省红十字会荣获最佳组织奖二等奖，石家庄、唐山、沧州荣获最佳组织奖三等奖。五是积极参与“一带一路”建设，组织开展了中韩红十字国际交流和中韩红十字青少年国际交流活动，进一步扩大对外交流与合作成果。

四、扎实做好筹资救助，助力打赢脱贫攻坚战

全省各级红十字会募集各类款物总值12554.02万余元，比上年增长20.32%；支出款物总值10591.55万余元，比上年增长26.37%，受益群众达32万余人次。邯郸市红十字会用好用活网络筹资和线下募捐机制，共募集资金1750余万元，位居全省第一；唐山市红十字会加强与爱心企业、爱心人士合作，靠真诚守信赢得了更多的爱心支持；邢台市红十字会举办“博爱邢襄”大型公益晚会，收到良好社会效果。全省深入开展便民救助、圆梦助学、博爱家园、博爱送万家和助残助医等惠民行动，继续做好白血病、先心病、脑瘫患儿和抑郁症、重度耳聋患者救助项目，执行“天使计划”项目情况稳居全国前三名。争取京、津人道支持款物总值累计1000余万元，集中帮扶张、承、保地区困难群众。争取总会博爱家园项目资金720万元，定点帮扶8市18个贫困村。魔豆妈妈电商创业就业帮扶工程进展顺利，共招募魔豆妈妈6000余人，完成培训3700余人，覆盖40余个县（市、区），得到总会领导表扬。组织好全国魔豆妈妈创业扶贫大赛省级赛，石家庄、邢台、唐山、邯郸、保定、沧州、衡水、秦皇岛市获组织奖，在全国决赛中，两名入围，一名获奖，省红十字会获全国优秀组织奖。养老服务试点工作进展顺利，与河北中医学院达成战略合作，邢台市红十字会协助举办首期养老护理员培训班，石家庄、定州市红十字会协助开展曜阳关爱行动走进正定、走进定州公益活动，智能化养老服务管理系统让河北省500余家养老机构受益，20家养老机构获得照料物资支持380余万元。邯郸市红十字会加强与曜阳集团合作，积极筹建邯郸曜阳国际老年公寓，目前已开工建设，在全省作出了示范。

五、内强素质外塑形象，红十字会公信力建设得到加强

始终把公信力视为红十字会的生命力，建制度、抓公开、促规范。编制《内部控制手册》，使内部控制贯穿于决策、执行、监督全过程；在全系统开展了捐赠款物接受管理使用“回头看”，严控风险隐患；制定了年度《募捐筹资和人道救助情况报告》（白皮书），及时向捐赠单位和爱心人士赠送，并将募捐救助情况在中国河北、慈善中国、省红十字会官网等权威网站公布；做到核心业务、相关政策、办事流程、工作动态等全部公开，保障公众的知情权、参与权和监督权；抓住重要节点、重大活动、重点工作和先进典型加强宣传，全系统在省级以上各类媒体刊发报道500余篇（条），进一步提升了红十字会的影响力。

山西省红十字会

2018年，是改革开放40周年，是决胜全面小康、实施“十三五”规划承上启下的关键之年，也是大力推进群团改革的重要一年。在省委、省政府的坚强领导下，山西省红十字会以习近平新时代中国特色社会主义思想为指引，以全面学习贯彻《中国红十字会总会改革方案》为契机，紧紧围绕省委省政府中心工作，围绕人道领域群众需求，稳步推进各项人道救助工作，各项工作取得新成效。

一、强化政治引领，牢牢把握发展红十字事业的正确政治方向

2018年，省红十字会以加强党的建设为抓手，以“两学一做”学习教育常态化制度化为载体，不断强化政治引领，为全省红十字事业持续健康发展奠定了强有力的思想政治基础。

（一）认真学习贯彻习近平新时代中国特色社会主义思想和党的十九大精神。会党组紧紧围绕总书记对发展红十字事业重要指示精神，着力加强党员干部思想政治建设，以上率下、带头学习，通过16次党组中心组集中学习、领导干部讲党课、集中轮训、干部在线、举办红十字大讲堂等形式多样的学习，系统深入学习了习近平新时代中国特色社会主义思想、党的十九大精神、习近平总书记视察山西重要讲话精神以及省委十一届六次全会精神。通过深入系统学习，促使党员干部牢固树立“四个意识”，坚定“四个自信”，做到“两个维护”，更加坚定了在新形势下推进中国特色红十字事业发展的信心和决心，更加突出了红十字会党组织的先锋作用和党员的先进性。

（二）进一步落实机关党建工作责任制。会党组坚持“党建带会建、会建促党建”，坚持把党的建设工作与红十字会人道救助工作同安排、同部署、同检查，全年召开党组会议专题研究党建工作6次，坚持每月听取党建工作汇报，每周安排中心组、机关党总支和支部学习，党组班子成员带头学习，带头听取党建工作汇报，并将每月听取支部和机关各部门工作汇报形成制度常态化执行。将年度工作目标与省委对省红十字会年度目标责任考核紧密结合，一体建设，同步推进，通过考核检查，有效促进了党建工作落实。在健全完善党建工作机制上下功夫，研究制定《山西省红十字会党组（中心组）学习制度》《山西省红十字会民主生活会制度》等9项党建工作制度，进一步推动机关党建工作制度化规范化。

（三）深入推进机关作风纪律建设。召开了2018年度全省红十字会系统全面从严治党工作会议，与各市红十字会签订《行风建设工作目标管理承诺书》，会党组与机关和直属单位负责人签订了《党风廉政建设责任书》，健全完善了红十字会党建、日常管理、核心业务工作制度。认真落实监督执纪“四种形态”，每逢节假日都要下发通知并编发廉政短信对党员干部提出纪律要求，强化“四风”问题监督检查，及时对财务管理情况进行内审。

二、强化依法治会，推动红十字会改革创新

（一）积极推进依法治会。召开了省红十字会六届三次理事会，对全年人道服务工作特别是推进红十字会改革等工作进行研究部署。召开党组扩大会议研究部署法治建设工作，健全了法治建设工作领导机构，制定了《2018 年法治建设工作要点》，认真组织红十字会工作人员学习宪法和新修订的《中华人民共和国红十字会法》等与履职相关的专门法律知识，参加了学法用法无纸化考试；加强对综治工作的领导，健全省红十字会国家安全人民防线建设工作领导机制，成立省红十字会国家安全人民防线建设小组，领导和推动省红十字会国家安全人民防线建设工作，全年无违法违纪和重大事故发生。加强与省编办、各市党政领导的沟通协调，全力推进县级红十字会管理体制理顺工作，截至 2018 年年底理顺体制的县级红十字会累计达到 113 个，理顺率达到 95.8%，在全国红十字系统位列第三名。指导吕梁市红十字会开展换届工作，按规定设立了监事会，成为全省第一个依法设立监事会的市级红十字会，为全省各级红十字会建立监事会探索了有效途径。

（二）以“大调研”推动红十字会改革创新。会党组高度重视红十字会改革工作，认真学习贯彻落实总会改革方案工作要求，引导全省红十字系统广大干部职工理解改革、参与改革、支持改革。2018 年，会领导班子按照省委、省政府部署要求，以“大调研”为抓手，针对社会层面关乎人道主义及红十字事业发展进程中的重点、热点和难点问题，班子成员带头深入 11 个市和部分县级红十字会进行调查研究，认真总结先进典型经验做法并积极推广，注重发现存在的问题和短板并提出有效解决的路径方法，坚持目标导向和问题导向，健全和完善红十字会改革推进机制，研究制定符合山西实际的红十字会改革实施方案，推动红十字工作更加规范化科学化。

（三）全面加强“三基建设”。省红十字会以“三基建设”为引领，将 2018 年确定为“工作质量、工作效率提升年”，积极推动红十字基层组织建设，以人道服务项目为载体大力推动红十字基层组织向机关、企业、学校、农村、社区延伸。省红十字会完成了机关党总支、党支部和机关工会的换届工作，优化了机关基础设施，在机关楼建立了生命安全健康体验教室和党员活动室，为有序开展机关党建和群建工作奠定坚实组织基础。特别是 2018 年，会党组以内强素质、外树形象为目标开展“大培训”，强化能力提升，举办全省红会系统专职干部素质能力提升培训班，首次对全系统 240 名专职干部进行大规模培训，实现省市县红十字会专职干部培训全覆盖。对省本级党员干部进行全员培训，人均学时 130 余小时。会党组强化意识形态工作研究部署，健全了意识形态工作领导机制，加强了门户网站管理，强化舆情监控，规范了网络与信息安全应急响应和工作流程。精神文明创建工作有序规范，扎实开展了“戴党徽、亮身份、明岗位、树形象”活动以及庆祝中国共产党成立 97 周年系列党日等活动，班子成员带头开展捐款献爱心，全年累计捐款 5533 元。

三、强化服务群众，扎实做好“三救三献”核心业务

2018 年，会党组坚持围绕中心、服务

大局，紧紧围绕省委、省政府脱贫攻坚工作重心，扎实抓好“三救三献”核心业务。

（一）健全完善红十字应急救援体系。在全省红十字备灾仓储管理网络基本建成、救灾物资仓储面积达到4600余平方米的基础上，2018年争取到省财政彩票公益金支持，集中采购了包括帐篷、棉被、棉衣、救灾用折叠床等价值1200余万元的备灾物资，接受总会382.4万元的代储备灾物资，大大增强了省红十字会备灾救灾实力。加强省红会赈济救援队建设，为救援队配备了卫星电话、无人机、救援服等救援装备，组织救援队参加了中国红十字会8省救援队演练，承办中国红十字赈济救援队（山西）培训班联合演练，以练代训，有效提升了省红十字会应急救援能力，受到总会领导表扬。积极探索应急救护培训知识和技能“5+N”模式，全年在铁路、电力、学校等系统完成48667名初级救护员培训，超出年度目标考核任务的143%；普及人数达77万人次，远超上年的7.8万人，累计达到337万余人次。大力推进全省中小学救护培训进校园，全省8500余所中小学、幼儿园的27850名老师成为合格初级救护员，覆盖率达到65%，提高了15个百分点，公益培训受众增长幅度居全国之首。服务脱贫攻坚，对全省扶贫队员开展了应急救护知识技能培训，将救护培训纳入省委党校干部教育培训体系，山西应急救护培训工作在全国红会系统属上游水平。新增山西省红十字救护培训管理平台在线学习和测试内容，积极发挥作用。

（二）加强人道服务助力脱贫攻坚。2018年，省红十字会深入开展“大救助”行动，以精准人道服务助力脱贫攻坚工作大局。

一是创新救助模式。联合中央电视台《星光大道》栏目先后在岢岚县、浑源县、原平市、兴县等革命老区开展了“红色之旅——助力精准扶贫、乡村振兴”公益救助活动，系全国红十字系统首创，总会党组书记、常务副会长梁惠玲作出重要批示：“山西省红十字会围绕中心、服务大局，积极主动作为，助力脱贫攻坚，值得肯定。”山西省委组织部原部长吴汉圣也作出批示给予充分肯定。与北京联慈健康扶贫基金会联合开展国奶扶贫工程项目，利用3年时间，向全省国家级、省级贫困县以及革命老区10万户困难家庭捐赠公益价值1.45亿元的婴幼儿配方奶粉，积极改善贫困家庭婴幼儿营养和健康状况。该项捐赠系省红十字会建会以来最大额度的单笔捐赠。

二是积极参与养老服务。山西省是总会养老服务工作试点省份，省红十字会联合省卫健委开展了5种模式的养老服务，建立31个“红十字福寿安康养老服务基地”，开展了曜阳养老护理员、志愿者培训，对各养老服务机构护理人员和志愿者进行了护理基本知识和技能培训，有效提升了红十字养老服务能力水平，走在全国试点前列，为全省乃至全国红十字养老服务工作积累了经验。

三是扎实稳妥开展人道救助工作。在全省范围内积极开展博爱募捐活动，全年动员各类社会人道资源（含意向捐赠）2.9亿元，同比增长100%，在全国红会系统名列前茅。深入开展“红十字博爱助医、助学、助困、助老、助残、助幼”项目，对全省城乡贫困家庭患有先天性心脏病、白血病、脊柱侧弯、马蹄内翻足以及省直单位大病致困职工家庭等患者进行医疗救助，投入公益资金670余万元，累计对400余名患者进行了救助，开展的“博爱送万家”活动对全省4000个特困家庭进行了救济慰问。在16个国家级贫困县建设红十字博爱家园，为80个贫困地区的博爱小学、农村中小学建设红十字书库并捐赠图书及配套设施，还实施博爱小学和博爱卫生站建设、“棋乐融融”助残益智项目、援建足球学校项目、“魔豆妈妈”创业扶贫项目等一系列人道救助项目，累计投入公益资金1100余万元，开创了全国“六助”先河。积极发挥人道救助独特优势，助力脱贫攻坚大局，深入中阳县关上村开展定点扶贫工作，帮扶村民脱贫致富。

（三）积极推进无偿献血和造血干细胞、遗体与人体器官捐献工作。稳步推进无偿献血宣传动员工作，发起开展了“文明山西、关爱生命——省直机关公务员无偿献血暨造血干细胞捐献月活动”，隆重举行“世界献血者日”纪念活动，全年无偿献血30.2万人次，献血总量达到120余吨，再次荣获无偿献血先进省荣誉称号，并在全国无偿献血表彰大会上作了经验介绍，11个市全部荣获无偿献血先进市荣誉称号。认真完成了国家下达的3000人份的造血干细胞捐献志愿者资料入库任务，累计入库志愿者9.05万人份，157位志愿者成功捐献造血干细胞，其中6位为涉外捐献。全省人体器官捐献工作稳步推进，全年实现公民逝世后人体器官捐献74例，使203位脏器衰竭患者获得新生，同比增长37%。累计捐献人数达到228例，救助脏器衰竭患者630位。累计有5860人报名登记成为人体器官捐献志愿者。

四、强化宣传引领，不断提升红十字会影响力公信力

以开展“博爱三晋”主题宣传为主线，弘扬社会主义核心价值观和“人道、博爱、奉献”的红十字精神，围绕“三救三献”核心业务，组织开展了“世界红十字日”“世界急救日”“世界献血者日”等系列主题宣传活动，在省黄河电视台支持下开办《专家来了》公益栏目，举办了“四十不惑、大爱无疆”——山西省红十字会工作成就图片展，“红十字博爱月”宣传活动期间在太原8400辆公交车以及楼宇和电梯间进行持续宣传。全年在报纸刊物刊登文章十余次，在官网、微博发布新闻信息500余条，在各类新媒体及网络平台发布报道800余条，会机关编排制作印刷宣传资料、画册3万余份，各项宣传总计触达2000余万人次，点击率100万+，“大宣传”格局基本形成。以山西省南丁格尔奖章“零”的突破为契机建立39支南丁格尔志愿服务队，并深入开展关爱农村儿童及敬老慰问等红十字特色志愿服务活动。稳步推进红十字青少年工作，组织全省红十字青少年以红十字训练营等为载体开展自救互救知识竞赛、人道传播、预防艾滋病宣传等丰富多彩的红十字青少年活动。副省长曲孝丽对省红十字会工作给予高度肯定，作出批示：“红十字会紧紧围绕全省工作重点，重党建、兴调研，不断加大培训、宣传、服务力度，取得了很好的工作成绩。”

内蒙古自治区红十字会

2018年，是贯彻落实党的十九大精神开局之年，是改革开放40周年，也是深入推进自治区红十字事业“十三五”发展规划承上启下的关键之年。内蒙古自治区红十字会以习近平新时代中国特色社会主义思想为指导，深入贯彻落实党的十九大精神，以主动作为的意识、攻坚克难的勇气，与时俱进完善发展思路、凝心聚力破解改革难题，紧紧围绕自治区红十字事业“十三五”发展规划和 2018 年重点任务，各项工作取得了显著成效。

召开了自治区红十字会第四次会员代表大会，开启事业发展新征程；依法设立了全国第一个省级红十字会监事会，体制机制创新实现重大突破；成立内蒙古红十字基金会，构建起多元化、开放式、长效性的人道筹资平台，筹资 1320 万元。全国首家省级红十字人道文化传播与研究中心落户内蒙古师范大学，加大红十字理论研究。年度全系统筹募公益善款 2.17 亿元，人道项目筹资再创历史新高；启动实施新一轮“光明行”“健康心”等三大人道救助行动，人道救助能力和水平显著提升，“光明行”社会公益活动荣获第十届“中华慈善奖”；新建“博爱家园”项目 102 个，应急救护角 167 个、应急救护点 110 个，人道文化传播点 112 个（完成 5 所青城驿站人道文化传播点设计）、人道文化传播基地 28 个，创建红十字示范校 101 所，志愿服务基地 31 个。参与服务“一带一路”倡议和自治区对外开放大局，深化了京蒙红十字会对口帮扶合作，民间对外交流向广度和深度拓展，红十字会作为党和政府联系服务困难群众的桥梁纽带和人道领域助手作用得到了充分发挥，为助力精准脱贫攻坚、打造祖国北疆亮丽风景线、推动构建人类命运共同体作出了新的贡献。年内，承办了中国红十字会总会组织宣传工作研讨班和全国造血干细胞捐献者资料库网络信息会；参加了总会和自治区召开的宣传品牌建设、红十字青少年、精神文明建设等会议并作了 5 次典型发言；自治区政府《每日要情》先后 11 期刊发了自治区红十字会核心业务推进情况和取得的工作成效。

一、强化政治统领，党的建设取得新成效

深入学习贯彻习近平新时代中国特色社会主义思想和党的十九大精神，持续巩固“两学一做”学习教育常态化制度化成果，采取党组中心组、“三会一课”、专题培训班、主题党日活动等方式，在学懂弄通中坚定正确政治方向、汲取强大前进力量。坚持以党的政治建设为统领，严格遵守政治纪律和政治规矩，牢固树立“四个意识”、坚定“四个自信”、坚决做到“两个维护”。严肃党内政治生活，严格执行民主集中制和“三重一大”议事制度。压实管党治党主体责任，连续三年召开系统党风廉政建设专题会议，举办两期财务培训班，全区各级红十字会主动邀请审计机关和社会第三方审计机构进行审计，不断筑牢廉政防线。支持驻会纪检组和机关纪委履行监督责任，实践运用监督执纪“四种形态”，落实干部任用、岗位调整廉政谈话制度。认真贯彻中央八项规定及其实施细则精神，驰而不息纠治“四风”。守好守住意识形态阵地，扎实做好保密、档案、精神文明建设等工作。参加自治区直属机关工委组织的庆祝改革开放 40 周年文艺嘉年华活动，并荣获“最佳表演奖”。

二、全面深化改革，体制机制实现新突破

依据《中华人民共和国红十字会法》，选举产生了全国首家省级红十字会监事会，构建起理事会决策、执委会执行、监事会监督三位一体的治理结构和管理模式，在全国具有引领示范意义。监事会设立后，对6个盟市、10个旗县（市、区）红十字会及两家合作医疗机构进行专项督查。11月26日，经自治区党委组织部、自治区编制委员会同意，印发《关于依法开展盟市、旗县（市、区）红十字会换届工作的指导意见》，为基层红十字会依法设立监事会提供了政策保障。乌兰察布市红十字会主动作为、先行先试，依法换届并设立全区首个盟市级红十字会监事会。

加快全面深化改革步伐。按照中央和自治区关于群团改革的决策部署，贯彻落实总会改革方案精神，研究制定《内蒙古自治区红十字会改革方案》，提交自治区党委深改委审议通过。内蒙古红十字会改革做法在中国红十字会第十届理事会第六次会议上作了经验介绍。

三、树牢法治思维，依法治会得到新提升

认真履行《中华人民共和国红十字会法》和《中国红十字会章程》赋予的职责，自觉运用法治思维、法治方式和法治手段推进改革发展、化解矛盾问题。制定《自治区红十字会2018年依法治会工作要点》《自治区红十字会2018年普法依法治理工作安排意见》。推行目标化管理考核，落实监事定期列席执委会、党组会议和听取工作通报制度，加大对核心业务、重点项目、捐赠款物的专项督查，扎实推进工作规范标准化、运行公开透明化、项目实施品牌化、筹资拓展多元化、队伍专业职业化建设，进一步提高红十字会治理体系和治理能力现代化水平。加强法治宣传教育，加快推动《内蒙古自治区实施〈中华人民共和国红十字会法〉办法》出台，为新时代内蒙古红十字事业改革创新发展提供重要的法治保障。

四、创新宣传手段，人道文化传播取得新进展

始终把传播红十字文化与践行社会主义核心价值观高度契合，创新传播手段、拓宽宣传渠道，不断提升社会民众对红十字知识的知晓率、认同率和普及率。积极构建媒体联动平台、网信协同机制，通过党政信息、官方网站、微信公众号等平台，推送、刊发红十字新闻和信息500余篇（条）；组织开展了“砥砺奋进的五年”“造血干细胞捐献志愿者，你还好吗？”等主题活动，形成了全方位、立体式、广覆盖的人道文化传播大格局。成功举办2018年北京对口支援内蒙古红十字会人道教育专题培训班。

五、释放组织活力，人道资源动员实现新增长

强化三级示范抓引领、五级联动强基层，不断激发基层红十字组织活力。培育和扶持10个红十字志愿服务队品牌项目，举办了自治区红十字会志愿服务工作培训班暨现场观摩会。区红十字会筹资5000余万元用于全区“光明行”“健康心”“一带一路·光明行”蒙古国行动等人道救助行动。组织67名身处逆境的女性参加“魔豆妈妈”创业扶贫大赛内蒙古赛事，其中一名入围全国20强。持续巩固“博爱一日捐”长效机制，年度实现捐款1.2亿元。依托互联网开辟公益筹资新模式，广泛汇聚人道资源，内蒙古蒙草生态环境（集团）股份有限公司、内蒙古伊利公益基金会、内蒙古光彩事业基金会等多家爱心单位和企业获得总会2018年度“中国红十字人道勋章”“中国红十字博爱奖章”“中国红十字奉献奖章”。

六、真心关爱群众，“三救”工作创造新业绩

严格执行“235”资金管理使用制度规定，全区各级红十字会备灾储备金累计达4650万元，备灾能力显著增强。畅通灾害应急响应机制，协调争取救灾款物500余万元，帮助区内外受灾地区开展灾害救援工作。完成中国红十字会灾害系统备灾模块激活录入，实现灾害报送网络化。

启动新一轮老牛生命学堂项目，在全区52所中小学开展了应急救护培训进校园活动。支出资金93.18万元，为102个旗县采购应急救护角设备219套。举办全区应急救护师资培训班3期，完成红十字救护员培训24304人、普及性培训164137人，培训应急救护师资235名。举办了第二届全区红十字应急救护师资教学技术比武和应急救护培训研讨会。

推动全区“光明行”社会公益活动实现常态化，分别在鄂尔多斯、二连浩特和呼伦贝尔“三少”民族旗县，组织开展全区“光明行”系列推进活动。新一轮“光明行”社会公益活动，已为贫困白内障患者免费实施复明手术5343例；扎实开展关爱青少年眼健康“护眼行动”，已筛查在校青少年儿童23.64万人，为贫困家庭真性近视青少年儿童免费佩戴近视镜1405人。

助力打赢脱贫攻坚战。投入资金2550万元，高质量建设“博爱家园”项目102个，其中发放生计金1300余万元。投入资金78万元，在农村牧区援建“红十字博爱卫生站”6个，进一步改善基层医疗条件。积极开展“红十字博爱送万家”等活动，投入救助款物8971.51万元，110.47万人受益；向区直“博爱一日捐”单位发放价值40万元的爱心物资2000箱和人道救助金20万元，救助慰问困难职工。积极开展贫困家庭先心病、白血病患儿人道救助活动，共救助151人、发放救助金412万元。扎实做好定点帮扶工作，筹集60余万元款物支持帮扶行政村脱贫摘帽。

七、关爱生命健康，“三献”工作迈上新台阶

积极推动无偿献血、造血干细胞捐献、遗体和人体器官捐献工作，8月31日中华骨髓库内蒙古分库造血干细胞捐献采集室建成投入使用，填补了全区空白。积极开展捐献缅怀主题活动，全区共有153名红十字会干部职工报名登记捐献眼角膜，其中区会机关38名干部报名登记，以实际行动传承大爱。年内完成造血干细胞血样入库3000份，实现捐献14例；遗体（角膜）人体器官捐献登记2203人，其中遗体捐献17例、眼角膜捐献6例、人体器官捐献7例。切实做好捐献者及困难家庭人道救助和抚慰工作。

八、促进民心互通，人道交流合作开创新局面

启动实施“一带一路·光明行”蒙古国行动，为23名符合手术指征的白内障患者实施免费复明手术。圆满完成“天使之旅”——“一带一路”大病患儿人道救助计划蒙古国行动，18名蒙古国先心病患儿在内蒙古人民医院成功接受治疗。完成总会赋予的阿富汗灾害管理司局级官员研修班内蒙古实地考察调研任务，做好蒙古国红十字会两次访问交流工作。会领导先后赴澳门、香港参加人道资源动员、人道法项目和志愿服务工作交流会议，组团赴台湾、港澳开展红十字会工作交流。全面深化京蒙对口帮扶，签署

《2018—2020 年京蒙红十字会对口帮扶合作协议》，接受北京市红十字会 628 万元的款物和项目援助，构建起多层次、多形式、全方位的对口支援和帮扶协作机制。

辽宁省红十字会

2018 年，在省委、省政府领导和中国红十字会总会指导下，辽宁省红十字会坚持以习近平新时代中国特色社会主义思想为指导，加强党的建设，紧紧围绕辽宁振兴发展和省委、省政府中心任务，积极开展“三救三献”等工作，发挥红十字会作为党和政府在人道领域的助手作用，完成全年各项任务。

一、加强全面从严治党，履行管党治党责任

会党组认真贯彻中央和省委决策部署，履行管党治党责任，夯实党的建设基础，不断提高机关党建工作质量。

（一）把学习贯彻习近平新时代中国特色社会主义思想和党的十九大精神作为重要政治任务

领导班子加强组织学习活动，党组理论学习中心组发挥表率作用，各支部抓好落实，学习习近平新时代中国特色社会主义思想和党的十九大精神，发挥新时代党员群众讲习所作用，开展学习讨论和宣讲活动。党员领导干部分别参加省委各级党校举办的学习习近平新时代中国特色社会主义思想和党的十九大精神专题培训和轮训，辽宁省红十字系统干部培训班上专门设置学习习近平新时代中国特色社会主义思想和党的十九大精神课程。

（二）规范党的组织生活，严肃党内政治生活

领导班子重视抓好党建工作，党组书记认真履行管党治党第一责任人责任，支部书记坚持“一岗双责”，严格执行《新时期党内政治生活若干准则》《党内监督条例》等规定，认真落实“三会一课”和领导干部双重组织生活等制度，党组成员带头参加组织生活，带头讲党课，坚持民主集中制，涉及“三重一大”重要事项集体决策，党建工作不断加强。领导班子认真落实中央和省委要求召开年度民主生活会，分别以围绕政治性警示教育和中央巡视反馈意见整改落实为内容召开专题民主生活会，管党治党成效明显。

（三）推进“两学一做”学习教育常态化制度化，做好中央巡视反馈意见整改落实工作

推进“两学一做”学习教育常态化制度化，开展“不忘初心、牢记使命”主题教育，党员干部牢固树立“四个意识”，做到“两个维护”，党员干部学习习近平总书记重要讲话精神和新《中国共产党章程》，领导干部参加中央党校教授对新《中国共产党章程》的专题辅导，按照党员标准严格要求自己。按照中央第六巡视组提出的反馈意见和省委要求，结合实际对照查摆问题，针对存在的问题制定整改措施，落实整改工作。加强党风廉政建设，党员干部参观辽宁省廉政教育基地，观看警示教育片，增强了党员干部廉洁自律自觉性。

（四）抓好党支部规范化建设和“党建 + 营商环境建设”

加强基层党组织建设，机关及事业单位党支部进行了换届改选，机关党委和机关

纪委完成了换届工作。推进党支部规范化建设，各支部开展“党日”活动，党组成员和各支部书记为党员讲党课，“七一”期间，特邀省“优秀共产党员”“辽宁好人”李洪冈为全体党员上党课。强化对支部开展活动的督促指导，有效发挥基层党组织战斗堡垒作用。

开展“党建+营商环境建设”，各支部召开了以营商环境建设为内容的组织生活会，党员对照八个突出问题认真进行查摆，找准存在的问题和差距，促进抓好问题整改和干部作风转变。制定了机关干部行为规范，干部签订“服务承诺”。领导班子落实“重实干、强执行、抓落实”各项举措，开展“解放思想推动高质量发展大讨论”，学习郑德荣、黄群等先进事迹，营造创先争优浓厚氛围。

二、认真履行工作职责，做好各项业务工作

（一）提高应急救援能力

举办市县红十字会赈济救援专职人员能力培训班，开展红十字赈济救援工作、救灾物资发放、中国红十字会灾害管理网络系统应用等培训。向各市转发总会做好2018年自然灾害救助和防灾减灾日工作文件，要求各市强化灾害应急意识、做好备灾工作，随时准备应对2018年可能发生的自然灾害。各市围绕“行动起来，减轻身边的灾害风险”活动主题，组织开展形式多样、各具特色的防灾减灾活动。总会拨发辽宁省5万余元专款用于国家级赈济救援队装备维修保养、更新等工作。完成总会拨发辽宁省应急供餐车保险、缴税等手续，以备随时启用。将省红十字应急救援队录入总会灾害管理系统。沈阳市红十字会与沈阳蓝天救援队签订了《应急救援合作框架协议》，并于防灾减灾日当天，组织志愿者应急救援队开展了拓展训练，进行徒手施救、自救互救等训练。大连市红十字会在全市320个街道社区、58个市县机关、37个中小学校开展防灾减灾知识宣传活动及演练。鞍山市红十字会参加了由市防灾减灾委组织的市委宣传部、鞍山军分区等32家单位联合开展的科普宣教活动。丹东市红十字会在全市多所小学开展防灾减灾知识讲座及逃生演练，共发放防灾减灾宣传资料1000余份。盘锦市红十字会网站开设防灾减灾专栏，宣传普及火灾逃生办法和减灾知识技能。葫芦岛市红十字会向群众发放《应急救护与避险逃生手册》1000余本。

（二）普及应急救护知识

积极争取项目资金，普及应急救护知识。争取总会红十字生命健康安全教育项目资金45.45万元，在鞍山、阜新、朝阳和葫芦岛4个市开展了“社区+学校安全健康教育培训”和“公益讲座”项目，共培训急救员1700名。开展亲子讲座、学校安全教育与体验活动、群众性应急演练、主题宣传活动以及公益讲座，总共受益人数达18000人。对市级红十字会按照项目要求开展了应急救护网络平台应用及业务和财务方面的培训。配合总会督导验收小组对2017—2018年红十字生命健康安全教育项目进行验收督导。争取省财政救护培训项目资金73.3万元，在全省开展了救护师资培训班3期，全省系统干部、志愿者共100余人参加培训，全省共有672人进行师资注册管理并上报总会。组织开展应急救护员培训班11期，对公交系统、企业、机关、志愿者等774名急救员进行了培训，全省共培训急救员3万余人，普及培训近16万人。举办由省财政专项支持的6期“艾滋病预防与关怀”同伴教育主持人培训班。省红十字会联合鞍山市红十字会在鞍山市二一九公园红十字爱心广场开展2018年世界急救日宣传周活动。沈阳市红十字会组织救援队队员模拟交通事故现场进行模拟救援演练，结合交通意外案例及常见意外伤害，向群众普及应急救护知识。大连市红十字会联合中山区交警大队开展宣传活动，为大队在岗干警和现场市民讲授心肺复苏和创伤救护知识，现场为市民发放宣传材料，并讲解交通安全知识。盘锦市红十字会在辽河油田兴采采油厂广场，围绕“交通安全‘救’在身边”急救日宣传主题宣传普及应急知识，提高自救互救技能，围绕心肺复苏和外伤急救四大技术进行现场演示，让市民更直观地了解紧急救护知识。阜新市红十字会在顺吉上河湾广场，开展心肺复苏术和头部三角巾帽式包扎演示活动，发放救护知识宣传单，与现场群众互动，让他们体验操作过程，组织医务人员开展义诊，丰富了宣传内容，增加了群众的体验感和获得感。全省有近300个红十字基层组织在世界急救日期间开展主题活动。

（三）开展人道救助工作

开展红十字博爱送万家活动，在2018年元旦、春节期间，对省内遭受自然灾害地区的贫困群众和辽宁省内日本遗孤及其养父母进行救助。要求各市高度重视，切实加强对活动的组织领导，结合当地实际精心策划活动方案，积极争取政府和企业支持，筹集救助物资，组织开展好活动，做好活动宣传。全省各级红十字会共筹集发放了价值约460万元的救助物资，共有86个县（市、区）的13374户家庭36629人次受益。实施大病救助项目，共救助患儿266人，救助金额近600万元。联合省卫计委、沈阳市卫计委、沈阳市红十字会、沈河区人民政府等单位，在五里河公园秦开广场举行世界献血者日纪念活动，表彰了无偿献血奉献奖代表、稀有血型代表以及志愿者。落实省委脱贫攻坚要求，选派到村工作干部张超任下高沟村第一书记，加强村级党组织建设，实施建设博爱卫生站项目，筹集11万元物资慰问受灾村民。会领导到村看望驻村干部，考察帮扶工作。省红十字会和省卫计委代表省委“三下乡”成员单位，参加在营口市大石桥黄土岭镇开展的活动，赠送模拟人、不锈钢盆、急救教材、大米、油等价值10万元物品。沈阳桃李食品有限公司在中秋节向省红十字会捐赠7822盒价值40余万元的月饼，对帮扶村村民等开展救助慰问工作。

（四）开展志愿服务工作

举办红十字志愿者能力建设培训班，对各市红十字会负责志愿服务的工作者及志愿者骨干进行培训，对《志愿服务条例》、新修订的《中华人民共和国红十字会法》进行宣传解读，志愿者骨干介绍开展红十字志愿服务工作经验和体会，对志愿服务工作进行通报。开展了全省社区红十字志愿服务培训班，提高红十字志愿者志愿服务能力。发挥典型示范作用，对达到五星级红十字志愿者标准的刘金彤等180人、四星级红十字志愿者标准的刘志恩等252人予以了表彰。在省委宣传部、省文明办等部门开展的辽宁省学雷锋志愿服务“四最”先进典型评选活动中，省捐献造血干细胞志愿服务大队获最佳志愿服务组织称号，大连无偿献血志愿者汤建国、阜新造血干细胞捐献志愿者池立红荣获最美志愿者称号，在官网“人道之声——讲志愿者故事”栏目刊登事迹。

（五）开展红十字宣传工作

在中国红十字运动发源地营口举行了辽宁省暨营口市“红十字博爱周”主题活动，营口红十字志愿者们创作了一台体现红十字志愿服务精神，展现“三救三献”等服务领域的文艺节目，彰显红十字人道力量，体现了红十字志愿者积极向上的精神面貌。举行“我是红十字人”千人宣誓。开展“践行十九大精神，志愿服务乐奉献”红十字志愿者主题演讲活动，成立辽宁红十字志愿者宣讲团。结合全国法制宣传日宣传活动，在全省“红十字家园”所在社区，开展《中华人民共和国红十字会法》社区宣传普及活动。各市紧密结合本地实际广泛开展多种形式的宣传活动。

（六）认真做好捐献工作

辽宁省在提高“有效库容率”与“移植率”方面狠下功夫，严把入库质量关。对入库率高的市级分库增加宣传动员费的拨付比例，鼓励各市在血样采集前对志愿捐献者做好宣传培训工作。多形式多渠道开展造血干细胞捐献宣传，全年各媒体累计报道30余次，每逢捐献者采集日和重要节日，利用短信平台向入库志愿者发送短信，保持和志愿者的紧密联系。制定《中华骨髓库辽宁分库志愿者保留项目实施方案》，举办了志愿者保留项目培训班。省志愿服务队参与造血干细胞捐献宣传招募、初筛再动员及捐献者入院期间陪伴关怀等。辽宁省两名工作人员参加世界骨髓库的评审认证员培训，成为第一批世界骨髓库评审认证员，并获得了世界骨髓库颁发的资格证书。辽宁省按年初计划完成2000人份造血干细胞志愿捐献者的血样采集资料录入，经过血样整理及回访后送到国家HLA实验室进行数据检测。全省总库容量达到132391人份，完成初筛2672人，再动员536人，高分辨79人，体检35人次，捐献17人。在器官捐献工作上，组织辽宁省人体器官捐献者公益落葬及追思缅怀纪念活动，为11名器官（眼组织）捐献者提供免费安葬，新增136名器官（眼组织）捐献者的名字镌刻于广场的纪念碑上。捐献者家属、捐献志愿者、医护人员代表和大学生等社会各界共300余人参加了活动，中央、省和市级主流媒体对活动进行了报道。2018年，器官捐献自愿登记新增4065人，比上年增长18.1%，眼组织捐献自愿登记人数新增877人。全年共实现公民逝世后自愿器官捐献72例，捐献大器官182个，挽救危重患者176人。眼组织实现捐献55例，为88名需求者提供了眼角膜移植。

（七）开展两岸红十字青少年交流

按照签署的合作备忘录，在省台办支持下，海峡两岸青少年红十字文化研习营在台湾省红十字会举行。辽宁省红十字会组织的青少年代表团24人1月赴台，与台湾省青少年开展了为期8天的活动。两岸红十字青少年先后拜访了台湾省红十字组织、台中市红十字组织及其创办的台湾食物银行、南投县红十字组织及备灾中心，参观两岸红十字青少年绘画展，并以分组游戏和实际演练模式，同台湾青少年共同开展了应急救援、人道救助、关爱失智老人等体现红十字博爱精神的活动。参观了台北“故宫博物院”及4个文创区，了解两岸中华民族子孙共同的历史，实际体验台湾现代文化发展状态，座谈交流各自开展工作情况，互相借鉴，共同发展。此次交流活动，促进和加深了两岸同胞血浓于水的民族亲情。

（八）坚持依法治会，推动改革创新

坚持依法治会，推动“中国红十字会法

辽宁实施办法”和“器官捐献”立法工作。对全省红十字系统干部举办了“创新社会组织治理”专题培训班，加强信息化建设，实现“两公开，两透明”。按照省委部署，做好事业单位机构改革工作，设置内设部门及相应职能，调整人员结构。按照中国红十字会总会部署要求，结合辽宁省实际，以增“三性”、去“四化”为目标，以优化治理结构为重点，组织制定《辽宁省红十字会改革方案》，为2019年推动改革打好基础。

吉林省红十字会

2018年，吉林省红十字会以习近平新时代中国特色社会主义思想为指导，紧密围绕贯彻落实党的十九大、中国红十字会十届四次理事会会议精神，按照省委、省政府的决策部署，围绕保持和增强群团组织的政治性、先进性、群众性，牢固树立服务意识，深入推进红十字会法的贯彻落实，在发挥红十字会职能作用、谋划改革、加强“三救三献”工作以及自身建设等重点领域不断创新业绩。

一、全力推进政府民生实事落实，积极参与灾害救援和人道救助工作

2018年，省红十字会组织开展的“助力精准扶贫，为2500名贫困家庭肿瘤患者减免治疗费用”被列入吉林省政府民生实事。为做好贫困肿瘤患者救治工作，省红十字会积极动员社会爱心人士捐资助困，扩大公益宣传，6月中旬省红十字会组织人员在农安、德惠等地开展“关爱肿瘤患者，健康吉林中部行”大型宣传义诊活动，截至12月，已救助3049人，12897人次，拨付救助款5250万元，为困境中的肿瘤患者送去了人道关怀，受到广泛欢迎和好评，得到省委、省政府领导的肯定。

5月28日，松原市宁江区发生5.7级地震，地震发生后，当地红十字会应急救援队立即携带50顶帐篷参与抢险救灾、物资分发和转移安置等工作。5月29日，省红十字会工作组赶赴受灾最为严重的松原市宁江区毛都站镇牙木吐村考察灾情，常务副会长牛继东转达中国红十字会会长陈竺的关怀慰问。省市两级红十字会及时回应群众需要，积极组织应急救援队参与救灾工作，调拨400床棉被运抵灾区，及时为受灾群众提供物资支持。为提高应对自然灾害的快速反应能力,7月，省红十字会组织中国红十字（吉林）医疗救援队、赈济、心理、蓝天170人在松原市开展地震救援模拟演练。

2018年元旦、春节期间，省红十字会开展“红十字博爱送万家”活动，筹集70万元救助物资下发到全省各地。在省红十字会扶贫包保村，为帮助困难群众过上一个温暖祥和的春节，会领导率扶贫工作组及全体党员干部到大安市大岗子镇杏树川村开展“博爱送万家，精准扶贫行”主题党日活动。

二、聚焦精准扶贫，发挥政府人道领域工作助手的作用

一是推进红十字博爱家园建设项目实施工作。在红十字国际委员会的支持下，红十字会为大安市大岗子镇杏树川村125户贫困户发放生计资金77万元，组织村民加入合作社，精准施策，扶持农户脱贫。在总会的支持下，吉林省的“博爱家园”项目进展顺利，在延边、白城等6个项目实施地，积极推进项目村环境改造，扶持生计发展，开展能力培训，取得积极成效。

二是积极推进红十字博爱卫生站和学校建设。在中国红十字基金会的支持下，吉林省申报的6个红十字博爱卫生站建设项目全部获批，援建项目正在推进落实。同时，省红十字会引进中国红十字基金会项目资金35万元，支持柳河县援建红十字博爱小学1所。

三是组织开展“魔豆妈妈”创业扶贫大赛。自3月开始，省红十字会在全省范围内发出活动号召，经过层层选拔，来自全省9个市（州）和梅河口市的24位身处困境但自强不息的母亲们脱颖而出。5月25日，由省红十字会联合省妇联、省扶贫办、省民政厅、省残联成功举办了“吉林省‘魔豆妈妈’创业扶贫大赛决赛”，向全社会传递和展示广大妇女脱贫励志的正能量。

四是落实总会关于参与养老事业的决策部署，积极推进养老服务基地创建工作。9月30日，省红十字会在长春市至爱养老院举办“红十字养老服务培训基地”揭牌仪式，省红十字会捐助资金10万元，同时将总会支持资金全部投入，支持该院养老服务基地标准化建设。

五是落实援疆援藏工作部署。认真贯彻落实总会《关于对口支援西部地区红十字事业发展的指导意见（2016—2020年）》，开展援疆援藏工作，与阿勒泰红十字会、日喀则红十字会建立了经常性联系，给予当地红十字会项目支持。

三、加强应急救护培训和筹资工作

积极推进应急救护培训“五进”工作，2018年1—9月，省红十字会举办救护员培训班26期，普及急救知识15000人次。2018年9月，省红十字会在吉林大学组织“万名新生学急救”活动，在新生军训期间开展急救技能培训，创造了全国高校急救培训的规模之最，并将作为吉林大学新生实践教学第一课，持续开展下去。

贯彻落实总会关于参与马拉松及相关运动赛事救护服务工作的精神，积极与省体育局沟通协调，连续两年组织红十字救护员参与马拉松等赛事的救护服务，受到组委会好评。省红十字会还在长春市朝阳区实验小学建成应急救护生命安全体验教室，在延边建成两处生命安全教育基地。

积极组织开展“互联网”筹资工作，吉林省红十字会组建了筹资办。7—9月，省红十字会遴选两个项目参加“99”公益日筹资大赛，动员各级红十字会积极参与，筹款40余万元，获评中国红十字基金会潜力项目，为开展互联网筹资工作积累了宝贵经验。

四、加强红十字工作社会宣传，积极推进“网上红十字会”建设工作

一是加大工作力度，与传媒企业开展深入合作，丰富官方微信公众号、微博的内容功能，满足快节奏移动端用户需求，增设微投票、有奖问答、红十字知识科普小游戏等内容，提高公众号的活跃度。在长春市主要街路推出红十字公交站亭公益广告30块，扩大了红十字工作的社会影响。

二是组织策划大型宣传活动。成功举办吉林省纪念第71个“‘世界红十字日’暨红十字博爱周”捐赠、宣传、义诊活动，副省长安立佳为爱心企业颁发了奖牌，参加活动的红十字会专职干部和志愿者进行“我是红十字人”宣誓，此次活动省红十字会共募捐善款和物资522万元，6家义诊医院为到欧亚卖场购物的群众进行了义诊和赠药活动，省红十字会志愿者还进行了“让世界充满爱”快闪表演。

三是贯彻落实总会关于“网上红十字

会”建设指导意见，加强网络宣传工作，完善网站捐款系统模块，改进和提高红十字会服务群众的能力和水平，形成网上网下深度融合、互联互动的红十字会工作新格局。

四是加强省红十字会信息化工作，进一步完善省红十字会官方网站及各市（州）红十字会官方网站建设，结合贯彻落实《红十字会法》和总会制定的《中国红十字会信息公开标准》，将信息公开作为网上红十字会建设的重要内容，规范信息发布，着力打造公开透明的红十字会。

五、大力推进红十字会基层组织建设和志愿者及专职干部培训

在开展基层红十字会“双三一”（一人一坊一网络，一队一品一红会）试点工作的基础上，按照“六有”标准（有兼职红十字会秘书长、有工作场地、有志愿服务队伍、有宣传栏、有服务项目、有活动开展），推进红十字基层组织建设。省红十字会领导先后深入延边州、九台市、伊通县等地开展调研指导，有力地推进了工作。目前，“双三一”基层组织建设模式，得到总会领导的重视和肯定。

为深入学习贯彻落实党的十九大精神，提升吉林省红十字会系统干部的政治理论素养和业务能力水平，拓宽工作视野，4 月 15 日，省红十字会组织全省红十字会系统专职干部 50 余人赴苏州大学社会学院国际红十字运动研究中心开展为期一周的学习培训，其间组织党员干部到中共一大会址、浙江嘉兴南湖开展了党性教育活动。

9 月，省红会举办“志愿服务管理暨社区红十字会和红十字品牌建设培训班”。通过培训使各级红十字会的专兼职干部及红十字志愿服务队进一步了解志愿服务知识，为他们搭建了学习和交流的平台，为今后创建具有地方特色的志愿服务品牌，将红十字志愿服务充分融入城乡社区治理体系打下了坚实的基础。

六、人体器官捐献和造血干细胞捐献工作稳步推进

全年省红十字会完成器官捐献 87 例，捐献大器官 232 个，成功挽救了 240 名重病患者，使 120 名眼病患者重见光明。截至 2018 年 12 月，吉林红十字会已建立一支由 43 名协调员组成的专职队伍，全省发展人体器官捐献志愿者 4738 名。清明节前夕，省红十字会与省卫计委、吉林大学第一医院主办吉林省“人体器官捐献缅怀纪念活动暨宣传普及活动”，器官捐献者家属和红十字会志愿者约 240 人参加了此次活动。

2018 年，省红十字会完成造血干细胞捐献 6 例，召开了捐献造血干细胞的志愿者座谈会，举办了“众志成城二十载，热血汇聚中华情”全省造血干细胞捐献者、无偿献血者联谊会。吉林省造血干细胞管理中心已招募志愿者 5.9 万人，成功捐献造血干细胞已达 71 例，为白血病患者带去了生命的希望。

七、加强自身建设，推进改革工作

一是结合学习宣传贯彻落实党的十九大精神，推动全省红十字系统党建工作发展，在全系统组织开展“学经典著作、做实践先锋”活动，坚持用习近平新时代中国特色社会主义思想武装党员干部头脑，组织党员赴白山育林孤儿院慰问及赴四保临江战役纪念馆开展党性教育，开展了基层党建工作排查，强化机关党的政治、思想、组织、作风和纪律建设，不断夯实机关党建工作的基础，2018 年省红十字会被省直机关工委评为“文明单位”，肿瘤救助项目荣获省直机关工委“建功十三五突出业绩奖”。

二是加大工作力度，明确落实巡察责任。为认真落实省委关于加强和改进巡视巡察工作的要求，巩固作风建设成果，根据《省委关于建立巡察制度的意见》《纪检组关于推动落实省委巡视机构对驻在部门开展巡视巡察工作的自察方案》，突出问题导向，坚持标本兼治，认真查找廉政风险点，确保管党治党工作部署要求落到实处。

三是落实制度建设、中央八项规定精神和省委具体规定精神，持之以恒纠正“四风”，完善规章制度，修订省红十字会规章制度32项，清理完善了各项规章制度，落实“只跑一次”服务规范，强化效能建设，做到事事有人管、件件有着落，分工明确，责任到人，有力地促进了工作。

四是按照总会的部署和要求，积极推进改革。目前，吉林红十字会已完成改革方案的起草工作，并征求了相关部门以及基层红十字会的意见。全国红十字系统改革推进会召开后，省红十字会认真学习传达会议精神，并按照总会部署要求，抓紧时间对改革方案进行了修改完善，扎实做好红十字会改革工作。

黑龙江省红十字会

2018年，黑龙江省各级红十字会以习近平新时代中国特色社会主义思想为统领，认真贯彻落实习近平总书记系列重要讲话，特别是对黑龙江省重要讲话精神，主动融入黑龙江全面振兴、全方位振兴工作大局，解放思想、改革创新，在服务民生和促进社会和谐发展中积极作为，切实发挥好党和政府在人道领域的助手和联系群众的桥梁纽带作用。

一、贯彻落实中央省委决策部署，推进从严治党向纵深发展

以习近平新时代中国特色社会主义思想为引领，全面贯彻党的十九大各项决策部署，深入学习贯彻习近平总书记对东北振兴重要论述和对黑龙江省两次重要讲话精神，坚定维护以习近平同志为核心的党中央权威和集中统一领导，牢固树立“四个意识”，坚定“四个自信”。结合黑龙江结构调整、转型升级、全面振兴发展的实际，推进全面从严治党，落实新时代党的建设总要求。聚焦全面从严治党责任落实，召开全省红十字系统全面从严治党工作会议。引导各级红十字会深入实施“党建全面提升工程”，制定“三级四岗”责任清单，形成推动全省红十字系统全面从严治党的合力；聚焦严肃党的政治生活和组织生活，省红十字会党组理论学习中心组、机关党委、党支部开展多层次、全覆盖学习讨论、党性活动40余次，加大官网、微博、微信等平台的政治引导，夺取意识形态领导权、主动权；聚焦党风廉政建设和反腐败斗争，主动完善权力运行制约和监督机制，围绕人道救助、人道服务，查找廉政风险点，完善修订各项制度23个，优化再造工作流程20项；聚焦“群建”带动基层党组织建设，2018年10月，中共哈尔滨市红十字蓝天应急救援志愿协会支部委员会成立，在市红十字会党总支领导下开展工作。

二、加强自身建设，推进红十字会全方位改革创新

按照中央、省委群团改革的工作总体部署，遵照省委关于加强和改进党的群团工作的实施意见，省红十字会在深入学习研究、准确把握《中国红十字会总会改革方案》精神基础上，成立了改革工作领导小组，全面启动改革各项程序。紧密结合黑龙江省实际，召开部分市（地）、县（区）红十字会座谈会，并学习借鉴其他省改革做法，形成了《黑龙江省红十字会改革方案（征求意见稿）》，经分管省领导同意后，征求组织部、编办、人社厅、财政厅、民政厅、审计厅等19家省直有关部门意见，反复进行修改完善，并报中国红十字会总会审定，形成《改革方案（送审稿）》，已经过省委党的建设制度改革专项小组第九次全体会议审议通过。

2018年，在黑龙江省事业单位改革力度大、精简机构数量高的情况下，省红十字会多次与省编委沟通协调，将原黑龙江省红十字备灾救护中心、中国造血干细胞捐献者资料库黑龙江省管理中心、黑龙江省人体器官捐献管理中心三个事业单位合署办公，在保证了工作的专业性、独立性的基础上，按要求完成事业单位改革工作。

三、完善备灾救灾管理体系，提升应急救援能力

以习近平总书记关于提高我国自然灾害防治能力重要讲话精神为指引，充分发挥省减灾委成员单位作用，利用红十字优势积极参与全省自然灾害防治救援工作，特别是在省红十字物资储备库建设、灾害管理信息化建设、应急救援队伍能力建设三个方面重点推进。

在全省各级红十字会的共同努力下，全省已建成物资储备库6个共1200平方米；加大力度对各级红十字会进行灾害管理信息系统培训，建立健全灾害上报、救灾物资储备、救灾款物管理使用等各项制度和机制，形成了较为完整的灾害管理体系。利用防灾减灾日、国际减灾日全省各级红十字会多级联动宣传普及防灾避险知识，共发放宣传手册及宣传品30000余份、急救包500个，设置宣传板、宣传台100余个。

全省已建立红十字救援队6个，面向10个市（地）21名队伍带头人开展理论培训与实地演练，有效提高了省救援队伍专业化和救援能力，在黑龙江省重大自然灾害及突发公共事件救援工作中发挥作用。全省红十字会积极参与省马拉松及相关运动赛事，省、齐齐哈尔、伊春市红十字会以马拉松选手为对象开展培训，哈尔滨、伊春市红十字会组织救援队为国际马拉松赛事保驾护航。大庆市红十字会与东北石油大学开展以“行动起来，减轻身边灾害风险”为主题的地震应急救援演练活动，并为铁人三项、省运动会等重大体育赛事提供应急救援服务，提高了社会知名度。

四、救助极易受损害群体境况，拓展人道救助领域

（一）争取中国红十字会总会、基金会项目落地龙江，将人道救助触角延伸至县（村）

争取到博爱家园、小天使基金、天使阳光基金、新站 · 新健康、先心病筛查、乡村医生培训、养老服务等7个项目总计840.5万元。博爱家园项目本年度新增5市6个国家级贫困县6个村的实施地，累计项目地覆盖全省7市13县16个村（社区）；新站·新健康项目本年度在省3个贫困地区投入45万元援建3个红十字博爱卫生站，结合开展乡村医生培训，改善了贫困地区的基础医疗现状；面向齐齐哈尔等5市贫困家庭开展先心病筛查，近40名患儿进行了手术治疗；小天使基金、天使阳光基金的品牌效应继续显现，2018 年度上报申请表 192 份，158 名患儿得到资助，年度资助金额 450.5 万元，便捷、精准、高效的大病患儿救助在百姓中树立起良好口碑；力所能及地参与养老服务项目，齐齐哈尔、佳木斯及绥化 3 市成为省试点，投入 35 万元开展基地建设及培训，培训红十字养老服务护理员 300 名，黑龙江省 15 人获得师资证书。

（二）找准红十字会在助力脱贫攻坚中的切入点和着力点，将人道救助领域向贫困地区倾斜

“红十字博爱送万家”全省各级红十字会共筹集款物 253 万元，慰问困难户 6881 户，2 万余人得到救助。接收哈尔滨海关服装、运动鞋罚没物资等价值 90.7 万元，发放到省内哈尔滨、齐齐哈尔等 9 市，用于省内贫困地区人道救助，受益人数 14474 人。按照省委统一部署省红十字会继续承担驻村扶贫任务，将谋划产业扶贫、推动村集体经济发展、加强农村基层党建作为重点，年度投入 105 万元用于扶贫工作。会领导到驻村扶贫地饶河县大佳河乡富河村调研指导 4 次，开展“精准扶贫，送医下乡”义诊活动，免费送医送药惠及 200 人；省红十字会驻村扶贫工作队投入专项 50 万元资金为村集体购买拖拉机等 3 台农机具，提高了当地农业机械化水平，并通过扩大当地黑蜂蜜市场销售、发展鸭稻米产业、为村民发放 20 万元生计基金，将扶贫与扶志、扶智相结合，激发村民脱贫致富内生动力。同时，加强扶贫村党建工作，以党员为主的红十字志愿服务队开展了一系列惠民志愿服务活动。

（三）发挥政府助手作用，以人道救助改善易受损害群体境况

发挥省血友病感染艾滋病患者关爱小组办公室职能，做好血友病感染艾滋病患者关爱稳控工作和艾滋病预防工作。接收上海生物制品研究所补充救助款 97 万元，用于帮助患者解决生活和治疗方面遇到的困难。在认真、耐心接待患者及家属的来访来电的同时，向总会领导、省政府主管领导、省信访局主管领导多次汇报工作进展情况、存在的主要问题和难点并多次与上海生物制品研究所相关领导沟通，为“血艾病”患者解决各类实际困难和问题。同时，开展以艾滋病知识宣传、行为干预、非歧视价值观讨论等为内容的同伴教育主持人培训班和同伴教育培训班 55 期，培训 2140 人，培训大学生骨干主持人 40 人。

五、推进重点领域、重点人群应急救护知识普及，提升群众自救互救能力

一是在应急救护师资培训和救护员培训工作方面，在抓好重点领域培训的同时，狠抓群众性应急救护知识的普及性培训，得到了社会各界的广泛认可。2018 年度培训重点向交通运输、消防队员等高危行业推进，培训救护师资 90 人、救护员 5500 人、深入省文联、省委党校及部分高校普及应急救护知识和防灾避险讲座 100 余期，普及知识 3500 人。七台河市红十字会应急救护培训工作被纳入市政府应急办城市综合防灾减灾体系大培训计划和市委党校培训计划中，重点面向交通、消防、武警、供排水系统、学校、社区等重点人群普及应急救护知识 3000 余人次，在七台河电视台综合频道《助你平安》栏目，针对中小学生寒暑假安全、户外出游等做了 10 期讲座。

二是争取总会在齐齐哈尔、黑河市投入 170 余万元新建两个红十字应急救护基地的同时，不断加强现有基地标准化建设，省

会、哈尔滨市红十字会两个应急救护培训基地被总会评为首批全国示范基地。全省三个基地投入使用，针对学生、社区群众开展了一系列的体验活动，通过情景教学、角色扮演、互动体验等形式提高学校、家庭的安全意识，黑龙江省两个景区红十字救护站完成验收并投入使用，增强大众面对突发事件的快速反应和避险能力。

六、提升全民认知度和社会宣传动员能力，无偿献血、造血干细胞遗体和人体器官捐献工作扎实推进

充分发挥宣传阵地、新媒体作用，加大无偿献血、造血干细胞捐献、遗体（眼角膜）和人体器官捐献知识的宣传普及。在志愿者队伍建设、活动设计、动员能力上重点推进，转变群众传统观念，树立先进典型，面向社会广泛动员，登记数与捐献数逐渐增加。

在《中华人民共和国献血法》颁布20周年节点，承接总会无偿献血宣传项目，投入5万元多渠道、多媒介进行宣传，普及相关知识人数达200余万人。造血干细胞捐献者资料库完成中华骨髓库年度4000人份捐献任务，入库数据质控逐年提高，累计完成88000人份资料入库，成功实现了109例造血干细胞移植。2018年度黑龙江省遗体捐献登记487人，实现捐献72人；完成眼角膜捐献登记367人，实现捐献68人，取得良好的工作效果和社会效益。人体器官捐献志愿登记3018人，实现人体器官捐献21例，捐献人体器官61个，其中心脏3个、肝脏20个、肾脏38个。对全省60名人体器官捐献协调员和骨干志愿者开展培训，并在清明节开展捐献者缅怀纪念活动。全省共有70人通过国家考试，取得人体器官捐献协调员资格。

七、抓住契机理顺管理体制，加强基层组织建设

围绕省委、省政府的中心工作，特别是打好“三个攻坚战”的总体部署，省红十字会将工作重心向传统资源枯竭城市倾斜，以工作开展带动机构理顺，2018年，省红十字会抓住博爱家园项目对基层组织要求的契机，积极与齐齐哈尔市委、市政府主要领导沟通协调，推进齐齐哈尔市县级红十字会管理体制全部理顺，为其他地方基层红会提供了新的思考角度。全省13个市（地）红十字会管理体制全部理顺，64个县（市、区）红十字会理顺，其中齐齐哈尔、佳木斯、大庆、绥化四市县级红十字会全部理顺，县级理顺率为48.1%。

充分发挥学校、社区等红十字会基层组织作用，激活基层组织活力，不断夯实红十字会基层组织基础，现有基层红十字组织1269个，团体会员单位1060个，拥有会员5.9万人。哈尔滨市红十字会在巩固已建成456个社区红十字服务站基础上，新建社区红十字服务站116个，新建红十字基层组织90个，并对服务站进行标准化验收，依托社区红十字会服务站开展活动2000次以上。全省范围内逐渐形成“以政府为主导、红十字会自主独立、各部门密切配合、全社会广泛参与”的红十字社会化工作机制。

八、开展志愿服务与青少年活动，大力弘扬社会主义核心价值观

在开展志愿服务中，一是发挥新闻媒体的主渠道作用，将有影响力的新闻媒体从业人员吸纳到红十字志愿者的队伍当中，全面参与志愿服务活动的策划、实施，营造了有利于红十字品牌形象与品牌效应形成的舆论文化环境。二是重视红十字志愿服务团队中“领军人物”的引领和凝聚作用，并以志愿者骨干队伍为基础形成组织网络，充分发挥骨干队伍的示范和协调作用，以点带线再到面，坚持向服务对象进行全方位的沟通联系，坚持从身边的小事做起、持之以恒，从而获得了持久的生命力源泉。三是各地红十字会按照“广泛联系、注重实效”的原则，与各志愿者组织广泛合作。哈尔滨市护理协会红十字南丁格尔志愿服务队的“爱在身边”真情助老服务项目获得中国红十字会总会资助款2万元。四是规范志愿者管理。使志愿服务工作从起步就在制度的框架下运行。哈尔滨、佳木斯市将红十字志愿服务纳入全市精神文明建设整体规划，志愿者管理向规范化、正规化发展。截至2018年年末，全省志愿服务平台注册的红十字志愿者已达23.9万人，注册红十字志愿者队伍146个。

切实加强红十字青少年队伍建设，加强对学校红十字会工作的指导和管理，组织青少年学生参与预防艾滋病、应急救护、人道法及红十字运动知识传播等活动，培养青少年学生社会主义核心价值观和人道主义精神。哈尔滨市红十字会与市教育局联合下发《市级红十字模范校创建标准》，开展市级模范校评审工作，评选出市级模范校100所，以模范校为平台，举办校医救护师资培训，组织开展中小学生红十字应急救护知识、技能竞赛。黑河学院获得总会青少年社会实践项目资助款1万元，通过青少年志愿者对孤寡老人的照顾、关爱，获得社会赞誉。

九、发挥新兴媒体作用，提升红十字文化影响力

深入贯彻落实习近平总书记“大宣传”工作理念，加大宣传工作在推进红十字事业改革发展的力度，在利用广播、电视、报纸等传统媒介的同时，推进“互联网＋红十字”建设，扩大和优化红十字传播平台。省红十字会建立健全《黑龙江省红十字会官网（微信公众平台）管理办法》《黑龙江省红十字会新闻发言人制度》《黑龙江省红十字会网络安全事件应急预案》，提高舆论引导能力。改版官网、增设微信公众号普法专栏，以传播红十字知识、精神、新红十字会法为重点发布图文33篇，推出“最美红十字人”等一批唱响时代旋律、讴歌红十字典型的报道，点击量与话题度不断攀升。以服务改善民生为出发点，结合各项业务工作，在“世界红十字日”“世界急救日”等重大节日宣传红十字运动知识，宣传普及无偿献血、造血干细胞、人体器官、遗体和眼角膜捐献等内容，营造有利于红十字事业发展的舆论环境。大庆市红十字会与传媒集团合作，对在无偿献血、遗体和眼角膜捐献、红十字志愿服务、社会救助等领域涌现出来的先进典型进行了集中宣传和报道，各市（地）不断加强红十字品牌建设，弘扬红十字精神，践行社会主义核心价值观。

上海市红十字会

2018年，上海市红十字会认真贯彻落实党的十九大精神，坚持以习近平新时代中国特色社会主义思想为统领，在总会的指导下，围绕市委、市政府中心工作，团结带领全市各级红十字组织推进改革创新，加强自身建设，各项工作取得了新进展。

一、始终坚持党建引领，努力营造良好的政治生态

（一）重视思想引领，不断强化使命意识。深入开展“不忘初心、牢记使命，贯彻落实党的十九大精神”学习实践活动，以多种形式学习研讨习近平新时代中国特色社会主义思想和党的十九大精神。开展“七一”主题诵读活动，集中展示学习成果，党组书记围绕“不忘初心、牢记使命”给全体党员和团员青年上专题党课。组织领导干部和党员参加学习贯彻党的十九大精神专题培训班，在网站和报刊上开设“学习十九大”专栏，为红十字系统干部学习贯彻落实十九大精神提供交流平台。

（二）落实市委要求，认真开展大调研工作。把开展大调研作为2018年工作的重点，坚持四个紧密结合，即将大调研与大宣传、强业务、惠民生、转作风紧密结合，有序有力推进大调研方案的落实落地。截至12月底，共召开座谈会、走访等80次，收集各类问题257个（即知即改问题116个）、建议277条。将涉及市级层面、与体制机制相关的共性问题和工作建议汇总合并，归纳为党建引领等六个方面，共计37个问题，由会领导分别牵头负责，已解决27个，解决率为73%。

（三）强化责任意识，扎实推进党风廉政建设。坚持班子以上率下，齐抓共管，集体研究制定党风廉政建设年度工作要点。年初组织召开党风廉政建设大会，以签署党风廉政建设责任书的形式，明确班子成员和部门、中心负责人的任务和要求。年中召开党风廉政建设座谈会，回顾总结上半年党风廉政建设责任落实情况，研究部署下半年反腐倡廉各项工作，形成了“一级抓一级，层层抓落实”的分工体系，完善了四责协同机制，有效地推进了党风廉政建设工作。

二、充分发挥自身优势，围绕中央和总会要求开展工作

（一）充分整合各方资源，助推脱贫攻坚工作。认真贯彻落实中央关于加强东西部扶贫协作的相关精神，以及总会关于对口支援西部地区红十字事业发展的要求，广泛动员社会力量，积极开展对口支援工作。年内全市红十字系统共支援对口地区救灾救助款物价值1961.2万元，共募集企事业单位捐赠物资24.5万件，总价值948.3万元，同比翻了四番，先后向青海、云南、贵州、西藏等发放10批次救灾（助）物资，共计价值1062万余元。

（二）积极响应国家“一带一路”倡议，配合总会继续做好援外医疗的组织工作。中国红十字会华山医院组织第二批援外医疗队前往巴基斯坦瓜达尔港开展为期半年的人道医疗救助服务。上海市红十字儿童医学中心作为组长单位继续参与中国红十字会和阿富汗红新月会共同发起的人道救助计划——“天使之旅”，成为全国唯一一家荣获“丝路天使”奖牌的儿童专科医院。孟加拉国圣家红新月会医学院附属医院应邀参加2018海上肾脏国际论坛暨上海市医师协会肾脏内科医师分会第四届年会，并到红十字瑞金医院进行学术交流。

（三）切实加强民间外交和地方交流，进一步推动国内外互访交流深入开展。全年共接待红十字国际联合会、巴基斯坦、韩国、德国红十字代表团到访4批33人，组织出访韩国、参加总会代表团2批5人。做好总会领导来沪调研以及各省市学习交流，共接待到访学习交流团组 23 批 369 人，组织 4 批 38 人赴外省市学习交流。

三、严格依法履职尽责，进一步夯实红十字核心业务

（一）加强统筹协调，进一步做实做强“三救”工作。积极探索与上海开放大学等合作开展应急救护培训。将救护技能纳入教师培训体系，在中小学校开展应急救护培训等写入市政府文件。积极参与“爱心暑托班”，加强小学生生命健康安全教育，市、区两级共培训 13949 人。继续开展新录用公务员应急救护培训，圆满完成上海马拉松等大型赛事医疗保障任务。长宁区结合精品国际城区特点，为驻区外籍人士开设全英语救护培训讲座；普陀区把开展应急救护培训与服务营商环境中心工作紧密结合，上门为企业开展救护员培训；宝山区针对区内部队多的特点，在全市率先开展“红十字服务进军营”；金山区以急救培训“进校园”为抓手，推动学校红十字工作显活力、出成效；青浦区以服务进博为契机，为进博会核心安保区域公安民警开展应急救护培训。全市红十字会系统 2018 年完成救护培训 61.73 万人次，救护员 3.75 万人次，救护师资 693 人次。首次联合举办“2018 年苏浙沪红十字救援联合演练活动”，为长三角应急救援联动积累经验。与中国铁路上海局集团有限公司共同举办 2018 年“世界急救日”主题宣传活动，首批 15 台 AED 设置在虹桥火车站和上海火车站。继续做好“千万人帮万家”等人道救助项目，共计发放救助金 3889 万余元。

（二）提升服务水平，进一步规范完善“三献”工作机制。扩大造血干细胞捐献宣传，截至 12 月，共征募入库志愿者 8256 人，其中口腔入库 2342 人，完成了 38852 名入库志愿者的回访，25 位志愿者实现捐献，其中 2 例为捐献者二次捐献，2 例捐献至香港。18 位成功捐献者获得 2017 年上海市青年五四奖章，74 位志愿者荣获中国造血干细胞捐献者资料库管理中心颁发的“五星志愿者”光荣称号。截至 12 月，共办理遗体（角膜）捐献登记 4172 人，实现遗体（角膜）捐献 1079 人。加强人体器官捐献工作规范，截至 12 月，年内共完成报名登记 3582 人，实现 160 例器官捐献案例，并对 151 例器官捐献困难家庭实施了人道救助，共提供救助金 170 余万元。中山医院一名协调员荣获全国人体器官捐献优秀协调员。

（三）强化部门合作，进一步建立健全志愿服务项目体系。联合市精神文明办、市志愿者协会、团市委等有关部门单位，合力推进志愿服务项目和平台建设，组织开展“博爱申城”红十字志愿服务项目，15 个项目被评为“优秀志愿服务项目”，30 位志愿者荣获“优秀志愿者”称号。备灾救灾中心成为“上海市志愿者服务基地”和“上海公益基地”，嘉定区志愿者瞿大我荣获 2017 年全国“最美志愿者”光荣称号，上海市皮肤病医院的“健康关怀”项目获选总会 2018 年志愿服务项目推进计划。

（四）夯实基层基础，努力提升博爱家园建设内涵。拟订《上海市红十字会“博爱家园”建设与评估管理办法》，探索建立“博爱家园”建设工作长效机制。加强对 2017 年建设成功的街镇红十字会的指导和交流，巩固建设成果。16 个街镇通过第二批市级“博爱家园”评估，并获市级命名。静安区认真开展红十字服务总站“系统化设计、项目化运作、清单化服务、需求化导向、契约化合作”的“五化”内涵建设；奉贤区努力推进红十字会工作向生活驿站延伸，建设“红十字宅基睦邻点”；崇明区将红十字工作融入“五美社区”建设，让百姓在家门口就能享受到红十字会服务。年内，新建红十字服务总站 8 个，全市红十字服务总站达到 178 个，覆盖 81% 的街镇（乡）。

四、全力推进重点工作，进一步提升红十字组织的影响力

（一）加大宣传力度，成功举办首届“5·8”世界红十字日滨江行活动。5 月 8 日，由中国红十字会总会和上海市人民政府共同主办、上海市红十字会承办、黄浦、浦东、徐汇、虹口、杨浦五区协办的“博爱申城——‘5·8’世界红十字日滨江行”活动在黄浦江两岸的滨江大道举行。2200 余名红十字工作者、会员、志愿者和青少年以接力的方式，参与了本次全长约 25 公里的健步走和骑行宣传活动。中央及上海市 100 余家媒体报道了活动盛况，上海标志性建筑东方明珠为红十字亮灯，滨江两岸高楼外立面、16 个区地标建筑户外大屏幕都播放红十字公益广告，有效地提升了红十字组织的知晓率和影响力。

（二）响应市委号召，圆满完成进博会服务保障任务。跨前一步，主动请缨，积极配合市卫健委做好进博会医疗卫生保障工作。招募选拔 198 名志愿者，分期分批组织了 16 次培训演练，未雨绸缪做好志愿者培训工作。积极争取市财政局等部门的支持，及时高效完成 AED 等物资保障任务。坚持问题和需求导向，聚焦核心点位和主要职责，科学合理安排志愿者现场服务，为确保进博会圆满成功做出了应有的贡献。进博会期间，共提供展馆内医疗健康咨询 457 次，协助转运伤员及为参会人员提供询路引导等服务 796 人次。

（三）丰富宣传内涵，进一步深化红十字文化传播。进一步推进红十字宣传品牌、宣传阵地建设，红娃成为上海市红十字会的品牌“代言人”，上海红十字历史文化陈列馆正式挂牌“中国红十字会红十字文化传播教育基地”，全国首家网上红十字陈列馆正式上线。松江区积极开展红十字主题文化公园（绿地）建设，闵行区整合资源建成区救护培训基地和红十字生命小屋，嘉定区在区党群服务中心建立区红十字文化传播体验馆。举办第八届大学生国际人道问题辩论赛，第二届中学生探索国际人道法辩论赛，承办中国红十字会青年国际人道问题辩论赛，举办第九届红十字青少年文化节。推进红十字理论研究，启动 6 个研究课题，截至 12 月，共开办“博爱讲坛”15 次。首次联合复旦大学新闻学院共同举办红十字宣传传播培训班。全年，市红十字会门户网站发布信息近 1200 条次，微信发布推送信息 400 条次，粉丝总数达 9 万人，同比增长 60%，《上海红十字》报发行量 10.84 万份，在中央和本市主要媒体及网站等发表稿件信息逾 720 篇次。

（四）坚持服务导向，不断完善少儿住院互助基金工作机制。进一步加强与第三方合作，拓宽线上缴费渠道。优化住院结算流程，试点“两证合一”（“医疗证”“住院结算证明单”）结算方式，11 月上线试运行的“上海市少儿住院互助基金医疗费用结算与监督管理平台”，加强了数据信息的采集和监控力度，有效提高了工作效率。2018 学年集中参保期间，全市共计参保人数达 222.4 万，参保人数持续上升。

江苏省红十字会

2018年，在省委、省政府坚强领导下，省红十字会坚持以习近平新时代中国特色社会主义思想为指导，深入学习贯彻党的十九大、十九届二中、三中全会和省委十三届三次全会精神，认真贯彻落实习近平总书记关于红十字事业重要讲话批示精神，坚决贯彻党中央和省委省政府决策部署，围绕中心、服务大局，主动加强党的全面领导，认真履行法定职责，进一步发挥党和政府在人道领域的助手作用，各项工作取得新进展。

一、深入学习宣传贯彻习近平新时代中国特色社会主义思想和党的十九大精神，切实提高政治站位

（一）把学习宣传贯彻习近平新时代中国特色社会主义思想持续引向深入。省红十字会把学习宣传贯彻习近平新时代中国特色社会主义思想和党的十九大精神作为首要政治任务，在学懂弄通做实上下功夫。会党组以上率下，坚持读原著、学原文、悟原理，班子成员在分管领域和部室（单位）讲党课，推动全会党员干部大学习大讨论；党组中心组分专题开展集中学习，举办两期党员领导干部专题学习研讨会，处以上党员干部分批作重点发言；机关党委和各党支部把学习宣传和党团活动结合起来，利用远程教育平台，多形式开展学习活动。在半年工作会上明确提出学习贯彻要求，在系统“普法骨干”、“基层专兼职干部”和“办公室干部”等培训班上，邀请省委党校专家讲授十九大精神，把学习宣传贯彻习近平新时代中国特色社会主义思想持续引向深入。推动各级红十字会充分发挥群团组织联系群众广的优势，深入群众，广泛宣传十九大精神。

（二）始终把党的政治建设摆在首位。把旗帜鲜明讲政治的要求融入红十字事业发展全过程，引导红十字会系统党员领导干部，树牢“四个意识”，增强“四个自信”，做到“两个维护”，自觉在政治上思想上行动上同以习近平同志为核心的党中央保持高度一致。坚持党对红十字事业领导不动摇，强化机关党组织的政治功能，发挥党组统揽全局的领导核心作用，制定责任清单，把党的全面领导落实到每个党支部和每名党员。把巡视整改作为重大政治任务抓紧抓实，逐条逐项深入查摆突出问题、剖析症结根源，明确整改方向，形成6个方面13条整改措施，推动党员干部及时校正纠偏。推动市和有条件的县级红十字会设立党组。截至年底，13个设区市红十字会全部建立党组，14个县（市、区）红十字会建立党组。

（三）旗帜鲜明抓好意识形态工作。认真落实意识形态工作责任制，制定《党组意识形态工作责任制实施细则》，健全党组统一领导、宣传部门组织协调、有关部门分工负责、社会力量积极参与的工作格局。加强全系统党员干部意识形态领域的纪律和规矩意识，在各类干部会议上强调要旗帜鲜明用马克思主义占领思想舆论阵地，用习近平新时代中国特色社会主义思想武装头脑。督促各党支部召开意识形态专题组织生活会，对照省级机关党员意识形态“十不”提醒，剖析在政治敏锐性和政治鉴别力方面的问题与不足，提出改进措施，进行整改落实。坚持把政治性放在首位，加强对红十字会网站、微信平台等的使用管理，完善网络信息发布流程，严把信息审核关。与新华网合作，加强舆情监测预判，提高风险防范能力。

（四）深入开展解放思想大讨论活动。坚决落实省委、省政府决策部署，在全会开展解放思想大讨论活动，组织召开“进一步解放思想，激励新时代新担当新作为”专题组织生活会，查摆问题 3 个，梳理汇总出意见建议 13 条，制定《江苏省红十字事业高质量发展走在全国前列的工作方案》，确立把狠抓“4 个 100”工程作为高质量发展的重点，以主要工作进入全国省级红十字会三甲为目标，争取在红十字会参与城乡社区治理、志愿服务等工作上形成江苏经验和江苏特色。

二、加强机关党的建设，认真落实党建工作各项任务

（一）层层压实主体责任。会党组切实负起加强和推动全面从严治党的政治责任，健全会党组书记负总责、分管领导分工负责、机关党委推进落实、各部室（单位）负责人“一岗双责”的党建责任体系。召开党的建设工作会议，部署全面从严治党和党风廉政建设工作。印发党风廉政建设“两个责任”清单项目分解表，将 6 个方面 19 项工作任务分解落实到党组班子成员和有关部室。制定出台《2018 年省红十字会党组领导机关党建工作的具体责任清单》，完善横向到边、纵向到底的主体责任体系。抓牢“关键少数”，将履行“一岗双责”、落实党风廉政建设责任制情况列为民主生活会和个人述职述廉报告的重要内容，督促党组织负责人切实负起严肃党内政治生活“第一责任人”责任。党组书记与班子成员、党组班子成员与分管部室（单位）负责人签订党风廉政建设责任书，推动支部书记在全体党员会上述职述廉，接受党员民主评议。制定印发《中共江苏省红十字会党组 2018 年巡察工作实施方案》，部署开展对 3 家直属事业单位的巡察工作，充分发挥巡察工作政治“显微镜”和“探照灯”作用。

（二）加强党员教育管理。推动“两学一做”常态化制度化，把支部建设作为基本建设，落实一切工作到支部的要求，抓队伍强基础、建制度促规范、创特色激活力。从严落实“三会一课”、民主生活会、领导干部双重组织生活、民主评议党员、谈心谈话等制度。指导督促第一至第七党支部按时规范换届，选优配强支部班子，在未设支委的党支部设立兼职党务干事，进一步整合党建工作力量。机关党委下拨党费专项用于党支部开展主题党日活动，充分调动党支部开展党员教育的积极性主动性创造性。组织开展庆“七一”系列活动，表彰先进党支部、优秀共产党员和优秀党务工作者，增强党员干部的归属感、荣誉感和责任感。支持机关工会开展形式多样、内容丰富的职工文体活动，落实对干部职工的关心关爱，开展对家庭困难、生病住院干部职工的走访慰问。

（三）抓实党风廉政建设。组织开展 3 次党性党风党纪教育培训，组织党员干部分赴连云港港口集团、韶山干部学院、盐城新四军干部学院，凭吊革命先烈，学习先进经验，传承红色基因，开展党性教育。严格遵守中央八项规定实施细则和省委具体办法有关精神，完善廉政风险防控机制，修订经费物资管理等制度，加大从源头预防和治理腐败的工作力度。扎实开展会机关作风建设自查自纠活动，严格遵守机关经费管理、公务差旅、公务接待、公务用车等制度，推行厉行节约反对浪费工作制度化、规范化。印发《关于集中整治形式主义、官僚主义的工作方案》，开展形式主义官僚主义集中整治专项工作，排查出5个方面7个问题，按要求认真整改纠正。建立机关党员干部直接联系服务群众的长效机制，推动党支部挂钩社区“博爱家园”，组织处以上党员干部带着问题下基层，帮助基层协调解决突出问题，进一步提高党员领导干部服务发展、服务改革、服务基层、服务群众的能力和水平。用好执纪“四种形态”特别是第一种形态，党组经常性与部室（单位）负责人，宣传、机要、财务等重要岗位干部开展提醒谈话。全年无人民来信来访，未发现人员违纪违规行为。

三、对标对表高质量发展要求，全力推进红十字各项工作

（一）应急救援体系形成力量。全省现有67支各类应急救援队伍、4个片区备灾中心、55个地方备灾仓库。贯彻总会和民政部有关文件精神，将红十字救援队纳入救灾体系，将红十字防灾减灾知识普及和逃生避险演练纳入“省级减灾示范社区”创建考核内容。制定《江苏省红十字会系统备灾救灾中心（仓库、储备点）建设及管理规范（试行）》，加强备灾中心（仓库、储备点）物资储备和管理，完成对全省55家备灾救灾中心（仓库、储备点）情况统计和信息采集。协助地方党委政府积极应对台风“摩羯”“温比亚”救灾及灾后安置工作。拨付款物支援贵州、山东等兄弟省份救灾工作。加强救援队规范化标准化建设，与上海、浙江省（市）红十字救援队举行了跨区域联合演练，举办赈济和心理救援队培训与演练。首次参与省减灾委2018年地震应急指挥及群众疏散演练。应邀配合东部战区完成2018年中美两军人道主义救援减灾联合实战演练。

（二）应急救护培训长效开展。全年应急救护普及性培训113.32万人，救护员培训12.46万人，超额完成省政府100万人目标任务。全省累计完成应急救护培训1488.22万人，占全省人口总数的18.84%，提前超额完成省委省政府提出的“到2020年，力争使全省接受应急救护培训的人员占总人口比例达到15%”的目标。联合省总工会、省人社厅举办第二届全省红十字应急救护技能竞赛，个人总分前6名由省总工会、省人社厅授予“江苏省五一创新能手”“江苏省技术能手”称号，第一名按程序申报“江苏省五一劳动奖章”。与省教育厅、省卫健委开展第四届高校大学生应急救护大赛，全省75所高校450名选手参加比赛。组派红十字救援队保障南京马拉松等大型体育赛事。

（三）人道救助项目打造品牌。全年筹集人道救助资金4.59亿元。连续22年开展红十字“博爱送万家”活动，发放慰问款物4476.09万余元，惠及群众近22万人次。组织实施“博爱光明行”复明扶贫项目，救助贫困白内障患者。全年在南京市地区筛查823场，筛查3.2万人，实施手术469例。争取中国红十字基金会“小天使”“天使阳光”救助款1233.5万元，救助省内417名白血病、先心病患儿，创历史新高。采取签订合作协议、设立冠名基金、定向非定向捐赠、筹集对口支援款物等方式，与省国资委、中国银行江苏省分行、信达置业、海辰药业等单位合作，多途径募集款物。资助全省红十字会申报项目45个，支持项目经费215万元。

（四）“三献”工作扎实开展。全年造血干细胞捐献80例，累计捐献698例，继续保持全国第二。结合造血干细胞捐献等宣传活动，广泛开展无偿献血动员工作，全省无偿献血量持续保持临床用血量100%。实现器官捐献232例，同比有较大幅度上升。会同省卫健委召开全省人体器官捐献与移植工作会议和首届省人体器官捐献死亡判定培训班，规范死亡判定流程，强化器官捐献相关人员的业务技能和法律法规意识。培训高校预防艾滋病青年同伴教育主持人64名，开展同伴教育50期1336人。

（五）对口支援取得实效。全省红十字会系统共筹集款物1196万元用于对口支援，实施人道救援项目15个，派遣义诊应急救护医疗队5批，开展义诊2200余人次，应急救护培训1500余人次。落实2017年随省委主要领导赴陕西签订的对口支援协议，援建陕西省安康市红十字综合服务中心。充分发挥冠名医疗机构作用，组建医疗、救护师资专家组，赴西部地区开展义诊和应急救护培训。举办对口支援交流活动，邀请新疆、青海、陕西、贵州4省（区）红十字会派员参加培训交流。省红十字会在总会召开的对口支援工作会议上作交流发言。

（六）对外交流拓宽渠道。组团访问柬埔寨、文莱红十字会。与西哈努克省分会及西港特区公司签署四方合作备忘录，与无锡市红十字会共同在西港特区成立红十字志愿服务队，首次开展涉外志愿服务工作。配合中国红十字会总会接待巴拿马应急救援研修班来苏交流访问。接待香港红十字会义工团来访，促进两地红十字事业不断发展。

四、弘扬“人道、博爱、奉献”精神，深入践行社会主义核心价值观

（一）人道传播影响力广泛。“人道、博爱、奉献”的红十字精神，与中华民族优秀传统文化一脉相承，与社会主义核心价值体系高度契合。省红十字会以培育和践行社会主义核心价值观为根本，扎实推进思想道德建设，加强先进典型、道德模范的选树和宣传工作，充分发挥在推动精神文明建设和社会道德风尚向善中的积极作用。

广泛开展人体器官捐献缅怀纪念及宣传活动。清明节前后全省前往捐献纪念林（馆)参与缅怀纪念活动人数累计1.3万人。省会、南京市红十字会以及捐献者家属代表2000余人参加了“南京市遗体器官捐献者纪念日”。央视《朝闻天下》《新闻直播间》《新华日报》《扬子晚报》等20余家媒体进行采访报道。

广泛开展造血干细胞捐献知识普及及公益宣传。出版发行《造血干细胞怎么捐献》知识普及绘本，传播造血干细胞捐献无损健康理念。与江苏健康广播联合举办“见字如晤、以爱髓行”捐献书信分享会暨捐献者联谊活动，深度挖掘捐献前后发生的感人故事。全程直播媒体人邱瑜捐献情况，收看收听人数超过百万。

与省民防局等10家单位联合举办了6场以“传播应急防护知识，提高自救互救技能”为主题的“江苏省应急科普文艺巡演”，观众累计超过5500人，交汇点、省电视台、荔枝网等进行了现场直播。省红十字会编演的《灾难来临》情景剧，以地震、火灾为背景，融入心肺复苏、创伤救护、防灾避险等自救互救知识，成为应急科普文艺巡演保留节目。《灾难来临》急救科普MV被国家卫健委、科技部评为2018年度新时代健康科普作品征集大赛视频类十佳优秀作品奖及典赞·科技江苏“十大科普作品”。

结合“5·8”世界红十字日、“5·12”国家防灾减灾日、“6·14”世界献血者日、“9·17”世界骨髓捐赠者纪念日等节日，举行丰富多彩的宣传活动。与省文联联合主办“我与红十字”书法美术摄影展览及征文活动，得到全省广大文艺工作者和红十字会员、志愿者、工作者积极响应，共征集书法作品496幅、美术作品163幅、摄影作品322幅、征文作品312篇。孙晓云等著名艺术家将作品捐赠用于人道救助事业。举办“携手人道 与爱同行”环湖行健步走、“博爱光明行”“博爱青春”暑期志愿服务等项目总结展示活动，省以上多家媒体进行了报道。

（二）志愿服务和青少年工作蓬勃开展。全省现有红十字志愿服务队伍1815支，志愿服务基地513个，志愿者34万名。2018年，调整充实江苏省红十字志愿服务工作委员会，修订江苏省红十字志愿者管理办法。指导市、县建立健全红十字志愿服务和学校红十字会工作委员会。推动各地文明办将红十字志愿服务工作纳入当地精神文明建设整体规划和公共文明指数测评体系。推动教育部门将红十字青少年工作纳入未成年人思想道德建设和大学生思想政治教育整体规划。与省文明办、教育厅等部门出台关于进一步加强学校红十字会工作的意见，举办工作推进培训班。省红十字会在全国红十字青少年工作会议上作经验交流。

连续8年举办全省高校红十字会“博爱青春”暑期志愿服务项目，全省50所高校红十字会、1443名志愿者深入城乡社区、学校、工地，关爱空巢老人、失独老人、留守儿童和孤独症儿童等困难群体，总计服务时长8万小时，受益人数超过22万人。与南京中医药大学连续第12年开展“农民健康百村工程”，前往黄茅老区丹阳市珥陵镇和贵州省榕江县开展大型医疗卫生志愿服务活动。

全省红十字会系统10名志愿者、5个志愿服务组织以及1个志愿服务社区被省委宣传部、省文明办评为学雷锋志愿服务先进典型。“靖江市红十字博爱天使志愿服务项目”和常熟市红十字会无偿献血志愿服务队副队长刘渝分别被中宣部、中央文明办学雷锋志愿服务“4个100”先进典型评选活动评为“最佳志愿服务项目”和“最美志愿者”。组织南通大学红十字会代表江苏省参加中国红十字会青年国际人道法辩论赛，获优秀奖和最佳辩手奖。

（三）红十字宣传能力有效提升。13个设区市红十字会、77个县（市、区）红十字会纳入当地文明委组成单位，占县级总数的80%；72个县（市、区）红十字会纳入当地“三下乡”集中慰问行动组成单位，占县级总数的75%。宿迁等10个市红十字会与宣传部共同下发了关于进一步加强红十字事业宣传工作的通知或意见。

健全全省红十字会三级传播信息网，建立以基层业务骨干为主的通讯员队伍，现有队伍110支，通讯员125人。建立健全省、市红十字会新闻发布与接受采访工作制度，明确各地新闻发言人。与中央、省、市级新闻媒体加强沟通协作，建立以新闻媒体条线记者为主的志愿者队伍，巩固扩大新闻宣传阵地。加强省红十字会官方微信、造血干细胞捐献微信等平台的互联互动，联合市县、高校各级红十字会官微同时发声，充分释放官方微信群矩阵效应。全省 80 个市县、高校红十字会公众号加入江苏红会微信影响力排行榜，全年发文 9700 篇，阅读量 215.6 万，点赞数 10.8 万。其中，省红十字会本级微信关注用户 26 万，全年发文 1614 篇，阅读量 127 万，点赞数 1.6 万次，处于省级红十字会前列。

完成《江苏红十字报》编纂工作，积极向媒体特别是《中国红十字报》投稿，获总会红十字报刊宣传工作先进集体特等奖和特殊贡献奖。指导市、县两级红十字会的宣传工作，强化对基层红十字宣传工作中的亮点和个案的深度挖掘，推动各市及部分县区级红十字会创立自身宣传特色，打造红十字品牌项目。“博爱青春”、“农民健康百村工程”、南通“磨刀老人”等项目品牌在全国红十字品牌推进会上作经验介绍。

（四）公信力建设显著加强。加强制度法规建设，修订完善《江苏省红十字会捐赠管理办法》。加强对省红十字会支援项目执行情况的调研督导，确保项目管理规范，经费使用合理。与南京大学联合召开《江苏省红十字会信用信息采集与应用标准规范建设》成果评审会，确定了江苏省红十字信用体系建设的总体思路、主要内容、管理方案和评价指标，重点在“款物捐赠”“接受资助”“志愿服务”等方面建设信用信息管理平台。对接省信用办，统一向社会发布了信用信息数据格式。1400 余名“博爱青春”志愿者数据纳入“信用中国（江苏）”网站公共数据库。

五、加强组织建设，推进改革创新

（一）依法完善治理结构。优化和改进理事会、常务理事会人员构成，提高代表大会、理事会、常务理事会基层一线代表的比例，注重从社会各界爱心人士中吸引优秀代表加入红十字组织。协调组织部门推进县级红十字会机关参公管理。注重依托换届，加强市、县（市、区）红十字会的领导班子建设和党组建设，要求有换届任务的市县红十字会必须依法设立监事会。全省 3 个设区市 12 个县（市、区）红十字会换届并依法设立监事会。

（二）加强基层组织建设。发展健全红十字会基层组织，无锡、盐城、淮安、泰州等市乡镇（街道）红十字会实现全覆盖。积极发挥红十字会理事会员作用，共同开展人道传播、人道资源动员等工作。严格落实会员属地登记管理制度，做好会员服务，及时挖掘先进典型事迹。

（三）推进改革创新。创新实施“4 个 100”工程，主动参与城乡社区治理。全年新增 47 个“博爱家园”，总数达到 158 个，超额完成县（市、区）全覆盖目标。编印“城市博爱家园”工作手册（初稿），拿出专项资金试点培育社会组织，以购买服务方式，开展防灾减灾、应急救护培训、人道传播、养老照护等项目，探索“博爱家园”工作新模式。已建、在建应急救护培训基地（体验馆）73 个，稳步接近“十三五”末建成 100 个基地的目标。

中国红十字会总会在无锡召开红十字会参与城乡社区治理工作推进会，省红十字会及 3 个基层红十字会作交流发言。总会和民政部充分认可省红十字会系统参与城乡社区治理经验，会后联合印发了《关于充分发挥红十字会在加强和完善城乡社区治理中作用的实施意见》。

创新实施“博爱光明行”项目。首次

参与全国性互联网公益性筹资，被总会评为“红十字99公益日总动员”活动“甲级项目”奖，是全国仅有的3个“甲级项目”奖之一。在省红十字眼科医院设立项目办公室，推动项目常态化运行。将项目纳入对口支援工作内容，在青海省海南州实施50例白内障救助手术，得到总会和当地党委政府高度认可。

探索养老服务经验。全省105支养老照护志愿队伍共普及养老照护知识6.37万人，入户志愿服务2.28万户，超额完成省政府5000户目标任务。依托江苏丰富的培训教育资源，在医学院设立养老服务师资培训班，培养专业化、职业化养老照护师资，探索养老师资培训新模式。编写发行《养老照护100问》，获得“第九届江苏省优秀科普作品图书类三等奖”。实施“喘息服务”公益项目，开展老人失智筛查评估，为老年人建立健康档案，为失智症家庭提供人道服务。项目列入南京市民生实事项目，逐步得到推广。

浙江省红十字会

2018年，在习近平新时代中国特色社会主义思想和党的十九大精神指引下，在省委、省政府的坚强领导和中国红十字会总会的指导下，在会长成岳冲的带领下，浙江省红十字会系统以推进深化改革为突破口，以“保护生命和健康、维护人的尊严”为工作主线，坚持依法治会、依法兴会，不断夯实基础、提升能力，推动浙江省红十字事业发展取得新成效。全省共募集社会捐赠款物2.41亿元，同比增长10.17%，总额居全国前列；投入使用2.16亿元，同比增长19.34%；受助困难群众达33.91万人次。培训红十字救护员23.87万人，同比增长11.33%；实现人体器官捐献223例、造血干细胞捐献68例。“母婴平安”项目荣获第十届“中华慈善奖”。浙江省成功承办全国探索人道法项目经验交流会、中国红十字心理救援队综合演练等活动。红十字强基工程、红十字参与社区治理和养老服务、人体器官捐献、造血干细胞捐献志愿服务、救护培训、对口支援和红十字青少年等多项工作分别在全国会议上作经验交流。省委副书记、省长袁家军等省领导先后作出重要批示，对红十字会工作给予肯定和鼓励。总会领导梁惠玲、徐科、郭长江、王海京、王汝鹏等先后到浙江调研指导工作，对浙江省工作表示赞赏。

（一）突出政治建设，全面加强党的领导

牢牢把握红十字会是党领导的群团组织这一政治属性，坚持把加强党的全面领导贯穿到红十字工作全过程。一是坚持把政治建设放在首位，坚决做到“两个维护”。深入学习贯彻习近平新时代中国特色社会主义思想和习近平总书记对浙江工作的重要指示精神，认真学习贯彻总书记在浙江工作期间对红十字人提出的“三个继续发挥作用”的殷切期望，扎实推进“两学一做”学习教育常态化制度化，不断提高政治站位，树牢“四个意识”，坚定“四个自信”，坚决做到“两个维护”。贯彻落实省委“八八战略”再深化、改革开放再出发的决策部署，深入开展“大学习大调研大抓落实”活动，谋划推动红十字会改革发展。省红十字会执委会成员先后20余次带队，分赴11个市 60 余个县（市、区）开展调研，深入了解基层群众所需所盼，找准制约事业发展的突出问题，研究解决对策和办法。二是坚持全面从严治党，推进“清廉红会”建设。加强对全系统党建工作指导，专题召开全省红十字会系统全面从严治党工作会议。加强对省红会机关党建工作的领导，组织实施“博爱先锋”党建提升工程，制定出台“清廉红会”建设实施意见、落实中央八项规定实施细则和改进作风的 33 条办法，落实党建和党风廉政建设责任制。坚持以党建带红建，主动融入健康浙江、平安浙江、美丽乡村建设，积极参与基层党群服务中心、新时代文明实践中心和文化礼堂建设，动员会员和志愿者积极参与基层社区治理。指导全省 45 个县级红十字会设立党组，绍兴、衢州实现县级红十字会党组全覆盖。推动 34 支具备条件的红十字应急救援队建立党组织。宁波、金华扎实推进“清廉红会”建设取得新成果。三是坚持党对意识形态的领导，牢牢把握意识形态工作主导权、话语权。专题召开全省红十字会系统宣传传播工作会议，制定出台《加强新时代红十字宣传传播工作的意见》和网络舆情处置预案，层层分解落实意识形态工作责任。坚持每月编发宣传传播工作重点，加强对中央、省委重大决策部署的理解和把握，引导全系统形成工作合力。抓好自媒体宣传传播工作，把好内容审核关，加强网上舆论监测和引导。

（二）推进深化改革，着力创新体制机制

按照中央、省委深化群团改革部署和要求，主动谋划推进红十字会改革，努力提升组织凝聚力、创造力和竞争力。一是认真落实“最多跑一次”改革要求。认真梳理接受款物捐赠、公益项目救助、入会申请、应急救护培训、造血干细胞和人体器官（遗体、组织）捐献登记等涉民事项清单，实施“小天使”“天使阳光”基金救助初审权下移，规范业务流程，简化办事手续，方便基层群众。二是积极谋划改革实施方案。学习贯彻落实《中国红十字会总会改革方案》精神，专题召开促改革谋发展座谈会，研究部署全省红十字会系统深化改革工作。广泛征求各级红十字会和省级相关部门意见，修改完善《省红十字会改革实施方案》，按要求报送省群团改革专项小组审议和省委深化改革委员会审定。三是组织开展“两项试点”。启动开展“红十字强基工程”和规范会员管理两项试点工作，着力激发基层组织活力，提升服务社会的能力。组织召开试点工作座谈会，举办领导干部专题研修班，推动两项试点取得阶段性成果。21 个试点县（市、区）成人会员发展到 11.01 万名，增长 30.84%；基层组织发展到 4018 个，增长 39.56%；新建红十字服务站、会员工作站（室）和会员之家 3286 个。嘉兴市制定“基层组织建设三年行动计划”，稳步推进红十字基层组织全覆盖。长兴县宋高村红十字会在总会召开的专题工作会上作经验交流。四是推进完善内部治理结构。制定印发《关于切实做好地方红十字会换届有关工作的通知》，规范组织换届等相关工作。黄岩、江干、柯桥等 16 个县级红十字会及时换届并依法设立监事会。健全完善理事发挥作用机制，主动对接 42 家省直理事单位，梳理 71 项工作内容，推动“理事真理事、理事办实事”。五是深化推进红十字青少年工作。以“红十字点亮青春高校行”“探索人道法”项目试点等为载体，不断深化红十字青少年工作。省红十字会组织救护培训师、造血干细胞捐献者先后走进20余所高校普及应急救护知识，宣传“两捐”知识，受教育学生超万人。“探索人道法”项目试点扩展到全省11个市60余所学校，累计培训复训师资260余人。浙江大学红十字会组队代表浙江省参加青年国际人道问题全国辩论赛，荣获亚军。

（三）高扬生命文化，着力打造“生命关爱”品牌

落实省政府“富民强省十大行动计划”，聚焦主责主业，强化“三救三献”核心业务，提升人道服务能力。一是推动生命关爱工程项目建设。制定出台政策文件，积极推动生命教育体验馆、全民普及应急救护技能、人群密集场所推广使用AED、“生命礼赞”宣传纪念场所等“生命关爱工程”重点项目建设。争取省福彩公益金300万元，支持浦江等5个地方启动面向社会公众、覆盖全生命周期的生命教育体验馆建设。浙江省和杭州市、江干区三级联建的“生命礼赞”宣传纪念场所完成项目选址和总体设计，一期投入450万元。杭州等7个市争取财政资金和社会捐赠资金支持，大力推进公共场所设置AED；绍兴市率先建立AED智能化管理平台。二是健全完善应急救援体系。省红十字会新组建大众卫生与供水救援队，与金汇通航浙江分公司达成直升机应急救援战略合作。成功举办全省红十字应急救援综合演练活动。全省建成各级各类红十字应急救援队110支，数量居全国首位，拥有一线骨干队员3000余人。加强防灾减灾救灾工作机制建设，向贵州、山东、四川广元三地调拨救灾物资价值143.6万元。省本级物资库被总会评为一级物资储备库，温州区域性备灾救灾仓库建成投入使用。金华市红十字会与“义乌购”合作，探索建立“网上虚拟仓库”。丽水市红十字会争取政府重视启动应急救灾中心（物资库）建设。三是努力提升人道资源动员能力。省红十字会“母婴平安”项目再获中天集团1500万元捐赠，启动第二周期关爱行动；“康恩贝健康之旅”“朝聚光明”“康心基金”等项目深入实施；与民盟、农工党、致公党等党派合作巩固完善。全省全年共实施红十字公益项目480余个。连续第19年组织开展“红十字博爱送万家”活动，全省投入款物3099.25万元，慰问困难群众3.49万余户。联合省妇联、残联、扶贫办共同举办“魔豆妈妈”创业扶贫大赛，浙江省两名选手进入全国决赛，游林冰获优秀“魔豆妈妈”称号。连续四年参与腾讯“99公益日”网络众筹，2018年筹款279.89万元，同比增长255.19%。推进红十字参与养老服务，全省18个地方试点组建志愿服务队160余支，开展公益援助项目40余个。四是大力推进救护培训“五进”活动。全年培训救护师资2221人，开展普及培训195.72万人次，新增普及率3.95%；培训救护员23.87万人次，新增救护员培训率0.48%，超额完成年度目标任务。全省涌现出50多起红十字救护员成功施救的典型案例。联合省直机关工委开展“应急救护进机关”活动，为100余家单位普及培训4839人次，培训救护员1037人次，被评为“最佳服务项目十大优秀案例”。省本级应急救护综合教学基地和全省600多个救护培训基地定期向公众开放。杭州市、临安区应急救护培训基地获总会示范基地称号。湖州市连续七年将救护培训列入政府民生实事项目，获评“浙江省民生获得感示范工程”。台州、衢州等市红十字会联合当地总工会、

人社局举办救护（师资）技能竞赛，对获奖者给予参评“五一劳动奖章”、授予“技术标兵”等待遇。五是规范开展“三献”工作。狠抓造血干细胞捐献“静思期”和随访等工作制度落实，把好志愿捐献者入库质量关，提高有效库容率和库容使用率。全省造血干细胞库容量累计达到 78787 人份，全年完成采样入库 7859 人份，实现捐献 68 例，累计达到 450 例。会同省卫健委等部门，依法理清工作职责，加强协调员管理，进一步完善工作机制。全省登记人体器官捐献志愿者 1.57 万人，实现捐献 223 例，累计达到 1073 例。加强对捐献者家庭的人文关怀和服务。温州市出台政策让造血干细胞捐献者落户，杭州、嘉兴、湖州、舟山等市将捐献纳入“积分落户”等褒奖政策。六是扎实做好对口支援和帮扶工作。积极贯彻落实总会和省委、省政府部署要求，全力推进对口支援西部和东西部扶贫协作工作。专题召开全省红十字会系统扶贫开发工作会议，先后组织人员赴四川广元和阿坝、新疆阿克苏、西藏拉萨、贵州黔东南、吉林延边、湖北恩施等地考察对口支援帮扶项目。全省全年共投入对口援助西部地区款物 2938.92 万元，列全国红十字会系统首位。启动新一轮对武义县扶贫结对帮扶工作，计划五年投入 150 万元，实施桃溪镇锦平村“一家园、两增收”帮扶项目。

（四）强化社会宣传，着力提升组织公信力

发挥红十字会作为精神文明建设的生力军作用，讲好红十字故事、弘扬传播正能量，助推社会新风尚。一是精心策划开展主题宣传活动。联合省广电集团，录制播出“人道光辉 闪耀浙江”纪念世界红十字日大型宣传节目。组织拍摄《父亲的礼物》《超级英雄》《救在“浙”里》《遇见陌生人》《崖间勇士》等一批红十字题材视频宣传片，借助各类媒介进行广泛宣传。组织开展“我是红十字人”主题宣誓、防灾避险知识竞赛、优秀红十字文艺节目会演、千人徒步公益行、急救“快闪”等系列宣传活动，组织会员、志愿者参与各类马拉松赛事和应急保障。编印《浙江省红十字事业发展进步报告》并寄送各级党政主要领导和省红十字会理事，扩大红十字工作知晓率。九渔智扬广告公司三年无偿捐助价值 1000 万元户外媒体使用权，在杭州核心街区定期发布红十字公益广告。二是大力宣传红十字领域最美人物。加强与中央驻浙和省级媒体合作，广泛宣传救灾救援、生命关爱、志愿服务等领域涌现出来的感动人物、感人事迹，《除夕，建德女孩刘静芝捐献器官引发社会关注》《金道君：生命的种子》等得到央视、人民网、新华网等主流媒体持续关注和报道，引起强烈社会反响。联合省新闻工作者协会，开展第四届“浙江省红十字好新闻”评选活动。积极推荐感动人物和群体参与最美评选活动，全省新增红十字工作领域“浙江好人”23 人，累计达到 98 人（群体）。省造血干细胞捐献志愿服务队荣获 2018 年度“最美浙江人——浙江骄傲人物”提名奖。舟山市海岛巡回医疗志愿服务项目入选全国学雷锋志愿服务“四个 100”最佳志愿服务项目。三是努力推进网上红十字会建设。启动实施省红十字会门户网站、OA 办公和业务管理系统三大平台迁云工程，与社会机构合作开展“救护培训工作管理平台”等信息化项目建设，推动构建线上线下有机结合的红十字工作新格局。全省建成红十字微博、微信等网上舆论阵地116个。“红十字生命在线”入选总会和红十字国际委员会人道传播与创新项目资助名单。宁波、台州等地红十字会开发集网上办公、人道服务、应急呼救等功能为一体的“红会通”App和小程序。四是注重加强公信力建设。加快完善内控制度体系，修订出台公款竞争性存放、小型（零星）工程项目管理、采购管理、合同管理等制度18项。主动邀请第三方审计机构，对捐赠款物收支、公务支出、公款消费等进行专项审计。及时在省红十字会门户网站公布捐赠款物接收使用、公益项目进展、专项审计报告、年度部门预决算等情况。重视做好腾讯公益平台网络筹款项目的信息通报，及时发布项目进展和财务透明披露报告，更新频次高于98%以上的同类项目，得到网友点赞和好评。

安徽省红十字会

2018年，安徽省红十字会深入学习贯彻习近平新时代中国特色社会主义思想，围绕省委和省政府中心工作，在中国红十字会总会的指导下，牢记宗旨、依法履职，积极发挥党和政府在人道领域的桥梁和纽带作用，安徽省红十字事业发展不断迈上新台阶。

一、助力共享发展行动，参与现代化五大发展美好安徽建设展现新作为

在安徽省五大发展行动计划中，省红十字会作为责任单位，参与了健康安徽建设、培育和践行社会主义核心价值观两项工程（专题），推广应急救护知识和技能普及，开展捐献、救助和灾害救援，动员社会力量筹资，推荐红十字志愿者参评各级各类好人，实现了红十字精神传播与培育社会主义核心价值观有效结合。在安徽政务服务网上线国家彩票公益金“小天使基金”“天使阳光基金”项目、造血干细胞捐献服务、人体器官捐献服务、遗体（角膜）捐献服务、重建家庭联系服务、公益类应急救护培训及应急救护员培训等8类公共服务事项，老百姓只需登录安徽政务服务网的省红十字会页面即可实现“一网通办”。与建设银行安徽省分行等机构开展战略合作，进一步开展科技互助创新、大数据平台搭建，为省红十字会和人道主义参与者提供更加优质、高效、便捷的服务。

二、搭建人道服务平台，具有安徽特色的人道资源动员机制形成新格局

由省红十字会“牵头”、红十字基金会“搭台”、社会爱心资源“唱戏”的全省人道资源动员体系基本形成，2018年全省累计筹集款物1.4亿元。安徽省红十字基金会成功获评AAAAA级基金会，全年签约落地项目23个，到位款物8129.99万元。以众筹大赛形式参与“99公益日”活动，发动48个市县红十字会、55个公益组织或合作单位参加，上线项目133个，撬动66家爱心企业配捐，3天12.5万人次参与捐献，累计筹款956万元，总额位居全国省级红十字会前列。打造了“留芳计划”“心心相印”“守护安全行”“99光明行动”等有影响力的品牌项目。设立各类专项基金，发放救助金1940.25万元，全年救助1021人。实施中国红十字基金会天使系列项目，申请发放救助金1044万元，救助贫困白血病患儿279名、先心病患儿123名。举办并组织参加“魔豆妈妈”创业扶贫大赛，两人获评全国“优秀魔豆妈妈”，省红十字会获“优秀组织奖”。

动员社会力量参与援藏工作，派出省红十字眼科医疗队赴山南市错那县开展“援藏光明行”活动，免费救治57名白内障患者，当好皖藏交流交融的桥梁和纽带。开展“红十字博爱送万家”活动，筹集发放465.38万元款物，2018年元旦、春节期间慰问困难家庭1.9万户，5.3万人受益。

三、推进救援救护联动，灾害应对能力和群众自救互救意识实现新提升

以总会备灾救灾物资储备库等级评定为抓手，推进物资库管理标准化建设，省级备灾库被总会评为“一级物资储备库”。全年省备灾库累计接收物资价值602.2万元，发放物资价值388.4万元。圆满完成低温雨雪冰冻灾害、强降雨和“温比亚”台风灾害等防范应对工作，累计向灾区紧急调运发放总会、中国红十字基金会、香港红十字会和省红十字会总价值约282.1万元的救灾物资。派出淮北、宿州等多支红十字应急救援队开展现场救援，转移安置受灾群众、发放应急生活物资。加强省红十字会赈济救援队建设，以县级红十字应急救援队为依托，积极打造群众身边的救援队。落实资金710万元开展“博爱家园”“博爱卫生站”项目，贫困地区防灾减灾能力和居民卫生健康服务水平进一步提升。匠心打造集互动体验、展示宣传、专业实训为一体的安徽省红十字会应急救护救援实训基地，实践并完善“生命体验+”理念，获评“全国红十字应急救护培训示范基地”。开展应急救护培训工作专项督导，建立全省红十字应急救护培训网络信息化平台，实行师资、救护员动态管理。开展“小小急救员”“招募千名救护志愿者”等活动，参与赛事和社会活动的救护保障服务，全年组织普及性培训14.3万人次，培训救护员2.08万人。落实红十字国际委员会与总会合作项目，举办安徽红十字救护队第二期培训暨演练。在安徽卫视开设“媛来如此”栏目，定期向市民宣传生命安全知识，开展体验活动。

四、树立生命关怀理念，推动捐献工作量质并升有了新突破

成立“三献”工作领导小组及办公室，进一步加强对造血干细胞捐献、遗体和人体器官捐献及无偿献血工作的管理。全省新入库造血干细胞捐献志愿者3452人，在库志愿者已达49972位，全年实现捐献31例，实现捐献增幅和库容使用率均居全国第三。优化调整初筛、再动员工作模式，对全省近5万名入库志愿者档案进行分类整理，联合安徽金种子集团启动“寻找生命的种子”大型公益活动。全年初筛、再动员1650人，联系837人，同意捐献779人，比例达93.07%。重新组建了安徽省红十字捐献造血干细胞志愿服务大队，各市、县级建立志愿服务队18支，志愿者超过500人，开展宣传、采集、志愿服务活动40余场，600余人次参与。动员安徽广播电视台主持人、著名媒体人等社会知名人士参与造血干细胞捐献事业，赴采集医院看望慰问造血干细胞捐献者，提高宣传动员的社会效应。建立人体器官捐献工作推进会制度，严格协调员队伍管理。策划开展“2018春分缅怀诵读会——致敬遗体、器官（角膜）捐献者”，超过30万人通过网络观看了直播。全年人体器官、遗体、角膜捐献分别为100例、121例、150例，较2017年大幅增长。协助西藏自治区完成第一例器官捐献。涌现出“全国最美退役军人”人体器官捐献者胡晨，生前接受器官移植重获新生、去世后捐献器官让爱永续的李晓侠，坚强乐观勇斗病魔、捐献角膜遗体彰显人间大爱的17岁少年任海龙等感人事迹。

五、夯实志愿服务载体，助推红十字文化和人道精神传播紧随新时代

运用中国红十字会志愿服务信息管理平台，进一步提高志愿服务管理信息化、科学化水平，目前全省已录入14957名志愿者和181个志愿服务队信息。全年新建红十字(益行)志愿服务队16支、志愿服务基地8个，涉及应急救援、义务诊疗、心理援助、留守儿童关爱、生命关爱等领域，服务范围不断拓展。联合省文明办、省教育厅连续5年开展“益行计划”志愿服务活动，支持40支志愿服务队500余名志愿者分赴40个农村、社区开展活动。充分发挥各级各类媒体作用，大力宣传红十字事业发展进程中涌现出的先进人物和感人事迹，讲好红十字故事，传播好红十字声音。据统计，全省共有31人（组）荣获安徽好人等省级荣誉，其中有11人荣获中国好人。牢牢把握红十字系统“一报一刊一网”内部宣传阵地，在《中国红十字报》发表新闻报道130余篇，其中一版28篇、头版头条7篇、一版刊发图片10幅，均位列全国省级红十字会第二名。开展了纪念汶川地震十周年摄影文字作品征集活动。加深与省广播电视台战略合作，推动公益文化传播，打造“益行安徽”公益栏目，作为红十字精神和公益事业传播的平台。与安徽电视台公共频道、市场星报联合开展志愿服务系列宣传活动，在多个媒体开设宣传纪念专栏。打造“博爱江淮”“益行计划”“红十字应急救护”“安徽省红十字基金会”微信公众号四位一体的新媒体宣传矩阵，吸引粉丝1.4万人，累计阅读量30万人次。

福建省红十字会

2018年是全面贯彻党的十九大精神的开局之年。2018年，福建省红十字会坚持以习近平新时代中国特色社会主义思想为指导，深入学习贯彻党的十九大精神，坚持稳中求进的工作总基调，突出“人道救助、生命救护”核心职能，补短板、建机制、促规范，推动全省红十字事业更加均衡更加充分发展。

一、深入学习贯彻党的十九大精神，为红十字事业发展提供坚强政治保证

全省红十字系统始终把持续深化学习党的十九大精神，深入学习贯彻习近平新时代中国特色社会主义思想作为首要政治任务，通过党组理论中心组专题学习会、“三会一课”、举办专题研讨班、组织现场教育教学等形式，进一步兴起习近平新时代中国特色社会主义思想“大学习”热潮，努力在学懂弄通做实上下功夫，做到内化于心、外化于行，转化为促进红十字事业发展的强大动力。始终把党的政治建设摆在首位，抓好经常性的政治纪律和政治规矩教育，树牢“四个意识”，坚定“四个自信”，坚决做到“两个维护”，自觉在思想上政治上行动上同以习近平同志为核心的党中央保持高度一致。始终把落实全面从严治党主体责任压实压细，把省委“八个坚定不移”要求贯穿到各项工作中，组织签订党风廉政建设责任书，做好党支部书记抓党建述职评议，解决好“四风”问题，特别是纠治形式主义、官僚主义的新表现，以最坚决的态度、最务实的作风抓好机关作风建设。持之以恒正风肃纪，加强干部队伍建设，营造风清气正的创业氛围。

二、推动完善救援救助体系

建立应急反应机制，印发《关于加强红十字系统防灾减灾救灾工作机制建设的意见》，督促指导各地将各类人道资源纳入政府整体救灾体系统筹规划。与金汇通用航空股份有限公司签订直升机应急救援服务项目战略合作框架协议，双方在重特大灾害紧急救援、应急救护等领域加强交流合作。打造中国红十字（福建）水上救援队、省级医疗救援队、赈济救援队三支队伍，全年培训水上救生员 448 人，支持各地组建水上救生志愿服务队 18 支，开展自然灾害紧急救助演练 30 余场，提升了应急救援综合水平。健全备灾网络机制，推动各级红十字会加强备灾工作，省本级储备 1568 箱价值近 60 万元的灾害人道救助物资，全省共设立红十字救灾物资储备库（点）38 个，仓储面积 1.5 万余平方米，常备衣被、帐篷及应急日常生活用品等价值 300 余万元。福州市红十字会占地 12.1 亩的备灾救灾仓库建成投入使用，常年储备价值近百万元的救灾器械和应急物资。探索精准救助机制，针对年度受灾户及困难群体，连续 20 年在元旦、春节期间开展“红十字博爱送万家”活动，2018 年共筹集款物价值 582.97 万元，救助 1.3 万户 4.8 万人；针对因病致贫困难户，实施天使系列项目救助，争取救助款 658 万元，救助白血病、先心病患儿 212 人次。携手华厦眼科医院集团和福州东南眼科医院，开展红十字光明天使救助行动；针对贫困村，开展精准扶贫，筹集 240 余万元在省级贫困村帮助贫困户修缮破旧房屋、建设防灾避险设施、开展健康咨询和诊疗服务等。宁德市红十字会持续开展重特大疾病救治行动，共拨付市级大病救助基金 101 万元，190 户贫困家庭受益。莆田市红十字会积极参与对口支援工作，为新疆、西藏、贵州等困难群众捐赠运动鞋 9.3 万双，价值 900 余万元。

三、持续打造生命救护品牌

贯彻省委、省政府《“健康福建 2030”行动规划》部署要求，联合省卫健委在全省广泛开展应急救护知识和技能进社区、进农村、进学校、进企业、进机关、进家庭的“六进”活动，举办救护师资培训班 14 期，培训师资 652 人；救护员培训班 1224 期，培训红十字救护员 66717 人；普及培训 5412 场次，培训人数 929882 人，取得了较好的社会反响。联合省卫健委、省总工会举办全省应急救护大赛，将应急救护技能大赛列入全省职工职业技能大赛竞赛体系；推动省本级、指导市县红十字会建设应急救护培训基地，开展“学校 + 社区”公益讲座、学校安全辅导员培训；通过公众募捐，筹集资金 100 万元，在全省 21 所高校和部分省直机关投放 40 台 AED（自动体外除颤仪）。漳州市红十字会将应急救护知识宣传普及纳入政府为民办实事项目，争取政府资金支持，建设红十字应急救护培训基地。推动形成多部门参与“三献”工作的合力，广泛动员社会各界力量，联合卫生行政部门、交通部门印发《关于加强人体器官和遗体捐献工作的意见》，促进人体器官捐献工作的开展，全省实现遗体捐献 500 例，2018 年新增捐献 63 例；2018 年实现器官捐献 55 例，挽救 158 个病人的生命，比 2017 年增长 61.8%。加强造血干细胞捐献志愿者资料库管理，累计实现登记捐献造血干细胞志愿者入库 79732 人份，2018 年新增 3144 人份；

累计实现捐献 210 例，2018 年新增采集 21 例。依法参与、推动无偿献血宣传动员工作，全年全省有 34.1 万人次参与献血，献血总量 112.8 吨。三明市红十字会积极参与推动无偿献血工作，助力三明市连续 6 次荣获全国无偿献血先进城市。南平市红十字会协调民政部门支持，在公益性公墓建立红十字遗体和器官捐献者纪念园，并作为市民精神文明思想道德教育基地。

四、逐步提升人道资源动员能力

组织全省红十字会上下联动开展主题为“关爱贫困家庭，温暖过大年”的第 11 个“福建爱心公益日”活动，精心策划组织开展“与人道同行”主题故事演讲比赛、“新时代人道力量”主题公益晚会、福建省红十字会 IP 形象发布暨人道公益项目推介会，在 20 余个救助项目基础上，形成“‘救’在身边”“‘爱’过年”“‘续’生命”“‘心’生命”等 4 个全省共同打造的公益项目。探索互联网筹资，省红十字会本级开通腾讯公益、淘宝公益店、蚂蚁金服公益平台三个互联网募捐渠道，组织全省各级红十字会依托腾讯公益平台、中国红十字基金会公募平台，集中开展“99 公益日”三级联动募捐活动，累计募筹款 43.6 万多元。“‘救’在身边”项目被选入中国红十字基金会“伙伴 +”计划，获评乙级项目、优创项目两项荣誉。全省年度募捐和接收捐赠总额近 1.3 亿元。厦门市红十字会继续实施项目筹资，拓展互联网 + 公益筹资，全年募捐资金 1304 万元，募捐物资折款 503 万元。

五、推进与台港澳和对外交流合作深入开展

成功举办第八届海峡两岸红十字博爱论坛。连续两年举办闽台红十字大学生人道之旅夏令营活动，来自海峡两岸 68 所高校共 112 名红十字青少年进行了参访体验、互动交流、主题实践等活动，有效增进两岸红十字青少年的情感交流和文化认同。通过福州、厦门红十字生命救助绿色通道，协助 30 余名患病台胞及时返台就医。加强两岸灾害互救互援，向台湾花莲地震灾区提供紧急救灾款 100 万元。泉州市红十字会立足闽台缘博物馆两岸红十字青少年交流基地，指导晋江—金门红十字青少年夏令营活动对象拓展至新高雄等地，不断扩大闽台人员交流。努力促进闽港澳交流互动，在龙岩长汀举办闽澳两地“红十字亲子探访体验”活动；与香港红十字会初步达成居家养老、青少年活动等合作意向，并实现人员互访。积极参与“一带一路”合作项目，承办“中国—南盟国家红会水上救援培训项目”，为斯里兰卡、孟加拉国、马尔代夫等国家红会培训 17 名水上安全救生骨干。

六、努力夯实基层基础

贯彻落实群团强“三性”、去“四化”要求，着力夯实基层基础工作，提升规范化建设水平。制定印发《关于开展 2018 年红十字会基层组织示范点争创活动的通知》，在全省认定 22 个基层组织建设示范点，使其成为基层公共服务、社区治理和精神文明建设的重要平台与活动载体。推动在基层建立 6 所“新站・新健康”红十字博爱卫生站。扎实开展志愿服务工作，以“5・8”博爱周、爱心公益日、国际志愿者日为契机，以空巢老人、残疾人、困难群众和农村留守老人、妇女、儿童等特殊困难群体为服务对象，组织红十字志愿者深入农村、社区、养老院、儿童福利院等，开展社区关怀、义诊保健、健康宣传、救护知识普及等活动。落实星级志愿者分级表彰制度，对全省星级志愿者进行表彰并颁发奖章。龙岩市红十字会注重志愿服务品牌打造，培育了“心理健康咨询”“应急救护宣传普及”等六大志愿服务队，组织志愿服务活动400余场，参与志愿者达4000余人次，认定晋级152名星级志愿者，多个志愿服务组织和项目获得省最佳志愿服务组织、项目称号。平潭县红十字会积极组织开展水上救援志愿服务，志愿者丁铨光荣入选“福建好人”榜，2018年被评为“福建省见义勇为模范”。积极推进红十字体验式生命教育，部署开展应急救护进学校暨水上安全教育“十百千万”公益行动，全年举办公益讲座364场次，受训师生12万余人次。组织全省大、中、小学生参加全国红十字防灾避险知识竞赛活动，参与的青少年学生达6万人次。

江西省红十字会

2018年，江西省红十字会在省委、省政府的坚强领导、总会的精心指导和社会各界的大力支持下，坚持以习近平新时代中国特色社会主义思想为引领，围绕年初制定的目标，勠力同心，攻坚克难，担当实干，取得明显成绩，呈现出较好发展势头。截至11月底，全省培训应急救护员140704人，省本级共筹集款物4176.21万元，实现遗体器官捐献103例，造血干细胞成功捐献25例，“两献”创历史新高。发展注册志愿者14920人，培训养老服务师资227人，培训养老护理员986人，老年介护普及培训24000余人。争取国家彩票公益金支持350万元、筹集助老资金308万元。省红十字会腾讯企鹅号荣获腾讯公司、江西日报社和江西财经大学联合颁发的“十佳政务新媒体”奖。井冈山市神山村博爱家园项目，被评为全国红十字系统十大“助力脱贫攻坚精品项目”，两个基地被评为全国应急救护培训示范基地。荣获年度省直机关绩效管理考核“优秀”等级、年度省直机关党建工作特别优秀单位。

（一）推进改革创新出实招

一是全面推进全省红十字会改革。第一时间组织学习国务院办公厅印发的总会改革方案，并就贯彻落实进行研究部署，启动省改革方案起草报审工作。已形成初步改革方案，正在广泛征求意见中，报省深改委会议审批后，全面推动全省红十字会改革工作，并争取改革方案以省委办公厅、省政府办公厅的名义印发执行。二是持续破解基层组织建设短板。紧紧铆住基层基础薄弱，执委会成员领衔抓、省编办支持协力抓、会机关督导一线抓，开展年度绩效考核，印发《关于依法推进全省红十字会监事会改革的指导意见》、购买公益性岗位和“专、兼、挂”、招聘志愿服务等，体制机制建设有效落实。截至目前，全省11个设区市红十字会全部召开会员代表大会，8个配备正县级常务副会长，7个成立会党组，4个成立执委会。全省100个县（市、区）红十字会，有96个理顺管理体制，76个达到“五有”要求，6个设立监事会。

（二）推进“两项全国试点”出经验

一是探索人道资源动员，打造养老服务“江西经验”。认真落实总会改革试点要求，建立省市县红十字会三级联动的人道资源动员机制和责任体系，探索了一条“社会化动员、开放式合作、网络化筹资、专业化运行、项目化管理”的资源动员新路。做优“一家一个救生圈”“莲丝信使”等自创品牌项目，2018年“99公益日”上线44个项目，筹款392.15万元，取得省内基金会第一、全国红十字系统省级红十字会筹款第三名的好成绩。二是打造养老服务“江西模式”。构建街道有“会”、社区有“站”、小区有“队”、家庭有“员”、工作有“为”的“五有”工作格局。尝试“公益+市场”的老年人能力评估方式，以社区居家服务为重点，探索建立联动“三社”（社团、社区、社工）、共建“三区”（社区、校区、园区）、培育“三员”（应急救护员、养老护理员、信息宣传员）、做好“三特”（发挥特长、服务特需、打造特色）、夯实“三基”（基层、基础、基干）的养老服务工作模式，做好特色化服务和融合型发展。承办了总会委托的第六期养老服务师资培训班，完成了全省养老护理员培训工作。编纂《老年介护培训读本》，拍摄制作并出版了《老年介护教学片》光盘，为全国红十字会系统提供了经验。全省共创建35个养老服务示范点（机构13家，城市社区19家，农村3家），已建立养老志愿服务队15支，开展助老志愿服务5万余人次，带动参与志愿者近1万人次。

（三）推进应急救护救援出成效

一是建立长效化应急救护协作机制。应急救护被纳入《江西省突发事件应急体系建设“十三五”规划》、《江西省安全生产条例》、省政府2018年民生工程，省综治办和部分市、县综治办及有关部门将救护培训纳入综治差异化考核和文明单位评先体系。江西省红十字会、吉安市红十字会应急救护培训基地被总会确定为第一批示范基地。举办以“交通安全‘救’在身边”为主题的世界急救日活动，通过表演情景剧、“CPR”挑战赛等，普及应急救护知识，收到良好效果。二是加强联动式应急救援体系建设。建立与相关部门的联动机制，将红十字应急救援工作纳入政府灾害应急响应体系、红十字备灾救援设施建设纳入全省防灾减灾规划。加强备灾救灾仓库标准化建设，做好仓储物资规范化管理，申报国家一级或二级仓库。2018年共接收家庭包、折叠床、冲锋衣、帐篷、救生圈等救灾救助物资价值113.7万元，发运各类物资价值153.76万元。

（四）推进捐献服务工作出佳绩

一是“造干”捐献上台阶。推动市县文明办将造血干细胞捐献工作纳入评先条件，推进设区市捐献服务机构建设，启动入库捐献志愿者保留项目，争取省政协开展“造干”捐献调研。造血干细胞累计入库数为67519人份，完成再动员1557例。成功捐献数较上年同比增长31.6%，刷新了纪录，进入全国第一方阵。九江尹海龙成功向加拿大患者捐献造血干细胞。全年未出现一起临捐反悔事件。二是“器官”捐献有突破。加强与各移植、接收单位的联动，逐步实现就近接收，积极为捐献志愿者及其家属提供优质服务。统一培训全省协调员，提升业务能力。器官捐献数较上年翻了一番，刷新历史纪录。江西省成为全国唯一的案例报告数与实际捐献数完全相符的省份，得到器官捐献国家管理中心的高度评价。出台《江西省遗体捐献见证制度》，填补了省内遗体捐献见证制度的空白，得到国家管理中心的充分肯定。

（五）推进人道救助服务出特色

一是助力精准脱贫攻坚，认真抓好10个国家级贫困县和其他“博爱家园”项目的组织实施。开展党员干部与定点扶贫村贫困户“结亲结对”帮扶主题实践活动，选派两名优秀干部驻村帮扶，省派单位定点帮扶工作考评为“好”。着力帮助贫困群体、困难捐献者家庭、造血干细胞捐献者、志愿者改善生活状况，为特困老人提供生活照料、精神慰藉、卫生保健等志愿服务。2018年先后救助90户困难器官捐献者家庭，慰问老人、困难户、贫困小学生507人，救助金额515.85万元，发放慰问品1165份，发放家庭温暖箱2600个。二是助力健康江西建设。积极争取“小天使基金”“天使阳光基金”救助资金支持，加大对贫困先心病、白血病患儿的救助力度，全年救助总额累计突破3000万元，创历史新高。顺利完成由红十字会与红新月会国际联合会支持、资助的慢性非传染性疾病预防与控制项目。加强心理救援队伍建设，做好心理健康知识和心理疾病科普工作，开展心理救援志愿服务。

（六）推进创新社区治理出亮点

一是积极参与城乡社区治理。按照总会要求，充分发挥红十字会在加强和完善城乡社区治理中的作用，扩大社区服务供给，维护社区和谐稳定，提升社区应急管理能力，推进社区精神文明建设。探索完善领导体制和工作机制，加强参与城乡社区治理能力建设，完善政策标准体系和激励机制。2018年在非公有制经济组织、工业园区等新领域建立红十字基层组织13个。二是大力开展志愿服务活动。深化志愿服务组织规范化管理，依托社区和“博爱家园”综合服务设施，搭建志愿者、服务对象和服务项目对接平台。加强骨干志愿者的培养，大力开展志愿服务活动。举办江西省首届红十字志愿者趣味运动会，取得较好社会反响。评选表彰江西省首届20名博爱大使和20个博爱单位，进一步激发全社会支持和参与红十字事业的热情。

（七）推进人道文化传播出精彩

一是加强红十字工作宣传。加大对红十字工作和捐献者、捐赠者、志愿者、工作者典型事迹的宣传力度，制作推送“红十字运动基本知识闯关游戏”，打造“江小红表情包”，做强“江小红”形象品牌。省红十字会“两微一网”全年发布信息累计1295篇（次），外媒发布459篇（次），《中国红十字报》刊登工作信息118篇（次）。微信公众号粉丝增至10万人。发布“江小红”主题曲《阳光·天使》，并联系爱心媒体在南昌600个公交站台滚动播放MV，全城唱响红十字之歌。二是加强会员和青少年工作。落实《关于改进和加强学校红十字会工作的实施意见》，开展“红十字示范校”创建活动。加强会员的分级分类管理，规范会费收缴和使用、充分发挥会员作用。三是加强法治红会建设。召开纪念《中华人民共和国红十字会法》实施一周年专题座谈会，不断推进依法建会、依法治会、依法兴会。《江西省红十字会条例》纳入江西省人大第十三届立法规划项目库，列入2019年立法计划。同期配合省人大常委会开展立法调研。编印了《规章制度汇编（2018版）》，收录制度法规111条，共37.9万字。投入资金650万元，基本建成省红十字会综合信息网络平台，建立了在线捐赠、信息发布、会员与志愿者管理、红十字文化宣传等平台，实现了省市和部分县区红十字会互联互通、融合共享。目前平台运行良好。省红十字会年度软件正版化检查考评结果为A级。被省档案局评为档案移交进馆工作先进单位、已公开现行文件报送工作先进单位。获评全省“综治工作（平安建设）”先进单位和省公共机构节能工作优秀单位。

（八）推进干部队伍建设出实效

一是深入推进全面从严治党。认真履行党组从严治党主体责任，严格落实意识形态工作责任制，加强意识形态领域有关问题分析研判和引导管理。以案为鉴，召开全面从严治党工作会、班子专题民主生活会、支部组织生活会，深刻查摆问题，认真进行整改。庆祝改革开放40周年，组织开展学一个典型、读一封家书、写一篇心得、讲一堂党课、开一次谈心、做一番自查、结一户亲戚、献一回爱心、解一道难题、办一件实事“十个一”主题活动，教育引导党员干部职工增强“四个意识”，坚定“四个自信”。2018年上报好人线索120条，向文明网推荐红十字好人130人次；举办文明有礼教育6次、道德讲堂4场。二是持之以恒抓好作风建设。深入查摆“怕、慢、假、庸、散”5个方面问题，并立行立改，会党组以“钉钉子”的精神狠抓作风建设，紧紧围绕转职能、改作风，强素质、树形象，求创新、促发展，担当实干，抓铁有痕，形成风清气正、劲足心齐、谋事创业的浓厚氛围。三是精心打造专业工作团队。全年举办各类干部能力建设和业务培训班9次，有针对性地为全省红十字会干部提供个性化、专业化培训，努力建设一支具备较高创新能力的干部队伍。开展争先创优活动和选树表彰工作，开展机关丰富多彩的文化活动，激励全省红十字会干部立足岗位建功立业、奋发有为、争创佳绩。

山东省红十字会

2018年，山东省红十字会系统以习近平新时代中国特色社会主义思想为指导，深入学习贯彻党的十九大精神，深刻领会习近平新时代中国特色社会主义思想的精神实质和丰富内涵，自觉践行“两个维护”，增强“四个意识”，坚定“四个自信”，紧紧围绕党和政府中心工作，坚持依法履职，致力于改革创新，全省红十字事业取得全面发展。

一、推进改革创新，工作运行更加规范

（一）信息化建设取得新突破。开通“山东省红十字会”微信公众号，开发在线捐赠、公示查询、互动服务等功能，为开展人道服务提供新平台。以“中国红十字会信息化系统”为基础，开发利用捐赠信息公示查询平台，实现省、市、县三级红十字会捐赠信息及时公示查询。湖北、河南等省红十字会专程到山东交流学习信息化建设做法。全国人大常委会副委员长、中国红十字会会长陈竺在山东省调研期间，现场查看了信息公示查询平台使用情况并给予充分肯定。2018年，对捐赠信息公示查询平台进行优化升级，聘请清华紫光和总会信息技术专家，投入专项资金，研究开发捐赠款物使用情况查询系统。研发团队依据捐赠款物管理使用办法，运用互联网、大数据等技术和思维模式，对捐赠款物管理、使用、信息匹配、公示和查询等问题进行深入研究。经过多次编程和优化设计，系统研发工作已基本完成，上线运行后将实现捐赠款物全程可追踪、查询，解决公众关注的“钱从哪里来，到哪里去”的问题。

（二）标准化建设取得新进展。邀请专家对红十字会标准化建设进行论证，研究制定整体规划。“山东省红十字会社会公益服务标准体系”经省质量技术监督局审核批准列入“山东标准”建设行动试点项目，已完成标准体系框架编研，编制《山东省红十字会标准化工作手册（初稿）》，收集汇总相关通用基础标准、国家标准、行业标准和地方标准218项，修订完善红十字会系统程序文件、操作规程以及标准、制度类文件122项，按计划研制“山东红会”标准60项。

（三）“工作落实年”活动取得新成效。将2018年确定为全省红十字会系统“工作落实年”，各级红十字会逐级制定工作方案，召开动员会，明确活动意义、目标和实施计划，以“干在实处、走在前列”为主题，以增强“八个本领”为基本要求，大力倡树“精准严实”的工作标准，着力解决不敢担当、不愿作为、标准不高、效率低下、纪律不严的问题，各级红十字会广大干部职工担当意识、责任意识、争先意识、效率意识、纪律意识明显增强，推动工作落实的力度不断加大，工作质量显著提高。

（四）干部队伍建设呈现新局面。积极协调省委组织部、省编办等部门，着力解决红十字会机构性质、部门设置等方面问题，省红十字会机关纳入群团机关管理，省红十字会卫生救护培训中心更名为省红十字会备灾救护中心，由正科级直属事业单位升级为正处级直属事业单位。坚持党管干部原则，坚持正确用人导向，严格标准做好干部选拔任用和职务职级并行改革试点工作，为直属事业单位配备副主任1名（副处级），为2名干部转正定级，调整干部职务职级27人次，让机关干部在有序竞争中健康成长、共同进步，营造了风清气正的机关氛围。加强干部队伍教育培养和监督管理，组织234名干部赴浙江大学、苏州大学进行综合素质能力提升培训，提高政治理论水平和履职能力。

（五）红十字会改革方案初步形成。认真学习中央党的群团工作会议精神，按照《中国红十字会总会改革方案》《山东省机构改革方案》《山东省群团改革方案》要求，研究制定《山东省红十字会改革方案（初稿）》，面向部分市、县红十字会征求意见建议，为出台适应山东省红十字事业持续健康发展需要的改革方案奠定基础。

二、参与中心工作，服务大局能力不断提升

（一）助力脱贫攻坚。2018年，全省共筹集彩票公益金和社会捐赠款物价值6379万余元，发放救助款物价值达6429万余元，受益群众15万余人，在助力脱贫攻坚方面取得良好成效。“博爱齐鲁送温暖”活动发放款物价值1160余万元，受益群众11万余人，全国人大常委会副委员长、中国红十字会会长陈竺，中国红十字会副会长王汝鹏参与走访慰问困难家庭。争取总会支持62万元新建博爱家园1个和博爱家园生计金项目2个。组织开展“魔豆妈妈”创业扶贫大赛山东区域赛，评选出全省十佳“魔豆妈妈”。开展“同圆中国梦·平安校园行”公益活动，筹集资金124.77万元，购买发放安全防护包4187套。济南、青岛、滨州等市红十字会通过开展“春天行动”、建立微尘基金、打造“情暖滨州”公益救助活动等，动员社会各界爱心人士参与人道救助帮扶。滨州市博兴县东河村博爱家园项目荣获

“中国红十字会博爱家园助力脱贫攻坚优秀项目”称号。

（二）助力健康山东。大力推进健康知识和救护技能普及，全年培训红十字救护师资 161 人、救护员 8 万余人，普及推广应急救护知识 100 万人次。加强应急救护师资管理，建立救护培训师资库。举办第四届全省红十字应急救护比赛。申请国家级红十字应急救护培训示范基地项目，枣庄、威海市应急救护培训基地通过验收。济南、青岛、临沂等市开展“爱就在身边”“第一响应人培训”“珍爱生命　关爱健康”等系列培训项目，拓展了应急救护培训领域。青岛市培训 2200 余名“第一响应人”组成地铁志愿服务队，在上合峰会期间开展紧急救护等保障服务；东营市连续两年为黄河口（东营）国际马拉松赛培训应急救护员。为爱心企业和医院提供公益平台，协助他们建立大病救助专项基金，捐赠药品、药械，开展免费诊疗，救治贫困患者。开展“天使救助”项目，发放救助金 1960 万元，救助贫困家庭白血病、先心病患儿 694 人。启动“全心救助”项目，募集专项救助资金 150 万元，将为贫困先心病患儿实施全免费手术救助。建立山东省红十字会脐血库救助基金，筹集资金 100 万元，用于救助白血病和脑瘫患儿。

（三）助力乡村振兴。认真贯彻落实习近平总书记关于乡村振兴战略的重要指示精神和省委、省政府乡村振兴战略总体部署。依托山东省红十字会乡村医生培训基地，启动 2018 年乡村医生培训计划，广泛争取社会支持，筹措资金 120 万元，培训“第一书记”帮扶村乡村医生 1000 余名。省委常委、省委组织部部长杨东奇对省红十字会参与乡村医生培训工作给予肯定并作出批示。省、市红十字会精选骨干力量参加“乡村振兴服务队”、到贫困村担任“第一书记”，开展抓党建促扶贫工作。依托博爱家园项目，在乡村（社区）开展防灾减灾、健康促进、人道传播等工作，帮助乡村（社区）发展生产、改善条件。

（四）助力养老服务。在济南、青岛、临沂 3 个首批参与养老服务试点市基础上，增加威海作为新的试点市。截至目前，各试点市红十字会已成立红十字养老志愿服务队 37 支，培训红十字养老服务志愿者 650 余人，开展养老志愿服务 1900 余人次。济南、临沂市在乡村开展“红十字博爱幸福院”养老项目，推动农村养老事业发展。青岛市红十字会动员爱心企业向养老院、残障中心和医院捐赠 200 台空气净化器，价值 40 万元。威海市成立红十字敬老爱老志愿服务基地，为养老服务机构举办 5 期应急救护培训讲座。承办中国红十字会养老服务工作经验交流会、中国红十字会 2018 年第五期养老服务师资培训班，参加海峡两岸红十字“关爱长者，为了您的微笑”论坛，分享山东省红十字会参与养老服务试点的工作经验。

（五）助力“一带一路”。非洲是“一带一路”建设的关键伙伴，山东省红十字会积极参与各项援非工作任务。接待纳米比亚灾害管理研修班及尼泊尔通道建设和灾后重建能力研讨班的 47 名学员到山东交流学习，并到济南、烟台、济宁、威海等市参观访问。承担中国红十字会首次派遣援非医疗队工作任务，面向全省选拔政治素质高、专业能力强的医疗骨干组建医疗队，前往布基纳法索开展为期一年的医疗援助工作。

三、加强品牌建设，服务民生工作更有成效

（一）造血干细胞捐献品牌擦得更亮。加强造血干细胞捐献者资料库管理，启动全省造血干细胞捐献“志愿者保留”项目，自主设计开发志愿者回访软件，将入库志愿者回访和信息更新纳入日常工作机制。淄博、枣庄、东营三市将造血干细胞捐献纳入当地“见义勇为”表彰。青岛西海岸新区出台造血干细胞捐献者奖补政策。截至 2018 年底，全省报名入库造血干细胞志愿者已超过 28 万人，完成血样采集检测入库 19 万余人份，位居全国第一。2018 年实现捐献 91 例，位居全国第二，累计实现捐献 687 例，居全国第三。山东分库连续 6 年获得全国“先进分库”荣誉称号。临沂市造血干细胞捐献志愿者获选改革开放 40 周年感动临沂人物群体。

（二）遗体和人体器官捐献发展更快。积极开展社会宣传、志愿登记、捐献见证、缅怀纪念、贫困救助等工作，建立捐献工作委员会，加强协调员队伍、志愿者队伍建设，初步建立器官捐献工作体系。采取省市共建模式，累计建成捐献缅怀纪念场所 11 处。清明节、寒衣节期间，组织捐献者家属和医护人员、捐献受益者、志愿捐献者代表开展缅怀纪念活动。济南市和青岛西海岸新区出台遗体器官捐献者家庭奖补慰问政策。威海市遗体捐献者殷树山被省委宣传部追授“齐鲁时代楷模”荣誉称号。临沂市成立红十字角膜库，开展贫困白内障患者救助项目。2018 年，全省新增人体器官捐献 571 例，累计实现捐献 2046 例，挽救了 7000 余名重症患者生命或使其重见光明；新增遗体捐献 214 例、角膜捐献 331 例，分别累计实现捐献 1607 例、1766 例。

（三）备灾救灾和应急救援能力更强。发挥省红十字会备灾中心全国区域性备灾中心作用，承接国家红十字会系统物资储备任务。强化救灾流程管理，完成总会灾害管理系统升级，实现灾情信息网络直报。开展全国防灾减灾日活动 46 场次，发放宣传材料 10 万余份。承办中国红十字搜救培训班，来自浙江、广西、新疆等省（区）50 余名队员参加培训。积极参与全国红十字防灾避险知识竞赛，荣获最佳组织奖一等奖。

（四）积极参与台风灾害救灾救援及灾后重建。2018 年汛期，山东多地发生严重台风灾害。省红十字会第一时间启动自然灾害应急预案，成立抗灾救灾工作领导小组，先后召开 7 次专题会议研究部署抗灾救灾工作，5 次赴灾区慰问受灾群众，紧急向受灾地区调拨救灾物资 15 批。省红十字蓝天救援队、青岛红十字蓝天救援队分别赴青州、寿光、临淄等市（区）开展救援工作。发布紧急募捐呼吁，开展“情系灾区”救灾募捐活动，并积极争取总会以及兄弟省市红十字会援助。救灾期间，全省红十字会系统共接受捐赠救灾款物价值合计 2164.38 万元。其中，救灾款 960.25 万元，救灾物资价值 1204.13 万元；中国红十字会总会、中国红十字基金会和河北、浙江、贵州等 16 个省（市、自治区）红十字会以及香港、澳门红十字会支援山东省救灾款物价值 769.25 万元。各级审计部门对救灾款物接受、管理和使用情况进行审计，尤其是香港特别行政区红十字会派代表到山东潍坊受灾地区检查捐赠物资发放情况，对山东省红十字会救灾款物管理工作给予充分肯定。积极开展灾后重建工作，筹措募捐资金 555 万元，在潍坊、临沂、日照等市立项援建37个红十字博爱卫生室。

四、加强人道宣传，红十字精神传播更加广泛

（一）提升“博爱齐鲁”品牌影响力。在全省红十字会系统推广使用“博爱齐鲁”统一标识，以“博爱齐鲁”品牌为抓手，开展形式多样的人道救助、应急救护、爱心捐献等服务项目，博爱齐鲁送温暖、天使救助、微尘等优秀项目(品牌)得到广泛认可，“博爱齐鲁”品牌影响力越来越大。在中国红十字会创建红十字工作品牌推进会上，推广了“博爱齐鲁”品牌建设经验。“微尘”荣获山东省庆祝改革开放40周年感动山东人物（群体）奖。

（二）深入宣传贯彻红十字会法。广泛开展红十字会法普法宣讲和知识竞赛活动，向社会公众宣传红十字会法内容。积极推进修法工作，《山东省实施〈中华人民共和国红十字会法〉办法》列入省人大2019年一类修法计划。青岛市红十字会起草《关于加强学校红十字会工作的实施意见》草案。

（三）广泛传播红十字精神。世界红十字日、世界急救日期间，积极开展宣传和服务，传播红十字精神。人民网对山东省造血干细胞捐献工作情况及捐献者徐士玉、韩菲菲、李锋进行专访，相关报道在人民网社会版块头条发布。《中国红十字报》、《大众日报》、山东电视台、山东人民广播电台等主流媒体，人民网、大众网、新浪网等网络媒体，宣传报道红十字会参与台风灾害救援工作100余次。中央电视台、中国文明网报道了青岛市“第一响应人”志愿队服务城市救援工作。

（四）巩固红十字宣传阵地。做好“一报一刊”征订和新闻宣传工作，省红十字会在中国红十字报刊宣传工作会议上作了典型发言，全省多个单位和个人受到表彰，省红十字会和济南、青岛、临沂市红十字会荣获先进集体特等奖，多篇新闻报道和理论文章被评为优秀作品。济南市红十字会构建新媒体网络平台、红十字志愿者网上朋友圈、公益大微宣传平台“三位一体”的网络宣传体系。临沂市红十字会推进“博爱文化园”建设，筹备建立红十字运动研究中心，打造博爱文化传播和人道精神教育基地。

河南省红十字会

2018年，河南省红十字系统以习近平新时代中国特色社会主义思想为指引，认真贯彻落实党的十九大和中央群团改革会议精神，围绕中心，服务大局，聚焦主责，依法履职，组建工作专班，落实专项责任，在服务困难群体中展现新作为，圆满完成全年工作任务。全年共募集款物价值10939万元(其中：资金8209万元，物资价值2730万元)，开展人道救助；积极参与无偿献血宣传动员，助力河南省再次获得全国无偿献血先进省份；造血干细胞资料库被评为中原十大公益慈善组织，新增造血干细胞捐献志愿者7000人，累计捐献在全国各省份率先实现700例，继续领跑全国；新增人体器官捐献330例，捐献大器官982个，使器官衰竭患者实现生命接力；“红会送医计划”实现送医1019批次，帮带基层医护人员24779人次，直接受益群众147503人次，圆满完成年度任务；备灾救灾中心物资储备库创建成为一级库，应急救援水平明显提升；救助白血病和先心病患儿 1190 名，救助资金 3152 万元，救助人数和资金双获全国第一；广泛开展人道服务，各项工作取得新进展、新成效。

一、深入学习贯彻习近平新时代中国特色社会主义思想和党的十九大精神，为红十字事业发展提供坚强政治保证

全省红十字系统始终把学习习近平新时代中国特色社会主义思想和党的十九大精神，作为首要政治任务，认真落实党组理论学习中心组学习、“三会一课”等制度，坚持领导带头、以上率下，教育党员干部进一步增强“四个意识”，坚定“四个自信”，始终做到“两个坚决维护”；结合红十字会系统干部思想实际，突出优化政治生态、责任担当、纪律意识、能力建设四个专题，引导党员干部在学习中对标对表，找差距、促提升；省红会开展“我最喜爱的总书记的一句话”分享交流活动，组织全体党员干部到焦裕禄纪念园共同追思学习焦裕禄精神，举办红十字大讲堂教育引导干部职工牢固树立立党为公、执政为民的意识，改进作风、提高效率、搞好服务，争做道德模范。

省红十字会党组切实履行全面从严治党主体责任。召开全省红十字系统全面从严治党会议，传导压力、压实主体责任。筹划实施“铸魂强体抓党建”专项行动，完善机关党建责任机制，建立机关党建工作责任清单，着力党建工作创新，通过开展“党员政治生日”、一月一主题党日等活动，丰富党建活动载体，激发党支部工作活力，发挥党员干部先锋模范作用，增强干事创业的向心力和凝聚力；扎实开展好巡视整改和“以案促改”，认真贯彻中央八项规定精神，把纪律挺在前面，重点强化政治纪律和组织纪律，带动廉洁纪律、群众纪律、工作纪律、生活纪律严起来；强化意识形态和网络意识形态工作，扎实推动全省红十字系统全面从严治党向纵深发展。

二、围绕中心、服务大局，积极发挥助手作用

认真执行五届五次理事会议决策部署，在依法履职和服务大局的结合点上作文章，在服务困难群众中有所作为。以“结伴同行脱贫路”“红十字进社区”“红会送医计划”专项行动为抓手，推动全省红十字系统主动融入全省工作大局，积极发挥党和政府在人道领域助手作用。

“结伴同行脱贫路”持续推进。全省各级红十字会按照“积极动员、搭建平台、聚合资源、结伴帮扶”的工作思路，突出志愿者招募这个重点，利用各种平台，广泛招募志愿者，郑州、周口市红十字会联系电视台制作专题栏目《无界的爱》《牵手》，宣传红十字精神，动员爱心人士参与红十字会助力脱贫攻坚工作；鹤壁市红十字会重点招募公务员、医生、教师、致富能手成为志愿者；许昌、新乡市红十字会注重发挥骨干志愿者示范效应，在辖区内“中国好人”带领下，积极开展脱贫帮扶活动。着力“结伴”这个活动关键，组织万名志愿者、爱心企业与贫困户结成对子，出钱出力扶智扶志，实施精准帮扶。强化“脱贫”这个目标，全省投资 800 余万元，在 23 个贫困村实施的“博爱家园”项目基本完成硬件建设任务，一批生计项目正在实施；“红十字博爱送万家”活动向贫困家庭发放价值 120 余万元的慰问物资；“5・8”博爱周期间，集中开展“结伴同行脱贫路——红会送医特别行动”，省市医院组织志愿服务队到全省 239 个贫困村庄同时开展红会送医活动，送医送药；平顶山红十字会成立助力健康医疗扶贫志愿服务队，实现全市432个贫困村志愿服务全覆盖；商丘、平顶山、驻马店等市红十字会携手伊利集团向贫困中小学生捐赠牛奶，价值150余万元；商丘市睢县红十字会募集资金1600余万元，设立健康扶贫专项基金，对建档立卡贫困家庭大病实施再次救助；郑州市张菊红十字志愿服务队筹资购买软籽石榴种苗，赠送给结对帮扶的贫困家庭，并请专家指导种植，志愿者和帮扶家庭一起种植的软籽石榴成为贫困群众脱贫的希望。南阳市爱心企业通过红会捐建的村室和硬化的街道已经完工，资助的贫困大学新生顺利入学。

“红十字进社区”顺利开局。“红十字进社区”专项行动以开展应急救护、防灾避险知识培训、养老照护知识普及、慢性病防控干预、社会救助和红十字精神进社区等“五进”为重点，坚持“试点引领、重点带动”，招募具备专业知识、热心志愿服务的“能讲”“会帮”的“热心人”，开展健康知识、老年人照料常识宣讲等专业性强的志愿服务；突出“专业性”“系统性”“灵活性”“靶向性”，在全省40个城市社区、2个农村社区进行试点，共招募3260名红十字专项志愿者，组建37支志愿服务队，以居民需求为导向、志愿服务为主要形式，开展人道救助800余次，开展养老照护志愿服务1200余人次、知识培训200余场次，受益人数达15367人。在活动中建立基层红十字组织和志愿服务阵地，激发基层红会内生动力，让社区居民感受到“红十字就在身边”，在志愿者服务中产生更多的获得感。省红会建立工作专班，培训师资110名，编印《红十字进社区工作手册》，制定《红十字进社区激励办法》，组织专家编写培训大纲，分别在新乡、信阳、济源等市召开观摩推进会，使红十字进社区这一汇聚多项主责主业、具有河南工作特色的活动在试点社区顺利开局。

“红会送医计划”成效明显。更加注重调动受助单位和送医单位两个积极性，更加注重提升工作的精准度，更加注重融入脱贫攻坚大局。全年组织122支志愿服务队，送医1019批次，示范手术701例，举办讲座1093场，帮带基层医护人员24779人次，解决疑难病例7252人次，义诊群众147503人次，赠送器械、药品价值220万元。受到广大群众、基层医疗卫生单位和基层医护工作者的欢迎。省人民医院、郑大三附院、郑大五附院、省胸科医院、郑大附属洛阳中心医院等积极组织医护专家志愿者深入贫困县、乡，将红十字志愿者的一片爱心送到基层，送给困难群众，彰显医者仁心。红会送医的百余支志愿服务队成为河南红十字志愿服务体系中最为活跃的一部分。

三、认真履行法定职责，在为社会提供人道服务中展现新作为

积极参与应急救援。2018年夏季的“温比亚”台风袭击了河南省部分地区，省、市红十字会第一时间了解报告灾情，启动自然灾害应急响应，省红十字会派出7个应急小组奔赴受灾地区，将价值70万元的救灾物资送到受灾群众家中，帮助受灾群众解燃眉之急。进一步完善应急救援体系，补充配备救援装备，积极参加总会组织的应急救援综合演练，提升应急救援水平。备灾救灾中心全年出入库53批次17500件物资，总价值400余万元，创建成为全国红十字系统一级应急物资储备库。

加大应急救护培训力度。成立河南省红十字会培训中心，建成生命安全体验馆，举办救护员培训班48期，2438人取得救护员证；选拔40人参加总会师资提高班，为市县红会配发模拟人教具473套；积极拓展培训渠道，省红会在省人大、省财政厅开讲，安阳、信阳、许昌等市红会在市委党校设立课堂，濮阳市红会申报总会应急救护基地项目，开展救护员培训、亲子讲座、应急演练、学校安全教育体验活动，郑州市红会培训公交司机，驻马店红会在人员密集的公共场所开展应急培训80场，组织应急救护演练50余场，各级红会扎实开展应急救护知识“五进”活动，取得实效。

扎实做好人道救助。实施“天使阳光”和“小天使”救助项目，1190名白血病、先心病患儿受到救助，救助资金3152万元，救助人数和资金双获全国第一；严格筛选、认真指导实施“博爱家园”项目，组织贫困家庭参与博爱家园生计项目，帮助贫困家庭增加收入，摆脱困境；组织指导25支公益救助基金，共同搭建医疗救助公益平台，进一步拓宽救助渠道，汇聚起更多人道资源，提供更好的人道服务。在四个深度贫困县实施“红十字助听”项目，帮助500名困难家庭中的失聪老年人走出无声世界；开展“红十字博爱送万家”“红十字爱脑行动”“嫣然天使基金”等项目、活动，筹集资金200余万元，12万余名群众从中受益。省红十字基金会组织“魔豆妈妈”电商创业就业扶贫大赛，实施“魔豆妈妈”电商创业就业帮扶工程，新乡、鹤壁、南阳已有500余名困难母亲接受创业就业培训。

造血干细胞捐献工作再上新台阶。2018年，造血干细胞捐献者资料库被评为中原十大公益慈善组织。新入库造血干细胞捐献志愿者资料7000人份，累计入库12.7万余人，完成在库志愿者回访、数据更新2.4万余人，年内捐献53例，累计捐献708例，累计捐献人数持续位居全国之首。其中郑州年内捐献24例，多年来位居全省之首。18个省辖市均成立了以捐献者为主的造血干细胞捐献志愿服务队，商丘黄伟、安阳牛京甲等91人被评为“中华骨髓库五星级志愿者”。成立了造血干细胞捐献知识宣讲团，分别到省会10余所高校，与高校志愿服务队一起，开展造血干细胞捐献知识宣传高校行活动。积极组织首例“熊猫血”非血缘关系造血干细胞捐献、世界骨髓捐献者日“红十字会邀您回来一起学急救”、“河南非血缘关系造血干细胞捐献逾700例”等活动，得到媒体广泛关注和报道。其中捐献700例活动，副省长戴柏华百忙之中亲自参加，给捐献者和红十字工作者、志愿者莫大鼓舞，42家媒体参与宣传报道，宣传了捐献者的大爱善举，展示了“出彩河南人”的光辉形象。

积极参与推动无偿献血。“世界红十字日”期间与省委省直工委联合开展了“省直机关公务员无偿献血及造血干细胞捐献志愿者招募活动”。省委办公厅、省政府办公厅等123家省直单位1508名公务员积极踊跃参加无偿献血活动，216人采集血样加入造血干细胞捐献队伍；与省卫健委、省军区依法联合推荐、表彰无偿献血先进集体和先进个人，为河南省再次荣获全国无偿献血先进省份做出了积极贡献。

持续推进人体器官捐献工作。省红十字会和省卫健委联合六家移植医疗机构成功开展“河南省人体器官捐献1000例宣传暨 2018 年缅怀纪念活动”，加强河南省人体器官捐献协调员心理疏导及业务能力培训，成立河南省人体器官捐献志愿服务队，完善捐献协调员队伍管理。积极开展人体器官捐献宣传和困难家庭救助等工作，全年实现人体器官捐献 330 例，捐献大器官 982 个，使器官衰竭患者实现生命接力。积极响应中国红十字会总会支援西部建设号召，筹集资金 30 余万元支持西藏人体器官捐献体系建设。

四、志愿服务和红十字青少年工作在创新中发展

志愿服务工作明显提升。创新志愿服务方式方法，积极为志愿者搭建活动平台，主动提供指导和服务，在“三救三献”和专项活动中，志愿者始终发挥着主体作用，是红会人道服务的活力源泉。一年来，更加注重红十字志愿服务，及时为参与志愿服务的志愿者编发指导手册，建成志愿者之家，设立活动专项基金，开展志愿者骨干培训，使志愿服务更趋规范、更加活跃；积极组织志愿者为“郑开国际马拉松赛”等重要赛事提供志愿服务，志愿服务的活跃度进一步提升。

红十字青少年等工作取得新进展。组织开展红十字青少年健康安全主题社会实践；举办全省红十字青少年应急救护知识竞赛，63 所大学和高职高专学校组队参加，近 6 万名青少年参加竞赛活动，带动红十字青少年工作进一步活跃。发挥红十字会民间外交作用，2018 年 6 月再次组团访问日本红十字会，7 月成功接待 6 个非洲国家的 28 位红十字工作者莅豫研修。2018 年 8 月，台湾南投县红十字组织一行 36 人到豫交流，在交流活动中，河南经济社会发展和红十字事业给客人们留下美好印象。

五、加强自身建设，努力提升工作水平

组织建设稳步加强。持续推动省辖市红十字会理顺管理体制，重点推进人口大县、灾害多发县、三山一滩贫困县红十字会理顺管理体制，周口、安阳协调争取有关部门支持，加强了红十字会工作力量，优化机构设置，鹤壁面向社会公开招录、充实红十字专职工作者队伍；部分省辖市红十字会争取公益岗位，加强内部管理，创建成为市级文明单位；部分县、区在党委、政府支持下理顺了管理体制，出台了支持红十字事业发展的意见；省红会和部分市县红会注重会员意识提升，机关工作人员全员登记注册，会费缴纳率明显提升；部分县、区探索在乡镇、街道、企业、事业单位和学校设立红十字基层组织，形成一批组织建设规范、活动特色鲜明、服务平台坚实、会员和志愿者作用发挥良好的模范红十字会基层组织。

宣传传播能力不断提高。持续开展“红十字好故事”宣讲，以弘扬“人道、博爱、奉献”精神为主题，以讴歌红十字好人物、好故事为重点，宣传红十字志愿者动人事迹，生动展现文明河南建设中平凡人的无私奉献历程。省红十字基金会接受爱心企业捐赠，设立人道传播基金。省红会机关和部分市县红会开通“两微一端”，开辟宣传新阵地，运用新媒体不断提升红十字精神的传播力、影响力。

提升干部队伍素质。组织机关干部参加各类培训，聘请专家学者到会机关授课，推动机关干部业务水平提升。组织红十字系统干部培训，围绕互联网筹资和志愿服务集中研讨。郑州、濮阳等市红十字会组织市县红十字会干部到高等院校进行系统培训，为培养新时代红十字会干部队伍进行了有益探索。

省红十字会改革方案初步形成。认真学习中央党的群团工作会议精神，积极开展红十字会改革研讨。按照《中国红十字会总会改革方案》要求，遵照戴省长指示精神，以转职能、转方式、转作风为突破口，以有效增强红十字事业发展的动力和活力为目标，研究起草《河南省红十字会改革方案（初稿）》，积极向有关部门领导汇报，争取支持。省委组织部领导先后两次、省编办领导先后四次听取汇报，对省红会提出的有关建议给予热情指导；省委深改办领导听取汇报，就改革工作的程序、方法和原则悉心指导并提出要求。省红会改革方案初稿已经征求省委组织部、省委宣传部等 17 家单位的意见，即将呈递总会和省委深改办审定，为出台适应河南省情、符合红十字事业持续健康发展需要的红十字会改革方案奠定基础。

湖北省红十字会

2018 年，湖北省红十字会系统以习近平新时代中国特色社会主义思想为指导，认真贯彻落实《中华人民共和国红十字会法》，围绕湖北经济社会发展大局，主动作为，改革创新，推动红十字事业发展取得了新成绩。

一、深入学习贯彻习近平新时代中国特色社会主义思想，确保红十字事业正确的政治方向

把坚持党的领导和政治建设摆在首位，牢固树立“四个意识”，坚定“四个自信”，做到“两个维护”。牢牢把握群团组织“政治性、先进性、群众性”的要求，确保红十字事业正确的政治方向。牢记习近平总书记会见中国红十字会第十次会员代表大会代表的谆谆教诲：“增强责任意识，推动改革创新，真心服务群众。”自觉对标习近平总书记视察湖北时提出的“四个切实”要求，主动担当，积极作为。全面加强全省红十字会系统党建和党风廉政建设，全面落实从严治党责任。

二、突出人道服务特色，突出群团组织特点，新时代体现新作为

（一）建设红十字“三献”服务体系，做大生命保护伞。开展人体器官捐献、造血干细胞捐献和无偿献血的“三献”服务工作是为患者提供宝贵的生命救助资源。湖北省人体器官捐献数量居全国前三位。截至 12 月 24 日，全省 2018 年新增人体器官捐献案例 535 例、挽救和改善了 1527 名器官衰竭患者的生命和生活质量，累计实现人体器官捐献案例 2161 例、挽救和改善了 6079 名器官衰竭患者的生命和生活质量；新增人体器官捐献志愿登记 3781 名、累计志愿登记 16318 名。全国人体器官捐献缅怀纪念暨宣传普及活动在湖北省召开，在全国引起良好反响。人体器官捐献工作呈现出“三个保障”的坚强支撑：一是法制保障，省人大常委会专门听取了《湖北省人体器官捐献条例》贯彻实施报告；二是机构保障，省人体器官捐献管理中心和各级红十字会在组织宣传培训、志愿登记、捐献见证、纪念缅怀、困难救助和协调员教育培训管理方面发挥了重要作用；三是经费保障，省财政支持人体器官捐献救助基金 1000 万元，支持力度在全国排第一位。多个地市建起了人体器官捐献缅怀纪念园。襄阳、宜昌、荆州等地人体器官捐献工作走在全省前列。特别是襄阳市成立了人体器官捐献服务中心后，志愿捐献登记数量显著增长。襄阳柴继红一家13口人全部做了器官捐献志愿登记，孝感青年农民罗平波因交通事故去世后捐出器官让5个器官衰竭患者的生命得以延续，这些引领社会新风尚的好故事均被中央电视台报道。湖北省造血干细胞捐献入库志愿者人数位居全国前两位，造血干细胞捐献志愿者队伍建设进一步加强，新增入库志愿者8000人、累计入库志愿者10.3万人；服务平台建设进一步提升，全年回访志愿者80万人次，新增捐献33例、累计捐献363例。已累计实现跨国捐献16例。涌现出黄冈志愿者郑松“弃职捐髓救婴儿”、十堰志愿者郑时民“跨国捐髓”等许多感人故事。造血干细胞捐献组织网络建设进一步完善，黄石、襄阳、孝感、随州、恩施、仙桃、天门等地超额完成志愿者招募任务。省红十字无偿献血志愿队伍十分活跃，各级红十字会积极配合卫生健康部门，加强无偿献血宣传动员工作，湖北省获全国无偿献血先进省荣誉称号。孝感、荆州、宜昌、十堰、黄冈红十字无偿献血志愿者队伍建设走在全省前列。

（二）建设红十字人道救助服务体系，主动融入扶贫攻坚。着力建设贴近群众的组织网络和公开透明的管理机制，打造专业化人道救助平台，一手牵着需要救助群众的手，一手牵着爱心组织、爱心企业和社会达人的手，实现人道资源的有效对接。全年投入扶贫帮困资金1.13亿元，44.75万人受益。各级红十字会精准识别和精准救助困难群众。其中，开展“博爱送万家”活动，春节期间慰问困难家庭8060户，平时帮扶社区困难群众3107户，帮助困难学生18309人，常年帮助困难家庭失智失能老人890人，向白血病和先心病患儿提供救助资金840.55万元，向人体器官捐献困难家庭提供救助资金991万元。获得中国红十字会总会投入英山扶贫资金和物资价值2518万元，获得红十字国际联合会扶贫物资价值2198万元和资金51万元。投入通山大坳村扶贫款物112万元。对口支援新疆博州、西藏山南红十字会20万元。武汉市红十字会持续扩大“红筷行动”公益助学项目覆盖面。宜昌市红十字会开展“博爱宜昌——六助一送”人道救助活动。特别值得一提的是，省红十字会与省直机关工委、省广电联合举办“与爱同行”扶贫活动，116家省直单位2600名党员干部携手同行，短短一周内募集到扶贫善款84.3万元。

（三）建设红十字应急救护服务体系，主动融入健康湖北建设。以基地建设、师资队伍建设、救护员队伍建设、品牌建设为重点，实施一批“行动计划”。省本级、黄冈、荆州三个应急救护培训基地通过总会验收并投入使用。黄石、襄阳两个应急救护培训基地建设顺利展开。在省发改委的支持下，生命健康安全教育体验“一县一馆”建设计划正式启动。救护培训基地建设呈现全省覆盖态势。全年培训救护师资320名、救护员9099名。实施省直机关应急救护培训三年普及计划、应急救护培训进学校计划、千名楼栋长培训计划、网上普及应急救护知识计划、马拉松赛事和世界军人运动会应急救护保障计划，全年普及培训9.69万人次。荆州、宜昌、十堰、襄阳、黄冈、孝感、咸宁等地应急救护培训开展活跃。受训人员积极参与现场紧急施救，2018年已把6人从死神手中拉回来，其中咸宁市一名红十字志愿者救人的事迹获市政府主要领导批示点赞。神农架景区红十字救护站的救护作用深受游客好评，在全国红十字会系统工作会议上作交流发言。特别值得一提的是，湖北省的应急救护培训“救在身边”服务品牌被总会列为全国重点打造的品牌之一。

（四）建设红十字志愿服务体系，主动融入社会治理。以阵地建设为依托，以红十字志愿者队伍建设为支撑，以特色服务活动为重点，着力完善保障机制，推动红十字志愿服务可持续发展。建设600个社区红十字服务站，启动示范站建设计划，建设50个城市社区“博爱家园”和34个农村“博爱家园”，实施1000支红十字志愿者队伍建设计划，在社区建立“救在身边”“益老益小”“宣传传播”“人道资源动员”等具有特色的志愿服务队，开展应急救护、扶贫帮困、关怀失智失能失独老人和空巢老人、“三献”服务、卫生健康和防灾减灾宣传等服务，近3万名身着红十字马甲的志愿者活跃在社区。荆门市建设8支专业规范的红十字志愿服务队伍。鄂州各社区红十字服务站全年组织志愿队开展活动300余场次。孝感市红十字会关爱失独老人活动持续开展形成特色。恩施州红十字冬泳水上义务救援队每年救援30余名落水遇险者。襄阳、黄石两地红十字居家养老服务试点工作积极推进。武汉市红十字会启动志愿服务信息化支持系统建设，完善网上服务功能。

（五）建设红十字应急救援体系，主动融入城乡防灾减灾。加强备灾仓储能力和规范化建设，中国红十字会湖北备灾救灾中心被中国红十字会总会评为一级物资储备库，仓储救灾备灾物资和设备价值1500余万元。加强应急救援队伍建设，举办供水、赈济、心理救援队综合演练，应急救援能力得到提升。推进备灾救灾工作信息化标准化建设。探索应急救援工作与VCA模式相融合，吸引群众广泛参与，社区减灾能力有效提升。

（六）建设红十字对外合作交流服务体系，主动融入“一带一路”。加强对外交流能力建设，注重外向型人才培养，省红十字会一名干部被总会选派到红十字国际联合会亚太地区办公室工作。加强友好往来，接待巴拿马应急救援研修班来鄂访问，与港澳台红十字组织开展红十字工作交流。获得红十字国际联合会捐赠的健康扶贫物资。开展国际造血干细胞捐献。孝感市红十字会与香港红十字会合作建设的城市博爱家园试点项目圆满完成。做好“一带一路”服务跟进工作，与部分企业进行了沟通对接。

（七）建设红十字青少年服务体系，夯实红十字青少年基础。省红十字会与省教育厅、团省委联合印发《关于开展学校红十字青少年工作的指导意见》。与省教育厅、省卫健委联合印发《学校应急救护工作实施方案》，应急救护培训纳入学校必修课。培训红十字学校秘书长和同伴教育骨干，举办同伴教育活动，学校红十字青少年工作迈开步伐。

（八）建设人道资源动员平台，增强人道服务能力。全省红十字会系统上下联动，全年募集款物达1.45亿元。拓展“协议模式”“互联网+公益模式”“平台模式”“主题模式”，精心策划人道公益项目，吸引更多爱心组织和人士广泛参与。大力推动专业化人道资源动员队伍建设，省红十字基金会快速发展，专业化水平明显提升，筹资支撑平台的作用逐渐显现。加强管理机制建设，省红十字会出台人道资源动员相关办法和指导意见，各级红十字会筹资意识显著增强，筹资模式不断创新。宜昌、黄冈、武汉、仙桃等地筹资工作走在全省前列。感谢马应龙、九州通、人福药业等理事单位坚持每年为红十字人道事业做出贡献。

（九）打造红十字宣传大格局，弘扬“人道、博爱、奉献”精神。运用多样化宣传手段，建设“两微一端”，开办“博爱荆楚”电视专栏、“博爱荆楚”党报专栏、“博爱之声”广播专栏；各级红十字会微信公众号暖新闻十分丰富。突出多层次宣传叠加，省、市、县和红十字基层组织联动，红十字运动宣传逐步进入社区。实施多角度宣传策划，省红十字会新闻报道达400多篇，20余万人次参加“红十字好新闻作品”评选。推进多渠道资源整合，在省直机关工委等部门支持下举办“为爱行走”活动，打造武汉市红十字会“博爱江城”、襄阳市红十字会“生命接力”等品牌，扩大了红十字工作社会知晓度。神农架林区红十字会把红十字宣传阵地建在中心广场。

三、推进依法治会，推进改革创新，新时代展现新气象

（一）推动管理体制理顺，突破制约省红十字事业发展瓶颈。体制不顺、部分县级红十字会力量薄弱一直是制约省红十字会发展的瓶颈。在各地党委政府支持下，体制理顺工作有新进展。要特别感谢宜昌、襄阳、黄冈等地党委政府主要领导亲自推动县级红十字会体制理顺工作，解决了联系乡镇、社区基层红十字组织的县级红十字会这一“关键节点”缺失问题。经第三方对全省各地红十字工作的考核评价，上述三市红十字会工作总体得分位列全省前三位。

（二）夯实基层基础，打造群众身边的红十字会。把延展服务时空，延伸服务臂膀，打造群众身边的红十字会看成是贯彻“政治性、先进性、群众性”的改革方向和举措。将红十字服务从战区、灾区延展到社区，将社区红十字服务站建设、红十字志愿者队伍发展和红十字志愿服务活动管理与保障作为红十字基层组织建设的重点，通过600个试点服务站和50个示范站建设，探索红十字基层组织发展路径；通过围绕中心、服务大局的人道实践，增强群众的获得感安全感幸福感。各地将红十字工作与社区党建工作、文明创建、综合治理等相结合，把红十字会各项业务融入社区服务中，形成长效工作机制。经对119个社区红十字服务站检查验收，红十字社区服务得到党委政府重视和社会支持，深受社区和百姓欢迎。襄阳、宜昌、黄冈、黄石、荆州等地在夯实基层基础方面起到了示范作用。

（三）加强机制建设，打造专业化人道公益平台。把机制建设和平台建设看作是克服机关化、行政化，杜绝贵族化、娱乐化的工作目标和举措。突出红十字组织的平台属性，建设好人道救助、人道资源动员、志愿服务活动和国际合作交流平台。完善运行机制、监督机制、考评机制，提高管理水平和执行力。完善公信力建设机制，执行“三重一大”集体决策制度，建立法律顾问和合法性审查制度，健全和落实信息公开制度。加强规范化建设，推行清单式督办，实施市州目标管理第三方考评、会机关干部履职尽责网上考核、财政支出绩效评价。完善联动机制，加强上下联动、内外联动，围绕中心工作，高效整合资源，发挥了红十字平台作用。

湖南省红十字会

2018 年，在省委、省政府的正确领导下，在中国红十字会总会的关心支持下，湖南省红十字会以习近平新时代中国特色社会主义思想为指导，围绕全省中心工作，推进改革创新，坚持依法治会，在当好党和政府人道领域助手方面开展工作。

（一）用习近平新时代中国特色社会主义思想武装头脑，切实改进作风

湖南省红十字会将习近平新时代中国特色社会主义思想作为发展红十字事业的强大思想武器和根本行动指南，切实用以武装头脑、引领方向、指导实践，不断增强“四个意识”、坚定“四个自信”、做到“两个维护”，始终在思想上政治上行动上同以习近平同志为核心的党中央保持高度一致。2018 年全年，党组中心组专题学习习近平新时代中国特色社会主义思想 8 次。2 月 7 日，结合春节团拜会，举办了一场学习宣传贯彻落实党的十九大精神知识抢答赛活动。5 月起，每月组织全体党员开展学习党的十九大精神“答题闯关”活动。3 月 5 日、6 月 15 日，组织全会副处级以上党员干部分两批次参加省直工委举办的十九大精神知识能力测试。向每名党员发放《习近平谈治国理政》第二卷、《党性体检 1000 题》《党的十九大精神应知应会 300 题》《习近平谈治国理政学习辅导 300 题》等书籍 300 余本，有力推动了学习的不断深入，切实把思想和行动统一到中央的要求上来。坚持抓基层强基础的导向，统筹抓好基层党支部建设。2018 年重点开展了机关党支部标准化建设，制订下发了《关于全面推进省红十字会党支部标准化建设的实施意见》，重新修订了支部标准化建设评分细则，坚持用制度来管人管事，严格落实从严治党要求。加强党员教育管理，规范党支部活动，以“三会一课”为基本形式，推进“两学一做”学习教育常态化制度化工作，召开组织生活会和民主评议党员活动，开展有特色的“支部主题党日”活动，建立和完善相关的党建工作台账。按时按要求完成了党支部换届、党费收缴、党务信息报送等日常工作。广泛开展党风廉政教育。邀请省纪委监委驻省卫健委纪检监察组组长盛立新为省红十字会全体党员上廉政党课，加强警示教育。加大突出问题的专项整治工作。从 4 月到 12 月，不分阶段，不设环节，持续开展“中央八项规定”突出问题、纠“四风”治陋习、树新风等和违规收送红包礼金多项专项整治治理，既查认识、抓作风，又查问题、抓形象，加强作风监督问责。随着党的政治建设、思想建设、组织建设和作风建设的不断深入，推动全会党员干部形成了讲政治讲规矩的思想自觉和行动自觉，形成了团结拼搏、担当作为、作风优良的工作氛围，为红十字事业发展提供了保证。

2018 年，会党组领导采取“四不两直”的调研方式，带队深入调研了 30 余家医疗机构、20 余家爱心企业、10 余个县级红十字会和 30 余个村（社区），通过广泛开展实地调研来补短板、强弱项、解难题。其中，8 次到省红十字会对口扶贫点湘西州永顺县青坪镇洞坎河村专题调研脱贫攻坚工作。

（二）依法履职，扎实做好人道服务工作

1. 大力宣传发动人民群众无偿献血。全省红十字系统建立了包括 A 型、B 型、AB 型、

O 型、RH（-）型（熊猫血型）等各类血型的 10 多万人的志愿者队伍，全年开展各类无偿献血宣传活动 500 余场次。2018 年全省共有 48.9 万余人次参加无偿献血，同比增加 3.2 %；献血量为 172.8 吨，同比增加 3.4 %。湖南省获得 2018 年全国无偿献血先进省称号。

2. 积极开展人体造血干细胞捐献。湖南省 2018 年圆满完成中华骨髓库 7500 人份入库数据任务；实现捐献 85 例，平均每星期挽救 1.6 名以上白血病患者，捐献数量位居全国第三，占全国总数的 9.81%，同比增长 50%，同比增长率连续三年位居全国第一。湖南省红十字会造血干细胞志愿服务队获得省文明委颁发的“优秀志愿者组织”光荣称号；由省红十字会和长沙市红十字会联合开展“造血干细胞捐献者，你还好吗？”巡回演讲 10 场次，得到群众和党委、政府的好评，并作为全国典范在中华骨髓库举办的全国宣传志愿服务会议上作分享发言。

3. 持续推动公民逝世后人体器官（组织、遗体）捐献。通过全省红十字系统以及 113 名人体器官捐献协调员及湘雅医院等 9 家移植捐献医院的共同努力，省红十字会策划制作了湖南省第一部器官捐献公益片《为爱续航》，积极配合国家管理中心、中央电视台、腾讯公益拍摄制作了《叶沙，一个人的球队》公益宣传片，进一步加大了宣传力度。2018 年，全省器官（组织、遗体）捐献报名登记 4901 人，增长了 251%。全省实现公民逝世后人体器官捐献 533 例，同比增长了 17.2%，捐献量位居全国第四。共接受捐献大器官 1496 个（其中肾脏 1035 个、肝脏 452 个、心脏 8 个、肺 1 个），同比增长 19.1%，接受捐献角膜 150 对。平均每天接受 1.5 例器官捐献，也就是平均每天使 1.5 个捐献者延续生命，平均每天让 4.1 个急需移植器官的重病患者恢复健康。

4. 大力普及应急救护培训。2018 年举办 9 期救护师资培训班，279 人通过考试取得资格。举办救护员培训班 300 期，公安、消防、旅游、矿山、电力、交通等行业从业者 15000 余人加入红十字救护员队伍。全省红十字系统共普及应急救护培训 60 万人次。积极参与国际马拉松赛事服务，省红十字会主动加入了 2018 长沙国际马拉松赛组委会，对参加 2018 长沙国际马拉松赛和铁人三项赛等活动的志愿者进行了应急救护知识和技能培训，并出色地完成了赛事应急保障任务。

5. 多方筹措资金开展人道救助。一是争取省财政资金和总会项目资金支持。2018 年筹集并发放人道救助资金 2092.5 万元，主要救助无偿献血、造血干细胞捐献者中的特困家庭或个人，人体器官（组织、遗体）捐献者父母、子女、近亲属中的特困家庭或个人，0—14 岁白血病患儿，复杂先天性心脏病患儿，重特大疾病患者中的特困家庭或个人，遭受突发性灾难的特困家庭或个人等 7 类特困群体中的困难群众 1405 人。二是动员社会各界人道资源。通过开展关爱留守儿童“爱心书包”、“爱心校服”、魔豆妈妈创业大赛、99 公益日网络筹款等系列活动，筹集款物价值 2349 万元，用于助贫、助学等。三是开展红十字博爱送万家活动。组织全省各级红十字会配合当地党委政府在春节前开展了走访慰问，义诊、救护培训等“红十字博爱送万家”活动，共筹措价值 2041.65 万元的慰问款物，为 10.2 万户 30.6 万名群众送去了关爱。

6. 加强救灾备灾能力建设。积极与省减灾办、应急厅对接，大力加强救灾备灾能力建设。一是进一步完善应急预案，在灾情响应上，加强了信息化报灾系统建设，并逐级开展培训，提高响应效率和灾情统计效能。二是定期开展供水救援队培训演练，对制水装备——“移动自来水厂”进行维护保养与制水调试，为参与救灾做好准备。三是及时部署汛期、旱季、雨雪冰冻天气等特殊时期的救灾工作，加大防灾减灾宣传力度，积极筹措救灾款物，做好灾害紧急救援准备。争取总会和社会各界的救灾物资 200 余万元，帮助大雪后的受灾群众。

7. 宣传发动培育红十字志愿者队伍。一是加强志愿服务规范管理。新成立了以湘雅医院知名专家牵头的湖南省红十字医务工作者志愿队和湖南省红十字爱心企业家志愿队、湖南省红十字新闻工作者志愿队，新增注册志愿者 4500 余名。2018 年 1 月，成功举办了首届湖南省红十字志愿者春节联欢晚会暨志愿服务表彰活动，所有节目全部由省交警总队、省红十字志愿者艺术团、湘雅医院、湘雅二医院、湘雅三医院、省儿童医院、爱尔眼科医院等 16 个单位的 180 余名志愿者集体创作和排练，1000 余名志愿者来到现场观看，反响热烈。二是构建大宣传格局。与湖南广播电视台公共频道、华声在线、新湖南、红网、长沙轨道交通传媒公司等宣传媒体建立了“红十字救在身边”宣传栏目，全面启动网上红十字会建设，形成了广播电视、网络、公共宣传互联互通互动。2018 年在电视媒体播报节目 179 次，其中央视 3 次、湖南卫视 10 次、都市频道 4 次、教育频道 2 次，公共频道“红十字救在身边”专栏播发 53 期，每期流动播放 2 次，每次 7—8 分钟，网络媒体发稿 1060 余篇，长沙地铁发布 4 期专题公益宣传广告。三是推进“红十字进学校”广泛培育红十字青少年。新增“红十字学校”28 所、“红十字示范学校”4 所，开办红十字青少年夏令营及安全健康救护培训活动 8 期，受益学生 1000 余名，选送 4 名优秀大学生参加总会举办的 2018 年“一带一路”沿线国家青年交流营。全省在各类学校广泛开展生命健康安全教育，有力促进了青少年健康成长成才。

8. 积极发展健康服务业。一是参与养老服务。与长沙青松老年公寓、长沙顺祥生态养老服务中心、长沙君孝天下池马湖养老山庄、株洲颐宁园老年产业发展有限公司、浏阳市澄潭江镇荆坪村医养服务中心、天心区裕南街街道仰天湖社区居家养老服务中心等合作兴办了医养结合项目，共有养老床位 2022 个。二是规范管理冠名红十字医疗机构。联合省卫健委对全省 72 家冠名红十字医疗机构进行了复查，决定对 17 家违反冠名管理办法的医疗机构取消冠名，对 55 家存在问题的医疗机构责令整改。进一步规范冠名红十字医疗机构管理工作，推动湖南省红十字医疗救助事业健康有序发展。

（三）突出三个着力服务全省工作大局

1. 发挥人道资源动员优势，助力脱贫攻坚。按照省委、省政府和中国红十字会总会的部署，省红十字会从助学、助医、助健康和扶智扶志的角度出发，制订了送博爱家园项目建设、送村医培训、送应急救护培训、送企业对口帮扶、送心理咨询、送人道救助、送义诊等 7 项助力脱贫攻坚行动计划。在平江县南江镇崇义村、安化县大富镇民利村等 9 个贫困村（社区）开展了中国红十字会总会博爱家园项目，每个项目 40 万元，在醴陵市档梓山村、韶山市韶山乡、吉首市河溪社区等18个村（社区）开展了省红十字会博爱家园项目，平均每个项目20万元。重点以红十字博爱家园生计项目建设为牵引，支持贫困村发展经济产业，安排有劳动能力的群众到生计项目中就业，帮助贫困地区群众发展经济、摆脱贫困。努力把红十字博爱家园生计项目打造成助力脱贫攻坚的特色与品牌。在中国红十字基金会和有关企业支持下，联合省中医药大学第一附属医院举办一期为期15天的乡村医生培训班，为100名主要来自贫困地区的乡村医生提供免费全科培训，丰富了乡村医生临床经验，有效提升了农村社区的医疗服务水平。完成了浏阳市枨冲镇、临武县汾市镇麻城村、株洲县南洲镇北洲村3个红十字博爱卫生站援建项目，服务人口4000余人。

选派3名干部组成对口帮扶工作队进驻湘西州永顺县青坪镇洞坎河村，帮助困难群众解决饮水难、出行难和农产品销售难等实际问题。队长杨燚获得2018年永顺县扶贫工作最美实干攻坚人物称号。

2. 发挥国际组织平台优势，牵手“一带一路”。发挥红十字国际平台作用，积极为湖南省实施“开放崛起”战略出力。一是成功举办了来自巴拿马、秘鲁、委内瑞拉、多米尼加等国家24人的“‘一带一路’拉美、加勒比及南太地区国家人道工作能力建设研修班”，组织他们观看《青春湖南》《这就是湖南》两部宣传片，参观了三一集团、比亚迪纯电动汽车公司、哈药慈航、长沙湘绣、铜官窑博物馆、湘西凤凰古城和湘西红枫谷康养中心，乘坐高铁体验湖南省自主知识产权的中低速磁悬浮列车，感受“中国速度”和湖南特色。4国学员对湖南经济、文化、社会、生态、医养等方面的发展成果大为赞扬，学员代表还特意向湖南省委、省政府主要领导送上了感谢信，表示今后将更多地促进与中国湖南的友好交流。二是由省红十字会主要领导带队，组织部分市州红十字会领导和部分爱心企业家参与了东盟红十字博爱论坛。向东盟各国和地区的红十字（红新月）会代表宣传湖南文化、湖南企业，通过对接交流，泰国、越南、老挝等国红十字会领导在活动中均表示了今后要与省红十字会进行红十字工作交往的意愿，并都愿意为湖南企业在其当地的生产发展提供人文支持。三是由省红十字会领导带队组织部分市州红十字会人员于2018年11月前往柬埔寨、老挝两国交流红十字工作。代表团一行先后考察了柬埔寨暹粒省医院、茶胶省红十字会和老挝红十字会、琅勃拉邦红十字会等地，与他们交流了省红十字会在灾害救援、应急救护等方面的经验，向柬埔寨茶胶省红十字会捐赠了一批医疗物资，与老挝琅勃拉邦红十字会在救护培训方面达成了合作协议。柬埔寨、老挝红十字会均表示愿意成为在本国投资的湖南企业与当地人民之间的友好桥梁，为湖南企业在柬埔寨、老挝的生存发展创造人文环境。

3. 发挥联系社会各界优势，服务经济发展。引进了北京硒哥硒生物科技公司来湖南投资发展硒产业，积极引荐该公司董事长实地考察了湖南浏阳生物医药园区，争取企业的生产、研发、销售基地落户湖南，打造全国的硒谷；促进长沙华施企业管理有限公司合作开展养老项目，该公司拟吸引外省企业投资20亿元在长沙市雨花区建设一个大型养老基地；正在与来自上海的持牌第三方支付机构——中钢银通信息技术服务有限公司进行洽谈，拟在长沙开设分公司。

广东省红十字会

2018 年，广东省红十字系统以习近平新时代中国特色社会主义思想为指导，全面贯彻党的十九大和习近平总书记系列重要讲话精神，认真落实中国红十字会第十次全国会员代表大会和广东省委十二届历次全会精神，深入贯彻《中华人民共和国红十字会法》《中国红十字会总会改革方案》等，凝心聚力，奋发有为，积极开展“三救三献”业务，主动当好党和政府在人道领域联系群众的桥梁和纽带，各项工作取得了较好的成绩。

一、坚持以习近平新时代中国特色社会主义思想为指导，党的政治领导力和组织引领力不断增强

2018 年，针对红十字会党的建设实际，不断加强红十字会党的领导，始终把政治建设摆在首位，作为红十字会基础工作抓紧抓好。一是强化理论武装。坚持把学习习近平新时代中国特色社会主义思想和十九大精神，作为党组会议的第一议题和党组理论学习中心组学习的常设议题，作为基层党组织“三会一课”的长期主题。会党组除 10 次组织党组中心组带机关的学习外，严密组织副处级以上领导干部参加省里组织的十九大精神学习，聘请省委讲师团成员对党的十九大精神、习近平谈治国理政思想、宪法修正案等进行授课辅导。完善党员活动室建设配套，购置 600 余册党建书籍供党员干部学习；组织开展“坚定跟党走、建功红十字”演讲比赛，为机关文化建设增添正能量；开展“我为红十字工作献一策”征文评比，增强党员干部的主人翁意识；开展“廉洁警句”征集活动，弘扬机关清正廉洁文化；组织参加片区单位党的十九大精神知识竞赛取得好成绩。组织召开全省红十字系统组织宣传思想工作会议，认真学习全国、全省宣传思想工作会议和总会组织宣传工作研讨会议精神，按照省委和总会的统一部署，扎实做好省红十字系统组织宣传思想工作，通过学习教育，会党员干部政治站位不断提升，“四个意识”更加牢固，“四个自信”更加坚定，“四个服从”更加明显，用党的创新理论指导工作的能力不断提高。二是夯实组织基础。坚持以抓好党支部建设为重点，大力推进“三基一化”（建强基层组织、夯实基础工作、抓好基本建设，推动基层党建工作规范化）建设，不断推动基层组织力的全面提升。坚持以“三会一课”制度带动支部党的组织生活各项制度严起来、活起来、实起来，以“支部生活日”“党员活动日”为依托，规范和完善党员参加组织生活纪实制度，统一各党支部工作记录本，即时如实记录党员参加组织生活、交纳党费、民主评议、党性分析等情况。全年会党组成员为全体党员上党课 5 次、为所在支部上党课 5 次，支部书记为支部党员上党课 10 次，组织党务骨干、党支部书记参加省里培训，不断增强支部书记的能力素质。三是注重转作风抓落实。深入贯彻落实省委关于“大学习、深调研、真落实”的要求，除抓好学习外，会党组坚持以调查研究为手段，致力于破解影响省红十字事业发展的重点难点问题。6—7 月，班子成员分别带队到地市人大和红十字会，对《广东省红十字会条例》修订和红十字会改革工作进行调研。2018 年，会领导班子进行了调整，党组书记、常务副会长史先东同志到位后，认真履行党组书记第一责任，坚持重大问题研究到位、重要工作指导到位、重大活动组织到位。坚持从“强三性、去四化”入手，从抓巡视重难点问题解决和大项工作落实起步，带领机关改作风转作风，全力推动换届和红十字会改革等各项工作开展与落实。

二、围绕服务救助和助力健康安全，深入扎实开展救灾救助救护工作

一是提高备灾救灾能力。修订完善《广东省红十字会自然灾害应急预案》，明确任务、力量编成、组织指挥力量分工及各种灾害处置方法，不打无准备之仗；加强救灾物资储备，2018 年共接收、发运备灾物资 117 批次 198000 余箱（件）；积极推进广州备灾中心物资仓库扩建，将投入经费 4735 万元新建建筑面积 11399 平方米物资储备仓库，已完成规划报建工作，拟于两年内完成建设并投入使用；开展“生命之舟，伴你远航”——广东青少年水上安全教育“十百千万”水上安全知识普及活动 330 余场，普及人数近 16 万人次。继续加强救援队伍建设，建立起水上救援队、赈济救援队、医疗救援队、心理救援队等专业救援队伍，严密组织训练演练，救援能力不断提高。省水上救援队已连续 6 年圆满完成广州国际龙舟赛与横渡珠江水上安全保障任务，并在 2018 年 4 月台风“艾云尼”登陆广东省期间成功解救因雨水倒灌而被困地下车库长达 4 小时的群众。在汕头“8・30”水灾救援中，省会还跨区调动水上救援队协助当地开展救灾，紧急转移群众 150 人。在应对“艾云尼”“山竹”等台风引发的洪涝灾害期间，共向灾区发放救灾家庭包 2500 个，募集发放社会捐赠救助物资价值 115 万元。

二是不断提升服务困难群众能力。积极推动“互联网 + 公益”活动，全省 21 个地级市红十字会和部分县级红十字会申领了公开募捐资格证；参与腾讯“99 公益日”活动，有“众筹救心万里骑”“留守儿童圆梦有我”“独居老人的暖心陪伴”“助燃地贫患儿的生命希望”4 个项目进入腾讯“99 公益日”平台上线募捐，募捐资金 87.6 万多元，获得 40932 人次关注支持；继续参与组织好中山市 2018 年“慈善万人行”活动，制作的“与爱同行”“网红直播 + 捐赠善款”等视频在网上传播，吸引粉丝超 60 万人次，巡游当天在线观看人数及微信、微博浏览人数超 200 万人次，活动共收到价值 10638 万元捐赠款物；省红十字会企业家服务队开展的“众筹救心 2018 博爱穿粤行”活动，途经全省 21 个地级市，骑行 39 天，行程约 3000 多公里，沿途开展探访先心病、白血病患儿志愿服务和参与先心病筛查活动，大力传播红十字精神。截至 2018 年 11 月，广东省红十字会共接收社会捐赠款物合计 4550.2 万元［其中捐款 1854.6 万元，物资价值 2695.6 万元（含总会下拨项目款，香港、澳门红会支持及地市红十字会汇缴）］。2018 年红十字博爱送万家（送温暖）活动共筹集发放送温暖款物 1432.26 万元，受益户数 28852 户，受益人数 9 万人。执行中国红十字基金会小天使基金项目 1262 万元，资助 395 人次。开展“贫困救心”行动，全年救助省内外先心病患儿约 600 例；执行华佗再造博爱基金项目，救助贫困脑卒中患者 1171 人，发放华佗再造丸约 18000 盒（价值约 80 万元）。佛山市红十字会建成博爱医院学校 8 个分校，全年共服务住院学生 1220 人，开办至 2018 累计服务学生 9886

人，得到中国红十字会特别顾问华建敏同志和中国红十字会王汝鹏副会长的高度评价。三是大力开展应急救护培训。积极推动红十字救护培训“五进”活动，全年开展应急救护培训活动累计540余场次，直接受益人群约11.3万余人次；广州、东莞市红十字会推行在市内公共场所配备AED（自动体外除颤仪）等应急救护设施，向广大群众普及应急救护、防灾避险和卫生健康知识；全省建成生命健康安全体验馆6个，开展群众活动场数160余场次，普及急救知识和技能人数2.5万余人次。此外，在总会支持下，广东省已建立9个“幸福天使红十字救护站”并投入使用，取得了较好的社会效果。12月，全国红十字景区救护站建设工作会议在广东省召开，与会代表参观了惠州市红十字会景区救护站建设，中国红十字会特别顾问、中国红十字基金会名誉会长华建敏对广东省景区救护站运作模式表示充分肯定。

三、坚持从关爱生命健康安全出发，宣传并参与推动“三献”工作成效显著

一是无偿献血工作得到广泛支持。全省各级红十字会积极参与宣传、推动无偿献血工作，结合“‘5·8’世界红十字日”“6·14世界献血者日”开展无偿献血宣传、推动和表彰工作。全年献血量约500吨，无偿献血基本满足临床需求。广州、深圳、中山、珠海等市连续多次荣获“全国无偿献血先进城市”称号。二是造血干细胞捐献成绩显著。全年共动员招募志愿捐献者、采集血样8937人份，其中完成HLA检测入库数据7300人份。2018年年底，广东分库累计库容量达到100912人份，累计捐献总数达到661例，累计库容使用率居全国第一。三是人体器官捐献走在全国前列。广东省器官捐献工作持续走在全国前列，器官捐献协调员队伍不断壮大，协调员队伍由上年的97人增加至105人。2018年已有9000余名省内户籍的志愿者在网上进行了器官捐献登记，全年器官捐献794例，眼角膜捐献1100余片，遗体捐献超过100例。

四、突出工作重点难点，扎实抓好以红十字会体制机制改革为重点的各项工作落实

一是扎实推进红十字会改革工作。深入学习贯彻《国务院办公厅关于印发中国红十字会总会改革方案的通知》和总会关于贯彻落实改革方案的有关要求，把抓好改革作为重中之重的政治任务，作为创新发展的良好契机，作为激发内生动力的源泉。会党组多次专题研究改革工作，并在12月召开了全省红十字会改革工作会议，专门对广东省红十字会改革方案进行具体研究。同时加强与省委组织部、省编办及有关部门的联系协调，充分听取意见建议，拟在上级有关部门意见回复后，按程序上报省深化改革领导小组审批。二是推进《广东省红十字会条例》修订。为深入贯彻落实《中华人民共和国红十字会法》，坚持用法律法规保障红十字工作健康发展。省红十字会4月开始启动《广东省红十字会条例》修订工作，8月拟制了《广东省红十字会条例（修订草案）》上报省人大教科文卫委，11月27日，广东省第十三届人大常委会第七次会议已经对条例修订草案进行第一次审议。三是积极推进对口扶贫工作。认真落实总会对口援助任务，2018年省红十字会对口支援西藏、云南、贵州、四川及江西等地物资资金共2324万余元；2018年继续投入300万元推动韶关、河源、梅州等地10个博爱家园项目的建设。积极配合党委政府打好精准扶贫攻坚战，从 2016 年至 2018 年，已筹集 400 余万元对口帮扶韶关市始兴县东一村，实施了固本强基扶贫、产业发展扶贫、就业扶贫、危房改造、医疗救助保障、教育文化扶贫、基础设施建设、人居环境整治等八大精准脱贫工程，村集体年收入已超过 10 万元，人均收入从 2016 年的 7690 元提高到 2018 年的 13000 元，初步完成了既定目标任务。四是做好第七次会员代表大会筹备工作。会党组认真学习贯彻习近平总书记在全国群团工作会议上的讲话精神，围绕“强三性、去四化”目标，推动第七次会员代表大会筹备召开。初定于 2019 年上半年召开第七次会员代表大会，选举产生新任会长、常务副会长，第一届监事会、监事长和副监事长等。

广西壮族自治区红十字会

2018 年，广西壮族自治区红十字会党组认真学习贯彻习近平新时代中国特色社会主义思想和党的十九大精神，认真学习贯彻习近平总书记关于推进群团改革、加强党的群团工作的重要论述，贯彻落实中央和自治区关于群团改革的意见，积极推进自治区红十字会改革发展。

一、持续深入学习贯彻习近平新时代中国特色社会主义思想和党的十九大精神，认真落实巡视整改，稳步推进红十字会改革

广西壮族自治区党委十一届三次全会以来，自治区红十字会持续深入学习贯彻习近平新时代中国特色社会主义思想和党的十九大精神，深入学习贯彻自治区党委十一届三次全会精神，将党建工作作为增强红十字会政治性的重要举措，切实加强党的领导、党的建设和全面从严治党。2018 年接受自治区党委第六轮巡视之后，自治区红十字会党组把抓好巡视整改工作作为当前重大政治任务，切实提高政治站位和责任担当，围绕党的政治、思想、组织、作风、纪律建设，将巡视整改作为贯彻落实“两个维护”、加强“四个意识”的抓手，作为推进自治区红十字区红十字会改革的动力，认真做好巡视的“后半篇文章”，坚决贯彻中央和自治区党委关于党要管党、从严治党的决策部署和巡视整改要求，迅速部署、明确任务、倒排工期、责任到人，坚决将整改工作落实到位。

中央和自治区出台群团改革意见后，自治区红十字会积极贯彻落实习近平总书记关于群团改革、加强党的群团工作的重要论述，围绕增强政治性、先进性、群众性的总要求，切实加强党的领导和党的建设，积极宣传先进典型，下移工作重心，将人道服务向最困难的地区、最困难的群众倾斜。12 月 19 日，召开第九次全区会员代表大会，依法选举产生了广西红十字会第九届理事会和第一届监事会，是全国第二个成立监事会的省级红十字会。第一届监事会共有监事 7 人，监事长由自治区政协农业委一名副主任兼任（正厅长级），专职副监事长由自治区红十字会一名处级干部担任，其他 5 名监事分别来自自治区民政厅、财政厅，法律界、新闻界及自治区红十字会机关，体现了社会性、广泛性、权威性和专业性。自治区编办批复在自治区红十字会办公室加挂监事会秘书处牌子，增核编制 2 名，优化了治理结构。自治区红十字会监事会的成立，为全区各级红十字会依法成立监事会提供了参考。年内，梧州市、玉林市红十字会相继召开换届大会，依法选举产生 2 个市级红十字会监事会。国务院办公厅印发中国红十字会总会改革方案后，自治区红十字会迅速组织传达学习，现已草拟自治区红十字会改革实施方案初稿，待向各有关部门征求意见后报送自治区人民政府审批。

二、服务党委政府中心工作，为落实广西“三大定位”新使命、实现“两个建成”目标贡献力量

（一）深入开展扶贫与人道救助，助力精准脱贫攻坚

自治区红十字会主动服务党委政府中心工作，围绕精准扶贫及“美丽广西”乡村建设，开展系列扶贫救助行动。2018 年，多渠道筹措资金约 600 万元，在全区 20 个贫困村屯实施红十字“博爱家园”等援助项目，帮助建设人畜饮水、道路硬化、避险场所等小型减灾工程，为村民开展防灾减灾、自救互救、逃生避险、卫生健康等知识培训，有效改善村民生活环境和精神面貌，提升突发灾害应对能力。元旦、春节期间开展红十字“博爱送万家”活动，筹措物资 400 余万元，慰问困难群众 8 万人。通过红十字“天使计划”开展白血病、先天性心脏病、地中海贫血等疾病救助，为近千名儿童进行了先心病免费筛查，培训乡村医生 870 名，发放人道救助金 1000 余万元，救助疾病患者 2700 余人，“博爱救心基金”以十年救助 2000 多名患儿的成绩被总会评为全国 20 个人道资源动员工作“好项目好活动”之一。同时，积极探索扶贫模式创新，开通网上捐款便捷通道，倡导日常公益理念；开展“魔豆妈妈”创业帮扶等活动，打造“互联网 + 精准扶贫”新模式，将“外界输血”转变为“自身造血”，促成自主发展的良性循环；在项目援建、结对帮扶、精准救助、产业扶持等方面当好定点扶贫村的坚强后盾，帮助贫困村按计划脱贫摘帽。

在全国人大常委会副委员长、中国红十字会会长陈竺的倡议下，2018 年 12 月 19 日，中国红十字会总会、国家卫生健康委员会和广西壮族自治区人民政府签署《广西重型地中海贫血患者救治行动协议》。协议商定，从 2018 年至 2020 年，支持广西重型地贫患者开展造血干细胞移植治疗，提高地贫患者生存质量，提升广西在地贫防控、救治和科研等方面的能力和水平，总结推广广西地贫防治经验并形成“广西模式”，为其他地区和东盟国家解决地贫防治问题提供经验。同时，自治区红十字会设立地中海贫血专项基金，年内共资助 58 名患儿完成造血干细胞移植手术，并送出 2 名患儿分别赴上海、北京治疗。

（二）加强应急救援与救护体系建设，提高公共安全保障水平

2018 年，自治区红十字会为台湾花莲地震、“山竹”台风等自然灾害募集款物约 370 万元，为山东寿光水灾援助 10 万元，支持灾区开展紧急救援。中国红十字会总会为广西壮族自治区赈济救援队配备了新一代红十字应急供餐车，最多一次能同时供应 300 人用餐，可适应不同灾区条件下的应急供餐服务，为救援队面对复杂救灾情况提供更多保障。全区红十字会系统赈济、供水、医疗、搜救、水上救生、心理等 6 大类 28 支专业救援队定期开展培训和演练，并结合地方实际，日常开展城市江面和近海巡逻，协助地方应急、公安、消防、交通等部门开展紧急搜救，承担马拉松赛事等重大活动救护保障任务。

积极落实“健康广西2030”规划提出的群众应急救护知识和技能普及培训任务，充分发挥救护培训主体作用，重点在机动车驾驶员、营运司乘人员、公安干警等高危职业人群中开展持证红十字救护员培训，及应急救护培训“进机关、进学校、进社区、进企业、进农村”工作，营造“人人学急救，急救为人人”的社会氛围，2018年培训持证红十字救护员约6万人，普及救护知识约50万人次。受自治区政府委托，自治区红十字会作为培训主体承担“八桂应急先锋”社区响应队组建工作。该项目为基层社区工作人员、志愿者进行紧急医疗处置、简单搜索与营救、灾后心理疏导、洪灾应对和综合演练等知识的培训，使其在灾害性突发事件来临时能够快速响应、正确处置和科学救援，全面提升基层社区灾害应对能力。年内，自治区红十字会共为全区13个市的150余名师资及南宁265个社区基层单位的1200余名基层社区应急志愿者进行了培训，自治区应急办将该项目申报为应急部试点项目，2019年将推广覆盖到全区其他城市。针对2018年中小学生溺水事故频发的情况，自治区红十字会与自治区教育厅联合开展全区中小学生防溺水专项行动。组织研发了防溺水培训大纲和专题课件，设计制作了包含溺水急救措施、防溺水事故安全须知等内容的《溺水自救与互救安全手册》，年内共开展防溺水培训789场，发放宣传资料约42万份，培训学生39万人。相关工作得到自治区副主席黄俊华批示：“工作主动、深入，值得肯定！要将防溺水宣传教育培训的好做法坚持下去。”在高速公路服务区等人流密集公共场所投放AED急救设备，为公共安全提供更多保障。

（三）积极推动无偿献血、造血干细胞捐献、遗体器官捐献工作，保护生命和健康

2018年，中国造血干细胞捐献者资料库广西分库新增入库志愿者4200人，29人成功进行了造血干细胞捐献（居全国第12位），全国首例百色市姐妹俩先后成功捐献造血干细胞的先进事迹得到央视、人民网等国家级媒体的关注和报道。全区共完成遗体捐献46例（居全国第6位），器官捐献388例，捐献大器官1068个，挽救了区内外1000余名患者的生命和健康，为326个困难捐献者家庭提供人道救助金共计326万元，广西遗体器官捐献者纪念园（桂北园）在桂林凤凰山陵园开工建设，将于2019年清明节向社会开放。积极组织志愿者进社区开展无偿献血等“三献”工作宣传，配合自治区卫健委、献血委及血站等相关部门做好无偿献血的宣传、动员和表彰工作，在全社会普及无偿献血知识，促进临床用血100%来自无偿捐献。捐献管理中心与各市联动，创新宣传方式，拓展宣传渠道，结合世界红十字日、世界献血者日等纪念日，在南宁、柳州、桂林等多个城市开展了“人道—为了你的微笑”红十字“三献”宣传、“生命接力号”地铁专列发车、“三献”公益活动、南宁国际马拉松比赛“三献”宣传等系列活动，普及“三献”知识，鼓励更多市民积极投身“三献”公益事业。

（四）发挥民间外交独特作用，服务“一带一路”倡议，促进民心相通

广西作为中国面向东盟的桥头堡，主动参与区域人道事务，积极服务国家“一带一路”建设。中国红十字会总会与广西壮族自治区人民政府联合举办中国—东盟红十字博爱论坛，东盟各国红会代表齐聚南宁，就

应急救援、社区抗灾、公共卫生等议题进行深入探讨，实地观摩中国红十字系统专业救援队综合演练，进一步加强了中国与东盟各国红会之间的交流，增进了高层对话，开拓了合作空间，发掘了新的合作潜力。在中国—东盟框架下，自治区红十字会积极开展面向东盟国家红会的人道交流工作：一是在中柬建交 60 周年之际，向柬埔寨红十字会捐赠一批价值约 26 万美金的 2 万顶防蚊帐篷，帮助湄公河沿岸受洪灾和登革热影响的群众防病抗灾，受到柬埔寨政府、红十字会及受益群众的广泛欢迎和好评，增进了民心相通，柬埔寨红十字会会长、洪森首相夫人文拉妮·洪森女士专门致信自治区红十字会表示："此次捐赠的救灾物资有效提升了我会的救灾能力及救灾效率，将使受洪涝灾害影响最重的灾民们得到更有效的救助。谨代表柬埔寨红十字会和我个人，向广西红十字会致以最衷心的感谢！"二是越南红十字会会长阮氏春秋访问广西，就中越两国红十字会，特别是与广西红十字会的交流合作进行了探讨，在红十字能力建设、灾害管理、志愿服务、医疗卫生特别是地贫防治等方面达成初步共识。三是接待发展中国家地震灾害救援研修班考察，阿富汗、伊朗、黎巴嫩、秘鲁、赞比亚等 10 个发展中国家的 43 名来自政府和红十字会的代表访问广西，开展了应急响应、灾害救援等红十字工作交流。

（五）广泛开展志愿服务，积极培育、宣传红十字先进典型，弘扬社会主义核心价值观

2018 年，全区红十字会系统干部创先争优，在平凡岗位上做出不凡的贡献，涌现出一大批优秀的红十字工作者和志愿者：9 个集体与 10 名个人分别荣获全区红十字会系统和应急管理系统集体或个人二等功；梁洁华等 4 名红十字志愿者荣获中国红十字会"2017 年度优秀红十字志愿者"称号；在 2018 年全区学雷锋志愿服务先进典型评选中，红十字志愿者黄燕炜、曾莉获评"最美志愿者"，梧州市红十字会医院"8+1"志愿服务队被评为"最佳志愿服务组织"；柳州红十字会水上救援队"柳江水上安全建设"项目荣获第四届中国青年志愿服务项目大赛金奖；在"三献"捐献者中，全国首例百色市姐妹俩先后成功捐献造血干细胞的先进事迹得到央视、人民网等国家级媒体的关注和报道，生前两救落水儿童、身后捐献器官令三人重生的"好人"德叔陈德昌等捐献者的事迹无不令人深深感动，他们的无私善举挽救了垂危的生命，也带动更多人加入捐献志愿者的队伍。为做好先进典型宣传，自治区红十字会结合世界红十字日，以"聚焦人道·红十字在行动"为主题，邀请主流媒体对柳州、北海、百色等基层红十字会优秀代表进行集中宣传，从不同侧面展现红十字业务及其中的感人事迹，主旋律响亮，正能量强劲，极大地提升了红十字文化的影响力和凝聚力，取得良好宣传效果。

海南省红十字会

2018 年，海南省红十字会在中国红十字会总会的指导和省委、省政府的正确领导下，高举新时代中国特色社会主义伟大旗帜，全面贯彻党的十九大精神，以邓小平理论、"三个代表"重要思想、科学发展观和习近平新时代中国特色社会主义思想为指导，深入学习贯彻习近平总书记系列重要讲

话精神和治国理政新理念新思想新战略，按照省委、省政府的工作部署，统筹推进“五位一体”总体布局和协调推进“四个全面”战略布局，加快建设经济繁荣、社会文明、生态宜居、人民幸福的美好新海南，充分发挥党和政府在人道领域联系群众的桥梁和纽带作用。

一、切实加强党建工作，筑牢党员干部思想防线

省红十字会持续深化对党的十九大精神的学习，始终把学习贯彻习近平新时代中国特色社会主义思想作为首要政治任务。认真学习领会习近平总书记在庆祝海南建省办经济特区30周年大会上的重要讲话和中央12号文件精神，将省红十字会的业务工作与省委七届四次、五次全会精神紧密结合起来。充分发挥“关键少数”的示范引领作用，通过举办培训班、开展专题辅导、领导班子成员上党课、党组理论中心组学习等多种形式，进一步强化党员干部对党的政策方针的理解和认识。扎实推进“两学一做”学习教育常态化、制度化，发挥党支部的主体作用，通过“三会一课”、主题党日、网上课堂等方式，努力打造强有力的基层党组织。

二、大力推进应急救护和救援工作，助力建设平安海南

积极开展防灾减灾知识宣传，针对中小学生溺亡事件频发问题，通过政府购买服务方式，省红十字会联合省教育厅在全省范围内开展中小学师生应急救护培训工作，帮助中小学师生掌握溺水现场初级救护、灾害预防、逃生避险、常见急症救护等基础知识和实用性技能。全年省本级财政投入500万元、各市县财政累计投入360万元专项经费开展中小学应急救护培训工作，共举办应急救护师资培训班（64课时）28期，为全省1232所中小学培训红十字应急救护师资1670人；举办红十字救护员（16课时）培训班512期，为512所中小学校培训红十字救护员25595人，举办红十字应急救护知识讲座69场，为22089名中小学生普及急救知识，大大提高了中小学师生的应急救护技能和安全防范意识。

加快应急救援体系建设，扩大救灾物资储备，争取中国红十字会总会下拨冲锋衣2000件、帐篷100顶、灾民安置折叠床50张，同时储备价值490万元的毛巾被、服装、家庭生活应急包、棉被等一批救灾物资，为应对省内灾害打下良好基础；选派8名赈济救援队骨干参加中国红十字会总会在江西南昌举办的为期7天的赈济救援队培训，组织省赈济救援队参加中国红十字会总会在广西南宁举办的广西、海南、广东、福建4省（区）赈济救援队联合演练活动，进一步提高赈济救援能力；组织省内50名赈济救援队员在白沙县开展一次模拟台风救援演练活动。加强与台湾、澳门红十字组织的交流与合作，与台湾红十字组织新高雄分会签署了水上救援培训项目合作备忘录，与澳门红十字会联合举办一期红十字应急救护工作交流会议，组织两地80余名应急救护师资参加交流培训活动。

利用“防灾减灾日”“世界急救日”大力开展防灾减灾和应急救护宣传活动，提高群众自救互救意识。5月11日与美兰区科工信局在海口市灵山镇中心小学联合举行安全疏散演练活动，全校3000余名师生参加了演练活动，演练中除开展地震、消防应急疏散外，组织师生进行救护、水上救生等相关知识技能的普及。5 月 12 日与海口市红十字会在国兴大润发广场开展宣传活动，向群众宣传防灾减灾知识，并发放宣传册页 3000 余册。9 月 8 日省红十字会联合省公安厅交通警察总队、省公路管理局、省安全生产监督管理局、省公安消防总队在海文高速 51 公里 +500 米文城出口处开展 2018“世界急救日”主题宣传活动，模拟开展交通事故救援演练。

三、积极开展人道救助，助力扶贫攻坚工作

全省各级红十字会积极开展“红十字博爱送万家”活动，为 2800 余名困难群众发放价值 85 万余元的慰问物资；“世界防治麻风病日”联合爱心企业看望慰问 340 个麻风病人家庭，发放慰问款物 3.5 万元；救助贫困家庭白血病患儿 38 名、先心病患儿 9 名，发放救助款 128 万元。海口、三亚、澄迈、万宁、昌江等地通过设置募捐箱等多种渠道积极募集人道救助资金开展人道救助活动，海口市红十字会获得海南省慈航基金会捐助 300 万元专门设立“海口市重大事故紧急医疗救助项目”。在县委县政府的领导下，定安县红十字会开展 2 次人道救助募捐专项活动，帮助年轻患癌母亲抗争疾病和援助红斑狼疮综合征小女孩，充分发挥了红十字会作为政府在人道救助领域的助手作用。

全省各级红十字会积极参与扶贫攻坚工作，通过下派第一书记、结对子帮扶等形式，坚持深入群众、联系群众、帮助群众、解决生产生活中遇到的各类问题和困难，确保帮扶工作落到实处，助力打赢扶贫攻坚战。在市县红十字会人员本身都比较少的情况下，保亭、儋州依然下派第一书记驻村开展工作，为海南省打赢扶贫攻坚战发挥贡献力量。省红十字会组织开展海南魔豆妈妈创业扶贫大赛，为 10 位贫困妈妈提供 6.5 万元的创业资助资金；在保亭、琼中、白沙、临高、五指山 5 个市县的积极参与下，分别投入 40 万元在当地建设“红十字博爱家园”项目（村）；积极推动定点扶贫村（昌江县乌烈镇白石村）帮扶工作，顺利摘掉“省定贫困村”的帽子。

四、持续开展“三献”工作，助力建设健康海南

积极宣传发动无偿献血工作，基本满足省内临床医疗用血需求。配合省人大法工委，开展《海南经济特区无偿献血条例》的调研工作，并结合实际对《条例》的修改提出了建设性的意见和建议。联合省卫健委，开办了一期由省内二级以上医院参加的血液服务工作培训班。联合省血液中心开展献血者日宣传表彰活动，全省上下联动，开展形式多样的宣传发动活动，全省 105186 人次参加无偿献血，无偿献血量 34.67 吨，每千人口比率是 11.43。

造血干细胞采集工作稳中求进，顺利完成各项工作任务。招募 1300 名志愿者加入中华骨髓库，初筛检索 1359 人次，再动员 104 人次，高分辨 23 人次，体检 9 人次，实现捐献 6 例。10 月 25 日至 28 日，邀请来自中国台湾地区、新加坡和红十字国际联合会的专家举办了一期捐献业务培训班，省内造血干细胞捐献者和造血干细胞服务队的骨干近 60 余人参加了培训班。完成了中华骨髓库在海口召开的造血干细胞捐献者“你还好吗？”项目启动活动暨年度工作会议的协调、保障工作。

遗体器官捐献工作逐步专业规范。实现遗体捐献 16 例，动员人体器官捐献志愿登记610例，实现大器官捐献24例，累计捐献器官和组织71个（肾脏47个、肝脏21个、心脏2个、肺脏1个、眼角膜32片）；省遗体人体器官捐献者纪念园顺利竣工，并在清明节期间举办了首次缅怀纪念活动，副省长苻彩香出席并全程参加该次活动，取得了良好的宣传效果。积极开展器官捐献者困难家庭人道救助，共救助器官捐献者困难家庭13例共计65万元。在中国器官捐献管理中心和国家卫生健康委员会的支持下，举办了首届海南省人体器官组织（角膜）捐献工作推进培训班，提高了海南省遗体器官捐献工作的专业化水平。

五、扎实推进志愿服务，助力建设文明海南

将志愿服务工作贯穿到红十字会的各项工作中，利用世界红十字日、防灾减灾日、世界献血者日、世界艾滋病日等纪念日为契机，大力开展形式多样的宣传活动，号召社会各界人士参与红十字志愿服务活动。进一步推动红十字志愿服务和红十字青少年工作，支持海南医学院红十字会开展居民健康安全保障项目，推动海南大学、海南师范大学等大中专院校开展与红十字宗旨相符的志愿服务活动。在六一儿童节期间，组织志愿者深入市县开展关爱留守儿童志愿服务活动。

各级红十字会将红十字志愿服务工作与“三救三献”业务工作和文明大行动紧密结合起来，有力地推进了工作，扩大了影响。红十字应急救护师资协助完成了全省中小学应急救护培训工作；造血干细胞志愿服务队积极参与无偿献血和造血干细胞工作，服务的专业化水平逐步提高；赈济救援队的志愿者加强训练，做到有备无患。市县红十字会志愿服务工作亮点频现，海口、三亚、琼海、临高、澄迈的志愿服务工作都取得了良好的效果，尤其是临高，志愿者的队伍不断壮大，仅用了一年时间，临高县红十字志愿服务大队的志愿者发展到300余人。红十字志愿者的工作得到了社会各界的广泛赞誉和认可，临高县红十字志愿者陈柏林2018年分别荣获中华造血干细胞五星级志愿者、临高县第三届社会优秀工作人才奖；儋州市造血干细胞捐献志愿者马丽被儋州市政府评选为首届“儋州好人”；红十字志愿者、省红十字应急救护师资张莉萍被评选为“海南十大感动人物”。

重庆市红十字会

2018年，重庆市红十字会以习近平新时代中国特色社会主义思想为指导，围绕中心、服务大局。全年募集筹资2.012亿元，救助困难群众77623名，救助大病儿童365人次，实施器官捐献130例。

一、认真贯彻习近平新时代中国特色社会主义思想和党的十九大精神

抓好“两学一做”学习教育，营造良好政治生态，加强党的建设。

二、深入推进群团改革

开展修法调研工作；抓好基层组织建设；转变作风“强三性”“去四化”。

三、积极开展“三救”工作

规划备灾仓库面积2700平方米，设立2个市级备灾分库；募集发放款物429.46万元，64562人受益；实施续建和新建博爱家园项目共57个；应急救护培训73.77万人次；投入138.378万元助力脱贫攻坚。

四、依法开展“三献”工作

成功实施重庆首例涉外器官捐献；重庆市遗体器官捐献纪念园修建完工；推出“红心侠”公益IP形象，创建系列品牌及成果物化；建立首个全国省（市）级红十字志愿者协会；实施20个“博爱山城”红十字志愿服务项目；涪陵区红十字志愿服务者孙蓉被中央宣传部、中央文明办等部委评选为学雷锋志愿服务“四个100”最美志愿者荣誉称号。

五、加强社会组织管理

组织完成重亲市红十字基金会理事会换届工作；实施续接和新增专项基金共181个，开展人道救助和公益慈善项目59个。

六、加强自身建设

基层组织建设持续加强，支部战斗堡垒作用发挥明显；持续改作风转作风，狠抓中央八项规定精神执行；完成新办公场所建设。

四川省红十字会

2018年，四川省红十字坚持以习近平新时代中国特色社会主义思想为指导，紧扣省委十一届三次、四次全会的决策部署和省政府工作部署，按照“一拓二增”“三合四升”的推进思路和转型路径，愿景使命更有共识、事业布局更加清晰、任务落地更具效力，各项工作取得显著进展。

一、事业布局

深入开展“大学习、大调研、大讨论”活动，举办全省红十字系统领导干部读书班，围绕省委十一届三次全会提出的“一干多支、五区协同”“四向拓展、全域开放”战略，深入研究全省红十字事业的基本面、主缺口和着力点，组织省、市、县各有侧重的进行调研，提交研究报告28篇。在此基础上，进一步丰富全省红十字事业的发展思路和战略目标，在“一拓二增”“三合四升”发展路径的基础上，提出“两型两化”“两个转变”的中长期发展目标，出台《四川省红十字事业转型发展三年行动计划》，对“十三五”红十字事业发展规划目标任务进行优化和逐年分解，确保新时代四川红十字事业的发展蓝图落地落实。

二、脱贫攻坚

大力实施红十字扶贫攻坚321行动计划，在阿坝、凉山、甘孜以及巴中平昌县、达州宣汉县等贫困地区实施博爱家园项目50余个，投入资金2750万元，帮助贫困村修筑防灾减灾设施，普及防灾减灾、卫生救护等知识，帮助贫困户发展生计产业。大力实施0—14岁儿童白血病、先心病天使项目，救助患病儿童420人，资助医疗费用1310多万元，较好地解决了一些群众的“急难愁盼”事。首次组织开展“魔豆妈妈”创业扶贫大赛，对省内有志于改变命运的贫困妇女进行电商创业培训，资助她们参加全国竞赛，内江市袖珍残疾女孩邵玲获得“中国红十字会 · 淘宝公益基金”提供的20万无息贷款项目孵化金。据统计，全省系统募集脱贫攻坚资金物资近1亿元。

三、人道救助

全省筹集和接收捐赠2.09亿元，增幅为20％，其中省本级5600万元。全年人道救助各类对象38.32万人次，救助资金1.25亿元，全部用于扶贫济困、助医助学、儿童大病救助、重大传染病预防与关爱、红十字博爱送万家等方面。改组和建强省红十字基金会，做大红十字公募平台，组织各级红十字会积极适应现代化公益与互联网深度融合的新业态以及企业履行社会责任提升竞争力的新形势，努力学习和积极参与“互联网+公益”筹资模式，为企业履行社会责任提供渠道。依托省红十字基金会建立以救助、救援为主的基金47支，起步年筹资近2000万元。省红十字基金会第一次试水互联网筹资就跃居全省公益组织的第一位。

四、应急救护

积极助力“健康四川”战略，将群众性应急救护培训作为普惠性公益服务向社会提供，广泛开展应急救护进社区、进学校、进农村、进企业、进机关活动，全省举办培训班3000余场次，培训持证救护员15.25万人，普训急救知识83.6万人次，首次年度培训人次超过全省常住人口的1%，较2017年增长45.3%。积极向特殊行业深入，与四川警察学院签订战略协议，将急救培训纳入警员培训的必修课程，确保每年度新入职警察不少于70%的人持有红十字救护员证，努力为全省群众加持一张“救在身边”的生命防护网。一年来，媒体报道红十字救护员成功对12名患者实施了现场紧急救护，及时挽救了群众生命。

五、备灾救灾

省红十字会进一步完善红十字救灾备灾体系，深入推进物资储备体系标准化建设，省级物资储备中心达到总会一级标准，5个市州物资仓库达到总会二级标准。围绕提升省级物资储备中心运行效率，改进物流速度，加强志愿服务，救灾物资流速大大提升。深入推进红十字救援队和志愿服务队建设，新增队伍16支，开展应急救援演练13次。积极参与11个市州的洪涝灾害赈灾工作和宜宾兴文的地震赈灾工作，募集和发放救灾物资超过25000件，价值近600万元，兴文地震首次实现物资与人员同步到达。科学有效推进九寨沟地震灾后重建3个项目，投放资金2742.977万元。向台湾花莲地震和山东台风灾害捐资130余万元。

六、关爱生命

认真参与、推动无偿献血、献造血干细胞和捐献遗体和人体器官（组织）工作，与省卫生健康委联合承办全国无偿献血主场宣传活动，发布献血形象代言人“雪宝”，对无偿献血先进个人进行表彰。积极推动造血干细胞和器官捐献进社区活动，打造了“春之生、夏之光、秋之乐、冬之恋”人道倡导宣传品牌，媒体平台报道累计覆盖观众达1600余万人。造血干细胞采样采集入库志愿者达到102092人份，实现捐献35人，捐献增速保持全国前列；人体器官捐献志愿登记报名增至14164人，位居全国第4位，全年实现器官捐献203例，遗体捐献127例，眼角膜捐献202例。进一步加大器官捐献困难家庭救助力度，向328名困难家庭发放救助资金1288.9万元。

七、人道传播

举办系统庆祝改革开放理论研讨会，在全省各级红十字会开展中国特色红十字事业发展道路理论研究与宣传，编撰改革开放与红十字事业理论研讨文集。利用“两微一网”讲好红十字故事，广泛宣传红十字事业。拍摄宣传片《一起来，凝聚人道力量》《十年砥砺·博爱四川》宣传片，在新世纪会展中心举办以“大爱无疆·人道力量”为主题的红十字系统防灾减灾救灾十年成果展。开展“红十字·红丝带—防艾青春行”宣传活动，全网直播防艾青春行公益晚会，观看达406

万人次。对22个红十字志愿者组织和91名红十字志愿者进行表扬，弘扬先进，积极传播正能力。

八、对外交流

积极适应现代公益慈善发展的新动向和社会组织发展的新趋势，继续深化与香港、浙江等地红十字会的战略合作，新一轮博爱家园项目和学校为本项目建设开始落地，17名同志应邀赴香港参加灾后重建培训班。邀请国际国内红十字组织和爱心企业代表来川参加省委、省政府汶川特大地震10周年纪念活动，全国人大常委会原副委员长、中国红十字会原会长彭珮云以及境内外红十字组织和爱心企业代表10余人到川。全年接待国外境外红十字会组织和捐款者访川团15批，民间外交渠道不断拓展。

九、提质赋能

下功夫解决全省红十字系统赋能的问题。首次举办新入职人员培训班，对近年来新加入红十字会的70余名工作人员进行入职教育。再次举办省、市、县红十字会常务副会长集中读书班，坚持对系统250余名干部进行政治素养、现代公益、融媒体技术、项目管理等多维培训，促进红十字系统领导干部紧跟党走、跟上时代。加强基层人才培养，按需求开展相关培训16次，培训人数372人次。引入香港红十字会博爱家园项目理念、实施标准和管理流程，协调香港红十字会对四川省进行“陪伴式”能力帮扶，深入介入四川省博爱家园项目推进工作，帮助培养基层红十字会项目人才。

十、能力建设

大力推进机关管理革新、文明创新，成立了机关团支部，成功创建省级机关精神文明单位。制定《四川省红十字会捐赠资金管理办法（试行）》《四川省红十字会人道救助实施办法（试行）》和《人体器官捐献救助专项资金使用管理办法（试行）》，做到依规办事。推进信息化建设，建立红十字重点业务综合管理平台，自动跟踪各地业务进度。加强和改进内控体系建设，组建全国红十字系统第一个省级红十字智库，引进成都电子科技大学慈善与企业社会责任研究中心和四川大学公共管理学院作为第三方评价机构，开展博爱家园项目评估和红十字会影响力评估。指导基层加强组织建设，首次实现21个市州红十字会全部独立运行。

贵州省红十字会

2018年，贵州省红十字会坚持以习近平新时代中国特色社会主义思想为指导，深入学习贯彻党的十九大和习近平总书记在贵州省代表团重要讲话以及对群团工作、红十字工作和贵州工作的重要指示批示精神，按照中央、省委和省政府重大决策部署及总会和省红十字事业发展规划，围绕大扶贫、大数据、大生态战略行动，牢记嘱托、感恩奋进，精准施策、精准发力，主动作为、扎实工作，各项工作有效推进。

——主动服务“大扶贫”战略行动，精准参与脱贫攻坚，筹集3.93亿元款物开展人道扶贫，使近200万名群众受益。红十字博爱家园项目载体作用写进省委十二届三次全会《中共贵州省委贵州省人民政府关于深入实施打赢脱贫攻坚战三年行动发起总攻夺取全胜的决定》；中共贵州省委党校联合课题组专题调研红十字参与脱贫攻坚，形成专题报告在《贵州决策咨询》刊登，并呈报给中央党校、省四大班子领导。

——主动服务“大数据”战略行动，加快“博爱云”大数据综合服务平台建设，西藏自治区、山西省红十字会作为省级红十字会和省内 9 家市级红十字会已成功入驻云平台。截至 2018 年年底，吸引上线合作机构 100 余家，获捐 4750 余人次，募集款物 3036 万元。有关经验在中国红十字理事会、澳门红十字人道资源动员会等会议上进行交流。

——扩大同国内外红十字组织、爱心团体的交流与合作，争取澳门红十字会和浙江、江苏、上海等对口帮扶城市红十字会支持的款物共计 2000 余万元，并圆满完成巴拿马人道主义研修班到贵州考察学习。

——严格落实“两个责任”，全面从严管党治党，首次召开全省红十字系统全面从严治党工作会，2018 年 1 月在省委巡视工作领导小组专题会上，作为 4 家整改较好的单位之一进行交流发言，2 月在全国红十字系统从严治党工作会上进行交流发言。

全省市、县两级红十字会已全部理顺管理体制，共有编制 576 人；全省建有红十字基层组织 3059 个、会员 612652 人、团体会员 2109 个，其中红十字青少年会员 429928 人。招募红十字志愿者 60303 人，冠名红十字（会）医疗机构 32 个。

应急救援工作。切实加强红十字系统灾害应急管理，全省红十字系统共上报灾情 41 次，省红十字会向总会上报灾情 12 次。总会针对贵州省因雪凝、风雹和洪灾等自然灾害启动应急响应 3 次，下拨救灾救助款物 130.31 万元。其中，向丹寨县扬武镇扬颂村因突发洪灾及灾后重建资金 20 万元。贵州省红十字会针对山东因“温比亚”台风导致的洪涝灾害，紧急向受灾地区提供救灾资金 10 万元。同时，为进一步加强和推进红十字物资储备库信息化、标准化建设，按照总会要求，通过中国红十字灾害信息管理系统，录入省市县三级红十字备灾仓库库存物资、救援队装备和人员等信息 1500 余条次。2018 年 11 月，省红十字会备灾仓库已基本实现物资管理信息化，并通过了国家一级备灾救灾储备库标准评估。狠抓应急救援体系建设，突出抓好红十字救援队应急救援能力提升。2018 年 9 月，派出红十字供水救援队参加中国红十字救援队广西南宁综合演练，第一次完成了成建制携装备跨省区执行动任务，第一次在贴近实战条件下开展演练，第一次在国际红十字组织同仁面前展示了贵州红十字救援队伍的能力和水平，使红十字专业救援能力得到进一步提升。

应急救护工作。针对体制机制调整、发展环境变化、运作模式转型带来的应急救护培训业务量急剧滑坡问题，省红十字会党组积极谋划、果断决策、多方协调，使全省应急救护培训工作走出了困境。争取在《贵州省人民政府关于加快构建山地紧急医学救援体系的实施意见》《贵州省人民政府办公厅关于政府向社会力量购买服务的实施意见》《贵州省旅发委关于开展旅游安全应急救护培训工作的通知》等文件中明确支持红十字会开展应急救护工作，为持续深入开展红十字应急救护知识进社区、进农村、进学校、进企业、进机关活动奠定了基础，也为广大民众普及救护知识和技能提供了重要平台。2018 年，先后与省教育厅、省公安厅、省旅发委、省消防总队、省监狱管理局等有关部门和茅台集团、南方电网、碧桂园物业公司等开展合作，不断拓宽应急救护培训渠道。在省教育厅“国培计划”项目中正式将红十字应急救护培训纳入校园安全校医培训课程，共计培训了全省 9 个市（州）选派的校医及校园安全工作人员 300 名，并通过考核合格获得了中国红十字会总会救护员师资证书；在司法系统白云监狱挂牌成立“贵州省红十字会应急救护白云监狱培训基地”，在干警和服刑犯人中开展应急救护培训工作，进一步拓展了红十字应急救护知识传播渠道。同时，加强与省旅游文化部门沟通协调，对全省部分重点旅游景区从业人员、旅行社导游及旅游行业相关从业人员开展红十字应急救护培训工作，共计培训救护员 1200 人。2018 年以来，省红十字会共建成生命健康安全教育体验馆和救护培训示范基地 4 个，并在黄果树、荔波小七孔等 12 个景区建成红十字救护站，共完成师资培训 410 人次、救护员培训 18000 人。在此基础上，继续加强与市州红十字会的合作，稳步推进应急救护培训工作。其中，黔东南州在当地财力困难的情况下把救护培训列入财政预算，遵义市出台在教育系统广泛开展应急救护培训的文件并把救护培训课程引入党校课程，六盘水市钟山区计划 5 年内培训全区范围内 5000 名教师。

人道救助工作。脱贫攻坚是贵州最大的政治任务，也是贵州省各级红十字会的最大民生工程。省红十字会坚持以博爱品牌系列行动为载体，大力实施红十字参与脱贫攻坚行动计划，广泛调动各方人道资源有效服务于“大扶贫”。明确把大方、从江、安龙 3 个深度贫困县，镇宁简嘎乡、紫云大营镇、威宁石门乡、榕江定威乡 4 个极贫乡镇，80 个深度贫困村作为 2018 年工作重点，积极参与脱贫攻坚，发挥好红十字会作为党委、政府联系群众的桥梁纽带作用。一是精心组织实施“博爱家园”项目。牢牢抓住红十字博爱家园项目被写入省委十二届三次全会《关于深入实施打赢脱贫攻坚战三年行动发起总攻夺取全胜的决定》的重要机遇，积极争取农工党中央、总会、澳门红十字会和省财政支持 3698 万元，2018 年在全省实施了 88 个博爱家园项目。把感恩会长陈竺对贵州脱贫攻坚的关心支持转化为抓好项目管理的实际行动，省、市、县红十字会先后不止一次走遍大方县 45 个深度贫困村，调研了解项目实施情况，省红十字会认真编写项目操作指南印发项目实施村管理人员人手一册，8 月下旬至 9 月上旬开展了为期 20 天的项目中期督导，分别于 5 月和 10 月在大方县召开项目推进会，有力推动了项目落实。二是持续抓好“博爱助学”行动。继续实施“普天中央国际博爱助奖学金”“民盟博爱助学基金”助学行动，发放助学资金 72.8 万元，资助贫困大学生 199 人。动员社会爱心企业捐资35万元援建未来教室3个，拓宽了贫困山区孩子求知的渠道。三是精准实施“博爱助医”行动。扎实抓好 50 万元省级彩票公益金博爱助医，共精准救助贫困群众 15 人 36229 元。根据《贵州省红十字社区贫困患者医疗救助项目实施方案》，救助社区困难群众 723 人次 79.7 万元。四是突出抓好 2018“红十字博爱送万家”活动。活动期间，全省红十字会共筹集 2400 余万元物资，为全省 5 万余名群众送去节日的慰问和祝福。中国红十字会会长陈竺和常务副会长徐科等领导先后深入大方县、惠水县等贫困地区看望贫困群众，为他们送去了慰问物资和关心关爱。全省各级红十字会组成各类慰问小组，分赴各地，走访贫困群众，共商脱贫大计，让贫困群众感受到了党和政府的关怀和社会主义大家庭的温暖，进一步宣扬了人道博爱奉献精神。五是稳步推进“博爱助老”行动。认真抓好养老服务师资培训，共推荐17名护理师资参加总会举办的两期养老师资培训班学习，并结合平时工作在全省范围内储备了近30名养老服务培训师资。同时，认真抓好红十字参与养老服务试点，在凯里市中医（苗医）院铺开红十字养老服务培训基地建设，为养老试点工作提供重要的发展保证。

省红十字会改革工作。认真学习贯彻中国红十字会总会改革方案，启动贵州省红十字会系统改革工作，成立省红十字会改革工作领导小组，抽调8名骨干人员到下设的改革办公室工作，完成前期调研工作；积极开展“书面征求意见建议”“一手提问题、一手提答案”“我为改革献良策”等活动，共征集到各市、县红十字会及省红十字会各部门、各直属单位意见建议189条。贯彻新修订的中国红十字会法，4个市级、7个县红十字会依法成立监事会。以破解贵州省红十字事业“人道需求大而可动员人道资源少”主要矛盾为问题导向，加快以“博爱云”大数据综合服务平台建设为突破口的人道资源供给侧改革，有效推进人道资源网络众筹、人道公益电子商务、红十字新闻信息文化裂变传播3个网络大数据平台多功能整合创新。中国红十字基金会、巴拿马人道主义研修班以及湖南、甘肃、西藏、江西、海南等省区红十字会前来考察“博爱云”平台，西藏、山西红十字会作为省级红十字会和省内9家市级红十字会已成功入驻云平台。云平台试运行以来，吸引上线合作机构100余家，接受捐赠4750余人次，募集款物3036万元。省科技厅支持100万元加快平台二期建设。有关经验在中国红十字理事会、澳门红十字人道资源动员会等会议上进行交流。

“生命事业”工程。坚持把干细胞捐献、人体器官捐献、动员无偿献血统筹为“生命事业”来抓，持续用力、狠抓落实。在造血干细胞捐献方面，继续坚持走“小库容、精品化”发展策略，严把造血干细胞志愿者招募关口，在提高入库志愿者有效率和捐献转化率上下功夫，努力实现“入库一人、合格一人，配型一对、成功一例”的目标。贵州省造血干细胞库容使用率达万分之4.4，高于全国平均库容使用率29.4个百分点，继续位居全国前列。全年招募造血干细胞志愿者4000人，库容量累计达到56676人，实现捐献25例（已累计实现捐献190人），特别是在2018年7月23日，实现了贵州省第三例造血干细胞境外捐献，将生命种子送抵香港，成功救治一名香港同胞。2018年全年，先后有李维、雷宽涛、曹胜兰、宋正波、郭萍、张旭阳、谢黎晨、全孺均、娄乾松、李罗曼、陈小鸿、兰世杰、袁玉敏、郑黔、洪发刚、周智雅、徐元胜、熊齐书、胡伟、刘凡梦、潘蓉、秦世大、李如欣、韦桂片、王成勇等25人成功捐献造血干细胞。在人体器官捐献方面，积极推动《贵州省人体器官捐献条例》施行，全省人体器官捐献工作体系日益完善，覆盖全省三甲医院的器官获取组织规范化、专业化水平不断提高，人体器官捐献队伍规模达到82人。2018年，全省报名登记公民逝世后器官捐献志愿者达2270人，成功捐献人体器官160例，较2017年增长213.7%；获取器官463个，让461名器官衰竭患者得到救治重获生命。为扩大宣传和强化动员，成功举办“生命礼赞”2018贵州省人体器官捐献缅怀活动，组织“为爱奔跑·生命接力”方队亮相2018六盘水夏季国际马拉松赛，在贵阳地铁一号线和兰海高速投放大型宣传广告，均获得社会各界广泛关注。同时，为解决捐献者后顾之忧，积极通过贵州省红十字基金会设立专项救助基金，全年发放人道救助金137.2万元，为32个困难捐献者家庭送去了人道关爱。

红十字文化宣传。自觉以社会主义核心价值观引领精神文明建设，结合各项工作开展，讲好红十字故事，积极宣传和广泛传播红十字核心理念，凝聚社会共识。一是精心策划开展2018年“红十字博爱周”活动，全省各级红十字会举办“新时代、共成长、红十字精神永相伴”主题报告、“我是红十字人”主题宣誓等各类宣传服务活动170余次。二是抓好“中国红十字会救护总队图云关抗战纪念园”项目建设，通过召开项目推进会、咨询会、研讨会14次，向社会广泛征集纪念馆藏品，已完成项目土建立项工作和展陈大纲初审工作。三是积极开展新修订红十字会法宣贯活动，在全国知识竞赛中，贵州省荣获最佳组织一等奖5个、二等奖7个、三等奖12个。四是不断创新宣传方式。通过开展“改革开放40年·贵州红十字感动人物”等主题采访宣传活动，省红十字会本级先后在各级各类媒体播发相关新闻报道446条次，其中网络报道362条次、电视及报纸报道84条次；通过省红十字会官方网站、微信公众号、博爱云平台发布推送相关信息1135条次，传播了红十字好声音。

对外交流合作。围绕建设内陆开放型经济试验区以及对口援助西部地区等决策部署，扩大同国内外红十字组织、爱心团体在人道援助、能力建设、人才培养等方面交流与合作。一是保持并加大同辽宁、上海、广东、山东、江苏、浙江等对口帮扶省市红十字会对接工作，实现互访交流17次、培训干部60人次，争取到对口帮扶援助款物2000余万元。二是加强同港澳人道公益组织交流与合作。澳门红十字会援助1200万元用于从江县脱贫攻坚工作，落实280万元援建4个博爱家园、1所博爱卫生室、2所博爱学校，并挂牌成立澳门红十字会驻黔扶贫办公室。香港善施慈善基金会捐助价值30余万元的轮椅、棉衣和5万元的助学金。三是加大与国际红十字组织交流与合作。抓好红十字国际委员会援助3个贫困村170万元扶贫生计项目的实施，圆满完成巴拿马人道主义研修班考察交流工作。

第二期“院士+”贵州儿科医师研修班在上海顺利开班。2018年2月28日，在省红十字会和省卫计委的组织下，由中国红十字基金会院士博爱基金资助举办的第二期“院士＋”贵州儿科医师研修班在复旦大学附属儿科医院5号楼多功能厅顺利开班。复旦大学附属儿科医院副院长周文浩、教育培训部主任吴静燕、护理部主任顾莺、血液科主任王宏胜、血液科副主任钱晓文、重症医学科副主任陈伟明，以及各相关科室护士长、带教老师出席开班式，来自贵阳、遵义、黔南、六盘水、毕节、铜仁6个市（州）和仁怀市共7家医院推荐的20位儿科医师参加开班式，该期培训班以“配套成组”的形式在复旦大学附属儿科医院进行为期三个月的专科培训。据悉，中国红十字基金会“院士博爱基金”自2016年成立以来，主要用于资助当前特别突出的人道公益服务供给问题，包括根据卫生健康领域的人道服务需求，设立“院士博爱奖学金”，资助医学院校儿科方向在校学生完成学业；资助西部儿科医疗资源短缺地区开展儿科医生短期培训，提升其医疗服务水平；资助老年介护事业发展，培训老年专业护理人员，为社区、医院、养老机构等专业护理人员；资助儿科及老年医学的学术课题研究，资助开展罕见病、白血病等重大疾病治疗研究，资助灾难医学、急救医学学科建设和发展等人道公益项目。

云南省红十字会

2018 年，云南省红十字会系统深入学习贯彻习近平新时代中国特色社会主义思想和党的十九大精神，紧紧围绕省委、省政府的决策部署，大力弘扬“跨越发展、争创一流；比学赶超、奋勇争先”精神，积极动员人道资源，广泛汇聚人道力量，主动融入和服务中心工作，攻坚克难，奋力拼搏，以“三救三献”为重点的人道救助和人道服务工作取得了新成效，为云南决战脱贫攻坚、决胜全面小康、实现跨越发展作出了积极贡献。

（一）严肃认真，深入学习贯彻党的十九大精神

全省红十字会系统持续深入学习贯彻党的十九大精神，把思想和行动统一到党的十九大精神上，把力量凝聚到实现党的十九大确定的各项任务上，用习近平新时代中国特色社会主义思想武装头脑、指导实践、推动工作。一是创新方式方法，提升学习的针对性和实效性，通过举办培训班、开展专题辅导、交流研讨、开展建言献策等多种方式，进一步深化党员干部对党的十九大精神的理解，深化对习近平新时代中国特色社会主义思想的领悟。二是强化“四个意识”，坚决维护习近平总书记党中央的核心、全党的核心地位，坚决维护党中央权威和集中统一领导，全面贯彻党的基本理论、基本路线、基本方略，立足新时代、谋划新思路，树立新标杆、争创新业绩。三是注重学习成果转化，以习近平新时代中国特色社会主义思想为指导，深入贯彻落实中央、省委党的群团工作会议和习近平总书记关于红十字事业的重要指示精神，把学习贯彻党的十九大精神与大力弘扬“跨越发展，争创一流；比学赶超，奋勇争先”精神紧密结合，转化为推动红十字会工作的生动实践，使党的十九大精神成为凝聚人心、鼓舞士气、推动工作的持久动力，坚定自觉地把党中央和省委的各项决策部署落到实处。

（二）聚焦脱贫，“三救”工作取得新成效

全省红十字会系统把救灾、救助、救护——“三救”工作的重点聚焦到全面脱贫全面小康上，汇集更多的人道力量参与脱贫攻坚。一是救灾工作。制定《云南省红十字会推进防灾减灾救灾体制机制改革实施计划》，完善沟通协调和汇报机制；提高省红十字会防灾减灾信息化程度，实现灾情信息、物资管理、救援队管理信息共享；健全完善红十字应急预案体系，组织开展防灾减灾工作会议、桌面推演，通过清单化、流程化，实现应急预案的针对性、可操作性和实用性；进一步完善健全全省红十字救灾物资储备体系，实现仓储管理的标准化、规范化；加强省红十字应急救援队建设，2018 年 5 月由会长陈竺授旗，成立了

中国红十字（云南）医疗救援队；组织开展救援队培训与演练，派出大众卫生和供水救援队参加了总会在广西组织的东盟博览会救援综合演练，逐步实现队伍装备、人员、机制建设的国际化、标准化和规范化。积极参与“1·04”临沧永德地震、“8·13”玉溪通海地震、8月文山洪涝泥石流灾害、“9·08”普洱墨江地震、金沙江“11·03”白格堰塞湖洪涝灾害等应急救援工作。全年共启动灾害响应5次，分配物资13批次，二是救助工作。筹集5450.42万元的款物在全省范围开展“红十字博爱送万家”活动，救助贫弱人群近78124万户；积极拓展救助渠道，全面助力健康脱贫攻坚工作，争取中国红十字基金会、广东省红十字会等公益组织帮助贫困家庭患病儿童（白血病、先心病）接受治疗，组织筛查先心病患儿6454人，救助白血病、先心病和眼疾贫困患者1482人，发放大病救助资金911.53万元；实施“博爱家园”项目共112个，投入资金4480万元，强化多灾地区硬件设施，提升社区防灾减灾意识，促进贫困群众产业发展；争取副委员长陈竺和总会支持，对昭通市鲁甸县30个村卫生室进行设备配置改善提升，对1393个建档立卡高中贫困生生活补助资金351.6万元，着力推动建档立卡户对医疗卫生需求和因学致贫问题解决。三是救护工作。持续推进红十字应急救护培训“进社区、进农村、进学校、进企业、进机关”，组织在贫困乡村开展自救互救知识和技能培训、灾害逃生避险知识和卫生防病知识宣传普及，着力提高贫困地区村民和中小学生自救、互救的能力，最大限度减少因灾害、因事故、因疾病而造成的伤残、死亡和经济损失，降低致贫返贫率，全年培训救护员21.5万名，培训救护师资340名。积极推广“应急救护站”的设置，宣传普及AED使用的相关知识，截至年末全省共投放180余台，2018年共投放56台。

（三）攻坚克难，“三献”工作实现突破

全省红十字会系统把无偿献血、造血干细胞捐献、人体器官捐献—“三献”工作聚焦在生命健康上，为挽救重症垂危患者，延续他人生命做出了积极贡献。一是积极推动无偿献血工作。配合卫健部门和血液采供机构广泛开展无偿献血宣传发动，组织红十字志愿者重点在高校和城市社区、党政机关及企事业单位开展宣传发动工作，动员更多的志愿者加入无偿献血队伍。二是积极开展造血干细胞捐献工作。积极做好宣传动员、知识普及、典型宣传、捐献回访等工作，巩固和稳定捐献者队伍，提高数据质量和有效库容使用率。2018年完成5000人份资料入库，成功捐献造血干细胞23例。三是积极稳妥推进人体器官捐献工作。组织开展人体器官捐献宣传动员、登记报名、捐献见证、纪念缅怀和人道救助等工作，取得了积极的成果。2018年实现人体器官捐献60例，捐献大器官194个，眼角膜101枚。

（四）突出特点，“三特色”工作出新出彩

全省红十字会系统立足本职，开拓创新，积极拓展工作领域，有效扩大了人道服务工作的覆盖面。一是开展艾滋病预防与关怀工作。积极争取艾防项目，帮助艾滋病感染者开展生产自救，关怀和帮助因艾滋病致孤儿童健康成长。二是实施肢残患者假肢安装与康复项目。为799名患者免费提供了假肢安装与康复服务。三是参与养老服务工作。以省红十字老年公寓和云南经济管理学院为依托，加强养老护理培训基地和实训基地建设；举办养老护理员培训，培训骨干护理员300名；与昆明市青裕社区、永兴社区、锦兴苑社区合作，打造社区养老示范点；积极推动养老志愿服务工作，全省红十字会系统成立了50支养老志愿服务队，助力政府社区养老、居家养老工作。

（五）奋勇争先，“三基础”工作走在前列

全省红十字会系统始终把打基础作为重中之重的任务来抓。一是着力推动宣传筹资工作。坚持把“人道、博爱、奉献”的红十字精神作为宣传工作的主旋律，积极开展《中华人民共和国红十字会法》、“三救三献”核心业务和红十字运动基本知识宣传。全年在云南日报上共刊载24篇文章，积极向社会展现红十字会感人的故事。其中，题为《铸造精品 助推脱贫——云南省红十字会大力推进“博爱家园”建设》《大爱开启患儿新生活》2篇专版特别报道和多篇“红十字专栏”报道文章被云南省人民政府门户网站、云南网、网易新闻、中国红十字报等网站报刊转载，取得了良好宣传效果；通过广播电台每天8次、汽车客运站数字联播网每天72次滚动播放音频、视频广告，全年红十字公益广告播放量达到3万余条次，广泛宣传红十字会工作实绩，大力弘扬红十字精神；结合世界急救日活动，与广播电台合作开展直播访谈节目，由省红十字会专家做客F M 88.7云南私家车电台，面向全省听众宣传红十字精神、讲解应急自救互救知识与技术；从改造升级网站抓起，逐步打造集红十字文化传播、募捐筹资、志愿服务、青少年工作、网上救护学堂、干部教育、网上党建等为一体的信息化综合业务平台，实现红十字工作的数字化、信息化，有序推进网上红十字会建设。强化人道资源动员工作，加大募捐筹资力度，推动“博爱捐助港”品牌建设，建立以捐资助学和扶贫助困为重点的公益项目库，以项目宣传引导募捐筹资，吸引社会捐资。组织实施“魔豆妈妈”创业扶贫大赛，在全省选择一批项目参赛，评选10佳优秀魔豆妈妈创业者，推荐前3名参加全国评选大赛，讲述魔豆妈妈创业事迹，传播“魔豆”精神，让社会感受温暖，带动和帮助更多的魔豆妈妈创业发展，切实用真招实招撬动精准脱贫，为脱贫攻坚加油助力。组织68个单位设计了4个项目参加“99公益日”众筹，79602人参与捐款，共募集资金263万元。2018年接受捐赠款物6075.37万元。二是着力推动服务“一带一路”建设。加强和周边国家红十字会组织的交流合作，做好民心相通工作。2018年接待了尼泊尔、越南、红十字国际委员会和我国香港、澳门等红十字组织11批（次）83人（次）的访问、考察和项目指导、调研评估；实施了对缅甸援助红十字社区恢复力建设暨“博爱家园”项目。已办理7批（次）41人（次）参加中国红十字会总会代表团或独立组团出国（境）交流访问。三是着力推动自身建设。加强党建工作，严格执行《关于新形势下党内政治生活的若干准则》，严格落实“三会一课”制度，深入推进“两学一做”学习教育常态化制度化，认真落实“基层党建巩固年”的各项工作，创新开展主题实践活动，全面推进支部规范化建设；坚定不移推进正风肃纪，认真学习贯彻习近平总书记关于进一步纠正“四风”、加强作风建设的重要指示精神，深入贯彻落实中央八项规定精神及实施细则和省委贯彻落实中央八项规定精神实施办法，认真查找“四风”突出问题，特别是形式主义、官僚主义的新表现，采取措施加以整改，务求取得实效；认真履行党风廉政建设主体责任和监督责任，落实“一岗双责”要求，实践监督执纪“四种形态”。

西藏自治区红十字会

2018年，在自治区党委、政府的坚强领导下，在中国红十字会总会的支持指导下，西藏自治区红十字会紧紧围绕“三救”（救灾、救助、救护）、“三献”（无偿献血、造血干细胞移植捐献、遗体及器官捐献）核心业务，认真履职、扎实工作。

（一）党建工作扎实开展

会党组高度重视党建工作，把党建工作与业务工作同安排，同部署，同落实，召开了党风廉政建设工作会议、政治纪律教育工作动员会议等，班子成员对分管部室党风廉政建设和反腐败工作亲自抓、亲自管，层层签订党风廉政建设责任书。截至2018年，共召开6次党组会，其中4次会议都研究了党建工作。截至年末，开展理论中心组学习11次，交流发言22人次。

扎实推进政治纪律教育活动，深入学习习近平总书记关于严明党的政治纪律和政治规矩的重要论述、党的法规条例，召开党员组织生活会，认真开展批评与自我批评，共开展集中学习32次，党员开展讨论交流36人，撰写心得体会15篇，剖析材料15篇，简报信息8期，实地观摩18人次，讲党课3次，引导广大党员不断增强“四个意识”、坚定“四个自信”、做到“两个维护”。

扎实开展创先争优强基础惠民生活动，深入开展“四讲四爱”主题教育实践活动，开展各类学教活动53场次；助贫、助学465万元，共投资23万元，实施了畜种改良、小学改造提升等项目，不断改善农牧民生产生活条件。对建档立卡贫困户及村民开展慰问活动3次，累计发放价值40万余元的慰问物资。

（二）积极推进红十字会改革工作

自治区红十字会制定《西藏自治区红十字会改革方案（征求意见稿）》。方案明确了改革的指导思想、基本原则、主要目标、改革措施、组织实施等。征求中国红十字会总会等27家单位（部门）的意见建议，采纳了中国红十字会总会、党委办公厅、区党委组织部等6家单位提出了书面修改意见。党组成员就优化内设机构、增加监事会和直属事业机构以及“三定规定”等事宜多次与区党委组织部、编办沟通汇报，向区编制委员会上报了《关于增加自治区红十字会监事会、会直属事业机构的请示》。

（三）核心业务工作取得新成效

备灾工作扎实有效。加强应急救援队的管理，首次组织自治区红十字会玖玖玖应急救援队参加2018年全区防汛抢险应急演练。完成了价值195万元的棉衣、棉大衣、冲锋衣等救灾物资采购工作；接收拉萨海关、对口援藏省市红十字会和社会爱心企业等捐赠的总价值420余万元的救灾物资。代储了中国红十字会总会救灾物资18550箱（件、顶）。截至年末，自治区红十字会共储备价值1000余万元的救援物资和救援装备。

人道救助亮点凸显。连续20年开展"红十字博爱送万家"活动。在"三大节日"期间，自治区红十字会向麻风病人、五保老人、孤儿、贫困群众等发放价值240余万元的粮食、衣物、棉被等慰问物资，惠及4000余户贫困群众，1.9万余人。与嫣然天使基金合作，在全区开展免费唇腭裂手术。截至年末，全区筛查唇腭裂患者411人，完成修复手术85例。与"源基金"合作，组织医疗队在日喀则市萨嘎、昂仁、拉孜等六县开展免费白内障复明手术，筛查白内障患者2414人，开展免费复明手术565例；阿里地区红十字会与"光明与梦想"基金合作，筛查白内障患者1465人，为195名患者进行了免费手术。与中国红十字基金会、河南省第七人民医院合作，开展先心病筛查及治疗，组织医疗专家服务团深入那曲、拉萨、阿里等地开展先心病患者筛查活动，筛查先心病患者200余人，组织101名符合治疗条件的先心病患者赴上海、河南等省市开展了免费治疗；阿里地区红十字会与范冰冰工作室等合作，开展先心病筛查4685人，将33名符合手术条件的患儿送到上海接受了免费治疗。

救护培训有序开展。投入资金115万元，深入日喀则、那曲等市农牧区，对4600名农牧民和贫困群众开展养殖、手工艺产品制作、驾驶等技能和应急救护培训，截至目前，已完成培训3500人。结合各行业（各系统）职业特点，自治区红十字会投入资金10万元，培训公安、城管、交通运输、旅游、电力、建筑等系统（行业）的工作人员400余人。筹资28.3万元，在拉萨市实验小学、堆龙德庆区完小举办了5期红十字生命健康安全教育培训，对拉萨市各学校老师、学生、部分家长等共4000余人开展应急救护培训。

"三献"工作飞跃发展。自治区红十字会"三献"工作得到自治区党委书记吴英杰和政府副主席罗梅的重要批示。与西藏警官高等专科学校、区血液中心联合开展了主题为"人道——为了你的微笑"的宣传活动，开展无偿献血、造血干细胞捐献、遗体器官捐献的招募活动。中央第八批援藏干部和中央第十八批博士服务团及警校师生共600余人参与。与血液中心、完美（中国）有限公司西藏分公司联合在拉萨举办第十五届完美百城千店万人无偿献血活动，联合举办了"三献"演讲比赛。实施项目人员跟车招募制度。截至年末，中国造血干细胞西藏分库招募造血干细胞捐献志愿者200人，成效显著。积极参加第29届全国器官捐献协调员培训班并按培训要求开展相关工作，实现了西藏自治区首例器官捐献，捐献者捐出的器官挽救了安徽、云南两地5名患者。

（四）人道资源动员能力取得新进展

借助贵州省红十字会博爱云人道公募信息化平台，建立西藏自治区红十字会官网，打造"互联网＋人道服务"的新局面。结合西藏红十字事业发展实际，研究制定了新时期西藏红十字事业基础框架，设立"10大工程，20项基金"，构建完整的人道事业基础框架。截至年末，自治区红十字会已募集基金630.99万元。接收募捐点社会捐赠6.8万元。首次通过腾讯网公益平台，开展了"助西藏学子上大学""雪域心理护航舰"99公益日筹资活动；接收山东医疗器械股份有限公司捐赠的价值500万元的全自动化学发光免疫测定分析系统AE-180十台，并分配到自治区人民医院等9家医疗机构。

（五）对口支援工作取得新突破

召开首届中国红十字会对口支援西藏工作会议。总会与自治区人民政府签署《中国红十字会对口支援西藏自治区红十字事业发展战略合作框架协议（2018—2020年）》；会后，党组成员亲自前往北京、山东、河南、浙江、江苏、黑龙江等8省市红十字会沟通推进对口援藏工作。截至年末，河北省红十字会向自治区红十字会转赠了价值181万元的药品，在协议中明确向阿里拨付20万元救助金实施助学行动，浙江省红十字会在协议中明确三年计划投入120万元推动对口支援工作。自治区红十字会研究下发了《关于建立接受全国红十字系统援藏工作机制的通知》。

（六）积极参与脱贫攻坚工作

争取总会支持，落实164.8万元资金，在林芝市朗县朗巴居委会和拉萨市达孜区德庆社区、日喀则市谢通门县下角村、车多村建设四个博爱家园项目。截至年末，自治区红十字会已拨付项目资金152.8万元。落实村级博爱卫生站项目建设资金30万元，在阿里地区措勤镇和门土乡开展2个村级博爱卫生站项目建设。争取“中央专项彩票公益基金支持失能老人养老服务项目”资金320万元，为拉萨市、日喀则市16家养老机构配备价值20万元的康复、服务设备，进一步改善了养老机构的基础设施条件。完成2017年度生计资金使用验收工作，回收生计资金20万元，取得经济效益22万元，帮助10户贫困户脱贫。

与德国尼玛协会合作，投入经费共121.96万元，在那曲市双湖县、尼玛县、拉萨市林周县等开展藏医义诊1.63万人，培训乡村医生83人，开展健康教育3100人次；投入经费23.06万元，在农牧区开展藏医防治大骨节病项目，检查和治疗大骨节病188例，治疗风湿性关节炎等701人次，为项目区349例儿童开展检查治疗。

（七）宣传工作形式更多样

精心组织开展“5·8”红十字博爱周活动。在第71个世界红十字日宣传周期间，自治区红十字会深入拉萨市城关区俄杰塘社区和达孜区德庆镇开展了红十字应急救护培训和博爱送温暖活动，共发放价值5.88万元的送温暖物资，受益群众130户。开展义诊活动，义诊425人，发放藏药160余种。利用“5·12”防灾减灾日、“6·14”世界献血者日等契机，自治区红十字会组织阜康医院、阳光医院、西藏玖玖玖救援中心、拉萨市蓝翔职业技术学校等团体会员单位在街道、学校、企业等开展了防灾减灾、无偿献血、干细胞捐献等知识宣传，共发放知识宣传手册1万余份、家庭急救包500个，免费发放2万余元的药品，群众参与现场救护培训130人次。通过举办义诊活动和演讲比赛，以多种形式宣传红十字精神与“三献”工作。在日喀则市、拉萨市等地开展预防艾滋病、性病宣传工作，宣传培训5000余人次。

与拉萨市公交公司合作，在6辆公交车身印制了大型宣传海报，20辆公交车内通过LED播放，向广大群众宣传无偿献血、捐献造血干细胞、预防艾滋病等知识。中央电视台发现之旅频道《记录东方》栏目制作播放了《红十字行动在西藏》的专题纪录片，宣传高原红十字精神。《中国红十字报》、新华网、西藏电视台、《西藏日报》等多家媒体对自治区红十字会“三献”活动、大骨节病防治、唇腭裂手术、白内障复明手术等工作宣传报道 40 余次，扩大了红十字影响力。利用自治区红十字会微信公众号、官网发布信息 280 条，开展红十字知识、业务的宣传和微捐赠活动。

（八）加强基层组织建设

修订完善了《西藏自治区红十字会团体会员管理办法》《西藏自治区红十字会志愿者管理办法》，加强会员单位、志愿服务队及会员、志愿者的管理。吸纳了 3 家爱心企业加入团体会员，与西藏自治区司法医院达成合作协议，该医院正在履行冠名为自治区红十字医院的相关手续。举办首次志愿者管理培训班，培训志愿者 31 人。积极向区党委组织部等部门呼吁，推动七地市红十字会管理体制理顺工作。

陕西省红十字会

2018 年，是全面贯彻党的十九大精神的开局之年，也是陕西省红十字会发展中不平凡的一年。面对各种困难与挑战，陕西省红十字会以习近平新时代中国特色社会主义思想为指导，在省委、省政府的坚强领导和中国红十字会总会的关心支持下，牢固树立“四个意识”，坚定“四个自信”，践行“两个维护”，围绕中心服务大局，聚焦“追赶超越”目标和“五个扎实”要求，实施“五新”战略，履行“三救三献”法定职能，圆满完成了各项任务。

（一）强化政治责任，切实提高党的建设工作质量

全省各级红十字会认真贯彻落实党的十九大精神，把党的政治建设摆在首位，不断提高政治站位，树牢“四个意识”，做到“两个维护”，在处级以上领导干部中开展“讲政治、敢担当、改作风”主题教育，强化政治担当。严格执行党内政治生活若干准则，严格党内组织生活制度，贯彻民主集中制，保证各项工作民主决策、科学决策。不断加强党内学习教育，分层分批分期开展干部轮训，持续推进“两学一做”学习教育常态化制度化。牢牢把握“追赶超越”目标和“五个扎实”的要求，坚持改革创新，坚持服务联系群众，自觉服从党委政府工作大局，找准工作结合点和着力点，以党建促脱贫，切实发挥党和政府在人道领域的助手和桥梁纽带作用，以习近平新时代中国特色社会主义思想指导工作实践，推动全省红十字事业迈上新台阶。

（二）夯实主体责任，持之以恒抓好执纪监督

积极履行管党治党主体责任，推动落实主体责任清单，抓好主体责任履职纪实工作，自觉贯彻落实中央八项规定及相关配套措施精神，持续纠正“四风”问题。深入学习贯彻中省纪检工作会议精神，采取走出去学，请进来教、观看警示教育片等方式加强党风廉政教育，时刻敲响“自省、自重、自警、自励”警钟。建立巡察工作机制，制定《陕西省红十字会巡察工作实施办法》，全年对重大经费开支、项目建设、物资采购、人员调整、“三公”经费等开展各类督导检查 56 次，在全省红十字会系统开展“两市”“三村”扶贫领域腐败和作风问题专项巡察，对 2 个所属事业单位进行党风廉政建设常规巡察，对发现的问题跟踪落实整改。建立健全信访举报制度，公布监督举报信箱和电话，主动接受社会监督。

（三）聚焦主责主业，核心业务工作取得新成绩

1. 备灾救灾能力不断提升。落实仓储物资管理制度，加强物资调运应急演练，物资储备能力和物资调运水平不断提高。全年累计向省内外灾区发运价值526.75万元物资，有力保障了救灾工作。完成822万元福利彩票公益金人道救助项目物资采购任务。西安备灾救灾物资仓储基地项目在咸阳市红十字会的重视努力下有序推进。汉中市红十字会备灾救灾库已完成主体竣工验收，正进行内部装修和外围环境整治，预计2019年上半年投入使用。赈济救援队建设成果显著，选拔招募第二批初选队员26名，赈济救援队人员数量达到60名，参与2次中省联合演练。汉中市曙光救援队积极参与夏季紧急救援，参与职守1800小时，打捞溺水者2名，制作安全警示和救援电话牌70余块，解救被困人员21名。略阳县、宁强县发生洪涝灾害后，各级红十字会快速响应，调拨发放现金和救援物资51.66万元，积极参与救援，受到灾区群众的好评。

2. 人道救助工作影响广泛。全省各级红十字会多渠道筹措社会资源，通过医疗救助、阳光助学、企业支持、项目支援、定向救助、网络募捐、“博爱一日捐”等多种方式募集款物5275.48万元，累计投入各类人道救助项目款物4687.95万元。申请2018年度省福利彩票金项目资金600万元，开展“博爱送万家”活动向全省发放家庭包、棉衣、米面油、药品等款物427.64万元，44700人次受益。高效有序实施“小天使基金”和“天使阳光基金”项目，缩短救助周期，累计救助白血病、先天性心脏病患儿299人，救助金额795.20万元。投入76万元救助资金对全省符合救助条件的169名贫困家庭、大病患者给予适当救助。西安市筹集30.56万元开展“天使的心跳”救助活动；汉中市筹集110万元开展爱心安全书包募捐活动；咸阳市发放救助金10万元对20名家庭困难的道德模范、身边好人进行帮扶；商洛市开展宁商协作爱心认购活动；延安市筹资61万元开展关爱自闭症儿童项目；铜川市、榆林市与眼科医院合作免费救治贫困白内障患者。全省筹资募捐工作开拓了新局面，取得了新进展，救助实力有所增强。

3. 应急救护知识普及形式多样。通过修订《陕西省红十字会救护培训实施细则》，推进应急救护“四统一”和“五进”标准化进程。根据社会各界对应急救护知识的需求，全省各级红十字会采取举办讲座、现场演练、救护员培训、发放资料、发送公益短信、LED屏宣传等形式大力普及群众自救互救知识，推动红十字应急救护知识“五进”工作。发放培训教具249套，开展各类救护培训942场（次），救护师资培训4期135人，累计受益60余万人次。西安市在13处人流密集地安装了心脏自动体外除颤仪、急救药箱；与陕西发布、今日头条合作通过网络直播开展应急救护知识普及，观看人数超过4万人次。救护员陈文涛、乐愉娟等成功施救的案例温暖人心，成为红十字会最美的宣传员。咸阳市依托医疗机构建立应急救护培训基地；铜川市与市委党校沟通协调，将初级救护知识纳入全市新任县级领导干部培训班。红十字应急救护培训受益人数和影响力逐年扩大。各地还组织开展了“世界急救日”、艾滋病防治和无偿献血宣传活动。

4.“三献”工作稳步推进。2018年中国造血干细胞捐献者资料库管理中心下达陕西

省造血干细胞血样入库任务3000人份，全年实际入库4766人份，超额完成58.8%。完成初筛、再动员2764人次，实施捐献11例，累计捐献191例，累计入库志愿者血样资料118527人份。全年实施器官捐献212例，560名器官衰竭患者得到救治。角膜捐献461片，有461名角膜患者重见光明。遗体捐献60例。累计完成器官移植2300例，累计器官遗体志愿捐献者7100余人。在空军军医大学成立了“西安市红十字遗体捐献中心”。

5. 宣传工作再上新台阶。各级红十字会不断强化阵地建设、突出宣传重点、拓展宣传渠道、强化媒体合作，充分营造主题宣传氛围，全方位、多角度宣传弘扬红十字精神。全年省红十字会网站上稿1131篇，工作动态74篇，基层投稿820篇、媒体报道86篇，其他报道52篇，回复群众咨询122条。编发工作简报12期，微信公众平台推送信息40条。落实全省红十字系统新闻稿件季度通报工作机制，全年发布通报4期。举办传播骨干培训班和宣传骨干业务培训班，培训宣传骨干力量140余人。红十字博爱周期间，全省各级红十字会紧紧围绕“人道——为了你的微笑”宣传主题，举办各类宣传活动211场次，印发各类宣传册52万余份，制作宣传板、海报718块，悬挂宣传横幅430余条，广播电视宣传500余次，投放各类公益宣传片和广告276处计3980小时，发送爱心短信4000万条。“一报一刊”征订数量持续增长，全省订阅《中国红十字报》8262份，《博爱》杂志8650份，订阅量位居全国第一，报刊增长份数连续多年居全国第一，第六次荣获“中国红十字会总会报刊宣传工作先进集体特等奖”。延安红十字文化传播教育基地建设有序推进。

6. 基层组织和队伍建设得到进一步加强。组织召开全省组织红十字系统组织建设座谈会，延安市13个县区中有12个县区理顺了管理体制，组织建设取得历史性突破。全省新增志愿者4030人，全省红十字会员累计达130121人(其中成人会员17118人，青少年会员113003人)，登记在册的红十字志愿者32406人，红十字基层组织2373个，依托各类项目，发展志愿者队伍145支。组织实施“博爱三秦”红十字志愿服务项目30个，在项目带动下全省红十字志愿服务范围逐步扩大，制度逐步完善，志愿服务专业化水平、品牌化意识明显增强。开展星级志愿者评定工作，5名优秀志愿者获得总会表彰，对216名志愿者颁发星级奖章和证书。老年志愿者工作站站长杨琳作为我省优秀红十字志愿者代表，参加了中国红十字会第四届理事会第十次会议。“中国好人”王彦林、“铜川市道德模范”王小英等优秀志愿者的先进事迹扩大了红十字会的影响力和感召力。加强高校红十字会组织建设工作，选派2名高校红十字会骨干参加总会组织的YABC同伴教育培训；为西安航空学院等5所高校配备了10部模拟人；举办了首届高校青年骨干训练营；成立陕西省高校红十字联盟。积极开展“探索人道法”、大学生社会实践项目、80所学校书库建设项目、养老服务工作试点项目、高校青年骨干训练营和其他省市红十字志愿服务工作交流活动，红十字青少年和高校红十字会工作取得明显成效。

7. 规范援建项目管理，助力脱贫攻坚。实施中国红十字会总会、香港红十字会、兄弟省市红十字会等援助的社区减灾防灾、卫生院（站）建设、生命安全教育等各类项目48个，资金共计1444.91万元。其中，博爱家园项目在建15个，项目资金450.60万元，积极争取各类新项目17个，项目预算资金637.86万元，开展项目督导检查23次，项目实施情况良好，获得当地党委政府及捐赠方的好评。投入329.60万余元在勉县、洋县、宁强、略阳、镇巴、长武、镇安、商州8个项目点实施总会“博爱家园”项目；投入10万元在彬州实施上海市红十字会卫生室项目；投入23万元在汉中秦家坝实施马来西亚圣约翰救伤队扶贫生计项目；拨付8万元全面完成商洛市山阳县精准扶贫试点工作；投入7.2万元帮扶榆林市横山区砖梁村12户贫困户。省红十字会机关选派党总支负责人担任紫阳县庙坝村第一书记，投入款物60.38万元扶持包联村改善基础设施建设、助推产业发展、实施大病救助。紫阳县红十字会张小红荣获“陕西省扶贫工作先进个人”，石泉县池河镇合一村博爱家园项目被中国红十字会总会评为“全国十大精品项目”。

8. 苏陕扶贫协作全面展开。苏陕扶贫协作一年来，省会高度重视，安排专人负责对接联络，建立信息互通机制，详细制定工作计划并扎实推进，取得明显成效。渭南、宝鸡、商洛、安康、汉中市、榆林等6个市红十字会已经与对口帮扶的红十字会签署协议并开展工作。榆林市与扬州市、咸阳市与泰州市正在洽谈，其他市级红十字会对接工作正在推进中。苏陕两省红十字会进行了27批125人次考察学习，通过挂职锻炼、能力建设培训、基层医疗专业人才培训等方式深化双方人才交流。江苏省红十字会积极协调扶贫济困物资、资金、项目助力陕西省脱贫攻坚工作。截至2018年12月底，江苏省红十字会及爱心企业向陕西省捐赠扶贫款物共计662.74万元，其中现金105万元，物资（衣物、急救包、药品等）437.74万元，援建项目2个120万元。先后援建安康市红十字综合服务中心（生命安全体验馆和卫生救护培训基地）100万元、援助石泉县城关镇黄荆坝社区博爱家园项目20万元、援助宁陕县城关镇狮子坝村卫生站项目20万元、援助紫阳县瓦庙镇扶贫项目20万元。苏陕扶贫协作取得了较大进展。

（四）加强学习调研，加快群团改革步伐

2018年，立足陕西省省情民情，加强学习调研，坚持问题导向，以强“三性”，去“四化”为目标，深入学习领会习近平总书记关于群团改革的重要指示精神、中省群团改革座谈会精神，认真研读《中国红十字会总会改革方案》，进一步统一思想，提高认识，把握改革方向和改革举措，为陕西省制定改革方案和改革措施奠定基础。组织召开全省群团改革研讨会，围绕相关问题，就进一步修改完善改革方案，加快省红十字会改革发展工作听取意见和建议；赴内蒙古自治区红十字会深入开展调研，学习改革经验；结合陕西省实际，初步形成了《陕西省红十字会改革方案（草案）》。

甘肃省红十字会

2018年，在习近平新时代中国特色社会主义思想和党的十九大精神指引下，在省委、省政府的正确领导和中国红十字会总会的指导下，甘肃省红十字会系统切实加强党的建设，积极推进改革创新，以“三救三献”为重点的人道救助和人道服务工作取得了新成效，为决战脱贫攻坚、决胜全面小康、建设幸福美好新甘肃做出了积极贡献。

一、切实加强党的领导和党的建设，大力推进改革创新

全省各级红十字会始终把学习贯彻党的十九大和十九届二中、三中全会精神放在首要位置来抓，坚持党要管党、从严治党方针，切实把牢坚持党的领导和廉洁高效这个红十字事业创新发展的生命线，增强“四个意识”，树牢“四个自信”，坚决做到“两个维护”，在政治方向、政治立场、政治原则、政治道路上同以习近平同志为核心的党中央保持高度一致。

（一）深入开展学习教育活动。省红十字会班子成员主动参加所在党支部学习研讨，各支部制定学习计划，副处级以上干部积极参加省卫生健康委中心组学习，全体党员干部参加每周五支部学习活动。在省红十字会网站和微信公众号开设学习专栏，积极营造学习氛围，引导党员干部读原著、学原文、悟原理，坚持不懈用习近平新时代中国特色社会主义思想武装头脑、指导实践、推动工作。

（二）全面落实从严治党主体责任。落实“一岗双责”，靠实主体责任，始终坚持一把手负总责，处室负责人履行责任人职责，按照职责权限逐级抓好年度目标任务落实，层层传导压力，形成了逐级负责、齐抓共管的工作局面。进一步加强党风廉政建设，将党风廉政建设与业务工作同部署、同落实、同检查、同考核。分管会领导与联系处室副处级以上干部签订了《廉政责任书》，召开了副处级以上干部集体廉政谈话会。副处级以上干部认真落实个人重大事项报告制度，自觉接受组织和群众监督。狠抓党支部标准化建设，对党员实行积分制管理。严格落实“三会一课”等制度。

（三）开展优化作风专项行动。坚持“两学一做”学习教育常态化制度化，积极推进全面从严治党向纵深发展，深入开展“转变作风改善发展环境建设年”活动。按照“三纠三促”专项行动安排部署，突出专项整治，优化干部作风，分析查找和梳理了6大类问题清单，制定整改措施，建立整改台账，明确整改责任领导、责任处室和完成时限积极整改。建立干部包抓工作制度，省红十字会副处级以上干部每人负责包抓1个市州，包抓工作同时延伸到县区，对包抓市州及所属县区红十字会工作进行检查和指导，全面掌握所包市州工作进展，努力提高基层红十字会干事创业的能力，为广大困难群众多办实事好事。

（四）采取有力措施推进改革。全面贯彻落实中央和省委群团改革工作会议和中国红十字会改革工作精神，以强烈的责任担当和自我革新的勇气，积极推进省红十字组织改革创新，成立了改革领导小组，明确了改革目标和原则，重大问题及时向省委、省政府请示报告，多次就有关改革工作与省委改革办请示沟通，主动加强与组织、编制、财政等部门的协调和沟通，学习借鉴其他群团组织和兄弟省区市红十字会改革经验，形成了省红十字会改革方案初稿并多次修改完善，改革工作取得了积极成效。2018年8月，省委批准同意设立中国共产党甘肃省红十字会党组。这是甘肃省红十字事业发展中的一件大事，必将为全省红十字事业的发展提供坚强的组织保证。同时，指导各级红十字会结合换届工作依法设立监事会，白银市、庆阳市红十字会设立监事会，起到了示范引领作用。开展市州红十字会目标管理考核和先进县级红十字会创建活动，促进了基层红十字会全面协调发展。

二、认真履行法定职责，圆满完成红十字事业各项

目标任务

（一）围绕中心服务大局，在打赢脱贫攻坚战中贡献红十字力量。一年来，全省各级红十字会聚力脱贫攻坚，积极协调和动员社会力量，广泛争取扶贫资金和项目，在一户一策、一人一策精准扶贫、精准脱贫中帮办实事。一是建立扶贫协作机制。主动与天津、青岛、福州、厦门 4 市红十字会进行交流对接，帮助陕西省陇南、定西、临夏等市州红十字会建立东西部扶贫协作帮扶机制，开展多方位帮扶合作。省红十字会和省肿瘤医院共同出资 50 万元，帮助联系村建立专业合作社发展湖羊养殖产业，协调专业公司与帮扶地政府签订小杂粮订单种植及初加工项目协议，助力贫困户持续稳定脱贫。二是引进实施扶贫助困项目。2018 年新争取到博爱家园、农村基础设施建设类项目 19 个，项目资金 680 万元。开展中国红十字基金会“牛奶助学”公益行动，捐赠了价值 66 万元的学生奶。2018 年春节前夕，在总会调拨价值 42 万元慰问物资的基础上，全省各级红十字会共筹集 231.6 万余元开展“红十字博爱送万家”活动，慰问困难群众 10165 户。庆城县红十字会在全县 51 个贫困村设立了“爱心超市”，筹集资金 85.24 万元，创新了省红十字系统扶贫新模式，具有很强的学习借鉴价值。三是开展健康扶贫活动。实施总会生产自救和关爱项目，为 20 名艾滋病感染者和患者提供生产自救金扶持。在武威职业学院开展预防艾滋病青年同伴教育 25 期，3000 名在校大学生受益。联合广东省红十字会、广东省明医医疗慈善基金会实施先心病手术 49 人。积极开展中国红十字基金会“红十字天使计划”，救助白血病和先天性心脏病患儿 115 人，拨付救助款 283.5 万元。开展“天使 + 心愿环游记”公益活动，向白血病和先天性心脏病患儿发放中国红十字基金会“英雄能量包”和省红十字会“天使魔法包”，社会爱心人士帮助患儿实现心愿 40 个，为患儿送去爱的关怀。根据捐赠方意愿，向医院及卫生院转赠医疗器械、药品等捐赠物资价值 672.65 万元。方威基金捐赠 100 万元，在兰大二院宁养院开展晚期肿瘤病人关怀治疗，健康扶贫效果明显。四是开展“魔豆妈妈”创业扶贫大赛。积极参与中国红十字会总会组织的首届“魔豆妈妈”创业扶贫大赛，共评选出 10 名全省优秀“魔豆妈妈”参加全国总决赛，定西市“巧脚绣娘”权红梅被评为全国一等奖，获得中国红十字会、淘宝公益基金 20 万元无息贷款创业项目孵化金。权红梅被评为 2018 年甘肃省第四批“最美人物”，得到了社会的广泛好评。

（二）及时高效开展救灾，备灾应急工作水平显著提升。贯彻落实《中国红十字会自然灾害和突发事件救助规则》，完善救灾预案，做好物资储备，提高应对自然灾害和突发事件的应急救援能力。一是全力做好救灾工作。临夏、陇南、天水等地暴洪灾害发生后，省红十字会立即启动应急响应，第一时间派出工作组赴灾区开展救灾工作，积极向总会、红基会和联合会上报灾情并争取物资援助，争取红十字会与红新月会国际联合会援助资金132.31万元，中国红十字基金会援助救助箱2000个，开展救灾21批次，累计调拨应急救援款物356.84万元。临夏州红十字会救灾工作成效显著，文县红十字会在灾害发生后募集款物500余万元，为灾区群众生产生活自救发挥了积极作用。二是加强应急物资储备库标准化建设。采购储备70万元应急物资。狠抓省红十字会备灾救灾中心标准化建设，该储备库被中国红十字会总会评定为“一级红十字应急物资储备库”。三是加强赈济救援队建设。在红十字会与红新月会联合会和省财政资金支持下，进一步完善了省红十字会赈济救援队装备建设，参加了中国红十字会总会在山西太原组织的赈济救援队联合演练，抽调7名队员协助临夏州红十字会开展救灾工作，在救灾实战中检验和提升了队伍能力，发挥了应有作用。

（三）开创筹资工作新局面，推进重点领域人道资源动员工作。确立了全员动员的筹资理念，省红十字会成立了专门的人道资源动员部门，创新工作模式，多渠道盘活人道资源，取得了积极进展。一是探索“互联网＋公益”筹资模式。省红十字会微众筹平台上线使用，与轻松筹、水滴筹和腾讯公益等互联网募捐信息平台建立了联系，与轻松筹平台签订合作协议并入驻腾讯公益平台。与共享纸巾、共享打印机公司签订价值400余万元的公益广告捐赠合作协议。筹划开展了“益青春 乐相伴”甘肃农村青少年阅读支持计划、“益口好牙”等公益筹资项目，全省各级红十字会首次参加腾讯“99公益日”活动，3天时间筹集资金近70万元。酒泉、嘉峪关、武威、甘南等地取得了较好的筹资效果。二是充分动员志愿服务力量。继续推进“十百千万精品志愿服务工程”，实施第七期志愿服务项目培育计划，对全省10个市县、11支高校志愿服务队和2个社会组织的27个优秀项目给予支持和培育，“兰州遗体器官捐献志愿服务项目”“喜洋洋——甘肃两州一县深度贫困区寒羊助学项目”分别荣获第四届中国志愿服务项目大赛金、银奖，“萤火虫——儿童性安全教育”获评全国大学生社会实践优秀项目，“萤火虫”“益口好牙”项目被纳入2018年中国红十字会青少年社会实践项目。6个志愿服务先进典型候选全国“四个100”表彰。正式启动“聚陇小红人——甘肃红会青年圈”养成计划，全面实施红十字志愿人才培养储备战略，4人成为中国红十字会总会志愿服务培训师资，新增省直红十字志愿服务队2支，吸纳企业志愿服务队1支，选派4名志愿者赴台交流，多次组织优秀志愿者参加全国志愿服务、人道传播和青少年会议并介绍甘肃省经验。在白银市开展红十字会参与城乡社区治理试点工作，取得了初步效果。

（四）围绕“健康甘肃”规划任务，大力推进红十字应急救护培训和“三献”工作。按照省委、省政府《关于全面推进卫生和健康事业发展的意见》和《健康甘肃“2030”规划》要求，顺利完成应急救护培训、造血干细胞捐献、遗体器官捐献各项目标任务。一是持续推进“健康甘肃：百万生命守护工程”。大力开展红十字应急救护“五进”工作，各级红十字会全年完成普及性应急救护培训28.66万人、救护员培训6.18万人，“健康甘肃：百万生命守护工程”实施以来累计完成普及性应急救护培训72.9万人、救护员培训11.3万人。新建酒泉市红十字应急救护培训示范基地1个，定西市基地被评为全国红十字会系统首批红十字应急救护培训示范基地。在公共场所投放自动体外除颤仪 18 台，填补了甘肃省空白，社会各界反响强烈。全年在 20 个省直机关开展普及性应急救护培训，两年累计在 44 个省直机关开展了培训。省直机关工委党校将救护培训列入主题教育内容，在主体班次开设救护培训课程。积极向中国红十字会总会申报在甘肃省 2 个 AAAAA、13 个 AAAA 级景区设立救护站。分批选送 60 人参加总会彩票公益金项目救护师资培训，对全省 30 名优秀师资进行了表彰。启用甘肃省应急救护培训系统，对全省救护培训工作进行线上管理。兰州、酒泉、定西、嘉峪关分别参与 2018 兰州国际马拉松赛、第三届丝绸之路（敦煌）国际文化博览会、首届中国（甘肃）中医药产业博览会、第八届敦煌行丝绸之路国际旅游节等大型赛会，对赛会工作人员和志愿服务人员进行应急救护培训，得到了广泛好评，展示了红十字形象。兰州、庆阳、张掖等地举办了红十字应急救护大赛，推动当地红十字应急救护培训深入开展。二是提高造血干细胞入库质量。加强中华骨髓库甘肃省分库建设，全年完成造血干细胞捐献志愿者入库任务 2500 人份，4 人实现捐献，对 52% 的入库志愿者通过电话、短信和电子邮件等方式进行了回访，提高了巩固率。三是扩大遗体器官捐献登记志愿者队伍。组建遗体器官捐献志愿者服务队，大力开展遗体器官捐献宣传，对既往登记者和捐献者进行了慰问和回访，清明节前夕在甘肃省遗体器官捐献者纪念园举行了缅怀纪念活动。首个市级遗体器官捐献者纪念园在白银建成。随着社会文明程度的提升和宣传力度的加大，全社会遗体器官捐献的氛围日益浓厚，甘肃省咨询和登记数量有了大幅度提升。近期，在短短 19 天内 3 人捐献器官，中央电视台等各大媒体进行了广泛报道，产生了较大的社会影响。全年接待遗体捐献咨询 110 人，办理遗体捐献登记 60 人、成功捐献 10 人；全年接待器官捐献现场咨询 106 人，办理器官捐献登记 1787 人、成功捐献 8 人。高台县遗体器官捐献工作成效突出。

（五）坚持文化引领，推动新时代中国特色红十字文化传播。一年来，全省各级红十字会注重红十字人道理念与践行社会主义核心价值观的有机融合，开展多元化主题宣传活动，广泛传播红十字文化，大力弘扬时代主旋律。一是推进网上红会建设。全省红十字会系统设立微信公众平台 25 个、微博 16 个、今日头条号 9 个，微博粉丝量超过 5 万人。“甘肃省红十字志愿服务资讯”微信公众号全年累计推送信息 143 条。与中国新闻社甘肃分社合作开辟了“甘肃红十字”专栏，与甘肃电视总台合办《拥抱生命》公益栏目，每周播出一集，已成为我省“三献”工作宣传的重要平台和亮点。二是开展各类主题宣传活动。全省各级红十字会在“学雷锋日”“‘5·8’世界红十字日”“防灾减灾日”“世界急救日”“无偿献血日”“世界艾滋病日”“国际志愿者日”等纪念日，组织开展了形式多样的主题宣传活动。与省食药局合作开展全省“用药安全月”宣传活动，广泛宣传安全用药知识。三是加强典型宣传。对全家 7 口人签署《志愿捐献遗体登记表》的张森、为挽救白血病人减肥 10 公斤的造血干细胞志愿捐献者杨喜荣、优秀志愿者服务项目“聚陇小红人”、放弃个人假期服务游客的宕昌县红十字会志愿服务队、“魔豆妈妈”权红梅、“小金瓜”电商扶贫项目团队带头人翟政娇等典型人物进行了广泛宣传报道。2018 年 11 月，一名外地男子电话咨询自杀后能否捐献器官，省红十字会工作人员一边通过电话、短信等方式劝导该男子，一边和有关部门取得联系，经过 9 个小时的真情劝解，挽救了一个鲜活的生命，履行了保护人民生命健康的神圣职责，其事迹经过报道后被多家媒体转发，得到了社会的积极评价。评选表彰了 65 名“最美志愿者”，推出专栏进行展播，大力宣传他们的感人事迹，传播红十字声音，讲好红十字故事，引领了社会新风尚。

青海省红十字会

2018 年，青海省红十字会在省委、省政府的正确领导和总会的大力指导下，以习近平新时代中国特色社会主义思想为指导，深入学习贯彻党的十九大和省第十三次党代会及历次全会精神，贯彻落实推进“四个转变”，实施“五四战略”，紧紧围绕推进“一优两高”战略部署，不忘初心、牢记使命，认真履职，各项工作取得新成效。

一、坚持党的领导，从严治党有力有序

（一）始终坚持正确政治方向。全面贯彻落实党的十九大、省第十三次党代会和省委十三届四次全会精神，采取多种形式，教育广大党员干部牢牢把握正确政治方向，牢固树立“四个意识”，切实增强“四个自信”，切实做到“两个维护”，积极践行“红会姓党、红会爱党、红会为党”的政治要求，严守政治规矩和政治纪律，始终在思想上政治上行动上同以习近平同志为核心的党中央和省委保持高度一致，始终做到旗帜鲜明、态度坚决、行动有力。深化和增进对中国特色社会主义理论、制度、道路和文化的理论认识和情感认同，努力使其内化于心、外化于行，成为自身的价值追求和自觉行动。

（二）全面落实主体责任。始终把党建和党风廉政建设工作作为第一责任，召开 7 次党组会议专题研究，并对理论学习、党建品牌、民族团结进步等工作做出重点安排。召开全省红十字会系统 2018 年度党风廉政建设工作会议，总结工作，分析形势，做出安排。党组书记与党组成员、党组成员与分管部室、党组书记与市州红十字会签订党风廉政建设目标责任书和行风建设承诺书，层层压实责任，落实“一岗双责”。定期研判党风廉政工作，严控廉政风险。举办职工书画文化展，进一步加强廉政文化建设。加强基层组织建设，及时调整支部书记和支部委员，确保党的基层组织建设不脱节。对机关各党支部党建、党风廉政建设等工作落实情况进行检查考核，督促工作落实。

（三）加强政治理论武装。组织了 20 次党组中心组集体学习，举办了全省红十字会系统处级干部党的十九大精神集中培训班，通过专家授课、观看视频、座谈讨论，系统学习了党的十九大和省第十三次党代会精神及党章、宪法修正案、监察法有关知识，着力在学懂弄通做实上下功夫。各党支部结合实际，采取党员讲授党课，撰写体会，全民阅读、竞赛答题等形式，提升理论素养，持久深入推进思想建党。主动认领党建调研课题，撰写的《发挥党建品牌效应，加强机关党支部建设》获得第四党建联系组三等奖，撰写的《算好“不足账”打准“党建牌”》分别被《中国红十字报》《青海机关党建》、青海组工信息采用。

（四）积极创建党建品牌。打造完善“红会助力红色”党建品牌，在西路红军纪念馆、循化县红光村红军小学、海北州原子城、班玛县红军沟等4处具有红色基因的爱国主义教育基地设立红十字救护站，配备应急救护设备，成立基层组织，切实将共建共管共享各项措施落到实处。推进“党建与业务融合提升年”活动，确定《3+1+4+N支部工作法》《党情传递　服务企业》《织密党建网络　创建“五好党支部”》《青海省红十字博爱讲坛》等支部党建品牌，发挥党建品牌效应，提升党建工作水平。

（五）着力创新党建工作。制定2018年度目标任务责任清单，层层传导压力，将党建与业务、精神文明、普法等工作同安排同部署同检查同落实，推动党建与事业发展相互融合、共同促进。组织开展机关建设、深化改革、业务工作推进大调研活动，各党组成员深入联系点，广泛征求意见建议，梳理出党建、机关内部建设、业务工作等11个方面的意见建议67条，并制定了整改任务清单，明确责任、明确时限、明确任务、强化监督，保证各项整改任务落地见效。深入开展以“看主观能动性发挥、看工作创新、看干事创业激情、看党员标准责任担当、看提出好的意见建议”为主的“五看”活动，营造了比、学、赶、超的工作环境，进一步激励干部新时代新担当新作为。

（六）加强意识形态工作。狠抓意识形态工作责任制落实，加强意识形态专题学习，定期对意识形态工作进行安排部署。坚持正确舆论导向，制定完善网络舆情预案，依托《昆仑博爱》、官网、捐赠信息发布平台、微信等广泛宣传党的好政策和传播社会正能量，确保在应对重大突发事件及社会热点事件时不失声、不缺位。加强意识形态阵地管理，强化干部职工理想信念教育，密切关注单位局域网、微信圈中有关不良信息，做好分析研判，避免网络事件发生。

二、激发事业动力，深化改革稳步推进

（一）高度重视改革工作。成立了省红十字会改革工作领导小组，加强对改革工作的领导，强化与相关部门的沟通协调。党组多次召开专题会议，认真学习贯彻落实习近平总书记对群团改革的重要指示精神、中央和省委对深化群团改革精神，研究改革事宜，梳理改革思路，提出改革意见。

（二）加强前期准备工作。会主要领导、分管领导以及工作人员多次参加省委改革工作会议和培训、赴中国红十字会总会汇报学习交流，赴北京、上海、广州等地红十字会进行学习调研，借鉴改革经验，积累基础材料。会党组成员自2017年10月起，先后多次赴全省8个市州红十字会及项目实施点开展调研，与基层红会干部职工、志愿者及项目实施点群众进行座谈，广泛征求意见，提前谋划改革工作。先后多次与省编办协调沟通，争取1名副厅级领导职数（监事长）和1名正处级领导职数（副监事长），为下一步改革中增设监事会，完善监督体系打下坚实基础。

（三）完成方案报审工作。根据省人民政府办公厅的要求，省红十字会党组就做好省红十字会深化改革工作，做出安排部署，指定一名会领导牵头具体负责改革事宜。根据总会改革精神，起草了《青海省红十字会改革方案》并征求各市州红十字会意见后提交党组会审议形成《青海省红十字会改革方案》（意见征求稿），印送省委、省人大、省政府、省政协办公厅，省直相关职能部门、各群团组织、各市州红十字会、省红十字会会员单位及红十字基层组织等33个部门和单位征求意见，在对各方意见反复斟酌、沟通协调修改后形成《青海省红十字会改革方案（送审稿）》，提请省人民政府审批。

三、狠抓措施落实，业务工作成效显著

（一）救援体系更趋完善。协调落实500余万元资金实施备灾救灾中心进场道路建设项目。建成投资270万元的果洛州、格尔木市备灾救灾仓库。建立健全应急救援规章等制度，切实增强应急救援体系的科学性、规范性和实效性。完善备灾救灾物资出入库查验及保管等制度，细化流程，规范程序，提升物资管理水平。采购13万元救援队装备，选派8名赈济救援队员参加2018年赈济救援（宁夏）联合演练，成功举办2018年青海省红十字应急救援综合演练，提升了应急救援能力和水平。筹措资金物资124.9万元，为海东市和山东提供人道救助。青海省红十字会备灾救灾和应急救护中心被总会确定为应急物资储备库一级库和红十字应急救护培训示范基地。

（二）救护工作全面推进。扎实开展"救护关爱生命"工程，累计培训7万人次。选派40名师资参加总会师资提高班。联合省直机关工委、省教育厅、省旅发委对省直机关专职党务干部、高校师生、旅游从业人员进行了应急救护培训，提升了应急救护技能。安排6万元对门源县油菜花海景区救护站进行装修改造。圆满完成了环青海湖国际公路自行车赛、全国混合双人冰壶锦标赛、高原徒步赛等赛事应急救护保障任务，为参加的国内外选手及工作人员提供应急救护服务保障工作，得到领导和运动员好评。

（三）救助工作不断拓展。组织开展2018年度"红十字博爱送万家"活动，为全省8万名贫困群众发放救助物资价值1620万元。为西宁地区60岁以上老人和环卫工人免费发放价值12万元药品，为19名困难群众发放救助金7万元。稳步推进无偿献血、人体器官捐献的宣传、动员工作，年内登记人体器官捐献5人，造血干细胞采集入库1934人份，超额完成434人份，库容量达2.2万人份。年内成功捐献2例，累计成功捐献34例。徐倩、张凯强等11名造血干细胞捐献者荣获全国无偿捐献造血干细胞奉献奖。

（四）"红会助力+"品牌持续推进。"助力教育"项目，发放助学金60万元，救助贫困预科生300名。投入10万元，在湟源县波航乡中心学校实施"未来教室"项目。投入93万元在湟中县拦隆镇三所学校开展"学校为本减灾试点"项目。"助力健康"项目，投入391.64万元，救助先心病、白血病、包虫病等患者306人，减轻了贫困家庭的经济负担。投入30万元在大通县拉浪台村和乐都区段堡村建立博爱卫生站2个。组织全省19名儿科医生赴东南大学附属医院参加为期3个月的西部儿科医师培训工作。"助力民生"项目，投入2153万元，在玉树灾区实施10个以博爱家园、助医、助学、助力生态等为主要内容的民生项目。投入245万元，在西宁、海东等市州9个村实施博爱家园项目。安排10万元，在化隆县实施回绣博爱家园生计金保护项目。在中国红十字会助力脱贫攻坚博爱家园项目推进会上，玉树市甘达村、湟中县合尔营村博爱家园项目荣获全国红十字会系统博爱家园助力脱贫攻坚精品项目和优秀项目奖。"助力生态"项目，认真落实"四个奔着去"具体要求，成立 3 个调研组，深入全省 8 个市（州）部分县、乡镇、村社、农牧户开展“红会助力环保”项目可行性调研。投入 380 万元设立“洁净三江源”生态公益基金，联合玉树州政府投入 1300 余万元在玉树地区设置 40 个小型垃圾焚烧炉，推进垃圾无害化处理，以实际行动落实省委“一优两高”战略部署。“助力精准扶贫”项目，选派处级干部担任定点帮扶村第一书记，开展精准扶贫工作。为民和县古鄯镇菜子湾村、乐都区马营乡古城村帮扶款物共计 40.87 万元，投入 16.64 万元在民和县李二堡镇窑洞村实施“美丽乡村建设”。2018 年，先后被评为脱贫攻坚先进帮扶单位、推进高原美丽乡村共建成效显著单位。“助力扶残助残”项目，举办青海省首届“魔豆妈妈”创业扶贫大赛，为 10 名“魔豆妈妈”发放 10.5 万元奖金，为一名获得全国优秀奖的“魔豆妈妈”争取到免息创业基金 20 万元。2018 年，被省人民政府残疾人工作委员会授予“全省扶残助残先进集体”荣誉称号。“助力养老服务”项目，认真落实养老服务试点申报工作，确定西宁市和海东市为青海省实施“红十字养老服务”试点单位。投入 20 万元购买养老服务器材，组织 10 人参加总会举办的养老服务师资培训班，奠定养老服务工作坚实基础。

（五）宣传活动有声有色。加强宣传阵地建设，建设人道文化传播教育基地。在玉树、西宁分别举办了玉树岩画、唐卡、格萨尔文化巡展活动，展示了玉树重建、民族传统文化和人道救助工作成果。举办了“人道——为了你的微笑”纪念“5·8”世界红十字日主题文艺汇演。发展红十字志愿者 606 名，组织开展以应急救护培训、造血干细胞志愿捐献、义诊义治、志愿者发展为内容的志愿服务活动，有力提升红十字会影响力。筹措 80 万元，与海南州“云藏”藏文搜索引擎合作，建设藏文版省红十字会官网和捐赠信息发布平台，填补空白，扩大红十字运动在国内外藏胞中的影响力和公信力。

（六）救助实力显著提高。进一步推进网上红十字会建设，投入 80 万元完善青海省红十字会网络募捐系统，使之功能完善、高效实用、高度集成，具有国内省级先进水平的筹资平台。加强与企事业单位和社会公益组织间联系，创新筹资手段、汇聚社会爱心，继续组织开展“博爱一日捐”活动，全年筹措款物 3514 万元，其中接受社会捐款 1667 万元，物资 1747 万元。及时公开捐赠资金使用情况，聘请第三方对省红十字会 2010 年至 2018 年度捐赠资金使用情况进行审计，保障捐赠资金规范管理和有效使用。

宁夏回族自治区红十字会

2018 年，在宁夏回族自治区党委政府和中国红十字会总会的领导和指导下，宁夏回族自治区红十字会认真学习贯彻中央和自治区的重大决策部署，以习近平新时代中国特色社会主义思想为指导，深入学习党的十九大、十九届二中、三中全会、习近平总书记来宁视察重要讲话和自治区第十二次党代会精神，围绕中心、服务大局，加强党建强素质，抓好业务促发展，全年共筹集和实施资金 1045 万元，受益群众 1.2 万余人，较好地完成了既定工作任务。2018 年 9 月，全国人大常委会副委员长、中国红十字会会长陈竺到宁夏调研，对自治区红十字会工作给予充分肯定，指出“小省区也有大作为”。

（一）完善救援体系，致力防灾减灾。一是赈济救援能力不断提升。在中国红十字会总会的指导下，邀请6省（区）红十字赈济救援队参加中国红十字赈济救援队（宁夏）联合演练，协调自治区民政厅、人防办、地震局等单位人员、装备配合演练，有效提升了救援队组织协调能力和实战化水平。完成赈济救援队装备补充采购，接收总会配发的应急供餐车并编写使用规范，进一步提升了救援队的软硬件水平，队伍建设经验得到中国红十字会总会认可并在全国红十字会系统推广。二是防灾减灾能力不断强化。联合自治区民政厅下发《关于加强全区红十字系统防灾减灾救灾工作机制建设的意见》，深化各级民政部门和红十字会在防灾减灾救灾领域的合作。结合世界红十字日和防灾减灾宣传周等时机，指导各市级红十字会开展防灾减灾宣传及应急演练。全年开展培训演练活动40余场次，培训群众3400余人次。三是灾害响应机制不断完善。加强对市县红十字会的业务指导，举办灾害管理专题培训班，使市县级红十字会工作人员进一步掌握使用信息化平台进行灾情上报、需求评估、救灾物资调拨发放等业务，全区红十字会系统灾害响应及时、高效、顺畅。针对一些市县遭受的自然灾害，启动灾害应急特殊响应，紧急采购价值20万元的大米，及时发放到受灾群众手中，帮助他们渡过难关。

（二）严格培训标准，打造救护品牌。一是注重统筹联动。年初向各市分解量化应急救护培训目标任务，规范培训流程，半年督导检查，年终考核验收，在全区形成“上下联动，全面铺开”的格局。保障自治区重大活动，为自治区成立60周年大庆培训300名志愿者。助力健康校园建设，自筹资金为全区130余名校医举办应急救护培训班。为公安、交通运输、团委等部门举办多场次应急救护培训及知识讲座，扩大应急救护培训的知晓率和影响力。截至10月底，全区共开展救护员培训49期3018人，救护知识讲座53期，受益群众1万余名。二是注重师资培育。加强应急救护师资队伍建设，为全区300名师资建档立卡，实行动态管理，保持师资队伍活力。举办全区应急救护培训师资授课讲评会，加强师资之间的交流，取长补短，互学互促。三是注重项目带动。争取中国红十字基金会项目资金30.2万元，在石嘴山市开展生命健康安全项目。申请中国红十字会总会“世界急救日”项目资金2万元，在各市开展应急救护知识普及。将应急救护培训内容纳入香港项目、百名乡村医生培训班项目教程中，收到良好效果。自筹资金25万元，在中卫市建设红十字应急救护培训基地，建立应急救护培训的前沿阵地。

（三）情系困难群众，实施精准救助。一是持续开展“红十字博爱送万家”活动。元旦、春节期间，按照“区级统筹、市县落实、精准到户”的要求，组织开展“红十字博爱送万家”活动，共发放价值107万元的家庭箱、棉衣、棉被、大米等慰问物资，受益群众8500余人，帮助群众解决实际困难，扩大了“红十字博爱送万家”活动的影响力。二是继续实施精准救助。联合自治区卫健委举办乡村医生培训班和乡镇全科医生癫痫病防治知识培训班，有效提高了基层群众的医疗保障水平。简化白血病、先心病患儿救助审批流程，让患者家属少跑路，少花钱。截至10月底，共发放救助款211万元，救助白血病患儿、先心病患儿96名。向102名家庭困难学生发放助学款5.1万元，资助他们完成学业。三是积极参与养老服务。开展养老服务工作调研，探索参与养老服务的方式、内容、保障、考核、监督等工作机制，带动更多红十字组织参与养老服务，共同促进养老服务事业发展。

（四）传播博爱理念，推进生命工程。举办造血干细胞捐献、人体器官捐献业务培训班，提升了全区造血干细胞捐献工作者的能力和水平。利用广播电视、报纸微信等媒体进行广泛宣传，在电影院、广场LED大屏幕投放造血干细胞捐献和人体器官捐献公益广告，扩大宣传受众面。在各大医院设置宣传专栏、张贴宣传海报，重大活动和节日走上街头面向群众发放宣传折页等，大力宣传“三献”相关政策和知识，广泛传播无偿捐献和“人人为我、我为人人”的理念。注重造血干细胞捐献者捐前、捐中、捐后等时间节点的走访慰问，增强造血干细胞捐献者的归属感。注重遗体和人体器官捐献的全过程参与，规范捐献流程，防患于未然。开展《献血法》实施20周年宣传活动，传播无偿献血理念。全年共采集造血干细胞血样2817例，实现捐献造血干细胞6例（累计捐献36例），挽救了白血病患者的生命。累计登记人体器官捐献志愿者923人，累计实现遗体捐献42例。

（五）规范实施项目，援助基层所需。投入97万元为全区299个出列贫困村卫生室配备电脑设备，提高了乡村卫生室信息化水平。为平罗县的2个村新建红十字博爱卫生站，解决村民就近看病的问题。开展“魔豆妈妈”创业扶贫大赛评选活动，弘扬自强不息、励志脱贫的正能量。自治区探索形成的“省级统筹、基层落实，上下联动、分级负责”的项目运行模式，得到中国红十字会的认可，并在全国会议上进行交流。盐池县王乐井乡曾记畔村博爱家园项目被中国红十字会命名为“助力脱贫攻坚十大精品项目”。积极与香港红十字会沟通合作，累计投入140万元，实施“博爱家园——社区为本减灾项目”，受益群众7000余人。完成“博爱家园——学校为本减灾项目”试点工作，并承办中国红十字会总会组织的观摩活动，受到与会人员的好评。

（六）坚持多措并举，开展志愿服务。借助世界红十字日、世界献血者日、学雷锋日等节点，开展面向企业、学校和社区的应急救护、生活服务、公益宣传、博爱助学等志愿服务活动。组织宁夏医科大学、宁夏理工学院、宁夏民族职业技术学校等高校红十字组织申请社会实践和志愿服务项目，鼓励青少年参与社会实践，传播社会主义核心价值观。举办全区志愿者培训班，提升广大志愿者志愿服务能力，激发志愿服务热情。组织开展以“志愿者，你还好吗？”为主题的志愿者交流活动，通过座谈、参观、交流等形式创新开展志愿者活动，增强志愿者的归属感和荣誉感。自治区红十字会造血干细胞捐献志愿服务队荣获“自治区60年感动宁夏人物”提名奖。赵翠娥等50名志愿者被表彰为中华骨髓库五星级志愿者。

（七）坚持党建引领，强化自身建设。推进“两学一做”学习教育常态化制度化，引导党员干部不忘初心、牢记使命。按照规定对党支部进行换届改选，以争创“四星级党支部”为目标，以落实“三强九严”工程为抓手，设置网上党建专栏，建立党员活动室，建设党建文化墙，巩固党员教育主阵地。按季度设置主题，坚持党员周周轮流讲党课，加强党员理想信念教育，发挥党员的“领头雁”作用。创新开展“支部主题党日”活动，与有业务联系的单位党组织开展支部共建。举办《宪法》专题学习班，提升干部职工学法尊法守法意识。落实每周业务学习制度，工作人员轮流讲工作、谈思路，提高干部职工的谋划工作能力、文字写作能力和语言表达能力。

（八）加强制度建设，规范内部管理。以违反中央八项规定精神突出问题专项治理为契机，认真梳理查找在制度建设、内部控制管理等方面存在的问题，重新拟制公务出差、公务接待、物品采购等 7 类审批（审核）单，启用差旅费报销内控系统，推动内部控制管理科学化、规范化。调整工作人员办公用房，按标准配置办公面积，杜绝超标准配备、超范围使用。修订完善《自治区红十字会备灾物资储备管理办法》《地震应急预案》等制度、方案，为做好备灾救灾物资管理，高效应对突发灾害奠定了坚实基础。

（九）服务中心大局，助力脱贫富民。一是发挥单位的主导作用。围绕自治区脱贫富民战略，举全会之力千方百计帮助西吉县偏城乡花儿岔村贫困群众脱贫致富。执委会定期听取扶贫工作汇报，及时掌握扶贫工作动态，帮助工作队员和村上解决实际困难。根据花儿岔村的实际需要，加强与自治区相关部门的沟通协调，落实帮扶资金 1600 余万元，改善村基础设施。组织扶贫点党员干部和致富带头人到银川学习观摩，开拓视野，增强脱贫致富信心。二是发挥党组织引领作用。与花儿岔村开展支部共建活动，安排 2 万元帮助村党支部开展党建工作，为村上党员讲党课，宣讲党的十九大精神和乡村振兴战略。指导村党支部进行规范化建设，组织开展党组织“评星定级”、党员“评星定格”活动，引导党员更好发挥先锋模范作用。每个干部职工结对帮扶 3—5 户建档立卡户，定期深入农户家中了解生产生活情况。成立新时代农民讲习所，建立规范有序讲习机制，取得良好效果，已成为西吉县扶贫教育观摩示范基地。三是发挥扶贫工作队靠前优势。按照自治区党委的要求，在原有 2 名驻村工作队员的基础上又增加 1 名队员。协调解决群众反映强烈的突出问题 53 件，90% 的群众用上了自来水，实现了农村信息网络、广播电视信号全覆盖。同时，开展“星级文明户”“文明家庭”“脱贫模范户”评选活动，激发群众脱贫致富的内生动力。经过一年来的不懈努力，花儿岔村容村貌和群众生产生活发生了很大变化，赢得了组织和群众的认可，红十字会被西吉县委评为定点帮扶先进单位，陶军被评为驻村优秀第一书记。

（十）抓好顶层设计，推动群团改革。认真学习领会《中国红十字会总会改革方案》，向自治区党委和政府分管领导汇报中国红十字会总会改革的总体安排和宁夏红十字会改革工作的想法。组织召开市、县（区）红十字会负责人座谈会，听取改革的意见建议。积极与自治区改革办沟通对接相关改革事宜，参照《中国红十字会总会改革方案》，结合区实际，起草拟订了《宁夏红十字会改革方案》（征求意见稿）。

新疆维吾尔自治区红十字会

2018年，新疆维吾尔自治区红十字会在自治区党委、政府的坚强领导下，在中国红十字会总会精心指导下，在各对口援疆省市红会的大力支持下，紧紧围绕新疆社会稳定和长治久安总目标，深入学习宣传贯彻习近平新时代中国特色社会主义思想和党的十九大精神，认真贯彻落实自治区党委九届五次、六次全会精神，坚持围绕中心、服务大局，始终坚持将新疆工作总目标贯穿于红十字会工作的各方面、全过程，聚焦改革创新、主责主业，以充分发挥党和政府在人道领域联系群众的桥梁和纽带作用为主攻方向，全面贯彻落实自治区党委“1+3+3+改革开放”各项部署，持续推进“三救三献”核心业务不断上水平、上台阶，较好完成年度各项任务，为实现社会稳定和长治久安总目标做出了积极贡献。

（一）聚焦政治建设，机关党建工作活力充分激发

一是始终坚持把政治建设摆在首位，认真履行党建主体责任，完善党建工作述职考核、定期听取党建汇报、党组议事、党员管理、定期召开民主生活会、主题党日、党员领导干部参加双重组织生活、“五+X”活动、“一联双促”、党组成员联系驻村、深度贫困村第一书记工作等一系列制度机制，以制度保障党建责任落实。二是以党支部为依托，持续开展“两学一做”学习教育、“学转促”专项活动、党建“灯下黑”专项整治活动，出台《自治区红十字会关于进一步加强基层党组织建设规范（试行）》《自治区红十字会党员量化管理工作制度（试行）》，坚持政治标准，优化党支部组建，改选党支部，配强支部委员，以年富力强、工作能力强的党员为主，每个支部控制在7人左右，严格执行《新形势下党内政治生活若干准则》，落实“三会一课”“双重组织生活”等制度，加强党员干部教育管理，设立党费日，重新核算党费标准，督促党员及时足额交纳党费，开展周三、周五常态化政治学习，组织党员赴烈士陵园接受革命传统教育，组织开展“党旗映天山”“助力亲戚庭院建设”等党日活动，持续深入开展发声亮剑活动，实现真发声、真亮剑全覆盖，组织召开党组民主生活会、党支部组织生活会，认真对照检查、分析原因、提出整改措施并在规定期限内完成整改，通过标准化建设和量化管理，强化了党组织对党员的严格管理，有效提高了机关党建质量。三是开展“一联双促”活动，与阿合奇县驻村工作队党支部、深度贫困村2个党支部签订协议，确定党员结对名单，走访慰问驻村点贫困户、重点人员家属，建立党员志愿服务队，开展志愿服务活动，帮助驻村干部、支教干部解决家庭实际困难，消除驻村、支教干部后顾之忧，为圆满完成年度各项驻村及支教任务奠定了坚实基础。四是坚持把党风廉政建设和反腐败工作纳入全局工作总体部署，层层签订责任书，持续开展纪律教育和警示教育；严格落实《个人重大事项报告实施办法》和《准则》，加强督导检查、严肃执纪，强化对执行政治纪律、政治规矩和反分裂斗争纪律情况的监督，严肃查处“两面人”“两面派”，充分运用“四种形态”特别是第一第二种形态，严厉查处违规违纪问题，让干部心有所畏、言有所戒、行有所止。2018年，

督导检查 8 次，对 4 名开会迟到干部，给予写出书面检查、在党员大会上做自我批评的处理，坚决维护纪律的严肃性和权威性。

（二）聚焦班子建设，班子示范引领作用明显增强

一是始终突出政治坚强，坚持落实党组中心组学习、调研制度，不断改进作风，组织中心组理论学习 23 次，班子成员赴基层调研 20 余次，认真学习习近平新时代中国特色社会主义思想和党的十九大精神，深入学习以习近平同志为核心的党中央治疆方略特别是社会稳定和长治久安总目标，深入学习自治区党委九届六次全会精神，组织开展新疆“四史”专题学习，班子成员带头为全体干部上党课，深入基层一线调研，开展座谈交流，围绕总目标，谋划部署红会各项工作。通过各类学习实践活动，领导班子的政治敏锐性、鉴别力、执行力不断提高，党员领导干部的“四个意识”不断增强，总目标意识越来越牢固，班子成员在思想上、政治上、行动上始终同以习近平同志为核心的党中央保持高度一致，能够坚决维护党中央权威和集中统一领导，能够认真贯彻落实党中央决策部署、自治区党委安排要求。二是规范党组工作程序，制定《中共新疆维吾尔自治区红十字会党组工作规则（试行）》，对党组职责、议事规则、议事范围等内容进行明确，凡事坚持民主集中制原则，坚持集体领导、科学决策，对“三重一大”问题，必须经党组集体研究决定。每次党组会议，均邀请自治区纪委监委驻自治区卫生健康委员会纪检监察组工作人员到会监督指导，确保党组决策科学、合规；每次决策前，坚持发扬民主，充分征求各方面意见建议，确保决策民主、正确。2018 年，召开党组会议 22 次。三是坚持党组集体领导下的个人分工负责制，结合班子调整，及时进行领导分工，班子成员服从党组领导，带头执行决定、抓好分管工作，相互密切配合，班子凝聚力、向心力及示范引领作用得到不断增强。

（三）聚焦总目标，自治区党委重大决策部署全面贯彻

一是全面落实自治区维稳各项措施。认真贯彻党中央治疆方略特别是社会稳定和长治久安总目标，全力落实自治区“1+3+3+改革开放”总体部署及“四句话”“四件事”“4+1”或“4+2”工作要求，严格落实一级响应常态化，结合“5・8”红十字博爱周活动开展，联合社区、便民警务站，举办应急处突演练活动。同时，发挥红十字应急救护培训示范基地作用，组织机关干部职工、社区干部和居民、学生接受体验式应急救护培训，提高了各族干部群众、学生反恐维稳意识及自救互救能力；在做好常态化值班工作的同时，强化隐患排查，开展消防知识培训活动，查找办公区域消防、水、电、维稳硬件（监控器、安检仪、访客登记系统、一键报警等）方面存在的隐患并及时整改，确保了办公区域安全，实现了“三不出”。二是深入推进深度贫困村“第一书记”“访惠聚”驻村工作常态化制度化。建立健全“访惠聚”驻村工作机制，党组先后召开 6 次会议研究驻村及深度贫困村工作，班子成员先后 5 次前往驻村点调研工作，解决实际问题，发挥自身优势，整合各类资源，统筹推进驻村各项工作开展。在克州阿合奇县阿合奇村，工作队在做好维护社会稳定各项工作的基础上，解决群众困难诉求 93 件，持续办好“红十字博爱超市”，投

入资金70余万元，为447户家庭发放小方桌、燃气灶，实施牧区72户人畜饮水工程；依托各类扶贫和红十字生计项目，实行“一户一策”，引导建档立卡贫困户发展养殖、种植、民族刺绣等产业，为贫困户筹建阿合奇村惠民超市，组织疆内外就业输出劳动力220人，增加牧民收入，助力精准脱贫。在喀什伽师县深度贫困村，争取中国红十字会“博爱家园”项目及各级各类资金近220余万元，扶持贫困群众发展养殖业、新梅特色种植，扩大伽师瓜种植面积，推进多元化庭院经济建设，打造“前有房、中有园、后有圈、周边有条田”标准示范点，实现先富带后富。三是持续开展“民族团结一家亲”和民族团结联谊及南疆农村双语支教工作。严格落实“结亲周”制度，坚持党员领导干部带头，注重结亲周活动事前、事中及事后工作，每次结亲活动前精心策划，活动中安排专人负责，统筹协调各类活动开展，活动后，召开座谈会，让每名干部职工谈感想、谈体会，总结成效、查找不足，提出改进措施，确保了“结亲周”活动效果，促进了各民族交流交往交融。全年完成6轮214人次结对认亲活动，开展民族团结联谊活动11次，宣讲十九大精神、自治区惠民政策30余场次，为民办好事实事462件，共计捐赠款物54199元。做好南疆农村双语支教工作，选派干部参加新一轮南疆农村双语支教工作并督促圆满完成自治区党委交办的支教任务。

（四）聚焦意识形态，网络安全意识明显提高

一是会党组高度重视意识形态领域工作，以事业发展部为主抓部门，负责宣传及意识形态领域工作，坚持从事关总目标实现、事关自治区党委中心工作的高度，纳入年度考核内容，把意识形态工作各项措施落到实处。二是强化网络安全意识，重点加强官方网站、微信公众号、微信及QQ工作群、《新疆红十字通讯》刊物的管理，聘请专业网络安全公司，对新疆红十字会官方网站进行全面评估，针对出现的漏洞，及时进行修补，增强网络安全度，加强与合作方的沟通联系，定期对网站进行维护，查找风险点隐患，提高网站安全性。三是加强宣传教育，在加强日常教育的基础上，聘请网络安全专家，围绕当前全国及新疆地区网络安全形势，举办网络安全专题培训班。通过培训，使干部职工的网络安全意识得到进一步提高。

（五）聚焦核心业务，“三救三献”事业加快发展

一是救灾救助救护水平不断提高。第一，加强备灾仓库建设，开展储备物资集中清理，建立电子台账，实行物资统一调拨，确保账账相符、账物相符。储备三大类物资共计46590件；救援队类型更加丰富、救援能力全面提升，召开国家级大众卫生和供水救援队新老队员座谈会，招募各领域新队员。与新疆医科大学合作，高标准筹建中国红十字医疗救援队，并于5月14日在云南接受全国人大常委会副委员长、中国红十字会会长陈竺授旗。投入10万元，按照国家级搜救队标准，全力打造巴州老兵救援队（水上救援），选派核心队员赴山东、广西、广东等地区，参加国家级搜救专业培训。争取国际委员会资金35万元，举办全疆红十字会赈济救援中级培训班，为和田地区、哈密市红十字赈济救援队配备装备；高效率完成哈密特大洪水灾害抢险救灾工

作，先后投入价值78.6万余元的救灾物资，发放给受灾群众，调拨20个移动式标准厕所，解决受灾群众生活需求，受到自治区党委、政府的肯定。第二，推进“一老一小”项目实施。争取中国红十字会总会资金30万元，在乌鲁木齐市、昌吉州开展养老服务项目，助力政府社会养老保障体系建设；争取中国红十字基金会、艾默生电气（中国）有限公司、无锡明慈心脏救助基金会、嫣然天使基金资金965.8万元，继续在自治区实施白血病、唇腭裂、先天性心脏病贫困家庭患儿救助行动，共资助患儿380名。第三，筹集价值138万元的物资，持续开展“红十字博爱送万家”活动，在元旦、春节前后送去党和政府的温暖；加大对南疆贫困家庭的救助力度，向17个贫困村群众发放价值130余万元的救助物资，帮助解决生活困难。第四，开展应急救护培训“五进”活动，大力推进“四统一”工作，实施“生命安全健康教育体验教室”项目，建成自治区红十字会应急救护培训示范基地，组织社区干部、居民群众、学生开展群众性应急救护知识与技能普及工作，服务健康新疆建设。2018年，培训师资450人，普及群众10万余人次。二是稳步开展造血干细胞、人体器官捐献及无偿献血工作。继续扩大新疆维吾尔自治区造血干细胞捐献者资料库库容，成功举办第四个“世界骨髓捐献者日”宣传推介活动，组建新疆造血干细胞捐献、无偿献血两支志愿服务大队，健全规章制度，指导志愿者开展志愿服务活动。联合自治区卫健委成立自治区器官获取组织（OPO）领导小组，召开自治区人体器官捐献与移植工作会议，举办人体器官捐献缅怀纪念活动，依托乌鲁木齐普瑞眼科医院，成立自治区红十字眼组织库。同时，加强与乌鲁木齐血站的联系，积极参与推动无偿献血的宣传、动员工作。2018年，成功捐献造血干细胞12例，累计79例；实现器官捐献14例，累计50例，遗体捐献57例，累计360例，为全区各族危重病患者带去了生的希望。在已实现的器官、造血干细胞捐献者中由维吾尔族、哈萨克族、藏族、土家族、满族、汉族、彝族、回族等多个民族构成，这些感人的事例体现了捐献者无私、大爱、奉献的精神境界，体现了各民族之间邻里守望、血浓于水像石榴籽那样紧紧抱在一起的亲情关系，是各民族平等团结互助和谐关系不断巩固和发展的鲜活范本，在促进自治区社会和谐和维护民族团结、实现社会稳定和长治久安总目标方面发挥了不可替代的作用。三是扎实推进各类项目实施。争取政府专项基金50万元，在新疆医科大学和昌吉学院开展艾滋病预防青年同伴教育项目，在吐鲁番市、克拉玛依市、和田、阿克苏地区开展“2018年度艾滋病预防与关怀”项目，关心关爱艾滋病携带者群体；争取中国红十字会总会资金696万余元，在全区17个村（社区）实施新一轮“博爱家园”项目，紧贴群众需求，帮助解决项目点各族群众实际困难，发展生计项目，助力脱贫攻坚，开展硬件（道路、应急避难场所修建等）、软件（应急救护、防灾避险、卫生健康知识培训）建设，传播社会主义核心价值观、“人道、博爱、奉献”的红十字精神、社会文明风尚，助力社会主义新农村建设、自治区乡村振兴战略；成功举办“魔豆妈妈”创业扶贫大赛，引导各族群众奋发图强，走创业致富道路；依托自治区“一带一路”核心区医疗中心，发挥新疆医科大学第一附属医院医疗服务优势，继续实施“一带一路”阿富汗先心病患儿救助项目。全年争取资金1000余万元，完成100名阿富汗先心病患儿来疆治疗的服务保障等工作。项目的成功实施，体现了中国人民的大爱无疆、人道主义情怀，有效促进了中阿两国及两国人民民心相通，拉近了阿富汗与中国新疆的距离，在推进新疆“一带一路”核心区建设及加强与周边国家的合作交流方面发挥了示范带动作用。四是稳步推进红十字会改革及法定化进程。及时对接中国红十字会总会，就有关事项进行沟通，紧紧围绕社会稳定和长治久安总目标，制定《自治区红十字会学习贯彻〈中国红十字会总会改革方案〉实施方案》，列出时间表、明确目标任务、方法步骤、时间节点，分阶段、分步骤推进改革工作。争取自治区人大支持，启动《新疆维吾尔自治区实施〈中华人民共和国红十字会法〉办法》修订工作，着力推进机构、职能、权限、程序、责任法定化。争取自治区人体器官捐献与移植委员会成员单位支持，起草《新疆维吾尔自治区人体器官捐献与移植条例（初稿）》，推进新疆维吾尔自治区人体器官捐献与移植工作规范化、法治化。

（六）聚焦公信力建设，人道资源动员能力不断提升

一是定期逐笔公示接受捐款及使用情况，邀请第三方会计师事务所开展审计并公示，主动接受社会监督；推动全区各级红十字会依法取得公开募捐资格证书和公益性捐赠税前扣除资格，依法开展募捐，保障捐赠者权益。二是落实自治区防范化解重大风险有关要求，开展债务专项清查，编制《内控管理手册》，规范流程、梳理风险点，以规章制度管人管事，有效提升了红十字会风险防范能力。三是坚持围绕中心、服务大局，积极拓宽筹资渠道，稳步推进定向捐赠，扩大专项基金筹资，支持学校、贫困家庭、南疆深度贫困村，实施社会扶贫项目、改善学校环境、普及应急救护知识与技能，开展大病医疗救助活动，协助党和政府做好民生工作。2018年，自治区本级筹集各类资金2000余万元。

（七）聚焦宣传动员，红十字社会影响力持续扩大

加强阵地建设，改版新疆红十字会官网、运行微信公众号，发布信息900余条次；以“‘5·8’红十字博爱周”为契机，开展救护知识培训、《中国红十字会法》宣传、现场知识问答、爱心捐款、消防地震演练、义诊体检等系列活动120场次，投放公益广告200条次；与主流媒体合作，61次对红十字会重大活动进行宣传报道，其中“一带一路”阿富汗患儿救助情况被《央视朝闻天下》、新华社、中新社、《中国青年报》、《新疆新闻》、《新疆日报》等媒体或栏目跟踪报道，红十字社会影响力不断扩大。

生产建设兵团红十字会

新疆生产建设兵团红十字会

一、认真学习贯彻落实习近平总书记系列重要讲话精神和中央、兵团党委重大决策部署

新疆生产建设兵团红十字会坚持以习近平新时代中国特色社会主义思想为引领，认真学习贯彻落实党的十九大精神和新时代党的治疆方略，贯彻落实习近平总书记对兵团工作的重要讲话和指示精神，牢固树立“四个意识”，坚定“四个自信”，做到“两个维护”推动兵团红十字会事业不断前进。

二、积极做好“三救”“三献”核心工作

积极加强红十字应急救援工作。募集、接收各类人道救助款物价值27.6万元、彩票公益金项目款30.3万元、红十字援助专项55.29万元，合计113.2万元，拨付救灾救助项目款物价值136.47万元。

认真做好红十字人道救助工作。开展“红十字博爱送万家”慰问活动，配发了138.20万元的面粉、食用油和棉被等物资，1.6万余户4.85万人受益。年末配发价值60万元的“红十字博爱送万家”面粉和食用油等物资。2名白血病患儿和7名先天性心脏病患儿获得17.50万元“红十字天使计划”项目资金救助。

举办“魔豆妈妈”创业扶贫大赛兵团区域赛。推荐兵团2名参赛选手入围全国赛，1人获全国优秀“魔豆妈妈”奖。

深入推进红十字应急救护培训工作。“世界急救日”开展红十字掌上急救学堂宣传和红十字应急救护知识与技能培训2.62万人次，参加应急演练5.30万人次。

依法开展红十字“三献”工作。利用各类主题纪念日广泛宣传、普及无偿献血、捐献造血干细胞和遗体、人体器官捐献知识13.89万人次。播放无偿献血公益宣传片744次，接受现场咨询6472人次，发放宣传资料4万余份。

三、加强红十字传播与宣传工作

结合“红十字博爱周”主题日活动，普及国际人道法和红十字运动基本知识宣传8.56万人次，普及其他各类宣传21.44万人次。

四、推动红十字志愿服务和青少年工作有序开展

组织红十字青少年参加了全国红十字防灾避险知识竞赛答题活动，第一师红十字会荣获最佳组织三等奖。

五、强化红十字会自身能力建设

在兵团卫生计生委党组领导下，认真参加卫计委党组“三会一课”学习制度，深入开展“不忘初心、牢记使命”主题教育。深入推动依法建会、依法治会，强化红十字会自身能力建设。加强组织建设、作风建设和干部队伍建设。

铁路系统红十字会

中国铁路系统红十字会

2018 年，中国铁路红十字会认真落实中国红十字会总会的工作部署和要求，健全有效运行机制，丰富工作载体，突出工作重点，积极开展红十字健康宣传、应急救护队伍建设、强化药箱管理和使用、义务献血等丰富多彩的活动，服务广大铁路旅客健康，大力弘扬红十字精神，取得了良好的成效。

一、突出铁路特点，深入开展铁路红十字重点工作

铁路红十字会以“应急救护、救护培训、药箱管理、健康宣传”四项铁路红十字重点工作，扎实开展红十字工作。

一是注重加强红十字基础建设。指导各铁路局集团公司建立了覆盖全路的红十字救护网络，认真组织开展红十字宣传教育、救护培训、拓展活动载体，做好红十字应急队伍建设等各项工作。明确各客运站应急救护绿色通道设置，基本实现了每个站区有 6 至 8 名红十字救护员，每个小站工区都有 1 至 2 名红十字救护员，逐步实现小病小伤能够在站区第一时间得到妥善处理，形成了较为完善的铁路红十字工作管理网络。

二是积极探索建设能和高铁发展相适应的新的应急救护体系。①按照每个车站客运班组、每个旅客列车乘务班组配备 2 名兼职救护员的标准，进一步配强红十字救护网络。②将红十字救护纳入高铁和动车乘务人员培训的基本内容，实行上岗前培训、每三年一次复训，合格后才能上岗作业，使其具备初级救护能力，在突发公共卫生事件或旅客需要应急救护时，能够妥善处理，为旅客提供力所能及的救助，争取救治时机。③动态优化培训内容，除包括救护新概念、心肺复苏、创伤救护、常见急症、紧急避险外，还增加了针对铁路行业特点的救护知识和技能，以及红十字药箱药品管理、使用、旅途常见病处置，使之成为铁路救护员培训的必修科目、必备技能。2018 年，组织郑州铁路职业技术学院举办了 8 期红十字救护员培训班，共计 480 人参加。同时，各铁路局集团公司与地方红十字会的沟通协作，全年组织站车乘务人员和边远站区职工应急救护培训 300 余期，培训 1.4 万人，为服务和保障广大旅客和边远站区职工健康发挥了重要作用。

三是进一步规范红十字药箱的管理。各单位认真落实《铁路红十字药箱配备标准及使用原则》（TB/T 3234—2010）、《关于做好旅客列车红十字药箱配备和管理工作的通知》（铁劳卫〔2010〕22 号）等规定，年初，将旅客列车红十字药箱费用列入年度预算，确保药品器械补充及时到位。采购药箱药械 37 类 15 万余件补充到了各旅客列车班组，为客运乘坐火车期间疾病应急治疗提供了必要保障。积极开展旅客列车红十字会药箱使用管理监督检查，全年组织疾控专业人员对2350个旅客列车红十字会药箱药械使用管理情况进行了覆盖式督导检查，督促规范做好药品及器械补充更新与使用登记、管理等各项工作。

四是积极开展红十字宣传活动。组织各铁路局集团公司，在“世界红十字日”“防灾减灾日”以及“世界急救日”期间，积极开展应急救护知识普及和救护技能培训，提高干部职工的灾害避险和自救互救能力。各站车单位在宣传活动期间，围绕宣传主题，通过车站、列车电子显示屏及站车广播，分时段进行集中宣传。专业人员深入列车、车站、社区发放宣传资料，普及红十字精神。监督所深入车站、列车进行食品卫生监督和食品安全知识普及。发放宣传资料35000余份，普及宣传近万人次。活动期间，组织专项讲座200余次，播放视频2000余次，印制发放红十字救护宣传页16万余份，广播9000余次，1500余块显示屏显示宣传主题，为近15万名职工微信平台推送了红十字救护知识。

二、推动红十字救护进一线，有力地保障职工身心健康

2018年，铁路系统以红十字救护技能培训为着力点，以健康体检、健康宣传、健康维护为抓手，积极推进“健康铁路”建设。

一是加强职工慢性疾病防治。针对慢性病高发和可防可控特点，强化45岁以上在职职工慢性病防治，以“心脑血管、糖尿病、肿瘤”为防治重点，做好颈腰椎病、胃病防护工作，提倡“合理膳食、适量运动、戒烟限酒、心理平衡”的健康生活方式，控制“血压、血脂、血糖、体重”，做好慢性病诊疗引导，降低慢性病危害。二是广泛开展救护技能普及性培训。组织铁路疾控所救护培训师资经常性深入一线为职工进行急救知识普及培训，高铁值乘培训、站车应急演练等都自发将红十字救护培训纳入其中，职工参与度极高，且兴趣浓厚，较好地增强了一线职工的应急救护技能。三是做好健康管理员培训工作。组织举办基层单位兼职健康管理员红十字救护知识培训班，对兼职健康管理员进行健康管理知识、红十字初级救护等培训，共计培训健康管理员9530名。四是加强重点人群健康维护。针对近年体检资料进行分析，确定高血脂、高血压、高血糖等重点人群，开展重点人群防治与随访观察。对患有严重职业禁忌证人员进行调整，防止发生岗上因病死亡现象。

三、主动承担社会责任，发挥人道救助作用，用铁路故事传播红十字声音

近年来，铁路系统红十字会积极适应红十字事业发展要求，紧密配合各级红十字会做好抢险救援物资运输、医疗用品紧急递送、公益事业宣传推广等工作，在应急抢险、重大活动、应急救护、民生保障等各个方面充分体现了央企国企应有的责任担当。一是建立绿色通道，确保救灾物资运输。铁路货运是赈灾救灾物资运送的重要途径，各铁路局集团公司主动与地方红会对接，积极受理各级红十字救灾物资的运输工作，并实行优先办理、优先配车、优先调运，在特殊时刻加开绿色通道，确保救灾物资及时运出，为红十字救灾物资运送提供最大便利。近年来，由铁路部门承运，对口支援和受灾地区发送物资超百万件。二是积极做好现场救护。各客运站车单位积极发挥红十字救护员的现场救护作用，对乘坐火车旅行突发疾病或需要紧急救护的旅客实施现场救护，确保旅客安全出行。2018 年 7 月 15 日，太原局集团公司担当的 D2508 次列车工作人员发挥红十字会人道精神，帮助一名孕妇列车上顺利产女，被中央电视台“东方时空”“新闻直播间”“共同关注”等栏目报道，新华网也进行了视频转播。同年，12 月 9 日石家庄客运段京西三组担当的 G651 次突发孕妇早产紧急情况，客运工作人员救助及时，处置得当，央视新闻、河北省多家媒体进行了报道。三是做好重症患者转运工作。铁路系统认真践行“人民铁路为人民”的宗旨，认真落实中国红十字会总会工作部署，积极做好“一带一路大病患儿人道救助行动”“西藏先天性心脏病儿童救治项目”等活动的服务工作，为重症患者开辟绿色通道。四是积极推动职工无偿献血工作。铁路系统积极配合地方有关单位，组织职工参与无偿献血工作，普及无偿献血知识 222599 人次，推动了无偿献血事业的开展。

特别行政区红十字会

香港特别行政区红十字会

2018 年，香港特别行政区红十字会(以下简称香港红十字会)拨款港币 360 万元，支持红十字国际委员会为全球一些较少受社会关注的持久危机地区提供人道支援。为受暴力事件影响的人士提供生计援助、饮用水及卫生设施。

2018 年 9 月，云南省普洱市墨江县发生 5.9 级地震，造成普洱市及玉溪市逾 10 万人受灾。超过 15000 人需紧急转移安置。香港红十字会于灾后通过云南省红十字会派发 1000 个预先储存在当地的家庭包，支持约 4000 名受地震影响的当地民众在灾后的日常生活需要。通过与德阳市残疾人联合会和成都第二人民医院合作，协助 62 位汶川和雅安地震伤员更换 176 件义肢和矫形器。在四川、重庆、陕西、宁夏、云南和湖北推行社区减灾项目，通过策划社区防灾备灾活动、社区培训班，提升社区的抗灾能力，超过 20 万人受惠。在青海、宁夏和四川的 12 所学校推行“学校为本减灾试点项目”为老师及家长提供急救和备灾知识，为小学生提供防灾备灾教育课程、修建小型减灾工程等，约 17000 名师生及家长受惠。在八个灾害频发的省市及自治区预先采购和预备赈灾物资以便灾后迅速调配。为超过 600 人次的内地红十字会工作人员和义工提供专业的项目管理和赈灾培训协助。

香港红十字会一直为公司、学校等提供急救服务，并定期为九龙寨城公园单车径和中环农墟提供急救服务。2018 年继续为多个大型活动及运动比赛出勤，包括“2018 香港业余冰球会冰球邀请赛”“七一游行”等，共提供 10485 小时急救服务，动员 2622 人次。

2018 年，香港红十字会一般捐款港币 9837401 元，指定用途捐款港币 8266426 元(以上捐款不包括赈灾捐款)，总捐款当中接近 90% 来自个人捐款者，其余 10% 是公司、基金会、机构或学校的捐款。

澳门特别行政区红十字会

2018 年，澳门特别行政区红十字会坚守七大基本原则：人道、公正、中立、独立、志愿服务、统一、普遍；积极发展在澳门以及国际间的人道工作和活动。

一、体现人道 缓解病困

澳门特别行政区红十字会“非紧急医疗爱心护送”工作，自 2003 年 7 月起正式开展并投入服务，为行动不便或长期卧床的病患者提供点对点专车接送往返服务，解决了他们因往返医院而需乘坐公共交通工具所面对的出行困难，至 2018 年年末共有 61 位专职人员及13部护送车辆提供协助。

2018年间，爱心护送服务成功接载26654人次往返医疗机构，由开展服务起至2018年年末，累计使用者已达287381人次。同时，顾及更多伤病者的需要，该会与仁伯爵综合医院合作，在2007年开始推行“出院护送服务”，为行动不便的住院病人提供日间出院护送服务，目前累计使用者已达56386人次，仅在2018年全年便有7295人次使用这项服务，有助舒缓病床紧张的压力。此外，该会以象征式收取租金的模式，设立“行动辅助器租用服务”，提供短期轮椅及拐杖租借给行动不便的市民，2018年共有181位市民受惠于此项服务。

另一方面，依靠该会的社区义工团队对服务社会抱有热诚，积极参与各种义务工作，该会得以更有效地把爱心和温暖传递到弱势社群之中，实现推动社会中乐于助人、关爱共融的正面风气。

爱己及人是红十字会的重要宗旨之一，红十字会深信，积极参与义务工作，除了可从中帮助别人，同时也在帮助自己。义务工作是一种学习，可以使人关心社会，对自己生活的地方了解更深，并从中培养良好的品格，传承到社会的下一代。

二、鼓舞爱心 驰援灾区

秉承国际红十字与红新月运动的宗旨：努力防止及减轻人类疾苦，弘扬人道、博爱及奉献的红十字精神，澳门红十字会于2001年成立了澳门红十字会赈灾基金，目的是能够在灾难发生后即时作出回应，更有效地发展支援救灾、备灾及灾后重建的工作。其来源主要是由澳门红十字会学校每年的学费收入、急救队等各项服务的收入以及热心人士的捐献所组成，用于紧急拨款救助和支持备灾救灾等各项工作的支出费用。

2018年国内外都发生了不少自然灾害，包括9月中旬侵袭澳门的台风“山竹”，吸取了“天鸽”风灾的教训，本次在“山竹”来袭前，大部分市民已经做好一切应对台风的准备。加上特区政府积极完善整个民防系统，各部门有效合作，成功使澳门的受损程度降到最低。红十字会作为民防架构中的一员，于台风来袭前开始协助低洼地区居民及有需要人士撤离到避险中心，当台风侵袭时在岗位中候命随时出动支援，并于台风过后帮助避险的人们返回住所等。

国内外的情况包括：湖北雪灾、河南雪灾、台湾花莲地震、山东台风、印尼地震海啸、印尼巽他海峡海啸等。不分地域，不论何地，红十字会的赈灾工作均刻不容缓地响应急需受援助的地区，行动包括马上启动赈灾机制，调拨救灾物资，并按实况派遣专员赶赴灾区进行评估及提供协助。同时红十字会保持与社会各界沟通协调，尽力帮助灾民渡过难关。

此外，2018年红十字会继续为过去部分灾区进行灾后重建计划：如云南彝良的灾后重建项目以及贵州省、广西壮族自治区、甘肃省、广东省等地的博爱家园项目，投放2600余万元，用以援建学校、保健院、卫生院、卫生站、备灾中心等工程。红十字会积极跟进灾后复原进度，力求让灾民能尽快开展新生活。“寻人服务”“博爱小学建设及爱心捐建项目”“应急供水培训”及在内地储备赈灾物资等工作也持续进行中。

三、传播德育 展现活力

澳门红十字会青少年制服团于2003年正式成立，宗旨希望为澳门青少年提供学习课外知识的平台，使参与者在德、智、体、群、美五大方面能有均衡，以及健康正面的发展。红十字会针对青少年的成长特质，设计一系列培训课程，让他们在过程中通过学习新知识发现及发展自我，认识生命的意义。包括红十字知识课程、急救及参与志愿服务等培训。2018年，团队已扩展至9团15小队，总人数逾451人。除了上述提及的日常培训，同时也为他们安排参与不同社会公益活动的机会，用以增广见闻，培养他们关心社会的意识。

另一方面，红十字会的急救义工和社区义工团队持续每年注入新血，使各项服务都得到扩展和完善。急救义工队所提供的驻场急救服务成果有目共睹，用心协助市民，于突发和危急关头尽力延续伤者生命，广受社会所认同，驻场急救服务需求持续增长。各社区义工为长者及有需要的人士所提供的关爱服务深受市民欢迎，多年来活跃于各社区中举办活动，大大提升了弱势社群的社会认同感，以及与人相处的信心，使他们拥有正能量去面对生活，掌握自己的人生。2018年，两个团队共为5244人次提供了服务。

四、推广急救 提升安全

澳门红十字会学校成立于1992年9月，通过开办各类型的课程和讲座，向市民推广急救知识，并获政府承认为一所专门教授急救知识的学校，更设有水上安全救生课程。各个课程的内容非常严谨，理论与操作并重，力求每一位学员在完成课程后能实践救急扶危、助己助人的使命。相关课程所收取的费用，悉数拨归赈灾基金及青少年发展基金。

学校也向澳门的非牟利团体、学校及政府部门提供免费急救知识讲座，希望更多人知道急救的重要性，实现把急救知识普及化的目标。因此，红十字会大力支持以薪火相传的形式作为推动急救知识普及的方法之一，定期开办急救导师考核课程，让急救学员于基础技巧上进一步提升和深化所学，通过考核最后成为急救导师，以作为推广急救的其中一股重要力量。他们大多利用业余时间，支持红十字会的急救教学和推广工作，传承急救的意义。

澳门红十字会于2018年内所开办的急救讲座和急救课程班共303个，总共有5723人接受了培训。其中为政府部门、学校及非营利机构举办了共47个急救讲座，以及1个水上安全救生课程。

另外，红十字会一如既往得到澳门消防局、仁伯爵综合医院、镜湖医院及香港圣约翰救伤队的大力支持和参与，顺利完成了2018年度的急救比赛。“急救在校园”推广计划持续于多间中学内进行，希望能从小开始，培养学生救人自救的道理。

五、宣传人道 社会支持

多年以来澳门红十字会积极服务社会，不遗余力地推行及贯彻红十字理念，用多元化的宣传途径例如活动、社交网站和宣传品等，向广大市民宣扬红十字运动的人道精神。同时以开放和保持高透明度的态度，公开红十字会的工作和服务，力求加深市民对红十字会的认识和支持。

此外，近年重点开展针对不同年龄层的幼儿及儿童兴趣班，向他们灌输人道知识，从小开始培养关爱别人，善良友好的理念和品格。

六、提升资源 优化内部

为优化现有服务的质量，红十字会一直支持和鼓励员工持续进修，充实自我，也经常派出员工参加不同课程和会议去丰富知识。同时适应社会的发展和变化，开拓更多适合市民需求的服务计划和工作项目。红十字会的部门包括医疗辅助服务部、学校及急救队、赈灾事务部、青少年及志愿服务部、秘书处及人力资源部和总务部等。

六

资讯篇

六

赏用瓷

中国红十字会总会及省、自治区、直辖市、铁路系统、生产建设兵团、特别行政区分会联络方式

●中国红十字会总会
地址：北京市东城区北新桥三条 8 号
邮编：100007
电话：010 – 84025890（中继线）
传真：010 – 64060566

●总会机关服务中心
地址：北京市东城区北新桥三条 8 号
邮编：100007
电话：010 – 64023704
传真：010 – 64023704

●总会训练中心
地址：北京市东城区干面胡同 53 号
邮编：100010
电话：010 – 65120011（中继线）

●总会备灾救灾中心
地址：北京市顺义区昌金路牛栏山段 30 号
邮编：101301
电话：010 – 60428255
传真：010 – 60428253

●中国红十字会援外物资供应站
地址：上海市徐汇区桂林路 35 号
邮编：200235
电话：021 – 64208182

●中国造血干细胞捐献者资料库管理中心
地址：北京市东城区干面胡同 53 号
邮编：100010
电话：010 – 65592099

●中国人体器官捐献管理中心
地址：北京市东城区干面胡同 53 号
邮编：100010
电话：010 – 65237997

●总会事业发展中心
地址：北京市海淀区四季青桥东农科院西路
邮编：100093
电话：010 – 50923302
传真：010 – 50923303

●中国红十字基金会
地址：北京市东城区干面胡同 53 号
邮编：100010
电话：010 - 65124154

●总会报刊社
地址：北京市东城区干面胡同 43 号
邮编：100010
电话：010 - 85114419

●北京市红十字会
地址：北京市丰台区六里桥南里甲 9 号 C 座
邮编：100073
电话：010 - 63558766
传真：010 - 63556189

●北京市东城区红十字会
地址：北京市东城区幸福大街 32 号 906 室
邮编：100061
电话：010 - 87556906
传真：010 - 87556906
E-mail：dcqhszh@ sina.com

●北京市西城区红十字会
地址：北京市西城区南菜园街 51 号
邮编：100054
电话：010 - 83975413

●北京市朝阳区红十字会
地址：北京市朝阳区团结湖北五条 8 号楼一层
邮编：100026
电话：010 - 65094673
传真：010 - 65094674
E-mail：chaoyanghonghui@ 163. com

●北京市海淀区红十字会
地址：北京市海淀区甘家口小区 12 号楼
邮编：100037
电话：010 - 88364184
传真：010 - 88364184
E-mail：1439052099@ qq. com

●北京市丰台区红十字会
地址：北京市丰台区东安街三条 6 号
邮编：100071
电话：010 - 63811615

●北京市石景山区红十字会
地址：北京市石景山区体育场南路 6 号
邮编：100043
电话：010 - 68602618（2919、1680、3206）
传真：010 - 68602618（2919、1680、3206）

●北京市门头沟区红十字会
地址：北京市门头沟区城子东街甲 40 号
邮编：102300
电话：010 - 69843746 / 69844406

●北京市房山区红十字会

地址：北京市房山区良乡工业开发区金光路1号区政府第二办公区
邮编：102488
电话：010－69378375
传真：010－69378375
E-mail：fangshanhonghui@ sohu. com

●北京市通州区红十字会

地址：北京市通州区永顺镇陈列馆路537号
邮编：101125
电话：010－69552295
传真：010－80886096
E-mail：786741072@ qq. com

●北京市顺义区红十字会

地址：北京市顺义区光明南街4号区总工会大楼8层
邮编：101300
电话：010－81494903
传真：010－81494903
E-mail：shunyihsz@ sina. com

●北京市昌平区红十字会

地址：北京市昌平区南环东路1号广电大厦综合办公楼10层
邮编：102200
电话：010－69718416
E-mail：cphsz@ 163. com

●北京市大兴区红十字会

地址：北京市大兴区兴丰大街南段138号
邮编：102600
电话：010－60283581
传真：010－60283581
E-mail：dxhonghui@ 163. com

●北京市平谷区红十字会

地址：北京市平谷区新平东路11号
邮编：101200
电话：010－69962334

●北京市怀柔区红十字会

地址：北京市怀柔区金地大厦28号楼B段五层
邮编：101400
电话：010－69631646
传真：010－69631646
E-mail：hrhh@ bjhr. net. cn

●北京市密云县红十字会

地址：北京市密云县长城环岛路南卫生局10层
邮编：101500
电话：010－69029126

●北京市延庆县红十字会

地址：北京市延庆县西街1号
邮编：102100
电话：010－69104066
传真：010－69104066
E-mail：hszhbgs@ 163. com

●天津市红十字会
地址：天津市和平区陕西路 16 号
邮编：300020
电话：022－27300121
传真：022－27312349

●天津市和平区红十字会
地址：天津市和平区甘肃路云台花园 1 门 0 层 2 室
邮编：300021
电话：022－27224908 / 27300545
传真：022－27224908
E-mail：hpqhongshizihui@ 163. com
网址：www. tjhp.gov. cn

●天津市河西区红十字会
地址：天津市河西区杭州道 8 号增 1 号
邮编：300202
电话：022－23398677 / 23462919
传真：022－23398677
E-mail：hxhszh@ tjhexi.gov. cn；hxhszh58@163. com

●天津市河东区红十字会
地址：天津市河东区西锦路 7 号
邮编：300171
电话：022－24310348
E-mail：hhsszz66@163. com

●天津市河北区红十字会
地址：天津市河北区王串场五号路 38 号
邮编：300000
电话：022－26747380
传真：022－26743430

●天津市红桥区红十字会
地址：天津市红桥区勤俭道 202 号
邮编：300131
电话：022－86516252

●天津市南开区红十字会
地址：天津市南开区青年路 309 号
邮编：300102
电话：022－27412297
传真：022－27412297
E-mail：nkhsz2008@ 126. com

●天津市滨海新区红十字会
地址：天津市营口道 734 号政通大厦 A 座 1303 室
邮编：300450

●天津市东丽区红十字会
地址：天津市东丽区先锋路 31 号
邮编：300300

●天津市津南区红十字会
地址：天津市津南区津沽路 128 号
邮编：300350

●天津市西青区红十字会

地址：天津市西青区杨柳青新华路 56 号（体育局 5 楼东侧）

邮编：300380

●天津市北辰区红十字会

地址：天津市北辰区北仓道区卫生局院内

邮编：300400

●天津市蓟州区红十字会

地址：天津市蓟州区城关新华大街 24 号

邮编：301900

●天津市宝坻区红十字会

地址：天津市宝坻区津围路

邮编：301800

●天津市宁河区红十字会

地址：天津市宁河区芦台镇卫生局院内

邮编：301500

●天津市武清区红十字会

地址：天津市武清区杨村镇新华路 4 号

邮编：301700

●天津市静海区红十字会

地址：天津市静海区静海镇静文路 7 号

邮编：301600

●河北省红十字会

地址：河北省石家庄市合作路 42 号

邮编：050051

电话：0311－87046792

传真：0311－66165365

●河北省石家庄市红十字会

地址：河北省石家庄市平安南大街 7 号商会大厦 4 楼

邮编：075000

●河北省张家口市红十字会

地址：河北省张家口市高新区长城西路 11 号市政府南楼 1146 号

邮编：050051

●河北省衡水市红十字会

地址：河北省衡水市榕花大街 375 号

邮编：053000

●河北省秦皇岛市红十字会

地址：河北省秦皇岛市建国路 34 号 6 楼

邮编：066000

●河北省保定市红十字会

地址：河北省保定市北大街 555 号中心血站 4 楼

邮编：071051

●河北省承德市红十字会

地址：河北省承德市牛圈子沟口

邮编：067000

●河北省邯郸市红十字会

地址：河北省邯郸市中华巷 70 号

邮编：056001

●河北省廊坊市红十字会

地址：河北省廊坊市新华路 88 号

邮编：065000

●河北省邢台市红十字会

地址：河北省邢台市中华大街 201 号

邮编：054001

●河北省沧州市红十字会

地址：河北省沧州市运河区浮阳大道 14 号

邮编：061001

●河北省唐山市红十字会

地址：河北省唐山市西山道 7 号

邮编：063000

●河北省辛集市红十字会

地址：河北省辛集市市府大街 54 号

邮编：052360

●河北省定州市红十字会

地址：河北省定州市中兴西路 263 号

邮编：073000

●华北油田石油管理局红十字会

地址：河北省任丘市渤海西路华北石油水矿区服务事业部

邮编：062550

●山西省红十字会

地址：山西省太原市东华门 6 号

邮编：030013

电话：0351 - 3580783

传真：0351 - 3580561

●山西省太原市红十字会

地址：山西省太原市桃园四巷 27 号

邮编：030002

●山西省大同市红十字会

地址：山西省大同市向阳西街 12 号市政网络中心 6 楼

邮编：037008

●山西省阳泉市红十字会

地址：山西省阳泉市开发区宏苑二区 3 -1 -1

邮编：045000

●山西省晋中市红十字会

地址：山西省晋中市羊毫街市政府大楼

邮编：030600

●山西省长治市红十字会

地址：山西省长治市英雄北路 46 号

邮编：046000

●山西省晋城市红十字会

地址：山西省晋城市太行路南段 949 号

邮编：048026

●山西省临汾市红十字会

地址：山西省临汾市财神北街疾病控制中心4楼

邮编：041000

●山西省吕梁市红十字会

地址：山西省吕梁市离石区团结路14号演艺集团3楼东

邮编：033000

●山西省运城市红十字会

地址：山西省运城市河东东街248号

邮编：044000

●山西省忻州市红十字会

地址：山西省忻州市新建南路忻师北巷6号

邮编：034000

●山西省朔州市红十字会

地址：山西省朔州市卫生大楼

邮编：036002

●内蒙古自治区红十字会

地址：内蒙古自治区呼和浩特市金桥开发区格根西街

邮编：010010

电话：0471－4501207

传真：0471－4501208

●内蒙古自治区呼和浩特市红十字会

地址：内蒙古自治区呼和浩特市玉泉区南二环150号

邮编：010070

●内蒙古自治区包头市红十字会

地址：内蒙古自治区包头市青山区稀土高新区民族东路119号

电话：0472－5157316

●内蒙古自治区乌海市红十字会

地址：内蒙古自治区乌海市海勃湾区市行政中心C座321室

电话：0473－3998530

●内蒙古自治区赤峰市红十字会

地址：内蒙古自治区赤峰市新城区市政府综合大楼C座

电话：0476－8821170

●内蒙古自治区通辽市红十字会

地址：内蒙古自治区通辽市科尔沁区永清大街268号

电话：0475－8253722

●内蒙古自治区呼伦贝尔市红十字会

地址：内蒙古自治区呼伦贝尔市新区行政中心1447室

电话：0470－8217895

●内蒙古自治区鄂尔多斯市红十字会
地址：内蒙古自治区鄂尔多斯市康巴什新区国泰广场 CBD T6－1503
电话：0477－8588486

●内蒙古自治区乌兰察布市红十字会
地址：内蒙古自治区乌兰察布市集宁区察哈尔西街人防大楼
电话：0474－8303216

●内蒙古自治区巴彦淖尔市红十字会
地址：内蒙古自治区巴彦淖尔市临河区胜利北路 10 号影剧院内
电话：0478－7900999

●内蒙古自治区兴安盟红十字会
地址：内蒙古自治区兴安盟乌兰浩特市党政大楼办公楼 3 楼
电话：0482－8266312

●内蒙古自治区锡林郭勒盟红十字会
地址：内蒙古自治区锡林郭勒盟锡林浩特市那达慕大街 1 号党政 3 号楼
电话：0479－6999158

●内蒙古自治区阿拉善盟红十字会
地址：内蒙古自治区阿拉善盟党政大楼 2 号楼 5 楼
电话：0483－8337196

●内蒙古自治区满洲里市红十字会
地址：内蒙古自治区满洲里市党政机关办公大楼 1328 室
电话：0470－6262229

●内蒙古自治区二连浩特市红十字会
地址：内蒙古自治区二连浩特市党政 1 号楼
电话：0479－7521947

●辽宁省红十字会
地址：辽宁省沈阳市和平区太原北街 2 号综合楼 C 座 5 楼
邮编：110001
电话：024－23447158
传真：024－23447199

●辽宁省沈阳市红十字会
地址：辽宁省沈阳市和平区中山路 70 号新华大厦 19 层
邮编：110001
电话：024－31871599
传真：024－31871599

●辽宁省大连市红十字会
地址：辽宁省大连市西岗区唐山街 2–6 号
邮编：116011
电话：0411－83693266
传真：0411－83700919

●**辽宁省鞍山市红十字会**

地址：辽宁省鞍山市铁东区前进路 6 号

邮编：114002

●**辽宁省抚顺市红十字会**

地址：辽宁省抚顺市顺城区浑河北路 60 号

邮编：113006

●**辽宁省本溪市红十字会**

地址：辽宁省本溪市明山区胜利路 31 号

邮编：117000

●**辽宁省丹东市红十字会**

地址：辽宁省丹东市振兴区三经街 13 –12 号

邮编：118000

●**辽宁省锦州市红十字会**

地址：辽宁省锦州市市府路 68 号

邮编：121013

●**辽宁省营口市红十字会**

地址：辽宁省营口市站前区辽河广场 5 号

邮编：115000

●**辽宁省阜新市红十字会**

地址：辽宁省阜新市海州区矿工大街 25 号

邮编：123000

●**辽宁省辽阳市红十字会**

地址：辽宁省辽阳市白塔区民主路 38 号

邮编：111000

●**辽宁省铁岭市红十字会**

地址：辽宁省铁岭市银州区体育馆 23 号

邮编：112000

●**辽宁省朝阳市红十字会**

地址：辽宁省朝阳市柳城路一段 53 号

邮编：122000

●**辽宁省盘锦市红十字会**

地址：辽宁省盘锦市兴隆台区人民政府大街 18 号

邮编：124010

●**辽宁省葫芦岛市红十字会**

地址：辽宁省葫芦岛市龙港区龙湾大街 15 号

邮编：125000

●**吉林省红十字会**

地址：吉林省长春市人民大街 1486 号

邮编：130051

电话：0431 – 88905992

传真：0431 – 88919277

●**吉林省长春市红十字会**

地址：吉林省长春市近埠街 4–2 号

邮编：130051

●**吉林省吉林市红十字会**

地址：吉林省吉林市船营区朝阳文化广场北路

邮编：132011

●吉林省延边朝鲜族自治州红十字会

地址：吉林省延吉市河南街 67 号

邮编：133007

●吉林省四平市红十字会

地址：吉林省四平市铁西英雄大街 50 号

邮编：136000

●吉林省通化市红十字会

地址：吉林省通化市秀泉路 10 号

邮编：134001

●吉林省白城市红十字会

地址：吉林省白城市文化东路 1 号

邮编：137000

●吉林省辽源市红十字会

地址：吉林省辽源市人民大街 39 号卫生大厦

邮编：136200

●吉林省松原市红十字会

地址：吉林省松原市宁江区沿江路 22 号

邮编：131100

●吉林省白山市红十字会

地址：吉林省白山市新红旗街 129 号

邮编：134300

●黑龙江省红十字会

地址：黑龙江省哈尔滨市南岗区十字街 33 号

邮编：150008

电话：0451 – 82767071

传真：0451 – 82713508

●黑龙江省哈尔滨市红十字会

地址：黑龙江省哈尔滨市松北区世纪大道 1 号（市政府东楼 1 楼）

邮编：150021

电话：0451 – 86776788

E-mail：hongshizi12@ 163. com

●黑龙江省齐齐哈尔市红十字会

地址：黑龙江省齐齐哈尔市党政办公中心 5 号楼

邮编：161006

电话：0452 – 2795113

E-mail：qhh5113@ 163. com

●黑龙江省牡丹江市红十字会

地址：黑龙江省牡丹江市日照街 60 号 502 室

邮编：157000

电话：0453 – 6987876

E-mail：mdjzxdan@ 163. com

●黑龙江省佳木斯市红十字会

地址：黑龙江省佳木斯市长安路市政府 4 号楼

邮编：154002

电话：0454 – 8239199

E-mail：jmshongshizihuil@ 163. com

●黑龙江省大庆市红十字会

地址：黑龙江省大庆市萨尔图区东风路 19 号市政府后楼南门 1308 室
邮编：163311
电话：0459 – 6367566
E-mail：6367566@ 163. com

●黑龙江省鸡西市红十字会

地址：黑龙江省鸡西市鸡冠区热力巷 5 号热力公司 8 楼
邮编：158100
电话：0467 – 2314016
E-mail：jxshszh@ 126. com

●黑龙江省双鸭山市红十字会

地址：黑龙江省双鸭山市尖山区双福路卫生大厦 4 楼
邮编：155100
电话：0469 – 6120566
E-mail：syshszh@ 163. com

●黑龙江省伊春市红十字会

地址：黑龙江省伊春市人民政府裙楼 1 楼
邮编：153000
电话：0458 – 3903833
E-mail：hsz0458@ 126. com

●黑龙江省七台河市红十字会

地址：黑龙江省七台河市桃山区大同路 45 号党政办公中心 14 楼
邮编：154000
电话：0464 – 8293155

●黑龙江省鹤岗市红十字会

地址：黑龙江省鹤岗市工农区电信路 11 号
邮编：154101
电话：0468 – 6168799
E-mail：hghszh@ 126. com

●黑龙江省黑河市红十字会

地址：黑龙江省黑河市公园路 26 号
邮编：1643 00
电话：0456 – 8269996
E-mail：hhs – hszh@ 163. com

●黑龙江省绥化市红十字会

地址：黑龙江省绥化市北林区迎宾路 2 号
邮编：152002
电话：0455 – 8388818
E-mail：lyw8762@ 163. com

●黑龙江省大兴安岭地区红十字会

地址：黑龙江省大兴安岭行署 3 号楼
邮编：165000
电话：0457 – 6103699 / 6103533
E-mail：dxalhshzh@ 126. com

●黑龙江省绥芬河市红十字会

地址：黑龙江省绥芬河市长江路 1 号
邮编：157300
电话：0453 – 3922189
E-mail：gejuan7776@ 163. com

●上海市红十字会
地址：上海市北京西路 1465 号 22－23 楼
邮编：200040
电话：021－55359999
传真：021－52121909

●上海市普陀区红十字会
地址：上海市曹杨路 510 号 11 楼
邮编：200333
电话：021－62441118－1103
传真：021－52835077
E-mail：ptqhh@126.com

●上海市杨浦区红十字会
地址：上海市杨浦区江浦路 667 号 A 座 6 楼
邮编：200082
电话：021－25033612
传真：021－25033612
E-mail：yphonghui@126.com

●上海市虹口区红十字会
地址：上海市唐山路 902 号 1 号楼 215 室
邮编：200082
电话：021－65418397
传真：021－65418395
E-mail：hkhh888@163.com

●上海市黄浦区红十字会
地址：上海市重庆南路 100 号 708 室
邮编：200020

●上海市徐汇区红十字会
地址：上海市漕溪北路 336 号综合楼 108 室
邮编：200030
电话：021－64647403
传真：021－64647403
E-mail：honghui@xh.sh.cn

●上海市静安区红十字会
地址：上海市静安区愚园路 300 号 2305 室
邮编：200040
电话：021－62401617
E-mail：jingan_red@163.com

●上海市闸北区红十字会
地址：上海市闸北区中兴路 1111 号 2 楼
邮编：200435
电话：021－56338686
传真：021－56403980
E-mail：zbredcross@sina.com

●上海市长宁区红十字会
地址：上海市长宁区云雾山路 39 号 9 楼
邮编：200051
电话：021－52064615
传真：021－52064612
E-mail：redcross_shcn@163.com

●上海市闵行区红十字会

地址：上海市莘谭路408号北楼3楼

邮编：201199

●上海市宝山区红十字会

地址：上海市友谊路42弄5号

邮编：201999

●上海市浦东新区红十字会

地址：上海市浦东新区德平路289号16楼

邮编：200136

电话：021－50342784

传真：021－58467172

E-mail：pdxqhh@163.com

●上海市嘉定区红十字会

地址：上海市南大街272号1楼

邮编：201800

●上海市松江区红十字会

地址：上海市中山中路38号1号楼12楼西侧1213－1223室

邮编：201699

●上海市金山区红十字会

地址：上海市卫二路428号

邮编：200540

●上海市青浦区红十字会

地址：上海市青舟路200号民防综合大楼5楼507室

邮编：201700

●上海市奉贤区红十字会

地址：上海市南桥镇江海路363号

邮编：201499

●上海市崇明县红十字会

地址：上海市城桥镇一江山路612号

邮编：202150

●江苏省红十字会

地址：江苏省南京市中山北路49号机械大厦12B楼

邮编：210008

电话：025－57713291

传真：025－57713271

E-mail：icrcjs1904@gmail.com

网址：www.jsredcross.org.cn

●江苏省南京市红十字会

地址：江苏省南京市北京东路4号3－1

邮编：210008

电话：025－83612986

E-mail：hwd_nanjing@163.com

●江苏省无锡市红十字会

地址：江苏省无锡市后西溪19号

邮编：214001

●江苏省常州市红十字会

地址：江苏省常州市红梅南路37号

邮编：213003

●江苏省镇江市红十字会
地址：江苏省镇江市将军巷 9 号
邮编：212001

●江苏省苏州市红十字会
地址：江苏省苏州市体育场路 4 号
邮编：215006

●江苏省南通市红十字会
地址：江苏省南通市青年中路 109 号
邮编：226006
电话：0513 – 85053656
传真：0513 – 85053611
E-mail：hh85053656@126.com

●江苏省扬州市红十字会
地址：江苏省扬州市文昌中路 460 号
邮编：225002

●江苏省泰州市红十字会
地址：江苏省泰州市永泰路 318 号
邮编：225300

●江苏省盐城市红十字会
地址：江苏省盐城市盐城开放大道 79 号
邮编：224002

●江苏省徐州市红十字会
地址：江苏省徐州市泰山路东坡花园 8 号楼
邮编：221006

●江苏省宿迁市红十字会
地址：江苏省宿迁市太湖路 260 号
邮编：223800

●江苏省淮安市红十字会
地址：江苏省淮安市工业路 20 号
邮编：223001

●江苏省连云港市红十字会
地址：江苏省连云港市新浦区苍梧路 12 号
邮编：222006

●浙江省红十字会
地址：浙江省杭州市秋涛北路 324 号
邮编：310020
电话：0571 – 86466691
传真：0571 – 86466692

●浙江省杭州市红十字会
地址：浙江省杭州市孝女路 2 号
邮编：310006
电话：0571 – 87061230
传真：0571 – 87070879

●浙江省宁波市红十字会
地址：浙江省宁波市永丰路 237 号
邮编：315010
电话：0574 – 87254349
传真：0574 – 87209039

●浙江省温州市红十字会

地址：浙江省温州市府东路 563 号

邮编：325009

电话：0577 – 88960730

传真：0577 – 88960732

●浙江省湖州市红十字会

地址：浙江省湖州市青太路 915 号

邮编：313000

电话：0572 – 2760067

传真：0572 – 2760065

●浙江省嘉兴市红十字会

地址：浙江省嘉兴市文桥路 486 号

邮编：314050

电话：0573 – 82875805

传真：0573 – 83687803

●浙江省绍兴市红十字会

地址：浙江省绍兴市区新建北路 16 号

邮编：312000

电话：0575 – 85083308

传真：0575 – 85080565

●浙江省金华市红十字会

地址：浙江省金华市永康街 288 号

邮编：321017

电话：0579 – 82114353

传真：0579 – 82118892

●浙江省衢州市红十字会

地址：浙江省衢州市荷二路 109 号

邮编：304002

电话：0570 – 3081875

传真：0570 – 3081875

●浙江省舟山市红十字会

地址：浙江省舟山市新城翁山路 530 号

邮编：316021

电话：0580 – 2612297

传真：0580 – 2612297

●浙江省台州市红十字会

地址：浙江省台州市椒江区东海大道 608 号

邮编：318000

电话：0576 – 88536231

传真：0576 – 88536399

●浙江省丽水市红十字会

地址：浙江省丽水市花园路 1 号

邮编：323000

电话：0578 – 2091957

传真：0578 – 2091956

●安徽省红十字会

地址：安徽省合肥市马鞍山路 509 号省政务中心大厦 B 座 9 楼

邮编：230002

电话：0551 – 62999161

传真：0551 – 62999162

●安徽省合肥市红十字会

地址：安徽省合肥市六安路 68 号

邮编：230001

●安徽省淮北市红十字会

地址：安徽省淮北市相山区淮海路 115 号

邮编：235000

●安徽省亳州市红十字会

地址：安徽省亳州市芍花路

邮编：236801

●安徽省宿州市红十字会

地址：安徽省宿州市卫生局院内

邮编：234000

●安徽省蚌埠市红十字会

地址：安徽省蚌埠市体育路红十字会医院内

邮编：233000

●安徽省阜阳市红十字会

地址：安徽省阜阳市南二环路

邮编：236032

●安徽省淮南市红十字会

地址：安徽省淮南市人民南路西 276 号市卫生局内

邮编：232007

●安徽省滁州市红十字会

地址：安徽省滁州市委大院 048 信箱

邮编：239001

●安徽省六安市红十字会

地址：安徽省六安市人民路 166 号

邮编：237001

●安徽省马鞍山市红十字会

地址：安徽省马鞍山市佳山路梨苑 1 号卫生大厦

邮编：243011

●安徽省巢湖市红十字会

地址：安徽省巢湖市健康东路市卫生局内

邮编：238000

●安徽省芜湖市红十字会

地址：安徽省芜湖市渡春路 2 号

邮编：241000

●安徽省宣城市红十字会

地址：安徽省宣城市鳌峰大街卫生局内

邮编：242000

●安徽省铜陵市红十字会

地址：安徽省铜陵市行政中心北 14 楼 1412 号

邮编：244000

●安徽省池州市红十字会

地址：安徽省池州市委大院 4 楼

邮编：247000

●安徽省安庆市红十字会

地址：安徽省安庆市市府路 3 号市卫生局内

邮编：246003

●安徽省黄山市红十字会

地址：安徽省黄山市屯溪区环城北路 174 号

邮编：245000

●福建省红十字会

地址：福建省福州市华林路 128 号屏东写字楼 8 层

邮编：350003

电话：0591－87763350

传真：0591－87763351

●福建省福州市红十字会

地址：福建省福州市鼓楼区鼓屏路 27 号承恩楼 8 层

邮编：350001

●福建省厦门市红十字会

地址：福建省厦门市湖滨四里 64 号之一湖光大厦 2–3 楼

邮编：361004

●福建省漳州市红十字会

地址：福建省漳州市芗城区胜利西路 118 号市政府大院 22 号楼

邮编：363000

●福建省泉州市红十字会

地址：福建省泉州市东海湾市行政中心

邮编：362000

●福建省三明市红十字会

地址：福建省三明市红岩新村 23 幢 3 楼市政府大院

邮编：365000

●福建省莆田市红十字会

地址：福建省莆田市市政府 3 号楼 1 层 123 室

邮编：351100

●福建省南平市红十字会

地址：福建省南平市八一路 421 号

邮编：353000

●福建省龙岩市红十字会

地址：福建省龙岩市和平路 18 号

邮编：364000

●福建省宁德市红十字会

地址：福建省宁德市蕉城北路 17 号

邮编：352100

●江西省红十字会

地址：江西省南昌市西湖路 7 号

邮编：330046

电话：0791－86255747

传真：0791－86252815

●江西省南昌市红十字会

地址：江西省南昌市渊明北路 147 号

邮编：330008

●**江西省九江市红十字会**

地址：江西省九江市浔阳区庐峰路48号民主党派楼1楼

邮编：332000

●**江西省景德镇市红十字会**

地址：江西省景德镇市紫薇路55号

邮编：333000

●**江西省萍乡市红十字会**

地址：江西省萍乡市平安大道雍家冲卫生局2楼

邮编：333400

●**江西省新余市红十字会**

地址：江西省新余市城北凌上东路218号

邮编：338000

●**江西省鹰潭市红十字会**

地址：江西省鹰潭市交通路22号（市卫生局7楼）

邮编：335000

●**江西省赣州市红十字会**

地址：江西省赣州市政府北2区2楼

邮编：341000

●**江西省宜春市红十字会**

地址：江西省宜春市宜阳大厦中座720室

邮编：336000

●**江西省上饶市红十字会**

地址：江西省上饶市信州区金龙岗15号

邮编：334000

●**江西省吉安市红十字会**

地址：江西省吉安市城南行政中心C座801室

邮编：343000

●**江西省抚州市红十字会**

地址：江西省抚州市玉茗大道市直集中办公大楼1号楼3楼

邮编：344000

●**山东省红十字会**

地址：山东省济南市高新区奥体中路5316号

邮编：250101

电话：0531－85599981

传真：0531－85599994

●**山东省济南市红十字会**

地址：山东省济南市经五路169号

邮编：250001

电话：0531－87081588

传真：0531－87081588

E-mail：jnredcross@163.com

●山东省青岛市红十字会

地址：山东省青岛市市南区山东路 12 号甲 905 室
邮编：266071
电话：0532－85975999
传真：0532－85976999
E-mail：qeredcross@ 163. com

●山东省烟台市红十字会

地址：山东省烟台市莱山区银海路 26 号
邮编：264003
电话：0535－2123999
传真：0535－2103269
E-mail：ythszh@ 126. com

●山东省淄博市红十字会

地址：山东省淄博市张店区华光路 272 号
邮编：255000
电话：0533－2793999
传真：0533－2793999
E-mail：zbhhxc@ 163. com

●山东省潍坊市红十字会

地址：山东省潍坊市奎文区广安巷 187 号
邮编：261041
电话：0536－8240120
传真：0536－8583262
E-mail：wfhhb@ 163. com

●山东省枣庄市红十字会

地址：山东省枣庄市新城和谐路 390 号
邮编：277800
电话：0632－3316143
传真：0632－3316143
E-mail：zzhszh@ 163. com

●山东省济宁市红十字会

地址：山东省济宁市吴泰闸路 105 号
邮编：272000
电话：0537－2713999
传真：0537－2713999
E-mail：2713999h@ 163. com

●山东省东营市红十字会

地址：山东省东营市东城黄河路与沂州路路口青年公社
邮编：257091
电话：0546－8083385
传真：0546－8339363
E-mail：dyshszh2013@ 163. com

●山东省泰安市红十字会

地址：山东省泰安市市政大楼 B9028 房间
邮编：271000
电话：0538－6991730
传真：0538－6991730
E-mail：wsjhhd@ 163. com

●山东省威海市红十字会

地址：山东省威海市青岛北路 28 号卫生大厦 708 室
邮编：264200
电话：0631－5286961
传真：0631－5330333
E-mail：whhszh@ 126. com

●山东省日照市红十字会

地址：山东省日照市云海路 46 号
邮编：276800
电话：0633－8251084
传真：0633－8251084
E-mail：rzshszh@ sina. com

●山东省莱芜市红十字会

地址：山东省莱芜市龙潭东大街 001 号行政服务中心 318 房间
邮编：271199
电话：0634－8891036
传真：0634－8891036
E-mail：Lwshszh@ 163. com

●山东省临沂市红十字会

地址：山东省临沂市兰山区北城新区公共卫生大楼 2 楼
邮编：276000
电话：0539－8605968
传真：0539－8129382
E-mail：sdlyhszh@ 163. com

●山东省德州市红十字会

地址：山东省德州市东风东路 1566 号新城综合楼 B 区 5 楼
邮编：253076
电话：0534－2633199
传真：0534－2633199
E-mail：dzhh2633199@ 163. com
网址：www. dzhszh. org. cn

●山东省滨州市红十字会

地址：山东省滨州市渤海十六路 736 号
邮编：256603
电话：0543－3355871
传真：0543－3361719
E-mail：bzhszhbgs@ 163. com

●山东省聊城市红十字会

地址：山东省聊城市青林街 16 号
邮编：252000
电话：0635－8436751
E-mail：lchszh2007@ 163. com

●山东省菏泽市红十字会

地址：山东省菏泽市西安路 888 号
邮编：274000
电话：0530－5626158
传真：0530－5626158
E-mail：hzhh0530@ 163. com

●济南铁路局红十字会

地址：山东省济南市车前街 2 号
邮编：250001

●胜利油田红十字会

地址：山东省东营市东营区济南路258号

邮编：257001

●中国石化集团齐鲁石化公司红十字会

地址：山东省淄博市临淄区桓公路15号

邮编：255408

●山东省莱钢集团红十字会

地址：山东省莱芜市钢城区友谊大街

邮编：271104

●河南省红十字会

地址：河南省郑州市黄河路11号豫粮大厦17楼

邮编：450003

电话：0371－65955321

传真：0371－65926188

●河南省郑州市红十字会

地址：河南省郑州市中原区互助路73号院3号楼

邮编：450015

●河南省开封市红十字会

地址：河南省开封市金明大道南段卫生局内

邮编：475004

●河南省洛阳市红十字会

地址：河南省洛阳市中州西路30号

邮编：471003

●河南省平顶山市红十字会

地址：河南省平顶山市新城区卫计委内

邮编：467000

●河南省安阳市红十字会

地址：河南省安阳市永安街东段三观庙村委会院

邮编：450000

●河南省鹤壁市红十字会

地址：河南省鹤壁市淇滨区卫计委212室

邮编：458030

●河南省新乡市红十字会

地址：河南省新乡市卫滨区一横街63号

邮编：453000

●河南省焦作市红十字会

地址：河南省焦作市人民路阳光大厦B313

邮编：454002

●河南省濮阳市红十字会

地址：河南省濮阳市开州南路33号

邮编：457000

●河南省许昌市红十字会

地址：河南省许昌市魏都区前进路39号

邮编：461000

●河南省漯河市红十字会

地址：河南省漯河市天山路2号

邮编：462000

●河南省三门峡市红十字会
地址：河南省三门峡市崤山路中段35号路卫生局
邮编：472000

●河南省商丘市红十字会
地址：河南省商丘市长江东路378号市残联2楼
邮编：476000

●河南省周口市红十字会
地址：河南省周口市川汇区太昊路人大政协综合楼1028室
邮编：466000

●河南省驻马店市红十字会
地址：河南省驻马店市解放路中段
邮编：463000

●河南省南阳市红十字会
地址：河南省南阳市中州路363号
邮编：473000

●河南省信阳市红十字会
地址：河南省信阳市羊山新区市行政中心3号楼3421室
邮编：464000
电话：0376－6365216
传真：0376－6560127
E-mail：xyshszhbgs@126.com

●河南省济源市红十字会
地址：河南省济源市第二行政区3号楼
邮编：459000

●河南省巩义市红十字会
地址：河南省巩义市东区健康路102号
邮编：451200

●河南省汝州市红十字会
地址：河南省汝州市广成中路36号汝州市卫生局
邮编：467599

●河南省邓州市红十字会
地址：河南省邓州市三贤北路卫生局院内
邮编：474150

●河南省永城市红十字会
地址：河南省永城市东城区卫生局院内
邮编：476600

●湖北省红十字会
地址：湖北省武汉市武昌区中北路101号楚商大厦
邮编：430071
电话：027－87325005
传真：027－87325268

●湖北省武汉市红十字会
地址：湖北省武汉市汉口胜利街162号
邮编：430014

●湖北省黄石市红十字会

地址：湖北省黄石市武汉路 203 号

邮编：435000

●湖北省十堰市红十字会

地址：湖北省十堰市柳林路 25 号

邮编：442000

●湖北省襄阳市红十字会

地址：襄阳市襄城区新街 16 号

邮编：441021

●湖北省宜昌市红十字会

地址：湖北省宜昌市伍家岗区桔城路 8 号

邮编：443001

●湖北省荆州市红十字会

地址：湖北省荆州市荆州区荆东路 18 号

邮编：434020

●湖北省荆门市红十字会

地址：湖北省荆门市金虾路 60 号

邮编：448000

●湖北省鄂州市红十字会

地址：湖北省鄂州市滨湖南路 17 号

邮编：436000

●湖北省孝感市红十字会

地址：湖北省孝感市城站路 75 号

邮编：432100

●湖北省黄冈市红十字会

地址：湖北省黄冈市新港大道 102 号

邮编：438000

●湖北省咸宁市红十字会

地址：湖北省咸宁市咸宁大道 9 号

邮编：437100

●湖北省随州市红十字会

地址：湖北省随州市迎宾大道 108 号

邮编：434100

●湖北省恩施州红十字会

地址：湖北省恩施市舞阳大街 225 号

邮编：445000

●湖北省仙桃市红十字会

地址：湖北省仙桃市沔阳大道 18 号

邮编：433000

●湖北省天门市红十字会

地址：湖北省天门市陆羽大道西 7 号

邮编：431700

●湖北省潜江市红十字会

地址：湖北省潜江市红梅东路 8 号

邮编：433199

●湖北省神农架林区红十字会

地址：湖北省神农架林区神农大道 101 号

邮编：442400

●湖南省红十字会
地址：湖南省长沙市五一大道 492 号粮贸大厦
邮编：410001
电话：0731 – 82584999
传真：0731 – 82584928

●湖南省长沙市红十字会
地址：湖南省长沙市岳麓区岳麓大道 218 号市政府二办公楼
邮编：410013

●湖南省株洲市红十字会
地址：湖南省株洲市天台路 7 号
邮编：412007

●湖南省湘潭市红十字会
地址：湖南省湘潭市霞光中路 28 号
邮编：411104

●湖南省岳阳市红十字会
地址：湖南省岳阳市巴陵东路炮湾港
邮编：414000

●湖南省衡阳市红十字会
地址：湖南省衡阳市蒸湘区光辉街 31 号
邮编：421001

●湖南省益阳市红十字会
地址：湖南省益阳市金山南路 116 号
邮编：413000

●湖南省常德市红十字会
地址：湖南省常德市洞庭湖大道 410 号市政府三办公楼
邮编：415000

●湖南省邵阳市红十字会
地址：湖南省邵阳市政府院内
邮编：422000

●湖南省娄底市红十字会
地址：湖南省娄底市乐坪大道 825 号
邮编：417000

●湖南省郴州市红十字会
地址：湖南省郴州市南塔路 6 号
邮编：423000

●湖南省永州市红十字会
地址：湖南省永州市永州大道（市中心医院旁）
邮编：425000

●湖南省怀化市红十字会
地址：湖南省怀化市市民服务中心 A 栋 10 楼
邮编：418000

●湖南省张家界市红十字会
地址：湖南省张家界市南庄坪大庸路中心血站 5 楼
邮编：427000

●湖南省湘西自治州红十字会

地址：湖南省吉首市人民北路 82 号
邮编：416000

●广东省红十字会

地址：广东省广州市广州大道 1198 号
邮编：510060
电话：020 – 38807104
传真：020 – 38846316

●广东省广州市红十字会

地址：广东省广州市越秀区麓景路狮带岗西 1 号
邮编：510091
电话：020 – 83598396
传真：020 – 83500529
E-mail：gz – redcross@ 163. com

●广东省深圳市红十字会

地址：广东省深圳市罗湖区人民北路 2210 号
邮编：518000
电话：0755 – 82176023
传真：0755 – 25601682
E-mail：szzhaozhen@ 21cn. com；johnch@ 126. com

●广东省珠海市红十字会

地址：广东省珠海市香洲区狮山路 1 号
电话：0756 – 2257797

●广东省汕头市红十字会

地址：广东省汕头市金平区中山中路 130 号
电话：0754 – 88295834

●广东省佛山市红十字会

地址：广东省佛山市禅城区岭南大道北 12 号侧
邮编：528000
电话：0757 – 82363455
传真：0757 – 82363456
E-mail：fshszh@ qq. com

●广东省韶关市红十字会

地址：广东省韶关市武江区芙蓉北路 22 号
邮编：512026
电话：0751 – 8176603
传真：0751 – 8176603

●广东省河源市红十字会

地址：广东省河源市新市区兴源路预防保健中心内
邮编：517000
电话：0762 – 3327844

●广东省梅州市红十字会

地址：广东省梅州市江南梅龙东路 5 号市医科大楼 3 楼
邮编：514021
电话：0753 – 2257576
传真：0753 – 2257576
E-mail：mzhszh@ 163. com

●广东省惠州市红十字会
地址：广东省惠州市鹅岭北路横街 13 号
邮编：516001
电话：0752 – 2123323

●广东省汕尾市红十字会
地址：广东省汕尾市区西小区 16 栋 2 号
邮编：516600
电话：0666 – 3320903
传真：0660 – 3377619
E-mail：shww828@ 126. com

●广东省东莞市红十字会
地址：广东省东莞市育华路 6 –7 号
邮编：523000
电话：0769 – 23105928
传真：0769 – 22117227
E-mail：68759408@ qq. com

●广东省中山市红十字会
地址：广东省中山市悦来南路 9 号
电话：0760 – 23320369

●广东省清远市红十字会
地址：广东省清远市清城区连江路 61 号凤翔豪苑
邮编：511518
电话：0763 – 3373731
E-mail：qyhonghui@ 126. com
网址：http：//old.gdqy.gov. cn/web/qyshszh/

●广东省江门市红十字会
地址：广东省江门市象山新村 122 号 1–2 层
邮编：529000
电话：0750 – 3270327
传真：0750 – 3270325
E-mail：jmhh@ jiangmen. cn

●广东省阳江市红十字会
地址：广东省阳江市区东风三路绿苑小区 6 号 8 楼
电话：0662 – 3308829

●广东省湛江市红十字会
地址：广东省湛江市赤坎区南方路 9 号
邮编：524038
电话：0759 – 3356766
传真：0759 – 3356766
E-mail：zjshszh@ 163. com

●广东省茂名市红十字会
地址：广东省茂名市迎宾四路 162 号 7 楼
邮编：525000
电话：0668 – 2963906

●广东省肇庆市红十字会
地址：广东省肇庆市卫生培训中心附近
电话：0758 – 2825290

●广东省潮州市红十字会
地址：广东省潮州市湘桥区枫春路中段人民广场右侧综合楼 5 楼
电话：0768 – 2279500

●广东省揭阳市红十字会

地址：广东省揭阳市市区临江北路市政府大院内 4 号楼 109
邮编：522031
电话：0663 – 8768352
传真：0663 – 8768352
E-mail：jyredcross@ 126. com

●广东省云浮市红十字会

地址：广东省云浮市岩前路 5 号
邮编：527300
电话：0766 – 8869618
传真：0766 – 8869618
E-mail：yfhonghui@ 163. com

●广西壮族自治区红十字会

地址：广西壮族自治区南宁市金州路 27 号
邮编：530021
电话：0771 – 5860326
传真：0771 – 5768023

●广西壮族自治区南宁市红十字会

地址：广西壮族自治区南宁市民族大道 4 号邕江宾馆商厦 4 楼
邮编：530012
电话：0771 – 2826863
传真：0771 – 2826863
E-mail：nnhh2823933@ 163. com

●广西壮族自治区柳州市红十字会

地址：广西壮族自治区柳州市高新一路科技大厦 7 楼
邮编：545006
电话：0772 – 2630233
传真：0772 – 2612833
E-mail：lzhh0772@ 163. com

●广西壮族自治区桂林市红十字会

地址：广西壮族自治区桂林市临桂路 23 号
邮编：541002
电话：0773 – 2820848
传真：0773 – 2832746
E-mail：glhszh@ 126. com

●广西壮族自治区梧州市红十字会

地址：广西壮族自治区梧州市西环路中段116 号 2 楼
邮编：543000
电话：0774 – 3888712
传真：0774 – 3888712
E-mail：wzshszh@ 163. com

●广西壮族自治区北海市红十字会

地址：广西壮族自治区北海市北部湾西路10 号（市卫生局院内）
邮编：536000
电话：0779 – 3031332
传真：0779 – 3031332
E-mail：bhhh66@ 163. com

●广西壮族自治区防城港市红十字会

地址：广西壮族自治区防城港市港口区行政中心区迎宾路红树林大厦东塔 8 楼 818 室

邮编：538001

●广西壮族自治区百色市红十字会

地址：广西壮族自治区百色市右江区火车站进站大道 17 号

邮编：533099

传真：0776 – 2989930

E-mail：bshh2825391@163.com

●广西壮族自治区钦州市红十字会

地址：广西壮族自治区钦州市钦南区鸿福小区合得来超市 6 楼

邮编：535099

电话：0777 – 2877660

传真：0777 – 2877660

E-mail：qzhh_2841181@163.com

●广西壮族自治区贺州市红十字会

地址：广西壮族自治区贺州市平安西路祥云街 70 号

邮编：542899

电话：0774 – 5279593

传真：0774 – 5279593

E-mail：hzhh9593@163.com

●广西壮族自治区贵港市红十字会

地址：广西壮族自治区贵港市仙衣路龙床井巷 10 号（贵港市卫生局大院内）

邮编：537100

电话：0775 – 4569255

传真：0775 – 4569255

E-mail：gghsjh@163.com

●广西壮族自治区河池市红十字会

地址：广西壮族自治区河池市金城江区南新东路 229 号（市 120 急救中心 6 楼）

邮编：547000

电话：0778 – 2307821

传真：0778 – 2307821

E-mail：hchh116@163.com

●广西壮族自治区玉林市红十字会

地址：广西壮族自治区玉林市玉东大道 1 号城东办公大楼

邮编：537000

电话：0775 – 2829970

传真：0775 – 2829970

E-mail：ylshszh@126.com

●广西壮族自治区来宾市红十字会

地址：广西壮族自治区来宾市行政中心附楼西面后 5 楼

邮编：546100

电话：0772 – 4278682

传真：0772 – 4278290

E-mail：lh4278682@163.com

●广西壮族自治区崇左市红十字会

地址：广西壮族自治区崇左市友谊大道东源名城 A 区 8 栋 3 单元
邮编：532200
电话：0771 – 7836630
E–mail：czhh1992@ 163. com

●海南省红十字会

地址：海南省海口市海府路 49 号原省委第 2 办公楼 2 楼
邮编：571100
电话：0898 – 65331824
传真：0898 – 65304627

●海南省海口市红十字会

地址：海南省海口市美兰区海甸岛海达路 41 号办公楼 4 楼
邮编：570208
电话：0898 – 66257045/65389115
传真：0898 – 66254730
E–mail：haikouhongshizihui@ 163.com

●海南省三亚市红十字会

地址：海南省三亚市河东路 66 号碧海国际 1603 室
邮编：572000
电话：0898 – 88689125
传真：0898 – 88361337
E–mail：sanyaredcross@ 163.com

●海南省琼海市红十字会

地址：海南省琼海市加积镇人民路 41 号卫生局 2 楼
邮编：571400

●海南省儋州市红十字会

地址：海南省儋州市人民中路 132 号（原防疫站）3 楼
邮编：571700

●海南省万宁市红十字会

地址：海南省万宁市万城镇光明街 68 号
邮编：571500

●海南省文昌市红十字会

地址：海南省文昌市文城镇文新路 13 号
邮编：571300

●海南省东方市红十字会

地址：海南省东方市永安东路卫生局办公楼 4 楼
邮编：572600

●海南省澄迈县红十字会

地址：海南省澄迈县文明路 110 号卫生局院内
邮编：571900

●海南省临高县红十字会

地址：海南省临高县临城镇红旗街卫生局 1 楼
邮编：571500

●海南省陵水自治县红十字会

地址：海南省陵水县建设路卫生局 2 楼

邮编：571500

●海南省五指山市红十字会

地址：海南省五指山市爱民路市卫生局内

邮编：572200

●海南省昌江黎族自治县红十字会

地址：海南省昌江县昌江大道昌江行政办公大楼 2 楼

邮编：572700

●海南省乐东黎族自治县红十字会

地址：海南省乐东县抱由镇光明路 72 号卫生局 2 楼

邮编：572500

●海南省定安县红十字会

地址：海南省定安县见龙大道卫生局

邮编：571200

●海南省屯昌县红十字会

地址：海南省屯昌县屯城镇解放路 6 号

邮编：571600

●海南省保亭黎族苗族自治县红十字会

地址：海南省保亭县保城镇温泉路公务员小区 2 栋 1 楼

邮编：571200

●海南省白沙黎族自治县红十字会

地址：海南省白沙县人民政府 2 楼

邮编：572800

●海南省琼中黎族苗族自治县红十字会

地址：海南省琼中县营根镇教育路 21 号

邮编：572900

●重庆市红十字会

地址：重庆市渝中区长江支路 2 号

邮编：430015

电话：023－63613124

传真：023－63859905

●重庆市渝中区红十字会

地址：重庆市渝中区管家巷 9 号

邮编：400010

●重庆市江北区红十字会

地址：重庆市江北区金港新区 16 号

邮编：400020

●重庆市沙坪坝区红十字会

地址：重庆市沙区天星桥凤天大道 8 号

邮编：400038

●重庆市九龙坡区红十字会

地址：重庆市九龙坡区蟋龙大道 199 号

邮编：400050

●重庆市南岸区红十字会

地址：重庆市南岸区南城大道 199 号

邮编：400064

●重庆市綦江区红十字会

地址：重庆市綦江区卫生局内

邮编：401420

●重庆市大渡口区红十字会

地址：重庆市大渡口区鑫康路 14 号区卫生局内

邮编：400080

●重庆市合川区红十字会

地址：重庆市合川区合阳镇云盘街市府内

邮编：401520

●重庆市北碚区红十字会

地址：重庆市北碚区冯时行路 308 号

邮编：400700

●重庆市永川区红十字会

地址：重庆市永川区卫生局内

邮编：402160

●重庆市万盛经开区红十字会

地址：重庆市万盛经开区勤俭路 101 号区卫生局内

邮编：400800

●重庆市江津区红十字会

地址：重庆市江津区卫生局内

邮编：402360

●重庆市渝北区红十字会

地址：重庆市渝北区双凤路 168 号卫生局内

邮编：401120

●重庆市大足区红十字会

地址：重庆市大足区龙岗街道龙中路 276 号

邮编：402360

●重庆市巴南区红十字会

地址：重庆市巴南区鱼洞渝轻路 286 号

邮编：401320

●重庆市荣昌区红十字会

地址：重庆市荣昌区昌元镇大东街 116 号

邮编：402460

●重庆市长寿区红十字会

地址：重庆市长寿区桃花大道 8 号区卫生局内

邮编：401220

●重庆市铜梁区红十字会

地址：重庆市铜梁区白龙大道 52 号

邮编：402290

●**重庆市潼南区红十字会**
地址：重庆市潼南区春阳街 298 号
邮编：402660

●**重庆市璧山区红十字会**
地址：重庆市璧山区东林大道 38 号
邮编：402760

●**重庆市涪陵区红十字会**
地址：重庆市涪陵区卫生局内
邮编：408000

●**重庆市丰都县红十字会**
地址：重庆市丰都县卫生局内
邮编：408200

●**重庆市垫江县红十字会**
地址：重庆市垫江县南阳公园会议中心
邮编：408300

●**重庆市南川区红十字会**
地址：重庆市南川区卫生局内
邮编：408400

●**重庆市武隆区红十字会**
地址：重庆市武隆区芙蓉中路 9 号
邮编：408500

●**重庆市万州区红十字会**
地址：重庆市万州区卫生局内
邮编：404000

●**重庆市梁平县红十字会**
地址：重庆市梁平县卫生局内
邮编：405200

●**重庆市忠县红十字会**
地址：重庆市忠县卫生局内
邮编：404300

●**重庆市云阳县红十字会**
地址：重庆市云阳县卫生局内
邮编：404500

●**重庆市奉节县红十字会**
地址：重庆市奉节县卫生局内
邮编：404600

●**重庆市开县红十字会**
地址：重庆市开县卫生局内
邮编：405400

●**重庆市巫山县红十字会**
地址：重庆市巫山县卫生局内
邮编：404700

●**重庆市城口县红十字会**
地址：重庆市城口县卫生局内
邮编：405900

●**重庆市巫溪县红十字会**
地址：重庆市巫溪县卫生局内
邮编：40580

●重庆市黔江区红十字会

地址：重庆市黔江区卫生局内

邮编：409800

●重庆市彭水县红十字会

地址：重庆市彭水县卫生局内

邮编：409600

●重庆市石柱县红十字会

地址：重庆市石柱县卫生局内

邮编：409100

●重庆市秀山县红十字会

地址：重庆市秀山县卫生局内

邮编：409900

●重庆市酉阳县红十字会

地址：重庆市酉阳县卫生局内

邮编：409800

●重庆市教育行业红十字会

地址：重庆市江北区华新街企鹅石堡山 20 号

邮编：400014

●重庆大学红十字会

地址：重庆市沙坪坝区大学城

邮编：400044

●重庆师范大学红十字会

地址：重庆市沙坪坝区大学城

邮编：400030

●西南农业大学红十字会

地址：重庆市北碚天路 216 号

邮编：400015

●四川省红十字会

地址：四川省成都市成华区玉双路 3 号 8 幢

邮编：610021

电话：028－84350528

传真：028－84389915

●四川省成都市红十字会

地址：四川省成都市锦江区新开街 84 号

邮编：610016

电话：028－86253628

传真：028－86253618

●四川省自贡市红十字会

地址：四川省自贡市汇东新区华园街 66 号

邮编：643030

电话：0813－5508015

传真：0813－5508017

●四川省攀枝花市红十字会

地址：四川省攀枝花市东区炳草岗人民街 78 号

邮编：617000

电话：0812－3334165

传真：0812－3334165

●四川省泸州市红十字会

地址：四川省泸州市江阳区大慈路 27 号
邮编：646000
电话：0830－2290436
传真：0830－2290436
E-mail：1765332198@ qq. com

●四川省德阳市红十字会

地址：四川省德阳市一环路西二段 98 号
邮编：618000
电话：0838－2902817
传真：0838－2904611
E-mail：deyangredcross@ yahoo. com cn

●四川省绵阳市红十字会

地址：四川省绵阳市临园路中段 78 号
邮编：621000
电话：0816－2210512
传真：0816－2303514
E-mail：myredcross. 2210512@ 163. com

●四川省广元市红十字会

地址：四川省广元市滨河北路 203 号
邮编：628017
电话：0839－3260270
传真：0839－3260270

●四川省遂宁市红十字会

地址：四川省遂州中路 979 号
邮编：629000
电话：0825－5807877
传真：0825－5808028

●四川省内江市红十字会

地址：四川省内江市新华路 20 号
邮编：641000
电话：0832－2029024
传真：0832－2023583
E-mail：610119673@ qq. com

●四川省乐山市红十字会

地址：四川省乐山市市中区白蜡街 105 号
邮编：614000
电话：0833－2495172
传真：0833－2495360

●四川省南充市红十字会

地址：四川省南充市顺庆区万年西路 2 号市政府 1 号楼
邮编：637000
电话：0817－2666169
传真：0817－2666169

●四川省宜宾市红十字会

地址：四川省宜宾市翠屏区都长街 82 号
邮编：644000
电话：0831－8242220
传真：0831－8242220

●四川省广安市红十字会

地址：四川省广安市广安区万盛东路 32 号
邮编：638600
电话：0826－2332788
传真：0826－2332788
E-mail：gahsz@ 163. com

●四川省达州市红十字会

地址：四川省达州市西外市政中心综合楼8楼20号

邮编：635002

电话：0818－2106027

传真：0818－2106027

E-mail：1512962197@qq.com

●四川省资阳市红十字会

地址：四川省资阳市政府机关办公区2号楼1309室

邮编：641300

电话：028－26111367

传真：028－26111367

●四川省巴中市红十字会

地址：四川省巴中市江北新区滨河北路中段118号

邮编：636000

电话：0827－5286135

传真：0827－5286135

●四川省阿坝州红十字会

地址：四川省阿坝藏族羌族自治州马尔康市马尔康镇达尔玛街63号

邮编：624000

电话：0837－2823270

传真：0837－2823270

E-mail：99185469@qq.com

●四川省雅安市红十字会

地址：四川省雅安市雨城区小北街59号

邮编：625000

电话：0835－2220122

传真：0835－2241579

●四川省甘孜州红十字会

地址：四川省甘孜州康定水井子电梯公寓12楼

邮编：626000

电话：0836－2834531

传真：0836－2832298

●四川省眉山市红十字会

地址：四川省眉山市文安东路105号

邮编：620010

电话：028－38195544

传真：028－38195544

E-mail：1744519799@qq.com

●四川省凉山州红十字会

地址：四川省西昌市龙眼井街249号

邮编：615000

电话：0834－2191563

传真：0834－2191763

●贵州省红十字会
地址：贵州省贵阳市省政府大院 5 号楼 3 楼
邮编：550044
电话：0851 - 6824372
传真：0851 - 6857817

●贵州省贵阳市红十字会
地址：贵州省贵阳市市级行政中心二期 B 区 1 楼
邮编：550081
传真：0851 - 5961921
E-mail：gyshszh@ 163. com

●贵州省遵义市红十字会
地址：贵州省遵义市红花岗区子尹路 168 号
邮编：563000
传真：0852 - 8232631
E-mail：gzzyshszh@ 163. com

●贵州省安顺市红十字会
地址：贵州省安顺市西秀区市东路（安顺市委大院内）
邮编：561000
传真：0853 - 3237306
E-mail：yyc8566@ 126. com

●贵州省六盘水市红十字会
地址：贵州省六盘水市钟山区人民西路 150 号市政府金钟综合楼 1 楼
邮编：553001
传真：0858 - 8331956
E-mail：565415686@ qq. com

●贵州省黔东南州红十字会
地址：贵州省凯里市韶山南路 29 号
邮编：556000
电话：0855 - 8218727
传真：0855 - 8218727
E-mail：qdnzhszh@ 126. com

●贵州省黔南州红十字会
地址：贵州省都匀市斗蓬山路 90 号黔南州体育场 9 号门
邮编：558000
传真：0854 - 8313026
E-mail：411758025@ qq. com

●贵州省黔西南州红十字会
地址：贵州省黔西南州兴义市北京路 2 号
邮编：562400
电话：0859 - 3112771
传真：0859 - 3112771
E-mail：lvznfon@ 163. com

●贵州省毕节市红十字会
地址：贵州省毕节市南部新区行署办公中心 5 楼西 0515
邮编：551700
传真：0857 - 8228664
E-mail：bjshszhbgs@ 126. com

●贵州省铜仁市红十字会

地址：贵州省铜仁市东太大道 3 号（红色二八机电市场内）

邮编：554300

传真：0856－5281357 / 2561208

E-mail：348103795@ qq. com

●云南省红十字会

地址：云南省昆明市国贸路 85 号政通大厦 7 楼

邮编：650200

电话：0871－67195087

传真：0871－67196666

●云南省昆明市红十字会

地址：云南省昆明市市级行政中心 8 号楼

邮编：650500

传真：63120300

●云南省昭通市红十字会

地址：云南省昭通市昭阳区环城北路 117 号

邮编：657000

电话：0870－2120198

E-mail：ztshszh@ 163. con

●云南省曲靖市红十字会

地址：云南省曲靖市园林路 3 号

邮编：655000

传真：0874－3337042

E-mail：qjshszh. hi@ 163. com

●云南省玉溪市红十字会

地址：云南省玉溪市红塔区汇溪路上段

邮编：653100

E-mail：yxshszhbgs@ 126. com

●云南省保山市红十字会

地址：云南省保山市隆阳区隆阳路中段

邮编：678000

电话：0875－2221214

E-mail：1192029749@ qq. com

●云南省楚雄州红十字会

地址：云南省楚雄市威楚大道 41 号

邮编：675000

●云南省红河州红十字会

地址：云南省蒙自市红河州级行政中心州政府大楼 A 区 7 楼

邮编：661100

电话：0873－3799495

传真：0873－3799495

E-mail：hhzhszh@ 126. com

●云南省文山州红十字会

地址：云南省文山市华龙西路 1 号州信访中心 4 楼

邮编：663000

电话：0876－2197906

传真：0876－2197905

E-mail：wenshanzhouhh@ 126. com

●云南省普洱市红十字会
地址：云南省普洱市思茅区月光路 1 号
邮编：665000
电话：0879－2142476
传真：0879－2126653
E-mail：peshh@ 163. com

●云南省西双版纳州红十字会
地址：云南省景洪市宣慰大道 69 号
邮编：666100
E-mail：bnzhszh@ 163. con

●云南省大理州红十字会
地址：云南省大理市下关兴盛路 29 号
邮编：671000
传真：0872－2176696
E-mail：dlwsyht@ tom.com

●云南省德宏州红十字会
地址：云南省芒市白象街 97 号
邮编：678400
电话：0692－2134994 / 2118199
传真：0692－2134994 / 2118199
E-mail：yndhhszh@163. com
网址：http：//www. dhredcross. cn

●云南省丽江市红十字会
地址：云南省丽江市古城区玉福路 16 号
邮编：674100
传真：0888－5101098
E-mail：hszh@ lijiang.cn

●云南省怒江州红十字会
地址：云南省怒江州泸水县六库镇向阳南路 62 号
邮编：673100
电话：0886－3632382
传真：0886－3632556
E-mail：342814319@ qq. com

●云南省迪庆州红十字会
地址：云南省香格里拉市建塘镇康珠大道白塔片区
邮编：674400
电话：0887－8225318
传真：0887－8225318
E-mail：427708065@ qq. com

●云南省临沧市红十字会
地址：云南省临沧市临翔区南屏南路 141 号
邮编：677000
电话：0883－2126098
传真：0883－2126098
E-mail：lchsz2006@ 126. com

●西藏自治区红十字会
地址：西藏自治区拉萨市鲁定南路 25 号备灾救灾中心
邮编：850001
电话：0891－6864300
传真：0891－6860686

●西藏自治区拉萨市红十字会
地址：西藏自治区拉萨市江苏东路 23 号卫生局内
邮编：850000

●西藏自治区阿里地区红十字会
地址：西藏自治区阿里地区卫生局内
邮编：859000

●西藏自治区那曲地区红十字会
地址：西藏自治区那曲地区卫生局内
邮编：852000

●西藏自治区昌都地区红十字会
地址：西藏自治区昌都地区卫生局内
邮编：854000

●西藏自治区山南地区红十字会
地址：西藏自治区山南地区卫生局内
邮编：856000

●西藏自治区林芝地区红十字会
地址：西藏自治区林芝地区卫生局内
邮编：860000

●西藏自治区日喀则市红十字会
地址：西藏自治区日喀则市卫生局内
邮编：857000

●陕西省红十字会
地址：陕西省西安市北郊岗家寨（未央路 123 号）
邮编：710016
电话：029 – 86524141
传真：029 – 86526038

●陕西省西安市红十字会
地址：陕西省西安市解放路 24 号
邮编：710004

●陕西省宝鸡市红十字会
地址：陕西省宝鸡市中山西路 63 号
邮编：721000

●陕西省咸阳市红十字会
地址：陕西省咸阳市新华大厦 20 楼 7 号
邮编：712000

●陕西省铜川市红十字会
地址：陕西省铜川市卫生局内
邮编：727031

●陕西省渭南市红十字会
地址：陕西省渭南市胜利街 81 号
邮编：714000

●陕西省汉中市红十字会
地址：陕西省汉中市卫生局内
邮编：723000

●陕西省安康市红十字会

地址：陕西省安康市卫生局内

邮编：725000

●陕西省商洛市红十字会

地址：陕西省商洛市商州区金凤路 6 号

邮编：726000

●陕西省延安市红十字会

地址：陕西省延安市西一路疾控中心内

邮编：716000

●陕西省榆林市红十字会

地址：陕西省榆林市西沙青山路市政府 2 号楼

邮编：719000

●甘肃省红十字会

地址：甘肃省兰州市白银路 220 号

邮编：730030

电话：0931－4818076

传真：0931－4818076

●甘肃省兰州市红十字会

地址：甘肃省兰州市城关区王马巷 12 号

邮编：730030

电话：0931－8435018

传真：0931－8435018

E-mail：921477581@ qq. com

●甘肃省白银市红十字会

地址：甘肃省白银市人民路 100 号

邮编：730900

●甘肃省武威市红十字会

地址：甘肃省武威市东大街

邮编：733000

●甘肃省张掖市红十字会

地址：甘肃省张掖市甘州区南环路 656 号

邮编：734000

电话：0936－8294989

传真：0936－8298208

●甘肃省酒泉市红十字会

地址：甘肃省酒泉市卫生局内

邮编：735000

电话：0397－2655972

●甘肃省嘉峪关市红十字会

地址：甘肃省嘉峪关市建设西路 5 号

邮编：735100

电话：0937－6220106

传真：0937－6224107

E-mail：gsjyghszh@ 163. com

●甘肃省金昌市红十字会

地址：甘肃省金昌市新华西路 18 号

邮编：737100

电话：0935－8215847

传真：0935－8212176

E-mail：jcshszh123@ 163. com

●甘肃省天水市红十字会

地址：甘肃省天水市秦州区岷山路（市气象局南侧）市食品药品监督管理局综合楼1楼

邮编：741000

电话：0938 - 8214883

传真：0938 - 8214883

E-mail：tsshszh2006@ 126. com

●甘肃省定西市红十字会

地址：甘肃省定西市民主路3号

邮编：743000

电话：0932 - 8222729

传真：0932 - 8214295

●甘肃省平凉市红十字会

地址：甘肃省平凉市崆峒区双拥路40号

邮编：744000

电话：0933 - 6485616

传真：0933 - 8692986

E-mail：plhh1937@ 126. com

●甘肃省庆阳市红十字会

地址：甘肃省庆阳市西峰区长庆大道40号

邮编：745000

电话：0934 - 8214148

传真：0934 - 8220509

E-mail：qyshszh@ 126. com

●甘肃省陇南市红十字会

地址：甘肃省陇南市武都区陇南站西

邮编：746000

电话：0939 - 8261709

传真：0939 - 8261709

●甘肃省临夏自治州红十字会

地址：甘肃省临夏市环城东路53号

邮编：731100

电话：0930 - 6214013

传真：0930 - 6214013

E-mail：lxzhhszh@ 126. com

●甘肃省甘南自治州红十字会

地址：甘肃省合作市人民东街51号

邮编：747000

电话：0941 - 8219061

传真：0941 - 8213591

E-mail：gnzhu2008@ 126. com

●青海省红十字会

地址：青海省西宁市西大街12号

邮编：810000

电话：0971 - 8214589

传真：0971 - 8252292

●青海省西宁市红十字会

地址：青海省西宁市城中区教场街19号

邮编：810000

电话：0971 - 8266292 / 8236180

传真：0971 - 8266232

E-mail：xnhszh@ 126. com

●青海省海东市红十字会

地址：青海省海东市平安区平安大道 206 号
邮编：810600

●青海省海南州红十字会

地址：青海省海南州共和县恰卜恰镇青海路北大街 26 号
邮编：813000

●青海省海西州红十字会

地址：青海省海西州德令哈市乌兰东路 16 号海西州人民政府
邮编：817099

●青海省海北州红十字会

地址：青海省海北州西海镇州政府办公大楼 612 室
邮编：810200

●青海省玉树州红十字会

地址：青海省玉树州佛学院院内 7 号板房
邮编：815000

●青海省黄南州红十字会

地址：青海省黄南州建工站院内
邮编：811300

●青海省果洛州红十字会

地址：青海省果洛州人民政府办公楼 2 楼
邮编：814000

●宁夏回族自治区红十字会

地址：宁夏银川市北京中路 61 号通信大厦 22 层
邮编：750011
电话：0951－5055705
传真：0951－5055972

●宁夏回族自治区银川市红十字会

地址：宁夏回族自治区银川市北京中路 166 号行政中心 1 号楼 705 室
邮编：750011
电话：0951－6888299
传真：0951－6888297
E-mail：yczfbtm@163. com

●宁夏回族自治区石嘴山市红十字会

地址：宁夏回族自治区石嘴山市大武口区新区行政中心 B3－325
邮编：753000
电话：0952－2218999
E-mail：szsshszh8699@ 163. com

●宁夏回族自治区吴忠市红十字会

地址：宁夏回族自治区宁吴忠市新区花园南街（市食品药品监督管理局办公楼）
邮编：751100
电话：0953－2255999
传真：0953－2255999
E-mail：wzshszh@ 126. com

●宁夏回族自治区固原市红十字会

地址：宁夏回族自治区固原市行政中心 322 室
邮编：756000
电话：0954－2088508
传真：0954－2088508
E-mail：guyuanhszh@ 163. com

●宁夏回族自治区中卫市红十字会

地址：宁夏回族自治区中卫市沙坡头区怀远南路中心血站 2 楼
邮编：755000
电话：0955－7014999
传真：0955－7014999
E-mail：1767327083@ qq. com

●神化宁夏煤业集团红十字会

地址：宁夏回族自治区银川市金凤区北京中路 158 号
邮编：750001

●新疆维吾尔自治区红十字会

地址：新疆维吾尔自治区乌鲁木齐市延安路 773 号
邮编：830049
电话：0991－2565243
传真：0991－2565243

●新疆维吾尔自治区乌鲁木齐市红十字会

地址：新疆维吾尔自治区乌鲁木齐市新兴街 5 号
电话：0991－4668677

●新疆维吾尔自治区阿克苏地区红十字会

地址：新疆维吾尔自治区阿克苏市新华东路 35 号
电话：0997－2283161

●新疆维吾尔自治区阿勒泰地区红十字会

地址：新疆维吾尔自治区阿勒泰市文化路 6－17
电话：0906－7661091

●新疆维吾尔自治区巴音郭楞蒙古自治州红十字会

地址：新疆维吾尔自治区巴音郭楞蒙古自治州库尔勒市广场路附近
电话：0996－2021801

●新疆维吾尔自治区博尔塔拉蒙古自治州红十字会

地址：新疆维吾尔自治区博尔塔拉蒙古自治州博乐市文化路 208 号 3 号楼 1 楼
电话：0909－2319286

●新疆维吾尔自治区昌吉回族自治州红十字会

地址：新疆维吾尔自治区昌吉回族自治州昌吉市南公园西路 2 号
电话：0994－2728042

●新疆维吾尔自治区哈密地区红十字会

地址：新疆维吾尔自治区哈密地区哈密市八一路卫生综合大厦 9 楼
电话：0902－2257554

●新疆维吾尔自治区和田地区红十字会

地址：新疆维吾尔自治区和田地区和田市纳瓦格路 26 号

邮编：848000

●新疆维吾尔自治区喀什地区红十字会

地址：新疆维吾尔自治区喀什地区喀什市色满路 456 号

邮编：844000

电话：0998－2550725

传真：0998－2550725

●新疆维吾尔自治区克拉玛依市红十字会

地址：新疆维吾尔自治区克拉玛依市克拉玛依区准噶尔路 100 号东侧

电话：0990－6895452

●新疆维吾尔自治区塔城地区红十字会

地址：新疆维吾尔自治区塔城市新华街 169 号

邮编：834700

电话：0901－6223003

●新疆维吾尔自治区吐鲁番地区红十字会

地址：新疆维吾尔自治区吐鲁番地区吐鲁番市绿洲中路 561

电话：0995－6262629

●新疆维吾尔自治区伊犁哈萨克自治州红十字会

地址：新疆维吾尔自治区伊犁地区伊宁市阿合买提江路 173 号

电话：0999－8330211

●新疆维吾尔自治区克孜勒苏柯尔克孜自治州红十字会

地址：新疆维吾尔自治区阿图什市松他克路北 20 院

电话：0908－4265662

●新疆生产建设兵团红十字会

地址：新疆维吾尔自治区乌鲁木齐市光明路 196 号

邮编：830002

电话：0991－2890820

传真：0991－2890820

●新疆生产建设兵团第一师阿拉尔市红十字会

地址：新疆维吾尔自治区阿拉尔市

邮编：843300

●新疆生产建设兵团第二师红十字会

地址：新疆维吾尔自治区巴音郭楞蒙古自治州库尔勒市

邮编：841000

●新疆生产建设兵团第三师图木舒克市红十字会

地址：新疆维吾尔自治区喀什地区喀什市

邮编：844000

●新疆生产建设兵团第四师红十字会

地址：新疆维吾尔自治区伊犁哈萨克自治州伊宁市

邮编：835000

●新疆生产建设兵团第五师红十字会

地址：新疆维吾尔自治区博尔塔拉蒙古自治州博乐市

邮编：833400

●新疆生产建设兵团第六师五家渠市红十字会

地址：新疆维吾尔自治区昌吉回族自治州五家渠市

邮编：831300

●新疆生产建设兵团第七师红十字会

地址：新疆维吾尔自治区伊犁哈萨克自治州奎屯市

邮编：833200

●新疆生产建设兵团第八师石河子市红十字会

地址：新疆维吾尔自治区石河子市

邮编：832000

●新疆生产建设兵团第九师红十字会

地址：新疆维吾尔自治区塔城地区额敏县

邮编：834600

●新疆生产建设兵团第十师红十字会

地址：新疆维吾尔自治区阿勒泰地区阿勒泰市北屯镇

邮编：836000

●新疆生产建设兵团建筑工程师红十字会

地址：新疆维吾尔自治区乌鲁木齐市

邮编：830000

●新疆生产建设兵团第十二师红十字会

地址：新疆维吾尔自治区乌鲁木齐市

邮编：830000

●新疆生产建设兵团第十三师红十字会

地址：新疆维吾尔自治区哈密地区哈密市

邮编：839000

●新疆生产建设兵团第十四师红十字会

地址：新疆维吾尔自治区和田地区和田市

邮编：848000

●中国铁路系统红十字会

地址：北京市复兴路 10 号铁道部劳卫司医政处

邮编：100826

●香港特别行政区红十字会

地址：香港夏悫道 33 号香港红十字会总部

电话：852 – 28020021

传真：852 – 28027359

●澳门特别行政区红十字会

地址：澳门新口岸宋玉生广场 235 至 287 号中土大厦三楼“亨利·杜南”中心

电话：853 – 313003

传真：853 – 313024

●澳门特别行政区红十字会医疗辅助服务中心

地址：澳门西湾民国大马路 58－60 号
电话：853－28963176
传真：853－28967716
E－mail：medtrans@ redcross. org.mo

后　记

《中国红十字年鉴》编委会由中国红十字会领导、中国红十字会总会机关各部门及直属单位主要负责人、省级（含港澳）红十字会常务副会长或专职副会长、行业红十字会负责人组成。《中国红十字年鉴》编委会负责领导、组织协调和审稿工作。《中国红十字年鉴》编辑部设在中国红十字报刊社，年鉴编辑部负责本年鉴的组稿、编辑、出版、发行工作。各省、自治区、直辖市、生产建设兵团、铁路系统、特别行政区红十字会指定专人担当撰稿任务。

《中国红十字年鉴》编辑部的编辑出版工作流程为：供稿单位或个人署名提供纸质或电子版原稿后，经年鉴编辑部登记初审并作稿笺，保存原稿，精编至二校后进入复审，划分章节，呈现版式，统筹页码，再出三校和书稿大样。书稿大样由年鉴编辑部确定章节和认定版式后复核送审，除其中纯技术性原因年鉴编辑部予以增删和修改以外，供稿单位或个人对署名文稿的内容文责自负。年鉴出版之前，编辑部将总目录和书稿大样提交编委会整体认定并终审，经批准后交与出版社出版发行。